Drug Research Series
禁毒研究丛书

国家出版基金项目
NATIONAL PUBLICATION FOUNDATION

齐　霁　著

中国共产党禁毒史

修订版

上海社会科学院出版社
SHANGHAI ACADEMY OF SOCIAL SCIENCES PRESS

内容简介

中国共产党历来高度重视禁毒工作，并为中国和世界的禁毒事业作出了重大贡献。本书在广泛占有研究资料的基础上，全景展示了中国共产党成立以来领导禁毒斗争的历史脉络，并总结其宝贵经验。全书分为三篇，上篇写的是新民主主义革命时期的禁毒斗争，中篇写的是中华人民共和国成立初期的禁绝烟毒斗争及其成功经验，下篇写的是改革开放新时期的禁毒斗争。三篇联结起来，对中国共产党的禁毒政策、主张、经验和成就等，作出了完整的说明和论述，又凸显出各个时期禁毒的特点。

本书是国内外第一部系统研究中国共产党禁毒斗争史的专著，既更好地发挥了中共党史资政育人的作用，又丰富、深化了中国禁毒史和中共党史研究，填补了该研究领域的空白。

作者简介

齐霁，1964 年生，河南南阳人。先后入兰州大学、南开大学学习，获历史学学士、法学硕士学位。现为天津市重点学科马克思主义理论学术带头人，天津商业大学学术委员，中国社会史与社会发展研究中心主任，马克思主义学院教授、硕士生导师；国家社会科学基金同行评议专家，天津市中共党史学会常务理事、副秘书长。主要从事中共党史、中国近现代社会史研究。

已出版独立学术专著两部，参与编写翻译著作、教材 10 余部，发表学术论文 60 余篇，主持国家社会科学基金项目两项、教育部人文社会科学研究项目两项，获得天津市社会科学优秀成果二等奖、三等奖各一次。

序

魏宏运

中华人民共和国成立以前100余年间，英、日等国以鸦片毒害中国，加之中国政治制度衰朽腐败，致鸦片烟毒泛滥成灾、屡禁不止，给中华民族带来深重灾难并留下切肤之痛，鸦片烟毒也由此成为旧中国衰败与耻辱的象征，成为旧中国最为严重的社会问题之一，成为影响近代中国命运的重要因素之一。中华人民共和国的成立，标志着半殖民地半封建旧时代的结束，开创了中国历史的新纪元。禁绝肆虐中国100余年的烟毒祸害这一艰巨任务，历史性地落到了中国共产党人的肩上。中华人民共和国成立后，中国共产党和中央人民政府领导人民，在全国范围内向毒品宣战，开展了声势浩大的禁毒斗争，仅用了短短3年左右的时间，就把烟毒弥漫的中国治理成为举世无双的无毒国，创造了世界公认的奇迹。1953年，中国政府向全世界庄严宣告：中华人民共和国为"无毒国"。此后30余年间，中国很少有人研究毒品问题。然而，自20世纪80年代以来，世界毒品大潮再次袭击中国，使中华人民共和国本已消灭的毒害又沉渣泛起、死灰复燃，且迅速蔓延、愈演愈烈，毒品问题重新成为人们所关注的社会问题之一。政界和学界诸多人士都惊呼公毒的危害，禁毒成为救国要务之一。2005年，我考察1942年怒江战争的战场遗址，夜宿云南保山，和缉毒队长张国庆谈天，他讲："我们的任务极为繁重，每年都抓获众多贩毒者，并绳之以法，因贩毒可获暴利，亡命之徒总是翻越中缅边界之大山贩毒入境，防不胜防。"对毒品之所以泛滥，我有了新的认识。学界应该以自己手中之笔做武器，参加这一战斗。

齐霁教授，笃志好学，10多年来将其研究视野集中于中国共产党禁毒史，先后在《抗日战争研究》《甘肃社会科学》《宁夏社会科学》《党史文汇》《求索》《学术探索》《云南行政学院学报》等刊物发表相关论文10余篇，得到学界好评。由于有了较好的前期研究，他于2005年申报的"中国共产党领导禁毒斗争的历史考察和经验研究"课题获得国家社会科学基金资助。在此基础上，他用了4年时间完成了《中国共产党禁毒史》的专著。十年磨一剑，齐君恰巧用了10年功夫，埋头钻研，取得了这一可喜成果。

研究学问，要有刻苦精神，锲而不舍地搜集资料，丰富自己的知识，加深对问题的认识。而研究历史，在于再现历史的真实，让历史本身说话，将历史和现实联系起来。一位西方学者说得好："历史学家所研究的过去不是死气沉沉的过去，而是在一定程度上仍旧活跃于现实生活中的过去。"从这一角度来观察齐君的研究成果，可以说明其研究的意义和价值。

齐君10余年来，接触翻阅了300多种图书文献，热情仔细地寻找出自己研究范围内的资料，包括档案资料、文史资料、专题资料汇编、地方志、报刊等，并吸收学界已有的研究成果，在此基础上构建起该书的框架。

全书分为三篇，上篇写的是新民主主义革命时期的禁毒斗争，中篇写的是中华人民共和国成立初期的禁绝烟毒斗争及其成功经验，下篇写的是改革开放新时期的禁毒斗争。三篇联结起来，对中国共产党的禁毒政策、主张、经验和成就等，作出了完整的说明和论述，又凸显出各个时期禁毒的特点。思想主题明确，将中华人民共和国成立初期禁毒列为一篇，意义重大。第三篇表明作者对现实的关怀及其忧患意识。全书结构、论述合情合理。

进入这一研究领域，有广阔的道路，供学人驰骋。学人以事实为基础，根据自己的认识水平，选择资料，把有意义的重大事实加以承传，把影响不大的事实加以摒弃，或解读或阐发自己的思想。例如，齐君在讲到抗日战争时期日本对华实行毒化政策时，认为不仅造成沦陷区毒品严重泛滥，也致使抗日根据地毒品问题日趋严峻，尤其是陕甘宁、晋察冀、晋冀鲁豫、晋西北、山东、淮南等抗日根据地深受其害，种植鸦片、贩运烟毒、买卖烟毒、吸食烟毒等现象愈演愈烈。作者又通过对各抗日根据地政府开展禁毒运动的举措及其成效的详细考察，明确指出抗日根据地禁毒斗争具有重要的历史作用，禁毒斗争是中国共产党抗日民族斗争的重要组成部分。

中华人民共和国成立初期的禁毒运动，距离现在较近。生活在这个时代中，人们对那时的禁毒，记忆犹新。齐君根据自己的思考和探索，依据自己掌握的大量翔实可靠资料，记录了那场运动的实情：在全国范围内开展了大规模的群众性的禁毒斗争，收缴毒品，禁种罂粟，封闭烟馆，严厉惩办制贩毒品活动，8 万多名毒品犯罪分子被判处刑罚，2 000 万个吸毒者被戒除了毒瘾，并结合农村土地改革根除了罂粟种植。同时，他又阐发归纳出一些重要结论："中华人民共和国成立初期烟毒的泛滥，严重影响着人民的健康、国民经济的恢复、政权的巩固和社会的安定，具体表现在：(1) 大量土地种植罂粟，粮田锐减，造成人民生活十分困难，甚至时有饥荒出现；(2) 众多烟民吸食烟毒，浪费社会财富，损害身心健康，甚至导致倾家荡产、妻离子散、家破人亡；(3) 许多人因吸毒铤而走险，沦为土匪、盗贼、娼妓，败坏社会风气，引发各种犯罪，从而加深了社会危机；(4) 一些反革命分子利用贩毒筹集资金，从事破坏新生政权的活动，严重影响新生人民政权的巩固；(5) 烟毒泛滥严重腐蚀党政军干部队伍和铁路、公路、航运、邮政等系统职工。中华人民共和国成立初期，全国禁绝烟毒斗争积累了丰富的成功经验，也为当今的禁毒斗争提供了有益的历史借鉴：第一，禁毒必须有法可依，要加强禁毒立法，完善禁毒法制，是成功开展禁毒斗争的法律保证；第二，政治廉洁、组织高效，是成功开展禁毒斗争的政治基础和组织保证；第三，禁毒要走群众路线，要深入开展宣传教育，广泛发动、依靠人民群众参加，开展禁毒的人民战争，是成功开展禁毒斗争的重要前提和群众基础；第四，全面禁毒，多管齐下，重点打击制贩活动，宽严相济，区别对待，是成功开展禁毒斗争的重要方针和政策；第五，禁毒要与清除其他社会病害配合进行，是成功开展禁毒斗争的必要措施。"

从上述的论述中，可以看到齐君的历史观。以往的历史总是给后来者以启迪，这部书的价值也在于此。

任何一本书都不可能回答所有的问题。这部书勾画出了中国共产党禁毒历史的轮廓，有些历史的细节尚待学人进一步去研究。拿抗战时期的历史来讲，根据地处于不稳定状态，既受到日军的扫荡，又受到国民党军队的封锁和包围，禁毒能执行到什么程度？还有海外学者极力渲染陕甘宁边区鸦片走私，丑化根据地形象，怎样应对这种挑战？我想，只能运用历史资料，写出真实的历史。

禁毒是一个世界性问题，境外产毒地区不根除，禁毒就一日也不能停止。史学工作者研究禁毒课题，是有现实意义的，也是不能停止的。历史学者是根据事实来说话，英国 E.H.卡尔说："没有事实的历史学家是无本之木，没有前途；没有历史学家的事实是死水一潭，毫无意义。"[①]严肃的历史著作是精神文化不可缺少的。齐君这部书是会找到它的位置的。

祝齐君精益求精，在学术研究道路上，勇往直前，取得更新的成果。

2009 年 9 月于南开大学锲斋

① [英] E.H.卡尔著，陈恒译：《历史是什么?》，商务印书馆 2007 年版，第 115 页。

目 录

CONTENTS

目　录

下篇　改革开放新时期的禁毒斗争

上篇 新民主主义革命时期的禁毒斗争

第一章　建党初期的禁毒主张和禁毒活动

近代中国深受鸦片烟毒[①]侵害，鸦片烟毒成为影响近代中国命运的重要因素之一。中国共产党诞生前后，正是在各地军阀纵毒政策的影响下，鸦片烟毒再度肆虐中国并急剧蔓延的时期。以推翻旧制度、改变中国命运为己任的中国共产党一诞生，就十分关注鸦片烟毒问题，把禁毒斗争看作反帝反封建斗争的重要组成部分，坚决主张禁绝病国害民的烟毒，并初步开展了一些禁毒活动。

一、1920 年前后中国存在着严重的毒品问题

(一) 1920 年前后毒品再次严重泛滥的原因

从 19 世纪中叶开始，鸦片烟毒曾经被西方帝国主义列强用作对华侵略、扩张和奴役、麻醉中国人民的罪恶“武器”。中国人民深受其害，对其深恶痛绝。20 世纪初年的禁烟运动曾一度在全国范围内展开，使种植罂粟和英印鸦片输入的规模、势头均有所减弱。但是在 1916 年袁世凯死后，中国陷入了军阀割据、军阀混战的状态，各路军阀为了争夺地盘而不断招兵买马、发动战争，军费开支急剧增长，几乎所有的军阀都以抽取鸦片税为主要方式来筹集军饷，致使 1920 年前后毒品再次严重泛滥。

盘踞在主要种烟省份的大小军阀凭借其掌握的军权、政权，大肆收取名目繁杂的鸦片税，作为财政收入的主要来源。当时，鸦片烟土从产地到吸食者手中，税多如牛毛。如烟苗捐、烟苗税、印花税、起运税、落地税、过境税、出售税、内销税、烟灯税、护送税等，可谓五花八门，无奇不有。

1. 军阀们劝说或强迫农民种植罂粟，抽取巨额烟税

1918 年，陕西军阀劝说农民种植罂粟，并对每亩征收 6 两白银烟税，当年共收烟税在 1 000 万元以上。[②] 1920 年，陕西督军陈树藩与省长刘镇华商议，委派

---

① 中国近代所说的鸦片烟毒，又简称为烟毒，“烟”是指鸦片、罂粟、罂粟种子等，“毒”是指吗啡、高根、海洛因及其化合物。现代所说的毒品，通常是指鸦片、古柯、大麻及其衍生物以及其他用人工化学合成、被非法滥用、能够使人形成瘾癖的物质。可以看出，中国近代所称的“烟毒”实际上就是后来所说的“毒品”。

② 1918 年 7 月 11 日长沙《大公报》。

40 多名劝种烟委员分赴各县，劝导农民种植罂粟，并宣布每种 1 亩征收大洋 30 元的税金，一次缴纳完毕。因种植罂粟较之种植麦子所获之利超出 4～5 倍，农民纷纷犁麦种烟。[①] 1920 年，甘肃省长借金融困难为名，倡议全省大种烟苗。省长电令各县知事，召集农会人员发给种子，饬令四乡农民播种，并派 4 名查勘委员，查勘各县种烟的数量，以定收款的数额。每县再设 1 名"产烟罚款委员"，与县知事一起负责收款，每亩烟田收白银 4～10 两不等，先交半数，余款待收烟后再交。省长此次倡导种烟名为解决金融困难，实为筹集军饷。[②] 云南护国起义后，唐继尧扩充军队，造成省库空虚，财政匮乏，为弥补财政支绌，决定开放烟禁，实行"寓禁于征"政策，鼓励农民种植罂粟，从中征收烟苗"罚金"(实为征税)。从 1920 年至 1926 年，共弛禁 6 届。云南全省 130 个县，除阿墩子行政区(今德钦县)因气候不宜种植外，各县均种植罂粟，鸦片产量连年递增。烟亩"罚金"已成为云南地方财政收入的重要来源。[③] 云南省政府由此每年可增加收入 600 万～700 万元。[④] 四川军阀为劝农民种植罂粟而费尽心机，如农民缺少烟种，他们就从别处运来散发给农民；如缺乏种烟的资金，就提供给农民贷款，本利以鸦片烟折算。四川军阀对不愿种植罂粟的农民加倍征收田赋，称为"懒捐"。农民种粮而不种罂粟，则种粮 1 年必须缴纳 3 年的粮税，而种罂粟者只需缴纳当年 1 年的税。如第 2 年仍不种罂粟，须缴纳 5 年的粮税。如第 3 年仍不种罂粟，就要缴纳 7 年的粮税。用这一方法迫使农民种烟。[⑤] 河南军阀勒令各县普种罂粟，每亩抽税 8 元，限定大县最少种 150 顷、中县 120 顷、小县 100 顷。种者纳税，不种者也纳税，不得缺少分文。每年可收取烟税 1 200 万元。[⑥] 福建各地军阀普遍采用摊派等办法强迫农民种植罂粟。1916 年，军阀李厚基曾强迫农民种植罂粟征收田亩捐，实为鸦片捐，仅漳浦一地每年包银为 50 万银圆。[⑦] 1918 年，陈炯明在漳州地区成立护法区，鸦片捐有增无减；到张毅治理漳州时，再次发动农民种植罂粟从中征收捐税，大发横财。1923 年，臧致平在厦门禾山迫种罂粟，100 多个村子额定烟苗 13 万元，限 11 个月内一次缴足；兴泉永镇守使孔昭同迫民种烟的布告，居然露骨地写道："劝你早下种"，"不种亦须解囊"等。周荫人在

---

① 1920 年 12 月 23 日长沙《大公报》。

② 1921 年 3 月 13 日《民国日报》。

③ 中共云南省委党史研究室、中共云南省公安厅委员会编：《建国以来云南的禁毒斗争》，云南民族出版社 1997 年版，第 3—4 页。

④ 1924 年 4 月 25 日《北京晨报》。

⑤ 齐磊、胡金野：《中国禁毒史》，甘肃人民出版社 2004 年版，第 184 页。

⑥ 1924 年 1 月 22 日《民国日报》。

⑦ 亚季：《鸦片对漳浦人民的毒害》，福建省漳浦县政协文史委员会编：《漳浦文史资料》第六辑，1986 年印刷，第 29 页。

此期间规定，每亩烟苗交正捐大洋 12 元，但另有附加税，多则每亩 6 元，少则 1～2 元。[①] 1923 年 11 月，孙传芳、王永泉等在福建福清县要求农民种植罂粟，并威胁说，如若反对，即是阻挠军饷。同时派出军警到各乡强迫种植。种罂粟者每亩必须缴纳 13.2 元，不种则加倍科罚。[②] 1919 年，贵州产鸦片约 60 万担，可抽产场税、通行税 1 200 万元左右，超过正税 4 倍。[③] 据 1924 年中华国民拒毒会调查，烟税年收甘肃省计 2 000 万元、湖北为 1 500 万元、陕西为 1 000 万元、福建为 2 000 万元，军费全部依赖鸦片烟税。[④]

2. 军阀们替烟土商贩包运包卖烟毒，从中牟利

1916 年，王占元督鄂后与孙传芳商定，以地方协助军饷为名，准许武汉福记、福康隆、同康等 8 家公司领照开设土栈。这 8 家公司公推赵典之为代表，同当地军警负责人协商议定每担(1 000 两)烟土缴纳"协饷税"款 200 元，由烟土商在宜昌交货贴花，然后由"武汉""飞熊""楚雄"3 只兵船包运到武汉，再卸至烟土公栈，提货时则需缴纳税款、运费和栈租。军警督察处成立后又将土栈增加到 16 家，税款增加到每担 300 元。1922 年，肖耀南督鄂后，又将原来的"地方协饷"名义改为"统筹军饷"，军警督察处改为禁烟督察处，并将土栈、土膏店调整为 32 家，增税为 400 元一担。[⑤] 湖南军阀包运烟土，起因是下级军官帮助烟商私运鸦片，获了大利，被上级军官和司令发现，认为这是一个很好的财源，于是设立检查局所，规定包运税则，正式征收运税，使军队包运烟土公开化。烟土由贵州边境运至长沙或临资口一带，每 100 斤收运税大洋 100 元，外加护送茶钱。[⑥] 江西自蔡成勋主政后，设立拒毒局，招商包运包卖，并调动军队护送。为此特制定《江西拒毒局章程》，第一条即开宗明义写道，此举是为筹办军饷起见。全省分为 14 区，又分为甲、乙、丙三等，每区招一名商人承包专卖。甲等区每月上交 1.5 万元，乙等区每月交 1.2 万元，丙等区每月交 8 000 元。每区除随时可调用军队、水陆法警保护外，还特设巡缉队供其调遣。同时，全省分为 4 处，招商承包专运，承运人运入烟土每 100 斤纳税大洋 320 元，而承运人收贩商多少税款不再过问。[⑦]

(二) 1920 年前后毒品再次严重泛滥的表现

在军阀的纵毒政策影响下，1920 年前后，烟毒在全国范围内重新泛滥。突

---

① 林强主编：《中共福建地方史》(上)，中央文献出版社 1993 年版，第 10 页。

② 1924 年 3 月 2 日《民国日报》。

③ 朱汉国主编：《中国社会通史》(民国卷)，山西教育出版社 1996 年版，第 571 页。

④ 周宪文：《中国之烟祸及其救济策》，《东方杂志》第 23 卷第 20 号，1926 年。

⑤ 赵舜琴：《武汉"烟土大王"赵典之》，《文史精华》编辑部编：《近代中国烟毒写真》(上卷)，河北人民出版社 1998 年版，第 531—532 页。

⑥ 齐磊、胡金野：《中国禁毒史》，甘肃人民出版社 2004 年版，第 186 页。

⑦ 1924 年 3 月 28 日《民国日报》。

出地表现在以下三个方面：

1. 云南、贵州、四川、西康、甘肃、陕西、宁夏、湖南、湖北、河南、福建等省开始大面积栽种罂粟，鸦片产量大幅度增长

1918年后，陕西全省各地皆种罂粟，每县少的种800亩，而多的超过2 000亩。[①] 当时陕西全省罂粟面积达到农田总面积的90%。[②] 1920年后，甘肃"除了少数过于硗瘠的地方以外"，"每一县都种鸦片"；有些地区罂粟面积占耕地的80%；到1925年，全省种烟面积高达50万亩，约年产鸦片1.5万担。[③] 甘肃积存的鸦片可供全省用15～20年。[④] 1920年后，云南种植罂粟进入"鼎盛"时期，最多的一年种植90多万亩，产量250多万千克。1924年，仅昆明一县即种植罂粟3万亩。[⑤] 云南"全省几乎是一片广大的鸦片田。据北部、南部、东部和西部的报道说，有2/3的土地都种着鸦片。"[⑥]"贵州产烟之处，约占全省三分之二。"[⑦]1924年，四川重庆一县种植罂粟则多达10万亩；[⑧]安徽全省有1/5土地种植罂粟；[⑨]河南全省种烟区占30%左右。湖南只有数县不种罂粟；湖北西半部种罂粟较多；宁夏全省10个县，有7个县种罂粟；西康几乎全省遍种罂粟。[⑩] 福建在1919年以后，开始大量种罂粟，有些地区，种植面积达到耕地的70%～90%；1925年后遍及全省。[⑪]

2. 制造、走私、贩运毒品的活动十分猖獗

1919年，广州公开售烟。外烟也乘虚而入，数量惊人。据中国海关统计，1920年、1921年，天津共破获吗啡、海洛因约为11.3万两。[⑫]

3. 全国各地烟馆林立，吸毒者数量惊人

云南男子约有60%吸食鸦片，女子虽少些，但大姑娘抽鸦片也绝非什么新鲜事。四川鸦片产量为世界之最，烟馆数量亦为世界之最，平均每县有烟馆300家，全省达5万家之多。[⑬] 四川6 000多万人，烟毒患者有310多万；云南

---

① 苏智良：《中国毒品史》，上海人民出版社1997年版，第250页。
② 《中国烟祸年鉴》第1辑，1924年，第8页。
③ 《中华年鉴》，1924年，第557、578、558页。
④ 《拒毒月刊》第25期，1928年11月1日。
⑤ 朱汉国主编：《中国社会通史》（民国卷），第567、570页。
⑥ 《中华年鉴》，1924年，第563页。
⑦ 罗运炎：《中国鸦片问题》，上海兴华报社1929年版，第204页。
⑧ 朱汉国主编：《中国社会通史》（民国卷），第570页。
⑨ 于恩德：《中国禁烟法令变迁史》，中华书局1934年版，第178页。
⑩ 齐磊、胡金野：《中国禁毒史》，第187页。
⑪ 苏智良：《中国毒品史》，第251页。
⑫ 朱汉国主编：《中国社会通史》（民国卷），第570页。
⑬ 苏智良：《中国毒品史》，第260页。

1 700 万人，约有 1/10 的人吸食毒品，即 170 万人；贵州吸食毒品成瘾者至少有 24 万人。[①] 陕西男女老少人人吸烟，吸食成瘾者占总人口的 50%以上，鸦片成为最普遍的应酬品。[②] 陕西汉中人口不满 5 万，却有烟馆 1 000 多家，每馆烧烟枪手数名，以此为生者不下 2 000～3 000 人。南郑县的一个集镇，居民不过 200 户，烟馆就有 30 多家。[③] 宁夏有烟店 1 000 家，吸食者不下数百万人，煤矿工人、黄包车夫几乎人人嗜好，连女人、小孩也普遍吸食。[④] 北京虽不产烟，但吸食者众多，一年要销售鸦片 1 080 万两。天津的烟馆数量更多，警察对此不仅不干涉，反而采取保护的态度。福建烟馆多于米店，仅厦门、龙溪、闽侯、宁德、南安、长乐等 6 县，烟馆就达 1 200 家以上。[⑤] 广东汕头有烟馆数百家，偏僻的连平县却有烟馆 800 家，增城县也有 300 余所。湖南东部烟馆虽不普遍，但吸食者却不在少数；至于湘西本为产烟区，因此家家户户几乎都有烟枪；而省会长沙竟有烟馆 7 000 家。[⑥] 安徽“人民吸食鸦片成风，仅安庆一个城市，烟馆林立，其他城市可想而知，流毒非常之深。”[⑦]即使在“安徽最小的集镇，那时也有几家烟馆，几户人家的村庄，也有几条烟枪，吞云吐雾的病夫，触目皆是”。[⑧]

（三）1920 年前后毒品再次严重泛滥的危害

1920 年前后，由于军阀的纵毒政策，鸦片种植、运输、销售、吸食之风弥漫全国城乡，烟毒空前泛滥，给中国社会造成了极其严重的危害。

1. 严重影响了粮食生产，导致各省饥荒频仍

20 世纪 20 年代，中国的耕地为 14.169 5 亿亩，人均面积较少，仅 3 亩出头。由于政治和技术的原因，粮食产量一直徘徊不前。而随着罂粟种植面积的不断扩大，加剧了粮食的短缺。以 1925 年为例，罂粟面积约为 1 800 万亩，以当年中国粮食平均亩产 300 斤计算，因种植罂粟而每年少生产粮食 54 亿斤。[⑨] 因此从 20 世纪 20 年代初起，各地频频发生饥荒。贵州省粮价一向比较便宜，每担米只需 2～3 元；1921 年后，因罂粟大量种植，粮食严重短缺，每担米上涨到 40 多元，是年因缺粮饿死的 5 万～6 万人。[⑩] 云南省东部因广种罂粟，1924 年“谷物几乎

---

① 王宏斌：《禁毒史鉴》，岳麓书社 1997 年版，第 376 页。
② 《拒毒月刊》第 23 期，1928 年 7 月 1 日。
③ 王宏斌：《禁毒史鉴》，第 375 页。
④ 《拒毒月刊》第 23 期，1928 年 7 月 1 日。
⑤ 苏智良：《中国毒品史》，第 259 页。
⑥ 苏智良：《中国毒品史》，第 260 页。
⑦ 中共安徽省委党史工作委员会编：《安徽现代革命史长编》第 1 卷，安徽人民出版社 1986 年版，第 139 页。
⑧ 李则刚：《安徽历史述要》（下册），安徽省地方志编纂委员会 1982 年出版（内部发行），第 361 页。
⑨ 苏智良：《中国毒品史》，第 253 页。
⑩ 于曙峦：《贵阳社会的状况》，《东方杂志》第 21 卷第 6 号。

接近饥荒年头的价格，小麦价格相当鸦片的五倍，而且不易买到”。[①] 1925年，云南发生饥荒，仅昭定一城就饿死1 000人。[②] 四川种植罂粟最多，几乎无县不种，无村不有，因此，自20世纪20年代初起，几乎年年缺粮、发生饥荒。涪陵因广种罂粟，“大饥，栽烟者，一家吞烟自尽”。“巴中饿死者，埋万人坑”。[③]

2. 严重损害了人民的身心健康

众多的烟民，不事生产，终日吞云吐雾，晨昏颠倒，形体枯槁，浪费社会财富，损害身心健康，甚至导致倾家荡产、妻离子散、家破人亡。据记载，甘肃“河西为产烟区，吸食之人，无家无之，以大烟为应酬宾客之用，鸠形鹄面者比比皆是，而以倾家荡产者，又不知凡几”。[④]

3. 加重了农民的负担和加深了农民的贫困化

农民种罂粟，要交高额烟税，通常要比种其他作物多交一倍以上的赋税，“有的甚至三倍的赋税”。[⑤] 如陕西汉中地区农民在军阀的强迫下种植罂粟，被收取的捐税繁多，“常有鬻妻卖子之惨举”。[⑥] 如遇烟价大跌或种烟失败时，人民受损尤巨。湘西土家族地区因鸦片供大于求，价格下跌，“人民所收烟土不够交纳捐税，一时告贷无门，有的卖耕牛，典青苗，售房屋，嫁妻鬻子，有的个人自杀或全家自杀”。[⑦] 1925年，福建省“因烟苗失败，征税加重，穷无所之，自杀者有之，典田鬻子者有之；强壮者散而之四方，老弱者束手无策”。[⑧]

4. 加剧了社会的动荡不安

（1）军阀与农民之间因逼种和拒种、征税和抗税而冲突不断。新疆农民因拒种罂粟，与前来逼种的军队发生冲突，结果被杀死多人。[⑨] 湖南湘阴、石门等县，军阀强迫农民种烟，如若不从，除处以罚款外，有的竟被处死。[⑩] 1923年，福建军阀王永彝在其辖区强迫农民种烟纳税，农民反抗纳税，竟遭杀戮，一连数乡，农民死伤者以万计，房屋被焚者数千座。[⑪] （2）军阀与军阀之间为争夺鸦片利益而战争不断。由于鸦片是近代中国军阀的命根子，所以他们为了争夺鸦片利益

---

① 章有义编：《中国近代农业史资料》第二辑，生活·读书·新知三联书店1957年版，第629页。

② 齐磊、胡金野：《中国禁毒史》，第188页。

③ 章有义编：《中国近代农业史资料》第二辑，第630页。

④ 刘敏：《甘肃的毒品危害及禁毒活动》，《文史精华》编辑部编：《近代中国烟毒写真》（下卷），河北人民出版社1998年版，第535—536页。

⑤ 《中华年鉴》，1924年，第558页。

⑥ 1924年1月27日《民国日报》。

⑦ 《1919年川东烟案见闻录》，《四川文史资料选辑》第7辑。

⑧ 周宪文：《中国之烟祸及其救济策》，《东方杂志》第23卷第20号，1926年。

⑨ 《中华年鉴》，1924年，第562页。

⑩ 齐磊、胡金野：《中国禁毒史》，第184页。

⑪ 1924年3月2日《民国日报》。

不惜兵戎相见，大动干戈。据统计，从1912年至1922年，中国发生大小内战达139次，这些战争多与鸦片有关。[①] 此后，军阀为争夺鸦片税的争战绵延不绝，甚至愈演愈烈。例如，1923年，湖南军阀谭延闿、赵恒惕为争夺鸦片利益爆发战争，谭、赵战争历时4个月，蹂躏30余县，死伤1万余人，耗资200余万元。[②] 1924年9月，为抢夺上海的烟土地盘，盘踞在江苏的直系军阀齐燮元和盘踞在浙江的皖系军阀卢永祥发生战争，时称"国内的鸦片战争"。[③] 尤其是1925年集中爆发了13次军阀战争，几乎都与鸦片税有关。正如唐绍仪在1926年1月11日所言："民国14年来之数次战争，均为鸦片，故可称为14年之鸦片战争。"[④]

二、建党初期的禁毒主张和禁毒活动

(一) 建党初期的禁毒主张

中国共产党诞生后坚决反对军阀的纵毒政策，在建党初期提出了以下禁毒认识和禁毒主张：

1. 中国共产党认为军阀政治是鸦片烟毒泛滥成灾、农民生活困苦的重要根源

1923年8月，中国社会主义青年团第二次全国大会发表的宣言中，谴责了军阀强迫农民种烟的行径，指出：军阀为了筹措军费，强迫农民种烟，"大烟遍地种植，农产品价格低廉"，结果造成"农民的生活状况沦落于悲惨之境"。[⑤] 1926年12月，湖南省第一次农民代表大会通过的决议案也明确指出："鸦片流毒深入农村，许多生产谷米的田地，变而生产鸦片，成为民食缺乏的原因。吸食鸦片的人，尤其是劳动者，废时失业，有害健康，在社会上更发生许多恶影响。湖南已在国民政府统治之下，赵、叶军阀勒种包销、饮鸩止渴的政策，应该根本铲除。"[⑥]1926年，中国共产党的机关刊物《向导》周报多次刊文揭露军阀勒令农民种烟的目的，说明："种烟是军阀所强迫的，军阀因无军费，因要饱私囊，如孙传芳要想得到1 000万元的收入，便允许南通张状元包种鸦片，其余如刘镇华、周荫人及从前赵恒惕等，也因要想得到军费，便不得不勒令农民种烟。"[⑦]尤其对陕西这样的地方军阀全力勒种，致使烟禁大开的省份，更应予以彻底的公开揭露："陕西自陆建章开放烟禁以后，人民每年广种烟苗，从未禁止。相沿已久，至现在遂

---

① 苏智良：《中国毒品史》，第265页。
② 齐磊、胡金野：《中国禁毒史》，第190—191页。
③ 朱汉国主编：《中国社会通史》(民国卷)，第571页。
④ 周宪文：《中国之烟祸及其救济策》，《东方杂志》第23卷第20号，1926年。
⑤ 马模贞、王玥、钱自强编著：《中国百年禁毒历程》，经济科学出版社1997年版，第154页。
⑥ 中国现代史资料丛刊《第一次国内革命战争时期的农民运动》，人民出版社1953年版，第371页。
⑦ 述之：《军阀统治下之灾荒与米荒》，《向导》周报第164期，1926年7月21日。

成各部队唯一托命之法了。”并指出，在军阀政治下，陕西政府的“禁烟局”就是勒种烟片的机关，政府“禁烟委员”负责具体规划，其使命就是对烟田征收“烟亩变价”，对贩运之鸦片征收“土药罚款”，所得烟税高出田赋3～4倍。“刘镇华督陕时直接管辖尚不过十数县，每年烟税总收入在1 500万以上。”[①]时任中共中央总书记的陈独秀也曾在《向导》周报上发表署名文章，旗帜鲜明地表示：“军阀们……强截捐税，种烟贩烟，这些举动我们当然应该反对。”[②]

2. 中国共产党指出列强侵略也是造成鸦片烟毒泛滥的重要因素

1923年7月，在《中国共产党第二次全国大会宣言》中明确指出，鸦片战争“是资本主义最著名的卑污盗窃行为”，其起因“是由于英国政府和商人要强迫把鸦片毒害中国民众”。[③] 1925年5月，在《广东省第一次农民大会的重要决议案》中，又进一步揭露了帝国主义用鸦片毒害广东农民的狠毒计谋及做法，指出：“他们——番鬼佬(帝国主义)……一年一年源源运来无数量鸦片烟，销售于全中国之都市乡镇，叫我们大吸特吸，使我们一方面断送无数量的现金给他们，一方面自己不能做工生产(因削弱之故)。在东莞、宝安方面，我们因得红毛(英)之供运(由香港九龙来)，致一个农村人数以千计者，至少有200人吸鸦片；在雷州方面，我们因得了法国之供运(由广州湾来)，致一个农村也有许多人吸鸦片。结果，致吸鸦片的我们，全数是破产失业，并变成面黑骨瘠的鬼形。他们不但止此，还运来无数量的鸦片烟苗，叫他们帮助下的带兵老爷(军阀)强迫我们去种。结果，致我们正当生产完全停止，发生粮食的恐慌。在雷州方面，因此竟饿死20多万农民，而未饿死之兄弟，一万十万，到南洋、安南各处卖身为奴(猪仔)，未死之姊妹，一百一千到广州湾、香港、澳门各处卖身为娼，这更是何等厉害呵！”[④]

3. 中国共产党积极参加国民会议运动，推动国民会议把讨论“鸦片会议”列入大会议程，以唤起全民族对鸦片问题的重视和觉悟

1925年，中国共产党发表文章指出，国民会议应讨论“鸦片会议”，重点讨论“鸦片问题及其对民族的危害性”，并痛陈鸦片、海洛因、吗啡等毒品摧残国民身心健康和危害民族风貌之弊端，呼吁全体国民觉醒起来，自觉地投入禁烟禁毒斗争的行列。

(二) 建党初期的禁毒活动

中国共产党在建党初期也初步开展了一些禁毒活动。

---

① 武陵：《反奉战争期间陕西各方面之情况》，《向导》周报第145期，1926年2月10日。
② 《向导》周报第56期，1924年2月27日。
③ 中共中央党校党史教研室选编：《中共党史教学参考资料》(一)，人民出版社1979年版，第5页。
④ 中国现代史资料丛刊《第一次国内革命战争时期的农民运动》，第180—181页。

1924年1月,中国共产党与改组后的国民党正式建立第一次国共合作,并参与领导了广东军政府和广州国民政府的禁烟活动。周恩来在担任广州国民政府广东东江各属行政委员及东征军总指挥部政治部主任期间,对于烟毒问题特别重视。1925年10月,国民革命军出师讨伐陈炯明,发动了第二次东征。在占领惠州以后,周恩来针对当地烟赌盛行的情况,商得东征军参谋长胡谦和参议何成浚的同意,下令予以禁绝,并上呈国民政府军事委员会批准。周恩来在上呈国民政府的报告中指出:"近日以来,烟赌复渐开放,以致奸徒混迹,谣言四起,复按东征诰诫,殊失民望。查此项收入,在惠州城为数无几,如任弛禁,现当军事吃紧之际,倘有疏虞,不独使人民尽怀疑虑,影响革命前途,所关尤大。"周恩来等严行禁绝烟毒的主张,为国民政府所采纳。11月23日,国民政府复电表示同意:"惠城烟赌既经禁绝,嗣后不得弛禁。"[①]对于贩毒分子,周恩来更是坚持无论何人,严惩不贷。当时汕头有位商人,名叫陈坚夫,仗其身居汕头总商会会长职务,又是中华全国商会联合会第五届大会代表,利用其经营的潮汕电船公司进行私运烟土活动。1926年1月20日下午3时,该电船公司的大安轮船由达濠开回汕头,船中私带烟土,被东征军总指挥部政治部暨公安局军队查获。该船被扣留,船主郑金鲤被带回公安局审查,经审讯该船主供认私运烟土系陈坚夫所为。于是,政治部暨公安局随即派员将陈坚夫所经营的潮汕电船公司及有利银庄暨各轮电船一律查封。陈坚夫随即进行反扑,于1月28日给广州国民政府主席、各部长、中央执行委员会各委员、省务会议各厅长、总指挥、各军军长、政治训练部主任以及惩吏院、司法行政委员会、法制委员会、北京全国商会联合会、各报馆、香港华商总会等发了快邮代电。一面竭力为自己贩毒行为作辩护;一面把矛头指向周恩来。捏造说,案发后,"电船工会等团体咸开紧急会议,集众数千人赴政治部请愿。此时周主任方知扰乱商场,断绝交通,咎由难辞,迫而先发制人之计,发出马电,自文其过"。并自我吹嘘:"素安正业,见信商界,一门之内,历任商会正副会长。"广州国民政府收到该代电后批示:"印刷品存查可也",根本不予理睬。陈坚夫又四处活动,为自己开脱罪责,广发文电,大造舆论,争取社会支持,鼓动商界攻击周恩来。他在致中华全国商会联合会函中称:"敝业昨被革命政府汕头政治部主任周恩来无辜查封。"标榜自己:"弟素营正业,不染毫非。"乞求中华全国商会联合会迅速致电广东国民政府,"即将周恩来撤任查办",并"立即发还被封财产"。中华全国商会联合会在不明真相的情况下,致电广州国民政府:"请立将周恩来撤任查办并将陈坚夫所有被封一切财产立即发还。"上海总商会

---

① 马模贞、王玥、钱自强编著:《中国百年禁毒历程》,第154页。

及全国不少商业团体也纷纷致电广州国民政府，一致请求“即将周恩来撤任查办”。面对如此众多的社会团体请愿文电，广州国民政府不得不令秘书处致电周恩来询问情况。周恩来镇定自若，复电国民政府：“……商人陈坚夫等，伙同私运大帮红土。经查得种种事实，证明其为主犯已无疑义。”并指出，陈坚夫所经营的电船公司，此次非法私运烟土绝非偶然，东征军总指挥部政治部对其私运烟土早有察觉，“此次私运偷移更属证据确凿”。广州国民政府根据周恩来的报告情况，特于2月12日为此事开会讨论，最后议决“交由周恩来办理”。这说明广州国民政府是信任周恩来的。陈坚夫遂又变换手法，哀求中华全国商会联合会等机构的绅董出面作保，请求国民政府准其恢复营业。国民政府将各社团的请求转告周恩来，征求其意见。周恩来遂于3月3日复电中称：“现据各社团绅董纷纷代求呈请准其恢复营业，自应循民众之要求，从宽办理。倘该公司确能从此洗心革面，不再为毒害社会之谋，则可罚金示惩，准其营业。现拟召集具呈求之各社团绅董宣示办法，如能为前项之担保，即便准予恢复。是否有当，谨电呈核。”[①]周恩来既坚持原则，又从当时的形势出发，采取灵活的处理方法，使问题得到较好的解决。

第一次国共合作建立后，中国共产党在领导工人运动的过程中，还积极查缉各种外国走私毒品，并查禁外国资本家开设的烟馆。在省港大罢工期间，为有效地遏止各种走私和贩毒活动，专门成立了纠察委员会，进行水陆两方面的侦查，而且还设立了缉船队，随押各船来往以便监视。通过水陆两地的严查破获，收缴了大批鸦片，并一律予以销毁，沉重地打击了英国殖民者贩毒的不法行为。

随着第一次国共合作的建立和北伐战争的开始，中国共产党领导的农民运动蓬勃发展并迅速走向高潮。在农村，很短的时间内全国各地有千百万农民起来，投入反封建的斗争，其势如暴风骤雨，迅猛异常。各地农民喊出“打倒土豪劣绅、一切权力归农会”的口号，掌握了基层的政权。为满足革命形势发展的需要，为培养农民运动干部，从1924年7月至1926年9月，以国民党中央农民部的名义，由共产党人主持在广州开办了6届农民运动讲习所。农民运动讲习所坚持把课堂教学与社会实践紧密结合，尤其重视学生对实际农民问题的研究。第六届农民运动讲习所组织成立了13个农民问题研究会，每一研究会由各省学生组织之。在各省研究会内，引导学生开始研究实际问题，其中就包括对各省烟毒情

① 孙修福：《周恩来严惩烟毒商陈坚夫》，《民国春秋》1995年第5期。

形的调查。[①] 各省各地农民协会都把禁烟作为自己的一项重要工作。湖北省农民协会指出:“烟赌之害,有甚于洪水猛兽,这是谁也不能否认的。一方面须耗费许多金钱,同时还戕害身体,并且在烟馆赌库场中,时常窝藏土匪流氓,甚至引诱无知青年,真是万恶之丛。所以禁烟禁赌,是我们目前重要工作之一。”[②]禁绝烟赌成为农民协会会员的迫切要求。在中国共产党的领导下,1926 年 12 月,湖南省第一次农民代表大会在长沙召开,通过了《禁烟问题决议案》;1927 年 2 月,江西省第一次农民代表大会在南昌召开,通过了《严禁烟赌决议草案》;1927 年 3 月,湖北省第一次农民代表大会在武昌召开,通过了《烟赌问题决议案》。[③] 各省农民代表大会通过的这些禁烟问题决议案,抨击了北洋军阀的纵毒政策,揭露了烟毒泛滥给农民带来的危害,恳请政府严禁鸦片,要求农民协会会员绝对不许吃鸦片烟。1926 年 5 月,广东省第二次农民代表大会通过的《广东省农民协会修正章程》还明确规定:吸食鸦片者不得成为农民协会会员;任何会员,如果吸食鸦片,将会受到除名等纪律处分[④]。广东陆丰农民协会对土豪劣绅统治时代长期禁而不止的烟毒祸害,采取了严厉的禁绝办法,限期收缴烟枪,并集中起来当众销毁;对违反规定的烟鬼,则处以拘捕、罚款等,这些做法在短时期内就收到了惊人的成效。[⑤] 湖南是当时全国农民运动的中心,禁烟活动搞得十分出色,农会坚决禁止种植、吸食、贩运鸦片。正如毛泽东在《湖南农民运动考察报告》中所生动描述的:“共产党领导农会在乡下树立了权威,农民便把他们所不喜欢的事禁止或限制起来。最禁得严的便是牌、赌、鸦片这三件。”在湖南,鸦片“禁得非常之严。农会下命令缴烟枪,不敢稍违抗不缴。醴陵一个劣绅不缴烟枪,被捉去游乡”。“农民这个‘缴枪运动’,其声势不弱于北伐军对吴佩孚、孙传芳军队的缴枪。好些革命军军官家里的年尊老太爷,烟瘾极重,靠一杆‘枪’救命的,都被‘万岁’(劣绅讥消农民之称)们缴了去。‘万岁’们不仅禁种禁吃,还要禁运。由贵州经宝庆、湘乡、攸县、醴陵到江西去的鸦片,被拦截焚烧不少。”[⑥]1927 年 6 月 22 日,《向导》周报也刊文记述了湖南农民协会严禁吸食鸦片的真实情形。农会收缴烟枪,“土豪劣绅的烟枪给农民劈尽了,区乡农民协会议决,发现秘密吸食的

---

① 《中国农民》第 9 期,1926 年 6 月 11 日。

② 中国现代革命史资料丛刊《第一次国内革命战争时期的农民运动资料》,人民出版社 1983 年版,第 494—495 页。

③ 中国现代革命史资料丛刊《第一次国内革命战争时期的农民运动资料》,第 437、571—572、494—495 页。

④ 中国现代革命史资料丛刊《第一次国内革命战争时期的农民运动资料》,第 325—326、332 页。

⑤ 叶左能、邱海洲:《陆丰革命史》,中共中央党校出版社 2003 年版,第 71 页。

⑥ 《毛泽东选集》第一卷,人民出版社 1991 年版,第 35—36 页。

罚款游乡。果然有许多颇有面子的绅士先生唱了几出戴高帽子的戏。从此湖南农村谁也不敢在虎头上捉虱,再干那吞云吐雾的勾当了。”鸦片在“湖南农民已起来的地方,以最短的时间,却一点一滴都禁绝了”。[1] 北伐战争前后各地农民运动中开展的禁烟活动,成为历史上第一次由中国共产党单独发动和领导的群众性的禁烟活动。

① 《湖南农民运动真实情形——湖南民众请愿代表团的报告》,《向导》周报第 199 期《湖南政变特号》,1927 年 6 月 22 日。

第二章　土地革命战争时期的禁毒活动

大革命失败后，中国共产党高举革命大旗继续战斗，坚决反抗和推翻国民党的反动统治。1927年"八一"南昌起义打响了武装反抗国民党反动派的第一枪，开始了中国共产党独立领导中国革命武装斗争的新时期。毛泽东领导的秋收起义成功地开创了中国共产党第一个农村革命根据地——井冈山革命根据地，在实践中找到了一条农村包围城市、武装夺取政权的革命新道路。经过艰苦卓绝的斗争，到1930年夏，在全国10余省的300多个县开辟了15块革命根据地。1931年11月，中华苏维埃共和国临时中央政府成立，标志着中央苏区即中央革命根据地正式建立。尽管面临国民党的围剿，军事斗争的任务十分艰巨，中国共产党领导的红军部队和苏区政府鉴于毒品对民族的严重危害，继续执行禁毒政策，在苏区和红军长征中进行了一系列禁毒活动，从而净化了苏区的社会环境，增强了苏区人民的健康，调动了苏区人民群众参加和支持革命的积极性，树立了中国共产党的良好形象，巩固了苏维埃政权。

一、革命根据地和苏维埃政府开展的禁毒活动

（一）井冈山革命根据地的禁毒活动

秋收起义后不久，毛泽东率领工农革命军在湘赣边界成立工农兵苏维埃政府，创立了全国第一个农村革命根据地——井冈山革命根据地。毛泽东领导的红色政权痛斥国民党以苛捐杂税尤其是大烟税剥削农民。①

井冈山革命根据地在解决红军给养时妥善地处理了鸦片问题。当时保障红军给养的重要手段之一是通过打土豪、没收地主财产来筹款。毛泽东明确指出："打土豪筹款是我们财政政策的阶级路线，既不增加穷人的负担，又能解决部队的供应来源，同时不把土豪打倒，部队一走，仍是他们的天下。"②打土豪得到的财物，一律归公。井冈山的红军规定：区、乡赤卫队、暴动队筹得的金银款项要

---

① 《潘心源关于"秋收起义"前后浏、醴、平革命斗争情况的报告》，1929年7月2日。

② 转引自中华人民共和国财政部《中国农民负担史》编辑委员会编著：《中国农民负担史》第三卷，中国财政经济出版社1990年版，第46页。

缴县工农兵政府，主力红军得到的金银现洋、鸦片、布匹、食盐和药材等物则归红军使用，存放于茅坪的茶山源军药库等处，浮财分给穷苦大众。1928 年 1 月，毛泽东指示工农革命军没收了黄礼瑞、郭小川两个土豪奸商的财产，其中包括他们开设的烟馆。保障红军给养的另一个重要手段是通过发展边界的农业生产，储备充足的粮食。毛泽东十分重视根据地的农业生产，第一个提出“边界的经济是农业经济”[①]的观点。为此，毛泽东和边界党采取了一系列措施，领导根据地红军指战员和人民群众积极发展农业生产。首先就是颁发布告，动员农民群众发展农业生产。根据地内的土地革命运动是在 1928 年 5 月边界党的“一大”后掀起的，此时各地都进行了分田。“土地回老家，农民笑哈哈。”但分了田并不等于丰收。因此，边界各级工农兵政府遵照特委指示，加强了对土地经营、发展生产的领导，普遍颁发了布告，予以督导，其中就包括严禁鸦片的内容。如宁冈县第三区第八乡苏维埃政府就颁发了如下布告：“本府现已成立，从今夺取政权。肃清反动革命，隐藏罪亦牵连。打倒封建势力，严禁赌博洋烟。红军帮我工农，瓜分地主良田。属乡均已分好，务遂耕耘在前。倘有自由抛荒，察觉重责难免。刻下稻熟之期，不准鹅鸭放田。特示布告于后，各宜领遵为先。”[②]

（二）平江县工农兵苏维埃政府的禁毒活动

1928 年 7 月 22 日，彭德怀、滕代远、黄公略等人组织和领导平江起义。7 月 24 日，在平江县城召开庆祝大会，庆祝平江起义胜利，同时，宣布成立湖南省平江县工农兵苏维埃政府。该政府在其制定的政治纲领中明确指出：“吃鸦片、嫖赌者绝对禁止，倘敢犯者，开除饭籍。实行不工作者不给饭吃的口号。”[③]1929 年 3 月，《中共平江县党部关于共产党员的训练纲要》明确把“不嫖牌烟赌”作为共产党员应有的精神之一。[④] 1929 年 4 月 29 日，该政府在《平江县苏维埃政府暂行纪律》中又严厉规定：栽种、贩卖、吃食鸦片，“经二次警告而不改者”，“处决”。[⑤] 1930 年 7 月，该政府在《暂行土地法决议案》中规定：“社会上的乞丐、流氓、盗窃，改变游堕、掠夺、吃食鸦片、赌博等事者，自愿劳动耕种土地仍分配土地。”[⑥]

---

① 《毛泽东选集》第一卷，第 74 页。

② 见余伯流、夏道汉：《井冈山革命根据地研究》，江西人民出版社 1987 年版，第 240 页。又见余伯流、陈钢：《井冈山革命根据地全史》，江西人民出版社 1998 年版，第 348—349 页。

③ 中共湖南省平江县委党史资料征集小组办公室编：《平江革命历史文献资料集》，1983 年印刷，第 413 页。

④ 《平江革命历史文献资料集》，第 426—427 页。

⑤ 《平江革命历史文献资料集》，第 424 页。

⑥ 湖南省平江县志编纂委员会编：《平江县志》，国防大学出版社 1994 年版，第 881 页。

(三) 右江革命根据地的禁毒活动

1929 年 10 月，韦拔群指挥广西东兰农军攻占县城，东兰县农民协会改为东兰县革命委员会，随即迁入县城，并发布《广西东兰县革命委员会最低政纲草案》，规定“严禁烟赌”。[①] 1929 年 12 月，邓小平、雷经天、张云逸、韦拔群等人发动广西百色起义，创建红军第七军，建立了左右江革命根据地。民国时期，鸦片种植、交易及过境，是右江地区独特的经济现象，也是广西省财政的支柱。百色起义后，如何对待鸦片生产、贸易、过境，在一定程度上对右江革命根据地的存在产生重要的影响。在邓小平的领导下，红七军正确地处理这一棘手问题，给党及其领导下的革命根据地实事求是处理鸦片问题提供了重要的策略思想。[②]

右江地区在 19 世纪中叶开始种植、交易鸦片。西林、隆林、田林、乐业、凌云等县，因有适合的土质、气候和政治条件而成为在右江地区主要的鸦片种植区。到民国年间，年种植一般为 2 万亩，最高年份达 8 万亩，产量一般为 100 万两，最高达 400 万两。右江是鸦片贸易和过境的黄金水道，年交易和过境量 2 000 万两，最多的年份达 3 700 万两，绝大部分是贵州、云南烟土。鸦片种植的增多和贸易的繁荣，成为广西省财政税收大项，改变了右江地区经济结构，也给人民带来极大危害。

在右江地区征收的鸦片税成为桂军和广西省政府起家和立足的本钱。1926 年，广西实行寓禁于征政策后，把禁烟罚款征税正式列入省政府预算，每 1 000 两烟土收禁烟罚金 500 元。一般年度的烟税收入 1 000 万元以上，最多的达 1 500 多万元，占省财政收入一半以上。1926 年，省政府主席黄绍竑变卖刘日福在百色收缴的 70 万两烟土所得的 70 万元，开办广西银行，继而用该银行资金办工厂、学校，修公路，办农场等，启动了广西经济。1936 年，桂军发动“六一”反蒋运动，蒋介石命令云贵两省贩运烟土不准经过广西，当年广西烟土税只有 400 万元，桂军被迫屈服，并蒙受重大经济损失。此外，驻右江地区的桂军也大肆收取烟土保护费，云贵到百色每两收二三角，百色到梧州等地每两收六七角之多，仅此一项，桂军每年即可收取几百万元(有的烟帮不请桂军护送)；再加上军队可“依法”没收“非法”烟帮的烟土作价变卖，他们的收入也非常可观。可见桂军、桂省政府的存在和发展，非依赖右江地区烟土不可。

鸦片对右江地区自给自足的农业经济产生重要影响。种植鸦片，除极少部分自用外，绝大部分用作交换。鸦片的贸易和流通，极大地刺激鸦片的种植，给自然的农业经济以极大的冲击。但必须指出，在当时，种植鸦片仍采用自然经济

---

① 陆仰渊、王保山、张世铨选编：《左右江革命根据地资料选辑》，人民出版社 1984 年版，第 176 页。

② 莫亚人：《红七军在右江革命根据地禁烟策略初探》，《广西右江民族师范高等专科学校学报》1998 年第 4 期。

生产方式，而鸦片的贸易与流通严重地违背商品的等价交换原则。鸦片战争时殖民主义者用枪炮打开中国的大门，同样，广西军队和政府用刀枪和棍棒撬开了右江闸门。在鸦片种植和贸易过程中，右江地区没有摆脱落后的经济境况，表现在：到 1929 年，仅在百色、那坡、平马等镇有些小工业，总资本 10 万元左右，才是一个烟帮一次烟土交易的几分之一；农业还处在典型的自然经济状况，土地分散，粮食平均亩产低于广西平均亩产的 1/4，缺粮户占农户的大部分；商品贸易以烟土为主，无商不贩烟，土特产开发经营很少，工业品市场很小。可见鸦片并没有多大改变右江地区自然的农业经济格局。

鸦片引起桂军和桂省政府对右江地区的重视。新旧桂系时代的陆荣廷和李宗仁、白崇禧、黄绍竑都派重兵驻守右江，先后有刘日福、马玉成、陆云桂等旧桂系参加护送烟帮和直接参与贩烟，或采取扣押变卖办法中饱私囊。新桂系上台后不久，即于 1926 年颁布禁烟令，在省和地方设立禁烟局，但军警、政府、禁烟局并不禁种、禁运鸦片，而把禁烟罚款正式列入省政府的财政预算，把驻军就地筹的烟饷也改归省财政厅，禁烟令被用作收取烟税的法律依据。这就是广西省政府的所谓"寓禁于征"政策，禁是为了征，征是为了鸦片种植和贸易的发展，种植和贸易发展了，征得的就越多。不禁，种烟贩烟不违法，收取罚款于法无据，禁令越严，罚之越重，征之越多。各级禁烟局实际上是收取罚款局，在新桂系时代，鸦片越禁越泛滥，其中原因，就在于"寓禁于征"。所以说，桂军和桂省政府对右江地区的重视，只重鸦片税，而工商学事业则撒手不管或理之甚少。

鸦片问题，不少革命根据地都碰到，但在处理上则不尽相同。井冈山革命根据地在财政很困难的时候，就采取没收变卖的办法处理过鸦片问题。在鸦片肆虐的右江地区，邓小平领导红七军采取实事求是的态度，既坚持党的禁烟原则，又据实采取灵活的策略和措施，即从禁烟的必要性和可能性出发，以禁烟为原则，采取"寓征于禁"的策略，又禁又征，禁征并举。红七军采取的这些策略，是马克思主义具体问题具体分析，具体情况具体处理的典范。

1. 红七军首先设立禁烟机构

起义前，禁烟之事由张云逸以右江督办身份亲自办理。张云逸以右江督办名义通知右江各县县长、税务局长将全部烟款上缴，一次便收烟税几万银圆，起义前夕还禁锢各县县长和禁烟局长。起义后，红七军在百色设立禁烟总局，由叶季壮任局长，专事禁烟和收鸦片过境税。县区乡无禁烟机构，由苏维埃政府财政委员兼管，但禁烟之事重大，主要由红七军禁烟总局专司负责，政府管理甚少。

2. 民主讨论确定禁烟策略

在禁烟与不禁烟问题上，邓小平与红七军其他领导人持坚决禁的态度。但如何禁则有不同意见，一种意见认为，要禁烟，就马上坚决禁种、禁贸易、禁过境、禁抽吸，见烟土就没收销毁；另一种意见认为，禁烟是一个较长过程，当前只能在根据地内禁烟，但允许烟土税后过境。陈豪人1930年1月给中共中央写的《七军前委报告》中说："在转变前二三天，百色有烟土六□□□捣乱运往南宁……平马……当时对于是否扣留烟土问题，在党在(内)争论颇久，最后仍决定放行。"①同月，邓小平和龚饮冰到中央汇报时，也汇报了红七军处理鸦片的态度和看法。广东省委一些领导对此有不同看法，他们在讨论布置红军工作时说："我觉得鸦片一定不能用税收方法，而且靠这笔钱来给养红军，对于我们的影响还是很坏，一定要有没收的前途。"②邓小平和龚饮冰在讨论中再次阐述自己的观点，使讨论的结论基本上与他们的观点一致。1930年3月2日，中共中央给广东省委转红七军前委的指示，对禁烟问题也有类似上述的指示。可见，红七军的禁烟策略是经前委讨论并得到中央赞同的。

在禁烟过程中，红七军采取"寓征于禁"的策略。这个策略与桂军、桂省政府的"寓禁于征"政策貌合神离，表面上两者都有禁有征，但禁的手段和征的目的有本质不同。根据红七军领导人在各种报告中提到的有关禁烟资料，右江革命根据地采取的禁烟策略的主要内容是：既禁烟，又允许鸦片烟税后过境到苏区外贸易。禁烟是原则要求，是共产党和红军努力争取实现的目标，是长期任务。禁烟的手段和范围，在当时是禁止红七军官兵、赤卫军官和苏维埃政府工作人员吸用、营运鸦片烟，在根据地内不得种植、贩卖，没收大商家的鸦片，同时向根据地群众作反鸦片烟宣传，待群众觉悟后全面禁止吸用、营运。允许鸦片税后过境是权衡利弊的暂时的应变策略，即只禁吸用、营运，其他人员贩运过境的不予没收扣留，只是特别加重税收后放行，有的还可派军队护送到南宁。可见禁的手段是征，征的目的在于禁，而禁的范围和对象逐渐扩大，这与桂军的"寓禁于征"有着本质的区别。

对于采取"寓征于禁"的策略，红七军态度很坚决。中央对红七军实行这一禁烟策略给予极力支持，中央认为："鸦片烟的害处是人人都知道，在赤色区域，当然要禁止吸食。但目前政权还没有巩固，群众对于鸦片烟嗜好，还很深很普遍，绝不能以一道命令来禁止贩卖……而以加重税务来解决他……我们还应从群众的本身来作反鸦片的宣传……如当地群众已有基础，工农会起来通过不吸

① 中共广西区委党史资料征委会、《左右江革命根据地》编辑组：《左右江革命根据地》(上)，中共党史资料出版社1989年版，第162页。

② 中共广西区委党史资料征委会、《左右江革命根据地》编辑组：《左右江革命根据地》(上)，第185页。

鸦片烟，当然即可在当地以群众的力量执行严禁鸦片烟。但是这种禁止只能就当地执行，如贩卖到其他处去只是从当地经过，当地还不能执行扣留，还只能特别加重其税务。当然我们决不能对鸦片烟还‘明令保护’，反之，我们还要向群众解释特别加重其税务的意义和加紧并扩大反鸦片烟的宣传，渐渐用群众的力量来解决他。”[①]概括起来，红七军在右江革命根据地禁烟策略有几个特点：一是区域性，即在红色区域禁烟；二是渐进性，即先进行反烟土宣传，群众觉悟提高后再行禁烟；三是人员限制，即对革命人员禁烟；四是暂时性，即课重税后暂时放行；五是长期性，即在右江地区禁烟需一个较长的过程才能收到成效。

红七军在右江革命根据地的禁烟策略，在客观上是由右江地区经济特点决定的，同时也以党在新民主主义革命时期的工商政策为依据，在主观上是邓小平等领导人坚持实事求是、思想灵活的结晶。

红七军的禁烟策略是从右江地区经济特点出发的。如前所述，右江地区经济特点是，工农业生产非常落后，一般商品流通很不发达，而鸦片贸易、鸦片过境则非常发达。对这一经济特点，邓小平等红七军领导人到右江不久就了解得很清楚，正如他们给中央的报告中分析右江地区经济状况时所说的：“当地无产业工人，只有市政工人。”“当地农民生活很苦，自耕农多，富农较少，雇农也较少，地主有，但还是中心(小)地主占优势，大部分土地都分割在中小地主手中，故自耕农民很穷，每不够自己吃。”“当地商人多作鸦片烟生涯，甚至于小商人都加入股，在分红利上虽然有许多不平均，但是内部冲突和分化都不甚鲜明。”“此区商品的交换以鸦片为中心，商人都贩卖鸦片，鸦片烟公开的招股，甚至于小商人入股以求赢利的，都普遍异常。”[②]在这种经济特点上建立起来的革命根据地，不能很快地靠发展工农业生产来维持，而应抓住特点，暂时在流通领域想办法，采取灵活的策略不失时机地维持和发展商品流通规模。所以，红七军从这一经济特点出发，提出了重税后放行的策略，反映了邓小平等领导人实事求是的思想。

红七军的禁烟策略是党的正确的工商政策的具体化的表现。民主革命时期，党对工商业的正确政策是保护并促进其存在和发展。《中国红军第七军目前实施政领》第十三条规定：“保护交通和商人营业。”[③]右江苏维埃政府也明令：“疏通水陆以利行商，维护商场金融，保护商人贸易，禁止各机关无故没收商店，

① 中共广西区委党史资料征委会、《左右江革命根据地》编辑组：《左右江革命根据地》(上)，第240—241页。

② 中共广西区委党史资料征委会、《左右江革命根据地》编辑组：《左右江革命根据地》(上)，第178—179页。

③ 中共广西区委党史资料征委会、《左右江革命根据地》编辑组：《左右江革命根据地》(上)，第105页。

严防大资本(家)操纵商场。”[①]鸦片虽有毒害人民的一面,但在右江地区,鸦片贸易制约广西经济,暂时驱动商品流通。红七军禁烟一方面是针对国民党及其政府的腐败;另一方面涉及商人利益。所以禁烟在原则上具有反对国民党的作用,而灵活的禁烟策略又有维持商品流通、保护商人利益的作用。如果红七军成立后立即禁止一切鸦片交易和过境,其他商品交易就会随之停顿,商人的利益得不到保护,不符合党的工商政策。在苏维埃政府还不够巩固,群众对鸦片的毒害认识不深的时候,“在鸦片的贩运上还存有商人的作用”时,“如果贩运只是从当地经过而还不在当地贩卖并是不要扣留,还是要加重税务的方法来解决,并且要与商人订合同,要他们以其他白色区转运日用品到红色区来,这样既不背原则又暂时可以使经济流通”。[②] 不没收不扣留商人的鸦片(反革命的商人除外),这本身就是对商人利益的保护,同时也能消除商人对根据地的恐惧心理,增强对党的工商政策的信任,敢于贩运日用品到根据地交易,促进商品流通,具体体现了党的保护商人利益和促进商品交易的政策的正确。

1930 年 3 月,邓小平回到右江后,在东兰深入开展土地革命,他认为红七军成立后没有立即开展土地革命是一个重要的错误,指出:“唯当时前委没有将中心工作摆在发动群众深入土革上面,而决定了打南宁的行动”,“我们对于此次行动指出了不但轻视了敌人,主要的还是忽视了发动右江群众深入土地革命、巩固右江苏维埃政权的错误”。[③] 从这些认识出发,邓小平在东兰及整个右江革命根据地致力土地革命,指导右江苏维埃政府制定了《土地法暂行条例》和《共耕条例》,红七军从贵州回到河池后,邓小平召开党员大会传达中央指示,决定回右江一段时间,并指出在这期间的主要任务是深入开展土地革命和扩大、改造红军。这才有红七军回右江并在根据地开展土地革命的一段辉煌历史。

寓征于禁既禁又征的禁烟策略的形成,反映了邓小平等领导人实事求是和灵活处理特殊问题的思想,邓小平一贯坚持实事求是的思想。在创建红七军和右江革命根据地中是这样,在处理鸦片烟这一复杂问题时也是这样。

1. 禁烟是党和人民群众以及整个中华民族的需要

鸦片战争后,殖民主义者在中国倾销鸦片,给中华民族的政治、经济和人民带来了极大的危害,所以共产党领导下的各个革命根据地都禁烟。同样,鸦片也给右江革命根据地政治、经济和人民带来极大的影响,所以红七军必须在根据地

---

① 中共广西区委党史资料征委会、《左右江革命根据地》编辑组:《左右江革命根据地》(上),第 120 页。
② 中共广西区委党史资料征委会、《左右江革命根据地》编辑组:《左右江革命根据地》(上),第 193 页。
③ 中共广西区委党史资料征委会、《左右江革命根据地》编辑组:《左右江革命根据地》(上),第 395 页。

内禁烟。由于各根据地实际情况不同，红七军在右江革命根据地处理鸦片烟时没有照搬照套其他根据地的做法，而是采取不明令保护也不明令禁止的方法。

2. 禁烟的策略符合右江经济、政治、文化特点，如前所述

在右江地区，鸦片与政治、经济、文化、军事结合在一起，形成一个特殊的问题。采取灵活的禁烟策略，既可维护党的禁烟原则的严肃性，又可兼顾右江地区的特点而保证禁烟的可行性。把原则的坚定性和策略的灵活性结合起来，就能在右江革命根据地内逐步解决好鸦片问题。

在实事求是的同时，禁烟策略还反映了红七军领导人思想的灵活性。(1) 灵活地掌握和执行党的禁烟原则，不失时机地要求禁烟，同时采取灵活的禁烟办法；(2) 灵活地借鉴桂军禁烟的教训，既禁又征，以征为禁，渐次进行；(3) 灵活地处理鸦片与一般商品的关系，根据党的工商政策，巧妙地利用鸦片贸易和过境来达到促进商品流通的目的，维护根据地的经济秩序；(4) 灵活地掌握禁烟与根据地存在发展的关系，暂时征税以图长远禁烟，利用鸦片的经济作用为根据地、为红军服务，利用鸦片烟的反作用做好禁烟宣传，排除鸦片对革命根据地和红军的不良影响。

(四) 闽浙赣革命根据地的禁毒活动

闽浙赣革命根据地的赣东北特区苏维埃政府于 1931 年 5 月 19 日颁布《赣东北特区苏维埃暂行刑律》，其中第二编第九章专门规定了鸦片烟罪。[①] 这是中国共产党历史上第一次把惩治毒品犯罪列入到刑事法律之中。其内容和特点可归纳为：

1. 规定的毒品犯罪的种类

制造鸦片烟罪、贩卖鸦片烟罪、私藏鸦片烟罪、贩运鸦片烟罪、制造吸食鸦片烟器具罪、贩卖吸食鸦片烟器具罪、收藏吸食鸦片烟器具罪、贩运吸食鸦片烟器具罪、开设吸食鸦片烟馆舍罪、栽种罂粟罪、吸食鸦片烟罪等 11 种。

2. 对毒品犯罪严厉处罚

上述 11 种犯罪，除制造吸食鸦片烟器具罪、贩卖吸食鸦片烟器具罪、收藏吸食鸦片烟器具罪、贩运吸食鸦片烟器具罪、吸食鸦片烟罪外，其余各罪均可判处死刑，且法律在排列刑种顺序时，将死刑排在有期徒刑之前。由此可见，对这些犯罪是首先考虑适用死刑，其处罚十分严厉。

3. 毒品犯罪附加褫夺公权

该暂行刑律第 80 条规定：对于实施任何一种毒品犯罪的犯罪分子，除判处

① 韩延龙、常兆儒编：《中国新民主主义革命时期根据地法制文献选编》第三卷，中国社会科学出版社 1981 年版，第 42—43 页。

一定的主刑外，都要附加褫夺公权。这说明该暂行刑律对毒品犯罪分子的处罚不是注重给予经济上的制裁，而是注重对其公权的剥夺。

（五）中央革命根据地的禁毒活动

中央苏区地处偏僻的农村，革命前大多为罂粟种植的泛滥地区，民众吸食鸦片现象非常普遍。例如，西永定“鸦片产量亦多”；江西当时的调查显示：“本省有许多地方产烟”，[①]群众有种植罂粟的习惯，尤其是“赣南种鸦片者极多，即就兴国一县而言遍地都是樱（罂）粟花，每年为政府税收之大宗，亦出产的重要分子”。[②] 在闽西，“无县不公开烟赌”，稍为僻静的地方也有三数间的鸦片馆，多的乃至十余间，而县城的鸦片馆可达百余间。[③] 赣南也是如此，仅大余县城烟馆就多达140余间。[④]

禁绝烟毒是中央革命根据地的一贯政策，并且中央革命根据地十分重视把土地改革与戒绝鸦片结合起来。

1929年7月，《中共闽西第一次代表大会关于苏维埃政权决议案》明确规定：“禁绝烟赌”是苏维埃政权的工作之一。[⑤]

1930年2月7日闽西苏维埃政府颁布的《土地法》和1930年8月中国革命军事委员会颁布的《苏维埃土地法》都同样规定：“雇农及无业游民愿意分田的，应该分予田地。但游民分田的，须戒绝鸦片、赌博等恶嗜好，否则苏维埃收回他的田地。”[⑥]1930年3月25日，闽西第一次工农兵代表大会通过并颁布的《苏维埃政府组织法案》和《土地法令》分别规定：吃鸦片者，本人无选举权和被选举权；[⑦]“凡领耕田地不准种鸦片。”[⑧]

1931年4月16日，闽西苏维埃政府土地部召开土地委员会扩大会议，通过的会议决议案再次强调：“凡分得田地不准种鸦片烟。”[⑨]

1932年5月，《江西省工农兵第一次代表大会土地问题决议案》指出：“鸦片

① 何友良：《中国苏维埃区域社会变动史》，当代中国出版社1996年版，第242页。

② 江西省档案馆、中共江西省委党校党史教研室选编：《中央革命根据地史料选编》（上册），江西人民出版社1982年版，第183页。

③ 中共龙岩地委党史资料征集领导小组、龙岩地区行政公署文物管理委员会编：《闽西革命史文献资料》第一辑，1981年印刷，第76页。

④ 张玉龙、何友良：《中央苏区政权形态与苏区社会变迁》，中国社会科学出版社2009年版，第132页。

⑤ 江西省档案馆、中共江西省委党校党史教研室选编：《中央革命根据地史料选编》（下册），江西人民出版社1982年版，第17页。

⑥ 江西省档案馆、中共江西省委党校党史教研室选编：《中央革命根据地史料选编》（下册），第377、415页。

⑦ 江西省档案馆、中共江西省委党校党史教研室选编：《中央革命根据地史料选编》（下册），第54—55页。

⑧ 江西省档案馆、中共江西省委党校党史教研室选编：《中央革命根据地史料选编》（下册），第63页。

⑨ 江西省档案馆、中共江西省委党校党史教研室选编：《中央革命根据地史料选编》（下册），第437页。

烟是一种最毒的物品，我们江西苏区里面，仍然没有铲除，还是继续耕种，妨碍生产，减少苏区粮食，在苏维埃政权之下，在明年决不容许继续耕种。”①

为了保持革命队伍的纯洁，提高红军战士的素质和战斗力，1932 年 9 月 30 日，中共江西省委在《为加强和巩固地方武装发展游击战争的决议》中要求把大烟鬼一律洗刷出地方武装：“将现有各地方武装全部人员必须洋（详）细调查登记。执行个别调查，凡是一切豪绅地主、大烟鬼、流氓及一切剥削分子和贪污腐化等阶级异己分子，经过党的作用发动战斗员指挥员向异己分子的坚决斗争，一律洗刷出地方武装。”②

中央革命根据地建立后，经过一段时间的禁毒活动，基本上禁绝了鸦片种植。毕竟烟毒在农村积弊已深，短时间内还不可能完全禁绝吸食。1932 年 11 月，江西省苏维埃的一份报告指出：在兴国，“烟毒盗贼尚不能禁绝，在六七月发现十余案，到八九月更加厉害了，每月都有 30 余案。鸦片栽种的未曾发现，但卖和吃的虽在严禁中随时都有发现”。在赣县，“鸦片栽种的已禁绝了，但吃烟、盗贼赌，也时有发现”。在永丰，“种烟的已绝迹，惟烟痞赌棍，其他如良村龙岗等区少有发现，就是苻田沙溪八都等地异常之多”。在寻邬，“烟赌盗贼也时常发现”。在万太，“种鸦片烟的完全没有……吃鸦片的丝茅坪等区还有发现”。在安远，“吃鸦片的还有些，种鸦片从来没有”。在公略，“烟赌在新区还有些，老区是少见”。③

（六）川陕革命根据地的禁毒活动

红军进入川北通江、南江、巴中地区之前，当地是四川种植鸦片最多、最集中的地方，普种、普售、普吸鸦片烟，鸦片烟毒泛滥成灾。为了进行混战以扩大地盘，军阀在征收五花八门的苛捐杂税的同时，强迫农民大量种植罂粟，收烟土以代替赋税，外运牟取暴利，并称之为“特别捐”，甚至对不愿意种植罂粟的农民征收所谓“懒捐”。巴中每年要捐特别捐白银 100 万两，通江 70 万两，南江 30 万两。④ 据统计，当时通江、南江、巴中地区烟田已占到耕地面积的 30%～40%，而且都是土质肥沃的好田好地。通江县较肥美的土地都种了罂粟，尤其是刘坪场一带，除了瘦田瘦地和不向阳的土地才种粮食外，其余 70%的土地都种了罂粟。有的地方，几乎是全部种植罂粟。鸦片产量惊人，仅宣汉一县，年产鸦片就达 7 万担以上。该县南坝区的所谓“南土”被誉为“川东美芙蓉”，名冠巴蜀。此时

---

① 江西省档案馆、中共江西省委党校党史教研室选编：《中央革命根据地史料选编》（下册），第 473 页。

② 江西省档案馆、中共江西省委党校党史教研室选编：《中央革命根据地史料选编》（中册），江西人民出版社 1982 年版，第 647 页。

③ 江西省档案馆、中共江西省委党校党史教研室选编：《中央革命根据地史料选编》（下册），第 236 页。

④ 四川博物馆主编：《西行壮歌——川陕革命根据地斗争史》，四川教育出版社 2011 年版，第 167 页。

川北农民吸食烟毒遍及千家万户。据不完全统计，那时川北成年男子吸食鸦片者占90%以上，成年妇女占70%，连十二三岁的小孩子也有不少染上了烟毒。江口(今平昌)得胜场，130户，450余人，不会吸毒者仅有6人。巴中化成一个区，有瘾民5 765人，占成年人口70%以上。① 南江"男的占三分之二强，女的占三分之一左右；连放牛娃娃都烧烟，挨家挨户都吸。做活路休息时，到处都摆起烟灯在烧烟。南江城内有27架灯(即烟馆)。"②巴中"平梁区断子垭27家人，就有18家吸鸦片烟；并说不吸烟要死人。"③不少地方烟馆林立，当时通江县城内约有1 000户人家，其中200多户开设烟馆。④ 那时各个场上的买卖，均以鸦片为媒介；巨商大贾屯聚储藏用以牟取暴利的物资，大多是鸦片；乡村祭祀天地鬼神，亦以鸦片为祭品；一些深山庙宇常见菩萨嘴巴上被善男信女们涂上了鸦片；人们有了疾病，也寄希望于鸦片。鸦片竟然变成了包医百病的"良药"!

随着鸦片种植面积的不断扩大，烟毒产量的不断增加，给人民带来了极为深重的灾难。

(1) 罂粟种植侵占大量农田，粮食大幅度减产。当时的川北已经形成"纵目田畴，已成黑土"的惨象。川北穷人因吸食烟毒，体质精神严重摧残，再加之弃粮种烟，粮食大幅度减产，许多人无饭吃，过着"三月杂粮三月糠，三月野菜三月荒"的悲惨生活。甚至酿成大批饿死，埋"万人坑"的悲剧。

(2) 普遍吸食鸦片，人民健康受到严重摧残。人们吸食鸦片烟后，面黄肌瘦，少气无力，萎靡不振，意志消沉。既严重摧残了身体健康，影响了劳动能力，又消磨了人的意志和反抗精神。

(3) 吸食鸦片，耗费钱财，造成一些人倾家荡产，妻离子散，家破人亡。通江瓦室街道谢占顶原有田地20余亩，房屋10多间，因吸食鸦片成瘾，不到40岁，就将田地和房屋悉数变卖吸烟，最后无衣无食，父子俩都因吸食鸦片而丧命。⑤ 据在巴中梁永天平寨傅家院子调查，该院住有20户60余人，其中有18户25人因吸毒卖掉家产，逃往通江，最后饿死在苦草坝，成了绝户。巴中化成区因吸毒而倾家荡产的119户，其中卖儿卖女43户，卖妻24人，逼为盗匪的27家，流落到他乡死去的21人。⑥

1933年元旦前后，红四方面军到达通江、南江、巴中地区，创建川陕革命根

① 陈以政：《川陕苏区的禁毒考察》，《四川文物》1999年第2期。
② 林超主编：《川陕革命根据地历史长编》，四川人民出版社1982年版，第557页。
③ 林超主编：《川陕革命根据地历史长编》，第558页。
④ 章江心：《川陕苏区的禁烟运动》，《文史杂志》1999年第4期。
⑤ 四川博物馆主编：《西行壮歌——川陕革命根据地斗争史》，第168页。
⑥ 中共巴中县委党史室编：《巴中现代革命史》，四川人民出版社1991年版，第263页。

据地后，急需扩大种植粮食和棉花，发展苏区的经济，同时，补充新的兵源也成为一项极其重要的工作，可是在当时却找不到一个不吸烟的青壮年男子来补充。虽然当地有不少人积极要求参加红军，但红军历来拒绝有烟瘾的人。战争的需要，人民的呼吁，遂使推行禁烟运动成为当时一项迫切而艰巨的任务。

川陕革命根据地的党和政府尽管任务复杂，仍然十分重视禁烟工作。在通江城召开的川陕省第一次工农兵代表大会上，就专门讨论了禁烟事项，接着在省、县苏维埃政府内成立了戒烟局，“规定戒烟办法，研究戒烟药品”，建立戒烟所，组织宣传队，大力开展戒烟运动，取得了很大的成绩。

1. 积极开展禁烟宣传

革命的宣传工作，是动员群众、组织群众的有力武器。中共川陕省委提出“各项工作宣传要打先锋”。① 川陕革命根据地的党、政、军各系统和一切革命群众团体都把它当作一项重要任务来抓。川陕革命根据地的禁烟宣传工作也毫不例外，并且下了很大的力气，搞得十分突出。因为群众受烟毒之害甚深，积重难返，所以必须经过相当时间宣传教育工作，才能有效。宣传禁种、禁吸鸦片烟，其目的是使群众认识到鸦片烟是“帝国主义、国民党毒害工农身体、镇压工农反抗、剥削工人农民”的毒计，大家要“不种鸦片，多打粮食”，自动戒烟。② 各级苏维埃政府和革命群众团体都要求大力开展禁烟宣传。1933 年，巴中县苏维埃政府宣布：“立刻在各县、区进行戒烟、禁种、禁吃的宣传教育工作。”③1933 年 9 月 8 日，苍溪县第一次工农兵代表大会通过的决议案提出：各级苏维埃“应大大扩大戒烟宣传教育工作，要群众自动起来戒除”。④ 1934 年 3 月 28 日，川陕省第三次雇工代表大会通过的决议草案规定：雇工会要领导青工女工开展戒烟宣传活动。⑤ 中国共产主义青年团川陕省第四次团员代表大会关于童子团工作的决议强调：要教育“穷苦青年不吃大烟，大烟是发财人来害穷人，整穷人的，吃了大烟的人就没有精神了。赤色儿童不吃大烟，还要监视苏维埃的工作人员吃烟，实行打苏维埃工作人员的烟灯”。⑥ 为了让根据地政府的禁烟宗旨家喻户晓，各级苏

① 林超主编：《川陕革命根据地历史长编》，第 490 页。

② 林超主编：《川陕革命根据地历史长编》，第 496 页。

③ 四川省财政科学研究所、川陕革命根据地博物馆编：《川陕革命根据地财政经济史料选编》，四川省社会科学院出版社 1987 年版，第 174 页。

④ 四川省财政科学研究所、川陕革命根据地博物馆编：《川陕革命根据地财政经济史料选编》，第 176—178 页。

⑤ 四川省财政科学研究所、川陕革命根据地博物馆编：《川陕革命根据地财政经济史料选编》，第 160 页。

⑥ 四川省财政科学研究所、川陕革命根据地博物馆编：《川陕革命根据地财政经济史料选编》，第 165—166 页。

维埃政府和革命群众团体还以当地群众喜闻乐见的歌曲、石刻标语等形式宣传禁烟运动。如川陕苏区工农剧社在禁烟宣传中，专门编写过一首脍炙人口的禁烟歌。这里，将当年的这首戒烟歌(仿打牙牌调)照录如下："(1) 工农呀，弟兄呀，静声听呀哈：唱一个歌儿给你听，其中有原因呀，嗯嗯呀，其中有原因呀！(2) 洋烟呀，本是呀，大毒品呀哈。军阀弄来害人民，不让我翻身呀，嗯嗯呀，不让我翻身呀！(3) 川北呀，穷人呀，受他骗呀哈。吸上一副大烟瘾，田地卖干净呀，嗯嗯呀，田地卖干净呀。(4) 自从呀，吸上呀，洋烟瘾呀哈，别人作工我不行；烟瘾整死人呀，嗯嗯呀，烟瘾整死人呀。(5) 大烟呀，害处呀，说不尽呀哈。不戒大烟活不成，他和军阀不能分呀，嗯嗯呀，就是大敌人呀。(6) 不戒呀，大烟呀，就是死呀哈；戒了大烟身体壮，一齐去打仗呀，嗯嗯呀，一齐去打仗呀。(7) 政府呀，发下呀，戒烟丸呀哈；不伤身体不花钱，不为难呀，嗯嗯呀，戒烟不为难呀。(8) 不戒呀，大烟呀，人讨厌呀哈；戒了烟瘾人人敬，全家都喜欢呀，嗯嗯呀，全家都喜欢呀。"[①]当时川陕省巴中县委宣传部所编的戒烟歌这样唱道："鸦片烟，毒最深。吸上了，要成瘾。既花钱，又损身。一害己，二害人。身体瘦，一把筋。走起路，没精神。哪有劲，把田耕。日愈久，家愈困。劝告父老们，赶快戒烟瘾。身体强壮了，全家喜盈盈。拿起武器来，踊跃参红军。活捉刘湘贼，彻底闹翻身。"[②]石刻标语，在川陕苏区随处可见，现在仍能辨认的还有 4 000 多件。"那时红四方面军总部和下属各军都专门设有制作石刻标语的专业队，群众称之为'钻花队'。他们每到一地，便因地制宜地钻刻起来，有的刻在悬崖、陡坡上，有的凿于石柱、石坊上，或利用旧碑、旧匾，或利用磨盘、石缸……这些石刻，书法工整，字迹清晰，数量庞大，遍布于城乡各地，在当时国内各革命根据地中，是别具一格的。"[③]其中不少标语的内容就是专门宣传禁烟的，如"从前川棒老二、发财人估着种鸦片，吸鸦片，为的是他们好来整款子！""鸦片是从前川棒老二和发财人用来杀害穷人的毒药！""穷人吸上鸦片烟，面黄肌瘦，消磨斗争意志，哪能去打匪首刘湘？""要消灭刘湘，保卫赤区，就要下决心戒烟！""春耕到来，男女穷人需要吃粮食，不点一窝官衙吃的鸦片！""春耕到了，多点穷人需要的粮食，不点一窝害穷人吃的鸦片。""不准种鸦片，多种粮食来消灭敌人！""穷人吃上鸦片不光是损伤自己的身体而且遗毒于子孙后代！""加紧戒烟运动！"[④]等等。

---

① 林超主编：《川陕革命根据地历史长编》，第 507—508 页。

② 川陕革命根据地博物馆选编：《川陕苏区革命历史歌谣》，四川文艺出版社 1985 年版，第 173 页。

③ 史占扬：《川陕革命根据地的红军石刻》，《革命文物》1980 年第 2 期。

④ 四川省财政科学研究所、川陕革命根据地博物馆编：《川陕革命根据地财政经济史料选编》，第 223—224 页。

2. 严禁种烟

《少年先锋》刊文，提出要“动员全苏区的青年，加紧春耕，多多地种粮食，不要种麻醉青年的毒药鸦片烟，这是刘湘田颂尧豪绅地主等，他们想永远统治和剥削我们，他雇着我们种大烟，种了大烟他们抽捐，用这些手段来压迫我们穷苦青年，我们要一致地加紧戒烟”。[①] 1933 年 2 月颁布的《川陕省苏维埃政府关于土地改革布告》中规定：“赤区奖励种有益身体之谷物，一律禁止种鸦片烟。吸烟者得分期禁戒。唯年老气衰不能禁戒者，得于县区苏维埃许可之下种少数鸦片，但每乡不得过十背谷的烟田，经过一定时期后则完全禁种。”[②]同年 11 月 4 日，川陕省苏维埃政府又指出：“土地分好，就马上进行秋耕……反对种鸦片烟。”[③]而巴中县苏维埃政府为禁鸦片烟事专门颁发布告，“除已种之烟苗准予经营外，以后不得再行栽种”。[④] 通过禁种措施，昔日烟花纷飞的田间，已是处处稻谷飘香。就连国民党统治区的《国闻周报》也报道说：“在通南巴的赤区内，鸦片烟的种植是绝对禁止了的，我们走进这些地方，简直看不见一根烟苗。”[⑤]

3. 禁止吸烟

相对禁种而言，禁吸执行起来要困难得多，因为当时的人对戒烟有种恐惧心态，认为戒烟足以致人死亡。为此，川陕省苏维埃政府经常发布公告，说明戒烟的人不仅没有死亡，反而身体健康起来，以此打消人们的疑虑，同时制定了严格的戒烟条例。1934 年 2 月省苏维埃政府专门发布加紧春耕戒烟运动的布告，指出：“四季春为首，一刻值千金。要想衣食足，加紧来春耕……还有一件事，戒烟要加紧。苏维埃政府，随时有明文。成立戒烟局，药品弄齐整。工农来戒烟，不取半分文。限期早戒尽，同为健康人。努力来生产，踊跃当红军。劳苦工农们，硬是要实行。春耕和戒烟，两件大事情。如果不加紧，只有死无生。”[⑥]戒烟首先在各级干部中开展，凡吸烟的都由各级苏维埃介绍，到戒烟局戒烟。“各级苏维埃绝对禁摆烟灯，并应大大扩大戒烟宣传教育工作，要群众自动起来戒除。全县在今年冬天应减少百分之三十，明年 3 月减去一半，5 月全减(戒)完。”[⑦]“参加部

---

① 四川省财政科学研究所、川陕革命根据地博物馆编：《川陕革命根据地财政经济史料选编》，第 220 页。

② 四川省社会科学院、陕西省社会科学院编辑：《川陕革命根据地史料选集》，人民出版社 1986 年版，第 190 页。

③ 四川省社会科学院、陕西省社会科学院编辑：《川陕革命根据地史料选集》，第 193 页。

④ 川陕革命根据地历史研究会组编：《川陕革命根据地历史文献选编》(上册)，四川人民出版社 1979 年版，第 249 页。

⑤ 《赤匪禁烟》，《国闻周报》第 12 卷第 18 期，1935 年 5 月 1 日。

⑥ 四川省财政科学研究所、川陕革命根据地博物馆编：《川陕革命根据地财政经济史料选编》，第 108—110 页。

⑦ 川陕革命根据地历史研究会组编：《川陕革命根据地历史文献选编》(上册)，第 252 页。

队首先就是戒烟。开始时瘾大的多发点(烟),以后就逐渐戒了。那时生活也好,戒起来也快。”“戒烟的办法,县苏专门给戒烟局找了房子,戒烟人自带被子、碗筷,伙食全由政府负责,而且吃得很好,每天有顿荤。戒烟的人不准出街,白天晚上集中在一起学习,讨论戒烟有没有决心;每天早晚吃两次戒烟丸子,每次7颗,嚼烂后用白开水服下。”“丸子是省里发下来的,第一次发了5 000颗。除戒烟局戒烟的不要钱外,其余公开在街上出售,每百钱4颗,两串的布币买300颗。第二次省里又发了17 000颗,因收缩阵地只卖了一多半。丸子是用红花、介子、茯苓等中药配制而成”。[①] 丸子效能很好,被人称为“神丸子”。省戒烟局在通江刚一建立,自动来戒烟者即相当踊跃。“来戒烟的很多,经常有110～120人,集中住在大间号庆丰泰的大房子里。”《川北穷人报》第9期刊登的《戒烟局成绩甚佳》报道说:“我们通南巴的穷人受鸦片的毒害甚深,苏维埃政府为除此害魔,解除我们穷苦工农的痛苦,特设戒烟局,精制戒烟丸,平价赠送穷人戒烟。据戒烟局医生报告,连日来戒烟的将及百余人,两星期内已有五十余人完全戒脱。老年者即需一月,毫无痛苦。”呼吁“患烟瘾的同志们!坚决起来和这鸦片毒魔作斗争啊!”[②]当时曾在省戒烟局工作的庞克道说:“戒烟的人治疗效果比较好,两三个星期就把烟戒掉了。有病的则先治病,随治随戒。药剂是配的中药丸子,里面也合一些大烟。服丸子之量,视烟瘾大小而定,如以往一天烧3次烟,就服3次丸子,烧4次就服4次丸子,逐渐减少药量,最后达到不吃。”“戒烟局在几个月当中,共戒掉五六百人的烟瘾。”[③]在戒烟运动中,深受烟毒之害的妇女成了急先锋。在一次妇女大会上,妇女们诉说烟毒带给她们的痛苦:“有的说她仅有一个可爱的儿子,因丈夫无钱购烟,竟将儿子出卖了。有的说她的儿女病了,因为他们夫妻都吸鸦片,以致没有钱医治,结果死了。有的说她仅有的一条长裤,竟被她的丈夫拿去换烟吸,使她很久的时间无法出门。有的说她家因为吸鸦片欠了债不能还,欠了税无法缴,又打不起官司,结果把田地典卖光了,丈夫和儿子逃往陕甘去了,至今不知下落。她们这样互诉痛苦,弄得多数到会者号啕大哭起来。她们发誓彻底拥护戒烟。”[④]“1933年10月,妇女部领导全苏区妇女开展了戒烟运动……妇女们一面宣传,一面劝告自己的丈夫、父母不要吃烟,不种烟,不卖烟。妇女还自动组织起来,对吃烟的父母、丈夫进行监督。”[⑤]各地普遍召开妇女

---

① 川陕革命根据地历史研究会组编:《川陕革命根据地历史文献选编》(上册),第560页。
② 《川北穷人报》第9期,1933年2月16日。
③ 川陕革命根据地历史研究会组编:《川陕革命根据地历史文献选编》(上册),第561页。
④ 张国焘:《我的回忆》第三册,东方出版社1998年版,第165页。
⑤ 川陕革命根据地历史研究会组编:《川陕革命根据地历史文献选编》(上册),第561页。

戒烟大会，推进戒烟工作。在通江县举行的一次妇女戒烟群众大会，就有5 000名以上的妇女参加。第一期戒烟者约300人，第二期增至1 000人以上。戒烟局成了最庞大的机构。这样经过一年的努力，通、南、巴一带吸烟的人大大减少，“不吸烟的人这时占百分之七十以上，没有完全戒绝的，约占百分之二十，仍然吸烟的老弱不过百分之十而已”。[①] 据一些老红军回忆，农民戒掉烟瘾后，出现了“三大变化”——人变了，由以前萎靡无神的烟鬼，变成了精神振作身体强壮的劳动者；地变了，由以前种烟变成了种粮，且五谷丰登，粮产大增，保证了人民生活和军队的供应；家庭变了，不少家庭以前因吸毒无吃无穿，成天哭哭啼啼，吵吵闹闹，变成无毒一身轻，且有粮吃有衣穿，全家和和气气，欢欢喜喜，日子幸福。人们说，戒烟运动是党和红军拯救穷人出火海的伟大变革，它恢复了人民的身心健康，有力地支援了土地革命和战争。[②]

通过成功的禁烟运动，在川陕革命根据地境内基本上革除了吸毒这一社会陋习，挖掉了人民病弱的一个重要祸根，这对于节约社会财富，增强人民的健康，为红军保障强壮体魄的兵源，都有重大的意义。

(七) 鄂豫皖革命根据地的禁毒活动

鄂豫皖各地苏维埃政权建立后，即清除吸毒等丑恶现象。如安徽六安县石婆店街南头有个吸鸦片成癖的冯长顺，“童子团”天天登门劝冯戒烟，冯阳奉阴违，“童子团”不仅收缴其烟枪、烟土，而且责令其深刻检查，保证不得再犯。对一些屡教不改的顽固分子，群众将其送交政治保卫局处理。霍邱县二区群众组织将吸鸦片烟、聚赌抽头、放高利贷的阎德成的罪行报告保卫局，查证核实后，召开群众大会，公开处决。[③]

二、红军在长征途中的禁毒活动

(一) 妥善解决俘虏兵和新兵吸食鸦片的问题

由于王明“左”倾冒险主义的错误领导造成第五次反“围剿”失败，1934年10月，红军被迫开始长征。

当时云南、贵州、四川所在的西南地区是我国第一大罂粟种植与鸦片生产基地，也是烟毒泛滥最为严重的地区。红军一入贵州、云南，陈云看到的景象之一就是：贵州军阀的“军队则抽丁、苛捐杂税、勒种烟苗”，“鸦片满地”；在云南“唯全国闻名之云南鸦片烟，确是遍地种植。云南鸦片之所以贵于黔川几省者，系云

---

① 张国焘：《我的回忆》第三册，第166页。
② 中共巴中县委党史室编：《巴中现代革命史》，第268页。
③ 安徽省地方志编纂委员会编：《安徽省志·公安志》，安徽人民出版社1993年版，第146页。

南鸦片所结之果实如拳，较大于川黔所出者。唯鸦片在云南亦极便宜。在马龙、嵩明，每现洋一元可购云土半斤”。[①] 红九军团司令部文书林伟在日记中写道：1934 年 12 月 13 日，红军进占贵州第一个县城锦屏。“该城原有黔军二十五军二个营，这个几乎全部吸食鸦片烟的贵州军阀的部队，一听到我七团轻机枪声及多路包围县城的动作，就晓得了红军来到，就赶紧狼狈逃走。”因此红军战士们都把贵州王家烈的二十五军叫做“双枪兵”（即二支枪：一支步枪，一枝鸦片烟枪）、“豆腐军”（即一触即溃），不堪一击。[②] 因此，红军在长征途中经常遇到的一个问题，就是俘虏兵和其他新兵吸食鸦片的问题。“红军有一条死规定：不收大烟鬼。”红军“官兵不准抽鸦片”。[③]

红军坚决禁止自己的官兵吸食鸦片，但对于自愿参加红军又染有鸦片烟瘾的俘虏兵和群众，并不拒之门外，而是采取先留在补充营、新兵营限期戒烟，待戒绝烟瘾之后，再正式入伍的办法。1935 年 1 月 1 日，红军总政治部发布关于瓦解贵州白军的指示，指出贵州白军的特点之一就是“大多数士兵吸鸦片，组织涣散，战斗力薄弱”。要求对贵州白军俘虏兵的工作，“在原则上尽可能地争取俘虏兵当红军，吸鸦片只要瘾不深的能限期戒去的应争取经过相当时期的补充营或新兵营的训练，在这些时期把烟戒去，然后补入军队”。[④] 1 月 14 日，红军总政治部在关于地方工作的指示信中指出：“领导群众斗争的基本方针是为着武装群众、发动群众以参加到红军中来。”发动游击队加入红军时，“在游击队中即使吸烟的也要发动他们来参加，并欢迎他们加入红军，加入红军以后在新兵营连中再领导他们戒烟后正式入伍”。[⑤] 2 月 10 日，中央革命军事委员会主席朱德、副主席周恩来、王稼祥在云南扎西发布关于各军团缩编的命令，其中专门规定：“各军团的新兵，一般的应利用此次缩编补入到各个战斗连中去，唯大烟瘾尚未戒脱的新战士，则应留新兵连训练。”[⑥]这是因为当时贵州的青年男子几乎都吸食鸦片，

---

① 廉臣：《随军西行见闻录》，《贵州社会科学》编辑部、贵州省博物馆编：《红军长征在贵州史料选辑》，贵州社会科学丛书，1983 年印刷，第 285、296 页。陈云撰写的《随军西行见闻录》最早于 1936 年发表在中国共产党主办的巴黎《全民月刊》，同年在莫斯科出版单行本。当时为便于在国民党统治区流传，作者署名廉臣，并在文内假托为一名被红军俘虏的国民党军医。《红旗》杂志 1985 年第 1 期刊载该文时，作者署名正式改为陈云。

② 林伟：《长征时期的行军漫记》，中共桂林地委《红军长征过广西》编写组编著：《红军长征过广西》，广西人民出版社 1986 年版，第 316—317 页。

③ [美] 哈里森·索尔兹伯里：《长征秘闻》，《参考消息》编辑部译编，1986 年编印，第 166、134 页。

④ 《总政治部关于瓦解贵州白军的指示》，《贵州社会科学》编辑部、贵州省博物馆编：《红军长征在贵州史料选辑》，第 15—16 页。

⑤ 《中国工农红军总政治部关于地方工作的指示信》，《贵州社会科学》编辑部、贵州省博物馆编：《红军长征在贵州史料选辑》，第 48—49 页。

⑥ 《军委关于各军团缩编的命令》，《贵州社会科学》编辑部、贵州省博物馆编：《红军长征在贵州史料选辑》，第 65 页。

如果不准吸食鸦片者参加红军，那么"扩红"就成为空话。于是红军部队灵活掌握，欢迎所有的青年加入红军，新兵最初准许抽些鸦片烟泡，然后逐渐在新兵连里戒除烟瘾后才正式入伍。因此，当地青年踊跃报名，参加红军。

曾随同红六军团一起走过一段长征路的瑞士籍英国传教士勃沙特在其回忆录《神灵之手》中，真实、详细地记录了红军帮助新兵戒除鸦片烟瘾的情况："红军对那些刚入伍的新兵进行了戒除抽鸦片恶习的伟大实验。凡有这种恶习的新兵一律被集中到一起，免除操练和勤务，给吃最好的伙食；同时，卫生员发一种药品来减轻他们戒烟的痛苦"；"经过几个星期后，就把这些人区别情况对待，每两天分一次级，逐渐使他们戒掉"鸦片烟瘾。[①] 在与红军生活 560 天里，他深感在中国能看到这么一大群人不抽鸦片，确实很不容易。当了解到有的新战士入伍前抽鸦片，入伍后就戒掉了，他更加感到这支队伍非同一般。

（二）劝告吸食鸦片的群众戒烟

红军在长征途中，对吸食鸦片的群众，也劝告他们戒烟。1935 年 1 月，红军占领遵义期间，中国工农红军总政治部向部队各级政治机关颁发关于地方工作的指示信中指出：我们在开始发动群众的工作时，"必须明白宣传取消一切国民党的捐税，即使是鸦片烟的捐税。这样在广大的范围内发动群众与取得'民心'，而使反革命分子的造谣欺骗，在群众面前给以事实的揭破"。为了要广泛迅速地发动群众，在策略上应该"明白宣布苏维埃对于鸦片的态度，指出鸦片是帝国主义军阀对于群众的麻醉与剥削，现在苏维埃并不强迫戒烟，并不强迫铲烟，而劝告群众不吸鸦片，以健康身体，不种鸦片增加生产，号召群众起来反对强迫种烟与勒收烟税的国民党军阀"。[②]

当然红军在危急时刻又另当别论。据斯诺记载：红军在渡金沙江时，征用 6 只渡船、27 名船夫，因船夫中大部分吸鸦片，红军除了每天给每名船夫工资现洋 5 元外，还让他们随便抽吸鸦片。船夫们日夜进食 6 次，每次杀猪；而共产党指挥渡河人员每餐的菜蔬，只吃青豆。整整 9 天 9 夜，总算将红军全部人马一齐渡过江来。渡江之后，红军立即烧毁全部船只，船本为当地彝家领袖金土司所有。"但红军顾念船夫的生活，每天除工资外，各给现洋三十元和几斤鸦片。因此，船夫都对红军有好感，因而随红军入川的人甚多。"[③]

---

① ［瑞士］R.A.勃沙特：《神灵之手——一个被红军释放的外国传教士见闻录》，《贵州文史丛刊》1996 年第 3 期。

② 《中国工农红军总政治部关于地方工作的指示信》，《贵州社会科学》编辑部、贵州省博物馆编：《红军长征在贵州史料选辑》，第 48—49 页。

③ 斯诺：《二万五千里长征》，《贵州社会科学》编辑部、贵州省博物馆编：《红军长征在贵州史料选辑》，第 328—329 页。

第三章　抗日战争时期的禁毒斗争

抗日战争时期，日本侵略者在对抗日根据地进行军事进攻的同时，又开展了大规模的毒化运动，疯狂地制毒贩毒并诱使民众吸毒。加上抗日根据地极少数贪图重利之徒，偷运、贩卖和私种鸦片，致使边区吸毒现象愈演愈烈。为了粉碎日军的毒化阴谋，肃清根据地内的毒品犯罪，中国共产党领导的各抗日根据地政府相继制定和颁布各种禁毒法规法令，成立专门禁毒机构，发动和依靠广大人民群众，积极开展禁毒斗争。因此，禁毒斗争成为中国共产党抗日民族斗争的重要组成部分。

一、日本侵略者在中国肆行毒化政策

日本帝国主义在中国肆行毒化政策，是其一贯的伎俩。早在"九一八"事变前，日本就在华进行贩毒、制毒活动。"七七"事变后的整个抗战时期，日本侵略者在中国占领区更变本加厉地推行毒化政策。所谓毒化政策，就是日本侵略者在其占领区利用日伪政权，强迫农民种植鸦片，实施鸦片专卖，设立烟馆，征收鸦片捐税，设置制毒工厂，加工毒品，向沦陷区、抗日根据地及大后方贩运出售毒品，以攫夺中国财富、打击与削弱中国国力、摧残中国人体质、瓦解中国人民抗战精神的政策。日本军方曾断言："中国只要有40%的吸毒者，那它必将永远是日本的附属国。"①

（一）日本在中国实施毒化政策是有组织、有计划的

日本毒化政策的推行是有目的、有组织、有计划的。国民政府内政部禁烟委员会主任委员王德溥指出："日本曾不择手段地推行其侵华政策，使用毒品以残害中国人民是其既定政策之一，企图以毁损人民的健康，使中华民族的精神彻底崩溃。"②当时国际正直人士也认为，日本推行毒化政策的目的"一为由贩卖毒品所获之收入，可作为侵略中国之费用；二为用强迫手段，毒化中国人民，使之日趋

---

① 王云峰：《日本当年曾对华发动"鸦片战争"》，2010年8月4日《辽宁日报》。

② 王德溥著，郦玉明译：《日本在中国占领区内使用麻醉毒品戕害中国人民的罪行》，《民国档案》1994年第1期。

衰弱退化”。[①]

1939年6月3日，蒋介石在纪念林则徐虎门销烟纪念大会上，猛烈抨击了日本侵略者的毒化政策。他指出：“敌寇知道（军事镇压）这种摧残，断断不能消灭诸位同胞的抵抗精神，反而同仇敌忾的情绪必然更加激昂，所以他就双管齐下，施用毒化政策，尽量制造烈性毒品来倾销，企图使诸位同胞，人人都投到自杀路上，只要几年工夫，所有中毒的人都成了冢中枯骨，自然不会抵抗，那时他便可高枕无忧，安享宰割。同时，敌寇更因作战以来，他们的国内经济已败，竭泽而渔，快要山穷水尽，眼看就不能支持，所以要想从我们沦陷区同胞身上搜刮，但又明知我们同胞不会甘心贡献，因此就利用它在东北四省和察、绥等省强抢来的烟以及加工制造成的吗啡、金丹、白丸等烈性毒品，来吸收我们民间的法币，以便套取外汇，购买军火，将我们同胞的财富来补充它要崩溃的经济。”[②]

1943年9月，美国国务院明确指出，日本人使用被国际组织禁止的麻醉品毒害他国人民的阴谋得到了当局的怂恿。“1936年以后，全世界仅有一国之领袖仍鼓励鸦片与危险性药品之吸用，此即日本是也。凡日军所到之处，鸦片之买卖均随之而来。日军现占据菲律滨群岛、中国一部分、安南、泰国、缅甸、海峡殖民地、马来联邦、马来属邦、沙胜越、英属北婆罗洲、荷属东印度、帝汶以及其他西南太平洋区域。众信在上述区域内，皆有日本军队主持公开售卖非医药用途麻醉药品之机构。”[③]

日本爱知大学教授、历史学家江口圭一也明确指出，“日本的鸦片政策是以首相为总裁，外务大臣、大藏大臣、陆军大臣、海军大臣为副总裁的兴亚院及兴亚院以后的大东亚省制定和掌握的，是作为国策由国家有组织、有系统、有计划地推行的”，在世界历史上“像日本这样在占领区和殖民地大规模地进行鸦片生产、贩卖和使用的情况，在战争史上实为罕见”。[④]

（二）日本在中国实施毒化政策的主要方法

日本帝国主义为在华顺畅推行其毒化政策，玩弄种种伎俩欺骗麻痹中国人民，以达到其有计划毒化中国人民的目的。日本实施毒化政策的主要方法有：

（1）明令划定种烟区域或布告人民申请种烟，然后以低价收购，高价配售。

（2）设立学校或派遣巡回教师，讲授种烟及收割烟浆方法。

---

① 苏智良：《中国毒品史》，第430页。

② 王宏斌：《鸦片——日本侵华毒品政策五十年(1895—1945)》，河北人民出版社2005年版，第266页。

③ 国民政府内政部禁烟委员会：《日本在中国占领区毒化罪行备忘录》(1946年)，马模贞主编：《中国禁毒史资料》，天津人民出版社1998年版，第1575页。

④ ［日］江口圭一：《日中鸦片战争》，岩波书店1988年版，第205页。

（3）设置大规模制毒工厂，提炼毒品，贩运各地。

（4）假手伪组织制定法律，实施鸦片专卖。

（5）利用军部特务机关、浪人团体、汉奸政权及日本洋行，组设贸易公司批销烟毒。

（6）由日军官兵、伪组织人员及浪人、娼妓等，深入乡村兜售烟毒。

（7）以鸦片充伪组织官兵薪饷及雇工工资。

（8）按户配发鸦片烟膏，定期收取吸后之灰烬。

（9）规定以烟毒为宴会及馈赠之酬应必备品。

（10）将吗啡、海洛因等毒品掺入烟丝内，诱人吸食。

（11）对抗拒毒化之人民，指称为反日思想犯，或我方探员，严刑惩处。[①]

（12）奖励种植鸦片者。为鼓励百姓广种鸦片，日伪政府规定种烟奖励办法，对种植鸦片积极者发给奖金。根据制毒贩毒成绩的大小确定奖金数额，分为：一等奖 3 000 元，二等奖 2 000 元，三等奖 1 000 元，四等奖 500 元，五等奖 300 元，六等奖 100 元。[②]

日本毒化方法之刻毒，也遭到了当时一些国际正直人士的谴责。1938 年 12 月 22 日，英国议员弗莱彻（R. Fletcher）在英国议会演说时，引用大量事实证明："1937 年，日军占领中国各城市，烟毒贩卖，立刻公开，所有烟毒售吸行店，即随日军以俱来，并用尽各种方法，奖励之提倡之。贫民如无现钱购买，可以记账，且随时随地均可供售吸之需。日本鸦片总行，遍设分公司于各地。日本报纸登载毒丸广告，概称长寿丸药，大批瘾民列队拥挤于售吸所之门，而日本警察兼司监督之责。纸烟内皆含有海洛英，使吸烟者无形中养成吸毒习惯。含有毒品之药剂，兜售于乡村，讹言可以治疗肺病。娼寮妓院以及跳舞场，均被利用为烟毒推广场所，瘾民之能取得烟毒，一似吾人清晨开门即可随手取得牛奶、报纸，其便利正复相同。中国工人，以一部分烟毒代替工资。凡此种种，皆操于日、韩籍浪人之手，彼等与日本政府取得密切之联系，于中攫取厚利。"[③]

（三）日本在中国毒化情形概述

在日本毒化政策影响下，中国东北、华北、华中、华南等地区毒品严重泛滥。据国民政府内政部调查统计，日本在占领区内，强迫农民种植的罂粟面积达

---

① 国民政府内政部禁烟委员会：《日本在中国占领区毒化罪行备忘录》(1946 年)，马模贞主编：《中国禁毒史资料》，第 1576 页。

② 《敌伪毒化华北强种鸦片》，1942 年 10 月 30 日《解放日报》。

③ 国民政府内政部禁烟委员会：《日本在中国占领区毒化罪行备忘录》(1946 年)，马模贞主编：《中国禁毒史资料》，第 1576 页。

1 500 余万亩，占领区内吸毒者约有 3 200 万人，“其中，3 100 余万人系因日本占领直接造成的结果”。[①] 日本侵略者的毒化政策给中华民族带来了深重的灾难，诚如国民政府内政部禁烟委员会主任委员王德溥所言：“中国人民受烟毒痛苦和损失，或不亚于战争直接给予的灾难和损害。”[②]日本在华的毒化情形，实为触目惊心。其具体情况，笔者依据有关历史资料概述如下：

1. 东北方面

东北在“九一八”事变前，早被日本毒化，等到沦陷后，日本人一面由朝鲜输入鸦片，一面强迫人民种烟。1933 年至 1936 年，由朝鲜直接输入的鸦片，共计 23 697 千克[③]。伪满洲国所划分的 16 省，1937 年种烟者占 12 省，面积为 177 750 英亩，年产鸦片 1 271 000 千克，[④]除供给本地需要外，所余全部运往河北及天津一带，加工提炼成海洛因。此外，还有私种面积 52 560 英亩及所产鸦片，尚未计入。1937 年，热河鸦片产量比上年增加 3 倍，伪西兴安省增加 2 倍。

伪满洲国设有鸦片专卖局，其收入预算计 1937 年为伪币 4 785 万元，1938 年则为 7 104.52 万元，一年之间增加 48%强。“到满洲国灭亡时为止，生产鸦片合计达 3 亿两，1944 年的鸦片利润达到 3 亿元。”[⑤]

东北境内的制毒机关，系由伪满洲国鸦片专卖局统制，在沈阳和承德各设有一家制毒厂，在哈尔滨设有一处化验所。沈阳制毒厂每日制造吗啡及海洛因共约 75 千克至 100 千克。承德制毒厂专制粗吗啡，运往平津一带，供提炼海洛因之用。

日伪为诱骗更多的东北人民吸食鸦片，还专门编了一首《劝烟歌》：“人生在世几何年，及时行乐莫惜钱。行乐之事样样有，万般不如鸦片烟。抽足大烟精神

---

① 《路透社记者所拟问题之答案》，中国第二历史档案馆藏，档号：四一(2) 81。

② 王德溥著，郦玉明译：《日本在中国占领区内使用麻醉毒品戕害中国人民的罪行》，《民国档案》1994 年第 1 期。

③ 1933 年为 1 899 千克，1934 年 6 808 千克，1935 年 3 752 千克，1936 年 11 238 千克。马模贞主编：《中国禁毒史资料》，第 1577 页。

④ 王德溥著、郦玉明译《日本在中国占领区内使用麻醉毒品戕害中国人民的罪行》一文指出：1937 年伪满洲国种烟面积为 177 750 英亩，年产鸦片 1 271 千克(《民国档案》1994 年第 1 期)。国民政府内政部禁烟委员会《日军在中国占领区毒化罪行备忘录》一文则指出：1937 年伪满洲国种烟面积为 177 750 英亩，年产鸦片 1 271 000 千克(马模贞主编《中国禁毒史资料》第 1577 页)。两者确认的种烟面积一致，而鸦片产量则相差悬殊。当时每市亩烟田大致产鸦片 12～100 两不等，平均为 50 两(详见中华国民拒毒会编《中国烟祸年鉴》第 4 辑第 42 页)。如按前文计算，每市亩(1 英亩＝6.072 0 市亩，177 750 英亩＝1 079 298 市亩)年产鸦片 0.001 177 617 千克即约合 0.023 6 两，显然不符合实际。如按后文计算，每市亩年产鸦片 1.177 617 千克即约合 23.6 两，与实际相符。因此笔者在此处采用后者的数字。王德溥于 1946 年所写的这篇文章原为英文稿，1994 年被人翻译成中文公开发表。或许是原文有误，抑或是译文疏漏。

⑤ [日]江口圭一著，宋志勇译：《日中鸦片战争》，天津人民出版社 1995 年版，第 102 页。

爽,浑身上下都舒坦。有病不用进药铺,大烟治病赛仙丹。”[①]在日伪的毒害下,至1937年全部登记的烟民高达1 300多万人,占东北全部人口的1/3以上,而年龄在20岁到35岁的又占了全体烟民的70%强。[②] 根据伪哈尔滨市卫生局的报告,1937年1月—7月,城内各街巷共发现因吸毒致死的无主尸体1 993具。同年11月,伪沈阳警察局统计该地有吸毒死案67起。有一段时间,在康复医院戒毒者人满为患,床位全部占满。[③]

2. 华北方面

傀儡的华北政务委员会成立后,日本唆使伪政权取消原中国政府制定的所有禁烟法规和规定,于1940年8月设立伪华北禁烟总局,在各主要城市设伪分局,实行鸦片专卖。同年12月30日,该禁烟总局一次性颁布了以下9项规章:《吸烟执照发给办法》10条、《栽种罂粟执照发给办法》10条、《运输执照发给办法》10条、《售吸所营业执照发给办法》16条、《吸烟器具制造人营业执照发给办法》14条、《吸烟器具总批卖人营业执照发给办法》12条、《零售吸烟器具人营业执照发给办法》14条、《药用鸦片贩卖人营业执照发给办法》18条、《药用鸦片执照发给办法》11条,根据这些规定,任何人只要交纳规定的费用,均可合法地栽种和买卖毒品。[④]

北平烟毒贩卖,起初均由朝鲜人出面经营,日本人居保护地位。1937年8月4日,日军开入北平后,监犯多遭枪决,但烟犯都获释放。1938年10月,该市有烟馆约300家;1939年3月,已增至500多家,它们均由日伪发给烟照营业。除鸦片外,吗啡、海洛因、高根、红丸等烈性毒品,也都随处可以买到。到1944年间,北平市内烟馆至少有1 000家,吸食毒品者高达13万人。

天津是日本在华肆行毒化之总枢纽,成为当时“世界制造海洛因之中心”。[⑤] 据统计,天津1938年计有烟馆500多家。[⑥] 1939年,天津市计有制造毒品工厂200余所,白面洋行1 000余处。1945年日本投降前,共有土膏店180余家,土药店30余家,每5日销售鸦片4万两,烟民约有15万人之多。日本人在

---

① 王殿令:《伪满时期辑安县的社会毒瘤》,《文史精华》编辑部编:《近代中国烟毒写真》(上卷),第242页。

② 《中宣政治两部就厉行烟禁以摧毁敌人的毒化政策告国人书》,1938年6月3日《新华日报》。

③ 王德溥著,郦玉明译:《日本在中国占领区内使用麻醉毒品戕害中国人民的罪行》,《民国档案》1994年第1期。

④ 江沛:《日伪“治安强化运动”研究》,南开大学出版社2006年版,第201页。

⑤ 《英国议员 Rgpinald Fletcher 在英国国会所作关于远东毒化情形的演说》,转引自国民政府内政部禁烟委员会编:《禁烟纪念特刊》,1939年6月,第11页。

⑥ 魏宏运:《三四十年代日本的鸦片侵华政策》,张海鹏主编:《第二届近百年中日关系史国际研讨会论文集》,中华书局1995年版,第74页。

天津制售的毒品品种繁多，有海洛因、白面、黄面、甜丸、快上快、纸卷、黑膏、鸦片、吗啡、可卡因、高根等。“故该市烟民为数甚多，甚至两三岁的婴儿也有成瘾、须注射吗啡针者。”[①]在冬季严寒的日子里，警察及卫生队每天早晨都要从街道上清除大批吸毒者尸体。

在河北全省，1936 年，日本人和朝鲜人开设的烟馆已达 700 多家。自日军进占后，毒化程度日甚一日。在井陉煤矿区及石门一带，土膏行店触目皆是。该处日本人出售一种毒性最烈的毒品，一经吸用，一两个月内就会毙命。因此每到严冬，因吸用毒品流落街头而致死亡者，时有其人。

“山西负太行天屋之险，屏障华北，以是日本毒化情形，至为严重。”[②]1939 年，晋北各地区共种植罂粟 1 万余亩，产烟 170 500 余两。1940 年，大同、阳高、天镇、怀仁、山阴、朔县、浑源、左云、右玉、平鲁、广灵、灵邱等 12 个县，一共种植罂粟 16 万余亩，产烟 129 655 两。1941 年罂粟种植区及种植亩数与 1940 年略同，但产量则增至 2 369 400 余两。1942 年，日本人又指使伪华北政务委员会禁烟总局明令划定介休等 26 个县为种烟区域，强迫人民普遍施种，仅太谷一县，烟田即达 6 000 余亩，每年勒收烟税 200 余万元。据统计，全省烟税收入，1941 年为伪币 370 余万，1942 年为伪币 484 余万。[③] 各村烟铺林立，大量销售鸦片及料面、金丹等毒品，人民吸用烟毒者达 50%以上，甚至 9 岁以下的儿童也有出入烟毒店的。至于伪组织中县长以下人员，竟有 80%吸食烟毒。

山东作为沿海省份，是日本和朝鲜浪人进行非法贩毒的地方。抗日战争爆发后，该省大部分地区沦于日本人铁蹄之下，毒化情形日益加剧。在济南、青岛等地，公开地进行鸦片的交易和吸食。1938 年，日本人允许青岛 20 家具有 50 盏灯设备的吸烟所（烟馆）营业；原则上禁止在吸烟所以外的地方吸烟，但如向市里登记纳税，可允许在家中吸烟。估计年税收额约达 150 万日元。1938 年 9 月，济南就有烟膏店 40 家，至 11 月底则增至 136 家。全省境内罂粟栽种横行。“1939 年的栽种面积 40 960 亩，估计产量为 246 万两或 573 万两。”[④] 1940 年，“山东省内的罂粟栽种面积和收获量，预计都达去年的 2 倍以上”。[⑤] 1940 年，仅中国鲁苏战区所属部队在莒县、蒙阴、临沂、日照、安丘等地铲除烟苗

① 国民政府内政部禁烟委员会：《日本在中国占领区毒化罪行备忘录》(1946 年)，马模贞主编：《中国禁毒史资料》，第 1577 页。

② 国民政府内政部禁烟委员会：《日本在中国占领区毒化罪行备忘录》(1946 年)，马模贞主编：《中国禁毒史资料》，第 1577 页。

③ 华北政务委员会禁烟委员会档案，中国第二历史档案馆藏，档号：四十一② - 38。

④ [日]江口圭一著，宋志勇译：《日中鸦片战争》，第 55 页。

⑤ [日]江口圭一著，宋志勇译：《日中鸦片战争》，第 83 页。

近1 000亩。

在察哈尔，日军的财政来源之一是鸦片税，为得到更多的钱财，日军设置鸦片管制总局，广泛推广罂粟种植。鸦片管制总局的职能就是负责清丈烟地，视察烟苗，征收烟税，收购鸦片等。在1942年，除怀来县外，其余各县均大面积种植罂粟。仅敌人在察哈尔南部划定的所谓察南种烟区，罂粟种植面积就超过50万亩。“1941年，日人共收购鸦片1 500万两；1942年，500万两，收购价格每两伪蒙币6至8元。”①所购鸦片除供给本地需要外，大都运销上海等地。

绥远日本人在伪蒙疆区域大量种植鸦片。在伪政权的支持和鼓励下，1939年前后，伪蒙疆地区鸦片的种植面积约占其土地面积的1/3，年输出鸦片由1938年的965万两，一跃而至1942年的1 000万两。② 这些鸦片大多输入华北、华中、华南地区，有一部分专门倾销到中国共产党各根据地区域。1941年，仅归绥、陕霸、包头、托克托和清水河等5县就种烟60万亩。所产烟浆均由日本人收购，严禁私售，违者处以死刑。收购烟土的机构均由伪禁烟总局管辖，禁烟局在各个县和地区都设有分支机构。官方规定水田产鸦片150两，旱田产100两。日本人在托克托县开办了9家游乐中心，在陕霸县开办了11家，在那里销售鸦片、海洛因、红丸、白面和吗啡，“同时，官方规定鸦片是一种社会必需品，用于宴会、馈赠、节日庆贺等相互应酬活动中”。③

3. 华中方面

1937年12月日军占领南京后，首先奸淫掳掠，屠杀无辜，然后扶植了一个傀儡政权，肆行毒化。1938年，全市共有大规模经营鸦片机关4个，一为日军特务部所组织；二为伪政府所组织；三为日本和朝鲜浪人所组织；四为日本洋行。仅日军特务部每日销售鸦片毒品大约就在300万元以上。伪政府定有鸦片出卖方法，并分设鸦片零售商店17家，此等商店按季节纳税，一等4 200元，二等2 840元。从1938年11月15日起，市内营业烟馆共有40家，按拥有灯盏数付税。有9盏灯的烟馆每月付税150元，6盏灯的烟馆付税100元，3盏灯的烟馆付税50元。④ 此外，还有大量的私人烟馆和无数的旅馆、妓院也销售鸦片，而日本和朝鲜浪人及日本洋行的纵毒情形，较此尤为严重。1944年以前，在华中推

---

① 国民政府内政部禁烟委员会：《日本在中国占领区毒化罪行备忘录》(1946年)，马模贞主编：《中国禁毒史资料》，第1578页。

② 孙修福：《从华北禁烟总局档案看日本帝国主义毒化政策》，《北京档案史料》1995年第4期。

③ 王德溥著，郦玉明译：《日本在中国占领区内使用麻醉毒品戕害中国人民的罪行》，《民国档案》1994年第1期。

④ 国民政府内政部禁烟委员会：《日本在中国占领区毒化罪行备忘录》(1946年)，马模贞主编：《中国禁毒史资料》，第1578页。

行毒化政策的机构是伪内政部的禁烟总局及其各地禁烟分局。1945 年以后，该局改隶伪军事委员会，称禁烟总监署，各地分支机构照旧。

上海一直是日本在华中推行毒化政策的中心。1937 年 8 月 13 日淞沪抗战爆发时，日本海军上海出勤武官府，就派遣运输舰贩运回东北及察哈尔、绥远等地所产烟土，堆存于上海的台湾银行，由日本海军上海出勤少佐相内重太郎等主持推销。自从伪南京政府成立后，日本兴亚院及大使馆指派汉奸盛幼庵等，在沪组设宏济善堂，于曹家渡、康家桥等地，分设土膏市场，并于沦陷区各地设立分堂，专事推销烟毒，吸收华中物资、资源。上海宏济善堂理事长为日本人里见夫，会计监督为日本人中西正雄。伪南京国民政府时期，日方主持毒化者为海军支那方面舰队海军大将前中实、海军少将白神君太郎、海军武官府上海复兴班长大佐清水岩及陆军特务机关长少将楠本实隆等。日军还把上海郊区的川沙、南汇两县作为罂粟种植区，规定农作物的比例是“五稻四棉一罂粟”，烟农必须把鸦片浆交由禁烟局验质收购。

安徽蚌埠、盱眙、合肥、巢县、寿县、定远、太和等地，日本人强迫百姓种植鸦片，公开进行鸦片、吗啡、白面交易。1945 年，仅合肥、巢县两县即种烟 37 670 亩。[①] 安徽亳州县城内，从北门到南门的大街，有很多日本人开的商店，家家都卖海洛因，因此吸毒者越来越多。“据统计，当时成瘾破产、流浪街头的，仅城关一地，就有 1 200 余人；而学会制造海洛因的技术，并以此为业者，有 500 余家；南京巷总共有 48 户人家，就有 46 人制贩毒品。”[②]

1942 年，日本人在河南占领区内曾指使明令划定彰德等 8 县为种烟区域，计彰德 3 万亩、汤阴 8 000 亩、武安 6 000 亩、临章 2 000 亩、浚县 3 000 亩、滑县 3 000 亩、鹿邑 7 000 亩。罂粟收割后，日军规定农民不准私售，必须将鸦片卖给指定的机构，再集中到中心城市，作为制造吗啡、海洛因的原料。日伪在河南各地设有制毒厂，最著名的就是博爱县大辛庄的中和记公司。该公司每天可制红丸 5 000 余袋，每袋 1 万余粒，售价 3 万余元，总计每日赢利可达 5 000 万元，我民间被迫服毒的经济损失，每日约在 1.5 亿元以上。[③] 毒品制成后，便分运豫北、晋南销售。在日占区，毒品经销店可谓星罗棋布，无处不在。在洛阳，同益货栈和道义货栈是非常有名的商栈，专门经营收购鸦片并贩卖毒品。日军每占一地

---

① 国民政府内政部禁烟委员会：《日本在中国占领区毒化罪行备忘录》(1946 年)，马模贞主编：《中国禁毒史资料》，第 1579 页。

② 张荫庭：《鸦片在亳县的流行和危害》，《文史精华》编辑部编：《近代中国烟毒写真》(上卷)，第 303 页。

③ 国民政府内政部禁烟委员会：《日本在中国占领区毒化罪行备忘录》(1946 年)，马模贞主编：《中国禁毒史资料》，第 1579 页。

就利用日本浪人和朝鲜人，在县城、乡镇开设纸烟店，实际是销售毒品。白面、红丸、小磨、砂子等毒品充斥市场，人人皆知。在黄河的百里渡口上，到处是日本人、朝鲜人的洋行、药房和汉奸开设的大烟馆。重压下农民苦不堪言，一般种1亩罂粟须交税金150元。在日伪的放纵下，吸毒人口增多，伪省长陈静斋、秘书长孙思仿、建设厅长岳迹樵等均是烟瘾极大的黑籍人物。①

抗日战争爆发之前，汉口日租界是华中地区的主要毒源，租界内有多家制毒工厂，许多日侨从事贩毒行为。抗战期间，日本人在武昌、汉口、宜昌、孝感、阳新、钟祥、当阳、荆门等地，除大量运售烟毒外，还强迫民众普遍种烟，敛取税收。1940年，在人口40万人的汉口，持有许可证的鸦片窟(土膏店)340家，持有出售鸦片许可证的旅馆120家，鸦片被公然出售、做广告。② 1943年，日本人又指使伪宜昌县政府颁布鸦片专卖纲要，积极推行毒化政策，另规定伪宜昌县政府所属机构的经费，一概以烟税款收入而定，伪组织内办事人员，均以鸦片为薪金，并以推销鸦片多寡定成绩优劣。

4. 华南方面

在广东沦陷区，日本人以广州为制毒及贩卖烟毒的中心，市内烟馆毒品店林立，民众深受其害。1940年，在人口50万人的广州市，登记的鸦片窟(土膏店)852家，未登记的300家。市里张贴着非常有诱惑力的鸦片广告，日本士兵在妓院用鸦片支付费用。在日本的兵站，将鸦片作为工资支付给干活的劳动者。③ 日本人在潮安等地公然张贴布告，劝令民众申请种烟，并规定烟亩生产，由日本人扶植的政府以官价收购。花县敌人，除强迫农民种烟外，并组织所谓福民堂制鸦片所，从事提制烟毒。

在厦门，1942年，日本人从台湾运来大批鸦片、红丸、吗啡等共3 000余两，除设统一公膏毒品行在当地勒销外，并强迫航海船只运销他处。1944年，日本人在闽粤沿海各地勒令民众每户至少种烟1亩，尤其以福建的金门、壶江和广东的南澳受日本毒化政策最深，各地种植罂粟均在60万株以上，并以金门五里海为示范罂粟园，在厦门组织株式会社专事收制烟膏倾销各地。④

二、日本毒化政策对抗日根据地的影响

抗日根据地民主政府清楚地认识到："帝国主义之所以对中国施用'毒化政

① 邢汉三：《日伪统治河南见闻录》，河南人民出版社1986年版，第85页。

② [日]江口圭一著，宋志勇译：《日中鸦片战争》，第86—87页。

③ [日]江口圭一著，宋志勇译：《日中鸦片战争》，第87页。

④ 《1942年10月3日军委会战地党政委员会报告及1944年3月25日中央调查统计局报告》，马模贞主编：《中国禁毒史资料》，第1579—1580页。

策’，一方面是企图在肉体上精神上腐蚀与麻痹中国人民，以消灭中国人民的反抗性，另一方面是企图以此从中国攫取大批的金钱。日本帝国主义者，对于‘毒化政策’的运用，就更积极，在它的占领区里，鸦片、白面、海洛英、红丸，应有尽有，街上公开拍卖，报上大肆招徕；并用尽一切方法，将毒品偷运到我们根据地里来，这是一个非常毒辣的政策。”[①]日本的毒化政策不仅造成沦陷区毒品严重泛滥，也致使抗日根据地毒品问题日趋严峻。陕甘宁边区和晋察冀、晋冀鲁豫、晋西北、山东、淮南等华北、华中敌后抗日根据地深受其害，种植鸦片、贩运烟毒、买卖烟毒、吸食烟毒等现象愈演愈烈。

（一）对陕甘宁边区的影响

在红军主力到达陕北以前，陕甘宁边区所在的西北地区一直是仅次于我国西南地区的第二大罂粟种植与鸦片生产基地，也是烟毒泛滥最为严重的地区之一。种植面积之大、产量之多、吸食者之众，均令人瞠目结舌。据记载，20世纪20年代末期，陕西、甘肃两省的罂粟种植面积曾分别达到农田总面积的90%和75%；陕西每县几乎都具有生产3万两鸦片的能力；甘肃积存的鸦片可供全省使用15～20年，男女老少普遍吸食。[②] 1937年，被登记的烟民，栒邑、榆林等县都在3 000人以上，米脂、绥德、神木、鄜县、淳化也都超过了1 000人。栒邑一县的烟民每月吸食量高达3 000两。[③] 上述县的人口除米脂（8万人左右）、绥德（12万人左右）较大外，其他为3万～5万人，按平均数5万计，烟民即占人口数的2%～6%。1936年12月红军解放延安时，延安计有居民1 096户4 841人，就有烟民1 500人以上，官办烟馆5个；烟民占居民数的31%，烟馆平均200余户一个。[④] 烟民如此之多，因而当地有“延安府，柳根水，十有九个洋烟鬼”的民谣。[⑤]

中央红军抵达陕北后，陕甘宁边区对于鸦片和毒品一贯悬为厉禁，并采取坚决措施，基本上根绝了烟毒。但抗战以后，由于日寇实行毒化政策，“敌区烟毒每多偷向我后方运售，遂使我边区干净土地亦遭波及”。[⑥] 边区极少数贪图重利之徒，不顾政府的禁令，偷运、贩卖和私种鸦片，使陕甘宁边区吸毒现象又死灰复

---

① 《抗日民主政府一年来施政工作总报告》（1941年1月14日），《淮南抗日根据地》编审委员会编：《淮南抗日根据地》，中共党史资料出版社1987年版，第77—78页。

② 参见齐霁《陕甘宁边区禁烟禁毒运动初探》，《甘肃社会科学》1999年第4期。

③ 国民党陕西省政府统计委员会：《统计材料月刊》第2卷，第3、4期合刊，1937年。

④ 延安市志编纂委员会编：《延安市志》，陕西人民出版社1994年版，第484页。

⑤ 陕甘宁边区财政经济史编写组、陕西省档案馆编：《抗日战争时期陕甘宁边区财政经济史料摘编》（第二编《农业》），陕西人民出版社1981年版，第688页。

⑥ 《陕甘宁边区政府关于印发查获鸦片毒品暂行办法的命令》（1942年1月18日），陕西省档案馆编：《陕甘宁边区政府查禁烟毒史料选》（上），《历史档案》1993年第1期，第76页。

燃，各种毒品犯罪活动比较严重。据1942年陕甘宁边区统计，全边区烟民每月总共消耗在百万元（边币）以上。[①] 少数部队官兵和机关工作人员也染上了毒瘾，甚至参与贩毒。[②] 在陕甘宁边区处理的刑事案件中，以毒品案为多。[③] 据陕甘宁边区1939—1941年6月20个县的统计，由司法机关审理的烟毒案件就有1 157件，占全部刑事案件的25.41%。[④] 另有资料显示陕甘宁边区“1938—1943年各级审判机关判处贩卖鸦片案1 593件”[⑤]。

（二）对晋察冀等华北、华中抗日根据地的影响

与陕甘宁边区相比，其他抗日根据地大多地处华北、华中敌后，与日占区相互交错、紧紧相邻，有些新区刚从日占区或国民党控制区转变过来，因此受到的烟毒侵害也十分严重。

晋察冀边区的寿榆游击区，在敌伪毒化政策的影响下，群众吸毒的现象尤为严重，危害极大。如田家湾有54户370人，吸毒者达30户123人；鸡子岭有30户170人，吸毒者达26户140人。又如邵文村，全村169人，有33个吸毒者，其中老年4人、青壮年25人、妇女4人，每日消耗在三四百元以上。村长、中队长、指导员都是吸毒的瘾君子，贪污腐化，压迫群众。3家大户因吸毒彻底垮掉，12户废败了，卖掉9个青年媳妇、4个儿女，卖掉和荒芜的土地在600亩以上。结果村中一切对敌负担，都落在不吸毒的人头上了，影响到全村的团结，失盗案件也不断发生。一个老太婆家里柜子上，放着几升黄米，她去一趟茅房，回来就不见了。庙上的社爷，晚上被几个小偷捆绑起来，抢走了三布袋子谷子。再如鸡子岭的韩二蛮，原有土地60多亩、院子1所、毛驴1头，一家三口生活很好，吸毒后把所有的财产、人口完全卖光，结果他自己也饿死了。其他如胡家湾、北山沟等村子里的吸毒者，也像是人间惨剧。吸毒者越来越多，负担面越来越小，一般群众叫苦连天，一致认为如再不禁毒，则一切工作不能顺利进行。[⑥]

---

① 《消灭烟毒》，1942年2月21日《解放日报》。

② 《陕甘宁边区政府关于一二〇师马夫向群众贩卖烟土案给贺龙师长的公函》（1942年6月7日），陕西省档案馆、陕西省社会科学院合编：《陕甘宁边区政府文件选编》第六辑，档案出版社1988年版，第200—201页；《财政厅关于处理郭树华案件的呈请》（1942年1月8日），陕西省档案馆、陕西省社会科学院合编：《陕甘宁边区政府文件选编》第五辑，档案出版社1988年版，第61页。

③ 陕西省档案馆、陕西省社会科学院合编：《陕甘宁边区政府文件选编》第一辑，档案出版社1986年版，第192页。

④ 张希坡、韩延龙主编：《中国革命法制史（1921—1949）》（上册），中国社会科学出版社1987年版，第337页。

⑤ 艾绍润编著：《陕甘宁边区审判史》，陕西人民出版社2007年版，第103页。

⑥ 《新解放区游击区生产总结》（1945年7月），魏宏运主编：《抗日战争时期晋察冀边区财政经济史资料选编》（第二编《农业》），南开大学出版社1984年版，第499—500页。

据晋察冀边区 1938 年至 1942 年的统计，在特种刑事案件中，毒品案占 10%左右，仅次于汉奸案（占 80%左右），居第 2 位。[①] 据晋冀鲁豫边区太行区 7 个县 1942 年 1—8 月的统计，共审结特种刑事案件 1 393 件，共涉及汉奸、烟毒、盗匪、贪污、走私犯罪，其中烟毒案有 404 件，占特种刑事案件总数的 29%。晋冀鲁豫边区 1942 年 1 月至 6 月共判处各类特种刑事案犯 186 人，其中毒品犯占 45 人，有 4 人被判处死刑。[②] 据晋冀鲁豫边区太行区 1943 年至 1945 年的不完全统计，由司法机关审理的烟毒案件就有 2 244 件，占全部刑事案件的 11.36%。[③]据不完全统计，淮南抗日根据地的路东地区，"每年因吸食鸦片而流出的资金达三百万元以上。这是一个何等惊人的数目！"[④]

三、抗日根据地的禁毒运动

为了肃清根据地内的毒品犯罪，粉碎日军的毒化阴谋，保卫根据地人民的身心健康，维护根据地政府的声誉，争取抗战的胜利，各抗日根据地政府在中国共产党的领导下成立专门的禁烟毒机构，制定和颁布一系列查禁烟毒的法规法令，发动和依靠广大人民群众，在根据地境内开展声势浩大的禁烟禁毒运动，基本遏止了毒品在根据地境内的蔓延。

（一）制定和颁布一系列禁毒的法规法令

抗日战争时期，陕甘宁、晋察冀、晋冀鲁豫、晋西北、山东等根据地在禁毒立法方面成就显著，制定和颁布了大量的法律、法令、条例、规程、办法等。为了对这些抗日根据地禁毒立法有一个全面的认识，笔者将在历史文献和档案资料中所能检索到的具有较强政策内容的禁毒法规法令列表如下，见表 3-3-1。[⑤]

---

① 李公仆：《华北敌后——晋察冀》，生活·读书·新知三联书店 1979 年版，第 86 页；河北省地方志编纂委员会编：《河北省志·审判卷》，河北人民出版社 1994 年版，第 146—147 页。

② 河北省地方志编纂委员会编：《河北省志·审判卷》，第 148—149 页。

③ 张希坡、韩延龙主编：《中国革命法制史（1921—1949）》（上册），第 337 页。

④ 《抗日民主政府一年来施政工作总报告》（1941 年 1 月 14 日），《淮南抗日根据地》编审委员会编：《淮南抗日根据地》，第 78 页。

⑤ 主要资料来源：韩延龙、常兆儒编：《中国新民主主义革命时期根据地法制文献选编》第三卷，中国社会科学出版社 1981 年版；甘肃省社会科学院历史研究室编：《陕甘宁革命根据地史料选辑》第一辑，甘肃人民出版社 1981 年版；陕西省档案馆、陕西省社会科学院合编：《陕甘宁边区政府文件选编》第一至九辑，档案出版社 1986—1990 年陆续出版；陕西省档案馆编：《陕甘宁边区政府查禁烟毒史料选》（上、下），《历史档案》1993 年第 1 期、第 2 期；山东省档案馆、山东社会科学院历史研究所合编：《山东革命历史档案资料选编》第九辑，山东人民出版社 1983 年版；黄绍智等主编：《禁毒工作手册》，上海三联书店 1993 年版；国家禁毒委员会办公室组织编写，马模贞主编：《中国禁毒史资料》，天津人民出版社 1998 年版；苏智良、赵长青主编：《禁毒全书》，中国民主法制出版社 1998 年版；史志诚主编：《陕甘宁边区禁毒史料》，陕西人民出版社 2008 年版等。

表 3-3-1 抗日根据地主要禁毒法规概览

法规、法令名称	制定、公布或施行时间
晋察冀边区行政委员会关于严禁播种罂粟的命令	1939 年 2 月 19 日
晋察冀边区行政委员会关于开展灭毒运动的命令	1941 年 4 月 25 日
晋冀鲁豫边区毒品治罪暂行条例	1941 年 7 月 15 日施行
国民革命军第十八集团军总司令部、陕甘宁边区政府关于禁烟的布告	1941 年 10 月 23 日
晋西北禁烟治罪暂行条例	1941 年 11 月 1 日公布
晋冀鲁豫边区查获烟土暂行办法	1941 年 12 月 1 日
陕甘宁边区禁烟禁毒条例(草案)	1941 年
陕甘宁边区政府关于成立陕甘宁边区禁烟督察处命令	1942 年 1 月 14 日
陕甘宁边区禁烟督察处组织规程	1942 年 1 月公布
陕甘宁边区查获鸦片毒品暂行办法	1942 年 1 月公布
太岳区烟毒案件罚金提奖办法	1942 年 2 月 1 日
晋冀鲁豫边区查获烟毒奖金处理暂行办法	1942 年 4 月 23 日
陕甘宁边区查获鸦片毒品修正办法	1942 年 9 月 16 日公布
陕甘宁边区政府关于查禁鸦片烟苗的命令	1943 年 1 月 17 日
陕甘宁边区政府关于再申禁种鸦片烟苗的命令	1943 年 3 月 12 日
陕甘宁边区政府关于彻底铲除鸦片的快邮代电	1943 年 4 月 13 日
山东省禁烟治罪暂行条例	1943 年 4 月 2 日公布,同年 5 月 1 日施行
山东省禁毒治罪暂行条例	1943 年 4 月 2 日公布,同年 5 月 1 日施行
太岳区禁烟处罚暂行办法草案	1943 年 4 月
陕甘宁边区禁烟督察处修正组织规程	1943 年 5 月 30 日
陕甘宁边区查获鸦片毒品第三次修正办法	1943 年 5 月 30 日
陕甘宁边区政府为禁止吸毒事给专员公署县(市)政府的指示信	1943 年 9 月 11 日
陕甘宁边区政府禁烟督察处查获鸦片毒品奖金办法	1943 年秋季度
陕甘宁边区政府为加强缉私工作的命令	1943 年 11 月 24 日
陕甘宁边区政府严禁料面入境的命令	1945 年 5 月 11 日
太岳区查禁烟毒提奖办法	1945 年 8 月 1 日

各抗日根据地制定和颁布的各项禁毒法规法令，涉及禁种、禁贩、禁售、禁吸等禁毒工作的方方面面，较为全面系统地反映了中国共产党在抗战时期的禁烟禁毒政策，概括起来其主要内容有以下方面：

1. 规定烟毒的种类与烟毒犯罪的种类

关于烟毒的种类，《晋西北禁烟治罪暂行条例》“称烟毒者系指鸦片、罂粟及罂粟种子”；[①]《山东省禁烟治罪暂行条例》“所称烟者，系指鸦片、罂粟及罂粟种子”；[②]《晋冀鲁豫边区毒品治罪暂行条例》“称毒品者，指吗啡、高根、海洛英及其他化合物或配合物而成之各种毒品（如俗称机器泡、金丹、料面、白面等）”；[③]《山东省禁毒治罪暂行条例》“所称毒者，系指吗啡、高根、海洛因及其化合物或配合物而成之各色毒丸”；[④]《陕甘宁边区禁烟禁毒条例（草案）》“所称之烟毒分类如下：（1）鸦片；（2）吗啡；（3）高根；（4）海洛因；（5）各种烟毒配合或化合丸药”。[⑤] 综上可见，各抗日根据地禁烟禁毒法规对烟毒的界定大致相同，主要包括：（1）鸦片；（2）罂粟及罂粟种子；（3）吗啡；（4）高根；（5）海洛因；（6）各种烟毒配合物或化合物。

《晋冀鲁豫边区毒品治罪暂行条例》规定的毒品犯罪种类有：制造毒品罪，运输毒品或包庇运输毒品罪，贩卖毒品罪，吸食毒品罪，帮助他人施打吗啡和吸用毒品罪等 5 种。《晋西北禁烟治罪暂行条例》规定的毒品犯罪种类有：意图制造鸦片而栽种罂粟罪、运输贩卖或意图运输贩卖而持有鸦片罪、运输贩卖或意图运输贩卖而持有罂粟种子罪、意图营利设置供人吸食鸦片场所及器具罪、吸食鸦片罪等 5 种。《山东省禁毒治罪暂行条例》规定的毒品犯罪种类有：制造毒品罪，运输毒品罪，贩卖或意图贩卖而持有毒品罪，制造、贩卖或意图贩卖而持有专供施打吗啡或吸用毒品之器具罪，施打吗啡或吸用毒品罪，意图营利为他人施打吗啡或设所供人吸用毒品罪等 6 种。《陕甘宁边区禁烟毒条例（草案）》规定的毒品犯罪种类有：吸食或注射烟毒罪，种植鸦片烟苗罪，制造吸食或注射烟毒器具罪，抗拒执行禁烟禁毒职务罪，帮助或庇护他人吸食、注射及买卖、贩运烟毒罪，买卖或贩运烟毒罪，设立传布烟毒商店机关罪等 7 种。各抗日根据地禁毒法律规定的毒品犯罪种类不尽相同，但大同小异，一般都涉及种植、制造、吸食、买卖、贩运等主要方面。值得注意的是这些条例对因医药、科学等特殊情况而使用的

---

① 苏智良、赵长青主编：《禁毒全书》，中国民主法制出版社 1998 年版，第 1536 页。

② 山东省档案馆、山东社会科学院历史研究所合编：《山东革命历史档案资料选编》第九辑，山东人民出版社 1983 年版，第 423 页。

③ 韩延龙、常兆儒编：《中国新民主主义革命时期根据地法制文献选编》第三卷，第 122 页。

④ 山东省档案馆、山东社会科学院历史研究所合编：《山东革命历史档案资料选编》第九辑，第 424 页。

⑤ 史志诚主编：《陕甘宁边区禁毒史料》，陕西人民出版社 2008 年版，第 53 页。

烟毒也专门作出了规定,《陕甘宁边区禁烟毒条例(草案)》第十七条:“凡为医药所需用之烟毒,经向边区政府呈请批准者,不受本条例之限制”;[①]《晋冀鲁豫边区毒品治罪暂行条例》第十六条:“供医药用及科学用之吗啡、高根、海洛英及其同类毒性物或化合物,依照麻醉药品管理条例办理,不适用本条例之规定”;[②]《晋西北禁烟治罪暂行条例》第二条:“本条例称烟毒者……但供医药及科学使用之鸦片,经专署以上政府证明者,不在此限”。[③]

2. 严禁种植罂粟。罂粟为烟毒之源,可以说禁种是禁烟最重要的环节,也就是如何遏制鸦片生产的关键,所以禁烟首先要禁种

1939 年 2 月 19 日,晋察冀边区发布《晋察冀边区行政委员会关于严禁播种罂粟的命令》,指出:“播种罂粟,病国害民,早已悬为严禁,惟自敌寇进犯以来,厉行毒化政策,到处强迫播种。而无知愚民,竟有受其欺骗秘密偷种者,若不严加禁绝,将见生产日减,毒氛日炽,影响抗战殊非浅鲜。现值春耕将届,罂粟不日下种之期,合再重申禁令,仰该县长认真查禁,彻底肃清,倘有偷种,一经查获,即按中央禁烟治罪暂行条例严重处办。除分令外,仰即遵照,并布告该县民众一体周知为要。”[④]1941 年 4 月 25 日,晋察冀边区政府再次发布命令,要求军民严厉打击日军的毒化政策,注意禁烟禁毒,并在日伪强迫种植罂粟的地方,发动群众进行拔苗运动。[⑤] 陕甘宁边区政府也三令五申,严禁种植鸦片烟苗,并要求“各专署、各县市政府务必各就职责所属,认真检查,严厉禁止。如发现烟苗,须立即令种户铲除,改种农产。倘有惟利是图,故意违犯者,严惩不贷”。[⑥] 一般规定要处 1 年以下之徒刑或劳役,并科 200 元以下罚金。1941 年 11 月,晋西北抗日根据地政府在《晋西北禁烟治罪暂行条例》中规定:“意图制造鸦片而栽种罂粟者,处死刑。”[⑦]1943 年 4 月 2 日,山东省战时工作推行委员会公布的《山东省禁烟治罪暂行条例》规定:“意图制造鸦片而栽种罂粟者,处死刑、无期徒刑或十年以上有期徒刑。”[⑧]

3. 严禁制造毒品。制造毒品是一种最为严重的毒品犯罪活动,抗日根据地政府对制造毒品者的处罚也十分严厉

《山东省禁毒治罪暂行条例》规定:制造毒品者处死刑。《晋冀鲁豫边区毒品

---

① 史志诚主编:《陕甘宁边区禁毒史料》,第 54 页。
② 韩延龙、常兆儒编:《中国新民主主义革命时期根据地法制文献选编》第三卷,第 124 页。
③ 苏智良、赵长青主编:《禁毒全书》,第 1536 页。
④ 黄绍智等主编:《禁毒工作手册》,上海三联书店 1993 年版,第 79—80 页。
⑤ 魏宏运:《华北抗日根据地纪事》,天津人民出版社 1986 年版,第 462 页。
⑥ 陕西省档案馆编:《陕甘宁边区政府查禁烟毒史料选》(上),《历史档案》1993 年第 1 期。
⑦ 韩延龙、常兆儒编:《中国新民主主义革命时期根据地法制文献选编》第三卷,第 140 页。
⑧ 山东省档案馆、山东社会科学院历史研究所合编:《山东革命历史档案资料选编》第九辑,第 423 页。

治罪暂行条例》也明确规定：制造毒品者，处死刑，并没收其财产全部或一部分。

4. 严禁买卖或贩运烟毒

晋冀鲁豫边区对以运输毒品或包庇运输为常业者，处死刑或无期徒刑，但确系初犯、数量极少或被胁迫欺骗而运输者，得减其刑或科 3 000 元以下罚金；对贩卖毒品者，处死刑或无期徒刑，并没收其财产全部或一部分，或并科罚金，但被胁迫贩卖数量极少者，得减轻其刑。山东抗日根据地对运输、贩卖或意图贩卖而持有鸦片者，处无期徒刑或 5 年以上有期徒刑，得并科 5 000 元以下罚金，其数量在 300 两以上者处死刑；对运输、贩卖或意图贩卖而持有罂粟种子者，处 3 年以上 10 年以下有期徒刑，得并科 3 000 元以下罚金；对运输毒品者处死刑；对贩卖或意图贩卖而持有毒品者处死刑或无期徒刑。晋西北抗日根据地对运输贩卖或意图运输贩卖而持有鸦片者，处 2 年以上 10 年以下有期徒刑，得并科 5 000 元以下罚金，其数量在 200 两以上者，处死刑；对运输贩卖或意图运输贩卖而持有罂粟种子者，处 3 年以上 10 年以下有期徒刑，得并科 5 000 元以下罚金。1937 年，陕甘宁边区发布禁止鸦片的公告，明确指出：贩卖鸦片的不管他在边区发卖或只在边区通过，一经查出全部没收，并得加以处罚。1941 年，在《陕甘宁边区禁烟禁毒条例(草案)》中，对于买卖或贩运烟毒者，视其买卖及贩运价值，制定详细刑罚如下：(1) 烟毒价值在 10 元以内者，罚 1 个月以下苦役，并科 10 元以下之罚金；(2) 烟毒价值在 10 元以上者，罚 6 个月以下苦役，并科 100 元以下之罚金；(3) 烟毒价值在 50 元以上 100 元以下者，处 1 年以下有期徒刑，并科 200 元以下之罚金；(4) 烟毒价值在 100 元以上 300 元以下者，处 1 年以上 3 年以下有期徒刑，并科 500 元以下之罚金；(5) 烟毒价值在 300 元以上 500 元以下者，处 3 年以上 5 年以下有期徒刑，并科 1 000 元以下之罚金；(6) 烟毒价值在 500 元以上者，处死刑，并没收其家产。①

5. 禁止或限制吸食及注射烟毒

《晋冀鲁豫边区毒品治罪暂行条例》第五条规定：吸食毒品者必须自 1941 年 9 月 1 日开始在各村公所登记，登记后限期戒绝。“凡吸毒犯在二十五岁以下者，限三个月戒绝；二十五至四十岁者，限六个月戒绝；四十岁以上者，限九个月戒绝。过上定期限仍吸食者，处以一年以下劳役，并酌科三千元以下之罚金；三次犯处以远地一年以上之劳役，并酌科三千元以下之罚金；三次以后再犯者，处死刑。”②

---

① 史志诚主编：《陕甘宁边区禁毒史料》，陕西人民出版社 2008 年版，第 53—54 页。
② 韩延龙、常兆儒编：《中国新民主主义革命时期根据地法制文献选编》第三卷，第 122 页。

《晋西北禁烟治罪暂行条例》第七条规定："吸食鸦片者，准予在本条例颁布后一年内服食戒烟药丸戒绝之，在戒烟期内仍吸食鸦片，或逾期仍未戒绝者，处三年以下有期徒刑。但年在二十五岁以上者，得延长至三年。"①

《山东省禁烟治罪暂行条例》第七条规定："吸食鸦片者，处六月以上二年以下有期徒刑得并科一千元以下罚金；有瘾者限期戒绝，戒绝后再犯者处一年以上三年以下有期徒刑，得并科二千元以下罚金，有瘾者仍限期戒绝，三犯者处死刑或无期徒刑；其自行投戒者，免除其刑，但以一次为限。"②《山东省禁毒治罪暂行条例》第六条规定："施打吗啡或吸用毒品者，处一年以上三年以下有期徒刑；有瘾者限期戒绝，再犯者处死刑，其自行投戒者免除其刑，但以一次为限。"③

（1）在陕甘宁边区，凡吸食或注射烟毒者要进行登记，根据烟瘾大小，年龄大小，限期戒绝。30岁以下者，登记后3个月内戒绝；40岁以下者，限期登记后6个月内戒绝；60岁以下者，限期登记后1年内戒绝；60岁以上者，限期登记后2年内戒绝，"倘因年老力衰经政府指定医生证明者不在此例"。④ 登记时，要把烟民找来，当面说定戒绝日期和逐步戒绝的方法。乡（市）政府应随时检查或委托行政村主任、自然村村干部（在市为关或坊主任）检查，不可于登记后听其自流。

（2）登记烟民后，各地政府及各地卫生机关，应帮助烟民找戒烟药丸按瘾发给，如期戒断。必要时可设立戒烟所，集在一处禁戒。买戒烟药丸及住戒烟所，贫者可以不收费。

（3）用积极方法策动戒烟。① 戒烟要和生产与教育工作联系起来，烟民多是不生产及行为堕落的人，要用说服与强迫方法，使其卷入生产大潮，给以各方面的鼓励与帮助。同时要使他们知道自己是社会一分子，至少不应为社会上看不起，以激发他们的戒烟决心。这在当时是很有效的。② 要发动群众开展劝戒运动，让大家认识一村一市有吸食大烟的人是不美满的，使得烟民不能不惭愧。还要发动儿童妇女帮助戒烟，儿童能劝服其家大人戒烟的是模范儿童，妻子能劝服丈夫戒烟的是模范妻子。如果丈夫顽固，乡村政府可允许在其丈夫未戒绝大烟时期，妻子有管理其家经济的全权。③ 要发动烟民和烟民的戒烟竞赛，戒绝了的由政府及群众团体奖励，并让他在还未戒绝烟瘾的烟民中现身说法，广为宣传。

---

① 苏智良、赵长青主编：《禁毒全书》，中国民主法制出版社1998年版，第1536页。

② 山东省档案馆、山东社会科学院历史研究所合编：《山东革命历史档案资料选编》第九辑，第423页。

③ 山东省档案馆、山东社会科学院历史研究所合编：《山东革命历史档案资料选编》第九辑，第424—425页。

④ 陕西省档案馆：《陕甘宁边区政府查禁烟毒史料选》（上），《历史档案》1993年第1期。

(4) 违犯者要受到严厉处罚。凡隐匿不肯登记或登记后逾期未戒绝的，或戒后又复吸食的，或经过劝导鼓励而仍不愿戒烟的，查出后，由区乡政府或司法机关法办。一般要处半年以下之徒刑或苦役，并科100元以下之罚金，仍要再限期戒绝。

淮北抗日根据地制定和颁布《烟民领照自戒办法》《领照烟民分期戒绝实施办法》，要求烟民自领戒烟执照，限期戒除，“凡吸食鸦片，染有烟瘾者均应在规定期内，向该管县政府申请登记，请领自戒执照，并项领照期限，最多不得过1个月，期满后绝对不再重领迁移本县居住之烟民，于5日内申请领照”。[①] 并且规定烟民自戒执照3个月为一期，期满未戒除如有医生证明因病可续领执照。未领执照私吸烟毒的烟民，科以200～1 000元罚款。淮北抗日根据地政府还对领照烟民分期戒烟设定具体的程序时间，依据年龄、吸毒程度等因素确定戒烟的期限，“三十五岁以内者，限于民国三十年十二月底前一律戒绝，并于卅一年一月一日起停发戒烟执照。(一年)四十岁以内者限于卅一年三月底以前一律戒绝，(二年)五十岁以内者限于卅一年六月底以前一律戒绝……六十岁以内者限于卅一年九月底以前一律戒绝……六十岁以上者限于卅一年十二月底以前一律戒绝”。[②] 对超期不戒或戒后反复吸食者，则进行法律制裁，处3年以上10年以下有期徒刑，并科1 000元以下罚金。

在淮南抗日根据地，禁烟禁毒分两种办法进行：对毒品则立即禁绝，严厉惩办吸食毒品者。对于吸食鸦片者则采取较为缓和的分期禁绝办法：第一期自戒，第二期劝戒，第三期勒戒。在自戒期还实行寓禁于征之策，规定烟民须领照支付灯照费才能吸食，灯照费根据贫富分为5元、10元、30元三等；土膏店也要交纳土税才能营业，这种税收奇重，以迫使烟价提高，目的是让“烟民自感经济困难，而不得不自行戒绝”。[③] 从而取得了显著的效果。在根据地内毒品绝迹了，新烟户已经没有了，老烟民逐渐减少了。

6. 严禁设立传布烟毒的商店、烟馆

陕甘宁边区对设立传布烟毒商店机关者，视情节轻重处1年以上有期徒刑至死刑，并没收其全部财产。晋西北根据地对开设烟馆供人吸食者，处2年以上10年以下有期徒刑，并科3 000元以下罚金。苏中根据地的苏州县政府规定：

---

① 原始档案《淮北区·政权建设·文献》，存安徽省党史工作委员会资料处。转引自张晓丽：《抗战时期苏皖根据地的禁毒法规措施及其影响》，《中共党史研究》2003年第3期。

② 转引自张晓丽：《抗战时期苏皖根据地的禁毒法规措施及其影响》，《中共党史研究》2003年第3期。

③ 《抗日民主政府一年来施政工作总报告》(1941年1月14日)，《淮南抗日根据地》编审委员会编：《淮南抗日根据地》，第78页。

“开设烟馆，……一律处死。”[①]

7. 禁止帮助或庇护他人从事毒品犯罪活动

陕甘宁边区对帮助或庇护吸食注射及买卖贩运烟毒、抗拒禁烟禁毒职务之执行者，视其情节轻重处1年以上3年以下之有期徒刑或科200元以上500元以下之罚金。晋西北对帮助他人从事毒品犯罪者，处5年以下有期徒刑。山东省对帮助他人从事毒品犯罪者，处5年以上10年以下有期徒刑。晋冀鲁豫边区规定：帮助他人犯制造毒品罪、运输毒品罪、贩卖毒品罪者，按正犯之刑减轻之。帮助他人施打吗啡或吸用毒品者，不论初犯或再犯，处7年以下有期徒刑，并科1 000元以下之罚金。

8. 奖励查获烟毒者和举报人

各抗日根据地政府都十分重视鼓励单位和个人积极揭发毒品犯罪活动。

《晋冀鲁豫边区查获烟土暂行办法》鼓励边区内民众告发查获烟土案件，告发查获后由司法机关奖励。奖励由各该案罚金项下提出，标准是告发人提奖罚金二成，查获人奖四成，由政工人员查获的奖励二成；罚金在1 000元以下的按成提奖，1 000元以上的超过之数不提奖。《晋冀鲁豫边区查获烟毒奖金处理暂行办法》则把奖励范围扩大到查获所有烟毒案件，确定奖金分配遵循既要鼓励缉毒又要防止干部腐化的原则，进行机动调剂，每案奖金在10元以上100元以下，最高不超过罚金的10%；确定奖金收受人为各案的破获人（包括告发人、抓获人），司法机关处理案件有功人员另奖。[②]

《晋西北禁烟治罪暂行条例》在附则中的第一条规定查获烟犯依章处罚之罚金分配办法如下：“第一款报告人为民众者，以百分之二十奖励之，如为部队、机关、团体人员，则以百分之十二奖励之。第二款查获人以百分之八奖励之，如无报告人自行查获者，则以百分之三十五奖励之。第三款执行人以百分之八奖励之。第四款以上案件无罚金者，得依照上列各款之罚金分配比例，以十元至五百元奖励之。”[③]

对于奖金分配和奖金标准，尤以陕甘宁边区的规定最为详细。陕甘宁边区政府早在1937年就规定：“有人报告因而查获私贩和卖鸦片的，报告的人，给予所获鸦片价值十分之二的奖金。如直接查获烟土送政府的，赏金加重。”[④]

---

① 程海容：《吸毒巨祸的泛滥和消灭》，《文史精华》编辑部编：《近代中国烟毒写真》（上卷），第365页。

② 肖红松：《中共政权治理烟毒问题研究——以1937—1949年华北乡村为中心》，人民出版社2013年版，第161页。

③ 马模贞主编：《禁毒全书》，第1536—1537页。

④ 陕西省档案馆：《陕甘宁边区政府查禁烟毒史料选》（上），《历史档案》1993年第1期。

1943年5月30日颁布施行的《陕甘宁边区查获鸦片毒品第三次修正办法》，其中第七条具体规定了奖金的分配：(1) 本人查获送交禁烟督察机关或当地政府者，给以奖金之全部；(2) 向禁烟督察机关或当地政府报告，因而查获者，报告人得奖金全部的一半，其余一半，给协同在场出力人员及其机关；(3) 报告人帮助查获者，除领取报告人应得奖金外，得按查获人数兼领其应得奖金。应领奖金，经禁烟督察处批准后，领奖人可随时向该处或当地政府领取。1943年秋季颁布的《陕甘宁边区政府禁烟督察处查获鸦片毒品奖金办法》则详细规定了奖金标准：(1) 奖金标准以纯烟计算，如非纯烟，即以成色折扣之，例如纯烟系440元，则五成货为220元，余类推。(2) 本季度规定纯烟价为2 200元，奖金之抽算，即按比价规定等级如下：① 不满50两者，每两按价以20%作奖，合边洋440元；② 50两以上不满百两者，每两按价以15%作奖，合边洋330元；③ 100两以上不满500两者，每两按价以10%作奖，合边洋220元；④ 500两以上者，每两按价以5%作奖，合边洋110元。上列等级，如后者不及前者为多，按多者给奖，例如每两按440元算则50两可得2.2万元，51两每两按330元算只有16 830元，少于前者。如遇此情形，则可作50两计算之。(3) 奖金标准，即按上列百分比计算之，如遇烟价有变时，每一季度更改一次，由督察处拟定具体数目，通令行之。[①] 晋察冀边区规定：查获烟毒者可得到毒品款额30%～50%的奖励。《晋西北禁烟治罪暂行条例》在附则中的第一条规定查获烟犯依章处罚之罚金分配办法如下："第一款报告人为民众者，以百分之二十奖励之，如为部队、机关、团体人员，则以百分之十二奖励之。第二款查获人以百分之八奖励之，如无报告人自行查获者，则以百分之三十五奖励之。第三款执行人以百分之八奖励之。第四款以上案件无罚金者，得依照上列各款之罚金分配比例，以十元至五百元奖励之。"[②]

9. 严禁在禁烟禁毒中徇私舞弊、栽赃陷害

抗日根据地政府赏罚分明，在积极奖励查获烟毒者和举报人的同时，又严惩徇私舞弊、栽赃陷害者。《陕甘宁边区查获鸦片毒品暂行办法》第七条明确规定："无论部队、机关、团体或个人，如将查获之烟毒原包顶替或从中偷换其一部分者，除扣发其奖金外，如系部队、机关或团体，由禁烟督察处随时呈报边府处理，如系个人则送司法机关依法惩办。"[③]《陕甘宁边区查获鸦片毒品第三次修正办法》第十条指出："在同一时间地点查获之鸦片毒品，意图多得奖金，分作几次送

---

① 陕西省档案馆：《陕甘宁边区政府查禁烟毒史料选》(下)，《历史档案》1993年第2期。
② 马模贞主编：《禁毒全书》，第1536—1537页。
③ 陕西省档案馆：《陕甘宁边区政府查禁烟毒史料选》(上)，《历史档案》1993年第1期。

交者，扣发其奖金之全部。”[①]《陕甘宁边区查缉毒品办法》第七条第四款规定：“一切查缉人员不得滥用权力，挟嫌诬陷，不得任意侮辱被检查人，或其他舞弊徇私行为，违者依法重处。”[②]《陕甘宁边区禁烟毒条例（草案）》第十五条规定：凡诬告他人犯罪者，依该款之规定加重处罚。[③]《晋冀鲁豫边区毒品治罪暂行条例》第八条规定：“栽赃诬陷或捏造证据诬告他人犯本条例之罪者，处以各该条之刑。证人、鉴定人意图陷害本条例各条犯罪嫌疑之被告而为虚伪之鉴定者，亦同。犯前二项之罪，于该案裁判确定前自首者，得减轻或免除其刑。”[④]《山东省禁毒治罪暂行条例》第十条、十二条规定：“栽赃诬陷或捏造证据诬告他人犯本条例各条之罪者，处以各该条之罪”；“查获毒品须将原物呈交司法机关，匿报掺假者处死刑或无期徒刑”。[⑤]

10. *政府公务员、军人、学校教职员从事毒品犯罪活动要从重处罚*

由于政府公务员、军人、教师所处的特殊地位，一旦他们参与毒品犯罪，必将严重危害国家、人民乃至抗战，其影响之恶劣远远超过其他公民。所以，各抗日根据地政府对直接或间接参与毒品犯罪的政府公务员、军人、教师的制裁也就严厉一些。《晋西北禁烟治罪暂行条例》第十条规定：军政工作人员及学校教职员从事毒品犯罪，要加倍处罚。[⑥]《陕甘宁边区禁烟毒条例（草案）》第十四条专门规定：政府工作人员如果收受贿赂纵容他人从事毒品犯罪活动，要加重处罚。[⑦] 1942 年 3 月 4 日，陕甘宁边区政府召开第 13 次政务会议，讨论根绝烟毒问题。会议制定了禁种、禁贩、禁运、禁吸条例和具体办法，其中特别规定：“对制造、贩卖毒品者给予较重处分，普通公务人员和在职军人犯同类罪者，加重三分之一处罚，禁烟人员加重二分之一处罚。”[⑧]《山东省禁烟治罪暂行条例》第十条、十一条规定：“公务人员包庇或收受贿赂纵容他人犯本条例各条之罪者，处无期徒刑或十年以上之有期徒刑，故纵本条例各条之罪犯脱逃者，亦同前项办理”；“公务人员查获烟土、罂粟种子或烟具，须呈交司法机关，匿报掺假者，依本省惩治贪污条例治罪”。[⑨]《山东省禁毒治罪暂行条例》第十一条规定：公务员包庇受

---

① 陕西省档案馆：《陕甘宁边区政府查禁烟毒史料选》（下），《历史档案》1993 年第 2 期。
② 《陕甘宁边区政府查禁烟毒史料选》（下），《历史档案》1993 年第 2 期。
③ 《陕甘宁边区政府查禁烟毒史料选》（上），《历史档案》1993 年第 1 期。
④ 韩延龙、常兆儒编：《中国新民主主义革命时期根据地法制文献选编》第三卷，第 123 页。
⑤ 山东省档案馆、山东社会科学院历史研究所合编：《山东革命历史档案资料选编》第九辑，第 425 页。
⑥ 韩延龙、常兆儒编：《中国新民主主义革命时期根据地法制文献选编》第三卷，第 141 页。
⑦ 韩延龙、常兆儒编：《中国新民主主义革命时期根据地法制文献选编》第三卷，第 76 页。
⑧ 刘志琴主编：《烟毒兴灭》，民主与建设出版社 1997 年版，第 125—126 页。
⑨ 山东省档案馆、山东社会科学院历史研究所合编：《山东革命历史档案资料选编》第九辑，第 424 页。

贿赂者,纵容他人犯本条例规定各罪或放纵本条例各条罪犯脱逃者,处死刑或无期徒刑。[①]《晋冀鲁豫边区毒品治罪暂行条例》第九条、十条则严厉规定:政府公务员和学校教职员从事毒品犯罪者,依各该条规定的最高刑处断;公务员放纵犯本条例各该条之罪犯脱逃者,以各该条最高刑处断;公务员包庇或要求期约受贿赂而纵容他人毒品犯罪者,处死刑;公务员盗换隐没查获之毒品者,处死刑;公务员盗换隐没扣押之财产者,以贪污论罪。[②]

11. *严禁与日寇勾结,以烟毒危害民族抗战*

抗日根据地极少数贪图重利之徒,竟然为敌作伥,直接或间接受日寇之主使,偷运和贩卖鸦片,致使边区吸毒现象又有死灰复燃之势,严重影响了边区人民的身心健康,也严重危害了抗战事业。为了严厉打击这种犯罪活动,《陕甘宁边区禁烟毒条例(草案)》第十一条明确规定:"凡直接或间接受日寇之主使,以烟毒政策危害民族生机者,按惩治汉奸论罪。"[③]按照1939年颁布的《陕甘宁边区抗战时期惩治汉奸条例(草案)》的规定,凡在边区以内,无论任何人,犯有汉奸罪,"视情节之轻重判其有期徒刑或死刑,并没收本犯之全部财产,或处以罚金。"[④]

(二) 成立专门查禁烟毒的机构

为了打击日伪利用毒品残害人民、奴化人民、掠夺财富的阴谋,解决吸毒与贩毒的问题,1940年6月,皖东抗日根据地党和抗日民主政府在半塔成立了禁烟局,实施禁烟运动。津浦路东联防办事处禁烟局局长由陈雨田担任,后为余一成。联防办事处禁烟局在来安、盱眙、六合、天长、仪征等县成立了禁烟股。津浦路东9月反"扫荡"胜利后,禁烟局随联防办事处迁往盱眙县葛家巷。[⑤]

为了查禁及处理边区境内的鸦片毒品犯罪活动,陕甘宁边区政府于1942年1月14日发出《关于成立陕甘宁边区禁烟督察处命令》,指出:"我边区对于鸦片与毒品一贯悬为厉禁,唯抗战以后,由于敌区烟毒偷向我后方运售,遂已波及边区,若不重申禁令,难免死灰复燃。本府为贯彻禁政,根绝烟毒计,当经第四次政务会议决议,设立'陕甘宁边区禁烟督察处',专司其事。"[⑥]决定由陕甘宁边区财政厅副厅长霍维德兼任陕甘宁边区禁烟督察处处长,并通过《陕甘宁边区禁烟督

---

① 韩延龙、常兆儒编:《中国新民主主义革命时期根据地法制文献选编》第三卷,第156页。
② 韩延龙、常兆儒编:《中国新民主主义革命时期根据地法制文献选编》第三卷,第123页。
③ 甘肃省社会科学院历史研究室编:《陕甘宁革命根据地史料选辑》第一辑,甘肃人民出版社1981年版,第472页。
④ 甘肃省社会科学院历史研究室编:《陕甘宁革命根据地史料选辑》第一辑,第495页。
⑤ 吴炎武、孙明开编著:《皖东革命斗争史》,安徽人民出版社2007年版,第262页。
⑥ 陕西省档案馆、陕西省社会科学院合编:《陕甘宁边区政府文件选编》第五辑,档案出版社1988年版,第44页。

察处组织规程》及《陕甘宁边区查获鸦片毒品暂行办法》。后来又在重要城市设立禁烟督察分处。陕甘宁边区禁烟督察处的内部组织及其执掌详见表3－3－2。①

表3－3－2 陕甘宁边区禁烟督察处内部组织及其执掌

职别		人数	执掌
处长		1人	承边区政府之命，领导分处执行边区鸦片毒品之查禁事宜。
秘书室	秘书	1人	承处长之命，执掌文件之撰拟、缮校、收发、保管；经费之收支、物品之购置分发；人事之进退登记与勤惰之考核。
	科员	若干人	
	文书	若干人	
第一科	科长	1人	承处长之命，执掌毒品案件之处理；毒品及烟具之没收与销毁；查缉毒品奖金之核发。
	科员	若干人	
第二科	科长	1人	承处长之命，执掌烟民之调查、登记与烟民证之发给；烟民戒毒之督劝与调验。
	科员	若干人	
督察队	队长	1人	承处长之命与分处长之指导，分驻各地，执掌毒品之查缉；毒品案犯之看守与解送。
	指导员	1人	
	检查员	若干人	
	分队长	若干人	
	队员	若干人	

这些机构为遏制边区境内的鸦片毒品犯罪活动作出了重要贡献。

(三) 进行大规模的社会宣传动员活动

1. 利用基层政权组织和各种准军事化团体

如工会、贫农团、赤卫军、少先队、儿童团、妇女协会等，进行广泛宣传，发动民众，让广大烟民了解鸦片的危害、禁毒的意义以及边区政府的禁毒政策法规，使禁毒政策转变为民众的自觉意愿。陕甘宁边区"许多瘾民纷纷到各地政府申请登记，主动要求戒绝烟瘾。"②

2. 发动群众监视吸毒者，开展劝戒运动

晋察冀边区政府指出：必须把禁毒工作变成为群众性的运动，召开群众大

---

① 参见齐霁《陕甘宁边区禁烟禁毒运动初探》，《甘肃社会科学》1999年第4期。资料来源：《陕甘宁边区禁烟督察处组织规程》[陕西省档案馆：《陕甘宁边区政府查禁烟毒史料选》(上)，《历史档案》1993年第1期]的内容编制。

② 蒋秋明、朱庆葆：《中国禁毒历程》，天津教育出版社1996年版，第544页。

会，使每个群众深刻领会到毒品与吸毒者对全村的危害和根绝的必要，使每个群众监视吸毒者偷吸偷卖。[①] 陕甘宁边区政府也指出：在禁毒运动中，要造成群众运动，不只是对烟民说明吸食大烟怎样不好，而且要在村民大会或市民大会上，做劝戒运动。一村一市有吸食大烟的人是不美满的，往往导致毁身败家，使得烟民不能不惭愧。同时要发动儿童妇女帮助戒烟，儿童能劝服其家大人戒烟的是模范儿童，妻子能劝服丈夫戒烟的是模范妻子。如果丈夫顽固，乡村政府可允许在其丈夫未戒绝大烟时期，妻子有管理其家经济的全权。

3. 让戒断了毒瘾的烟民现身说法

陕甘宁边区发动烟民和烟民的戒烟竞赛，看谁先戒断烟瘾。戒绝了的由政府及群众团体奖励，并让他在还未戒绝烟瘾的烟民中现身说法，广为宣传。晋察冀边区在禁毒过程中，注意培养积极分子，以影响其他吸毒者。晋察冀边区田家湾的崔三红，在抗日人民政府的帮助下，戒绝了毒瘾，积极参加生产，感激之余，也提高了抗日情绪。并在大会上进行了坦白，详述了他翻身的经过，给了料面鬼们很大的启示。[②]

4. 戒烟禁毒与生产、教育工作相结合

在陕甘宁边区，烟民多是不生产及行为堕落的人（大部分是二流子），要用说服与强迫方法，使其卷入生产大潮，给以各方面的鼓励与帮助。同时要使他们知道自己是社会一分子，至少不应被社会看不起，以激发他们戒烟的决心。1943 年，陕甘宁边区改造二流子参加生产运动中，不少吸食大烟的二流子戒绝了。可见用积极方法策动戒烟，是很有效的。在晋察冀边区，帮助吸食鸦片者戒毒并帮助其恢复生产，也成为根据地各级政府的重要工作。政府明确指出：禁毒要与爱国心、开展大生产结合起来。在烟毒较重的村子，选择有威信的村干部专门开展禁毒工作，将吸毒者集中起来，充分运用民主方式，进行耐心的说服与感化工作，并通过大生产深入地说明敌人毒化政策的可恨，从而激发他们的抗日爱国心和生产自救的决心。在生产过程中，村干部将吸毒者组织起来以督促他们彻底禁绝毒瘾。最典型的例子，就是邵文村的赵二贵，他将全村吸毒者编成 8 组，每组都有干部做核心，白天一起下地生产，晚上集体睡觉，所用的旱烟、手巾、衣物等，村中派人取回，禁止与金钱直接发生关系。半个月工夫，该村烟毒就完全戒绝了。吸毒者家境绝大部分都非常贫寒，在他们戒除毒瘾

---

① 《新解放区游击区生产总结》(1945 年 7 月)，魏宏运主编：《抗日战争时期晋察冀边区财政经济史资料选编》(第二编《农业》)，第 500 页。

② 《新解放区游击区生产总结》(1945 年 7 月)，魏宏运主编：《抗日战争时期晋察冀边区财政经济史资料选编》(第二编《农业》)，第 500 页。

后，为了刺激和提高他们的生产情绪，防止他们的土地荒芜，赵二贵又积极发动群众帮助他们解决牲畜、农具、种子问题。1943 年春季大生产运动开始后，赵二贵向上户借粮 8 石 2 斗，村中反贪污得来的 600 斤米，也全部借给他们，还有许多户，自动地无代价地供给种子、牲畜。整个春耕至播种的过程中，没有一个人偷懒的。据不完全统计，9 个曾经吸食烟毒者，1943 年种地 264 亩，产粮 92 石 6 斗；1944 年种地 273 亩，产粮 165 石。另外，这 9 个人中，有 2 人当半截长工，5 个人零星打找工，每人平均增产粮食 9 石多。不少村子，吸取了赵二贵的经验，禁毒以后，各项工作开展起来了，生产情绪空前高涨。①

四、抗日根据地禁毒斗争的历史作用

（一）保证了中国共产党禁毒政策在抗日根据地的实施

列宁曾精辟地指出："法律是一种政治措施，是一种政策。"②禁毒法规也概莫能外，它是以政党和国家的政策为依据而制定的。由于法律具有以国家强制力来保证实施的特点，因此，法律又是贯彻执政党③政策最强有力的工具和最重要的形式之一。抗日战争时期，为了粉碎日军的毒化阴谋、惩治边区境内的毒品犯罪、维护边区人民的身心健康、取得抗战的胜利，局部执政的中国共产党制定了禁毒政策，而各抗日根据地的禁毒立法正是以这一政策为依据的，并且颁布禁毒法规的目的就是从法律上保证这些措施的实施。

禁毒政策是中国共产党在抗日战争时期的基本政策之一。早在抗日战争爆发之初的 1937 年 10 月 16 日，刘少奇代表中共中央起草的《抗日游击战争中各种基本政策问题》就明确规定："颁布法令——宣布婚姻自由，信仰自由，禁止大烟毒品，禁止缠足，禁止人口买卖等。"④此后，禁毒政策就成为中国共产党及其领导的各抗日根据地的基本政策。1938 年 6 月 11 日，中国共产党在国民党统治区武汉公开出版发行的中共中央机关刊物《群众》发表社论，郑重声明中国共产党的立场：禁烟与抗战同样是民族解放的斗争。该篇社论指出："目前正是我们艰苦抗战以求民族解放的紧急关头，我们对禁绝鸦片的运动，应当用坚持抗战

---

① 《新解放区游击区生产总结》(1945 年 7 月)，魏宏运主编：《抗日战争时期晋察冀边区财政经济史资料选编》(第二编《农业》)，第 500—501 页。

② 《列宁全集》第二十八卷，人民出版社 1990 年版，第 140 页。

③ 一般人都认为，中国共产党是在 1949 年夺取全国政权之后才成为执政党的。其实并不，中国共产党由于其独特的革命道路，经历了从局部执政到全国范围内执政这样一个富有中国特色的历史进程。抗战时期，在全国范围内是蒋介石国民党执政，在根据地则由共产党执政。参见李君如《要重视中国共产党执政史的研究》(《中共党史研究》2003 年第 4 期)。

④ 刘少奇：《抗日游击战争中各种基本政策问题》，中共中央党校党史教研室选编：《中共党史教学参考资料》(二)，人民出版社 1979 年版，第 116 页。

驱逐日本强盗出中国同样的决心与努力来进行。日本强盗,一方面是用大炮的狂轰乱炸在残杀我同胞,灭亡我国家,同时还在用鸦片白面的私贩偷运来毒害我同胞,灭亡我种族。前者是我中华民族生存的大敌,非全力抵抗不可;后者也同样是我中华民族生存的大敌,非全力禁绝不可。我们要求得民族的生存,不但要从日本强盗凶残的屠杀中解放出来,同时也要从它恶毒的谋害中解放出来。""总之一句,禁烟,是和抗战一样,我们要把它看做一种民族解放的斗争,是一种全面性、民众性的斗争,要动员广大的民众来共同努力。"①

1939 年以后,日伪加紧在华北、华中等地实施毒化政策,并向根据地疯狂贩毒。"对于敌人的'毒化政策',我们的对策是什么呢? 那就是禁烟禁毒。我们要禁绝烟毒,去保证人民身体的健康,以便利抗战;同时又可以减少资金外流,杜绝漏卮。"②因此,中共中央和各抗日根据地政府三令五申禁烟禁毒。1939 年 2 月 19 日,晋察冀边区行政委员会发布《关于严禁播种罂粟的命令》,指出日寇厉行毒化政策,到处强迫民众播种罂粟,影响中国抗战大局殊非浅鲜,特令各县认真查禁并彻底肃清。③ 1939 年 4 月 4 日,陕甘宁边区政府公布的《陕甘宁边区抗战时期施政纲领》明令"铲除鸦片"。④ 1939 年 6 月,中共中央北方局在《关于解决河北问题的八大纲领》中明确指出:必须坚决"禁绝毒品"。⑤ 1940 年 7 月,太行区党委向根据地各级政府发出了查禁毒品、反对敌人毒化政策的号召。⑥ 同年 8 月 7 日,山东省战时工作推行委员会颁布的《山东省战时施政纲领》也规定"严格禁烟、禁毒"。⑦ 1941 年 9 月 1 日,晋冀鲁豫边区政府公布的《晋冀鲁豫边区政府施政纲领》规定:坚决"反对敌寇抽丁及奴化毒化政策"。⑧ 1941 年 10 月,《琼崖东北区政府抗战时期施政纲领》中也提出:发扬刻苦耐劳、英勇牺牲的优良作风,铲除鸦片,禁止烟毒。⑨ 1941 年 10 月 23 日,国民革命军第十八集团军总司令朱德和陕甘宁边区政府主席林伯渠联名发布关于

---

① 《禁烟与抗战同样是民族解放的斗争》,《群众》第 2 卷第 1 期社论,1938 年 6 月 11 日出版。

② 《抗日民主政府一年来施政工作总报告》(1941 年 1 月 14 日),《淮南抗日根据地》编审委员会编:《淮南抗日根据地》,第 78 页。

③ 韩延龙、常兆儒编:《中国新民主主义革命时期根据地法制文献选编》第三卷,中国社会科学出版社 1981 年版,第 82 页。

④ 韩延龙、常兆儒编:《中国新民主主义革命时期根据地法制文献选编》第一卷,中国社会科学出版社 1981 年版,第 32 页。

⑤ 《晋察冀抗日根据地》史料丛书编审委员会、中央档案馆编:《晋察冀抗日根据地》(第一册・上),中共党史资料出版社 1988 年版,第 266 页。

⑥ 陕西省档案馆编:《太行党史资料汇编》第三卷,山西人民出版社 1994 年版,第 456 页。

⑦ 山东省档案馆、山东社会科学院历史研究所合编:《山东革命历史档案资料选编》第五辑,山东人民出版社 1982 年版,第 134 页。

⑧ 韩延龙、常兆儒编:《中国新民主主义革命时期根据地法制文献选编》第一卷,第 49 页。

⑨ 朱汉国主编:《中国社会通史》(民国卷),第 577 页。

禁烟的布告,严禁种植、吸食毒品和偷运烟土到边区境内。[①] 1941 年 11 月 8 日、9 日,陕甘宁边区政府主席林伯渠在《陕甘宁边区政府第二届参议会第一次大会的工作报告》中申明:“要禁绝烟毒。”[②]1943 年 3 月 12 日,陕甘宁边区政府再次发布命令,重申禁种鸦片,强调:“倘有惟利是图,故意违犯者,严惩不贷。各级政府如有忽视禁政情形,更须予以惩戒。”[③]1943 年 5 月 1 日,苏南抗日根据地要求坚决“禁烟禁毒”。[④] 1944 年,苏中抗日根据地也要求“严禁烟毒,设立戒烟机关,取缔烟民及贩烟犯”。[⑤] 1945 年 1 月 24 日颁布的《浙东地区施政纲领》也强调:“严禁敌区毒品及奢侈品之输入。”[⑥]各抗日根据地的禁毒政策同抗战相始终,直到抗战胜利前夕的 1945 年 5 月 11 日,陕甘宁边区政府又发布严禁料面入境的命令,指出:“严禁从敌占区偷运料面入边区销售,对已入境毒品彻底查获并毁灭之。”[⑦]

抗日战争时期,各根据地政府都相继制定了一系列的禁毒法规,以保证中国共产党禁毒政策在抗日根据地的实施。这些禁毒法律法规的内容比较全面,涉及禁种、禁贩、禁售、禁吸等禁毒工作的主要方面,有效地遏制了边区境内的各种毒品犯罪活动。正是在禁毒法律法规的保障下,中国共产党的禁毒政策在边区得到贯彻和落实。

(二) 有效地遏制了根据地境内的各种毒品犯罪活动,有力地打击了日军对抗日根据地的毒化政策

在此,我们主要以陕甘宁边区为例来说明。抗日战争时期,陕甘宁边区为中共中央的所在地,是全国敌后各抗日根据地的总后方,各项工作都走在其他抗日根据地的前列,成为模范根据地。在禁毒斗争方面也不例外,边区在禁毒立法方面成就卓著,颁布和施行了一系列禁毒的法规法令,制定了切实可行的禁毒政策和措施,有效地遏制了边区境内的各种毒品犯罪活动,特别是基本上消除了原来风行的吸毒现象。

---

① 陕西省档案馆编:《陕甘宁边区政府大事记》,档案出版社 1990 年版,第 121 页。

② 西北五省区编纂领导小组、中央档案馆编:《陕甘宁边区抗日民主根据地》(文献卷・下),中共党史资料出版社 1990 年版,第 98 页。

③ 陕西省档案馆:《陕甘宁边区政府查禁烟毒史料选》(上),《历史档案》1993 年第 1 期。

④ 《苏南区行政公署暂行组织法》,中共江苏省委党史工作委员会、江苏省档案馆编:《苏南抗日根据地》,中共党史资料出版社 1987 年版,第 274 页。

⑤ 《苏中行政公署组织法》,中共江苏省委党史工作委员会、江苏省档案馆编:《苏中抗日根据地》,中共党史资料出版社 1989 年版,第 342 页。

⑥ 浙江省党史资料征集研究委员会、浙江省档案馆编:《浙东抗日根据地》,中共党史资料出版社 1987 年版,第 140 页。

⑦ 马模贞主编:《中国禁毒史资料》,第 1625 页。

1. 依法严厉打击毒品贩卖活动

抗战开始后，陕甘宁边区少数农民在重利的诱惑下，私自偷种鸦片，并销售、吸食毒品。同时，日寇利用毒品大肆向边区走私渗透，以毒害边区军民，从身心上瓦解边区军民的抗日斗志。“查我边区对于鸦片与毒品一贯悬为厉禁，唯抗战以后，由于敌区烟毒偷向我后方运售，遂已波及边区，若不重申禁令，难免死灰复燃。”[①]“日寇毒害我国人民，制造料面、红丸等毒品，在敌占区普遍公开销售，并勾引商贩偷向我抗日根据地及大后方运销。这种毒化政策，险恶至极！……近来竟发现有奸商以种种诡诈伎俩从敌占区偷运料面入边区销售，绥德、延安两地已破获数起。”[②]1942年年初，在延安七里铺新华客栈查获烟土贩贾福清、辛明亭等人所贩烟土若干，边区政府全部予以没收。[③] 1945年年初，延安市公安局破获绥德义合镇脚夫宋维章贩卖料面案。宋与霍国柱、宋居有从山西日寇方面购得料面运到延安牟取暴利。“料面为毒胜于鸦片多倍，而为日寇陷害中国人民之毒品”，因此这三名为虎作伥、毒害边区人民的毒犯受到边区法律的严惩。[④] 仅1937年和1938年两年，陕甘宁边区就“没收了烟土七千余两”。[⑤]

陕甘宁边区禁止鸦片贸易、严惩毒贩的举措，也引起了外国记者的关注，并作了实地采访。1944年，美国记者冈瑟·斯坦(Gunther Stein)访问延安，后来在《红色中国的挑战》一书中如实地报道了他的所见所闻。在谈到他不断“搜索鸦片”的过程中，将“宜川有一个国民政府的官员”给他的“这张边区出口5.4盎司鸦片的有关证明材料”交给延安贸易公司负责人叶季壮时说：“据说这是你的土产贸易公司发的。”这张很小很脏的包装纸碎片“上面盖着红色图章，还有几个潦草的中国字”。叶季壮笑道：“是否有人告诉你，在你到达延安时我们的公司暂停营业了？”“一点不错。”“对，这家公司的确停业了。他和别的几家商行合并成为贸易公司，这些窑洞就是贸易公司的总部。我想我本来无须告诉你，公司的合并与鸦片无关，与你来访也无关，那是我们贸易机构的改组。”就在此时，叶季壮叫人送来一份卷宗，里面有各有关公司的印鉴。在这些印鉴中，没有一个与斯坦所持那张纸上的印鉴相同。然后，叶季壮告诉斯坦说：“当我首次听到谣言，说是

---

① 《陕甘宁边区政府关于成立陕甘宁边区禁烟督察处命令》(1942年1月14日)，陕西省档案馆、陕西省社会科学院合编：《陕甘宁边区政府文件选编》第五辑，第44页。

② 《陕甘宁边区政府严禁料面入境的命令》(1945年5月11日)，《历史档案》1993年第2期。

③ 《陕甘宁边区政府关于不准发还被没收的烟贩烟土的批答》(1942年3月5日)，陕西省档案馆、陕西省社会科学院合编：《陕甘宁边区政府文件选编》第五辑，第314—315页。

④ 《周兴等就料面一案给边府的呈文》(1945年4月23日)，《历史档案》1993年第2期。

⑤ 林伯渠：《陕甘宁边区政府对边区第一届参议会的工作报告》(1939年1月)，《陕甘宁边区政府文件选编》第一辑，第126页。

我们在搞鸦片贸易时，我想，或许是我们的一些雇员跟走私者有联系，于是我就作了一次彻底的调查。因为从红军初创时期起，我们就严格取缔鸦片生产和走私，并禁止吸鸦片。事实证明，这不过是一种恶毒的造谣。我能做到的只是向你保证，在边区不种鸦片，也没有鸦片买卖。我们的公安人员严密防止通过我们地区走私鸦片。在你对边区事务作了一番调查研究后，你将会自己作出决定，你是相信我们，还是相信那些散布这种谣言的人。”[①]斯坦为了解边区的司法制度，曾专门访问了边区高等法院，向院长雷经天询问了一些他关心的问题。他在询问边区的法律与国民政府的法律主要有什么不同之处时，雷经天回答：“我们只对少数政治犯和其他经陪审团和审判员认为不可能再改造成为有用公民的罪犯，才判处死刑。……从1938年到1943年底，整个边区判死刑案共104起。”他就有关政治案件及处理方法询问时，得到的回答是：“从1938年到1943年底，边区共对769个因对战争进行有害活动的政治犯判了刑，在此期间，其他判刑的有370起走私贩卖和吸食鸦片的案子，还有174起误杀和谋杀案。我前面所讲的104起死刑案，是属于不可挽救的敌方间谍以及其他汉奸、匪徒、杀人犯和少数盗用公款、走私鸦片的案件。”[②]

在抗日根据地的巩固地区，烟毒案件逐年下降。“以晋冀鲁豫边区（太行区）为例，1943年司法机关审理的烟毒案件1 571件，1944年下降为429件，1945年再降为244件。”[③]

2. *依法严厉打击军政工作人员的毒品犯罪活动*

1939年1月，晋察冀边区政府和晋察冀军区将易满徐军分区司令员孟阁臣逮捕处死，罪状之一就是不仅自己贩毒，而且纵容部下吸毒成风。在陕甘宁边区，仅处理的鸦片贪污受贿案件，1939年就有360起，1940年达到644起。[④] 其中，最为典型的两个例子是1942年1月对陕甘宁边区税务总局科员冯维贤贪污、私藏烟土的惩处和1942年2月对陕甘宁边区政府建设厅科员宋桂年吸毒、贩毒、贪污公款的惩处。1942年1月，发现边区税务总局科员冯维贤渎职贪污，并私藏烟土案，边区政府发文指出：“税务总局冯维贤渎职贪污私藏烟土，陷害同志等不一而足，可谓罪大恶极。如政府机关藏此败类，贻害匪浅，税局将该犯送交法院甚为妥当。今后着令该局继续供给材料以期惩一儆百，并应以此教育所

---

① ［美］冈瑟·斯坦著，马飞海、章蟾华、陈绋、王楚良译：《红色中国的挑战》，上海译文出版社1999年版，第171—172页。

② ［美］冈瑟·斯坦著，马飞海、章蟾华、陈绋、王楚良译：《红色中国的挑战》，第273—274页。

③ 张希坡、韩延龙主编：《中国革命法制史（1921—1949）》（上册），第341页。

④ 刘志琴主编：《烟毒兴灭》，第125页。

有同志，以造成廉洁奉公之美德。”[①]1941年年底，宋桂年从吴家堡带来鸦片一钱在延安出售。1942年年初又为筹毒资以供吸食，贪污公款大洋100圆，“遗失”大洋500圆。建设厅没有因宋桂年贩卖鸦片不足一两，数量极少而放任自流，而是认为宋桂年身为政府公务员竟敢违犯政府法令私售鸦片、贪污公款，已丧失公务员应有的品格并触犯了刑法。因此，除将他立即撤职外，还把他送交司法机关惩处。延安地方法院经审判后，判处宋桂年有期徒刑7个月，并责令归还全部公款。[②]

3. 教育群众、发动群众、依靠群众，依法坚决禁种禁吸鸦片

毒品犯罪是个社会问题，禁烟肃毒除了要依赖政府的权威及其所发布的命令外，还要依赖动员广大群众，自觉地来认识烟毒的严重危害及禁绝烟毒的重大意义，有组织地执行禁绝烟毒的命令。在陕甘宁边区，当“开始进行禁绝烟毒的动员工作时，曾经举行过化装宣传，群众大会，有计划地经过人民已有的组织，如工会、贫农团、赤卫军、少先队、儿童团，尤以妇女协会，得力最大。因为她们最厌恶自己的丈夫儿子吸食鸦片”。军人家属的模范作用，也起了不少的影响。进行了认识鸦片毒害的深刻教育，以后群众便“自觉的感触到非禁绝烟毒不可”，因此“政府禁绝烟毒的命令，转变成为千万人民自己的意志，一变而为成了人民生活中的主题了”。大家起来“自动报名，承认自愿戒绝鸦片”。亲属都在互相规劝着，“妻劝其夫，兄勉其弟，父诫其子”。大家起来互相作戒烟竞赛，“不吸鸦片的，相约以谁先劝服家人如期戒绝者为胜，犯烟瘾的，也互相比赛着，看谁先戒断”。[③] 非烟民群众还踊跃捐米送柴，从生活上帮助有困难的瘾民戒烟。瘾民们体验到人间的温暖，增强了戒烟的决心，使戒烟工作得以顺利进行。在陕甘宁边区，“不到半年，烟民的人口比例即已降低20%”，不到两年，烟民就“从降低20%而达将近绝迹了”。[④] 1942年禁烟节《新华日报》发表短评，称赞“陕甘宁边区与华北敌后根据地，对禁烟，雷厉风行，至今为止，禁种已完全做到，虽在敌人恶势力毒化政策包围下，禁吸禁售，成绩昭著，事实俱在，不愧称为禁烟模范区”。[⑤]

（三）在人力物力上为中共赢得抗日战争的胜利作出了重要贡献

各抗日根据地民主政府都三令五申，一律严禁种植鸦片烟苗，如发现偷种者立即铲除，改种庄稼，以增加粮食收成。倘有唯利是图，故意违犯者，严惩不贷。

---

① 陕西省档案馆、陕西省社会科学院合编：《陕甘宁边区政府文件选编》第五辑，第56页。
② 1942年2月11日《解放日报》。
③ 湘潮：《边区禁烟运动的成绩》，1938年6月3日《新华日报》。
④ 湘潮：《边区禁烟运动的成绩》，1938年6月3日《新华日报》。
⑤ 《禁烟节感言》，1942年6月3日《新华日报》。

政府“不但严格的宣布禁种罂粟，改植粮食的取缔办法”，还“公布了增加粮食生产的奖励办法”。[①] 1939 年 4 月 1 日，陕甘宁边区政府还专门制定和颁布了《陕甘宁边区人民生产奖励措施》，对积极发展农业生产，“在原有耕地上增加收成至百分之二十者”给予物质和精神奖励。[②] 晋察冀、晋冀鲁豫、晋西北等根据地也出台了类似的奖励办法。1938 年 6 月 11 日，中共机关刊物《群众》发表题为《禁烟与抗战同样是民族解放的斗争》的社论，提出在禁烟中对农民要“提高谷物价格以奖励其生产”。[③] 由于边区政府的得力措施，从而使边区烟田减少，粮田增多，调动了人民群众发展农业生产的积极性，增加了粮食生产。陕甘宁边区 1940 年粮食生产比抗战前增长了 45%，到 1944 年粮食总产量达到 180 万石，比 1938 年增长了 50 万石。[④] 这其中除了开垦荒地、扩大耕地面积及改良农作物耕作方法等原因之外，也与边区的禁种鸦片政策有很大的关系。

此外，戒烟成效显著，大批烟民戒除多年烟瘾，放下烟枪参加生产。在晋察冀边区的张北，许多村庄的烟民在政府和群众的积极帮助与改造下已大部分戒烟，积极从事生产。如化梢子村烟民玉明祥，原是一个富家子弟，全家 3 口人，有土地 390 亩、房屋 8 间，在敌人毒化政策下，全家吸上大烟，闹得倾家荡产。村干部对玉明祥进行耐心说服教育。在大家帮助下，他下决心戒烟，并每天早起床，拾粪两筐。接着村中给他找了 30 亩地种，牛、粮由村干部给拨工解决，计划种小麦 10 亩、荞麦 5 亩、玉米 15 亩。大庙营村王印兄弟二人从小吸大烟，把父母遗留的 204 亩地都荒了，只剩下 35 亩能种。在村干部的耐心教育下才决心戒烟，积极生产，他们计划种 20 亩小麦、10 亩胡麻。寿阳四区某村，由于禁毒与生产结合得好，15 个烟民半个月就开荒 89 亩，并计划要种 241 亩熟地。他们中不少的人都这样说：“早二年听了政府的话，还不至于落到这地步。”[⑤]陕甘宁边区刘生海由吸食烟毒的二流子变成劳动英雄更是闻名边区的戒毒典型。三边分区盐池县的刘生海，被国民党驻军诱惑吸毒，一份家业很快耗尽，穷到没裤子穿，老婆也要离婚。在政府和全村人的劝告下，下决心戒毒。白天烟瘾发作时就到田里做工，夜里烟瘾起时又到田里背柴，终于把烟瘾戒掉了。他勤奋劳作，很快致富，买了 6 头驴、1 头骡、2 头牛，种了 28 晌地，和别人合养 81 只羊，成了边区著名的劳动英雄。他作为全边区 34 名甲等劳动英雄之一，参加了边区历史上第一次劳

---

① 湘潮：《边区禁烟运动的成绩》，1938 年 6 月 3 日《新华日报》。

② 陕西省档案馆、陕西省社会科学院合编：《陕甘宁边区政府文件选编》第一辑，第 207 页。

③ 《禁烟与抗战同样是民族解放的斗争》(1938 年 6 月 11 日)，《群众》第 2 卷第 1 期社论。

④ 林健成：《试论陕甘宁边区的历史地位及其作用》，《民国档案》1997 年第 3 期。

⑤ 陶伯泉：《禁毒与生产结合好，十五个料面鬼半月开荒八十九亩》，1944 年 6 月 25 日《晋察冀日报》。

动英雄及模范工作者代表大会，受到毛泽东、朱德、刘少奇、周恩来等中央领导同志的接见、宴请，获得奖金现金2万元及有毛泽东、朱德、贺龙、林伯渠、李鼎铭等高级领导人亲笔题词的奖状。[①] 在陕甘宁边区，1942年2月鸦片每两值600元边币，合粮1石左右。一个烟民日食1两，等于耗费掉一人一年的口粮。若把全边区烟民的总消耗计算一下，为数每月当在百万元以上。这是多么惊人的数目。[②] 这些烟民戒除烟瘾本身也就意味着节约了大量的粮食、资金等社会财富，并扩大了边区的劳动大军的队伍。边区政府的禁种禁吸烟毒政策促进了边区农业生产的恢复和发展，为抗日战争的胜利奠定了物质基础。

许多边区烟民在戒除毒瘾后，身体状况明显改善，身体素质大大增强，精神面貌也发生巨大变化。如在晋察冀寿阳、榆次地区，仅在所调查的5个村子中，短短的时间内就有59名男子、14名女子戒了毒。对这73个戒毒者来说，每年可节约粮食441石。这使戒毒者大为感动。一个吸了数年料子的人戒绝后向村干部说："你们比我的亲生父母还关心照顾得周到。"另一个戒绝毒瘾者兴奋地说："共产党、八路军用救人的办法把咱们征服了。共产党简直是神仙，把我们从毒井里救了出来。"[③]察哈尔、晋北地区原为蒙疆鸦片种植地，烟民人数众多，据1940—1945年不完全统计，吸毒人数达33万多人，约占总人口的13.3%。为帮助烟民戒烟，根据地民主政府在各城镇举办戒烟病院，农村普设戒烟所，到1946年7月，已有12万烟民戒脱毒瘾。在陕甘宁边区，禁吸烟毒的成效更加显著，到1941年吸毒现象得到基本消除。仅以延安市为例，1936年登记的1 500名烟民，至1941年已有1 398名戒了毒，戒毒率达93%。[④] 这些吸毒者戒除烟瘾后，以极大的热情投入滚滚的抗日洪流中，特别是青年参军支前，为抗日战争的胜利也提供了人力支持。

---

① 陕西省档案馆编：《陕甘宁边区政府大事记》，档案出版社1990年版，第196—197页；李智勇：《陕甘宁边区政权形态与社会发展》，中国社会科学出版社2001年版，第107页；刘东社、刘金娥：《陕甘宁边区政府史话》，社会科学文献出版社2000年版，第118—120页。

② 《消灭烟毒》，1942年2月21日《解放日报》。

③ 1944年7月3日《解放日报》。

④ 李智勇：《陕甘宁边区政权形态与社会发展》，第107页。

第四章　解放战争时期的禁毒斗争和新民主主义革命时期禁毒斗争的宝贵经验

一、解放战争时期主要解放区的禁毒斗争

抗日战争时期，日寇在中国大肆实施毒化政策，致使沦陷区毒品泛滥成灾。1945年8月日寇投降后，以前敌占区的鸦片、料面、吗啡等毒品潜入各解放区，贻害人民。另外，随着中国共产党军队的节节胜利、国民党军队的不断失败，解放区面积迅速扩大，新解放的地区由于原来处于国民党反动统治之下，毒品犯罪现象十分严重。为了肃清日寇毒化政策的遗毒，惩治一切毒品犯罪，保护解放区人民的健康，各主要解放区政府先后颁布了许多禁止烟毒的法规法令，并成立各级禁烟机构，继续坚持禁毒政策。

（一）陕甘宁边区的禁毒斗争

陕甘宁边区政府在解放战争时期，继续采取有力措施，严厉禁止毒品、打击毒品犯罪。

1. 成立专门缉毒机构，查缉毒品贩运

日寇投降后，陕甘宁边区政府为了杜绝以前敌占区的鸦片、料面、吗啡等毒品潜入边区，贻害边区人民，遂于1946年2月22日在边区政府下设立查缉毒品委员会，各分区设立查缉分会，并制定颁布了《陕甘宁边区查缉毒品办法》。同时，任命谭政、王世泰、霍维德、周兴、范子文等为查缉毒品委员会委员，并以谭政为主任，王世泰为副主任。在查缉毒品委员会和查缉分会之下，设必要的办事人员及查缉队。《陕甘宁边区查缉毒品办法》规定“查缉机关和查缉队之职务，限于查缉鸦片、料面、吗啡等毒品的贩运事件”；“凡查缉队和查缉员，须发给查缉证为凭”；查缉队和查缉员执行职务时，须出示查缉证为据，否则被检查人有权拒绝检查；“查缉队和查缉员查获毒品贩卖时，必须连人带货一同扣留，迅即送交查缉分会或查缉委员会处理，不得任意逗留”；“一切查缉人员不得滥用权力，挟嫌诬陷，不得任意侮辱被检查人，或其他舞弊徇私行

为，违者依法重处”。[①]

2. 严禁种植鸦片烟苗

1948年3月27日，针对有人反映米脂县印斗区在二乡农民私种鸦片问题，陕甘宁边区政府主席林伯渠，副主席杨明轩、刘景范致函该县乔县长：“查禁种鸦片，早为边区既定政策。今年更应严加禁止。努力增产粮食，渡过灾荒，以期早日恢复边区经济。因此，希于接令之后，立即调查实情，严厉铲除，并防止再种为要。”[②]边区政府于1949年3月19日曾通令各地严禁种植大烟，并责令各县、区、乡政府深入农村，广为宣传、严格检查，一旦发现，立即铲除。但到了5月份，不断有人反映黄龙、关中、延属、陇东某些地区，如富县大升号、黑水寺区、关中槐树左、双龙镇的山沟中，仍有少数不法之徒，偷种烟苗，而各地政府也未认真加以严格检查，彻底根绝。这种对上级指示不严肃的态度是错误的。为此，边区政府再次发出通令，重申“凡我边区各地，一律禁种大烟，各县、区、乡政府必须结合生产运动，深入农村宣传检查，在已发现烟苗地区，县政府立即派得力干部带警卫队前往坚决铲除，改种庄稼，倘有坚持顽抗者，依法严惩。”要求“各地抓紧时机在小满以前尚可补种秋田的期间，严肃执行，倘以后各县发现烟苗长大，该县县长应负完全责任。铲除情形随时报告”。[③]

（二）晋察冀边区的禁毒斗争

抗战时期，晋察冀边区就曾设立了禁烟督察总局。抗战胜利后，边区又设立了更为系统的、组织严密的查缉烟毒机构。日寇在全面侵华战争时期，实行毒化政策，仅在察绥热辽地区，强迫民众种植罂粟，每年达80余万亩之多，年产鸦片在3 000万两左右。日寇投降后，“察绥大部地区为我解放，对是项鸦片，若不严加管理，深恐流毒各地，为害无穷”。[④] 因此，晋察冀边区政府于1945年10月13日决定设置禁烟督察局，以妥善管理鸦片收买、缉私、烟民登记及教育、戒除事宜。不久，又相继颁布《晋察冀边区禁烟督察局组织章程》和《晋察冀边区行政委员会关于设置各级禁烟督察局组织的补充决定》，规定在边区禁烟督察局之下，张家口市设张家口市禁烟督察局，直接受边局领导，于各种烟区设禁烟督察分局。各局下种烟各县，设县禁烟督察局。在察哈尔、热河省设置禁烟督察局，受省政府、边区局的双重领导。其组织编制参看晋察冀边区各级禁烟督察局编制表，详见表4－1－1、表4－1－2、

① 陕西省档案馆：《陕甘宁边区政府查禁烟毒史料选》（下），《历史档案》1993年第2期。

② 陕西省档案馆、陕西省社会科学院合编：《陕甘宁边区政府文件选编》第十二辑，档案出版社1990年版，第75页。

③ 陕西省档案馆：《陕甘宁边区政府查禁烟毒史料选》（下），《历史档案》1993年第2期。

④ 马模贞主编：《中国禁毒史资料》，第1626页。

表 4－1－3、表 4－1－4。[①] 同年 10 月 17 日，晋察冀边区行政委员会发布《关于严加管理烟毒的布告》，强调指出：“一、在本边区境内，鸦片及其制造品、代用品绝对禁止私买私卖；贩运尤所禁止；二、种植罂粟之户，以及存有鸦片之户，应依该管禁烟督察局所定期限，将鸦片悉数交局，按定价收买；三、烟民须向该管禁烟督察局登记，以凭配售鸦片，并接受其教育，以便按身体情况逐渐戒除；四、违犯前三条之规定者，按禁烟法之规定，除鸦片及其制造品、代用品没收外，并从严治罪；五、号召群众进行缉私，向该管禁烟督察局或区以上政府报告，如经查获，酌予奖励。”[②]

表 4－1－1　晋察冀边区禁烟督察局内部组织及职掌

职别	局长	秘书主任	秘书室			行政科					经济科						
			秘书	科员	办事员	科长	科员	行政股长	缉私股长	缉私员	科长	科员	鉴定员	技术员	收买鉴定股长	会计出纳股长	专卖股长
人数	1 人	1 人	1 人	若干人	若干人	1 人	若干人	1 人	1 人	若干人	1 人	若干人	若干人	若干人	1 人	1 人	1 人
职掌	总理本局一切事宜，并领导下级进行工作。	1. 辅助局长掌握政令之推行，策划各项具体措施；2. 组织会议，并承局长之命，于局长外出时，代理局长指导各科室工作。	1. 关于管理局内一切总务，组织学习生活事项；2. 关于典守印信、起草文电、保管档案、收发文件事项；3. 关于局内人事之登记考察事项；4. 其他不属于各科事项。			1. 关于禁止鸦片私买私卖、禁止吸食计划及烟政法令的执行事项；2. 关于印发证照表册事项；3. 关于烟民管理、戒绝事项；4. 关于办理组织缉私事项。					1. 关于办理收买种户交纳鸦片、拨付款项及鸦片保管事项；2. 关于鸦片专卖事项；3. 关于物资现金证券出纳、解报、保管事项。						
附注						行政科和经济科必要时可设副科长、副股长。可视事务之简繁，酌设科员、缉私员、鉴定员、技术员若干人。											

① 表 4－1－1 资料来源：笔者根据《晋察冀边区行政委员会关于设禁烟督察局的决定》（1945 年 10 月 13 日）和《晋察冀边区禁烟督察局组织章程》（1945 年 10 月 28 日）编制。表 4－1－2、4－1－3、4－1－4 资料来源：《晋察冀边区行政委员会关于设置各级禁烟督察局组织的补充决定》（1945 年 12 月 15 日），马模贞主编：《中国禁毒史资料》，第 1633—1644 页。

② 马模贞主编：《中国禁毒史资料》，第 1627 页。

表 4-1-2 晋察冀边区市禁烟督察局、专区禁烟督察分局编制

<table>
<tr><td>局别</td><td colspan="6">张家口市局</td><td colspan="7">专区分局</td></tr>
<tr><td rowspan="2">职别</td><td rowspan="2">局长</td><td colspan="2">行政科</td><td colspan="2">会计科</td><td rowspan="2">合计</td><td rowspan="2">局长</td><td colspan="2">行政股</td><td colspan="3">经济股</td><td rowspan="2">合计</td></tr>
<tr><td>科长</td><td>科员</td><td>科长</td><td>科员</td><td>股长</td><td>股员</td><td>股长</td><td>股员</td><td>技术鉴定</td></tr>
<tr><td>人数</td><td>1人</td><td>1人</td><td>5人</td><td>1人</td><td>3人</td><td>11人</td><td>1人</td><td>1人</td><td>4人</td><td>1人</td><td>5人</td><td>2人</td><td>14人</td></tr>
<tr><td>附注</td><td colspan="6">区设禁烟督察所，设所长1人。一至六区设干事4人，七至九区设干事3人，共18人，市区共计59人。</td><td colspan="7">1. 行政股内有2人专管缉私工作。
2. 五、十二、十三、十九4个专区设分局。
3. 冀热辽原来之十五、十六、十七、十八专区设分局。</td></tr>
</table>

表 4-1-3 晋察冀边区县禁烟督察局编制

<table>
<tr><td>局别</td><td colspan="6">县局</td><td colspan="4">直属县局</td></tr>
<tr><td>职别</td><td>局长</td><td>科员</td><td>技术鉴定员</td><td>合计</td><td>设县局之县份</td><td>局长</td><td>行政科员</td><td>缉私稽查员</td><td>技术鉴定员</td><td>合计</td></tr>
<tr><td>人数</td><td>1人</td><td>2至3人</td><td>2至4人</td><td>4至8人</td><td rowspan="2">一专之阳高、应县、山阴、大同、运源、怀仁、广灵七县。
七专之兴和、多伦、张北、宝源、康保、化德、商都、尚义八县。
六专之万全、怀安、阳原、蔚县、天镇五县。
崇礼及宣化市宣化县局归边区局直接领导。</td><td>1人</td><td>2至4人</td><td>5至10人</td><td>1人</td><td>15人</td></tr>
<tr><td>附注</td><td colspan="4">1. 编制内人数在收麦特忙时可设临时雇员报总局开支。
2. 编制内人员生活服装经费由同级政府供给开支。</td><td colspan="5">1. 怀来、延庆、涿鹿不产烟，但为吸烟走私必经之地，故三县设直属县局。
2. 人员一般确定怀来最多15人，涿鹿、延庆12人。</td></tr>
</table>

表 4-1-4 晋察冀边区省禁烟督察局编制

<table>
<tr><td>局别</td><td colspan="18">察哈尔省、热河省局</td></tr>
<tr><td rowspan="2">职别</td><td rowspan="2">局长</td><td rowspan="2">秘书主任</td><td colspan="5">秘书室</td><td colspan="3">行政科</td><td colspan="3">稽查科</td><td colspan="4">经济科</td><td rowspan="2">总计</td></tr>
<tr><td>秘书</td><td>科员</td><td>办事员</td><td>服务员</td><td>合计</td><td>科长</td><td>科员</td><td>合计</td><td>科长</td><td>缉私员</td><td>合计</td><td>科长</td><td>科员</td><td>鉴定</td><td>合计</td></tr>
<tr><td>人数</td><td>1人</td><td>1人</td><td>1人</td><td>2人</td><td>3人</td><td>3人</td><td>9人</td><td>1人</td><td>3人</td><td>4人</td><td>1人</td><td>5人</td><td>6人</td><td>1人</td><td>2人</td><td>1人</td><td>4人</td><td>25人</td></tr>
<tr><td>附注</td><td colspan="18"></td></tr>
</table>

解放战争时期，晋察冀边区面临着艰巨的禁毒任务，制定的禁毒政策也比较完善。其主要内容可以归纳为：

1. 严禁种植鸦片

1946 年 2 月 25 日，晋察冀边区行政委员会重申严禁种植鸦片令，指出："现在和平实现，我边区正积极从事大规模之和平经济建设，为增加粮食及工业原料生产，恢复与发展国民经济，弥补战争创伤，特再重申前令，边区各地，一律严禁种植鸦片，违者依法严惩不贷。"①

2. 严禁吸食鸦片

1945 年 12 月 3 日颁布《晋察冀边区戒烟暂时办法》，规定：(1) 凡烟民均须于本办法公布后一定时期内向村街公所进行登记，在其自觉自戒与政府帮助下限期戒绝。(2) 凡已登记的烟民，根据其年龄、身体强弱、吸毒程度确定戒绝期限，经戒烟督察局审查后发给戒烟证，继续减少吸量达到戒绝为止。其在戒吸期间得持证向禁烟督察局领购必须量的烟土。(3) 烟民不得将戒烟证及领购的烟土转借与转让他人，或私自购买烟土吸食，违者得停止或减少其购吸数量或按情节重科 1 000 元以上 1 万元以下的罚金。(4) 对已登记的烟民，得有禁烟督察局、区公所或村街公所定期开会或进行个别教育。(5) 凡烟民在限定的戒绝期满后，未彻底戒绝者，依下列办法处理：年龄在 20 岁以上 40 岁以下者，除停止或减少购吸烟土数量外，超过 1 个月者得按家庭情况科 1 000 元以上 1 万元以下的罚金；超过 2 个月者科 2 000 以上 3 万元以下的罚金；超过 3 个月仍未戒绝者，由政府集中训戒。年龄在 40 岁以上 50 岁以下者，除停止或减少购吸烟土数量外，超过 1 个月者给予批评教育；超过 2 个月者科 1 000 以上 1 万元以下的罚金；超过 3 个月者科 2 000 元以上 3 万元以下的罚金；超过 4 个月仍未戒绝者，由政府集中训戒。(6) 凡因病致瘾者，戒绝期得延长 1～2 年，年龄在 50 岁以上中毒过深、身体羸弱者，经政府审查属实后，得发给 3 年的长期吸烟特许证。(7) 凡烟民过期未登记或企图隐匿者，经查属实后，得按其过期的长短及情节的轻重科 2 000 元以上 5 万元以下的罚金。(8) 无力交纳罚金者，处劳役，每 200 元折 1 日计算。②

3. 十分重视鼓励个人积极参与禁毒活动，有功者给予奖励

1945 年 11 月 21 日颁布《晋察冀边区鸦片缉私暂行办法》，其中第十一条专门规定："查获鸦片烟犯或报告鸦片烟犯因而查获者，不论群众、干部，机关、团

① 马模贞主编：《中国禁毒史资料》，第 1637 页。
② 马模贞主编：《中国禁毒史资料》，第 1630 页。

体、部队等工作人员(禁烟督察局工作人员及专负缉私任务者除外),按查获鸦片所值提奖30%～50%。"第十三条规定:"禁烟机关人员,缉私得力,成绩卓著者,得给以奖状、通令嘉奖等名誉奖,并得给以奖金。"①

4. 严禁在查获鸦片毒品中徇私舞弊

《晋察冀边区禁烟督察局组织章程》第十一条规定:"各级局所属职员,必须真诚服务,廉洁奉公,不得有营私舞弊情事,违者依法惩处。"②《晋察冀边区鸦片缉私暂行办法》第十二条也规定:"缉私或假借缉私,施行讹诈或干涉鸦片者,依刑法从重治罪。"③

5. 公务人员从事毒品犯罪活动要从重处罚

《晋察冀边区鸦片缉私暂行办法》第十四条规定:"禁烟机关人员违犯本办法及禁烟法者,加重治罪。"④

6. 严禁在禁烟工作中机械教条、脱离群众。1945年11月21日,《晋察冀边区行政委员会关于执行缉私办法注意事项的通知》特别强调:鉴于"在种植鸦片的新解放区,群众曾长期遭受敌寇毒化毒害,对我民主政府法令还认识不足,特别是有些穷苦群众,为生活所迫致违犯禁令,更在所难免"。因此各级政府和各级禁烟督察局"在科刑处罚时,应根据不同情形适当照顾,避免机械。""执行禁烟缉私法令,只限区以上各级政府及各级禁烟督察局,必须防止个别部队及政民工作人员乱加没收、逮捕、处罚等现象,造成脱离群众的情形。""禁烟工作要走群众路线,使广大群众彻底认识鸦片之害,自动地检举、报告,造成群众的缉私运动,避免单纯地没收处罚,脱离群众。"⑤

(三) 晋绥边区的禁毒斗争

1946年10月9日,《晋绥日报》刊文介绍了汾阳崖底村烟民戒了大烟闹生产的事迹,生动地反映了晋绥边区禁烟工作的成绩和烟民们的觉悟。在日寇毒化政策影响下,汾阳崖底村18户中有15个抽大烟的,打下粮食全抽了大烟,却少吃没穿。区上于1946年8月初在该村召集烟民会议,教育他们说,每人一天抽3钱大烟,一年就得108两,可以换20多石麦子,如果要搞纺织,一石多小麦,可换一架快机,就可供几个人生活。他们听了都异口同声地说:"只要戒了烟甚也不成问题了。"他们都深感过去抽大烟的痛苦,一致决心戒烟,并要求公家监

① 马模贞主编:《中国禁毒史资料》,第1629页。
② 马模贞主编:《中国禁毒史资料》,第1628页。
③ 马模贞主编:《中国禁毒史资料》,第1629页。
④ 马模贞主编:《中国禁毒史资料》,第1629页。
⑤ 马模贞主编:《中国禁毒史资料》,第1630页。

督。首先有6个人试戒，选出队长、指导员管理，集体吃饭、睡觉、生产，劳动中实在乏得不行了，可以躺在家里睡觉。有一人在戒烟中曾发生动摇，经大家批评后，又坚持下去了。村里的人见他们有这样决心，自动慰劳了他们30多斤果子、2个大西瓜。队长怕他们吃莜麦面上火，跑到外村借回10斤小米给他们熬稀饭，烟民银元说："大家还不是为了咱们好，自己要是不戒烟，还不是自己倒霉。"经过12天的坚持，6个人的烟差不多就戒掉了。他们愉快地在一起闹生产，6个人拿出了3石2斗莜麦，开了一个卖盐和皮烟的小合作社，并且捎带推豆腐卖。[①]

（四）晋冀鲁豫边区的禁毒斗争

晋冀鲁豫边区在抗战胜利后，针对一些地区特别是新解放地区毒品泛滥的严重问题，多次颁布禁毒法令，严厉打击毒品犯罪。1947年2月8日，晋冀鲁豫边区政府发布《关于严禁买卖、吸食及贮藏毒品办法》，明确规定："(1) 任何机关团体公私商店现有之一切毒品（包括鸦片、白面、大小料、金丹、小磨、吗啡等），不论来源如何，均须于命令到达日一律交所在地区之公安局负责登记上缴，隐瞒不报、不交者一经检举，依法严办。(2) 任何个人所有之一切毒品一律没收，由公安局限期自行报缴。私藏不报者一经查获，除将毒品没收外应按轻重给予没收财产、徒刑处分，守法交公者给予奖励，检举他人犯法有功者给予重奖。(3) 严禁吸毒及买卖毒品。吸毒品者应立即戒除，违法贩卖及私存毒品一经检举，轻者没收、判处徒刑，重者没收财产、执行枪决。检举揭发有功者由各级政府、公安局按值给予百分之十五奖励。(4) 边区境内一切民兵岗哨、税卡、公安局检查站严查毒品走私，检查所获毒品应迅速上缴本府公安总局。打埋伏、贪污中饱者，不论何人轻者处分、重者枪决，并追出原物。"[②]

1947年3月，晋冀鲁豫边区太岳行政公署和太岳行政区公安局先后颁行了《禁烟禁毒办法》和《禁绝毒品统一管制》的命令，要求各行政区设立禁烟局，各县设缉查队，局长、队长一律由各公安局局长兼任。命令"如存有毒品者按规定办法一律送交公安部门，如依然贩卖者，或存有其他违令行为者，均按规定办法予以处罚治罪"。[③]

1947年8月，《晋冀鲁豫边区政府、军区重申彻底执行关于禁毒问题诸规定的联合命令》又对边区的禁毒办法进行了完善补充：(1) 收缴毒品。任何野战军、军区、兵团、游击队、武工队、民兵供给部门及机关团体公私商店现有的一切

---

① 谷曼：《汾阳崖底村烟民戒了大烟闹生产》，1946年10月9日《晋绥日报》。

② 肖红松：《中共政权治理烟毒问题研究——以1937—1949年华北乡村为中心》，人民出版社2013年版，第146—147页。

③ 王宏斌：《禁毒史鉴》，第466页。

毒品一律上缴所在地区的禁烟局、公安局，部队系统交保卫机关；任何个人所有的一切毒品应自行向公安机关、军队保卫部门报缴；凡战斗缴获、岗哨税卡缉获及没收地主特务隐匿的毒品应迅速上交禁烟总局或交当地公安机关代收转交。(2) 严禁吸食买卖。要求吸毒者，无论干部群众，均应向公安机关登记，限期戒除；严禁私自买卖毒品，违者按前法处理。[①]

(五) 河南各解放区的禁毒斗争

解放战争时期，中国共产党领导的河南各根据地人民政府采取了一系列彻底禁烟措施：设立禁烟局，颁布禁毒法令，铲除烟苗，戒除毒瘾，收缴烟毒，查处毒犯。

1946 年年初，豫西、豫皖苏、桐柏等行署根据中共中央中原局的统一部署，在行署、专署和县一级分别设立禁烟局，严厉禁烟。

1948 年 6 月，豫西行政公署发出《关于群众种烟处理办法的通知》；同年 9 月 13 日公布《严禁种植罂粟暂行条例》，20 日颁发《关于严禁种植罂粟、贩卖与吸食者亦予严惩》的布告，28 日又发布《禁烟毒暂行条例》，该条例对种、贩、运烟毒和开设烟馆以及举报烟毒犯者，分别规定了惩治和奖励办法。[②] 1948 年 9 月，豫皖苏边区第三行政区专员公署发布《为禁种鸦片烟(大烟)苗事》布告，指出了吸食鸦片的危害和表明了严禁种植鸦片的决心："查大烟毒物，为害至烈，吸食成瘾，则身体几同废物，此直足以使民族灭亡于不知不觉中。前岁顽匪猖獗，窜扰地方，少数人不明大义，以为有利可图，遂于前昨两年乘机种植，本署对此，已曾严申禁令"；"近风闻本区有部分群众复拟于今秋大量种播……更据调查，目前竟有不法之徒开灯私吸以及秘密提炼毒品……现值秋耕秋种伊始，诚恐率意种植烟苗耽误来岁麦收，本署此特再申前令，剀切晓谕，意在绝对禁种，不稍宽限。仰我全区群众即据此相互劝告，毋再私种烟苗，以免干纪蹈法，自贻伊戚！"[③] 1949 年 2 月，桐柏区党委制定公布查禁毒品的具体办法，要求吸食毒品者限期戒除，贩卖毒品者立即停止活动，限在一个月内到当地公安机关登记。[④]

1949 年，桐柏行政区的新野县即收缴毒品 3 298 两，依法逮捕毒犯 44 人。同年初，开封特别市查出毒犯 1 667 人，其中制毒 66 人，贩毒 797 人，吸毒 804 人，并依法进行了处理。[⑤] 又据豫西行政区部分县统计，1948 年仅河南省新

---

① 肖红松：《中共政权治理烟毒问题研究——以 1937—1949 年华北乡村为中心》，第 146—147 页。

② 公安部公安史资料征集研究领导小组办公室编：《公安史资料》1990 年第 4 辑，第 62—63 页。

③ 商丘地区地方志编纂委员会编：《商丘地区志》(上卷)，生活·读书·新知三联书店 1996 年版，第 1904 页。

④ 驻马店市地方志编纂委员会编：《驻马店地区志》(上)，中州古籍出版社 2001 年版，第 484 页。

⑤ 河南省地方史志编纂委员会编纂：《河南省志·公安志》，河南人民出版社 1994 年版，第 76—77 页。

安县毁掉已出土的烟苗 3 000 余亩，改种小麦；惩处了一批贩卖烟毒的首犯和惯犯；还在城关等地举办三个戒烟所。城关戒烟所办了 3 期，收容吸烟嗜好者 154 人，收缴烟土 45.5 斤。[①] 1949 年，淮阳全县铲除大烟苗 9 139 亩，查获烟土 7 216 两，海洛因 104 两。吸毒贩毒者交群众批斗 1 340 人，逮捕 781 人，伏法 1 人。[②]

（六）东北解放区的禁毒斗争

解放战争时期，东北解放区的辽吉区行政公署为肃清境内的烟毒，保持人民的健康，于 1946 年 8 月 25 日特制定和公布《辽吉区禁烟禁毒条例》和《辽吉区查获鸦片毒品暂行办法》。它们是东北解放区禁烟禁毒法规法令的典型代表。

《辽吉区禁烟禁毒条例》是解放战争时期中国共产党人制定和颁布的一部内容最详细、处罚最严厉的禁毒法律。其主要内容是：

（1）对毒品本身作了具体界定。该条例将毒品分为鸦片和烈性毒品，将海洛因、吗啡等烈性麻醉制剂界定为烈性毒品。

（2）规定本区内一律禁种鸦片与禁造各种烈性毒品，违者一概处以极刑。

（3）规定凡在本区内贩运与供给人民吸食鸦片与烈性毒品者，除没收其所有违禁物品外，并按下列各款处罚之：贩运鸦片在 100 两以下者，处 3 年以上 5 年以下有期徒刑；贩运鸦片在 500 两以下者，处 5 年以上 10 年以下有期徒刑；贩运鸦片在 500 两以上者，处无期徒刑或极刑；设灯供人食用鸦片者，无论其资本大小，一律处 3 年以上有期徒刑，或处以 3 万元以上罚金；贩运与供应烈性毒品者，不论其资本数量大小，一律处以无期徒刑或极刑。

（4）规定凡本区内吸食鸦片者，统限于 1946 年 11 月底以前向所在县旗政府进行登记；年龄在 20 岁以内者，登记后 1 个月内戒除；30 岁以下者，登记后 3 个月内戒除；45 岁以下者，登记后 6 个月内戒除；60 岁以下者，登记后 10 个月内戒除；限期不能戒除者，实行拘役戒除，并科以 5 000 元以上的罚金，戒除后仍继续吸食者，处以无期徒刑或极刑。

（5）规定吸食烈性毒品者，统限于 1946 年 11 月底以前戒除，以后仍吸食烈性毒品者一律处以无期徒刑或极刑。

（6）凡军政公务员触犯本条例各款之一者，均应受到加倍处罚。[③]

《辽吉区查获鸦片毒品暂行办法》的主要内容可以归纳为：

（1）规定无论部队、机关、团体或个人，皆有协助政府查获吸食或贩卖烟毒

---

① 公安部公安史资料征集研究领导小组办公室编：《公安史资料》1990 年第 4 辑，第 58 页。

② 淮阳县地方志编纂委员会编：《淮阳县志》，河南人民出版社 1991 年版，第 868 页。

③ 韩延龙、常兆儒编：《中国新民主主义革命时期根据地法制文献选编》第三卷，第 244—247 页。

之责。但查获烟毒时，必须将烟毒与人犯随时转送辽吉区禁烟总局或县禁烟局处理。一切非禁烟机关，一概不得私自处理人犯，或没收毒品。未设禁烟局的县市，查获烟毒，必须随时递交当地政府或距离较近的禁烟机关处理，不得私自扣留，充作供给烟民之用。

(2) 禁烟局受理烟毒案件后，除将烟毒品没收外，其人犯必须于24小时以内移交司法机关讯办。

(3) 凡查获烟毒者，按下列规定给予奖励：(1) 亲自查获烟毒案件送交禁烟局或当地政府者，给予奖金的全部；(2) 事前闻悉或目睹，随时向禁烟局或当地政府密报(书面口头均可)因而缉获者，给予密报人奖金1/3，其余2/3分给协同办案的在事出力人员；(3) 奖金额按禁烟局收买价格20%给奖。

(4) 查获烟毒者所应得奖金经禁烟局批准后，领奖人可随时向禁烟局或当地政府领取。

(5) 无论部队、机关、团体或个人，如将查获的烟毒原包顶替或从中偷换其一部分者，除扣发其奖金外，人送交司法机关依法惩办。

(6) 查获贩运吸食烟毒人犯，除将人犯移交司法机关办理外，其烟毒及烟具要全部被没收。

(7) 凡司法机关受理的贩卖或吸食烟毒案件，应于判决后，将烟毒及烟具移送禁烟局处理。

(8) 因施行查缉职务而侵占他人与烟毒无关的财物者，依欺诈论罪。①

东北解放区的禁毒斗争在禁种和禁吸方面取得了重要成果。在禁种方面，各地公安部门组织搜山队深入山林寻找并捣毁烟田，抓捕种烟犯。黑龙江省对山区半山区进行武装搜山，清剿烟匪，捣毁烟地。铁力县政府于1946秋派出公安队搜山，捣毁烟田20多亩，抓获种烟者10余人。安达县于1948年在山林、边远河套、草甸中共查出私种鸦片田地500余垧。② 宝清县公安队在1948年7月搜捕种烟犯25人，捣毁烟苗520亩，缴获烟土80余两；又于1949年捕获种烟犯216人，捣毁烟苗249亩。③ 吉林省和龙县于1947年由公安局组织专门搜山队，毁割罂粟种植地1.7公顷。④ 合江省饶河县1948年土改后，县政府每年6月—7月份组织地方公安武装深入林区搜查。1948—1949年两年中，每年搜捕来自

---

① 韩延龙、常兆儒编：《中国新民主主义革命时期根据地法制文献选编》第三卷，第247—249页。

② 黑龙江省地方志编纂委员会编：《黑龙江省志·公安志》，黑龙江人民出版社2001年版，第244页。

③ 宝清县地方志编纂委员会编：《宝清县志》，1993年印刷，第432页。

④ 和龙县地方志编纂委员会编：《和龙县志》，吉林文史出版社1992年版，第186页。

富锦潜入饶河县内深山区及沼泽地上之散生密林中私种鸦片者，数达七八十名之多。[①] 在禁吸方面，对吸毒者主要采取收容改造或劳动改造戒除毒瘾。黑龙江省密山县成立教养院，收容大烟鬼 37 人，进行劳动改造。[②] 桦南县公安局于 1947 年 3 月、7 月两次逮捕吸毒者 200 余人，送往郊区农场，强迫他们戒烟毒。哈尔滨市于 1947 年对流浪街头的吸毒者进行收容改造，据该市游民教养院统计，自当年 9 月—11 月，全市收容吸贩毒品者 1 236 人，绝大多数经过改造获得新生。[③] 吉林省安图县公安局于 1947 年春成立劳教队，把 50 多名鸦片犯集中到大沙河区(今永庆)葫芦系子(今环山)进行劳动改造。[④] 1949 年 10 月以前，长春市公安机关先后收容吸毒成瘾者 1 038 人，并将这些人送往鸡西煤矿劳动。[⑤]

(七) 华北解放区的禁毒斗争

1948 年 9 月，华北解放区成立禁烟督查总局，11 月 25 日该局颁布了《华北区毒品缉私提奖暂行办法》，明确所缉之“私”是指对毒品的私种、私存、私买、私卖、私吸等。1949 年 7 月 16 日，华北人民政府[⑥]颁行《华北区禁烟禁毒暂行办法》。这是中国共产党人在大区域实行禁烟禁毒政策的开端。该办法共有 10 条，其主要内容是：

1. 明确指出本办法所称烟毒系指鸦片烟、高根、海洛因(料面)、金丹或其他化合质料等毒品

2. 规定了烟毒犯罪的种类及处理的办法

(1) 严禁种植鸦片烟苗，违者，铲除烟苗，并加以处罚。(2) 严禁私存鸦片烟土及其他毒品，违者，没收烟毒，并加以处罚。在本办法施行前，农民因私种鸦片所留存的烟土，应在当地人民政府规定的期限内，悉数交公；政府得视其具体情况予以一定的救济。逾期不交经检举查获者，依本项规定处理。(3) 严禁制造、买卖及贩运烟毒，违者，没收烟毒及制造烟毒的机械用具，并严行惩办。在本办法施行前，从事本项违法营业者，应立即停止营业，并向所属地区的公安局或区人民政府报告登记，交出所存烟毒及制造烟毒的机械用具，并具结永远不作此违法营业，政府可给予从宽处理；如果不自行报告登记，经检举查获者，依本项规定

---

① 饶河县地方志编纂委员会编：《饶河县志》，黑龙江人民出版社 1992 年版，第 126 页。

② 密山县地方志编纂委员会编：《密山县志》，中国标准出版社 1993 年版，第 710 页。

③ 黑龙江省地方志编纂委员会编：《黑龙江省志 · 公安志》，第 243—244 页。

④ 安图县地方志编纂委员会编：《安图县志》(上卷)，吉林文史出版社 1993 年版，第 425 页。

⑤ 长春市地方志编纂委员会编：《长春市志 · 审判志》，吉林文史出版社 1993 年版，第 85 页。

⑥ 华北人民政府正式成立于 1948 年 9 月 26 日，它是根据中共中央的指示精神在原晋察冀边区政府和邯郸晋冀鲁豫边区政府的基础上建立起来的。成立初期管辖北岳、冀中、冀鲁豫、冀南、太岳、太行和晋中 7 个行署及石家庄、阳泉 2 个市。1949 年 8 月建省以后，管辖河北、山西、察哈尔、绥远、平原 5 个省和北平、天津 2 个市。

处理。(4) 严禁吸食及注射烟毒，违者，没收烟毒及吸食注射烟毒的器械用具，并加以处罚。在本办法施行前，染有烟毒嗜好者，统限于3个月内向当地公安局或区人民政府报告登记，并具结限期戒除；戒除期限，由当地政府视染有烟毒者的年龄、身体及嗜烟嗜毒程度，分别确定；如果不依限自行报告登记，或不依限戒除，经检举查获者，依本项规定处理。(5) 严禁烟毒入口，违者，没收烟毒，并严行惩办。

3. 规定"凡科学上医药上所需之麻醉毒品之原料，统由华北人民政府卫生部核准配售；其成品之制造、销售，须经省以上卫生机关之检查、化验、批准"

4. 强调"禁烟禁毒工作之执行，由各级人民政府领导，并着重宣传教育，动员群众协助办理

公安部门负责检查之。烟毒较重之县市，得设立戒烟所，办理戒烟事宜。"[①]该暂行办法虽然对各种毒品犯罪行为规定都要予以处理，但并没有规定具体如何处罚。

1949年8月20日，绥远省人民政府根据《华北区禁烟禁毒暂行办法》的精神和规定，颁行《绥远省戒吸毒品暂行办法》，使华北人民政府关于戒烟的规定具体化，以便具有实际操作性。

1.《绥远省戒吸毒品暂行办法》规定凡染有毒品嗜好者，分别以下列办法戒除之

(1) 染有毒品嗜好并已犯有盗窃、撞骗、拐取等影响社会治安的行为查有实据者，政府得于发觉后给以拘留、押管，实行强制戒除，并在烟瘾大致解除后，经过相当时期的劳动改造，证明其确实悔悟，始予释放。(2) 品格比较端正，无影响社会治安行为，年龄在40岁以下，嗜好过深，非经强制不能解除烟瘾的青壮年烟民，在其家人自愿供给食宿的条件下，政府也得给以拘留、押管，实行强制戒除。(3) 非(1)(2)两项情况的一般烟民，统限于报告登记后，具结限期戒除。其不依限戒除经检举查获者，除悉数没收烟毒及吸食毒品的用具并加以处罚外，仍得酌情展期戒除，必要时得执行强制戒除。戒除期限，由当地政府视染有嗜好者的年龄、身体及嗜好程度等分别确定，但一般最高以半年为原则。(4) 经强制戒除后而又重犯的烟民，除悉数没收烟毒及吸食毒品的用具并加以处罚外，得执行较长期的再次强制戒除。

2. 要求强制戒除工作，由政府专设的戒烟所负责执行

经费开支，除办公费、工作人员伙食费、公杂费等均由地方款核支报销外，其

---

① 华北人民政府秘书厅编印：《华北人民政府法令汇编》第2集，1949年9月版，第107—108页。

余均由烟民自备解决,部分无力自备的赤贫烟民,戒烟期间的伙食供给,可由地方款暂行支垫一部分,并从其以后劳动收入中扣除。

3. 鼓励、扶植民间举办各种戒烟组织

其在人力物力上有困难者,政府酌予协助解决。在戒烟事业上卓有成效者,酌予奖励。

4. 奖励一切戒除毒品特效药物的发明与制造,并在销售上给以尽可能的便利与协助[①]

华北解放区各地严厉打击毒品犯罪,并取得了不少成果。

1. 破获大批烟毒案

北平市公安局内二分局于1949年8月27日破获了一件贩运大批烟毒案,搜出烟土1 203两,并逮捕了李明远、张振武等31人。9月初,北平市公安局刑警大队破获了制毒惯犯郝安正、杨玉山等制造毒品案,搜出坯子、料子、白面、烟土等200余两。[②] 据统计,北平市在1949年共查获毒品案件547起,缴获鸦片烟土烟膏等毒品2 483两,海洛因341两,各类制毒原料1 830两。通过坚决查禁,北平市公开的烟馆绝迹,制造、售卖、吸食毒品活动大为减少。[③] 天津市仅1949年市公安局就破获毒品案1 168件,法院判处1 038件,铁路公安查获329件。[④]

2. 戒除毒瘾成效显著

据不完全统计,河北省平泉县原有吸扎成瘾的烟民8 291名,仅1948年就有6 468名戒除烟毒。[⑤] 1948年,山西省离石县、区、村三级分别集中改造烟民3 000多人,使他们戒毒务正,参加生产。[⑥] 应县成立了戒烟所148个,管理烟民1 715人,改造烟民3 143人。[⑦] 1949年,察哈尔省的多伦县经过排查,对722名屡戒未除的烟民采取"集中教育、从严管理、强制劳动"的办法强行戒烟,至年底有566名戒除。[⑧]

---

① 马模贞主编:《中国禁毒史资料》,第1653—1654页。

② 《公安局刑警大队破获制造毒品案》,1949年9月2日《人民日报》。

③ 北京市地方志编纂委员会编:《北京志·政法卷·公安志》,北京出版社2003年版,第272—273页。

④ 天津市地方志编纂委员会编著:《天津通志·民政志》,天津社会科学院出版社2001年版,第544—545页。

⑤ 河北省平泉县地方志编纂委员会编:《平泉县志》,作家出版社2000年版,第712页。

⑥ 李文凡主编:《离石县志》,山西人民出版社1996年版,第490页。

⑦ 应县志编纂委员会编:《应县志》,山西人民出版社1992年版,第430—431页。

⑧ 内蒙古自治区公安厅编:《内蒙古自治区志·公安志》(上),中国人民公安大学出版社2008年版,第793页。

二、新民主主义革命时期禁毒斗争的宝贵经验

中国共产党在新民主主义革命时期尤其是在局部执政阶段开展的禁毒斗争,为中华人民共和国成立后的全国执政初期彻底禁绝毒品积累了宝贵的经验。

(一)把禁毒作为反帝反封建革命斗争的重要组成部分

鸦片烟毒是影响近代中国命运的重要因素。长期以来,鸦片烟毒泛滥成灾,中国人民深受其害,可谓切肤之痛。中华民族爱国的仁人志士前仆后继,为清除烟祸进行了英勇的斗争,但鸦片烟毒为什么在中国肆虐,烟毒问题的实质是什么,却众说纷纭,莫衷一是。中国共产党诞生不久,就找到了这一问题的正确答案,认为军阀政治是鸦片烟毒泛滥成灾的重要根源,列强侵略也是造成鸦片烟毒泛滥的重要因素。对于烟祸根源的这一看法,明确了反对烟毒的斗争同时具有反帝反封建的意义。此后从建立革命根据地开始,直到全国解放,始终把禁烟禁毒看作是党所领导的反帝反封建斗争的重要组成部分。各时期根据地的革命政府都开展了认真的禁毒工作。

(二)重视禁毒法制建设

禁毒必须有法可依。民主革命时期,中国共产党已经重视禁毒法制建设。在第二次国内革命战争时期,方志敏领导的赣东北特区苏维埃政府就颁布《赣东北特区苏维埃政府暂行刑律》,其中第二编第九章专门规定了鸦片烟罪,对毒品犯罪严厉处罚,一律褫夺公权,并且最高可以判处死刑。这是中国共产党历史上第一次把惩治毒品犯罪列入到刑事法律之中。抗日战争和解放战争时期,各抗日民主政府和解放区政府又先后制定和颁布了《陕甘宁边区禁烟毒条例(草案)》《晋冀鲁豫边区毒品治罪暂行条例》《晋西北禁烟治罪暂行条例》《山东省禁烟治罪暂行条例》《山东省禁毒治罪暂行条例》《晋察冀边区鸦片缉私暂行办法》《晋察冀边区戒烟暂时办法》《陕甘宁边区查缉毒品办法》《辽吉区禁烟禁毒条例》《辽吉区查获鸦片毒品暂行办法》《华北区禁烟禁毒暂行办法》等一系列的禁毒法规法令。

其中,尤以陕甘宁边区的禁毒立法工作卓有成效,仅在抗日战争时期就颁布了数十个禁毒法规法令,内容较为系统和完备,涉及禁种、禁贩、禁售、禁吸等禁毒工作的主要方面。例如《陕甘宁边区禁烟毒条例(草案)》详细规定了毒品犯罪的种类与处罚措施。毒品犯罪的种类有 7 种,即吸食或注射烟毒罪、种植鸦片烟苗罪、吸食注射或制造烟毒之器具罪、抗拒禁烟禁毒职务之执行罪、帮助或庇护他人吸食注射及买卖贩运烟毒罪、买卖或贩运烟毒罪、设立传布烟毒之商店机关罪。对毒品犯罪的处罚,一般视其情节轻重处以有期徒刑甚至死刑,并科以罚金

或没收其家产。《陕甘宁边区查获鸦片毒品暂行办法》则规定了禁毒工作的执行程序和奖励办法，即边区内无论部队、机关、团体或个人都有协助政府查获吸食或贩卖烟毒之责；边区禁烟督察处或分处是专门禁毒的权力机关；对于查获的贩运吸食烟毒人犯，禁烟督察处除将人犯移交司法机关办理外，其烟毒及烟具应全部没收销毁；凡查获烟毒者给予奖励，而营私舞弊者要受到惩罚。后来对该暂行办法进行了两次修改，使之更加完善。在《陕甘宁边区查获鸦片毒品第三次修正办法》中详细规定了奖金的分配，又在《陕甘宁边区政府禁烟督察处查获鸦片毒品奖金办法》中具体规定了奖金标准，这对于鼓励单位和个人积极检举揭发毒品犯罪活动起到了十分重要的作用。

这些禁毒法规法令，为中国共产党在革命根据地有效开展禁毒斗争提供了重要的法律支持，也为中华人民共和国成立初期的禁毒法制建设积累了初步经验。

（三）成立专门禁毒机构

民主革命时期，中国共产党重视对禁毒工作的领导，在许多根据地设立了专门的禁毒机构。例如，右江革命根据地设立禁烟总局，川陕革命根据地设立戒烟局，陕甘宁边区政府先后设立禁烟督察处和查缉毒品委员会，晋察冀边区设立禁烟督察局，淮南根据地设立禁烟局，作为查禁烟毒的领导机构，专门负责根据地的禁毒工作，使中国共产党的禁毒政策法令在革命根据地得以顺利贯彻落实，从而有效地打击、遏制了根据地境内的各种毒品犯罪活动。

（四）禁毒政策和措施灵活多样

如在《陕甘宁边区禁烟毒条例（草案）》中，对各种毒品犯罪的惩处，既区别对待，又宽严相济。具体表现为："在种、贩、售、吸四种毒品犯罪的处理上，对吸食者处罚较轻，这是考虑到吸毒者是被动受害人，且当地吸毒现象原本十分盛行，人数众多，如果采取断然措施严厉禁吸，不仅欲速不达，也可能会引起许多人的不满，因此只宜采用限期渐禁的方法。另一方面，对从事毒品贩卖者则给予严厉打击，因为他们是为牟取暴利而造成毒品泛滥的直接祸首。"①对吸食者，也根据其具体情况区别对待，一般依烟瘾大小和年龄大小限期戒绝，其中对 60 岁以上者较为宽容，戒烟期限为登记后的两年内，而且"倘因年老力衰经政府指定医生证明者不在此例"。②

（五）教育、发动、依靠人民群众

如前所述，川陕、陕甘宁、晋察冀等革命根据地在开展禁毒时，都下大力气进

① 蒋秋明、朱庆葆：《中国禁毒历程》，第 545—546 页。
② 《陕甘宁边区政府查禁烟毒史料选》（上），《历史档案》1993 年第 1 期。

行了广泛、深入的禁毒宣传教育，使人民群众深刻地认识到了毒品的严重危害和禁绝毒品的意义，从而使“政府禁绝烟毒的命令，转变成为千万人民自己的意志”，大家起来“自动报名，承认自愿戒绝鸦片”。[①] 亲属都在互相的规劝着，妻劝其夫，兄勉其弟，父诫其子。大家起来互相作禁烟竞赛，“不吸鸦片的，相约以谁先劝服家人如期戒绝者为胜，犯烟瘾的，也互相比赛着，看谁先戒断”。[②] 非烟民群众还踊跃捐米送柴，从生活上帮助有困难的瘾民戒烟。瘾民们体验到人间的温暖，增强了戒烟的决心，使戒烟工作得以顺利进行。随着人民群众觉悟的不断提高，也积极而机警地严查私贩烟土的毒犯。例如在陕甘宁边区，有一次，有一个贩毒者，由宁夏河西产烟区，乔装打扮成磨剪刀的手艺匠人，将他的那条安放磨刀石的板凳中间凿空，把煮制好了的鸦片烟膏满满的倾注入内，凝结成块。贩毒伪装如此巧妙，后来还是被一位热心参加禁烟运动的妇女发现了。[③] 毒贩受到了应有的惩罚。又如，有人举报从山西临县来的 6 个商人，赶着 2 头驴、2 头骡子进入安塞县境，行踪可疑，经查未见破绽后放行。事后即有人报告确实消息，检查组星夜追赶，果然缉获大烟 158 两。原来，骡子驮的 4 只空油篓，底对底绑着，走私烟贩把篓内的纸弄破，将拍成薄片的大烟放在里面，再把纸糊上，看起来像是新的油篓，企图蒙混过关。经检查组的观察思考，最后拿探条把油篓糊纸扎破了才真相大白。报告人和检查员受到表扬，获得了奖励。[④] 由此可见，大力开展禁毒教育，充分依靠和利用群众的力量来推行禁政，是中国共产党在革命根据地禁毒成功的根本法宝。

---

① 《禁烟与抗战同样是民族解放的斗争》，《群众》第 2 卷第 1 期社论，1938 年 6 月 11 日出版。
② 《禁烟与抗战同样是民族解放的斗争》，《群众》第 2 卷第 1 期社论，1938 年 6 月 11 日出版。
③ 湘潮：《边区禁烟运动的成绩》，1938 年 6 月 3 日《新华日报》。
④ 钱自强：《陕甘宁边区禁毒运动中民众的作用》，《党史文汇》2002 年第 5 期。

中 篇　中华人民共和国成立初期全国禁绝烟毒的斗争

第五章　中华人民共和国成立之初严峻的烟毒形势

中华人民共和国成立之初，百废待兴，在众多的社会问题中，鸦片烟毒的泛滥仍然是一个十分突出的严峻问题，种植、制造、贩运、吸食烟毒活动仍有蔓延之势，严重影响着人民的健康、国民经济的恢复、政权的巩固和社会的安定。

一、烟毒严重泛滥状况

（一）罂粟种植面积和鸦片产量惊人

1. 西南区[①]

据统计，在烟毒泛滥最为严重的西南地区，种植罂粟的土地曾高达 1 545 万多亩，约占耕地总面积的 10%。[②]

云南省人民政府《一九五〇年禁烟工作报告》估计，至 1949 年年底，全省罂粟种植面积已达 240 余万亩，年产鸦片 5 000 万两。[③] 又据西南军政委员会公安部 1949 年后的调查，云南省种植罂粟占总耕地面积的 33%；省会所在地昆明市近郊，都可以看到盛开的罂粟花。[④] 1949 年，禄劝县种植罂粟 3 000 余亩，当时的一区、二区、三区、四区较多，仅第二区中屏和第五区九龙三江口沿岸一带就种植达 1 500 亩。[⑤] 1949 年，嵩明县种植罂粟达到 5.7 万亩，占全县总耕地面积的 20%。[⑥] 1949 年秋，大理地区种烟空前泛滥，就连大理县、凤仪县等公路沿线，种植面积高达 50%左右，而云龙县则高达 80%，其余多数县烟地面积都在

---

① 中华人民共和国成立初期，我国设置管辖几个省（市）的大行政区，全国共分为西南、西北、中南、华东、华北、东北六个大行政区，各大行政区起先设立军政委员会，后改为行政委员会。1954 年撤销。在本书中篇，我们以当时的六大行政区域来分别阐述中华人民共和国成立初期全国禁绝烟毒的斗争。

② 诸羽主编：《割除毒瘤——共和国首次禁毒禁娼述实》，中央文献出版社 1999 年版，第 30 页。

③ 云南省地方志编纂委员会总纂、云南省公安厅编撰：《云南省志・公安志》，云南人民出版社 1996 年版，第 149 页。

④ 云恭：《云南鸦片烟毒简史》，苏智良、赵长青主编：《禁毒全书》，第 445 页。

⑤ 李继春、张廷福：《禄劝禁烟肃毒纪略》，云南省禄劝彝族自治县政协文史资料委员会编：《禄劝文史资料》第二辑，1992 年印刷，第 201 页。

⑥ 陈铉：《嵩明五十年代的禁烟禁毒》，云南省嵩明县政协文史资料委员会编：《嵩明文史资料选辑》第二辑（内部发行），1990 年印刷，第 138 页。

1 万亩以上。[①]

贵州省普遍种植罂粟，麻江县 1949 年种 4 400 亩，黎平县 1950 年种 1.5 万亩，绥阳县 1949 年种 1.309 万亩，在安顺几乎家家种植罂粟，习水县 8 个区因普遍种植罂粟被称为“烟乡毒地”。[②]

西康省种植罂粟占耕地面积竟达 48%以上。[③] 仅宝兴县 1949 年的统计，罂粟种植面积为 1.3 万亩，年产 50 万两；到 1950 年，罂粟种植面积仍有 1.1 万多亩，占全县耕地面积的 60%。[④] 1949 年，国民党见大势已去，明令宁属各县普种罂粟，执行“种烟抽税，不种者罚”的政策，强令农民种植，致使当地鸦片泛滥成灾。

中华人民共和国成立初期，四川省各地遍开罂花。据档案记载，1949 年，四川省境内种烟县有 68 个，罂粟种植占地面积高达 13.404 5 万亩。[⑤] 其中尤以偏远地区和少数民族地区为甚。川东地区是全省烟毒重灾区。据不完全统计，中华人民共和国成立前夕，秀山县五区几乎无户不种罂粟，年产鸦片 1.5 万两，城口有 5 个乡，烟地占 1 085 亩；巫山、巫溪、武隆、石柱、彭水、南川、黔江等县，烟地均在 1 000 亩以上。[⑥] 巫山县每个乡镇几乎都有种罂粟的，其中，骡坪区宋大湘、李兴周每年种收的烟土在万两以上，洋溪、官阳、起阳等乡每年种收的烟土在千两以上。[⑦] 到 1950 年，川东地区偷种罂粟仍较普遍，万县专区种植面积共 3 584 亩，产量共 3.584 万两，价值折合大米共 169.664 万斤(以当地每两折换大米的最低价)；涪陵地区偷种面积达到 1.05 万亩，产量 10.5 万两，折合大米 472.5 万斤，其中彭水县种植面积高达 2 000 亩。[⑧] 川西地区罂粟种植现象呈扩大趋势，尤其是偏远地区和少数民族地区更甚，邛崃、大邑、金堂等均有种植。[⑨] 1949 年，邛崃县境内满地罂花。《新新新闻》载：“邛崃县境内，遍地种植鸦片，如北路：三坝、安顺。西路：大兴、火井、高兴等乡；南路：天台、三角、夹关、

---

① 苏松林：《大理地区禁烟肃毒述略》，《文史精华》编辑部编：《近代中国烟毒写真》(下卷)，第 451 页。

② 王国华：《黔东南烟毒及解放后的禁烟》，《文史精华》编辑部编：《近代中国烟毒写真》(下卷)，第 324 页；金士宝、廖以文：《贵州肃毒》，马维刚编：《禁娼禁毒——建国初期的历史回顾》，警官教育出版社 1993 年版，第 273 页。

③ 凌青、邵秦主编：《从虎门销烟到当代中国禁毒》，四川人民出版社 1997 年版，第 101 页。

④ 重庆档案馆档案，全宗号：禁毒委员会，案卷号：2。

⑤ 四川省地方志编纂委员会编：《四川省志・民政志》，四川人民出版社 1996 年版，第 400 页。

⑥ 四川省档案馆档案，全宗号：建东 16，川东行署民政厅，案卷号：89。

⑦ 赵向蓝：《巫山县开展戒烟禁毒工作情况的回忆》，四川省巫山县政协编：《巫山文史资料》第二辑，1991 年印刷，第 102 页。

⑧ 四川省档案馆档案，全宗号：建东 16，川东行署民政厅，案卷号：97。

⑨ 罗兰英：《建国初期四川的禁毒运动(1950—1952)》，四川师范大学硕士学位论文，2002 年 5 月。

龙安、道佐、临济等乡，均各罂花遍地，种植甚多，其中包括种者北路有乡长伍某、季某、县指导员等。西路有陈区长、刘乡长，南路有区长李某、士绅罗某、参议员吴某等人。”全县种烟面积在 12 万亩以上。[①] 1940 年至 1950 年 10 年内，鸦片在金阳地区的种植可以说是极盛时期，种植面积占全县耕地面积的 40%左右。其中天台区约占本区耕地面积的 35%，安科区约占本区耕地面积的 50%，灯厂区的芦稿(汉族聚居乡)和派来(彝汉杂居乡)粮食种到哪里，鸦片就种到哪里，对坪区占本区耕地面积的 50%，南瓦区占本区耕地面积的 15%。以灯厂区派来乡为例：1945 年，全乡户户种烟，上半乡鸦片与粮食兼种，下半乡甚至不种粮食，专种鸦片，该乡孟克补匹营盘一共 50 户人家，每年竟可产烟 1 000 两以上。[②] 茂县专区是传统种植罂粟区，为四川第二大烟泛区。1949 年前，懋功(小金)、靖化(金川)、理县、汶川、茂县、松源 6 县 40%以上的土地种植罂粟，尤其是懋功、靖化、黑水、马尔康等地种植罂粟占 90%以上的土地。当时懋功全县有土地 10 多万亩，种烟面积达 9 万多亩，年产烟土 250 万两左右。因懋功烟土色如黄金、绵如糍粑、香味浓、冲劲大，胜过云土(云南烟土)，畅销四川、西康、甘肃、宁夏、青海各省(区)，成了名烟。各地烟商云集，用枪弹和各种日用品换取烟土，以物易土，代替国民党的法币流通。[③] 理县在官吏的“恩允”下，准许在通化、桃坪、龙溪等乡的高半山种植鸦片，烟禁一开，致使 1949 年全县各乡(除顺大道河坝地区外)，均已遍种罂粟。1950 年，理县境内高半山各村寨仍是罂花遍地，高山地带烟地占耕地面积 40%。[④] 1949 年，茂县专区 6 县的耕地面积为 67.31 万亩，种烟面积仍占了 3 万亩。[⑤] 川南地区，以边远少数民族地区种植罂粟为多。乐山专区南 5 县(即屏山、雷波、马边、峨边、沐川)种植罂粟极为普遍，在这 5 县成立的以开发山区屯垦戍边为名的各大垦社，无不种植，成为四川第二大烟泛区。从 1912 年至 1949 年，雷波共产鸦片358.6 万两。尤其是同生公司、抗建垦社、中心垦社、裕民屯殖股份有限公司、大生垦殖合作社、菖蒲田垦社等 20 多个垦社和垦场，所垦之地大都种植鸦片。少数民族地区种植罂粟十分普遍。从 1946 年至 1949 年，峨边县彝区用来种植罂粟的土地约 1 万余亩。毛坪区仅有 2 000 余人口的怀德乡，据 1945 年估计种植的土地就有 2 000 亩以上。按一般年成，亩产鸦片约

---

① 彭华生：《解放前邛崃的烟毒情况与解放后的肃毒运动》，四川省邛崃县政协文史资料研究委员会编：《邛崃文史资料》第四辑，1990 年印刷，第 99 页。

② 邵献书、谢世宗、杨远东：《金阳种烟调查记》，四川省政协、四川省省志编辑委员会编：《四川文史资料选辑》第十二辑，1964 年印刷，第 171 页。

③ 杨光成：《阿坝的禁烟肃毒》，苏智良、赵长青主编：《禁毒全书》，第 455—456 页。

④ 四川省理县地方志编纂委员会编：《理县志》，四川民族出版社 1997 年版，第 53 页。

⑤ 四川省档案馆档案，全宗号：建西 18，川西行署民政厅，案卷号：16。

100 两计算,全县年产鸦片在 3 万千克以上。[①] 1950 年,西南民政部调查表明,雷波、峨边、马边 3 县全部种植罂粟。[②] 川北地区,罂粟种植也较广泛。中江县调查,在 1949 年前,仅广福、兴发、石笋、永兴、太平、双龙、清河、兴隆、合兴等 9 个乡,种植罂粟即达 1 081 亩,产鸦片 43 200 多两。到 1950 年,这 9 个乡仍种有罂粟 668 亩,产鸦片烟 26 700 多两。[③] 自 1935 年以后,平武藏区 90%藏胞被迫种烟,一直沿袭到中华人民共和国成立初期。1949 年年底,平武县鸦片产量高达 60 余万两。[④]

2. 西北区

西北地区是仅次于我国西南地区的第二大罂粟种植与鸦片生产基地。据 1950 年甘肃省禁种烟毒工作初步总结和统计报表记载,在 7 个分区(平凉、甘南未统计)所属的 43 个县中都种有鸦片,共 16.98 万亩。其中,种植万亩以上的县 3 个:皋兰县 6.13 万亩,岷县 2.96 万亩,武威县 2.75 万亩。武威县的 299 个乡中,有 112 个乡种植;临夏分区各县普遍种烟,永靖县金定区沙家庄共 25 户,种大烟 120 亩,平均每户 4 亩;山丹全县种烟户占总户数的 30%,其中,高寨子村 132 户,有 115 户种植大烟,占 87.13%。[⑤]

在青海省,据 1950 年民和、乐都两县统计,共种植罂粟 2 977.1 亩。[⑥]

1949 年,宁夏烟毒泛滥成灾。据宁夏省民政厅 1950 年调查摸底,全省种植鸦片烟的农户仍有 5 269 户,面积达 7 222 亩,民间存鸦片烟 3.4 万余两。[⑦]

3. 中南区

广西虽因土质、气候等自然条件限制,多数地区不适宜种植罂粟,但仍有大面积种植,仅桂西北 30 个县种植的罂粟约有 20 万亩。[⑧] 以右江流域为全广西种植罂粟的重要区域和鸦片产地,尤以接近滇黔西北部的西林、西隆、田西、乐业、凌云、东兰、风山、天峨等几个县为盛。湖南龙山县地处以匪多、枪多、烟多"三多"著称于世的湘西,到 1949 年,种植罂粟户数达 41 133 户,占总户数 52 998 户

---

① 四川省峨边彝族自治县地方志编纂委员会编:《峨边彝族自治县志》,四川辞书出版社 1994 年版,第 616 页。

② 重庆档案馆档案,全宗号:禁毒委员会,卷号:2。

③ 王善培:《中江的禁烟运动》,四川省中江县政协文史资料工作委员会编:《中江文史资料选辑》第六辑,1988 年印刷,第 201—203 页。

④ 四川省平武县地方志编纂委员会编:《平武县志》,四川科学技术出版社 1997 年版,第 345 页。

⑤ 刘敏:《甘肃的毒品危害及禁毒活动》,《文史精华》编辑部编:《近代中国烟毒写真》(下卷),第 546 页。

⑥ 青海省地方志编纂委员会编:《青海省志·公安志》,黄山书社 1995 年版,第 108 页。

⑦ 宁夏国史编审委员会、宁夏国史学会编:《当代宁夏史通鉴》,当代中国出版社 2004 年版,第 91 页。

⑧ 陈勇:《禁绝广西烟毒》,马维刚编:《禁娼禁毒——建国初期的历史回顾》,第 382 页。

的77.61%;种植面积为604 628挑,占耕地面积1 727 652挑的35%;年产湿烟土564.57万两,折合干烟土300万两。该县苗儿滩,428户中除25户无田地外,其余403户均种植大烟,种植面积占耕地面积的64.2%。①

在1949年前,广东种植罂粟达40余县,面积达15万多亩,占全省耕地面积的0.38%。广州市郊区的龙眼洞、嘉禾、钟落坛、竹寮、石版、黄埔等镇当时均种有罂粟,大约有200余亩,致使大片土地失去耕作。② 潮汕、兴梅地区种植罂粟最多的县是揭阳、普宁和五华三县,揭阳县达4万亩,普宁县2.5万亩,五华县2万亩;种植面积在5 000亩以下的有潮阳、潮安、丰顺、蕉岭等县。③

鄂西、鄂北山区历史上是种植鸦片的著名地区,仅来凤、建始、咸丰、利川四县每年即产鸦片33 500余两。④ 中华人民共和国成立初期,湖北省仍有不少地方种植鸦片。据当时统计,全省共种植鸦片10 073.5亩,年产量为362 861两;种植面积分布于恩施、宜昌、郧阳3个专区的17个县,种植人口达243 889人。⑤

江西仅石城县在1949年冬仍有9 860个农户种植罂粟,面积达5 000亩。⑥

在1949年前,河南省郸城县境内广泛种植罂粟,尤其秋渠、石槽、郸城、钱店、巴集、汲家等地种得多。如曹集村,每年种植罂粟400亩左右,占当时全村540亩耕地面积的70%以上。⑦

4. 华东区

中华人民共和国成立初期,福建省种植罂粟大部分散布于闽南、闽北、闽中、闽东等较为偏僻的山区。⑧ 据福建省各地不完全统计,当时全省还有建瓯、建阳、崇安、邵武、浦城、水吉、政和、南平、古田、顺昌、建宁、屏南、罗源、连江、长乐、宁德、福安、柘荣、晋江、德化、安溪、平和、云霄、漳浦、诏安、永安、清流、宁化、三元等29个县种植罂粟,约占当时全省总县数的50%。⑨ 尤其是平和、云霄、漳

---

① 余飞:《湘西烟毒与禁烟禁毒》,苏智良、赵长青主编:《禁毒全书》,第459—460页。

② 马文元、任克勤:《广州禁毒简史研究》,《政法学刊》1999年第2期。

③ 钟浩:《潮汕兴梅扫毒运动纪略》,《文史精华》编辑部编:《近代中国烟毒写真》(上卷),第635页。

④ 中共湖北省委党史研究室编:《城市的接管与社会改造》(湖北卷),中共党史出版社1997年版,第263页。

⑤ 湖北省地方志编纂委员会编:《湖北省志·民政志》,湖北人民出版社1994年版,第282页。

⑥ 理言、廖渊:《解放前后石城的禁烟禁毒运动》,江西省石城县政协文史资料工作委员会编:《石城文史资料》第三辑(内部发行),1990年印刷,第112页。

⑦ 郸城县志总编室:《清烟禁毒运动》,河南省郸城县政协文史资料研究委员会编:《郸城文史资料》第一辑,1987年印刷,第61页。

⑧ 林辉等:《为了这片净土——福建禁毒斗争的历史、现状和对策研究》,群众出版社2003年版,第100页。

⑨ 福建省肃毒指挥部办公室:《福建烟毒情况初步综合》,1952年7月30日,存福建省公安厅档案科,案卷号:长期215;福建省禁毒指挥部办公室:《福建烟毒流行情况综合(第一号)》,1952年8月7日,存福建省公安厅档案科,案卷号:永久116。

浦、诏安等县与广东交界的山地以及清流、宁化等县有严重的种植罂粟现象。在闽南，尤以诏安的官陂、云霄的乌山、平和的廖安为最多。仅平和县在1950年、1951年两年就收了3 000斤鸦片，该县廖安乡共有320户，种植罂粟的就有300户左右，计129亩，1950年该乡还公然反对政府铲毒；此外，该县长田、石碑等乡在1950年冬种植罂粟户也占全乡户数的80%以上。[①] 据1950年统计，平和、云霄、诏安三县交界处种植罂粟约达1 000亩。[②] 在闽中，1950年冬，清流三区、四区的古坑、李家姚坊等地种罂粟1 600亩，宁化二区、四区的众上、禾口、治平三地一共种罂粟6 000多亩；永安二区、五区的龙清、上林、槐西等地也种罂粟约500亩。[③] 在闽北，屏南、古田交界的迪口区全区3 173户，即有163户种植罂粟。[④] 平南县在1951年、1952年两年中被发现并铲除的罂粟苗即有1 329.51万株，每亩以4 000株计算，约有3 323.7亩。[⑤] 在闽东，1950年，宁德、柘荣等县偏僻山区发现种植罂粟400亩以上。[⑥] 古田县所辖8区12乡仍种植罂粟，查有7 800余株，有12户人以此为职业。[⑦]

1949年前后，安徽亳县、寿县、凤台、阜阳、颍上、宿县、太湖、宿松、桐城、费东等县为主要产烟区，贵池、泾县、祁门、黟县等地也有种植。[⑧] 中华人民共和国成立初期，种烟面积也很大，仅肥东地区就有1 700多户农民种植罂粟；[⑨]阜阳县种植罂粟曾高达127万亩，占当时耕地面积的49%。[⑩]

在中华人民共和国成立初期，浙江仙居、天台、文成、三门等山区因受匪特的控制，种植罂粟仍相当普遍，仅仙居一县，估计1950年可收获烟土2 000斤。[⑪]

5. 华北区

绥远省由于1949年前各地广种罂粟，1949年后不久很多群众对党和人民

---

① 福建省禁毒指挥部办公室：《福建烟毒流行情况综合(第一号)》，1952年8月7日，存福建省公安厅档案科，案卷号：永久116。

② 《福建省烟毒流行及查禁工作简报》，1952年8月8日，存福建省档案馆，案卷号：138－1－222。

③ 福建省禁毒指挥部办公室：《福建烟毒流行情况综合(第一号)》，1952年8月7日，存福建省公安厅档案科，案卷号：永久116。

④ 福建省禁毒指挥部办公室：《福建烟毒流行情况综合(第一号)》，1952年8月7日，存福建省公安厅档案科，案卷号：永久116。

⑤ 中共南平地委会：《关于肃清毒品流行准备工作计划的指示》，1952年6月15日，存福建省公安厅档案科，案卷号：短期88。

⑥ 《福建省禁烟禁毒工作报告》，1951年11月9日，存福建省档案馆，案卷号：138－1－135。

⑦ 李扬强主编：《古田县志》，中华书局1997年版，第597页。

⑧ 祝凤鸣：《解放初期安徽禁娼、禁赌、禁毒述略》，《安徽史学》1995年第1期。

⑨ 合肥市地方志编纂委员会编：《合肥市志》，安徽人民出版社1999年版，第2070页。

⑩ 李思敏、傅达昌等：《旧社会把人变成鬼　新社会把鬼变成人——谈解放前后阜阳的“禁烟”》，政协阜阳市委员会文史资料委员会编：《阜阳文史》第四辑(内部参考资料)，1984年印刷，第15页。

⑪ 中共浙江省委党史研究室、中共杭州市委党史研究室编：《城市的接管与社会改造：杭州卷》，当代中国出版社1996年版，第297页。

政府的政策还不了解，因此在许多有种烟历史的地区仍在大面积地种植罂粟。一些反革命分子和土匪也趁机造谣惑众，说“共产党爱穷人，穷人种了烟咋不了”“共产党走群众路线，大家都种烟，政府就管不了”“共产党优待蒙人，蒙人可以种”[①]“人民政府只准许种一年大烟，以后就不让种了”，[②]致使一些不明真相的群众大量种植罂粟。例如，1950 年，伊克昭盟种植罂粟约在 8 万亩以上，其中达拉特旗将种植小麦的水浇地 2/3 种植了罂粟。[③] 1950 年春，萨拉齐县种植罂粟成风，全县 7 个区都种植罂粟。该县二区新城乡 400 多户人家，种植罂粟 1 500 多亩，平均每户种 4 亩多；三区义成乡 300 多户人家，种植罂粟 3 000 来亩，平均每户种 10 来亩；农民户种罂粟最多者达到 30 多亩。[④] 1950 年春，萨拉齐县共种罂粟 9 138 亩，种植户达 1 169 户。[⑤] 1950 年，河套地区的安北县种植罂粟 4 676 亩，五原县种植罂粟 2 158.9 亩。[⑥] 据绥远省人民政府的不完全统计，1950 年，全省种植罂粟在 20 万亩左右。[⑦] 并且占用的均为土质很好的水浇地，因而给粮食生产造成比较严重的损失。

6. 东北区

吉林省在 1950 年仅据长春、吉林、榆树、农安、德惠、九台、双阳、永吉、舒兰、蛟河、怀德、伊通、延吉、敦化、珲春、郭前旗等 16 个市县(旗)统计，就有 92 人种植罂粟。1951 年，吉林省对东部山区、林区进行搜查，仅敦化县就查出 32 人种植罂粟，烟地 840 亩。[⑧]

据统计，到 1949 年前夕，全国罂粟种植面积高达 2 000 万亩，种植罂粟的农民达 1 000 万人以上。[⑨]

(二) 制毒贩毒活动十分猖獗

1. 西南区

西南区大的烟毒集散中心为昆明、贵阳、雅安、成都、重庆等地，主要制毒中

---

① 师锐：《安北县的禁烟禁毒工作》，中共巴盟委员会党史资料征研办公室编：《巴彦淖尔党史资料》第九辑(内部资料)，1988 年印刷，第 174 页。

② 董毅民：《解放初期萨县工作回忆》，包头市地方志史编修办公室、包头市档案馆编：《包头史料荟要》第十一辑(内部资料)，1984 年印刷，第 13 页。

③ 伊克昭盟人民自治政府委员会：《关于查铲烟苗工作报告》，存内蒙古档案馆，编号：208 - 2 - 152。

④ 董毅民：《解放初期萨县工作回忆》，《包头史料荟要》第十一辑，第 13—14 页。

⑤ 乌兰察布盟公安处编：《乌兰察布公安志》，转引自庆格勒图：《建国初期内蒙古西部地区的禁烟禁毒斗争》，《内蒙古大学学报》(人文社会科学版)1998 年第 4 期。

⑥ 陕坝专署：《关于查铲烟苗总结报告》，存内蒙古档案馆，编号：202 - 1 - 149。

⑦ 绥远省人民政府：《关于禁种大烟工作总结》，存内蒙古档案馆，编号：208 - 2 - 240。

⑧ 吉林省地方志编纂委员会编：《吉林省志》卷十一(《政事志・民政》)，吉林人民出版社 1991 年版，第 309 页。

⑨ 苏智良著：《中国毒品史》，第 454 页。

心有涪陵、成都、重庆等地。

云南省会昆明市在1949年后有烟贩6 968人;[①]全市87个行业的163万个工商户中,制、贩烟毒的有2 327户,每年制、贩毒达400万两,为云南省烟毒主要集散地。[②]

贵州省1949年前年产烟土约7万担,内销约3万担,外销约4万担。“黔土”不仅外销湖南、广东、广西、汉口、上海,甚至远销香港、东南亚各地。全省出现“无商不烟,无烟不富”的局面。烟土竟成为市场上的等价交换物,成为一种特殊货币。民间出现“积谷不如藏金,藏金不如存烟”的现象。全省各地城乡烟贩成帮结伙。据镇远县㵲阳镇统计,仅有10 550人的小镇就有烟贩530人,占人口总数的5%。贵阳、安顺、遵义、铜仁是该省烟毒的集散地,烟商云集,烟行资金雄厚,一次出“帮”,少则几十担,多则成百上千担,出帮多有武装护送。[③] 据锦屏县统计,全县有专业烟贩111人,其中经营大烟数量在百两左右者68人,200两至千两者7人,千两以上者4人。镇远县则更多,有毒贩700余人,其中,贩运大烟百两左右者571人,百两至千两者200余人,万两以上者20余人。彭文斗、杨锦川是黔东南两个最大的贩烟集团,共有成员26人,仅在1949年后的1950—1952年8月的2年零8个月时间里,就贩卖大烟3万余两。[④] 其中,彭文斗在1950年1月至8月的8个月里就贩运和销售大烟1.7万两。[⑤]

西康省地处偏僻,贩毒分子则利用政府的鞭长莫及的情势有恃无恐地从事贩毒活动。省会雅安是西康省的门户,是各种货物的进出口,也是烟毒集散地。据统计,中华人民共和国成立初期,仅雅安城区就有烟贩650户。[⑥] 1950年3月西昌适逢烟土上市,引来众多城乡烟贩到烟市抢购烟土,进行屯集,等待价涨抛售或贩运到外地高价卖出,仅川兴乡就有烟贩16人、烟经纪1人。[⑦]

四川省各地的制、贩毒情况也十分严重。成都在1949年后的秘密制毒厂坊有367家,制毒者568人,贩运毒品者5 211人,售卖者5 260人。[⑧] 1949年,涪

---

① 《城市接管亲历记》编委会编:《城市接管亲历记》,中国文史出版社1999年版,第777页。

② 中共云南省委党史研究室、中共云南省公安厅委员会编:《建国以来云南的禁毒斗争》,第114页。

③ 金士宝、廖以文:《贵州肃毒》,马维刚编:《禁娼禁毒——建国初期的历史回顾》,第273页。

④ 王国华:《黔东南烟毒及解放后的禁烟》,《文史精华》编辑部编:《近代中国烟毒写真》(下卷),第327页。

⑤ 王国华:《黔东南烟毒及解放后的禁烟》,《文史精华》编辑部编:《近代中国烟毒写真》(下卷),第324—325页。

⑥ 四川省档案馆档案,全宗号:建康16,西康省民政厅,案卷号:292。

⑦ 西昌市公安局编:《西昌市公安志》(内部资料),1993年印刷,第82页。

⑧ 四川省地方志编纂委员会编:《四川省志·民政志》,第407页;四川省档案馆档案,全宗号:建西18,川西行署民政厅,案卷号:17。

陵县与邻县接壤的60余个场镇，烟馆林立，均有制吗啡场所。[①] 仅涪陵县城区的秘密制毒厂坊就有60余家，有的是手工制造，也有雇请技师使用机器制造的。[②] 涪陵县城1949年后的调查表明，有制造、贩毒行为的达1 735户。[③] 自贡、泸州、万县、宜宾、乐山、大竹、达县、广元、大邑、仁寿、灌县、华阳等地，也有2 000多家制毒作坊。[④] 邛崃县1949年前销售、贩运、制造毒品情况均为严重。邛崃县与天全、芦山、宝兴等县盛产烟区毗连，特别是3县所属的大川、太平、青龙等乡的大烟都得通过邛崃火井场转销至其他各县。据不完全统计，1949年前几年仅火井场每年大烟的吞吐量就达4万两以上。每年收大烟季节，火井场台子口的大烟市上，像摆萝卜堆子一样任人选购。人们购买生产、生活资料，甚至割肉、吃面、喝酒也有用大烟折价换取的，也有用枪弹调换大烟的。每年的烟市历时两月之久。平时逢场间，外来购买烟土的人很多，每场销售量也达千两以上。1947年，张石如任宝兴县县长，组织武装把大量烟土贩运到邛崃，换取粮食、枪支。是年，由特务大队长孔芝麟率武装人员100余名，带机枪10挺、步枪10支保运，先后3次运到邛崃的烟土计720箱，约6万两。1949年2月，张石如、蒲泳圃等4人合伙贩运大烟共13石，砒子40两。赵宾实于同年9—10月间，又由宝兴运回大烟380两，吗啡砒子15两至邛崃三坝乡制毒。1949年前夕，邛崃城乡上下多数人家制造吗啡、砒子、唆唆。[⑤] 1949年，仪陇县有贩运、贩卖烟毒者2 289人，贩运烟毒21.97万余两。[⑥] 大竹、垫江、江北、秀山、黔江等县，贩运烟毒者有1 022人。[⑦] 1950年，南充市有烟贩60余人。[⑧] 温江县贩运烟毒的95户，以贩烟毒为生的250人，制毒者17户，主要是无业游民。叙永县马相如等4个贩卖鸦片集团，1949年前勾结当地军政官员大肆武装贩运鸦片，1949年后制贩毒活动仍十分猖獗，仅1950—1952年就贩运、制造鸦片2.5万多两、吗啡500多两，运往泸州、永川、重庆等地贩卖。[⑨] 在中华人民共和国成立前夕，中江县仅城关、仓山等9个乡镇，贩鸦片的就有289人；1950年，这9个乡镇

---

① 四川省涪陵市地方志编纂委员会编：《涪陵市志》，四川人民出版社1995年版，第1052页。

② 四川省地方志编纂委员会编：《四川省志·民政志》，第407页。

③ 四川省涪陵市地方志编纂委员会编：《涪陵市志》，第1053页。

④ 四川省地方志编纂委员会编：《四川省志·民政志》，第407页。

⑤ 彭华生：《解放前邛崃的烟毒情况与解放后的肃毒运动》，《邛崃文史资料》第四辑，第96、100页。

⑥ 四川省仪陇县地方志编纂委员会编：《仪陇县志》，四川科学技术出版社1994年版，第550页。

⑦ 四川省档案馆档案，全宗号：建东16，川东行署民政厅，案卷号：89。

⑧ 四川省南充市地方志编纂委员会编：《南充市志》，四川科学技术出版社1994年版，第532页。

⑨ 梁永庆：《建国初期叙永肃毒运动概况》，四川省叙永县政协文史资料委员会编：《叙永县文史资料选辑》第十二辑（庆祝中华人民共和国成立四十周年专辑），1989年印刷，第115页。

贩鸦片者仍有 91 人,数量达 1 800 多两。[①] 重庆是民国时期西南地区最大的烟土集散地,四川大部分毒品以及云贵的鸦片也多通过重庆码头运往湘、鄂、沪等地。重庆又是西南地区的制毒中心之一,有大量制毒作坊。据统计,1949 年后分布在重庆的秘密制毒厂坊有 400 余家,制造鸦片者 618 人,贩运烟毒者 4 476 人。[②]

2. 西北区

在 1949 年后,陕西省汉中市鸦片的加工、运销依然严重。据 1950 年统计,全市有制造料面者 4 户,料面贩 29 户,鸦片烟贩上千人。[③] 西安市在 1949 年前是西北制贩毒品的中心和集散地,1949 年后贩毒活动仍然十分猖獗。1949 年后的工商户,如药房诊所、客栈旅社、手工百货等,差不多行行贩毒。南关的山货行贩毒情况最为严重,二区(现碑林区)有山货行 20 余户,除 3 户外,其余全部贩毒。大毒贩丹青,原系汪伪山西凌川县及解县警察局长和国民党杨振邦部游击第三支队参议,1948 年潜入西安,以开设牛奶场为掩护,组织贩毒,活动区域除西安外,遍及北京、上海、洛阳、开封、兰州、武汉等地,仅在 1949 年后的 2 年间贩卖的毒品料面即达 2 000 两以上。[④] 大毒贩苗绍温,专门组织肛门队 9 人,阴道队 11 人为他贩运毒品。肛门队员高大嘴,1951 年秋初用藏入肛门的方法从安徽宿县给苗绍温运送料面,一次带了十几两,到西安后因便不下来,危及性命,才不得不经医生灌肠取下。从 1950 年 6 月至 1952 年 4 月,苗绍温从徐州、宿县等地贩料面在 2 400 两左右。这些料面大部分是由肛门队和阴道队运来的。据统计,被毒犯雇用的阴道队妇女因中毒而死的,达 30 多名。[⑤]

兰州市也是西北毒品的主要集散地。1949 年后,该市的毒贩多从包头贩运毒品至兰州,或从兰州贩运到迪化(1954 年改为乌鲁木齐市);也有从甘肃省的卓泥、夏河、临潭等地贩运到兰州;而料面除兰州市有制造者外,大都由上海、天津、西安、汉口、四川输入成品。据统计,从 1950 年到 1952 年,兰州市共查出烟毒案件 1 100 件,计大烟 109 306 两。其中,大烟制造贩卖者 503 件 48 255 两,托运自用者 323 件 60 150 两,料面制造者 15 件 472 两,倒卖者 121 件 1 811 两,代运者 63 件 1 108 两,自运者 29 件 33 两。在 1 100 件烟毒案件中,共涉及烟贩 1 414 人,其中,有行业户 33 种 675 人,居民户 739 人。在行业户中,以汽车运输行业最为严重,有烟贩 159 人,占行业烟贩总数的

---

① 王善培:《中江的禁烟运动》,《中江文史资料选辑》第六辑,第 201—203 页。

② 重庆市地方志编纂委员会编:《重庆市志》第一卷,四川大学出版社 1992 年版,第 265 页。

③ 陈福寿:《汉中禁烟事略》,陕西省汉中市政协文史资料委员会编:《汉中文史》第九辑,1991 年印刷,第 151 页。

④ 张成俊:《西安的禁烟肃毒》,马维刚编:《禁娼禁毒——建国初期的历史回顾》,第 303 页。

⑤ 张成俊:《西安的禁烟肃毒》,马维刚编:《禁娼禁毒——建国初期的历史回顾》,第 304—305 页。

23%，贩运烟土 42 800 两。[①]

1949 年前，在国民党反动政权庇护下，官僚、地主、恶霸、地痞、流氓趁政局混乱而竞相参与鸦片的贩运，内地鸦片源源不断地流入新疆迪化市，国民党骑五军军官则在迪化南关以合作社名义垄断鸦片销售市场，从中牟取高额利润。迪化人民政府成立后，慑于人民政府禁烟的威力，多数贩毒活动停止，但仍有少数不法分子在暗中从事贩毒，手段趋于隐蔽。其鸦片来源主要由新疆与内地毒贩合伙从甘肃、青海、宁夏等地购入，勾结起义部队中的反动军官，经吐鲁番或绕道南疆折返迪化；贩运方式是以行商作掩护，将鸦片匿藏于布匹、砖茶、鞋底、牙膏、羊肠、车胎、文明棍内，用马车、驼队、汽车等偷运；销售方法以运输行、商栈为落脚点，后交坐地毒贩秘密销售，零售者多为小摊贩，除供给本市烟民吸食外，部分还转运南北疆各地。毒贩马永成、马永彪曾在南关合作社公开为国民党骑五军军官销售鸦片，1949 年后用马车又秘密转运销售库存鸦片 8 000 余两；马启福、马启录原以贩毒为业，1949 年后往返于内地贩入鸦片 3 000 余两，家中置有水磨、田地，生活非常富裕；毒贩马文山与内地毒贩合伙集资买鸦片 1 004 两，秘藏于货物中用汽车甚至飞机贩运。据 1952 年年初的不完全统计，往返内地贩毒者有 50 余人，坐地大小贩毒者有 536 人，零售者有 200 余人；1949 年后，贩入的鸦片有 3.6 万余两，连同 1949 年前遗留下来的 8 000 余两，迪化市共流行鸦片 4 万余两、大麻 8 060 余两，按年吸 1.8 万余两，已销售 3.4 万余两，约折合价值 275 亿元（旧币）。[②]

3. 中南区

据 1949 年后调查统计，河南省贩运、吸毒者有 81 379 人，占全省总人口的 3%。[③] 许昌市制贩和吸食毒品者共约 3 500 余人，占当时 5 万人口总数的 7%。[④] 郑州市公安机关登记的贩毒者有 150 人。[⑤] 漯河市是 1949 年前中原地区最大的鸦片集散地。据当时商会统计，猖獗时流入漯河再销往各地的鸦片，每年均在 1 万两左右，主要销散在郾城、舞阳、叶县、襄城、临颍、许昌、郑州、西安、安康、甘肃和青海等地。1949 年后，该地的鸦片贩卖活动依然流行。在这些众

① 刘敏：《甘肃的毒品危害及禁毒活动》，《文史精华》编辑部编：《近代中国烟毒写真》（下卷），第 547—548 页。

② 中共乌鲁木齐市委党史工作委员会编：《城市的接管与社会改造：乌鲁木齐卷》，中共党史出版社 1997 年版，第 506 页。

③ 王宏斌：《禁烟史话》，社会科学文献出版社 2000 年版，第 193 页。

④ 杨玉亭：《许昌市禁毒始末》，苏智良、赵长青主编：《禁毒全书》，第 501 页。

⑤ 中共郑州市委党史研究室编：《历史的涛声——郑州市城市接管与社会改造》（内部资料），1996 年印刷，第 565 页。

多贩毒者中，主要有“四大金刚”“八大怪”和“十二姐妹”。他们贩毒的方法可谓五花八门，经常采用的是通过双底木盒、双底油桶、茶叶桶、礼帽盒、汽车电瓶、自行车空架、自行车内胎、盘纸、牙膏、空心架子车等物品携带，更有甚者，还利用妇女阴道、骡马阴道和男人肛门携带。据1950年2月调查，“四大金刚”之首的吴某某，从广西省金城江一次带回大烟坯子86两，可制作海洛因129两。“八大怪”之一宝吴，1950—1952年这3年中贩卖鸦片达1 000两以上，仅在漯河零售海洛因就达300余两。贩毒者孙某某，从1948年开始以理发和摆小摊为名，搞贩毒活动，到1952年2月止，除供全家6口人生活费用和吃喝招待外，还获黄金65两，存海洛因5两，现钞570万元（旧人民币）。[①] 河南省郸城县曹集村在1949年前，全村70户385人中，有21人会做海洛因、57人贩卖毒品。[②]

在国民党统治时期，湖北省武汉市早已成为全国三大烟毒运销中心地之一。武汉1949年前，从事制、贩、运、销烟毒的商贩、痞棍多达万人，其中以号称“烟土大王”的赵典之最为典型。赵典之、宁焕章，湖北武昌人，1878年生，1952年病死。1896年，赵与日、法租界的包探傅坤山、姚春阶以及烟土出手郑玉堂等结伙，开始进行烟土走私活动。1901年，赵在后花楼蔡家巷口开设大庆祥牛皮行，兼营烟土走私。1910年，赵与鼎升恒合伙经营鼎泰祥杂粮号，杂粮、皮毛、棉花、烟土四者兼营。1915—1933年，赵与警察厅长周际云、督察处长李耀廷、镇守使杜锡均、驻防军师长寇英杰等军警头目勾结，先后组织福记公司、顺丰公司、特业公会，并任武（武昌府辖10县）黄（黄州府辖8县）禁烟总处的会长、处长等职，用“武汉”“飞熊”“楚雄”等兵船包运烟土，并组织稽查60余人进行“缉私”活动，垄断了武汉的烟土市场，一度使汉口每月烟土数额由不到1 000担上升到1 500担，销场也扩大到外埠。赵从中牟取暴利，拥资百万，庄号遍及湖北武汉、宜昌、沙市、襄樊、老河口，河南信阳、明港、确山、驻马店、漯河、许昌、郑州、西平、遂平、周家口，湖南长沙、益阳、常德、津市、洪江，四川重庆、万县、丰都，以及安徽芜湖、江西南昌等地，国民政府上层人物如湖北省政府主席何成浚、武汉警备司令叶篷等均为赵贩卖烟土的得利者和后台，赵被称为“烟土大王”。[③] 1949年后，在该市流通有案可查的毒品，约计鸦片109 474两，吗啡、海洛因147 660两，折合人民币（旧币）约328亿多元，相当于当时的大米2.1亿担。全市仅毒品贩运犯就近

---

① 邢富功、刘国钧：《漯河的禁烟禁毒》，《文史精华》编辑部编：《近代中国烟毒写真》（上卷），第486—487页。

② 郸城县志总编室：《清烟禁毒运动》，河南省郸城县政协文史资料研究委员会编：《郸城文史资料》第一辑，第61页。

③ 武汉地方志编纂委员会主编：《武汉市志·政法志》，武汉大学出版社1993年版，第48页。

4 000 人,占毒贩总数的 77.8%。他们从两广、云贵、四川等地贩运大量毒品到武汉,可获利一两倍,如再运往上海、西安等地,还可获利达四五倍以上。其中,大毒犯王子骥,1949 年前就在昆明开工厂大量制造吗啡,并大肆贩卖烟土。1949 年后自 1950 年 1 月—1951 年 6 月,先后 5 次从昆明、重庆等地用汽车、轮船将毒品贩运至武汉出售,共制贩毒品折合鸦片达 60 余万两。他的活动范围、贩运线路和推销网络,遍及上海、重庆、昆明、西安、兰州、衡阳、广州等各大城市。大毒犯魏少卿一家贩运毒品也高达 9 万两。① 宜昌市以罗祖霖(1950 年被处决)为首的烟毒团伙开设地下工厂,以巨资制售毒品,牟取暴利。② 恩施在 1949 年前,贩毒者的活动就比较猖獗,已由贩运鸦片发展到贩运吗啡,由货币交换发展到武器交换;1949 年后,他们乘人民政府忙于安定社会秩序和恢复发展生产之际,仍大肆贩毒。据不完全统计,从 1949 年至 1951 年,恩施城关烟毒周转数量为鸦片 31 673 两,吗啡 1 197 两。烟毒犯除零星贩运外,集团贩运犯也较活跃起来。如龙凤坝的余注之贩毒集团,仍从事毒品贩运,在四川出售后购进食盐。仅 1950 年一次,即从宣恩李家河贩运吗啡 200 多两、鸦片 2 000 多两。余注之又将一部分鸦片制成吗啡,运往四川万县出卖。恩施城解放路沈绍民,1949 年前勾结来凤中统特务和保安大队长,来往于汉口、长沙、广州等地,从事大规模的贩毒和贩卖黄金的活动。1949 年后勾结其他毒犯,在来凤收购大批鸦片,制成吗啡,远销武汉、广州等地。仅 1950 年 9 月,沈绍民用重金收买司机,以运橘子为掩护,一次即贩运吗啡 359 两、鸦片 20 斤。③

广西南宁在 1949 年前是安南(越南)、缅甸等国和滇、黔等省的烟毒集散地,每年吞吐烟毒量达数千万两。因而南宁烟毒商云集,共有 591 家,他们以经商为名,暗地贩卖烟毒,一些烟毒商贩还组织烟帮运毒,有南宁、钦州、陆川、罗定、隆安、百色等烟帮,这些烟帮配有武器,公开押运烟毒。1949 年后,部分烟商仍进行贩毒,如蒙佩兰、钟泽楼、蒙庆堂、邓贵德等从 1950 年 2 月至 1952 年 8 月,共贩运鸦片 6 954.7 千克。④ 在中华人民共和国成立初期,广西各地城乡烟贩成帮结伙,贩卖毒品的活动十分猖獗,秘密贩毒人数不少于 3 万人。⑤

广东潮汕、兴梅地区 1949 年前既是罂粟产地,又是毒品集散地,国内外网络密如蛛网。国内渠道远至上海、广州、厦门、汉口、天津、云南、贵州和江西等地;

---

① 陈守谦:《武汉禁毒运动》,马维刚编:《禁娼禁毒——建国初期的历史回顾》,第 230—232 页。

② 湖北省地方志编纂委员会编:《湖北省志・民政志》,第 282 页。

③ 谈传信:《恩施禁烟禁毒史话》,湖北省恩施市政协文史资料工作委员会编:《恩施文史资料》第二辑,1988 年印刷,第 120—122 页。

④ 南宁市公安局史志办公室编:《南宁市公安志》,广西人民出版社 1997 年版,第 242—243 页。

⑤ 覃主元:《建国初期广西烟毒的禁绝》,《广西社会科学》2000 年第 1 期。

海外则交通中国香港、中国澳门、暹罗(泰国)、安南(越南)、石叻(新加坡)等国家和地区。潮汕、兴梅地区,除私人贩运毒品外,有组织的大贩运毒集团达 60 多个,股东近 1 000 人。丰顺县有一个贩运毒品公司,每次从云南运烟土至汤坑都在 1 万两以上,层层转运均由宪兵及军队武装护送。五华县“昆明帮”有 7 部汽车运毒品,每次在 2 万两以上,均由军警武装押运。梅县“张光帮”有股东 47 人,下设 10 个包运帮,运毒至兴宁,再由当地官员派兵护送运往外地。揭阳灰寨公司、潮阳昌集利源、普宁桥柱交易所、汕头三公司及水上的陈惯发、郑晶仔集团等均属著名的贩运毒集团。1949 年后,这些贩运毒集团并没有完全停止活动,但在贩运毒的方法方式上均变得隐蔽和巧妙。[①] 广州毗邻港澳,又与西南各区接近,因而不仅是毒品的销售点,也是毒品出入的总口岸、贩运毒品的重要中转站,是华南地区走私毒品的中枢。有大批的贩毒集团利用各种各样的方式进行贩毒活动,以“罗定帮”“兴宁帮”两帮最为活跃。烟毒品主要来自西南的云贵桂各省(区),也有港澳直接侵入转运四乡或内地各大城市,如武汉、上海、南京等地。有人形容当时的广州是“烟馆林立”,有“烟馆多于米铺”之称。全市各阶层、各行业无不受其影响或毒害。[②]

4. 华东区

南京市原为南京国民政府的办公所在地,在全市 145 个行业中,有旅馆业、西药业、五金、粮食、浴室、理发等 56 个行业在密营贩毒,仅旅馆业贩毒的就有 75 户,占当时旅馆数的 22.86%。还形成了“湖北帮”“江西帮”“南京帮”等集团,他们有“批发中心”,远销至苏南、皖南各地;也有“零售网”,遍布全市各个角落。[③] 1949 年后的南京,烟毒贩很多,约有 4 000 多人。他们主要散布在交通要道和繁杂地区,活动十分猖獗。据统计,仅三区(秦淮)即有毒贩 332 人,六区(下关)282 人,七区(浦口)302 人,共占全市逮捕毒贩人数的 60%左右。在这些毒贩中,既有特务、会道门人员、土匪、地主、秘密帮会人员,也有工商业主、小商贩、医生、店员、农民、娼妓、家庭妇女。[④] 六区乔国良,南京毒贩“四大金刚”之首。从 1928 年起开始贩毒,有 24 年的贩毒历史。先是同其妻乔蒋氏来往长江南北,从事小包白面买卖,其后贩运数量日增,勾结船商、帮会势力、军警宪特,从事大宗贩毒活动。1940 年,乔国良替毒贩邱培芝在宁转运毒品时失手,一次就被查获烟土 1 000 两左右。汪伪时期,乔以金钱铺路,参加了汪伪和平军,往返徐州、

---

① 钟浩:《潮汕兴梅扫毒运动纪略》,《文史精华》编辑部编:《近代中国烟毒写真》(上卷),第 636 页。
② 马文元、任克勤:《广州禁毒简史研究》,《政法学刊》1999 年第 2 期。
③ 宁弓矢:《南京的禁毒工作》,马维刚编:《禁娼禁毒——建国初期的历史回顾》,第 363 页。
④ 王霖:《20 世纪 50 年代南京肃清烟毒运动初探》,《广西社会科学》2003 年第 11 期。

蚌埠之间，进行武装贩毒，每次贩运数量都在300两左右。抗战胜利后，为了便于运毒，专门购买了一艘小轮船、一辆汽车，作为运毒工具。据烟贩吴凤轩反映："1949年前，去乔家买毒品的人比看电影的人还多，对百两以下的烟客不愿招待。"由此可见乔贩毒数量、规模之大。1949年后，他勾引铁路、轮船职工，采取承包汽车代运等方式，伙同其妻乔蒋氏、女婿方夔等大量贩运毒品，到被捕时，先后买卖烟土5 583.5两、白粉345.7两。[①] 谷朝选，1928年，拜青帮头子卜凤山为师，即开始贩毒，人称其家为"门东毒窟"，活动于三区门东、门西。1937年，日本攻占南京后，开始进行大宗烟毒贩卖，主要勾结朝鲜人及日本洋行的人员大批贩卖白面，每次买卖都成箱地交易，每天家中有几十个买卖毒品的客人接洽。1948年，谷朝选又与南京帮大毒贩戴庆余、武志泉、项福如、陈有道等共同组织贩毒集团，购买手枪护运，大量贩毒，大发横财。1949年后，继续大量贩制毒品，1950年7月一次制海洛因底子48两，南京市政府《禁毒令》颁布后至1951年4月，谷朝选又贩卖海洛因131两，制贩海洛因底料275两。[②]

旧上海是烟毒的集散地和转运站，而且拥有相当规模的制毒、贩毒、运毒机构。毒贩们从香港、广州、汕头等地将烟土转入上海后，一面加工成毒品后发售，一面运销京、津、苏南等地；他们拉帮结伙，有所谓的潮州帮、宁波帮、安徽帮、湖南帮等，各有各的运销线路，各有各的地盘。据统计材料，上海1949年前制毒、贩毒、运毒案件每年约有8 000起，烟毒祸害达到了积重难返的境地。[③] 上海1949年后，仍有制造毒品的场所33处，从事制造、贩运、销售毒品者达3万余人。[④]

在安徽省，据不完全统计，1951年，芜湖市有毒贩234人，徽州专区有毒贩182人，宿县专区有毒贩131人；截至1952年8月，安徽全省尚有制贩运集团138个，烟毒主犯255名，从犯934名，单帮犯（单独从事贩毒活动的人）3 373名。毒品贩运：(1) 由阜阳、宿县、永城向北运往徐州，折向西至商丘、开封、郑州，直至西安、宝鸡、成都；(2) 向南沿津浦、淮南两铁路线运往上海、南京、芜湖等地，有的由芜湖运往屯溪、浮梁。蚌埠市津浦、淮南两铁路线的交叉点，芜湖是水陆交通要道，因此这两个城市成了安徽境内南北毒品的主要集散地。[⑤] 芜湖市在"五反"运动中发现有以周其幅为首的湖北帮贩毒集团，勾结长江轮船上的船员大量贩运，1949年后还贩运鸦片达42 500两、吗啡215两；还有安庆帮，他

---

① 南京市公安局档案科：《乔国良专案档》，档号：12-076。

② 南京市公安局档案科：《谷朝选专案档》，档号：12-331。

③ 定林：《警惕死灰复燃（之三）——记上海解放初期的禁烟禁毒运动》，《上海党史与党建》1996年第6期。

④ 黄瑶、张明哲：《罗瑞卿传》，当代中国出版社1996年版，第256页。

⑤ 王枫林：《建国初期安徽的禁毒运动》，《党史纵览》1995年第6期。

们主要是单帮贩运。另外，亳县一带毒贩也较多，仅亳县城关就有不少贩毒集团和资本大的烟毒贩，他们都以贩毒而成了暴发户，如詹捁祥集团在西安、开封都设有站，仅1947年、1948年两年盈利不下40亿元(旧币)；孙华民集团掌握全县烟土产量的60%以上；李汉城贩毒盈利盖了楼房，开了铺子，买了100亩地；石占英贩毒盈利100亿元(旧币)以上，等等。[①]

截至1952年6月，山东省济南市已发现制造毒品犯24人，贩卖毒品犯436人；另外还发现了5个较大的集体贩毒案件，毒犯52人，其中，以张继武为首的贩毒集团计有20余人，已查明下落的贩毒数量即有1 100余两。毒犯的活动特点，制造者多以西药房为掩护，贩毒者多以收买贿赂我铁路公安部门人员，包庇掩护其非法行为，从"三反"中已暴露的材料，发现铁路及公安人员包庇毒犯者计有150人。[②]

在福建、皖北、苏北、苏南、上海等地有毒贩3 000余人，其中，福建省共有贩毒者1 520人。福建省境内在中华人民共和国成立初期的制毒活动，主要集中在闽南，晋江县尤甚，厦门等地次之。晋江专区晋江县张林村是闽南制毒中心，有"毒窟"之称。提炼吗啡的方法是1925年张林村张水银从村中一位台籍郑医生处学来并逐步传开的。[③] 据统计，该村制有猛虎、红叶、美化、麒麟、孔雀、鹦标、船牌、虎牌、金银牌等牌号的毒品。至1949年，全村共有大小制毒公司40家，制造的吗啡约三四十万两。张林人对邻村夸耀说：我们村产的吗啡比你村产的麦粉还多，自喻为"吗啡之乡"。制造吗啡的原料鸦片，主要向汕头采购，用专船、专车运进张林，购置大量枪支弹药保护运毒、制毒。[④] 中华人民共和国成立初期，全晋江县共有大小制贩运毒犯545人(另有专门技师95人、技工200余人尚未包括在内)。在所有制毒公司中，以张子仁、张子丹、张明怡等在1947年合股开设的"三大公司"为最大，其产量即占所有制毒公司总产量的50%以上。福建土地改革以后，该村多数制毒公司均停手不干，唯"三大公司"仍然大肆制贩，并以武装护毒，甚至公然与政府对抗。据从犯张得城供称：该公司自1950年2月之后整整一年时间，即大规模制造吗啡10次，卖出吗啡320亿元(旧人民币)。[⑤] 该村制

---

① 王枫林：《建国初期的安徽省禁毒》，《江淮文史》1996年第6期。

② 中共济南市委：《中共济南市委关于开展肃清毒品运动计划的报告》，1952年6月14日，济南市档案馆编：《禁毒风雷——济南解放初期禁毒运动档案文献选辑》，第12页。

③ 许金界、李建成：《鸦片大本营——张林村》，福建省晋江市政协文史资料委员会编：《晋江文史资料》第一辑，1981年印刷，第166页。

④ 福建省地方志编纂委员会编：《福建省志·公安志》，方志出版社1997年版，第69页。

⑤ 福建省肃毒指挥部办公室：《福建烟毒情况初步综合》，1952年7月30日，存福建省公安厅档案科，案卷号：长期215。

毒的手段十分隐蔽，一般来说制毒均在野外进行，也有在家中密室或墓穴中进行的。在厦门市还发现翁缉、李子山、黄俊明、阮淡水 4 人合伙收购烟土改换牌号加工制造吗啡；纪经降、蔡吉成、王猪泽、吴介再 4 人制造莲花、麦穗、皇帽、红栖等牌号烟膏，其中，仅纪经降一人在中华人民共和国成立初期就加工制造鸦片达 1.5 万两以上。[①] 中华人民共和国成立初期，福建毒品的贩运、销售活动也十分猖獗，贩毒集团通过秘密运输渠道，不断从香港、澳门、汕头、温州以及国民党军队盘踞的马祖等地偷运鸦片入境。贩毒地点主要集中在沿海地区的福州、厦门、晋江和漳州等地。[②] 在福州，长乐县是当时福州、南平一带烟毒的集散地。[③] 福州武装贩运毒品的有温州、福州、马尾、长乐 4 大帮，其中，长乐帮每月贩运烟土 10 万多两。[④] 福州市区以林木桂为首的贩毒集团，仅 1950 年 2 月 3 日一次就从汕头运进鸦片 11 630 两。许多贩毒集团都备有专船，或在船中装夹板、设暗仓，或将毒品藏匿机器缝隙处；有的利用卖旧衣夹带，有的把鸦片装在理发箱中到处兜售。台江区 39 家茶摊有 17 家贩卖毒品。[⑤] 厦门市有 606 名烟毒贩，他们不仅行踪不定，而且贩毒时一般有武装护送。他们每月从香港、台湾、广东、金门偷运入的鸦片，虽比 1949 年前 15 万两有所减少，但仍在 10 万两左右。直到美国、蒋介石政权严密封锁沿海地区及大陆地区进行土地改革时，这种状况才有所减少，但直到"五反"前每月进口量尚在 2 万两左右，加上厦门市烟毒贩众多、资本雄厚、存量充足，故每月营业量仍保持在 5 万两左右。这些毒品大部分在福州及闽南一带倾销。[⑥] 在晋江，晋江县张林乡是闽南烟毒的集散地。据晋江专区不完全统计，1948 年至 1952 年夏季，该区流行毒品总数在 70 万两以上，仅张林乡就有 551 476 两。[⑦] 该乡不仅制毒，而且贩毒，制贩运毒品的大毒犯均系地霸和反动党团分子。该乡 13 个地主，个个制贩毒品；"三大公司"为了方便贩毒还以金钱为诱饵，不仅收买群众，而且收买我国家工作人员 4 名，任该公司的经理和坐探。[⑧] 鸦

---

① 福建省肃毒指挥部办公室：《福建烟毒情况初步综合》，1952 年 7 月 30 日，存福建省公安厅档案科，案卷号：长期 215。

② 林辉等：《为了这片净土——福建禁毒斗争的历史、现状和对策研究》，第 103 页。

③ 福建省肃毒指挥部办公室：《福建烟毒情况初步综合》，1952 年 7 月 30 日，存福建省公安厅档案科，案卷号：长期 215。

④ 福建省地方志编纂委员会编：《福建省志·公安志》，第 69 页。

⑤ 福州市地方志编纂委员会编：《福州市志》第六册，方志出版社 1999 年版，第 580 页。

⑥ 福建省肃毒指挥部办公室：《福建烟毒情况初步综合》，1952 年 7 月 30 日，存福建省公安厅档案科，案卷号：长期 215。

⑦ 晋江专署公安处：《晋江专区禁毒工作总结》，1952 年 10 月 15 日，存福建省公安厅档案科，案卷号：长期 173。

⑧ 晋江专署公安处：《晋江专区禁毒工作总结》，1952 年 10 月 15 日，存福建省公安厅档案科，案卷号：长期 173。

片运到张林乡后，有一部分转售晋江专区各县，其中，以莆田、仙游销量居多，泉州次之；大部分还是经过加工改制为吗啡再行销售，所制成的吗啡有大量是海运到厦门市，通过广生和太芳两家药房大量转销到南洋、香港、上海等地，一部分推销晋江、南安、惠安、仙游、莆田等地，省内仍以莆田的销量居多，人们常以金、银、猪、牛甚至小孩到张林乡去换吗啡。吗啡的牌子最多时有19种。[①] 张林乡贩毒的组织十分严密，毒品交易多在野外，一般不赊不欠、现款买卖，也有以货易货的，更毒辣的则是贩小孩以易毒品。他们运毒、藏毒的方法五花八门。海路运输一般以煤炭等掩护或深藏夹舱中，专门运毒者则以百抽十的代价给予包运；陆路运输用汽筒将吗啡打入轮胎，或制成鞋底冒充商品，大量贩毒者则装入汽车油箱的夹层内，或是将吗啡化水，冒充药水，甚至有混入火药内及制成罐头以伪装的。藏毒的花样更多，一般大量的多装在瓮内，埋在山头或五谷地里，而藏在天花板上、夹壁内、空心柱内、马牛猪栏下或是装入枕头与夹底篮的为数不多，且是小量的。在漳州，据中华人民共和国成立初期统计，该区的漳浦、诏安、云霄三县地邻广东大埔、饶平等毒品产区，是通往潮州、汕头的交通要道，因此贩毒甚多。如漳浦的旧镇、城区，诏安的官碑、秀篆、四都、梅州，云霄的一区、四区等，均为毒品集散地点，漳州市区和石码镇等毒犯也以此为转运点。云霄城关区南华百货商店，勾结7家同业商店，一贯自立商标，大肆贩运，与龙溪、漳州、汕头等地均有联系。据统计，漳州市大贩毒犯张沅美于1950年一次就贩运毒品2 000两，1952年3月还装运9箱鸦片到香港贩卖。该市37家茶行均发现有贩毒行为，力生药行在中华人民共和国成立初期贩卖鸦片仍在万两以上，元安药房老板虞金元从汕头运入毒品也在万两以上，源裕运输行仅在1950年6—7月间贩运的毒品就达万两左右。[②] 此外，该省其他地区，如建瓯、福安、永安等地也发现有贩毒现象。

5. 华北区

据统计，华北区的察哈尔、山西、绥远、河北四省和北京、天津两市，1949年后有毒贩1万余人。[③]

在中华人民共和国成立初期，绥远省制造、贩卖毒品的人数很多，活动也相当猖獗，几乎遍及全省大部分地区。其中，1950年，包头市就有1 000多人从事制贩烟毒活动。[④] 1950年春，安北县从事贩运烟土生意的有162人。[⑤] 1950年

① 《晋江张林乡毒情专题报告》，1952年8月6日，存福建省公安厅档案科，案卷号：永久116。

② 福建省禁毒指挥部办公室：《福建烟毒流行情况综合(第一号)》，1952年8月7日，存福建省公安厅档案科，案卷号：永久116。

③ 凌青、邵秦主编：《从虎门销烟到当代中国禁毒》，第102页。

④ 包头市人民政府：《包头市禁烟禁毒工作报告》，存内蒙古档案馆，编号：208-2-240。

⑤ 师锐：《安北县的禁烟禁毒工作》，《巴彦淖尔党史资料》第九辑，第174页。

春，萨拉齐县仅县城内贩卖烟毒的就有200多户。当时萨拉齐县制贩烟毒较厉害的村子有：第一区板申气村300多户人家，制贩烟毒的有30多户；第二区公积板村280来户人家，制贩烟毒的竟有80多户。[①]

天津市初步查对证实的毒品成案有360件，涉及2 589人，除在押及在外地的702人外，在津社会上的有1 896人，以行商、小贩、经纪人、西药化学原料业、进出口贸易行等职业为最多，约占33.2%；其次是茶业食品业、汽车运输业、五金行、手工业及货栈业，约占18.1%；其他如文具、洗染、照相、理发等30种行业，约占23.8%；无业、职业不明者，约占24.9%。据进一步核实，其中较大的毒贩有200余名。[②] 运毒犯童天华、刘若秋一次将45件一号料子（每件28两，每件运费折黄金2两）分藏在8卷油毡内由香港押运来津交于大毒贩李锡忠、路往樊后，非法所得利润1.5亿多元（旧币）。贩运毒品的方法还有很多，诸如使用双底皮包、大筒套小筒，将毒品藏于自行车内胎盘好后压于豆饼内，将毒品装入枕头打在行李包内等。更有甚者将毒品用蜡纸包装塞入肛门。[③] 集体大量贩毒者多数行踪诡秘，不易发现。他们之间多数订有《生死盟约》，凡是主要合伙犯无论何人被捕，只要坚不吐实，在外面的伙犯除对被捕者家属的生活给予全部供给，年老者还给予优厚的“养老金”，并且负责进行“行贿运动”，通过行贿将被捕人犯救出。在押犯郭龙文的伙犯滕鸿康等4人，在1947年被捕时，郭犯用5.6条黄金贿买出2名，滕犯被判长期徒刑后，郭给滕父黄金4条，作为“养老金”。1950年，郭的伙犯郗日皋在太原被捕后，郭一次就拿出900万元（旧币）。因此，郭犯在津、沪一带制毒、贩毒达8年之久，从未“犯案”。[④] 集制毒、贩毒、运毒活动于一身的历史惯犯刘树人，1949年伙同制毒犯郭家骥、张敬一、张凤藻等在津、沪两地秘密销售毒品。1949年至1950年2月，先后14次贩运收代买烟土610两，一号料子56两，无水醋酸200斤，并拉拢热河省公安厅干部等6人由赤峰运烟土1 000余两到北京销售。1950年2月，中央人民政府颁布禁毒命令，该犯不但未停止活动，且更变本加厉。3—4月间，他与伙犯张敬一等4人由北京向上海贩运烟土750两，并在京、沪为毒犯巫道生代买代卖烟土600两，一号料子1件；6月，他又赴香港联系大毒贩王德胜、吕宪章等包运毒品进入内地。经过一番密谋策划，于1950年9月至1951年2月先后3次由香港夹带一号料子55件（计

---

① 董毅民：《解放初期萨县工作回忆》，《包头史料荟要》第十一辑，第13页。

② 项宝生：《旧天津的烟毒及1952年的禁毒运动》，苏智良、赵长青主编：《禁毒全书》，第470—471页。

③ 项宝生：《旧天津的烟毒及1952年的禁毒运动》，苏智良、赵长青主编：《禁毒全书》，第472页。

④ 项宝生：《旧天津的烟毒及1952年的禁毒运动》，苏智良、赵长青主编：《禁毒全书》，第472页。

1 540 两)运至津、京,倾销内地。[①]

6. 东北区

东北区的几个大城市和铁路沿线的 55 个县城从事制毒、贩毒的有 1 万余人。

吉林省会长春市有烟毒犯 427 人,其中,敌伪官吏、地痞流氓占 74%,商贩兼卖毒品者占 17%。这些烟毒犯大多专以贩毒为生,少数则以开旅馆、诊所、商店为掩护。[②] 反革命分子卢晓峰,伪满时曾在富锦县种植大烟、一贯欺压勒索群众;东北光复后,继续贩毒,并当过国民党建军头子赵坤天的少校团副;1946 年 2 月,又勾结国民党长春督察处,收拢地富分子和土匪,组织国民党地下建军,担任国民党东北长官司令部第 18 支队第三团的团长,在长春附近的卡伦、龙家堡一带进行反革命窜扰活动。1948 年后,他隐瞒罪恶,抗拒登记,竟与烟毒犯刘云祥合谋,以开设民生制米厂为名,勾结烟毒犯刘德宝等 20 多人,盗窃市内大量电线销往吉林市,再从吉林、延边等地贩运回大量烟土,令其柜伙分售出去,从中牟取暴利。[③]

1949 年后,在松江省会哈尔滨市,朴桂林贩毒集团制贩毒活动猖獗。朴桂林是朝鲜民会农具厂经理,哈尔滨市朝鲜族最大的财主,他利用合法地位大量制造、贩卖毒品。这个集团在哈尔滨市有一处海洛因制造厂,有一批人专门运送毒品,他们与朝鲜平壤、内蒙古乌兰浩特、天津、北京、上海等地都有往来,形成了一个庞大的贩毒网。[④]

(三) 吸毒现象十分普遍

1. 西南区

贵州省 1949 年前,在全省 1 400 万人中,吸食鸦片烟毒者有 300 多万人,占全省总人口的 21.14%。当时省会贵阳市人口约 23 万人,吸毒者 4 万多人,烟馆 2 000 多家,主要集中在合群路、公园路、都市路、河坎街等地,零星烟馆比比皆是。[⑤] 遵义城在 1949 年前只有 1.1 万户人家,6 万多人口,烟馆却有 400 多家,占总户数的 3.6%;吸食鸦片者达 4 000 余人,占总人口的 6.7%,烟味充斥大街小

① 项宝生:《旧天津的烟毒及 1952 年的禁毒运动》,苏智良、赵长青主编:《禁毒全书》,第 472—473 页。

② 王连馨:《长春禁毒运动》,苏智良、赵长青主编:《禁毒全书》,第 506 页。

③ 王连馨:《长春禁毒运动》,苏智良、赵长青主编:《禁毒全书》,第 506—507 页。

④ 卢守信:《哈尔滨的鸦片烟毒和禁毒运动》,黑龙江省哈尔滨市政协文史资料委员会编:《哈尔滨文史资料》第十四辑,哈尔滨出版社 1990 年版,第 159 页。

⑤ 金士宝、廖以文:《贵州肃毒》,马维刚编:《禁娼禁毒——建国初期的历史回顾》,第 273 页;贵阳市公安局史志办:《解放初期的禁烟禁毒运动》,贵州省贵阳市政协文史资料委员会编:《贵阳文史资料选辑》(第二十七、二十八辑合辑),1989 年印刷,第 68 页。

巷,被称为“烟毒世界”。[①] 绥阳县1949年前吸毒者占成年人的30%。习水县长沙、官渡、东皇、温水4镇有人口7 223人,吸毒者达2 450人,占4镇人口总数的33.9%。[②]平越(今福泉)1949年前,全县约有烟馆160多家。县城内开设烟馆20多家,每天进烟馆吸烟者达百余人次,吸烟者占城关成人的75%。其他如团阳、马场坪、陆坪、牛场、凤山、黄丝等乡镇,甚至连穷乡僻壤的仙桥、天麻窝等地也都有烟馆。长不到1千米的马场坪街上有烟馆20多家,牛场镇竟开设烟馆高达70多家。[③] 修文县1950年统计,仅县城就有吸毒者672人。[④]

云南至1949年年底,全省吸食鸦片者在200万人以上,约占当时全省总人口1 595万人的12.5%。昆明市有鸦片烟馆1 181家,唆唆烟馆433家,合计1 614家,其中,公开营业的有600余家,吸食成瘾者达5万余人,占当时全市总人口的1/6;甬道街居民266户,吸毒的就有157户,开设大烟馆的有52户;全市闻名的唆唆馆公安巷,有一天吸毒死亡者多达8人。曲靖地区有烟馆1 839家,烟民25.7万人,占全区总人口的16.6%,其中,曲靖县就有烟民8.3万人,占全县总人口的39.5%。[⑤] 地处滇西要道的下关,仅紫云街一带衔面就有烟馆100余家。个旧城区有烟馆140多家,蒙自城区多达400余家。缅宁县烟民占全县人口的35%,县城有烟馆50多家。玉溪县吸食鸦片者占全县人口的30%,龙武设治区有烟民7 500余人,烟馆80余个。[⑥] 嵩明县在1949年前,烟毒的流行像传染病一样迅速蔓延,贩运、买卖公开化,几乎村村有烟馆,小康人家户户有烟榻,吸食鸦片成瘾者,在农村约占总人口的4%,在城镇约占总人口的10%以上。[⑦]

西康省宝兴县吸食烟毒人口占总人口的80%,宁南县人口11万多,但吸烟者达5万人,有一村人口不足300人,烟馆却有10家之多。[⑧]

四川1949年前烟馆林立,吸毒成风。“全省各县各乡,每个极小角落,即使没有旅栈、没有饭店的地方,也有烟馆。如外地旅客到偏僻乡间,夜间找不到旅

---

① 运怀动、李春银:《记遵义城区肃毒运动》,贵州省遵义市政协文史资料研究委员会编:《遵义文史资料》第十二辑,1987年印刷,第118页。

② 金士宝、廖以文:《贵州肃毒》,马维刚编:《禁娼禁毒——建国初期的历史回顾》,第273页。

③ 侯银安:《解放初期的禁烟禁毒运动》,贵州省福泉县政协文史资料研究委员会编:《福泉文史资料选辑》第一辑(回顾平越解放),1985年印刷,第78—79页;金士宝、廖以文:《贵州肃毒》,马维刚编:《禁娼禁毒——建国初期的历史回顾》,第273页。

④ 修文县政协文史办:《解放初期的禁烟禁毒》,贵州省修文县政协文史资料研究委员会编:《修文文史资料选辑》第三辑,1989年印刷,第126页。

⑤ 中共云南省委党史研究室、中共云南省公安厅委员会编:《建国以来云南的禁毒斗争》,第7页;云南省地方志编纂委员会总纂、云南省公安厅编撰:《云南省志·公安志》,第161页。

⑥ 云南省地方志编纂委员会总纂、云南省公安厅编撰:《云南省志·公安志》,第161页。

⑦ 陈铉:《嵩明五十年代的禁烟禁毒》,《嵩明文史资料选辑》第二辑,第138页。

⑧ 四川省档案馆档案,全宗号:建康16,西康省民政厅,案卷号:62。

栈时，可找烟馆借宿；白天找不到饭店时，可找烟馆商量吃饭。可见四川烟馆，比旅栈、饭店还多。”可谓“十室之邑，必有烟馆”；“三人行，必有瘾者”。城市每一条街，就有几家烟馆。除烟馆专门出售由生烟土煮成的熟膏供人吸食外，其他很多行业都兼做这种生意。如旅馆附设烟馆、浴室附设烟馆、妓院附设烟馆、商品交易所附设烟馆、轮船附设烟馆，还有流动烟馆，最奇怪的是峨眉山上竟有和尚卖烟，供人吸食。难怪有人说：“四川山之涯、水之滨，都有烟馆。”在四川吸食鸦片，是非常普遍的事。“有瘾者无论矣，无瘾者，也把烟当成应酬品，任何人家，每有客来，必摆灯盘，以烟敬客，有似今天以纸烟待客一样。如客来不摆灯盘，好像醴酒不设，待客之意不恭。”①例如，中华人民共和国成立前，宜宾被称为“烟城”，在该地鸦片烟几乎成了普遍嗜好，无论家庭、旅馆、宾客场所，舟车途中，比比皆是，吞云吐雾，乌烟瘴气。在上层社会中美其名曰：“应酬消遣。”中下层社会最初以为能治病而上瘾。据《戎城史志》记载：当时宜宾大小烟馆百余家，烟灯 2 000 余盏，加上私人烟灯共达 3 000 余盏。仅有 2 万多人口的城市，竟有如此之多的吸烟人数，足见流毒之广，危害匪浅。② 甚至有一些地主、资本家，就怕子弟嫖和赌，而不怕子弟抽鸦片。因出去嫖会把身体糟蹋了，赌会把家财输光了。抽鸦片虽然也耗费钱财，但他们确信，像他们那样大户人家，不会因抽鸦片抽穷了。例如重庆有个有名的大地主叫胡敬六，家住绣壁街 550 号，每年可收 7 000 担租子。他仅有一子，名叫胡静云。胡敬六很溺爱这个独子，为把儿子圈在家里，便怂恿他抽鸦片，还请族人、亲戚出面，引诱自己的儿子抽鸦片。胡敬六以为，染上烟癖，就不会出去嫖和赌了，他的家业也就守住了。但是，出乎他的意料之外，儿子始终没有上瘾。为此，胡敬六还老大不高兴，认为胡静云是不肖之子。③ 直到 1949 年后，全省仍有烟馆 2 万多家，瘾民 200 余万人。④ 1949 年前，四川阿坝州茂县区的懋功、靖化、理县、汶川、茂县、松源六县 30%以上的人吸食鸦片烟土，尤其是懋功、靖化、黑水、马尔康等地吸食烟土的瘾民高达 70%。⑤ 茂县城内的商铺十分之三是烟馆，20 世纪 40 年代末，全县瘾民占人口总数的 90%，瘾民面容枯槁，丧失劳动力，倾家荡产。⑥ 邛崃县在 1949 年前，城区有烟馆 200 余家，全

---

① 谢藻生：《忆四川烟祸》，《文史精华》编辑部编：《近代中国烟毒写真》（下卷），第 7—9 页。

② 廖重光：《建国前宜宾的烟毒流行》，四川省宜宾市政协文史资料委员会编：《宜宾文史》第 23 辑《烟毒与肃毒——建国前后宜宾烟毒与禁烟专辑》（内部发行），1995 年印刷，第 81 页。

③ 吴雨、梁立成、王道智：《旧中国烟毒概述》，《文史精华》编辑部编：《近代中国烟毒写真》（上卷），第 39—40 页。

④ 四川省地方志编纂委员会编：《四川省志·民政志》，第 408 页。

⑤ 杨光成：《阿坝的禁烟肃毒》，苏智良、赵长青主编：《禁毒全书》，第 455 页。

⑥ 四川省茂汶羌族自治县地方志编纂委员会编：《茂汶羌族自治县志》，四川辞书出版社 1997 年版，第 47 页；《茂汶羌族自治县概况》编写组编：《茂汶羌族自治县概况》，四川民族出版社 1985 年版，第 46 页。

县已达 1 000 家以上，吸毒人数倍增；1949 年后，县川剧团 90%以上人员有烟毒瘾，北街街公所 12 名干部中，吸毒的人占 50%。[①] 金阳县安科乡迪窝村，1950 年共 29 户，其中吸食鸦片者占全村总户数的 1/3 以上。[②] 丰都县在中华人民共和国成立初调查统计，全县有吸食烟毒瘾民 19 071 人，占全县总人口 517 304 人的 3.56%；当时城关镇是 33 个段，4 302 户，17 404 人，而瘾民高达 2 178 人，占全镇总人口的 12.5%。[③] 巴县在 1950 年不完全统计，全县各场镇的鸦片烟馆近 200 家，瘾民 1 万多人。[④] 巫山县种、吸烟毒者占全县总人口的 7%，城关镇 6 000 多人中，就有吸食者 600 多人，占总人口的 10%。[⑤] 成都 1949 年后烟馆 700 多家，散布在各区，呈现“红牌楼闻香下马，猛追湾知味停车，大田坎露天保险，犀角河一榻横陈”之景，烟馆多于茶馆。据不完全统计，1949 年后，重庆市共有烟民 20 201 人，其中吸食者为 15 110 人，烟馆 270 余家；渔洞镇 2 万余人中，吸毒者竟在 1 000 人以上。[⑥] 涪陵县 1949 年后烟馆照开，场镇男女吸毒者占 1/4，乡镇保长吸毒者占 15%；据 1950 年城内敦仁镇 3 个保的调查，3 个保一共有 901 户 3 871 人，吸毒竟有 167 户 264 人，即平均 15 人中即有 1 人吸毒，其中妇女占 1/3。[⑦] 峨边县则有烟馆 43 家，1947 年县卫生院院长何季同，公然利用医院的病床开起了大烟馆，影响极为恶劣。1949 年后，峨边县人口在 4 万至 5 万人，而吸食鸦片烟的人有 5 000 人以上，占人口总数的 10%。[⑧] 南充市有烟馆 300 余家，广元城区每一杂院有二三家烟馆，10 人中就有 2 人吸食烟毒。[⑨] 三台县于 1947 年 11 月 15 日统计，仅城厢镇第三保就有烟民 76 名。1950 年，三台县人民政府建立后，又查出烟民 826 名。[⑩] 中江县调查，在 1949 年前吸鸦片者，全县约有 1.2 万多人；到 1950 年，红灯烟馆在一些角落也还存在，吸大烟者仍在偷偷摸摸地进行。[⑪] 此外，四川少数民族聚居区吸食烟毒者也很普遍。平武藏区

---

① 彭华生：《解放前邛崃的烟毒情况与解放后的肃毒运动》，《邛崃文史资料》第四辑，第 97、101 页。

② 邵献书、谢世宗、杨远东：《金阳种烟调查记》，《四川文史资料选辑》第十二辑，第 175 页。

③ 殷汝南：《建国后丰都县的禁烟禁毒》，四川省丰都县政协文史资料委员会编：《丰都文史资料选辑》第六辑，1989 年印刷，第 18 页。

④ 於克明：《新旧社会两重天——巴县查禁烟毒的点滴回忆》，四川省巴县政协文史资料委员会编：《巴县文史资料》第六辑（纪念巴县解放四十周年特辑），1989 年印刷，第 116 页。

⑤ 赵向蓝：《巫山县开展戒烟禁毒工作情况的回忆》，《巫山文史资料》第二辑，第 102 页。

⑥ 西南区禁烟禁毒委员会：《西南区一九五零年禁烟禁毒工作总结》，1951 年 3 月 15 日重庆《新华日报》。

⑦ 四川省涪陵市地方志编纂委员会编：《涪陵市志》，第 1052 页。

⑧ 四川省峨边彝族自治县地方志编纂委员会编：《峨边彝族自治县志》，第 616 页。

⑨ 四川省档案馆档案，全宗号：建北 16，川北行署民政厅，案卷号：34。

⑩ 唐太沛：《三台县的烟祸与禁烟》，四川省三台县政协文史资料征集委员会编：《三台文史资料选辑》第六辑，1987 年印刷，第 88 页。

⑪ 王善培：《中江的禁烟运动》，《中江文史资料选辑》第六辑，第 201—203 页。

吸食烟毒者占总人口的50%；峨边县彝族聚居区的热水、金岩、挖基等地的80多户人家，几乎每户都有吸食鸦片的，哈曲乡有一个村寨共有9户人家，吸食鸦片的就有6户，勒乌乡余坪的挖西吸食鸦片者占人口的50%。[①]

2. 西北区

甘肃省到1949年后仍有12万人吸食鸦片，居西北五省之冠，占西北五省区吸毒人数的60%。其中，兰州市为6 877人。[②]

陕西汉中市在1950年统计，全市共6 635户，有烟民1 331户。[③]

宁夏1949年，各地鸦片烟馆林立。据宁夏省民政厅1950年调查摸底，全省仍有公开出售鸦片烟的烟馆1 001个，吸毒烟民43 727人。[④]

新疆迪化于1952年年初不完全统计，在全市12万人口中有吸毒人员2 500余人。[⑤]

3. 中南区

广西历来是云、贵、川烟土贸易的主要通道和集散地之一。1949年前，国民党桂系对鸦片寓禁于征，结果烟越禁越多。广西各地烟馆林立，生意兴隆，全省城乡共设烟馆3 000余家。南宁市有烟馆100家，其中，大烟馆9家；梧州市有烟馆近100家，吸毒者1 000余人；桂林市有烟馆30余家，该市每天销售烟土量达2 000两。广西在1949年前烟民甚多，1949年后仅柳州、北流、鹿寨、邕宁、桂平、博白、扶绥、河池、贵港、容县登记的吸毒烟民仍有5 694人。[⑥]

在1949年前，湖南龙山县全县境内有大小、明暗烟馆5 000余家；仅有500余户的洗车河集市上，即设有烟馆20余家，纳税烟灯1 700余盏；召市集市上最大的烟馆老板向元香死后，清扫房屋时，屋内的鸦片渣子需用背笼来背。[⑦] 湖南祁阳县在1949年前曾年销售烟土高达3 300多两，有土膏行、土膏店、售吸所90多家，烟民6 700多人，占成年人的2%。[⑧] 武汉市吸贩烟毒者达6 878人，与毒品有牵涉者约占全市人口的14%。[⑨]

---

① 四川省峨边彝族自治县地方志编纂委员会编：《峨边彝族自治县志》，第616页。

② 刘敏：《甘肃的毒品危害及禁毒活动》，《文史精华》编辑部编：《近代中国烟毒写真》(下卷)，第546页。

③ 陈福寿：《汉中禁烟事略》，《汉中文史》第九辑，第151页。

④ 宁夏国史编审委员会、宁夏国史学会编：《当代宁夏史通鉴》，第91页。

⑤ 中共乌鲁木齐市委党史工作委员会编：《城市的接管与社会改造：乌鲁木齐卷》，第506—507页。

⑥ 中共广西壮族自治区委员会党史研究室编：《城市的接管与社会改造：广西卷》，中央文献出版社2003年版，第30页；覃主元：《建国初期广西烟毒的禁绝》，《广西社会科学》2000年第1期。

⑦ 余飞：《湘西烟毒与禁烟禁毒》，苏智良、赵长青主编：《禁毒全书》，第460页。

⑧ 廖时雨：《祁阳查禁烟毒始末》，湖南省祁阳县政协文史资料研究委员会编：《祁阳文史资料》第六辑，1990年印刷，第74页。

⑨ 陈守谦：《武汉禁毒运动》，马维刚编：《禁娼禁毒——建国初期的历史回顾》，第231—232页。

湖北黄石市在1949年前有烟馆17家,吸毒贩毒者占人口比例1.5%左右。据1951年年底调查,宜昌市吸毒贩毒者约达5 000人。据1949年后不完全统计,襄樊市吸食鸦片者达400余人。①

江西石城县在1949年冬仍有烟馆102家,吸食者807人。② 江西铅山县1949年前鸦片烟毒流行甚广,尤以河口镇为最。当时该镇每100人有1~2吸鸦片,工字街和一字街布满了烟灯。至1949年,铅山县仍有吸毒烟民3 000多人,烟毒贩子和出售灯吸者近100人。河口镇一地就有吸毒烟民近2 000名,烟毒贩子40家,出售灯吸者更多。③

河南舞阳在1949年前,人们请客、收礼、受贿时使用最多的东西就是鸦片、海洛因,当时曾流行着几句话:"酒席纵再好,大烟少不了";"酒席没鸦片,请客净扯蛋";"请客吃、喝、吸,老海数第一";"只要客屋吞云吐雾,就不怕抱不住粗柱"。④ 寥寥数语,足见当地吸食烟毒风气之盛。郸城县曹集村在1949年前,全村有70户385人,吸毒成瘾的则高达269人。⑤

4. 华东区

福建省在中华人民共和国成立初期的吸毒现象主要集中在沿海地区的福州、晋江、厦门等地,地处山区的闽北、民众也有一些人吸毒。据1952年8月福州市、厦门市、晋江县等20个市县的不完全统计,共有吸毒者约3万人。⑥ 在福州,福州烟民占人口总数的1‰。⑦ 长乐县由于大毒贩大量贩运毒品,结果致使该县烟馆林立,烟民比比皆是,厚东、汶上、克凤、阜山、梅花、金峰、潭头等7个乡,1949年还有烟馆132家、烟民681人。⑧ 在晋江专区,晋江县沿海80%以上渔民有吗啡瘾。当时仅安溪一县吸毒者即在3 000人以上,且大资本家无一不吸毒,有不少年轻妇女也在吸毒。⑨ 在莆田,吸毒者达6 000多人,沿海渔民占六

---

① 中共湖北省委党史研究室编:《城市的接管与社会改造:湖北卷》,第79、67、89页。

② 理言、廖渊:《解放前后石城的禁烟禁毒运动》,《石城文史资料》第三辑,第112页。

③ 方荣珠:《铅山县的禁毒运动和改造妓女工作》,江西省铅山县政协文史资料委员会编:《铅山文史资料》第四辑,1990年印刷,第85页。

④ 金光远:《烟鬼自述与"查禁烟毒"》,河南省舞钢市政协学习文史委员会编:《舞钢市文史资料》第六辑,1991年印刷,第77页。

⑤ 郸城县志总编室:《清烟禁毒运动》,《郸城文史资料》第一辑,第61页。

⑥ 《福建省烟毒流行及查禁工作简报》,1952年8月8日,存福建省档案馆,案卷号:138-1-222。

⑦ 《福建省禁烟禁毒工作报告》,1951年11月9日,存福建省档案馆,案卷号:138-1-135。

⑧ 长乐县禁毒指挥部:《长乐县清毒运动总结报告》,1952年9月30日,存福建省公安厅档案科,案卷号:长期173。

⑨ 福建省肃毒指挥部办公室:《福建烟毒情况初步综合》,1952年7月30日,存福建省公安厅档案科,案卷号:长期215。

分之五。[①] 仅“莆田南日岛 9 个乡，人口 14 696 人，打吗啡者达 2 000 人，占总人口的 13.6%”，“同安县烟民占人口总数的千分之二强”。[②] 在厦门，据粗略估计，厦门市单纯吸毒者有 2 万人左右。[③] 在南平、三明等山区，也有吸毒现象。据不完全统计，南平、沙县、顺昌、泰宁、建宁、平南等 6 个山区县，在中华人民共和国成立初期还有烟民 133 人。[④]

安徽阜阳在 1948 年前，仅城内就有烟馆 211 家，有烟馆多于粮店的说法，吸毒成瘾的有 3 780 人。[⑤] 据安徽省在中华人民共和国成立初期的不完全统计，1951 年，芜湖市有吸毒者 749 人，烟馆 193 家；蚌埠市有吸、制、贩毒者 904 人；徽州专区有吸毒者 371 人；截至 1952 年 8 月，安徽全省尚有烟馆 745 家。[⑥]

上海在 1949 年前有出售毒品和供人吸毒的烟馆 2 万余处，全市吸毒者约 10 万余人。街头巷尾，到处可见“烟馆多于米店”的奇怪现象。[⑦]

山东济南市在 1949 年后，据查明仍有密设烟灯、招引吸客者 166 处，如张金声设于芙蓉街的烟馆，每天即有吸毒者 30 余人。[⑧]

5. 华北区

北平市在 1949 年前也是鸦片烟毒严重泛滥的重灾区，全市烟馆林立，仅在外一区、外二区所属的前门、崇文门、花市等地区就有数十处大烟馆、土膏店、白面房。高级的大烟馆，如前门“云香膏店”，金字招牌，宽敞明亮，供奉镶有金玉象牙的太谷灯、烟枪，烧烟女陪着达官贵人、富商们喷云吐雾；低档的有遍布街巷，仅 8～9 平方米、10 多平方米大小的白面房，也叫“水押当”。染上毒瘾的穷人、苦力、脚夫等，宁愿押当上所穿衣服换取一小包海洛因，或用指甲抠一撮塞入烟卷，用锡纸和“金圆券”（贬值的纸币）卷起来“冒”几口。更凄惨的是那些冬天夜里围着街边烤白薯炉筒取暖的穷苦吸毒者，往往寒夜过后就变成了被排子车成

---

① 陈勋政、祁虎文、何锋涛：《福建禁烟禁毒斗争简记》，苏智良、赵长青主编：《禁毒全书》，第 402 页。

② 《福建省禁烟禁毒工作报告》，1951 年 11 月 9 日，存福建省档案馆，案卷号：138-1-135。

③ 福建省肃毒指挥部办公室：《福建烟毒情况初步综合》，1952 年 7 月 30 日，存福建省公安厅档案科，案卷号：长期 215。

④ 南平区专员公署公安处：《南平专区毒品流行情况调查报告》，1952 年 6 月 25 日，存福建省公安厅档案科，案卷号：短期 88。

⑤ 李思敏、傅达昌等：《旧社会把人变成鬼　新社会把鬼变成人——谈解放前后阜阳的“禁烟”》，《阜阳文史》第四辑，第 15 页。

⑥ 王枫林：《建国初期安徽的禁毒运动》，《党史纵览》1995 年第 6 期。

⑦ 中共上海市委党史研究室编著：《中国共产党在上海 80 年（1921—2001）》，上海人民出版社 2001 年版，第 424 页。

⑧ 济南市禁毒委员会办公室：《济南市禁毒运动工作总结》，1953 年 12 月，济南市档案馆编：《禁毒风雷——济南解放初期禁毒运动档案文献选辑》（内部资料），2005 年印刷，第 102 页。

批拉走的“路倒尸”。[①]

察哈尔省会张家口市，在1948年前烟民总数达4 000人，1949年后烟民总数仍在2 000人以上。[②] 万全县在1948年后的调查资料显示，当时在全县的成年人中，吸过鸦片的人竟达半数以上，其中吸毒成瘾的约达1/3。[③]

绥远省人民政府1950年统计，全省烟民共有25万人左右，约占全省人口总数的9%。[④] 其中，包头市烟民达1.2万余人，占全市人口的10%；[⑤]归绥市烟民1万余人[⑥]；丰镇县烟民6 000余人[⑦]；安北县吸毒成瘾的烟民有1 189人[⑧]。个别地区问题更加严重，如萨拉齐县县城内有居民2万余人，而烟民就达4 000多人[⑨]；萨拉齐县第一区板申气村吸大烟的有400多人，第二区公积板村吸大烟的就更多了[⑩]；归绥市南柴火市仅15到18的4个间，共有居民2 000户8 000余人，其中吸毒的就达1 500多人。[⑪]

河北省秦皇岛在1948年后，据不完全统计，仅市区就有烟民400多人，进行登记的有161名，其中，男烟民109人，女烟民52名，年龄最大为68岁，最小为23岁。[⑫]

平原省会新乡市，在1949年后仍有吸毒上瘾者400余人。[⑬]

山西在1950年初不完全统计，忻县专区6个县吸毒、贩毒者即有1.3万余人，榆次城关区贩毒者有120余人，霍县3个村的吸毒人口占总人口的15%。[⑭]

6. 东北区

热河省在中华人民共和国成立前夕烟民达60万～70万人。[⑮] 克什克腾旗

---

① 刘伟、冯双平：《建国初期北京的肃毒斗争》，《北京党史》2000年第4期。

② 李兆俭：《张家口市解放后的肃毒禁烟运动》，河北省张家口市政协文史资料委员会编：《张家口文史资料》第十五辑（纪念张家口解放四十周年续集），1989年印刷，第88页。

③ 王金城：《万全县鸦片毒害的始末》，河北省张家口市政协文史资料委员会编：《张家口文史资料》第二十二辑（社会卷下），1992年印刷，第226页。

④ 绥远省人民政府：《绥远省禁烟禁毒工作报告》，内蒙古档案馆，编号：208－1－101。

⑤ 包头市人民政府：《包头市禁烟禁毒工作报告》，内蒙古档案馆，编号：208－2－240。

⑥ 绥远省人民政府：《绥远省查禁烟毒工作报告》，内蒙古档案馆，编号：208－1－104。

⑦ 绥远省人民政府：《绥远省查禁烟毒工作报告》，内蒙古档案馆，编号：208－1－104。

⑧ 师锐：《安北县的禁烟禁毒工作》，《巴彦淖尔党史资料》第九辑，第174页。

⑨ 绥远省人民政府：《绥远省查禁烟毒工作报告》，内蒙古档案馆，编号：208－1－104。

⑩ 董毅民：《解放初期萨县工作回忆》，《包头史料荟要》第十一辑，第13页。

⑪ 谢希贤：《回忆解放初期禁烟禁毒工作》，中共呼和浩特市委党史资料征集办公室、呼和浩特市地方志编修办公室编：《呼和浩特史料》第二集（内部资料），1983年印刷，第95页。

⑫ 张玉昌：《改造烟民，肃清烟毒》，《秦皇岛文史资料选辑》第三辑，第184页。

⑬ 中共河南省委党史研究室编：《城市的接管与社会改造：河南卷》，河南人民出版社2000年版，第459页。

⑭ 山西省史志研究院编：《山西通史》第十卷，山西人民出版社2001年版，第91页。

⑮ 田果如：《热河戒烟录》，河北省承德市政协文史资料研究委员会编：《承德文史》第六辑，1990年印刷，第63页。

有烟民1.14 万人，占全旗总人口 9.5 万人的 12%。广兴区一村庄 106 户人家，吸烟户为 96 户，占总户数的 90%；一区碧上乡吸烟者占成年人的 70%。①

黑龙江省在中华人民共和国成立初期有烟民 2 659 人。松江省共有烟民 6 241 人，哈尔滨市有烟民 4 988 人。②

可见，在中华人民共和国成立前夕和中华人民共和国成立初期，吸毒在全国各地是十分普遍的现象，烟民数量惊人。据初步统计，全国吸食鸦片等毒品的烟民约有 2 000 万人，占当时全国总人口的 4.4%。③

二、烟毒泛滥的严重危害

中华人民共和国成立初期，烟毒的泛滥，对国计民生、社会安定、政权稳固造成的危害十分严重。

（一）严重威胁民众生存

种植罂粟除了直接挤占大量粮田之外，还使土质变硬，地力大减，最终均会造成粮食大大减产，严重威胁民众生存。例如，云南由于大量良田用于种植罂粟，破坏了农业生产，造成粮食产量大减，粮价大涨，以致每年要从越南、缅甸进口粮食，使本来就缺粮的云南频繁发生饥荒。④ 四川凉山彝族地区，一升种子的包谷地，在种植罂粟之前可收包谷 2 石，种植罂粟以后只收 1.5 石左右，约减产 25%。⑤ 金阳县安科乡迪窝村于 1950 年，在可播 133.55 斤包谷种的土地上种植了鸦片，结果当年该村大春作物减产 10%～20%；派来乡的下半乡，每年种一季大烟，农作物便什么也不能种。致使金阳县许多地方居民的口粮，年年仰仗外省、外县供给。⑥ 理县各族农民每年春夏之交、青黄不接时，以借高利贷和典当家产度日，赤贫者甚多。平武县旧堡乡每年至少要闹 3 个月粮荒。种植罂粟对少数民族地区的粮食业、农牧业、手工业产生了恶劣的影响。峨边彝族自治县的彝区在 20 世纪 40 年代前期粮食自给有余，20 世纪 40 年代末鸦片种植扩大，粮地烟花怒放，粮食减产，发生严重缺粮，夏秋之交主要依靠汉商大量运入粮食。

① 林瑞：《消除烟毒害，杜绝后患根——克旗禁烟概况》，内蒙古自治区克什克腾旗政协文史资料编辑委员会编：《克旗文史资料》第二辑，1987 年印刷，第 305 页。

② 黑龙江省地方志编纂委员会编：《黑龙江省志・民政志》，黑龙江人民出版社 1993 年版，第 488 页。

③ 凌青、邵秦主编：《从虎门销烟到当代中国禁毒》，第 102 页。

④ 中共云南省委党史研究室、中共云南省公安厅委员会编：《建国以来云南的禁毒斗争》，第 115 页。

⑤ 四川编写组：《四川省凉山彝族社会调查资料选辑》，四川省社会科学院出版社 1987 年版，第 124 页。

⑥ 吴雨、梁立成、王道智：《旧中国烟毒概述》，《文史精华》编辑部编：《近代中国烟毒写真》（上卷），第 14—15 页。

伴随缺粮现象的增多，饥民四起，特别是贫苦的劳动人民，常用野草、蒿子、萝卜充饥，罂粟的大面积栽种也排挤了土特产品的生产，用来和汉商交换的产品主要是鸦片，其他农牧业、手工业产品较少，鸦片成为流通货币一度被当地民众所接受。川西茂县不少村寨因种植罂粟，农民口粮仅能维持 3～4 个月，其余粮食必须在出售鸦片以后购回。全县粮食产量剧减，依靠外地运进粮食为生，每年茂县从外地调进大米达 2 万余石。① 西南全区种烟土地曾达到 1 545 万余市亩，如以每亩约产粗粮 230 市斤计算，则减产粮食在 35 亿斤以上。因烟多粮少，人民的生计十分困难，甚至时有饥荒出现。1950 年春，西康及川南部分地区，曾因种烟过多，缺乏粮食，造成严重的灾荒。②

（二）浪费社会财富，损害身心健康

众多烟民吸食烟毒，既浪费巨大社会财富，又严重损害身心健康，甚至导致倾家荡产、妻离子散、家破人亡。

鸦片像一条毒蛇，一旦染上大烟瘾，好比被毒蛇咬伤一样。“染上大烟瘾，天天挥金银。一天不吸不舒坦，流鼻子打哈欠，时间渐久把命缠。”“炽炽南北畛（指卖地），呼呼南北屋（指卖房子），大闺女、小媳妇（指卖儿、女和老婆），都来进我的烟葫芦。”③“无论打吗啡针的、吸鸦片烟的，一旦发作起来，如果没有及时抽鸦片或打针，就会大汗淋漓，屎尿失禁，四肢酸软。可是过了瘾后，及时满足要求，顿觉精神抖擞如生龙活虎一般。久而久之，身体受到严重摧残，一个个面黄肌瘦，身体无力。”④严重者根本无体力、能力从事生产劳动，影响生育能力，甚至造成死亡。

贵州 300 多万人吸食毒品，浪费了巨大的社会财富。“若每人每天吸食一钱，全年就是一亿零五百九十万两，共需烟田七百三十万亩。若种包谷，每年可收七百三十万市石。烟毒对人民危害之深，可想而知。”⑤

四川金阳县有不少的人因吸食鸦片而倾家荡产、出卖子女。如安科乡的苦齐阿达家，共 8 口人，有土地 180 斤包谷种面积，娃子⑥ 16 家，以后 6 人吸食鸦片，不到两年，土地娃子全部卖光；又加安科乡的苦斯呷家，原有土地 18 斤包谷

① 罗兰英：《建国初期四川的禁毒运动（1950—1952）》，四川师范大学硕士学位论文，2002 年 5 月。

② 西南区禁烟禁毒委员会：《西南区一九五零年禁烟禁毒工作总结》，1951 年 3 月 15 日重庆《新华日报》。

③ 邢富功、刘国钧：《漯河的禁烟禁毒》，《文史精华》编辑部编：《近代中国烟毒写真》（上卷），第 487 页。

④ 许金界、李建成：《鸦片大本营——张林村》，福建省晋江市政协文史资料委员会编：《晋江文史资料》第一辑，1981 年，第 168 页。

⑤ 《坚决执行禁毒法令》，1950 年 9 月 15 日《新黔日报》。

⑥ 旧时凉山等少数民族地区的奴隶被称为娃子。

种面积，娃子 4 家，以后 3 人吸食鸦片，不但土地娃子卖光，最后连自己的儿子也被卖了。[①] 理县甘家堡以前有 650 户屯兵，到 1949 年，只剩下不到 300 户了，鸦片造成的祸害是其中的主要原因之一。[②]

察哈尔万全县安家堡白某某，自幼丧父，浸着母亲的泪水长大成人，只是因吸毒成瘾，不仅卖掉了土地、房产，最后竟将相依为命的寡母也以 7 石米卖给了第七屯；同村的马某某，也因吸毒成瘾，竟将妻子、儿女一齐卖到坝上。[③]

绥远省归绥市二区是居民区，大部分是贫苦人，抽大烟吸料面的人很多，有的是全家都抽。抽大烟吸料面的人，几乎是个个骨瘦如柴、脸色蜡黄青绿、两眼无神，许多人衣衫褴褛，其中，有不少人抽得倾家荡产、卖老婆孩子，有的把自己的骨头也买给做料面的人，死后做料面的人用他的骨头做料面。还有的因此沦为流氓、小偷、骗子、乞丐等。也常有冻死、饿死、倒毙街头的。归绥南柴火市的裕源粮店有两个伙计，一个叫高宝，一个叫石贵，两人都是抽大烟抽得贫病交加，石贵还卖了老婆，最后都抽死了。有个兽医叫胡岐山，两口子抽大烟，也都抽死了。当时孤魂滩三日两头抬出死人，其中许多都是抽大烟抽死的。[④]

山西 1950 年年初统计，仅霍县消耗于毒品的钱财就超过全县负担公粮的一倍半，不少人因吸毒倾家荡产，沦为游民、小偷，成为特务发展的社会基础。[⑤]

福建福州市 1949 年前，仓山区藤山有烟民 50 人，其中，造成倾家荡产 9 人，导致死亡 6 人，沦为乞丐、盗窃犯的 4 人，合占 38%。[⑥] 长乐县的阜山乡 100 个吸毒者，一年耗掉 7 000 担谷子，占全乡总产量的 1/3。该县潭头乡吸毒者中，卖田地房屋者 34 人，卖妻鬻子者 11 人，妻子上吊自杀者 6 人，沦为盗匪者 9 人。[⑦] 潭头乡张金宝，原是医师，生活比较舒适，自吸食鸦片后，将财产卖得一无所有，连老婆女儿全部卖出，导致孩子流落到破庙中生活。梅花乡王恒康，原是占有大量生产资料的资本家，吸食鸦片后，将 14 座房屋、5 条大船、70 多张渔网全部卖光，连小便用的铜夜壶也卖掉，最后又将女儿强迫卖给人家做老婆，女儿不满，结婚后即上吊自杀。另有两个小孩流落卖花街头，每日靠卖饼度日，诸如

---

① 邵献书、谢世宗、杨远东：《金阳种烟调查记》，《四川文史资料选辑》第十二辑，第 175 页。

② 桑梓侯：《解放前理县的鸦片种植》，《文史精华》编辑部编：《近代中国烟毒写真》（下卷），第 178 页。

③ 王金城：《万全县鸦片毒害的始末》，《张家口文史资料》第二十二辑（社会卷下），第 226 页。

④ 谢希贤：《回忆解放初期禁烟禁毒工作》，《呼和浩特史料》第二集，第 95 页。

⑤ 山西省史志研究院编：《山西通史》第十卷，第 91 页。

⑥ 福州市地方志编纂委员会编：《福州市志》第六册，第 580 页。

⑦ 陈勋政、祁虎文、何锋涛：《福建禁烟禁毒斗争简记》，苏智良、赵长青主编：《禁毒全书》，第 402 页。

此类事例不胜枚举。[①] 正如泉州民谣所说："鸦片是土，吃了糊涂，妻子不顾，靠壁穿绔。"晋江县石狮镇容卿村父母们面对毒祸，谈毒色变，唯恐子侄误入歧途，惶惶不可终日。一旦发现一子侄打针染毒，遂即采取断然措施：一是监视、追踪、痛斥、训诲，责其自拔；二是设法提早为其娶亲，希图以妻室羁绊之，冀其悬崖勒马；三是个别人家切望子侄脱离苦海，狠心将其送往南洋谋生。这些农民大都目不识丁，平日少出家门，一旦背井离乡，或被拐卖为"华工"老死异域；或颠沛流离，一去不返，杳无音讯。村中因上述原因往南洋者先后有蔡维飞等四五人，其中仅一人于暮年幸而生还，其余均葬身异邦。生离死别，根本无家庭幸福可言。[②] 至于因吸毒危害身心健康者更是不计其数。当时泉州流传一首歌谣："人吸鸦片，鸦片吃人，销膏血，耗精神。鸦片之瘾入骨髓，未死先成鬼。新鬼瘾小故鬼大，新鬼面焦黑，旧鬼无人色。"[③]就是对吸食烟毒危害身心健康的一个生动真实的写照。

江苏镇江铁路搬运工人刘振海，吸鸦片成瘾，1949 年后经驻车站军代表及车站领导多次教育，仍不改恶习，因此被开除。此后他便靠变卖衣物吸毒，为此，夫妻经常争吵。车站领导为了照顾他的生活，安排他在站内扫拾残煤。但他仍不戒除，并将拾煤的工具也变卖吸毒。其妻见其如此不可救药，于 1951 年 10 月初向法院起诉，要求离婚，法院判决同意。他在与妻子离婚后，生活无着，烟瘾难熬，终于在 1951 年 10 月 14 日卧轨自杀。[④]

安徽阜阳因吸毒荡产的在城内有 7 户。如在古楼旁边开卤莱店的陈某某，有市房 16 间、楼房 5 间、1 万多元的流动资金，因吸食毒品，把资金花尽，先卖了房屋，最后老婆离了婚，他穷途末路流浪街头。又如曾开 3 处丝铺、雇用 20 多名工人的王某某，是城内有名的资本家，吸毒不到 5 年，生意全部垮台，弄得衣食无着。[⑤]

湖南古丈县居民杨春生，因吸食大烟，卖掉了 3 栋房屋、108 挑谷田和 2 个老婆，生活无着，投奔乾城协镇向天爵，后因盗枪逃跑而被人杀死；龙山县苗儿滩叶新柏，原有 100 多挑田产，大烟成瘾，荡尽家产，买枪一支，邀人结伙为匪，抢劫

---

① 长乐县禁毒指挥部：《长乐县清毒运动总结报告》，1952 年 9 月 30 日，存福建省公安厅档案科，案卷号：长期 173。

② 蔡尔辇：《石狮一带烟毒惨况》，《晋江文史资料》第一辑，第 163—164 页。

③ 陈勋政、祁虎文、何锋涛：《福建禁烟禁毒斗争简记》，苏智良、赵长青主编：《禁毒全书》，第 402 页。

④ 董宝森：《镇江禁毒始末》，马维刚编：《禁娼禁毒——建国初期的历史回顾》，第 250 页。

⑤ 李思敏、傅达昌等：《旧社会把人变成鬼　新社会把鬼变成人——谈解放前后阜阳的"禁烟"》，《阜阳文史》第四辑，第 17 页。

过往行商；龙山县里耶张安宁，原有家产5万～6万银圆，全部填进烟枪，落得个卖身充当壮丁的下场；里耶瞿国培的父亲与人合开“复春恒”油号，置田20余亩，烟毒缠身，瘫痪而亡，瞿国培夫妇步其父后尘，不几年，产业卖尽，其弟在重庆大学念书，因生活得不到接济，跳楼身亡；龙山县洗车河姚某，原有田土800余担，桐山100余担，是当地大财主，吸烟成瘾，耗尽全部家当，死时竟连下葬的棺材都没有；保靖县拔茅寨张宝成加入瘾君子行列，倾家荡产仍痴心不改，先后两次将年仅8岁的女儿带到沅陵去卖，均因年幼未能脱手，回来后又将15岁的女儿带到龙山，换回大烟两碗。据统计，1949年，湖南古丈县的和蓬、尚公、永宁、和平4个乡，因吸大烟卖尽田产56户，离婚18对，体衰800余人，死亡18人，烧毁房屋50余户，相杀致死129人；同年，保靖县城关，因吸大烟致死39人，致残6人，卖儿卖女21人，倾家荡产17人，沦为盗贼4人。①

河南省郸城县曹集村有70户人家，因吸食毒品而倾家荡产的14户，妻离子散的4户。②

（三）败坏社会风气，引发各种犯罪

烟毒泛滥败坏社会风气，容易引发各种犯罪，严重危害社会安定。素有“赌窟”之称的福建晋江县张林村，竟有数家酒楼、妓馆，还“有11座大厝、洋楼是贩毒盖成的”。③ 该村许多人见贩毒来钱容易，便贪图享受，轻视农业生产，养成了好逸恶劳的思想观念，梦想靠制毒贩毒一夜发财，对从事正当职业、靠合法劳动生活则嗤之以鼻。甚至该村归国华侨也认为“去南洋辛苦2年，不如去汕头贩毒一次”。④ 还有一些地区的女吸毒者，最终不得不靠卖淫来维持吸毒，致使卖淫嫖娼盛行。这种不劳而获的思想在福建全省具有一定的普遍性。晋江县张林乡“三大吗啡”公司的头子张子丹等人，为了维护其制毒利益，利用封建宗族矛盾，挑动械斗，死伤人命26条。⑤ 晋江县石狮镇容卿村，因受吗啡祸患的影响，村中染上毒瘾者很多，于是盗贼、懒汉到处可见，直接影响了社会安定。⑥

河南漯河市在中华人民共和国成立初期的统计资料证明：80％的吸毒

---

① 余飞：《湘西烟毒与禁烟禁毒》，苏智良、赵长青主编：《禁毒全书》，第460—461页。

② 郸城县志总编室：《清烟禁毒运动》，《郸城文史资料》第一辑，第61页。

③ 许良晓：《晋江禁毒记》，福建省晋江市政协文史资料委员会编：《晋江文史资料选辑》第十四辑，1993年，第138页。

④ 林辉等著：《为了这片净土——福建禁毒斗争的历史、现状和对策研究》，第108页。

⑤ 陈勋政、祁虎文、何锋涛：《福建禁烟禁毒斗争简记》，苏智良、赵长青主编：《禁毒全书》，第402页。

⑥ 林辉等：《为了这片净土——福建禁毒斗争的历史、现状和对策研究》，第109页。

者倾家荡产，导致各种犯罪的占整个社会犯罪率的65%以上，成为社会的一大公害。[①] 河南省郸城县曹集村有385人，因吸食毒品而沦落为土匪、盗贼、二流子、懒汉的就有46人。[②]

湖南祁阳县有个贫苦出身的农民李某某，染上烟毒后，成为土匪头目。1925年开始到1950年被人民政府镇压止的25年间，聚众50多人，从家乡到桂林作案上千次，祸害上千家。[③]

安徽阜阳在1948年前，仅在城内因吸毒沦为小偷的有58人，女的因吸毒沦为娼妓的有23人。[④]

四川阿坝州，在产烟区枪支弹药大批流进，武装烟帮横行各地。各地土头豪强，为了掠夺烟土资源、发家致富，相互争夺势力范围，各成体系，连年械斗不断，数千人惨死在战祸之中。各地土头烟匪，靠山吃山，占山为王，四处抢劫，危害乡里。[⑤] 金阳县由于鸦片大量向汉区出售，换回不少枪支，直接促成了频繁的冤家械斗，致使彝区社会内生命财产以及农牧业生产遭到极大的摧残。[⑥]

绥远省在1950年上半年因吸食毒品而犯罪的占全部犯罪者的66.9%。[⑦]

山西1950年年初统计，全省刑事案件中，有20%与毒品有关，霍县与毒品有关的案件则占该县刑事案件的51%。[⑧]

据吉林长春市公安局一分局1951年的破案统计，在行抢、盗窃和赌博案件中，吸食和贩卖毒品者占1/2强。[⑨]

(四) 腐蚀党政军干部队伍和公职人员

西南军区某部副科长王某、管理员遂某等被昆明市同仁街华章药房的奸商刘某腐蚀，先后6次贩运毒品到重庆、宝鸡出售，共计鸦片2.8万两、砒子350两。[⑩] 云南省对隐藏在机关、工厂、企事业单位内部的贩毒分子进行了清查、处

---

① 邢富功、刘国钧：《漯河的禁烟禁毒》，《文史精华》编辑部编：《近代中国烟毒写真》(上卷)，第487页。

② 郸城县志总编室：《清烟禁毒运动》，《郸城文史资料》第一辑，第61页。

③ 廖时雨：《祁阳查禁烟毒始末》，《祁阳文史资料》第六辑，第74页。

④ 李思敏、傅达昌等：《旧社会把人变成鬼　新社会把鬼变成人——谈解放前后阜阳的"禁烟"》，《阜阳文史》第四辑，第17页。

⑤ 杨光成：《阿坝的禁烟肃毒》，苏智良、赵长青主编：《禁毒全书》，第456页。

⑥ 邵献书、谢世宗、杨远东：《金阳种烟调查记》，《四川文史资料选辑》第十二辑，第175页。

⑦ 绥远省法院院长阮慕韩：《关于司法工作的报告》，绥远省人民政府办公厅编：《法令汇编》第2集。

⑧ 山西省史志研究院编：《山西通史》第10卷，第91页。

⑨ 王连馨：《长春禁毒运动》，苏智良、赵长青主编：《禁毒全书》，第507页。

⑩ 中共云南省委党史研究室、中共云南省公安厅委员会编：《建国以来云南的禁毒斗争》，第124—125页。

理，仅据省级机关 21 个单位统计，即查出烟毒犯 596 名。[①]

天津 1949 年后，大毒贩之所以能够猖獗活动是由于他们与邮局、铁路、公安系统内部的不法分子有勾结。1949 年 7 月，北京、上海通车后，天津铁路、邮局内部逐渐形成走私运毒集团。他们利用邮包夹寄、封入邮袋装邮车，或由铁路路检车、乘务人员携带等办法大肆贩毒。从当时尚未完全掌握的人数看，该走私集团已涉及人数共 468 名。其中，邮局 177 人，铁路 189 人。此外，公安局干部、民警包庇毒犯的已有 52 人，参与贩毒的 39 人，法院、海关、税务、卫生、医药等部门已发现 11 人。3 年来，他们共贩运烟土 26.72 万两、白面 1.5 万两。天津市连续破获东泰公转运货栈勾结邮工运毒案、马鸿藻勾结铁路员工运毒案等较大案件。据天津市邮局提供，仅员工承认的，1949—1951 年经邮局系统运销各地的鸦片达 10 万余两、白面 1.7 万余两。[②] 天津铁路局在“三反”运动中仅据坦白检举的材料统计，其铁路员工贩毒数额高达鸦片 14.7 万多两，鸦片料面 5.1 万多两，醋酸 5 千多磅，其他毒品万余两。[③] 大毒贩庞辅臣勾结设在天津的华北禁烟局的干部套购大量烟土，又勾结民警掩护装船，运往上海销售。[④]

南京大毒贩利用金钱美女拉拢、腐蚀革命干部和职工，勾引留用人员，参与或包庇、掩护他们的罪恶活动。据南京铁路局在“三反”运动中揭露，在乘务组、车辆段，特别是机务段的司机被拉下水，参与走私贩毒的达 200 余人，先后贩运鸦片 119 967 两，海洛因 1 266 两之巨。尤其严重的是，他们千方百计地腐蚀政法公安干警，个别蜕化变质分子被拉上贩毒的罪恶道路。“湖北帮”首犯程其宽，早年参加青帮，拜汉奸特务赵松涛为师，继又参加洪帮为“中华山”“大哥”，依仗日伪蒋反动势力大量贩毒，还强奸妇女，作恶多端。1949 年后，继续大量贩毒，经查明鸦片数达 6 767 两、海洛因 141 两。其罪行暴露后就向市人民法院秘书长兼刑事庭庭长丁汝琛等行贿达 8 700 万元（旧人民币），丁个人分得 600 多万元。市法院收发员杨钦龙，也经丁同意脱离革命队伍从事贩毒，利用丁的庇护，私刻市法院方印、长戳，伪造证件，冒充干部，拉拢公安、司法部门的意志薄弱者，与湖北帮、宿县帮勾结，猖狂进行贩毒活动，短期内贩运鸦片 1 958 两、海洛因 10 两。[⑤] 南京市四区车惠轩，青帮“通字”辈头目，洪帮“中华山”心腹大哥。日本

---

① 云恭：《云南鸦片烟毒简史》，苏智良、赵长青主编：《禁毒全书》，第 447 页。

② 《天津市禁烟禁毒委员会肃清毒品流行草案》，天津民政局档案，社会科 53.32 卷；项宝生：《解放初期天津的禁毒运动》，中共天津市委党史资料征集委员会、天津市公安局编：《难忘的岁月——天津市解放初期社会治理纪实》，中共党史出版社 1994 年版，第 319—320 页。

③ 齐磊、胡金野：《中国禁毒史》，第 261 页。

④ 黄瑶、张明哲：《罗瑞卿传》，第 257 页。

⑤ 宁弓矢：《南京的禁毒工作》，马维刚编：《禁娼禁毒——建国初期的历史回顾》，第 372 页。

占领南京后，他勾结日本国际公司，凭借帮会势力大量贩毒，并利用朝鲜妇女化装成日本人，代其由徐州贩运烟土，每次数量300两左右。抗日战争胜利后，车惠轩在南京开设了大华运输公司，利用业务之便进行贩毒，一次运毒就达450两。他还伙同湖北帮的童百川组成集团，纠集30余人大批贩运毒品。他常派专人去昆明、重庆等地贩毒，在广州和重庆由江帮势力负责采购送上飞机，保证途中安全，到南京由车的同伙、邮政局储运股长费起昌包送给车。1949年后，又利用少女金素云和金钱、烟毒腐蚀拉拢该警区派出所所长王明林，致其吸毒成瘾，并串通王盗窃出政府没收的烟土进行贩卖。由于有人撑腰，车大肆活动，依靠以吴宗贤兄弟为首的皖北帮、以童百川为首的湖北帮，到汉口、宿县、徐州贩运鸦片，利用妇女藏于阴道中携带，然后转销上海、六合、来安、曹州等地，南京的下家就有30余人。[①]

山东济南市历史贩毒惯犯张鉴秋、刘伯翔、张继武、崔民杰、季雅亭、谷子风、孟玉昆等为首的制贩毒品集团，在中华人民共和国成立初联络徐州、商丘、西安、上海等地毒犯勾结我铁路人员，制贩毒品，仅张鉴秋、崔民杰两伙毒犯在禁毒令前，即制海洛因473.4两，贩鸦片356两，季雅亭一伙勾结铁路人员即有23名。[②] 大毒贩崔民杰勾引刑警队工作人员夏洲，供吸毒品，求得夏洲公开对他包庇掩护，而对他不利的毒贩则通过夏洲打击，据犯人供称，像这样拖夏洲下水、为夏所包庇掩护的毒贩近20家，崔民杰并在我警法科安上了坐探——已捕之反革命分子金燕。大毒贩房浦庭以金钱美女收买户籍警察马振亮，在马的掩护下大胆贩卖烟毒。串穿南北的大毒贩孟玉昆、季雅亭收买了10余名济南铁路局前人员为其包运大烟。据犯人供出他们从1950年至1951年年底通过铁路往西安运销烟土达2万余两，往济南达1万余两（每人每次可带200两，一月可跑5次，每两中给铁路人员银圆1枚）。[③]

福建全省"在'三反'、'五反'运动中，发现机关内部制、贩、运、吸食、种植毒品、包庇毒犯和给毒犯充当内应的有151人……如厦门，52名毒犯中，公安部门干部占33人，其中分局长2人。"[④]又如长乐县1949年前遗留下来的毒犯，中华人民共和国成立初期由公开转入诡秘，并利用各种手段，拉拢干部共同贩毒。该县厚东乡和汶上乡共有113名主要干部，被大毒犯勾结从事贩卖

---

① 南京市公安局档案科：《车惠轩专案档》，档号：12-1001。

② 济南市禁毒委员会办公室：《济南市禁毒运动工作总结》，1952年12月，济南市档案馆编：《禁毒风雷——济南解放初期禁毒运动档案文献选辑》，第102—103页。

③ 《济南市烟毒历史概况》，济南市档案馆编：《禁毒风雷——济南解放初期禁毒运动档案文献选辑》，第232页。

④ 《福建省烟毒流行及查禁工作简报》，1952年8月8日，存福建省档案馆，案卷号：138-1-222。

毒品者达 29 人。[①]

湖北武汉市烟毒所牵涉的范围也十分广泛，有些还涉及我内部职工及一些民主党派和政府机关干部，甚至上层人物。据衡阳、郑州两铁路局统计，参与贩运毒品的铁路职工即达 2 390 余人。长江航运系统仅“江安”“江汉”“江顺”等 18 艘轮船员，贩带毒品者计有 150 人。民联轮船员总人数为 1 002 人，1949 年后贩带毒品者占 39%。郭玉山等两个重大贩毒集团中，涉及我政府机关、部队、学校内部人员及民主人士达 10 余人，有些是具有一定身份的上层人物（包括我党、政、军机关的处级以上干部和民主党派的负责人）。[②]

郑州大毒贩崔荣尧在把郑州铁路局旅行服务所主任刘若明拉下水后，陆续将 20 多名同伙派到该铁路各个餐车上工作，大肆走私贩毒，其沿线走私贩毒站有徐州 13 处、商丘 2 处、开封 3 处、郑州 5 处、西安 7 处、宝鸡 3 处、汉口 2 处、北京 3 处、济南 1 处。[③]

广西桂林市一些毒贩拉拢公安人员，寻求保护伞和货源。1950 年 11 月，王振和在衡阳开办华夏烟厂时，帮毒贩张文明、唐盛祥、毛四英出售烟土 30 两，被衡阳市公安局查获后，通过陈舞台、李福生、赵传僧等人介绍，向该局司法科陈科长行贿人民币（旧币）400 万元，便轻易获得释放。中山南路中南运输社马剑海夫妇及刘慧芳，1949 年前一贯贩卖烟土，1952 年勾通临桂县第四区政府公安干事陈福生，从陈手中拿出缴获的烟土 12 两加以变卖。桂林市还有一些毒贩与铁路职工勾结，开辟运输线。有数起长途贩毒案与铁路职工有牵连。中山中路九龙烟行老板王振茂于 1950 年 2 月托桂林铁路公安段司机许天佑、许凤岗、胡恒发携带烟土 100 两、白面 40 两给衡阳检车所高兴贵代卖。王振茂死后，其弟王振和接办九龙烟行，仅于 1952 年 1 月分两次托许天佑、许凤岗、胡恒发运烟土 3 160 两、白面 40 两到衡阳给高兴贵、崔绍灵代卖。中山北路四维烟行肖桂安也分 5 次托许凤岗贩运烟土共 700 两到广州出售，许从中获利人民币（旧币）11 万元。李慎之贩卖的烟毒中也有 600 多两是由桂林铁路公安段孔宪予、丁长福运往广州出售的。[④] 梧州市一些投机商和帮会黑社会分子利欲熏心，利用 1949 年后一些航运业船员觉悟不高贪图小利，便暗中收买他们带运大量鸦片。因此，梧州市 1949 年后每月买卖烟土约达 4 000 斤。[⑤]

---

① 长乐县禁毒指挥部：《长乐县清毒运动总结报告》，1952 年 9 月 30 日，存福建省公安厅档案科，案卷号：长期 173。

② 陈守谦：《武汉禁毒运动》，马维刚编：《禁娼禁毒——建国初期的历史回顾》，第 232 页。

③ 齐磊、胡金野著：《中国禁毒史》，第 261 页。

④ 赵世琨：《消灭桂林的贩毒活动》，马维刚编：《禁娼禁毒——建国初期的历史回顾》，第 258 页。

⑤ 中共广西壮族自治区委员会党史研究室编：《城市的接管与社会改造：广西卷》，第 405 页。

吉林省长春市的大毒犯孙文津是流氓赌棍出身，1948 年后，他在桃园路以开设花柳病诊所作为掩护据点，暗中勾结胡永兴、张福茂、姜永成、霍振芳等烟毒犯，从延边贩运毒品，并拉拢铁路干部尚铁铨、邮局押运员朱文福下水，为其包运毒品。他们除在其据点给吸毒分子扎吗啡外，还把毒品转销到天津、上海等地，活动极为嚣张。他们为了逃避打击，甚至还不择手段地拉拢公安干部下水。[①] 特别是蛟河县竟然发生了烟毒摧毁了共产党的整个县委组织的令人触目惊心的事实。由于蛟河县委书记殷子华、县团委书记崔晓光与一名毒犯合伙贩毒牟利，从而诱使该县的主要领导干部包括公安局长、税务局长、组织部长等沆瀣一气，形成一个令人发指的贪污集团。[②]

（五）影响新生人民政权的巩固

中华人民共和国成立初期，一些反革命分子利用贩毒筹集资金，从事破坏新生政权的活动。

中华人民共和国成立初期，百废待兴，福建新生的人民政权所面临的头等大事是支前、巩固政权、稳定局势、恢复生产。就在这时，残留在福建的转化为土匪的国民党残余部队，他们不仅以许多烟馆、妓院作为藏身落脚之地，疯狂地进行罪恶的种毒、制毒、贩毒活动，而且伙同金门、马祖、台湾等地国民党成员不断将烟毒贩入福建，借以拼凑经费和毒害祖国大陆人民，以此负隅顽抗，试图推翻新生的人民政权。[③] 1949—1950 年，国民党残余部队“福建前线反共司令部”暂编第三师副师长刘道明，在建瓯县盛地乡“大量种鸦片，以鸦片收入充作土匪活动经费”。[④] 1950 年 2 月，军统特务董青两次前往白犬岛向国民党“海保纵队”参谋长王仁贵提供大陆军政情报，领取联络旗和交通证后，又潜回大陆，并伙同烟毒贩施锦华、谢仲福等武装贩运鸦片烟土到福州出售，牟取暴利，为其反革命破坏活动筹措经费。1950 年 5 月，金门国民党派遣陈福等 80 名特务入窜南安时，就携带鸦片 80 多两。[⑤] 1950 年 5 月间，同安县“匪首柯宝珍在石兜内山一带强迫老百姓种罂粟，后柯匪被人民政府剿灭，种烟之事也被制止”。[⑥]

其他各省市在中华人民共和国成立初期也普遍存在类似情况。如国民党特

① 王连馨：《长春禁毒运动》，苏智良、赵长青主编：《禁毒全书》，第 507 页。

② 1952 年 3 月 1 日《东北日报》。

③ 林辉等著：《为了这片净土——福建禁毒斗争的历史、现状和对策研究》，第 110 页。

④ 福建省建瓯县地方志编纂委员会编：《建瓯县志》，中华书局 1994 年版，第 613 页。

⑤ 黄世动、许复城：《南安县禁毒斗争的回顾》，福建省南安县政协文史资料委员会编：《南安文史资料》第十四辑，1992 年印刷，第 34 页。

⑥ 柯在根：《漫谈鸦片及同安的清毒斗争》，福建省同安县政协文史资料委员会编：《同安文史资料》第七辑，1987 年，第 144 页。

务陈荣辉受台湾当局派遣，于 1949 年 12 月从当时尚未解放的舟山群岛潜入南京，组织“苏鲁皖人民反共救国军第五纵队”，并连续 3 次从安徽明光贩卖烟土到南京出售，以充作反革命活动的经费。南京反革命武装特务组织首犯萧明山，于 1950 年 3 月串通一些原国民党的警察、特务，策划组织反革命武装，妄图“打游击”，以响应“国军登陆”。同年 5 月，他指派其同伙赴江北贩运鸦片和海洛因到南京出售，所获巨款作为他们进行反革命破坏活动的费用。蒋经国组织领导的特务武装“经轨流动兵团”直属第二营营长溜漪，1949 年 9 月由上海潜入南京发展匪特时，就勾结中同特务赵曙东、张如崑数次持枪抢劫，并卖出鸦片几十两，作为反革命活动经费。据统计，到 1952 年 6 月，在南京尚有的 4 441 名烟毒贩中，就有特务 151 名、反动党团骨干分子 109 名、反动军官 132 名、敌伪官吏 156 名、帮会头子 280 名、反动会道门头子 47 名，以及恶霸地主 50 名、兵痞 55 名、反革命分子家属 28 名、土匪 5 名，合计 1 014 名，占总数的 22.83%。[①] 昆明市在禁毒运动中，共查获以反革命为目的的烟毒案件 18 起。[②]

---

① 宁弓矢：《南京的禁毒工作》，马维刚编：《禁娼禁毒——建国初期的历史回顾》，第 365—370 页。

② 中共云南省委党史研究室、中共云南省公安厅委员会编：《建国以来云南的禁毒斗争》，第 115 页。

第六章　中华人民共和国成立初期全国禁绝烟毒斗争概述

1949年10月1日，中华人民共和国成立，标志着半殖民地半封建旧时代的结束，开创了中国历史的新纪元。禁绝肆虐中国100余年的烟毒祸害这一艰巨任务，历史性地落到了中国共产党人的肩上。中华人民共和国成立后，中国共产党和中央人民政府领导人民，采取坚决措施，在全国范围内向毒品宣战，开展了声势浩大的禁毒斗争，收缴毒品，禁种罂粟，封闭烟馆，严惩制贩毒品活动，8万多名毒品犯罪分子被判处刑罚，2 000万名吸毒者被戒除了毒瘾，并结合农村土地改革根除了罂粟种植。在短短3年时间里，把烟毒弥漫的中国治理成为举世无双的无毒国，写下了世界禁毒史上最为光辉的篇章。①

一、中央人民政府向烟毒宣战

中华人民共和国成立后，严重的烟毒问题立即引起了党和人民政府的高度重视。1949年10月下旬，周恩来总理即把各地汇总收来的烟毒材料送给毛泽东主席，周恩来总理说："看来，蒋介石不仅利用军事力量对国家进行了破坏，还给我们留下了封建社会的种种毒瘤。我觉得这场斗争并不比军事战争轻松。"毛泽东主席严肃指出："烟毒问题不仅是一个严重的社会问题，而且还是党和人民同反革命残余势力斗争的焦点问题。一个对人民和民族高度负责的无产阶级政党，决不能听任毒潮泛滥害国误民。""人民政府要把彻底查禁鸦片烟毒作为头等大事来抓，要发动广大的人民群众检举揭发，要禁种、禁制、禁运、禁吸四管齐下。要稳、准、狠地打击首恶分子，挽救多数。""一定要在3年之内彻底铲除烟毒，决不能留一点隐患。"②党中央和政务院决定荡涤旧社会留下来的污泥浊水，并把禁绝烟毒作为社会改革的重要内容。1950年2月24日，中华人民共和国诞生不到5个月，中央人民政府政务院就果断地决定向贻害中国100余年的烟毒宣

---

① 齐霁：《荡涤污泥浊水——新中国成立初期中国共产党对主要社会问题的治理》，中国社会科学出版社2015年版，第51—52页。

② 胡元斌编写：《爱国新风——全国深入开展禁毒运动》，吉林出版集团有限责任公司2009年版，第2—5页。

战，发布了《关于严禁鸦片毒品的通令》（以下简称《通令》），全面阐明了党和政府关于禁绝烟毒的意义、目的、方针和政策。

《通令》指出："自帝国主义侵略我国，强迫输入鸦片，危害我国已有百余年。由于封建买办的官僚军阀底（的）反动统治，与其荒淫无耻的腐烂生活，对于烟毒，不但不禁止，反而强迫种植，尤其在日本帝国主义侵略下，曾有计划地实行毒化中国，因此戕杀人民生命，损耗人民财产，不可胜数。现在全国人民已得解放，为了保护人民健康，恢复与发展生产，特规定严禁鸦片烟毒及其他毒品的办法。"①

《通令》的主要内容有八条：第一，各级人民政府应协同人民团体，进行广泛的禁烟禁毒宣传，动员人民起来一致行动；在烟毒较盛地区，各级人民代表会议或人民代表大会应把禁烟禁毒工作作为专题讨论，提出禁绝烟毒的方法和期限。第二，各级人民政府为使禁烟禁毒工作进行顺利，由民政部门负责组织设立禁烟禁毒委员会，公安部门及人民团体派员参加。第三，在军事已完全结束地区，从1950年春起应禁绝种植罂粟；在军事尚未完全结束地区，军事一经结束，立即禁绝种植罂粟；在某些少数民族地区，如有种烟者，应斟酌实际情况，采取慎重措施，有步骤地进行禁种。第四，今后全国各地不准再有制造、贩运、售卖烟土毒品的事情，犯者不论何人，除没收其烟土毒品外，还须从严治罪。第五，限期缴出散存于民间的烟土毒品，人民政府为照顾其生活，得分别酌予补偿；如逾期不缴出者，除查出没收外，并应按其情节轻重分别治罪。第六，吸毒者限期登记，并定期戒除；隐瞒不登记者，逾期而未戒除者，查出后予以处罚。第七，各级人民政府卫生机关应配制戒烟药品及宣传戒烟戒毒药方，对贫苦瘾民免费或减价医治；在烟毒较盛的城市设立戒烟所。第八，各大行政区人民政府或军政委员会，中央直辖省、市人民政府，各按本地区情况，依据本禁令方针，制定查禁办法及禁绝种吸日期，呈报中央人民政府政务院批准施行。

以《通令》发布为标志，中华人民共和国成立初期的禁毒运动拉开了帷幕。

二、全国各地的初步禁毒活动

《通令》发布后，各大行政区迅速行动起来，按照中央人民政府的要求，相继制定和公布了相应的禁烟禁毒实施办法，开展了初步的禁毒活动。

（一）西南区的初步禁毒活动

西南军政委员会于1950年3月1日发布春耕指示，严令禁止种植鸦片。7月31日，西南军政委员会第一次全体委员会议通过《西南军政委员会关于禁

① 诸羽主编：《割除毒瘤——共和国首次禁毒禁娼述实》，第30页。

绝鸦片烟毒的实施办法》,一共 13 条,要求西南各省:严禁种植鸦片,严禁运销和贩卖鸦片、白面、金丹、唆唆及其他类似毒品,严禁制造白面、金丹及其他类似毒品,严禁各药商出卖制造白面、金丹及其他类似毒品的原料,各政府机关不得收购鸦片、不得允许用鸦片抵缴公粮税款,严禁开放鸦片烟馆,吸食烟毒者要限期登记戒除。但这些规定只有罪状而无具体刑罚。12 月 28 日,西南军政委员会依据该实施办法又制定颁布了《西南区禁绝鸦片烟毒治罪暂行条例》,一共 15 条,对各种毒品犯罪规定了较为详细的量刑标准,有力地推动了西南地区禁毒斗争的发展。

1. 云南省

云南省人民政府遵照中央和西南军政委员会的指示,分别于 1950 年 6 月 27 日、6 月 28 日、7 月 21 日、8 月 25 日、12 月 13 日和 1951 年 8 月 10 日 6 次发布指示、训令、布告,厉行禁烟禁毒。[①] 中共云南省委和省人民政府始终把禁毒斗争列为当时的中心任务之一,从组织上、政策上、宣传舆论上加强领导,大力推进禁烟禁毒。

省会昆明市于 1950 年 6 月即成立禁烟禁毒委员会,积极领导和部署昆明人民开展禁烟禁毒活动。该禁烟禁毒委员会为了坚决贯彻执行上级的禁烟命令,表明政府禁绝烟毒的决心和进一步发动群众打一场禁绝烟毒的人民战争,选择了一些典型案例及时公开从严惩办。1950 年 12 月 28 日,昆明市大张旗鼓地处决了大毒犯郭怀安。郭怀安曾任国民党空军飞行员、教官、航空站站长,1949 年前就一贯利用职权贩运销售大批鸦片烟毒。仅从 1947 年到 1949 年年底,他先后勾结特务分子和航空人员,利用飞机从昆明贩往重庆、广州等地鸦片 7 万多两。1949 年后仍抗拒禁令,于 1950 年 7 月伙同其妻子桂源及毒犯张若宾、黄志坚、苏正明等人,将 1 000 多两毒品包装后铸入砂轮内,伪装成机器零件,乘飞机空运到重庆出售。重庆、昆明两地公安机关联合破案,把郭怀安等人逮捕入狱。经昆明市人民法院审理判处郭犯死刑,桂源等同案犯被判处徒刑,郭犯于 1950 年 12 月 28 日被游街后押赴刑场执行枪决。郭怀安被处决次日,昆明市人民政府又在拓东运动场主持召开了“昆明市各族各界人民禁烟禁毒大会”,参加大会的解放军、机关干部、职工和各族各界人民群众约 2 万人,当场焚毁了数月来查获的 11.12 万多两的烟毒和上万件烟具。[②] 广大群众反映说:“共产党与国

① 中共云南省委党史研究室、中共云南省公安厅委员会编:《建国以来云南的禁毒斗争》,第 30—34 页。

② 黄秉新:《解放初期昆明市禁绝烟毒的运动》,《文史精华》编辑部编:《近代中国烟毒写真》(下卷),第 471—473 页。

民党禁烟截然不同，国民党的官见了洋烟，如同见了金银财宝，搒住不放。共产党烧大烟，是真正的禁烟，这次禁烟一定能禁住了。”[①]

昆明市的这一行动，在全省引起巨大反响，各地纷纷仿效，召开由各阶层代表人物参加的群众大会，焚毁毒品，严申禁令。邓川县于1951年农历正月初二在党政军民联欢会上当众焚毁鸦片2 349.45两；祥云县于3月3日在城内广场群众大会上当场焚毁鸦片3 849.3两、烟具700余套；大理县于4月14日在南门大街南校场召开4万人大会，焚毁鸦片43 580多两、烟具5 000多套；弥渡县于7月11日在群众大会上当众焚毁鸦片1 718两；洱源县于9月份举行群众大会，当众焚毁鸦片6 886两、烟具359套；宣威、墨江等县1951年上半年当众焚毁鸦片118 766两；蒙化县先于春季在数万人群众大会上当众焚毁鸦片5 354两，又于八一建军节群众大会上当众焚毁鸦片19 637两，后又焚毁4次共计100 993两7钱。[②] 宜良县分别于1951年3月29日在大同门广场当众焚毁鸦片22 634.4两，烟具15挑；5月7日，在西门惠鸣剧场，焚毁鸦片18 677.1两，烟具1挑；12月25日，在大同门广场焚毁鸦片16 965.4两，烟具一挑。[③] 这些缴烟焚烟活动轰轰烈烈，影响十分强烈，使群众认清了人民政府的决心，顽固分子也受到震慑。1952年年初，各地缴烟数量急剧上升，邓川县达31 685两，洱源县达12 695两，下关市达242 186两，凤仪县达28 624两，蒙化县达182 897两，祥云县达95 167两，弥渡县达22 584两，云龙县达3 189两，鹤庆县达29 700两。[④] 据不完全统计，1950年4月—12月，全省公安机关共查获贩毒案件1 800多起，缴获鸦片25.5万余两；1951年共查获贩毒案件3 600多起，收缴鸦片烟毒150万余两，移送人民法院依法判处贩毒分子1 048名，其中被判处死刑的有19名。[⑤]

同时，云南各地按照省政府“必须保证在今年不再有一株烟苗出土，多种粮食”的指示，从1950年8月起，还开展了铲烟禁种活动。嵩明县民权乡的农民，主动订立禁种公约，保证不使一粒烟子入土，并将烟田改种粮食；蒙自县芷莫区头年产鸦片4万余两，禁种后当年就实现了颗粒烟子不入土；文山专区种烟面积

---

① 中共云南省委党史研究室、中共云南省公安厅委员会编：《建国以来云南的禁毒斗争》，第120—121页。

② 苏松林：《大理地区禁烟肃毒述略》，《文史精华》编辑部编：《近代中国烟毒写真》（下卷），第452—453页；云恭：《云南鸦片烟毒简史》，苏智良、赵长青主编：《禁毒全书》，第446页。

③ 周正强、陶华、刘伟：《宜良禁毒史话》，云南省宜良县政协文史资料工作委员会编：《宜良文史资料》第三辑，1991年印刷，第170页。

④ 苏松林：《大理地区禁烟肃毒述略》，《文史精华》编辑部编：《近代中国烟毒写真》（下卷），第453页。

⑤ 云南省地方志编纂委员会总纂、云南省公安厅编撰：《云南省志·公安志》，第324页。

当年就减少了 80%。[①] 至 1950 年秋，在大理地区，种烟已完全禁止。[②] 经过多方面的努力，1951 年上半年，云南省有 69 个县基本铲除了烟苗，实现了部分禁种。[③]

云南各地取缔烟馆工作也卓有成效，仅据昆明市和玉溪、武定、保山 3 个专区及个旧、蒙自、建水、石屏 4 县的不完全统计，1950 年下半年即强制关闭或转业烟馆 3 700 多家。昆明市公安于同年 7 月 10 日，召集各烟馆老板开会，宣布禁令，进行教育动员，限令他们在月底以前关闭转业，另谋生路。后来考虑到存在的实际困难，又决定延期至 8 月 10 日，共关闭烟馆 1 100 多家。[④]

2. 贵州省

贵州省人民政府刚成立 1 个月出头，即于 1950 年 1 月 30 日发出《禁烟布告》和《为禁绝鸦片告全省人民书》，旗帜鲜明地表明了人民政府禁绝烟毒的决心。

1950 年春，在贵州省各界人民代表会议上，代表们坚决响应中央人民政府的号召，提出贵州禁毒应先从烟毒最烈的省会贵阳开始。9 月 7 日，贵阳市成立禁烟禁毒委员会，市长秦天真任主任，并发出《告全市人民书》，规定开设烟馆、贩运销售鸦片毒品者必须于 9 月 18 日前缴出全部存毒及烟具，逾期不缴者依法严惩。同时，在三桥、龙洞堡、茶店设立检查站，严禁烟毒进入市内，仅三桥检查站从 9 月 5 日—18 日的 14 天中，就查获从云南入境的贩毒汽车 15 辆，查获鸦片 9 120 两、吗啡 2 230 两。9 月 14 日，市禁烟禁毒委员会在中华路民众教育馆召开万人大会，市长秦天真发表禁烟讲话，表示"不根绝鸦片烟毒决不终止"的决心。会后在河滨公园广场当众焚毁鸦片 3.2 万两、烟具 80 多套。9 月 22 日，在全市进行突击大检查，共查获烟毒犯 183 名，收缴大烟 1 812 两、吗啡 84 两、膏精 1 929 两，查封了一批开了数十年的烟馆。11 月 12 日，贵阳市人民法院也在民众教育馆召开了声势浩大的万人公判大会，判处"膏精大王"王银荣、何炳森 2 人死刑，立即执行；当众焚毁大烟 2.3 万两、烟具 2 万多件；会后关闭、改业烟馆 1 164 家。1951 年 7 月 27 日下午，又在河滨公园当众焚毁鸦片毒品共 3.468 7 万两、烟具 3 000 多件。贵阳市从 1949 年到 1951 年年底，共破获烟毒案 4 400 件，捕获烟毒犯 6 000 余名，缴获鸦片 12.376 7 万两。[⑤]

---

① 中共云南省委党史研究室、中共云南省公安厅委员会编：《建国以来云南的禁毒斗争》，第 121 页。

② 苏松林：《大理地区禁烟肃毒述略》，《文史精华》编辑部编：《近代中国烟毒写真》(下卷)，第 452 页。

③ 云恭：《云南鸦片烟毒简史》，苏智良、赵长青主编：《禁毒全书》，第 446 页。

④ 云南省地方志编纂委员会总纂、云南省公安厅编撰：《云南省志·公安志》，第 330—331 页。

⑤ 金士宝、廖以文：《贵州肃毒》，马维刚编：《禁娼禁毒——建国初期的历史回顾》，第 277—278 页；汤景晓：《旧社会把人变成鬼　新社会把鬼变成人——记贵阳市解放初期的禁烟禁毒运动》，贵阳市云岩区政协文史资料研究委员会编：《云岩文史资料选辑》第四辑，1986 年印刷，第 156—157 页。

遵义市于1950年9月30日成立禁烟禁毒委员会，10月2日即在老城体育场召开各界人民禁烟禁毒万人大会，市长辛墨林讲话，市禁烟禁毒委员会副主任委员陈福桐宣布“制毒大王”邓福星、黄惠泉等人的罪恶，组织人民法院公审，公开判处邓、黄2犯死刑立即枪决，并当众焚毁鸦片14 245两、曹哒90两、砒子34两、非那西汀54两、烟具286件。11月17日，遵义市再次召开万人禁烟禁毒大会，人民法院依法处决继续进行制贩毒品的烟毒犯田景沧、罗树青、李少雨、周良成，公捕烟毒犯27名。公捕公判会后，焚毁大烟6 000余两。当时登记悔过、决心戒烟的烟民达4万多人。遵义市1950年共收缴焚毁大烟2万余两、醋酸1 199.1两、烟具1 987件；1951年共收缴大烟6 698两、烟具1 012套、烟款1 227.6万元。①

安顺地区公安处在1950年12月查获了黄煜制贩毒案。黄煜于1939年在昆明参加国民党复兴社特务组织，历任西南运输处汽车大队中队长、国民党安顺警察局刑警队长等职。1949年后大肆制造毒品，1950年4月—10月制造砒子5 670余两，并冒充公安人员招摇撞骗。1950年12月10日，将其逮捕归案；1951年1月6日，召开公审大会，判处其死刑，立即枪决。为了发动群众，安顺于1951年5月5日—7日举办禁烟展览。展览会用实物和数据说明，安顺半年来查禁烟毒，已经取得显著成绩：从1950年11月—1951年4月，共查获烧毁烟土75 278两、烟具8 540套、吗啡1 185两、氯化铵368两、膏精31包，处理烟毒犯462人，处决1人，教育释放289人，此外罚金2 988万元(旧币)。展览期间，观众达3万余人。②

毕节县通过大清查，于1950年6月27日缴获毒品11 312两、烟具39套，抓获大烟犯60名。金沙县公安局于1950年10月1日贴出禁毒布告，当众焚烧大烟1 925两，以禁烟禁毒的决心和已经取得的成绩欢度国庆。③ 清镇县人民政府、公安部门于1950年11月2日召开群众大会，当场焚毁鸦片烟土1 993两、烟具310件。1951年，全县共查封烟馆82家，没收焚毁鸦片烟土16 873.35两、吗啡51.5两、膏精670个又4两、飞来雪(啡拉丁)44两、曹哒2.3两、烟具14 858件。1952年1月20日，该县流长区又没收烟土352两、烟具72件，于5月7日召开群众大会销毁。④ 黔西县于1950年11月16日在城关新市场召开

① 金士宝、廖以文：《贵州肃毒》，马维刚编：《禁娼禁毒——建国初期的历史回顾》，第278页。
② 金士宝、廖以文：《贵州肃毒》，马维刚编：《禁娼禁毒——建国初期的历史回顾》，第278—279页。
③ 金士宝、廖以文：《贵州肃毒》，马维刚编：《禁娼禁毒——建国初期的历史回顾》，第279页。
④ 李毅然：《清镇县禁烟禁毒见闻》，贵州省清镇县政协文史资料委员会编：《清镇文史资料选辑》第七辑，1991年印刷，第130—131页。

5 000 人大会,枪毙大烟贩马裕礼,判处了张玉春,群众高呼口号,一致拥护。[①] 平坝县于 1950 年 11 月 28 日在县城东门广场,将收缴的烟土 552 斤、吗啡 19.5 斤、烟枪 61 支、烟斗 82 个及各种吸毒用的大小烟具 500 余件当众烧毁。[②] 修文县于 1951 年 1 月 4 日在县体育场召开万人大会,将查获的大烟 3 500 余两,烟具数千件焚烧,并当场对 3 名烟犯进行判决,判处姜和清、朱杨氏有期徒刑各 2 年,姜少芝有期徒刑 1 年 6 个月。[③] 咸宁县于 1951 年 2 月 3 日在城关召开千人公审大会,判处烟毒犯廖兴友等 7 犯死刑,当众焚毁大烟 5 488 两。[④] 仁怀县公安局为发动群众,庆祝禁烟禁毒的胜利,于 1951 年 10 月 1 日再次焚毁鸦片 4 736 两,与前 3 次焚毁的鸦片相累计,共计 21 820 两。[⑤] 沿河县至 1951 年年底,缴获鸦片 147 385.3 两、烟具 272 套,判刑 4 个月至 2 年零 6 个月的烟犯 36 人。[⑥]

黔东南地区的禁烟肃毒工作也收到了很大成效,据不完全统计,仅黎平、镇远、天柱、麻江、黄平等 14 县就封闭大烟馆 500 多家,侦破烟毒案 200 多起,收缴大烟 185 748 两、烟具 4 600 余件,帮助 2 万多人戒掉了吸食大烟的恶习。[⑦]

1950—1951 年,贵州各地在侦破烟毒案、公审公判重大烟毒犯,收缴存毒、焚毁烟毒、封闭烟馆的同时,发动群众禁种鸦片、铲除烟苗,组织烟民戒烟,教育、挽救了一大批吸食毒品成瘾的烟民,受到广大群众的拥护和赞扬。习水县各区在 1950 年 10 月建立了禁种大烟领导小组,各乡建立禁种小分队,在对种烟户普查的基础上,召开种烟户会议,逐块检查,对已种的当场翻挖,未种的将烟种全部收缴,农会还派人专门巡视,一经发现,坚决取缔,根绝种植。同时,各区由公安员统一领导,以乡为单位,由乡农协主办戒烟集训班,组织烟民戒烟。全县共办 57 期,戒烟烟民达 2 781 人。福泉县于 1950 年 10 月底在县城、马昌坪、牛场、陆坪 4 个区设立戒烟所,将烟民集中起来戒烟。该县又于 1951 年 2 月建立戒烟劳动队,维修马场坪至瓮安的公路,通过边劳动边戒烟的办法促使烟民戒烟。戒烟劳动队每期 1 个月,每期收烟民 160～200 人,一旦彻底戒除,立即离队回家。毕

---

① 金士宝、廖以文:《贵州肃毒》,马维刚编:《禁娼禁毒——建国初期的历史回顾》,第 279 页。

② 梅德志:《禁烟简介》,贵州省平坝县政协文史资料委员会编:《坪坝文史资料》第五辑,1989 年印刷,第 124 页。

③ 修文县政协文史办:《解放初期的禁烟禁毒》,《修文文史资料选辑》第三辑,第 126—127 页。

④ 金士宝、廖以文:《贵州肃毒》,马维刚编:《禁娼禁毒——建国初期的历史回顾》,第 279 页。

⑤ 金士宝、廖以文:《贵州肃毒》,马维刚编:《禁娼禁毒——建国初期的历史回顾》,第 279 页。

⑥ 赵中立:《沿河禁绝鸦片烟毒的回顾》,贵州省沿河土家族自治县政协文史资料研究委员会编:《沿河文史资料》第二辑,1990 年印刷,第 92—93 页。

⑦ 王国华:《黔东南烟毒及解放后的禁烟》,《文史精华》编辑部编:《近代中国烟毒写真》(下卷),第 327 页。

节县在1950年11月将1 640名烟民按年龄大小、吸毒的程度轻重分为甲乙丙丁四部分，编成戒烟组实行戒烟。黔西县到1950年11月底使2 620名烟民戒除了烟瘾。贵阳市在禁毒运动中分区建立戒烟所、戒烟乐园，组织烟民戒烟，收到显著效果。[①] 清镇县1951年自动戒绝烟瘾的有856人，由农会或干部监督戒脱烟瘾的有503人。[②] 江口县政府、县公安局于1951年组织干部，在太平、凯德、闽孝、民和、溪口、桃映、怒溪等地铲除555户种植的烟苗地157.2亩。其余各乡镇自行组织人员对本地所辖范围内进行清铲。[③] 沿河县至1951年年底，全县铲除烟苗6 171亩。[④]

据不完全统计，全省1950年和1951年两年共破获烟毒案8 168件，逮捕烟毒犯9 995人，缴获烟土1 685 770余两、烟具128 990余件；1951年铲除烟苗49 646亩，封闭烟馆3 000户，戒烟瘾民11.7万余人。1952年上半年，贵州省各级政府和公安机关在开展镇压反革命的同时，继续进行禁烟禁毒工作，并取得了新的进展，共查获烟毒犯1 863人，其中判处死刑立即执行2人，判处徒刑1 217人，劳役改造16人，管制7人，罚款31人，免予刑事处分501人。[⑤]

3. 四川省

中江县人民政府在1950年3月20日召开的中江县第一届各界人民代表会议第一次全体会议上，作出了《关于逐步禁绝鸦片烟的决议》。3月28日，中江县人民政府根据该决议，向各区区长、县工作团发出通知：(1) 广泛宣传鸦片烟之危害，提高群众觉悟，自动不吸、不种、不运、不售，并发动群众检举这方面的违法分子。(2) 凡种有鸦片的应立即拔苗，改种正当作物，如有隐匿不铲除者，即送政府究办。(3) 发现运、贩烟毒应立即没收，缴本府财粮科收存。情节重大者，应将人犯一并送政府究办，至于供人吸食之烟馆，应严密查禁，除将烟毒具没收外，售户应觅人担保，以后不再有此犯法行为。(4) 吸食烟毒的人应向区署或乡公所登记，自动定期戒除，如不登记，又不戒除者，即依法惩办。9月24日，中江县人民政府又发布了禁烟通令，要求全县各区、乡坚决执行政务院《关于严禁鸦片烟毒的实施办法》，拟出禁绝计划，限于10月份内各区成立禁烟禁毒委员会，并开展工作，特别是时值鸦片播种期要严禁下种。1951年1月—2月，经过调查，逮捕贩卖、吸食鸦片烟者200余名，经过一段时间教育改造后释放。是年，

---

① 金士宝、廖以文：《贵州肃毒》，马维刚编：《禁娼禁毒——建国初期的历史回顾》，第279—280页
② 李毅然：《清镇县禁烟禁毒见闻》，《清镇文史资料选辑》第七辑，第131页。
③ 张凤科：《江口禁烟始末》，贵州省江口县政协文史资料委员会编：《江口县文史资料》第三辑，1989年印刷，第109页。
④ 赵中立：《沿河禁绝鸦片烟毒的回顾》，《沿河文史资料》第二辑，第92页。
⑤ 金士宝、廖以文：《贵州肃毒》，马维刚编：《禁娼禁毒——建国初期的历史回顾》，第280页。

县公安局第一(城关)派出所在上东街试点的基础上,在全城各街道举办了烟贩、瘾民498人参加的禁烟禁毒学习会(或组),向他们宣传帝国主义以烟毒危害我国家、人民的严重性,戒绝鸦片于国家于个人的好处,组织他们学习西南军政委员会颁布的《禁烟条例》,明确政策。在此基础上,动员他们讲清自己的问题,交出余毒烟具,检举揭发他人贩毒吸烟问题。对不坦白者,进行了斗争或惩办。对其余大多数责令他们订了禁烟戒烟保证和立功计划。开始一段时间集中住宿,整天学习,以后改为晚间学习。通过学习的人,基本上戒了烟,停止了贩烟活动,并揭露出贩烟惯犯11人,缴获鸦片烟数十两,烟酒、烟药30多瓶,烟具100多套。与此同时,第二(仓山)、第三(大镇)派出所也举办了禁烟学习会,并收到了同样效果。其中,第三派出所缴获鸦片烟129两、烟枪20余支、烟药酒20余瓶、银币160元、金戒指两个。是年4月,县公安局还在全县开展了群众性的戒烟活动,先后组织了5 800多名瘾民参加禁烟学习,对贩、运鸦片的150名惯犯交县法院判了刑。各地还通过对户口、旅店的清查管理,查获了为数较多的烟贩、烟馆和烟毒。在农村,结合征粮、减租退押、清匪反霸、土地改革、镇压反革命运动,开展了禁烟禁毒工作,并枪决了一批贩烟大犯、惯犯。截至1952年7月,判处死刑的反革命罪犯中就有烟贩42名。林尧森、艾文蔚、叶仲山等贩烟大犯惯犯都受到应得的惩处。①

简阳县人民政府于1950年4月13日在八区洛带镇召开大会,将拒不铲烟且实行武装反抗的西平乡伪乡长、"反共游击纵队"骨干刘朝章处决。1951年4月,该县石桥公安派出所经上级批准,将一贯贩卖烟毒、开设烟馆、屡教不改,直到1951年仍继续犯罪,甚至在关押期中还继续吸毒的石桥大烟犯江学武公开处决。②

璧山县人民政府1950年6月根据政务院发布的禁烟政令,组织县、区、乡(镇)干部深入街道和农村,在全面掌握情况的基础上召开各种类型的烟民会,普遍地施行禁烟禁毒的教育。8月4日,县戒烟委员会成立,并发布《璧山县禁烟禁毒令》。9月,根据《禁绝烟毒实施办法》进一步加强了禁烟禁毒的工作,限期烟民自戒和劝戒,在烟毒流行较重的来凤乡、丁家乡发动群众检举密告,公开逮捕了一批烟毒犯。11月20日,在来凤乡破获大烟毒案1件,收缴鸦片56斤。12月,在来凤乡设戒烟所,收容烟民200余人,19名贩运销售烟毒犯被判刑,5名被罚款,并枪决了烟毒犯傅伯候。1951年1月15日,县禁烟委员会在城关

---

① 王善培:《中江的禁烟运动》,《中江文史资料选辑》第六辑,第203—205页。

② 徐友九:《解放初期禁烟工作回忆》,四川省简阳县政协学习文史资料委员会编:《简阳文史资料》第十六辑,1990年印刷,第27页。

镇(今璧城镇)设立戒烟所,对城关镇烟民集中施戒。4 月 1 日,城关镇戒烟所升格为璧山县戒烟所,年内收容全县烟民 1 479 人。①

大足县仅在 1950 年 7 月就先后召开 3 次烟民大会,讲明禁烟肃毒的重要意义和吸烟的危害及禁烟的好处,交代有关政策,限期半月戒除烟瘾,贩售烟毒者不得再犯。到会 221 人受到教育,有 9 人交出了烟具,表示不再干了。1950 年,该县拿获烟贩案 8 起、烟馆 36 家,计 82 人,经过审查依法判处死刑 1 人、徒刑 12 人、罚金 11 人,其余教育释放,并缴获烟土 136 两、熟烟 6 两、烟具 36 套。1951 年该县又查获烟土案 51 起,71 人,其中依法处死刑 1 人、徒刑 5 人,其余分别教育回家令其改正。②

三台县县长刘石安在 1950 年 8 月举行的三台县第二次各届人民代表会的报告中声明:"严禁鸦片种植运销、买卖,严办烟馆主人与烟贩,直到判处死刑。对吸毒者勒令戒除,并要禁绝烟毒运销,设置戒验机构,彻底禁绝烟毒。"1951 年 3 月 18 日成立烟毒戒验所,开始登记收容。全县烟民 826 名,其中,烟贩 81 名(女 5 名,男 76 名),开设红灯售烟的 149 名(女 12 名,男 137 名),吸食鸦片的 596 名(女 149 名,男 447 名),先后来所改造。戒验所由县政府、公安局、救济院、卫生院等单位抽调人员组成,并由真武乡调配武装 10 余人,担任警卫管理工作,其中女同志 1 人负责女烟民的管理。采取思想教育与生产劳动相结合的方式,主要提高他们的思想觉悟,启发他们认识吸食烟毒的危害性,从而领会政策精神,主动配合政府的禁戒措施,戒验所 5 月 18 日结束,历时两个月零一天,效果良好。烟民交出手枪 3 支、子弹 215 发(贩运时用的武器)、生烟 231.23 两、熟烟连盒 23 两、烟灰 5.9 两、烟具 416 件,交出其他违禁物品、军用品 20 件。至此,除个别犯罪分子以极其隐秘的方式,偶有藏匿、销售毒品的情况外,已基本禁绝。③

阿坝州茂县行政督查专员公署于 1950 年 9 月 3 日向全区发出《关于禁烟问题的指示》,11 月底各县成立禁烟委员会,禁毒工作主要围绕禁种罂粟、禁食烟土、禁止买卖烟土三个方面进行。"1950 年 12 月,据治安科统计,茂县、汶川、理县、松源四县吸毒人员减少到 16 672 人、贩毒 17 444 人、长途贩运 760 人。种烟面积占耕地面积的 25%,年产烟土 35 811 300 多两。1951 年吸毒人员减少到

① 刘祖乾:《璧山县查禁鸦片烟情况》,四川省璧山县政协文史资料委员会编:《璧山县文史资料选辑》第四辑,1990 年印刷,第 22—23 页。

② 邓治平、王绍武:《大足县的禁烟》,《文史精华》编辑部编:《近代中国烟毒写真》(下卷),第 241—242 页。

③ 唐太沛:《三台县的烟祸与禁烟》,《三台文史资料选辑》第六辑,第 88—89 页。

9 007 人、贩毒 9 507 人、长途贩运 499 人。茂县基本绝种。松潘南坪的塔藏，镇江关的大小性；汶川县的草坡，三江；理县的米亚罗等边远地区仍在种植和吸食贩卖。1952 年 3 月底统计，上列四县尚有吸毒人员 883 人、贩毒 8 815 人、长途贩运 318 人、种烟 120 人。”①

南充市从 1950 年 9 月起开展查禁烟毒工作，发动群众，检举揭发、登记烟民烟贩，收缴焚烧烟土、烟具，惩办大烟贩及烟毒制造者。工作历时半年，共登记烟贩 55 名、烟馆 45 家、吗啡制造窝点 5 处，收缴烟土 50.95 千克、吗啡和坯子 6.2 克、制毒药水 37 瓶，烟膏子 62 克、烟种 12.4 克、盐酸吗啡针 15 支、烟具 700 余套。拘捕大烟贩 12 名，登记瘾民 750 余人，送戒烟所 30 名。公审处决制造贩运毒品的反革命分子 15 人，逮捕法办 163 人，没收其非法所得银圆 590 圆、黄金 3 两，收缴手枪 6 支、子弹 652 发、炮弹 8 枚、手榴弹 2 枚、炸药 10 多斤。②

富顺县人民政府遵令开展禁烟肃毒工作，枪决罪行严重的烟毒贩 2 名。1950 年 10 月，又在罗浮洞广场召开有近万人参加的禁烟大会，当场焚毁鸦片、吗啡 3 700 两，烟具 1 700 余件，并判处了一批毒贩。半数烟民在政策感召下自动戒烟。由于烟毒危害太深，部分毒贩继续隐蔽活动，少数烟民也继续吸食。同年底，该县公安机关又查获秘密烟馆 154 家，缴获大烟 7 062 两，司法机关再判处一批毒贩，1 000 多名烟民被迫自动登记戒烟。为了保证戒尽戒绝，1951 年 1 月 16 日，县公安局、民政科、卫生院联合成立戒烟委员会，分别在城区和各乡镇设立瘾民戒烟所，强制瘾民入所戒烟。至当年 5 月，全县贩卖烟毒者基本绝迹，有 1 410 名烟民脱瘾，极少数烟毒犯罪分子转入更加隐蔽的活动。③

綦江县人民政府于 1950 年 10 月 3 日成立县禁烟委员会，10 月 10 日前又在各区成立禁烟委员会分会。禁烟委员会和各区分会成立后，立即采取有效措施开展禁烟活动。首先，开展宣传，要求在 1 个月内，所有贩卖、制造、运输烟毒者及烟馆等停止活动，缴出所有存货及烟具、制毒工具，吸食烟毒的人员全部进行登记，限期戒除。其次，在县城和各区成立戒烟所，把吸食鸦片烟的瘾民集中起来学习和服药。仅綦江城区入所戒烟的瘾民即达 401 人。再次，对一些证据确凿，罪恶严重的烟毒犯，采取专政的措施。1950 年 12 月，逮捕毒犯 75 人，对罪大恶极的霍廷芳等处以死刑，并全部没收了他们的烟毒、烟具，当众焚毁。④

---

① 杨光成：《阿坝的禁烟肃毒》，苏智良、赵长青主编：《禁毒全书》，第 457 页。

② 四川省南充市地方志编纂委员会编：《南充市志》，第 532 页。

③ 苏铁生：《富顺县鸦片流毒与肃毒》，《文史精华》编辑部编：《近代中国烟毒写真》（下卷），第 216 页。

④ 黄资训：《綦江禁烟简史》，《文史精华》编辑部编：《近代中国烟毒写真》（下卷），第 228—229 页。

南溪县人民政府于1950年10月10日发出《厉行禁绝烟毒的训令》，严格要求查清种、运、售、吸情况，登记造册以凭核办，要求各地在军事行动一经结束后，即着手开展禁烟肃毒工作，并对有关打击烟犯、查禁烟毒、改造烟民等政策办法都作了具体规定。1950年，全县查出烟民119人，缴获烟土1 616两。1951年2月，又查获鸦片556两，烟具30余副。1951年2月，城关统计的287名烟民，到年底绝大部分戒掉了烟瘾。①

重庆市政府于1950年10月13日发出《关于彻底禁绝烟片烟毒的布告》，规定：即日起，任何市民不得制造、贩运与售卖烟土、毒品，如有违犯，除没收其毒品外还将依法严惩；吸食烟毒者，应即向当地人民政府进行登记，限期戒除。同时，还成立了重庆市禁烟禁毒委员会，有组织地开展全市性的大规模的禁烟禁毒运动。首先，在全市范围内进行大规模的清查，组织对重要烟毒犯的大逮捕，封闭烟馆，没收其毒品和烟具。接着掀起了群众性的禁烟禁毒运动，在各界人民代表会、农民代表会以及减租退押运动中进行了广泛而深入的宣传教育，并举行上千人的群众大会，当众焚烧烟毒烟具，公审烟毒犯，以烟毒对社会对人民危害的事实来教育广大市民。市政府还在全市设立了700多个戒烟所，将数千名烟民集中进行戒烟。在广大工作人员的努力和群众的积极配合下，至1951年春，全市共破获烟毒集团200多个，贩毒案件2万多件，查获大量烟毒品及制毒吸毒工具，施戒瘾民1.8万多人。首恶烟毒犯分别受到了枪决、判刑、罚金及拘留等处理，基本上根绝了重庆市内贩制、吸食烟毒的历史疾患。②

巴县于1950年10月30日设立县禁烟禁毒委员。巴县人民政府于1950年11月5日发出禁烟禁毒指示，接着通过举办展览、开控诉会等形式，进行了大张旗鼓的禁毒宣传，号召群众揭发各种烟毒违法活动。到年底，全县缴获鸦片1 070余两，唛唛157包，嘈哒487包，沃水90多瓶，各类烟具无数，分两次集中到马王坪当众烧毁，将沃水倾入公厕。③

南川县于1950年11月11日成立县禁烟禁毒委员会。南川县人民政府于同年12月19日在城关召开了3 000多人参加的公判大会，宣判枪决烟毒犯杨邦政，同时判处4名烟毒犯徒刑，并当众烧毁烟具1 235套、烟土1 600两。从1950年冬至1951年春，全县又展开戒烟活动。一方面发动群众检举、揭发，动

---

① 南溪县文史办公室：《概述南溪县禁烟肃毒实况》，四川省南溪县政协文史资料研究委员会编：《南溪县文史资料选辑》第二十辑，1990年印刷，第82—84页。

② 周勇主编：《重庆通史》第三卷，重庆出版社2003年版，第1422页。

③ 於克明：《新旧社会两重天——巴县查禁烟毒的点滴回忆》，《巴县文史资料》第六辑（纪念巴县解放四十周年特辑），第116页。

员瘾民亲友规劝，说服戒烟；另一方面，以辖区为范园，把全县划为10个禁烟点，分期分批集训瘾民，每期2～3个月，共集训瘾民21 116人，缴获烟具23万多件，并先后在北较场等公共场所烧毁。[①]

丰都县于1950年11月16日成立了县禁烟禁毒委员会。12月8日，人民法庭在县城广场召开万人大会，公审了谷云程、冉炳文、冉二嫂3名重要烟毒犯，判处死刑，立即押赴管驿门河坝枪决。接着又在人民广场当众焚毁鸦片167.9两、吗啡9.15两、吗啡脚子25.85两、鸦片烟灰112两、各种烟具300多件。至1951年5月，全县共召开公审会5次，处以死刑10名，有期徒刑161名，劳役49名，群众监督管制79名；缴获鸦片烟土7 572两、烟膏45两、吗啡172两、吗啡坯子3 554两、吗啡脚子554两、制造吗啡的原料617.37两；收缴贩毒黄金7.83两、银圆6 971圆、人民币30万元（折新币）、毒具701件、鸦片烟种子1 736两。[②]

涪陵县于1950年12月召开1.3万余人的群众禁烟大会，广泛宣传烟毒危害，公布政府禁止烟毒措施，当众焚毁烟土432两、烟具500余件，判处烟犯死刑4人、有期徒刑13人。会后进行了声势浩大的宣传，仅城区在3天之内就有1 863人登记请求戒除烟瘾。[③]

雷波县公安局自1950年9月—1951年10月共收缴鸦片2万余两，并于当年的国庆节分别于县城、黄琅、永盛等地当众烧毁。[④]

峨眉县1950年查出烟民2 793人、烟馆85家、烟土4 197.17两、烟具202件。1951年，又查出烟民2 055人、烟土7 560两、烟具501件。[⑤]

宜宾地区于1951年1月成立了专区禁烟禁毒委员会。1月20日，宜宾召开群众大会，枪决了大烟贩温福州、何泽林等12人，当场烧毁烟土、吗啡等2 000余斤。次日，江安召开群众大会，枪决了烟犯宋文光，烧毁一批烟土。[⑥]

4. 西康省

西康省西昌军事管制委员会于1950年7月20日发出禁烟布告，宣布：不

---

① 吴光成：《禁绝烟毒　人人称快——我县解放初期禁烟肃毒运动简记》，四川省南川县政协文史资料委员会编：《南川文史资料选辑》第六辑（纪念南川县解放四十周年），1989年印刷，第127—128页。

② 殷汝南：《建国后丰都县的禁烟禁毒》，《丰都文史资料选辑》第六辑，第15—21页。

③ 《川东各地城市农村广泛开展禁烟禁毒运动》，1951年1月23日重庆《新华日报》。

④ 魏吉民、杨文思：《雷波禁烟概况》，四川省雷波县政协文史资料委员会编：《雷波文史》第8期，1991年。

⑤ 何志愚、王成德：《峨眉禁烟概况》，四川省峨眉县政协文史资料委员会编：《峨眉文史》第4集，1988年。

⑥ 陈中民、卢彦山、程超：《建立宜宾新政权》，《城市接管亲历记》编委会编：《城市接管亲历记》，第766页。

论汉区、彝区一律禁止种植鸦片，所有烟馆一律由当地人民政府封闭。吸食鸦片者由本人家庭负责监督，限期禁绝。重点放在禁贩、取缔公开和隐蔽烟馆、帮助瘾民戒烟三个方面，同时顾及禁种、禁制、禁运工作。此后各县先后开展行动。会理县发动群众，组织积极分子200余人参加查封烟馆，声势浩大，使贩毒者胆战心惊。从1950年4月到1951年12月，西昌地区共查封烟馆1 376家，破获烟毒案1 300余件，缴获烟土和砒子(制造吗啡的半成品，吸食方便，毒性一般比鸦片大)13万余两、烟具上万件。不少地方将缴获的鸦片、烟具当众焚烧、销毁，昭示禁毒决心，群众反映很好。在禁吸方面，各地进行瘾民登记，组织儿童团检查吸毒，效果显著。西昌县在城关镇设立4个戒烟所，制发戒烟药，吸收瘾民25批进行戒毒，入所人数共1.7万余人，75%的人得到脱瘾。1951年冬至1952年春，西昌中心地区通过土地改革，鸦片种植也得到较大制止。[①]

据不完全统计，1950年西南区破获各类烟毒案1万余起、烟毒犯1万余人(判死刑者37人)，缴获鸦片毒品94.8万两又7 000余包、烟具22万余件，查封烟馆5 400余家，没收贩运毒品汽车13辆，登记烟民3万余人，戒除1.3万余人。[②]

(二) 西北区的初步禁毒活动

西北军政委员会于1951年2月16日颁布了《西北区禁烟禁毒暂行办法》，该暂行办法一共17条，其主要内容是：(1) 为加强对禁烟禁毒工作的领导，要求各县市以上的人民政府设立禁烟禁毒委员会；(2) 对禁止毒品的种植、制造、贩运、售卖、私存、吸食等各个方面做了规定；(3) 对戒烟戒毒药品的配制、烟毒及制造或吸食烟毒的工具的焚毁、烟毒的查缉，在程序上提出了明确要求；(4) 强调各级人民政府应深入宣传禁烟禁毒法令，发动群众，订立公约、互相规劝、监督，以造成群众性的禁烟禁毒运动；(5) 明确规定干部或群众执行禁烟禁毒工作有显著成绩者，给予奖励；而营私舞弊、贪污受贿者将受到严惩。[③] 西北军政委员会又于次年6月28日发出《关于切实注意进行没收烟毒的通知》，要求各地加强宣传教育，按照规定及时焚毁所缴获的毒品或转解上级处理。

1. 甘肃省

甘肃省人民政府于1950年3月20日在西北地区率先发布了《禁烟禁毒布

---

① 孙兴盛、石棠熙、朱昌鹤：《禁烟肃毒在凉山》，马维刚编：《禁娼禁毒——建国初期的历史回顾》，第200页。

② 西南区禁烟禁毒委员会：《西南区一九五零年禁烟禁毒工作总结》，1951年3月15日重庆《新华日报》。

③ 苏智良、赵长青主编：《禁毒全书》，第1397—1398页。

告》，表明人民政府为保证人民健康、恢复发展生产、彻底根绝鸦片烟毒的决心，要求各级政府普遍组织工作组，深入群众，广泛宣传党的禁毒政策，发动群众禁绝烟毒。

在禁种方面，采取宣传教育与具体检查相结合的方法，依靠群众进行查铲、翻种、毁籽，杜绝毒源。1950 年 4 月，省民政厅结合救灾工作，实地查铲。接着，省民政厅又派一副厅长率队去毒品严重的皋兰县定远区大水洞一带查铲。皋兰县人民政府组织禁烟突击小组，同省、区、乡干部协同配合。大水洞乡种烟面积占耕地面积的 90%，经督促检查，全部铲除翻种了小麦。[①] 至同年 6 月间，全省共铲除烟苗 11 万多亩。1951 年 1 月 17 日，甘肃省人民政府再次发布《关于严禁鸦片烟毒的布告》，在烟毒较多地区、交通要道、人口集中地点广为张贴。是年春，全省成立各地禁烟禁毒委员会或禁烟小组，结合减租、土改和春耕生产等中心工作，发动群众，检查、铲除烟苗。当年全省又铲除烟苗 14 万 7 653 亩。经过连续 2 年的宣传教育和动员群众铲烟，有力地制止了鸦片在甘肃省汉民地区的大规模种植。[②]

在禁贩方面，省人民政府严格按照中央禁毒通令和有关法律规定，组织公安、民政部门，协同各地政府，广泛发动群众检举揭发，号召烟贩坦白交代，从严从快予以惩处。

在戒吸方面，全省各地都成立了由各界代表组成的戒烟委员会、群众性的规劝小组、群众互助戒烟所等戒烟组织，采用分散自戒、群众规劝互助互戒和在互助戒烟所施戒相结合的办法，2 年戒除烟民 3 万余人。[③]

2. 青海省

青海省人民政府于 1950 年 3 月 27 日颁布《禁烟禁毒实施办法》，明令禁止种植、制作、贩运、吸食烟毒。省人民政府于 1950 年 4 月又发出布告，明确指出："凡已种植鸦片者，限期一律铲除；吸食烟毒者，限期登记并戒除烟瘾。省人民政府卫生处已配制戒烟药及印发戒烟药方；对贫苦瘾民免费或减价予以医治。"[④]截至 1951 年 9 月，全省共没收烟土 2 200 余两。[⑤]

---

① 刘敏：《甘肃的毒品危害及禁毒活动》，《文史精华》编辑部编：《近代中国烟毒写真》（下卷），第 546 页。

② 李晓卫、方仕樵：《烟毒与禁政——甘肃历史上的禁烟肃毒》，马维刚编：《禁娼禁毒——建国初期的历史回顾》，第 192 页。

③ 刘敏：《甘肃的毒品危害及禁毒活动》，《文史精华》编辑部编：《近代中国烟毒写真》（下卷），第 549 页。

④ 《青海限期禁烟》，1950 年 4 月 10 日《人民日报》。

⑤ 青海省地方志编纂委员会编：《青海省志·公安志》，第 108 页。

3. 宁夏省

宁夏省于1950年5月成立了省禁烟禁毒委员会，各市县也分别成立了禁烟禁毒委员会分会。为了表明党和人民政府对禁烟禁毒的决心，1950年9月23日—10月5日，在宁夏省第一届各族各界人民代表会议上，省人民政府副主席邢肇堂主持，当众烧毁了没收的1 264.5两鸦片烟土，在烟民和烟贩中引起很大震动。全省各乡村普遍订立了禁烟禁种公约，以村为单位成立了1 438个戒劝小组，使4万余人自行戒烟。各市县还成立了包括4个较大戒烟所在内的22个戒烟所，对不能自行戒烟的严重“瘾君子”强制戒毒，收效显著。

为了从源头上杜绝烟毒，各级人民政府和禁烟禁毒委员会采取坚决果断的措施，封闭了所有的烟馆，并由市、县、区领导亲自带领乡村干部组成铲苗小组，深入田间、山沟逐块逐地检查，对发现的烟苗立即进行了铲除。到1951年年底，宁夏境内的罂粟种植已绝迹，公开烟馆已不存在。

各市县禁烟禁毒分会还成立了缉私队、公安队，在税务部门配合下在各交通要道、河运渡口、邮政等关口，严密缉查贩毒活动，同时，发动群众积极检举揭发贩毒分子，对贩毒活动进行了及时打击。省人民政府于1950年11月12日颁布了《宁夏省禁烟禁毒暂行条例》，为禁烟禁毒提供了有力的法律武器，为及时惩办烟毒犯罪分子提供了处罚量刑标准。各级司法机关对烟毒犯罪分子的处理上采取了“惩办与宽大相结合的政策”，即“对制造者、集中大量贩卖者从严，偶有贩卖少量者从宽；惯犯从严，偶犯从宽，过去从宽，今后从严”的政策，人民法院共依法判处死刑、死缓4人，无期徒刑及10年以上有期徒刑16人，5年以下有期徒刑562人，劳役326人，管制、罚金286人，震慑和打击了烟毒违法分子，教育了人民群众。不少烟民自动交出鸦片烟和烟具，仅银川市就有234家交出了存放多年的鸦片烟6 299.94两、烟具3 080件。①

4. 陕西省

陕西省西安市人民政府于1950年7月11日颁布《西安市禁烟禁毒暂行办法》17条，并成立市肃毒委员会。不久，该市还成立了2个戒烟所和19个群众互助戒烟所。市肃毒委员会拨出戒烟经费3 000余万元，专门帮助生活贫困的烟民戒烟。截至1951年8月，该市共戒除瘾民3 926人。② 9月28日，又颁布了《西安市烟民登记限期戒除办法》8条和《西安市查缉烟毒暂行办法》18条，前者对习染烟毒的烟民，根据不同情况在戒除方面进行了详细的规定；后者则对各种

---

① 宁夏国史编审委员会、宁夏国史学会编：《当代宁夏史通鉴》，第91页

② 张成俊：《西安的禁烟肃毒》，马维刚编：《禁娼禁毒——建国初期的历史回顾》，第304页。

毒品的查缉以及查缉人员的职责等作了明确的规定。[①] 为配合施戒工作，1950 年 10 月，该市召开焚毁烟毒大会，焚烧大烟 1 万两。1951 年 6 月 3 日，又召开万人群众大会，宣判一批烟毒犯，处决了 2 名大毒犯，当众焚毁烟毒 6 513 两。从 1950 年 7 月至 1951 年 6 月，该市共破获烟毒案 1 361 起，缴获毒品 5 351 两。[②] 西安市烟毒的泛滥情况初步得到控制。

汉中市于 1951 年设戒烟所，该所自制戒烟药品使 258 人戒掉烟瘾。截至年底，全市共查获鸦片 2.37 万两。1952 年上半年，结合"五反"运动，查出烟毒贩 1 096 人，处理烟毒贩 83 人，其中，逮捕 3 人，罚款 80 人，缴获大烟 250 两，烟膏 1.35 两。[③]

陇县于 1951 年 3 月成立了以县长刘章天为主任的县禁烟肃毒委员会。在 1951 年 7 月—8 月，全县共铲除烟苗 865 亩。从 1951 年国庆节到 1952 年"五一"劳动节，仅仅 7 个月时间，经群众检举，政法部门共查获大烟 1 930 两 7 钱、料面 2 两 2 钱 7 分、熟烟 4 两 1 钱、烟棒子 1 966 个。在此期间，县公安局还举办了两期戒烟班，改造了 100 多个烟民。[④]

5. 新疆省

吉木萨尔县公安局于 1950 年共破获烟毒案 8 起，没收烟具 6 副，查获四场湖张成玉多年存放的 1 瓦盆大烟重 56 两，县城东关苏某某藏在黄表中贩卖的大烟 8 两。1951 年，重点查获烟毒案 10 起，其中，头工叶家湖及甘肃王等 3 人，种植 6 分地大烟烟苗当即全部被铲除，王被判刑 1 年，罚款 800 元。[⑤]

奇台县公安局于 1950 年共侦破烟毒案 54 起，查获烟土 100 多两。1951 年，由侦破烟毒案 44 起，缴获烟土 130 两。[⑥] 奇台县公安局对抓获的吸毒者，大都勒令戒除后保释；对偷种烟苗、贩卖毒品者，多关押教育或转人民法院判处徒刑；对少量贩运毒品者，经拘留教育交悔过书后释放；对重大烟毒犯，均转人民法院依法判刑。

迪化市公安机关于 1950 年 2 月根据中央人民政府政务院《通令》，在首次局务会议上将根绝鸦片及麻醉性毒品作为稳定社会治安秩序的重要任务之一，在

---

① 傅建成：《百年瘟疫——烟毒问题与中国社会》，陕西人民教育出版社 2000 年版，第 204 页。

② 张成俊：《西安的禁烟肃毒》，马维刚编：《禁娼禁毒——建国初期的历史回顾》，第 304 页。

③ 陈福寿：《汉中禁烟事略》，《汉中文史》第九辑，第 152 页。

④ 马执中：《解放初期的禁烟和一九五二年禁烟大会》，陕西省陇县政协文史资料研究委员会编：《陇县文史资料选辑》第七辑，1989 年印刷，第 149—151 页。

⑤ 邓如新：《烟毒在吉木萨尔的流行与查禁》，《文史精华》编辑部编：《近代中国烟毒写真》（下卷），第 634 页。

⑥ 孙志斌：《奇台鸦片烟毒之禁绝》，《文史精华》编辑部编：《近代中国烟毒写真》（下卷），第 637 页。

市委及公安厅领导下部署禁烟禁毒工作。3月，市公安局开始在全市张贴《通令》，启发群众禁绝烟毒。同时，与警备司令部、税务局、交通局在三甬碑、黑山头、六道湾设立联合检查站，盘查夹带毒品进入市区的车辆；在各区公安分局设置登记点，接受烟民登记和清理、收缴毒品、烟具；组织治安、刑事和派出所警力开展社会调查，打击违犯禁令的毒品违法犯罪分子。经过一系列工作，至年底共清理习染烟毒800余户，查禁了部分地下烟馆，铲除了一处大麻种植地；检查截获携带鸦片的汽车21辆，收缴鸦片近100两；及时侦破并查处了一批贩、售毒品的案件及毒犯；先后登记烟民696人；教育感化了许多烟民，使其戒除吸毒恶习。① 1951年10月29日，迪化市和所属五区先后成立禁烟禁毒委员会和分会。当年查获贩毒者380人，缴获毒品2 000两。②

（三）中南区的初步禁毒活动

中南军政委员会于1950年5月发布《中南区禁烟禁毒实施办法》，具体指导了中南区的初步禁毒活动。

1. 湖北省

湖北省武汉市是中南地区开展禁烟禁毒较早的城市。1949年6月8日，武汉市警备司令部和武汉市人民政府公安总局就联合颁发了严禁鸦片烟毒的《布告》，明令："一切借贩运鸦片牟利者，如再以此干犯禁令，一经查获，定处以极刑"；"凡出售毒品之设馆如鸦片、料面、吗啡、江丸等类，一律严加取缔，改营其他正当营业，违者决从严惩处"；"凡吸毒品者，应立即自行戒除或向公安局备案，定期戒除，否则本部、局决以违法论处"。③ 1950年3月21日，武汉市人民政府发布《关于禁烟禁毒的布告》。4月，成立了武汉市禁烟禁毒委员会，并制定和颁布了《武汉市烟毒瘾民登记办法》《武汉市处理烟毒案件暂行办法》和《武汉市禁烟禁毒委员会奖励自报检举查缉烟毒办法》。武汉市在1950年11月以后破获了张涛、沈绍敏两个毒品黄金走私集团。张涛本是武汉有名的金银贩子，1949年前就长期在粤汉、湘桂铁路上走私，被捕前任武汉市行商商业会主任委员。1950年6月，他勾结刘维华、张良浩等一批毒品、金银犯成立走私集团，在汉口大董家巷公亚新商行设立走私转运站，由其弟张伯樵出面负责，张涛本人在幕后策划指挥。先由30多个金银贩子从外地和本埠大量贩进黄金，再由张良浩前往广州负责偷运黄金出口、毒品等进口。为便于走私，张涛利用1949年前旧关系，

---

① 中共乌鲁木齐市委党史工作委员会编：《城市的接管与社会改造：乌鲁木齐卷》，第507页。

② 乌鲁木齐市党史地方志编纂委员会编：《乌鲁木齐市志》第五卷，新疆人民出版社1999年版，第445页。

③ 陈守谦：《武汉禁毒运动》，马维刚编：《禁娼禁毒——建国初期的历史回顾》，第232页。

用分赃、搭股等手段收买某些铁路职工为其接货、交货、带钱。据统计，1949 年后，张涛走私集团共贩运黄金 1.48 万多两，白银 2 300 两，银圆 1 400 块，吗啡、西药等无数。沈绍敏原为武汉大黄金贩子，勾结裕华纱厂财务专员芮世玉，上海大棉纱投机奸商陈荣福，汉口合昌花号经理陈时彦，中南军政委员会贸易部财务会计处副处长、原中央信托局副经理郭驹，中南贸易部科员、原中央信托局储信科主任周祖诒，福华药棉厂奸商李朝宗等 6 人，集股 2 000 两黄金为资本，以汉口胜利街 23 号合昌花号为掩护，由沈绍敏负总责、芮世玉为总账房，从 1950 年 7 月开始集团走私活动。是年下半年，沈绍敏集团将 1.2 万多两黄金私运到香港，又在香港向日本洋行购买毒品白面，封装成瓶，假充日本产品“胃活”运回汉口。他们又将价值 500 两黄金的大烟夹入废棉中运往上海。此外，该走私集团和陈荣福另在上海组织的黄金、毒品走私集团有联系。陈荣福曾把价值 1 700 两黄金的金刚钻戒 160 只运往香港，换成毒品白面后偷运回大陆。这两个走私集团的主犯张涛、张伯樵、沈绍敏、芮世玉、陈时彦、李朝宗等 6 人由最高人民法院中南分院予以逮捕法办，罪犯陈荣福也在上海被逮捕法办。[①] 从 1950 年 3 月至 1951 年年底，武汉市公安部门处理烟毒案犯 1 396 人，法院系统受理烟毒案件 891 起，处理烟毒犯 1 243 人；全市共查获处理烟土 2 292.5 两、吗啡 1 723 两、烟膏 283 两、料面 252 两和大量的醋酸毒水烟具等物。[②] 武汉市初步控制了烟毒的泛滥。

宜昌市于 1949 年至 1952 年上半年，共破获毒品案 1 251 件，缉拿毒犯 1 854 人；没收烟土 1 081 两、吗啡 461 两；处决大毒犯 5 名，判处徒刑 46 名，劳动教养 111 名。因对吸毒者施以教育，加之亲属规劝管教，烟毒公开流行得以制止，使大部分人解脱毒害之苦。襄樊市人民政府于 1949 年年初开展对烟民的登记工作，一年登记 150 余人，缴获烟土 194 两、海洛因 15 两，没收及罚款 6 097 460 元(旧币)。1950 年 3 月，开始对烟民实施有计划的劳动改造和思想教育，共改造烟民 121 人。[③] 恩施县公安机关于 1950 年 2 月—6 月期间结合清匪反霸和镇反运动，破获了一批较大的贩毒案件。又通过清查户口、旅社，缉获了烟毒犯，取缔了一批烟馆。这一时期全县处决有反革命活动的烟毒犯 12 名，判处死缓 3 名，逮捕判处徒刑的烟毒犯有 38 名。[④]

---

① 《武汉破获两个黄金毒品走私集团，主犯张涛等七个黄金毒品贩子已被逮捕》，诸羽主编：《割除毒瘤——共和国首次禁毒禁娼述实》，第 127—128 页。

② 陈守谦：《武汉禁毒运动》，马维刚编：《禁娼禁毒——建国初期的历史回顾》，第 233 页。

③ 中共湖北省委党史研究室编：《城市的接管与社会改造：湖北卷》，第 67、89 页。

④ 谈传信：《恩施禁烟禁毒史话》，《恩施文史资料》第二辑，第 122 页。

2. 湖南省

湖南省公安厅于1950年5月26日发出《关于搜查反动分子偷运鸦片的通报》，组织指挥各地公安机关派出警力扼守交通要道严加查缉。9月16日，湖南省人民政府颁布《关于严禁种、运、售、吸鸦片的布告》和《湖南省贩毒制毒分子申请坦白登记办法》，规定："自1950年2月24日中央人民政府政务院颁布禁毒通令之日起，凡有贩运、售卖、制造烟毒行为之一者，均应向当地县(市)人民政府所指定的登记地点彻底坦白申请悔过自新，办理登记手续，并交出全部组织关系和现有毒品及制毒工具。"[①]同时，结合各项社会改革，在各级中共党委和人民政府领导下，发动和依靠群众，开展禁毒工作，取得初步成效。

长沙市政府到1951年年底共查获贩毒案件12起，收缴鸦片1万余两，取缔烟馆26处。[②] 湘西行政公署公安处所辖沅陵、永顺、会同3个专区公安处和长沙、常德2市公安局，至1951年底共缴获烟土2万多千克，其中龙山县1万多千克。龙山县烟毒为害最深的七棚里耶成年人吸毒由90%以上减到30%左右。省内种植、制造、贩运和吸食烟毒人数明显减少。[③] 据不完全统计，湘西地区从1950年4月至1952年7月，仅龙山、保靖、永绥、永顺4个县就破获烟毒案381起，处理烟毒犯265人，缴获鸦片53.26万两、吗啡183两，没收烟具3 200余件。[④]

3. 河南省

河南省人民政府于1950年10月5日和26日先后发出了关于禁绝烟毒的指示和补充指示，要求在有政权基础的地区，坚决禁止种植、运售、制造毒品，实行逐步禁吸的方案。1951年8月，省人民政府根据中央人民政府内务部关于"已土改区的禁烟工作，今后一年中要做到无种、运、卖、制"的要求，召开了由省民政厅、财政厅、卫生厅、农林厅、公安厅、法院等单位参加的会议，决定以城市和交通要道为重点，以禁运、禁制、禁售为主，开展严厉查禁工作，着重打击贩运和销售毒品的犯罪活动，有效地卡住毒品的流通环节。同年10月，省政府又发出《关于彻底肃清烟毒的指示》，要求各级地方政权，继续扩大禁毒成果，结合民主改革工作，深入发动群众，使每一个公民都认识到禁烟禁毒的重要意义。

全省各地按照省政府的指示，纷纷行动，禁毒工作取得明显成效。商丘县人

---

① 齐磊、胡金野：《中国禁毒史》，第258页。
② 余飞：《湘西烟毒与禁烟禁毒》，苏智良、赵长青主编：《禁毒全书》，第463页。
③ 湖南省地方志编纂委员会编：《湖南省志》第六卷，第266—267页。
④ 余飞：《湘西烟毒与禁烟禁毒》，苏智良、赵长青主编：《禁毒全书》，第463页。

民政府于1949年5月,发动农民铲除罂粟700多亩,拔掉罂粟苗2.82万千克。同年,结合剿匪反霸,拘捕毒犯557人,缴获鸦片烟2 978两、海洛因197两。1950—1951年又结合镇反两次禁毒,拘捕毒品犯200多人,收缴鸦片烟3 628两、海洛因25两。[①] 许昌市从1951年8月至11月,共收缴鸦片664两、海洛因97两、各种制毒原料300磅、制毒和吸毒工具2 134件,判处烟毒犯4人死刑、37人有期徒刑,5个较大的制贩毒集团被彻底摧毁。[②] 郑州市至1952年6月累计破获贩毒案件1 090起,共处理制毒、贩毒、吸毒犯2 382人,没收海洛因1 410两、鸦片9 586两。[③]

省政府也十分重视戒烟工作,专门制定了《关于设立戒烟所暂行办法》,规定:"在重点城镇设立戒烟所,采取自愿、规劝与强制相结合的方针,收容一批无力自行戒烟的职业乞丐烟民入戒烟所强行戒烟。"先后成立戒烟所的有郑州、洛阳、许昌、南阳、周口、漯河、信仰、驻马店8个城市,到所戒烟者1 527人,自戒者1.3万余人。[④] 其中,郑州市内各区先后建立了3个戒烟所,到1951年9月底,共收容烟民586人,经戒烟出所者306人。[⑤]

4. 江西省

早在1949年8月22日,赣州市人民政府就发布布告明令禁烟。1950年4月26日,九江市人民政府宣布全市禁止贩卖、吸食鸦片烟,成立九江市禁烟委员会,下设8个收容所。规定凡吸鸦片毒品者,自即日起向政府登记。在规定的时间内,全市140名吸鸦片者,通过思想教育、反省和强制等措施,戒除了吸毒的恶习,贩毒者受到了法律制裁。1950年8月2日,江西省人民政府发布关于禁烟禁毒六项规定的通令,全省各地展开禁烟禁毒的群众运动。1951年6月14日,江西省长邵式平颁发省人民政府令,转发中南区禁烟禁毒实施办法,在全省范围两次打击制毒、吸毒活动。到1952年,全省共打击制毒、贩毒分子788人,自动登记戒毒的有1 468人。[⑥]

5. 广东省

广东于1950年8月—10月开展全省性禁烟行动,重点打击制、贩、运毒主

---

① 编者:《商丘县的禁赌、禁毒、禁娼》,河南省商丘县政协学习文史委员会编:《商丘文史资料》第六辑,1992年印刷,第192页。

② 杨玉亭:《许昌市禁毒始末》,苏智良、赵长青主编:《禁毒全书》,第501—505页。

③ 中共郑州市委党史研究室编:《历史的涛声——郑州市城市接管与社会改造》,第12页。

④ 王宏斌:《禁毒史鉴》,第481页。

⑤ 中共郑州市委党史研究室编:《历史的涛声——郑州市城市接管与社会改造》,第534页。

⑥ 中共江西省委党史资料征集委员会编:《江西城市接管与社会改造》(《江西党史资料》第三十二辑),中央文献出版社1995年版,第15页。

犯、惯犯、现行犯。全省共破获烟毒案 2 967 宗，抓获毒犯 3 890 名，其中，制贩毒品万两以上重大案犯 402 名。①

广东潮汕、兴梅专区各县于 1950 年 6 月—8 月，分别成立禁烟禁毒委员会，由公安、法院、民政、卫生等部门和人民团体组成，下设调研、审讯、宣传等职能组，着手制定禁毒工作计划，并确定重点市镇和副点乡镇，以县为单位按 8 月省人民政府颁布的《禁止烟毒实施办法》统一部署。（1）大力开展宣传教育工作，发动群众检举揭发毒犯。宣传工作除运用广播、新闻、幻灯、街头话剧等舆论媒介外，立足深入群众做细致的思想教育工作。各县均组织了一支工人、学生、居民积极分子义务宣传队，大的宣传队达 500 多人，经常深入群众中召开不同类型座谈会，重点是抓好烟民会、毒贩家属会，提高群众觉悟。据统计，兴梅专区 6 个县，开展运动 5 个月，共收到群众有关毒情检举信达 10 917 封，多数查证有据。（2）贯彻“争取多数，严查宽办，少数从严”的方针，做到稳、准、狠打击首恶，争取多数。兴梅专区 6 个县，自开展运动至 1950 年 11 月，共查获毒犯 1 534 名，最后查实确有重大罪行予以逮捕判刑的只有 278 人，打击面占毒犯总人数的 18.12%。其中，判死刑的 7 人，判处 10 年以上的 37 人，余皆处 10 年以下徒刑或管制。其他一般毒犯 1 256 人，均由各县实施坦白登记、追缴毒品烟具、集中强迫戒除办法，置于群众监督之下，给予改造自新的出路。潮汕专区 7 县市，至 1952 年年底共拘捕毒犯 3 301 人，除少数人被判处死刑和有期徒刑外，多数人经过一段时间的拘禁、强迫戒烟，确有悔改表现的，交家属保领，有一些则交由群众管制监督。（3）禁种、禁制、禁运、禁吸“四管”齐下，彻底铲除烟毒。根据统一部署，各县组织力量，从 1950 年 8 月至 1951 年春耕前将罂粟全部铲除，改种其他作物。1950 年春，揭阳县即派工作组进驻灰寨、良田等山区，宣传禁烟通令，调查登记，控制蔓延，并帮助农民组织生产渡荒。1950 年 8 月，揭阳县人民政府发出铲绝鸦片布告，开始铲苗改种其他作物。结合土改进行，铲苗工作较为顺利。普宁县则铲了两次，最后一次是 1952 年 5 月，组织一支 30 多人的工作队，以里湖为重点，以桥柱、溪南、安仁、涂洋乡为副点，全面铲苗。该县还组织两次统一行动，拘捕制毒和贩毒犯，缴获烟土 8 736 两、吗啡 24 两、海洛因 12 两及一批制毒、吸毒工具。在铲烟过程中，潮安县还从一个制毒工场里缴获了一套制毒的机器设备。公安部门及时掌握大贩毒集团的线索，列入专案，彻底追查，予以摧毁。各县人民政府均发出布告，严令所有地下售吸点、吸毒犯在规定期限内向政府坦

① 广东省地方史志编纂委员会编：《广东省志 · 公安志》，广东人民出版社 2001 年版，第 215—216 页。

白登记，交出全部毒品、毒具。对于那些拒不坦白登记、继续隐藏毒品和毒具的罪犯，发动群众检举揭发。经查实有据者，予以拘捕查抄，穷追到底，不留隐患。涉及外地毒源，则互相通报，配合追查。①

广州市人民政府于 1951 年 1 月 25 日制定发布《广州市禁烟禁毒实施暂行办法》。该办法共六章 19 条，分别为总则、禁止种植鸦片、禁止制造贩运及存放烟毒或用具、封闭烟馆及登记烟民、检举和附则。与此同时，市政府号召全市烟民登记戒烟，经过宣传教育工作，大部分烟民去进行登记，先后有 5 715 人，分别采用入戒烟所、指定医院施戒、在家自戒等三种方法戒毒。不久，其中 5 088 人戒绝毒瘾，占登记数的 89%以上。同年 6 月 3 日，广州市人民政府召开了 1.3 万多人的群众大会，将本市 1949 年以来缴获的鸦片烟土烟膏 1.952 8 万两、海洛因 269 两、红丸 80 多两、罂粟壳 2.780 6 万两、烟灯具 1.3 万多盏、烟枪 1.25 万多支、烟秤 1 244 把，进行当众销毁。为了加强对禁毒工作的领导，10 月 1 日，又成立了广州禁毒委员会。广州公安机关也对制贩烟毒犯罪活动加大了打击力度，破获了一批当时有影响的大案。如破获以钟亚新、王佛香为首的兴宁邦贩运烟毒案。1951 年春，大毒贩钟亚新、王佛香在贵阳贩烟 3 000 多两，毒贩彭在中、李善芳等制造空心补胎机器 2 件、空心带盘铁轮 2 件、空心铁平板 2 件，7 月间，将烟土 3 000 多两藏入机器内，准备运往广州市。1951 年秋，市民向公安机关举报，公安机关经过周密侦查，破获了这一大案。再如破获以黄恒祥、黄家宙、罗锦池、陈汝康为首的罗定邦贩运烟毒案。1950 年 11 月，以黄恒祥、黄家宙为首，1951 年 8 月以罗锦池、陈汝康为首的罗定邦贩毒集团，在南宁、百色收购大批烟土后包装成扁条状贴藏于牛油桶、水火桶及瓦埕周围的夹层里，用红泥土或生铁焊好，装上货物交运输队代运至广州，托卖给一德路广发行、东华西路恒益行，然后假装买客将烟土买出来，公安局得到检举后，当毒贩起卸藏有毒品的瓦埕时，当场出击缴获烟土 4 500 两，逮捕毒犯陈汝康等。据统计，至 1951 年年底，广州公安机关共查破制造、贩运、贩卖、开馆的烟毒案 3 857 宗，捕获烟毒犯罪分子 2 113 名，内破大宗贩毒案 17 宗，抓获人犯 71 名，缴获鸦片 2 万 1 948 两。根据有关资料，仅制造与贩运两项案件计有 320 件、人犯 1 034 人。从案件大小来看，贩运鸦片 1 000～5 000 两的专案有 29 宗，5 000～1 万两的有 11 宗，1 万～5 万两的有 25 宗，5 万～10 万两的有 13 宗，10 万～50 万两的有 15 宗，50 万～100 万两的有 2 宗，相当于鸦片 1 000 万两的海洛因案件有 1 宗。②

---

① 钟浩：《潮汕兴梅扫毒运动纪略》，《文史精华》编辑部编：《近代中国烟毒写真》(上卷)，第 633—636 页。

② 马文元、任克勤：《广州禁毒简史研究》，《政法学刊》1999 年第 2 期。

6. 广西省

广西省人民政府于1950年春开始进行禁毒斗争。同年5月5日,省人民政府发出《关于严禁烟毒的布告》,规定:自布告之日起,实行禁绝烟毒;不准种植、制造和买卖烟土,吸食的要戒除;如有违犯,不论何人,依法严惩。11月,省人民又政府颁布了《广西省禁烟禁毒实施办法》和《对匪占区少数民族中鸦片问题处理的指示》。

全省各级公安机关侦破和审理了大批的贩毒案件,打击了一批烟毒犯,禁毒斗争取得初步成效。如1951年8月省会桂林市公安局破获了以李慎之为首的30多人贩毒集团。李慎之原来是盐行街万盛行老板,1949年前靠贩毒发家致富,1949年后仍利用旧关系网继续大肆贩毒。从1950年4月至1951年4月,李慎之伙同申德宣、周开银、王金富、莫善华、刘余峰等人到融县长安镇等地,先后买回烟土860多两,交唐盛祥等7人分别带到广州、上海、南京出售。李慎之还在本市收购湖南客商的烟土,然后卖给临桂大圩、六塘的烟贩和烟民,每月均在100两上下,从中获利将近1亿元(旧币)。李慎之在贩毒时一般将烟土装在油篓底部,运出市外销售。李慎之贩卖的烟毒中也有600多两是托桂林铁路公安段孔宪予、丁长福运到广州出售。李慎之还与其妻、妾同谋在家挖掘秘密洞穴,用于收藏烟土。李慎之集团是广西桂林市最大的贩毒集团,有关的伙计和烟民多达38人。该案被破获时有32人落网,李本人被法院判处12年徒刑,其余各犯被判处3~5年徒刑。1951年10月,桂林市公安局又破获了以土著烟贩齐炳琨、邓怀林、周顺昌、周锦芳为首的23人贩毒集团,其中,齐炳琨是桂林烟贩中的“四大金刚”之一,有20年以上的贩毒历史,1949年后不改旧恶仍在继续转手买卖烟土,从中牟利。后经法院判处4名首犯3年徒刑,各从犯1~2年徒刑。①

1949年12月—1952年6月,桂林共破获烟毒案541件,拿获烟毒贩953名,缴获鸦片1 461.03两、白面118.8两及烟具、赃款一批。② 据柳州市公安局统计,1951年受理烟毒案822起,逮捕惯犯、现行犯389名,缴获吗啡406.84两、大烟315.55两。③ 南宁1950年查获贩运烟毒案92起、人犯134名、烟土515.734千克、烟膏840克;查获吸食烟毒案364起、吸毒者621人、烟枪236支、烟灯226盏、烟毒1 216克、烟膏418.1克。④ 据1950年1—12月份对桂林、柳州、南

---

① 赵世琨:《消灭桂林的贩毒活动》,马维刚编:《禁娼禁毒——建国初期的历史回顾》,第256—261页。

② 赵世琨:《消灭桂林的贩毒活动》,马维刚编:《禁娼禁毒——建国初期的历史回顾》,第258—259页。

③ 中共广西壮族自治区委员会党史研究室编:《城市的接管与社会改造·广西卷》,第488页。

④ 南宁市公安局史志办公室编:《南宁市公安志》,第243页。

宁、梧州的统计，共处理烟毒案2 552起、烟毒犯3 953人。[①] 广西全省从1950年春至1951年底，共处理了制毒、贩毒犯2 400名，查获大烟12.26万两。[②] 禁毒工作初战告捷，公开的贩毒、吸毒现象已经减少，但秘密的贩毒、吸毒活动并未停止。

(四) 华东区的初步禁毒活动

华东军政委员会于1950年10月颁布《华东军政委员会关于决定查获毒品之处理办法的通令》。

1. 江苏省

江苏全境即开展了大规模的禁烟禁毒活动。在华东地区，南京市开展禁毒活动较早。南京军事管制委员会着手禁毒，在各城门要道口设置了10个治安检查站，把检查毒品作为一项重要任务。1949年5月15日，南京市人民政府公安局成立后，刑事公安队和各区队，开展了对烟毒犯的查缉工作。同年10月，市公安局发布了《禁止烟毒暂行办法》，责令种植、制造、贩运、出售毒品者登记，交出毒品、烟具；有吸毒嗜好者，限期戒除，违者按照情节惩处，没收其非法所得财产，并号召居民检举密报，并酌情给予奖励。结果缴获了大量毒品，掌握了一批毒贩的线索。1950年4月，南京公安机关捕获了号称"南京四大金刚"之一的毒枭项福如及其弟弟项福禄等7人。自1940年起，项福如就以贩毒为业，往返安徽芜湖、滁县等地大量贩毒，指使其弟弟项福禄夫妇、舅母芮常氏等4人，并雇用姚正清等为其常年送货。南京门西一带毒贩和滁县30多家烟馆都是从他手中批货。破案时还从项福如家中搜出红色夹底木箱一只、海洛因若干以及测定毒品重量的器具戥子等。1950年8月，又缉获"湖北帮"著名毒贩李玉先。李玉先从1937年起开始贩毒，1947—1948年曾乘飞机去重庆贩毒多次，每次100余两，然后返销南京及皖南各县。1949年后，又勾结宿县大毒贩大量运毒到南京贩卖，每次几十两。原国民党滇黔绥靖公署参议、军事委员会少将参议、红帮中华山大哥张文杰，1949年前就指使其师弟陈富宝从云南空运毒品到南京贩卖，1949年后又收罗惯匪吴云辉共出资在南京长江路23-1号徐吴氏家大量制造海洛因。经南京市法院审理，判处张文杰、陈富宝死刑，吴云辉、徐吴氏徒刑。南京的"西霸天"、日伪"中国安清总会南京分会"会长、国民党中统局南京西分区组长缪凤池，1949年前无恶不作，1949年后继续为非作歹，亲赴沪杭一带大量贩运毒品，1951年4月被查获枪决。从1949年5月到1951年年底，南京公安机关共破获

---

① 覃主元：《建国初期广西烟毒的禁绝》，《广西社会科学》2000年第1期。

② 陈勇：《禁绝广西烟毒》，马维刚编：《禁娼禁毒——建国初期的历史回顾》，第382页。

烟毒案件3 671起，捕获毒犯3 605人，缴获鸦片烟土22 886.218两、鸦片料子236.22两、烟膏248.587两、海洛因103.386两、海洛因料子158.49两。①

1949年9月27日，苏北行署颁发《苏北区禁烟禁毒暂行办法》；同年10月9日，苏南行署公布《苏南行政区禁烟禁毒暂行条例》。明令对种植、制造、运输、贩卖烟毒行为者，严行惩罚。均按情节轻重，数量多少，分别处以死刑、无期徒刑或3年以上之有期徒刑，毒品没收，并得科以罚金。苏南地区受旧社会毒素影响深，吸毒、贩毒的烟民遍及苏南各县及城镇，以苏州、无锡、镇江三市为烈。苏北地区多年遭受日、伪、蒋的毒化政策的危害，毒品的散布流行甚广，且形成非法贩运派系。全省各地对制毒、贩毒的犯罪活动给予了严厉打击。据统计，仅1950年苏南区就抓获烟毒犯4 000余名，其中，苏州市1 765名，无锡市980名，镇江市669名，常州市621名。判处有期徒刑610名，在押73名，保释1 100名，教育释放1 882名，劳动改造369名，并没收了大量烟毒品。② 镇江在1952年2月破获了吴业华制造贩卖毒品集团案。吴业华原在扬州贩卖白粉，1948年年底迁至镇江。他因贩卖白粉于1949年6月被镇江市公安局刑警队抓获，抄出2两多白粉。被关押一个月教育释放。随后，他竟以请客吃饭、经济收买等手段先后收买了关押期间认识的公安局执行队录用的旧人员八九人，在这些人的包庇下，他变本加厉地大干起来。他向小毒贩和吸食户透露自己在公安局里有靠山，以致其毒品生意特别兴隆，最高日销量达1两4钱多，镇江70%的白粉皆由他供应，为其直接销售毒品的下户有61户，间接销售毒品的下户达300余人。由于白粉供不应求，他于1950年7月勾结上海张根清、徐世珍合伙制造白粉197两，吴独得104两。从1950年2月至1951年4月，吴业华共卖白粉380余两，获利旧人民币3.8亿多元。1951年4月，吴业华因其在镇江贩毒风声太大，乃逃亡上海，而由其家属子女继续从事贩毒活动。1952年2月，镇江市公安局从上海将吴犯逮捕归案。同年9月，吴业华被判处死刑，立即执行。③ 从1949年4月至1952年7月，镇江共破获烟毒案408起，捕获人犯644名，缴获烟土683两、白粉85两4钱。④

2. 浙江省

1950年4月13日，浙江省人民政府根据中央人民政府政务院颁发的《严禁

① 宁弓矢：《南京的禁毒工作》，马维刚编：《禁娼禁毒——建国初期的历史回顾》，第365—368页。

② 江苏省地方志编纂委员会编：《江苏省志·审判志》，江苏人民出版社1997年版，第193—194页。

③ 董宝森：《镇江禁毒始末》，马维刚编：《禁娼禁毒——建国初期的历史回顾》，第251—254页。

④ 董宝森：《镇江禁毒始末》，马维刚编：《禁娼禁毒——建国初期的历史回顾》，第249页。

鸦片烟毒通令》和浙江实际情况，就禁毒工作作出部署，要求烟毒流行较盛的地区，设立禁毒委员会。同年8月5日，省人民政府又转发中共中央和华东军政委员会处理鸦片烟毒的规定，提出禁毒工作要与剿匪相结合，严禁运销烟土，查获者送交当地县(市)人民政府当众烧毁，毒贩应予严惩。1951年3月15日，省人民政府又发出《关于贯彻中央严禁烟毒工作的指示》，要求在本年内基本禁绝种烟。公安机关在各级党委、政府的领导下，积极投入禁毒斗争，实行禁种、禁贩、禁吸"三禁并举"，采取"力劝两头，斩断中间"的策略，把打击的重点放在贩运毒品上。是年，杭州、宁波、温州3市和嘉兴专区(4个县)、丽水及铁路系统的公安机关，共破获烟毒案件1 464起，抓获烟毒案犯1 581名，缴获鸦片178.7千克、海洛因1.15千克、吗啡7.95千克。在种植罂粟的地区，严申烟毒禁令，并通过各界人民代表会议、农民代表会议作出禁毒决议，发动群众制定禁毒公约，形成群众性禁毒运动。通过上述工作，虽然取得一些成效，但问题仍未彻底解决。①

3. 上海市

上海1949年后，有关部门就开始禁烟禁毒。据统计，上海市公安局自1949年6月至12月共破获烟毒案1 634件，逮捕人犯2 224名；上海铁路管理局公安处在1949年缉获烟毒案共201件。②

1950年2月24日，中央人民政府政务院发布了严禁鸦片烟毒的通令后，上海市民政局于同年6月1日机关整编时，设立了禁烟禁毒科，初步拟定了《上海市禁烟禁毒工作计划》《上海市禁烟禁毒暂行办法》《上海市禁烟禁毒委员会组织章程》《上海市禁烟禁毒登记规则》《上海市禁烟禁毒施戒调验规则》《上海市禁烟禁毒委员会戒烟所组织规则》《上海市禁烟禁毒宣传提纲》等7种草案，并邀请公安局、卫生局、人民法院、各区人民政府等有关机关召开禁烟禁毒座谈会。1951年2月19日，上海市人民政府颁布《关于重申毒品买卖禁令的指示》，坚决严禁毒品的一切买卖行为，如有违犯查明属实，即予以制裁。自1950年2月政务院的《通令》下达后到1952年上半年止，上海共破获烟毒案7 574起，缴获鸦片10 641两，逮捕毒犯13 914人。③

4. 山东省

济南1949年后，党和政府为保护人民的身体健康，立即把戒烟提到了议事

① 浙江省公安志编纂委员会编：《浙江人民公安志》，中华书局2000年版，第222—223页。

② 《上海市民政局关于本市烟毒危害简况》(1952年4月1日)，张辰、贺飞选编：《上海解放初期的禁毒运动》(上)，《档案与史学》1999年第3期。

③ 定林：《警惕死灰复燃(之三)——记上海解放初期的禁烟禁毒运动》，《上海党史与党建》1996年第6期。

日程，多次明令禁烟禁毒，并采取各种措施，对制造、贩卖毒品的犯罪分子实行短期劳动改造。至1952年年初，济南市共破获烟毒案件580余起，处理烟毒犯1 150余人，缴获鸦片、海洛因1 232两，有力地遏制了毒品的流行和蔓延。[①]

1949年后，青岛市公安局在市委和市政府的领导下，认真执行中央和省有关禁毒工作的方针、政策，积极开展打击烟毒犯的斗争。据统计，到1952年7月，共破获烟毒案件953起，处理烟毒犯1 547名，缴获烟土2 131两、烟泡717个、海洛因142包零34.9两、烟具624件。[②] 在人民政府的教育感召和公安机关对烟毒犯的打击震慑下，青岛社会各界群众的觉悟迅速提高，吸毒、贩毒者日渐减少。据这一时期调查统计，过去吸毒、1949年后陆续戒绝者已有156人，贩毒者1949年后洗手不干的也为数不少。

5. 安徽省

安徽全省1949年后，各地人民政府将禁毒作为一项重要工作来抓，开始对毒犯进行严厉打击。

1949年8月，安庆市公安局印发查禁鸦片布告，全市4个派出所分别开展调查摸底，然后将吸毒者集中起来，对其宣传教育，劝其交出烟土和烟具；对吸毒成瘾、恶习不改者，予以收审，强制戒烟；对教育不改的烟贩，予以狠狠打击。两月内缴获烟土84两、烟条60两、烟枪117支、烟灯79盏、烟戳18个。[③]

1949年内，合肥市取缔了所有100多家烟馆。[④]

1950年2月24日，阜阳县人民政府布告全县禁烟。8月17日，县人民代表大会作出了禁毒决议，并成立肃毒办公室，下设宣传、外勤、秘书三个股，抽调30多名干部，负责进行肃毒教育工作。10月，全县开展肃毒活动。全县人民情绪激昂，人心振奋，纷纷检举烟毒犯，控诉烟毒的危害。县政府把运动中涌现出来的积极分子960人，组成120个规劝小组，动员自己亲友、家属交出毒品、毒具。在政府政策的感召和群众的压力下，一批制、贩毒品者纷纷向公安机关投案自首。全县共收到检举材料1万多份，缴获烟土6 960两、海洛因9两、制毒工具123件。县政府在三府街（原体育场）召开全城群众大会，当众焚烧毒品、毒具。全县戒除烟瘾者达2 421人。[⑤]

至1950年年底，仅据合肥、蚌埠、安庆、淮南、宿县等5个市县的统计，即查

---

① 济南市档案馆编：《禁毒风雷——济南解放初期禁毒运动档案文献选辑》，第2页。

② 兰波：《青岛清除烟毒纪实》，马维刚编：《禁娼禁毒——建国初期的历史回顾》，第393页。

③ 王枫林：《建国初期的安徽省禁毒》，《江淮文史》1996年第6期。

④ 戴健：《解放初期的合肥》，《城市接管亲历记》编委会编：《城市接管亲历记》，第249页。

⑤ 李思敏、傅达昌等：《旧社会把人变成鬼　新社会把鬼变成人——谈解放前后阜阳的“禁烟”》，《阜阳文史》第四辑，第17—18页。

获鸦片 163 斤、海洛因 13.7 斤，缴获烟毒贩获利银圆 1 068 块。[①]

1951 年 4 月，蚌埠市人民政府成立肃毒禁烟委员会，制定《蚌埠市烟民烟毒登记办法》，公安机关捕获主要毒贩 104 名。安庆市公安、民政、税务、航运、工商等有关部门密切配合，成立安庆市清毒指挥部，各区成立分指挥部，组织宣传队伍近 1 000 人。8 月 16 日，安庆市逮捕毒犯 13 人，然后召开千人大会，发动群众揭发、控诉毒贩的罪行。经过初步的查禁工作，至 1951 年年底，安徽各地公开种植罂粟的现象已不复存在，明目张胆地制造、贩运、销售鸦片者销声匿迹，但仍有大量顽固不化的烟毒分子利益熏心，铤而走险，秘密经营，烟毒祸害仍在流行。[②]

6. 福建省

福建省人民政府于 1950 年 4 月 3 日向全省发出《关于严禁鸦片烟毒的指示》。7 月 3 日成立省禁烟禁毒委员会。7 月 14 日，下达《关于目前禁烟禁毒实施步骤与工作的指示》，要求全省各地、县人民政府采取措施，禁绝种植、贩运、制造、吸食烟毒，对贩运烟毒品者，除没收烟土毒品外，还需从严治罪，对吸食者定期登记、限期戒除。各市、县人民政府按照指示要求，相继成立禁烟禁毒委员会，有计划、有步骤、有重点地开展查禁工作。9 月 10 日，省人民政府针对栽种罂粟季节快到，再次发布禁烟禁毒工作指示，要求各地采取宣传教育结合行政手段，狠抓禁种罂粟的工作。11 月 27 日，省人民政府颁布《福建省禁烟禁毒暂行条例》及《福建省禁烟禁毒暂行条例实施细则》。1951 年，省人民政府又先后两次重申禁烟禁毒通令。各地在栽种罂粟和烟苗出土季节，县长、区长亲自带领干部深入山区检查，铲除烟苗。宁德县洋中乡妇女代表陈菊花、林细馨等 13 人爬山越岭铲除烟苗 300 多亩。[③] 据福州、莆田、平和等 25 个县市统计，1950—1951 年共铲除鸦片烟苗 1 676 亩又 4 万株，封闭烟馆 133 家，缉获贩毒犯 198 名、烟土 5 165 两。[④] 截至 1951 年 11 月，福州市共查处烟毒犯 172 名，其中，判处死刑 5 名、有期徒刑 26 名；缴获毒品 814 两、赃款 52 520 元；摧毁“汕头帮”“温州帮”等贩毒集团；登记烟民 788 人。[⑤] 厦门市人民法院于 1951 年 12 月判处厦门大毒贩陈裕乞死刑，同时，还逮捕法办了贩卖鸦片并兼有其他罪行的大流氓柯世英等 10 余人。[⑥] 1952 年上半年“三反”“五反”运动中，对于揭露出的被烟毒犯行贿收

---

① 王枫林：《建国初期的安徽省禁毒》，《江淮文史》1996 年第 6 期。

② 王枫林：《建国初期的安徽省禁毒》，《江淮文史》1996 年第 6 期。

③ 林辉等：《为了这片净土——福建禁毒斗争的历史、现状和对策研究》，第 117 页。

④ 陈勋政、祁虎文、何锋涛：《福建禁烟禁毒斗争简记》，苏智良、赵长青主编：《禁毒全书》，第 403 页。

⑤ 福州市地方志编纂委员会编：《福州市志》第六册，第 581 页。

⑥ 姚自强：《厦门的鸦片流毒》，《文史精华》编辑部编：《近代中国烟毒写真》（上卷），第 459 页。

买的机关干部，坚决清查处理。是年进一步调查制造、贩卖、运输烟毒材料，侦破现行案件。晋江县破获张林乡“三大吗啡公司”巨案，逮捕主犯张明怡、张尚声等，缴获鸦片 3 122 斤、吗啡 123 两。[①]

福建全省这 2 年多的禁烟禁毒工作取得了很大成绩，缴获各种毒品折合鸦片达 55 117 两。[②] 私种罂粟的行为基本停止，如平和县 1949 年有两个区私种罂粟 120 多亩，至 1952 年禁毒运动前只发现 1.9 亩。[③] 但由于旧社会遗留下来的烟毒危害极其深重，当时党和政府的主要精力忙于剿匪、土改、镇反，没有来得及广泛发动群众进行系统全面的禁毒，对毒犯打击不狠，运毒路线没有切断，加上福建省地处沿海，帝国主义破坏分子和台湾国民党特务不断偷运毒品入境，致使种植、制造、贩卖、吸食毒品的问题并没有得到根本解决。

(五) 华北区的初步禁毒活动

1. 北京市

北京市人民政府于 1950 年 7 月发出指示，严禁种植、收购和买卖鸦片，从严惩处制造、贩卖毒品和私开秘密烟馆分子。为了进一步加强对禁毒工作统一领导，北京市人民政府于同年 11 月 27 日成立了由市民政、公安、卫生、文教、法院、工会、妇联、工商联、青联、郊区工作委员会组成的市禁烟禁毒委员会，张友渔副市长任主任委员。同时，制定了《北京市查禁烟毒办法》及《查禁烟毒执行计划》，深入宣传发动群众开展肃毒斗争。

北京公安机关连续破获了一批大案要案。1949 年年底，外二分局侦查股副股长李树彬掌握了一个重要线索：老毒贩庞辅臣勾结某大企业内部负责人员，有重大贩毒活动。但第一次派出 5 名侦查人员跟踪侦查，毒贩突然改变毒品包装并改乘汽车，竟逃脱出侦查员的监控。1950 年 1 月，李树彬通过布置在贩毒团伙中的“内线”再次得到消息，庞辅臣等毒贩准备再次由天津向上海运送大批毒品。毒贩接头运货的当天，市公安局、外二分局联合行动，布下抓捕毒贩的天罗地网。半夜，毒贩由天津海河码头的大船上，卸下两个大箱装入小船悄悄向岸边摇来，李树彬和其他埋伏在小船周围的侦查员一拥而上，抓获庞辅臣等 10 余名毒贩，收缴“松竹梅”毒品 50 余千克。经查明：1949 年以来，以庞辅臣为首的特大贩毒犯罪团伙内外勾结，先后向天津、上海等地贩卖毒品 174 件，价值黄金

---

① 陈勋政、祁虎文、何锋涛：《福建禁烟禁毒斗争简记》，苏智良、赵长青主编：《禁毒全书》，第 403 页。

② 福建省地方志编纂委员会编：《福建省志·公安志》，第 69 页。

③ 福建省禁毒指挥部办公室：《福建烟毒流行情况综合(第一号)》，1952 年 8 月 7 日，存福建省公安厅档案科，案卷号：永久 116。

2 000 两。案情上报到北京市委领导彭真、刘仁同志,公安部长兼北京市公安局长罗瑞卿也非常关注并专门作了批示。这是北京市公安局在中华人民共和国成立初期破获的最大一起"松竹梅"毒品案件。1951 年 1 月,市公安局治安处刑警大队与内二分局、外五分局密切配合,一举破获崔宝臣等 32 人组成的特大制、贩毒品犯罪团伙,查获制毒厂两所,收缴海洛因 10 375 克,制毒原料 1 156 多克。1951 年 3 月,市公安局破获以行商职业作掩护的荣昌茶社总经理杨静远、马汉武、杜锡瑞制贩毒品团伙案,共抓获毒贩 129 名,捣毁制毒厂 11 处,缴获海洛因、鸦片及各种毒品 4.14 万多克,制毒原料 2.29 万多克及大量制毒工具。同期,市公安局又一举破获了北京市 1949 年后最大的运毒团伙,抓获大毒贩鲍子庆为首案犯 32 名;抓获了大毒贩郭荣棠组织的运毒团伙成员 50 名。①

2. 天津市

天津市公安局于 1949 年 12 月 20 日逮捕了贩毒惯犯傅秀山。至 1949 年底,天津市公安局共查获贩毒案件 1 668 起,逮捕毒犯 2 305 名,缴获毒品(除各公安分局直接交送法院的未计外)1 400 余两。1950 年 5 月 27 日,天津市人民政府颁布《天津市烟民烟毒检查登记办法》,并于 6 月 8 日成立了以市公安局长许建国为主任的天津市禁烟禁毒委员会,开展了烟民登记和施戒工作。至 9 月 30 日,共登记烟民 1 570 人,设立戒烟所及委托公私医院、卫生事务所共 49 处进行施戒;至 1951 年年底,已有 1 039 人戒除烟瘾,并破获贩毒案件 953 起,逮捕毒犯 1 569 人。1951 年 7 月,在镇压反革命的高潮中,处决了大毒犯石子文。② 石子文早在敌伪时期,就勾结日商、汉奸及各地司令长官,在涿县、天津西营门外、坝县唐二里、子崖镇等地开设 5 个制毒厂,制造白面毒品 1 万余两,并在京、津二地开设土膏店贩售烟土。日本投降后,逃避香港、朝鲜等地。1948 年,返津;1949 年,以开设化学工厂为掩护,先后两次偷运毒品 16 件,计 448 两,运往上海销售。1950 年 9 月,运往西安毒品 560 两销售;同年 11 月,又由上海运来毒品 300 两转售京、津二地。1949 年后,因贩毒牟取不义之财达 7 500 万元(旧人民币)。③ 罪大恶极的石子文被处以死刑,其所有财产,除酌留家属必须生活费用外,均予没收。

3. 河北省

河北省人民政府于 1950 年 7 月 15 日发出指示,明确宣布决不收购烟土,也

---

① 刘伟、冯双平:《建国初期北京的肃毒斗争》,《北京党史》2000 年第 4 期。

② 项宝生:《解放初期天津的禁毒运动》,中共天津市委党史资料征集委员会、天津市公安局编:《难忘的岁月——天津市解放初期社会治理纪实》,第 317 页。

③ 《中国人民解放军天津军事管制委员会军法处判决书》,天津人民法院档案,公安革地死刑字第 4805 号。

不准抵交公粮，严禁种植罂粟。要求各地公安、民政、卫生等部门联合采取行动，封闭所有烟馆，没收其房屋、烟具及毒品，铲除鸦片烟苗；收缴并当众焚毁烟土，对于查获的制造、贩卖人员及私开秘密烟馆分子给予严厉的刑事处罚。① 指示下达后，石家庄、保定、唐山、秦皇岛等地先后组织了禁烟禁毒委员会，一些重点县市还成立了禁烟所。各有关部门密切配合，统一领导，分工负责，迅速开展行动。省人民政府在全面总结1950年禁毒工作的基础上，于1951年又颁布了《严禁鸦片烟毒暂行办法》，全面阐明了禁烟禁毒的目的、方针和政策，获得了全省广大人民的积极拥护，同时也解除了众多烟民的疑虑，减少了禁毒的阻力，对于禁毒斗争的顺利开展具有重要意义。②

经过各级政府的努力，河北省各地的禁毒工作取得了初步的成效。唐山专区1951年1月至1952年3月共破获烟毒案151件；唐山市破获贩毒案件7件，贩毒量达2.4万两，其中一案即贩毒万余两；昌黎、抚宁、迁西等县破获11件至22件，一般县份也破获四五件；石家庄市发现较大毒犯80户，小毒犯200人左右。③ 石家庄市至1951年年底，共逮捕毒犯58名，分别判处徒刑和劳役。④

4. 察哈尔省

察哈尔省会张家口市于1948年年底后，市委、市政府一直把肃毒作为一项经常性的工作来抓。截至1952年5月底，据不完全统计共破获毒品案900多件，抓获1 300余人，缴获大烟5 424两、白面36两。⑤

万全县人民政府于1948年冬颁布禁毒法令，次年就禁绝了罂粟种植。1950—1951年，该县成立了一个劳改队，5个区分别成立了戒烟所，教育和强制999人戒除了鸦片嗜好。⑥

张北县从1949年5月16日到6月20日，共举办了3期烟民戒烟训练班。参加训练班的烟民有402人，分成3个分队、6个排、13个班集中戒烟。戒烟办法是：进行思想教育，强制硬戒，对少数年老体弱、无抵抗能力的烟民令其吃药和吃含有烟粉的配药。通过3期训练，共使150名烟民改掉了吸烟的恶习，其他

---

① 河北省人民政府：《为禁绝鸦片由》，1950年7月15日，河北省档案馆藏，编号：907-1-56。

② 董向前：《试论建国初期河北省的禁烟禁毒斗争》，《当代中国史研究》2004年第6期。

③ 《河北省毒品流行情况和肃毒工作计划》，1952年6月23日，河北省公安厅档案，案卷号：永久284。

④ 石家庄市地方志编纂委员会编：《石家庄市志》第四卷，中国社会出版社1995年版，第120页。

⑤ 李兆俭：《张家口市解放后的肃毒禁烟运动》，《张家口文史资料》第十五辑（纪念张家口解放四十周年续集），第88页。

⑥ 王金城：《万全县鸦片毒害的始末》，《张家口文史资料》第二十二辑（社会卷下），第226页。

烟民在以后也逐渐改掉了吸烟的习惯。[①]

5. 绥远省

在华北区，绥远省的初期禁烟禁毒工作措施得力，卓有成效。

(1) 制定和颁布一系列禁烟禁毒法规法令，为全省的禁烟禁毒斗争提供有力的法律依据和政策支持。绥远省人民政府于 1950 年春公布《1950 年施政方针》，其中，第一条就明确规定："严禁种植、制造、贩卖、吸食毒品。"3 月 15 日，省人民政府发布的《禁烟禁毒布告》规定："自布告发布之日起，一律不准种大烟，违者勒令铲除烟苗，予以处分；各部队、机关、团体人员利用职权纵容包庇者，从严惩处；贩卖大烟种籽者要依法惩处。"4 月 4 日，省人民政府颁布《绥远省查禁烟毒暂行办法(草案)》，共 20 条，其主要内容可归纳为 4 个方面：① 确定了"烟毒"的范围，"烟"系指鸦片烟土、烟膏、大烟苗或抵瘾药剂等，"毒"指吗啡、海洛因、料面、制毒原料之卤砂、醋酸及其他化合或配制而成的烈性毒品；② 强调各级人民政府应把禁烟禁毒工作作为重要任务，协同人民团体作广泛的禁烟禁毒宣传，动员人民起来一致行动，彻底根除烟毒；③ 为使禁烟禁毒工作得以顺利进行，各级人民政府应设立禁烟禁毒委员会，由公安、卫生、司法、民政及各人民团体派员组成；④ 规定了禁烟禁毒的各项政策和具体措施。指出对于烟毒的制造、运输、贩卖，一律严密查禁；对于民间藏存的烟土要限期上缴，人民政府为照顾其生活得分别酌情补价，但如逾期不缴，则按其情节轻重分别治罪；要求吸毒烟民，限期向有关部门自报登记，并定期戒除，对不登记者或逾期尚未戒除者，均予以处罚；要求烟毒较盛城市或地区设立戒烟所，各级卫生机构配置戒烟药，帮助烟民戒烟，对于贫苦烟民酌予减免收费。1951 年 2 月 10 日，省人民政府在全面总结 1950 年禁烟禁毒工作经验的基础上，又公布了《绥远省禁烟禁毒实施办法》和《绥远省严禁烟毒惩处暂行办法》。这两个办法与《绥远省查禁烟毒暂行办法》相比，在禁烟禁毒的实施和对烟毒犯罪的处罚等方面的规定进一步细化，更具有操作性。同年 2 月 26 日，省人民政府又发布了《关于禁种大烟的布告》，指出彻底禁绝大烟的种植是禁烟禁毒的根本办法，要求各级人民政府积极宣传并严格执行禁种政策，绝不准许有一粒鸦片种籽下种，如有种植鸦片或贩卖烟籽者，加重治罪。[②] 上述一系列法令的颁布实施，有效地促进了禁烟禁毒斗争的开展。

(2) 各盟、市、旗、县均成立了禁烟禁毒委员会，对这场斗争进行全面领导。

---

① 李桂兰、杨万堂：《鸦片在张北的种、吸、禁始末》，《张家口文史资料》第二十二辑(社会卷下)，第 222—223 页。

② 庆格勒图：《建国初期内蒙古西部地区的禁烟禁毒斗争》，《内蒙古大学学报》(人文社会科学版)1998 年第 4 期。

（3）全省把禁种鸦片烟苗作为禁烟禁毒斗争的当务之急，对鸦片烟毒采取釜底抽薪的方法，从根本上卡断烟毒的来源。各级人民政府和禁烟禁毒委员会，一方面，利用各种形式向人民群众广泛宣传种植鸦片的危害和禁烟禁毒的重要性；另一方面，组织禁烟铲烟工作团深入农村进行铲除鸦片烟苗的工作。在铲除鸦片烟苗工作刚开始的时候，许多地方都不同程度地遇到了各种反动势力的竭力阻挠和破坏；一些群众对铲烟有怀疑有抵触，有的存有侥幸心理。有些地主分子和反动会道门的头子出来造谣惑众，使群众人心惶惶，还有的地主竟公开抵制铲除鸦片烟苗。如萨拉齐县一个姓李的大地主种了10亩鸦片，并将佃出去的土地也种上鸦片，不但自己不铲，还阻止别人铲除，气焰十分嚣张。对此，各地人民政府在教育群众铲烟的同时，对破坏铲烟者进行坚决打击。包头市逮捕了三区尹六窑子村有意煽动群众种植鸦片的地主分子尹大颓，萨拉齐县惩处了一些抗拒铲除鸦片烟苗者，结果在社会上产生了很大影响。萨拉齐县有一位群众深有感触地说："谁种下大烟，谁就把土匪种在了自己家里。吸大烟把好人吸成坏人，健康人吸成病人，病人吸成死人。铲掉了大烟，就铲掉了我们的病根子，政府可要把这件事做到底呀！"①他们纷纷铲掉了自己种植的鸦片烟苗，如五原县仅在1950年4月23日之后的两个多月里就铲除烟苗4 749.4亩；②安北县到1950年6月底共铲除烟苗4 167.05亩，至1951年5月全县彻底禁绝了大烟种植活动；③陕坝专区将当年种植的7 563.15亩鸦片烟苗全部铲除；④包头市于1950年7月23日最后一次查铲，彻底结束了包头地区种植鸦片的历史；⑤土默特旗1950年查出种烟户270户，查铲烟苗283亩，到1951年，烟苗种植在该旗范围内基本禁绝。⑥ 据统计，1950年全省共铲除鸦片烟苗170 008.6亩，⑦将当年种植的鸦片大部分铲除干净。为了减少损失，铲掉烟苗的土地均改种了宜时的农作物。

（4）在查禁鸦片烟苗工作取得重大胜利的基础上，全省禁烟禁毒斗争的重点转入打击制造、贩卖和运输烟毒的活动。各级人民政府相继发出通告，规定现

① 董毅民：《解放初期萨县工作回忆》，包头市地方志史编修办公室、包头市档案馆编：《包头史料荟要》第十一辑，第15页。

② 张振魁、孙耀忠：《五原县禁烟扫毒运动纪略》，《巴彦淖尔党史资料》第九辑，第171页。

③ 师锐：《安北县的禁烟禁毒工作》，《巴彦淖尔党史资料》第九辑，第175—176页。

④ 陕坝专署：《关于查铲烟苗总结报告》，内蒙古档案馆，编号：202-1-149。

⑤ 马涛中：《改造娼妓和禁烟戒毒始末》，包头市政协文史资料委员会编：《包头文史资料选编》第八辑，1986年印刷，第96页。

⑥ 土默特左旗《土默特志》编纂委员会编：《土默特志》（下卷），内蒙古人民出版社1987年版，第201页。

⑦ 绥远省人民政府：《绥远省禁烟禁毒工作报告》，内蒙古档案馆，编号：208-1-101。

行制、贩、运烟毒者限期到当地公安部门登记自首,并交出制毒原料及制毒工具。凡诚心悔改又有事实表现者从轻处理;拒不登记自首,死不悔改,或对人民政府采取两面手法者,予以逮捕法办。同时各地加强了对车站、旅店、渡口的检查,以防毒品偷运。各地通告发布后,许多制贩运烟毒者纷纷到当地公安部门自首登记,并表示彻底悔改。如包头市在1个月内就有167人登记自首。[①] 但各地仍有不少制贩烟毒者逾期拒不登记自首,继续从事烟毒的制造和贩卖活动;有的人虽已登记,却暗中仍在制造与贩卖活动。因此,各地均采取了必要措施,坚决打击继续从事制贩运烟毒活动者。1950年,土默特旗查获制、运、贩烟毒案5起;[②]包头市抓获制造与贩卖烟毒者714人,其中,刑事处理250人,其余则处以劳动教养;[③]五原县拘捕毒品犯63人,其中判处有期徒刑158人,教育释放4人,处决了毒品首犯李振亚。[④] 至1950年年底,全省共查获制贩运烟毒案1 402起,没收鸦片45 734两、料面1 806两及大量制造料面的砒子、卤砂、醋酸等物。[⑤] 1951年5月,安北县彻底根绝了鸦片贩卖活动。1951年,托克托县破获制造、贩卖、运送毒品案件100多起。[⑥]

(5) 扎扎实实地开展戒毒工作。各地开展戒毒工作的第一步是登记烟民,例如,土默特旗人民政府于1950年5月2日发放烟民登记表,指令各区务于10日前填写上报,经过统计,全旗共登记烟民8 103人,其中,自动登记者3 860人。[⑦] 对于吸食烟毒者,主要以教育为主,规劝其服用戒烟药物,戒除毒瘾。为了更有效地开展戒毒工作,各盟、市、旗、县纷纷开办了戒烟所。同时,也允许私人在服务社会、适当收费的前提下,开办私立戒烟所。毒瘾较重、自身难以戒除的烟民被送入戒烟所进行戒除。在各戒烟所内,由群众选出小组长,根据烟民的年龄、体质、毒瘾程度,民主评议决定在所内戒除期限。烟民每日定时定量服药,按时参加劳动及文体活动。一般烟民进入戒烟所后20天即可戒除毒瘾,最多不超过3个月。由于在戒烟所内戒除效果较好,很多烟民都愿意进入戒烟所戒除,但公办戒烟所容量有限,私立戒烟所收费较高,因而一时难以满足众多烟民的要求。在这种情况下,归绥市第三区居民朱德汉利用自家住房,首创了

---

① 马涛中:《改造娼妓和禁烟戒毒始末》,《包头文史资料选编》第八辑,第97页。

② 土默特左旗《土默特志》编纂委员会编:《土默特志》(下卷),第202页。

③ 包头市人民政府:《包头市禁烟禁毒工作报告》,内蒙古档案馆,编号:208-2-240。

④ 张振魁、孙忠耀:《五原县禁烟扫毒运动纪略》,《巴彦淖尔党史资料》第九辑,第171页。

⑤ 绥远省人民政府:《绥远省禁烟禁毒工作报告》,内蒙古档案馆,编号:208-1-101。

⑥ 庆格勒图:《建国初期内蒙古西部地区的禁烟禁毒斗争》,《内蒙古大学学报》(人文社会科学版)1998年第4期。

⑦ 土默特左旗《土默特志》编纂委员会编:《土默特志》(下卷),第202页。

小型戒烟所，无偿接受贫苦烟民，且效果良好。朱德汉的小型戒烟所得到了政府的肯定和支持，并很快在各地推广。不久，归绥市小型戒烟所发展到30多个，从而大大方便了烟民戒毒。[①] 许多人从戒烟所出来以后，都感激地说："共产党和人民政府救了我们，不然我们死后也得喂狗。"[②]各地对于拒绝戒除毒品，继续吸食毒品者以及游手好闲、不务正业的烟民，则送入劳动改造队强制戒除，从而使这一部分烟民也逐步戒除了毒瘾。全省各地戒毒工作进展顺利，许多烟民通过各种方式将毒瘾戒除。集宁县城关镇戒烟所40天内就有200多名吸毒者戒了毒瘾。丰镇县第三区到1950年3月已有527人戒了毒瘾。[③] 五原县1950年有3 000余名长期吸大烟成瘾者戒除了毒瘾。[④] 安北县从1950年4月至1950年5月共使1 210名吸鸦片成瘾的烟民戒除了毒瘾。[⑤] 归绥和包头两市1950年登记的施戒烟民共9 870人，其中6 518人在当年已完全戒除毒瘾。[⑥] 归绥市1951年7月—12月又有904名烟民戒除了毒瘾。[⑦] 土默特旗到1951年8月有905名烟民戒除了烟毒嗜好。[⑧] 包头市到1952年6月底，吸毒者已比1950年减少了90%。[⑨]

（六）东北区的初步禁毒活动

东北人民政府于1950年10月13日颁布了《东北区禁烟禁毒贯彻实施办法》，一共18条，要求各级人民政府设立禁烟禁毒委员会，"由各级人民政府之民政、公安、司法、卫生等有关部门及人民团体派员组织，由民政部门负组织之责"；各级人民政府"应根据具体情况协同人民团体利用各种形式作广泛禁烟禁毒宣传"；"各地群众对于种植、贩卖、吸食烟毒或隐藏烟毒品及用具不交者，应相互规劝监督并负责检举，各级人民政府当依其成绩给予适当之表扬或奖励"；"执行禁烟禁毒之检查人员等，应廉洁奉公，如有营私舞弊贪污受贿者或由群众告发属实者定予严惩"；"各地现有存藏、运输、贩卖或制造烟毒品者，各级人民政府应一律严厉查案，并没收烟毒用具及烟毒，将人犯送法院惩办，如自动向当地人民政府登记悔改并交出毒品及制造用具，可不加究处"。[⑩] 1952年2月9日，东北人民

---

① 庆格勒图：《建国初期内蒙古西部地区的禁烟禁毒斗争》，《内蒙古大学学报》（人文社会科学版）1998年第4期。

② 谢希贤：《回忆解放初期禁烟禁毒工作》，《呼和浩特史料》第二集，第95页。

③ 1950年4月10日《人民日报》。

④ 张振魁、孙忠耀：《五原县禁烟扫毒运动纪略》，《巴彦淖尔党史资料》第九辑，第171页。

⑤ 师锐：《安北县的禁烟禁毒工作》，《巴彦淖尔党史资料》第九辑，第176页。

⑥ 绥远省人民政府：《绥远省禁烟禁毒工作报告》，内蒙古档案馆，编号：208－1－101。

⑦ 归绥市人民政府：《归绥市禁烟禁毒工作报告》，内蒙古档案馆，编号：208－2－240。

⑧ 土默特左旗《土默特志》编纂委员会编：《土默特志》（下卷），第202页。

⑨ 马涛中：《改造娼妓和禁烟戒毒始末》，《包头文史资料选编》第八辑，第99页。

⑩ 苏智良、赵长青主编：《禁毒全书》，第1394—1395页。

政府又发布《关于严禁鸦片烟毒及其他毒品的命令》，首先，强调“除卫生部门经政府批准制药者外，不论任何机关、团体，不得保留任何鸦片、吗啡、海洛因等违禁毒品，以前所保留者，限令到十天内一律点清封闭，上缴东北人民政府财政部处理。人民手中如存有毒品者，亦限期呈缴当地政府，转送财政部，倘逾期不交者，以走私贩毒论罪，依法严惩”。其次，明令“各地关卡及军政公安人员，应严密检查烟贩毒犯，各界人民应积极检举揭发，如查获、检举有据者，不论贩运者为何人，一律送交人民法院，严惩不贷。对检查、揭发烟毒犯有功者，应予以表扬，以资鼓励，对包庇窝藏烟毒犯有据者，则以贩卖烟土毒品论处”。再次，要求“不论任何地区，一律严禁种植鸦片，各地公安机关应随时加强缉查，必要时派遣公安武装深入搜查；尤应注意山林僻乡，如发现烟苗，除立即予以彻底毁灭不留一苗外，并将烟匪拿获，送交人民法院，严加惩办，以收根绝烟毒之效”。[①] 这两个法令的颁布与实施，极大地推动了东北地区的禁烟禁毒活动。

1. 热河省

热河省人民政府明令指出：不论任何穷乡僻壤，任何理由，均坚决不许种植一亩一株罂粟，严禁制造贩卖任何毒品，违者将依法严惩。1951 年 4 月 7 日中共热河省委机关报《群众日报》上登载的赤峰市人民法院判处贩卖烟毒犯王俊死刑的消息，对推动全省戒烟禁毒震动较大。烟毒犯王俊在伪满时就贩卖毒品，在戒烟禁毒中，他无视国法，将 420 两鸦片、2.8 两白面坯子装在双层车板和空车轴内，妄图到外地贩卖，被查获后，经省人民法院批准，在赤峰市 2 000 多人的大会上，公开宣布判处王俊死刑，立即执行枪决。同时，在这个大会上，当众将价值 12 亿元(热钞)折小米 24 万斤的鸦片烧毁。人们看到党和政府对戒烟禁毒这样坚决彻底，无不拍手称赞。

热河省在戒烟禁毒实践中成功地摸索出了多种多样的行之有效的戒烟办法：(1) 组织烟民诉苦，算细账、查危害，启发烟民提高觉悟，自觉戒烟。乌丹县城关区烟民马青双家里房屋、土地、耕畜等样样俱全，生活特别富裕，自从马青双吸扎鸦片成瘾后，生活一天不如一天。当他扎到第 36 个年头时，共扎大烟 1 800 两，把全家所有财产都卖光了。他在诉苦会上算细账后，不仅自己痛下决心戒烟，对全村戒烟也有很大推动作用。隆化县阿拉营村烟民姜怀，穷得全家没有一条被子，冬天睡在土炕，只好以草覆身御寒。同村还有个烟民，卖了自己的老婆换了烟抽。他们通过诉苦，认清大烟危害，无不痛哭流涕，全村烟民个个发誓戒烟。(2) 组织烟民到戒烟所里，集体强制戒烟。因鸦片是烈性毒品，烟民一

---

① 苏智良、赵长青主编：《禁毒全书》，第 1399—1400 页。

旦犯瘾，便全身疼痛难忍，自觉很难戒除，根据这一特点和以往教训，全省各区、村普遍建立了戒烟所，分期分批组织烟民入所集体戒烟。戒烟所一边领导烟民戒烟，一边组织烟民识字读报，开展各种文化娱乐活动，使戒烟所成为改造烟民的大学校。实践证明，由戒烟所集体戒烟，声势大，见效快，效果好，全省绝大多数烟民是在戒烟所里戒断瘾的。(3) 硬戒与药戒相结合。硬戒即不用药物，戒到六七天后，即可断瘾，很适于青壮年烟民戒烟，对老弱病残的烟民则辅之以药物戒除。对此，各地广泛征集戒烟药方，以政府拨款扶助等形式，发动中药铺配制多种药剂，发给烟民戒烟。(4) 组织烟民边戒烟边参加生产。为把烟民改造成自食其力的劳动者，戒烟所或村政府，组织烟民戒烟时，都指定专人带领烟民参加劳动。农忙时收割庄稼，农闲时搞副业生产。乌丹县 5 个戒烟所夏秋两季，组织 285 名烟民，锄地 700 多亩，割麻黄 1 万斤，打柴 1.2 万斤，打羊草 3 万斤。土副产品由土产和供销部门收购。烟民不但戒了烟，出所时，平均每人还分得小米 100 多斤，深受烟民及其家属欢迎。承德市采取以工代赈的形式，由戒烟所组织男烟民植树造林，整修离宫花园，组织女烟民纳鞋底、打毛线，也挣了不少米。男烟民并将自己栽种的 1 800 棵树命名为“戒烟纪念林”，以兹纪念。(5) 普遍采取“三勤夹一懒”的办法，坚持自愿和评工记分，将戒除烟瘾回到家中的人，编到互助组里继续改造。因 10 个烟民 10 个懒，不由旁人带动他们，靠他们自觉很难变懒为勤。他们到互助组里，不仅保证烟民家里不荒地，还大大减轻了社会负担。(6) 抓反复，反复抓，不改造好烟民绝不罢休。烟民特点是反复性大，对他们稍一放松，又旧病复发，而且比没戒时烟瘾更大。根据他们这一弱点，各地对戒烟工作持之以恒、坚持不懈，发现一个给戒好一个。有些烟民三进三出戒烟所，断断续续，历经一两年，终于将他们改造成为“浪子回头金不换”的有用人才。(7) 戒烟与挖烟很相结合。通过烟民诉苦、检举，挖烟根，全省各地在戒烟中，挖出大量鸦片、白面等毒品。仅围场半截塔一个区就挖出鸦片 312 两，赤峰全县共挖出鸦片 2 645 两、白面 27 两、烟膏 818 两、醋酸 8 544 两、料子 17 两。(8) 以精神鼓舞和物质奖励相结合，在社会上形成戒烟光荣，吸烟可耻的风尚。隆化县阿拉营村烟民由戒烟所忌断烟瘾出所时，全村敲锣打鼓，开 100 余人大会，欢迎烟民凯旋回家。村政府并拿出救济粮、款，帮助困难户烟民安家立业。喀左县兴隆庄村烟民李树森、魏献春等人忌好烟受到表彰后，又以“不忌断烟瘾非好汉，不勤劳致富不罢休”为条件，向全省烟民提出挑战。1948 年统计，不算热西、热南两个专区，全省尚有烟民 30 多万。历经 1 年多的大规模全民戒烟活动，到 1949 年年末烟民已减至数万人。到 1950 年戒好的烟民，已占全省烟民总数的 83.6%，又经一年的扫尾工作，到 1951 年底，流毒热河全省的 100 余年烟害终于被彻底铲除,使热河全省六七十万烟民得以彻底翻身和解放。①

2. 辽宁省

辽西省各市县人民政府成立后,均布告禁毒,强制戒毒,到 1949 年年末共查处贩毒犯 261 名,2 195 名吸毒者中已经戒毒的 1 440 名,正在强制戒毒的 450 名。1950 年,辽东省各市县公安局共破获制、运、贩毒案件 867 起,处理案犯 1 445 名,收缴毒品 117.31 千克。并设立了强制禁毒戒烟所。1952 年 5 月,据辽西省锦州等 12 市、县统计,查处贩运毒品分子 746 名。②

3. 吉林省

吉林省人民政府认真贯彻执行中央人民政府政务院公布的《关于严禁鸦片烟毒的通令》和东北人民政府颁发的《东北禁烟禁毒实行办法》,对制毒、贩毒、吸毒分子给予严厉打击。1950 年,仅据长春、吉林等 16 个市县(旗)禁烟情况统计,共查处吸毒成瘾的烟民 3 520 人、贩毒的 1 347 人、种毒的 92 人。1951 年,对东部山区、林区进行搜查,仅敦化县就查出 32 人种植罂粟,烟地 840 亩,搜出烟土 1 斤 2 两 8 钱 5 分、烟籽 2 斤。③

4. 黑龙江省

黑龙江嘉荫县人民政府建立后的 1950—1952 年,为打击和肃清吸毒、贩毒和种植大烟的犯罪活动,在鄂伦春族游猎、散居的嘉荫河、乌拉嘎河一带的乌拉嘎金矿区,开展大规模的搜山禁烟斗争。先后 3 次派出公安部队、护林队和地方民兵武装,共捣毁烟田 427.5 亩,收缴鸦片 94.414 两,捕获种毒犯 110 余人,切断了毒品贩卖的来源。接着,又在鄂伦春人和采金工人中采取严格的戒烟行动,使 20 多名吸烟成瘾的鄂伦春猎民和近 100 名的采金工人戒除了大烟,保障了鄂伦春族人民和采金工人的身心健康,安定了社会秩序,巩固了新生的人民政权。④

5. 松江省

松江省人民政府于 1951 年 6 月发出搜查烟苗、检举烟民的指示。对过去盛产鸦片现仍有人偷种的宝清、密山、东宁、富锦、抚远、萝北等 6 县,在林政科与公安局、武装部密切配合和山区群众的协助下,动员 500 余人,自 6 月下旬至 8 月

---

① 田果如:《热河戒烟录》,《承德文史》第六辑,第 65—69 页。

② 辽宁省地方志编纂委员会办公室主编:《辽宁省志·公安志》,辽宁科学技术出版社 1999 年版,第 244—245 页。

③ 吉林省地方志编纂委员会编:《吉林省志》卷十一《政事志·民政》,第 309 页。

④ 顾曾:《嘉荫鄂伦春人的禁烟》,《文史精华》编辑部编:《近代中国烟毒写真》(上卷),第 274 页。顾曾:《嘉荫县的禁烟斗争》,黑龙江省政协文史资料委员会编辑部编:《黑龙江文史资料》第二十七辑《山岭上的鄂伦春人》,黑龙江人民出版社 1989 年版,第 128 页。

末，进行了搜山检查烟苗工作。经过宣传，讲解禁烟政策，共搜出烟民 222 名、烟田 99 公顷、烟土 210 两。宝清县有 60 余名职业性烟民向政府坦白登记，悔过自新，有的交出了烟土。1952 年 4 月，松江省人民政府发出了“要结合封山护林，加强搜山抓烟匪工作，不让一粒烟籽入土、一棵罂粟成实”的指示，全省各地再次进行搜山、查烟地、抓烟犯工作。尚志、抚远、穆棱、集贤、饶河、虎林、宁安等 7 县共动员干部、民兵、护林员 434 人，分 21 个搜山组，每组先后入山搜查 20 次以上。发现烟苗 783 公顷，捕获种烟匪犯 18 名，拆除烟窝棚 5 所。其中，饶河县搜山，动员民兵 129 人，捕捉烟犯 11 名，铲除烟苗 4.47 公顷。由于严禁私种和搜捕烟犯，烟地已大为减少。① 哈尔滨市人民政府坚决执行上级人民政府关于禁烟的措施，对烟毒犯不断进行打击，收到了一定的效果。据统计，从 1950 年到 1952 年 5 月，共处理各种毒品犯罪分子 2 219 名，查获鸦片 660 多两、毒款 9 亿 1 285 万元东北币和 3 985 万元旧人民币，惩办了罪恶严重的惯犯，使他们改邪归正。②

三、根除烟毒痼疾尚需一场群众性的禁毒运动

经过全国各级人民政府及有关部门 2 年多时间的共同努力，第一阶段的禁毒活动取得了不小的成绩。由于烟毒在中国流行已有长达 100 余年的历史，且带有较大的普遍性，遗留下来的毒害极为深重；加之新政权初创，当时的主要敌人还没有肃清，城乡封建残余势力仍然嚣张，而国家正处于镇压反革命、土地改革和抗美援朝等运动中，各级政府的工作重点在恢复经济、安定社会秩序，各方面的任务十分繁重，还没有来得及广泛发动群众进行系统的、大规模的、彻底的禁烟禁毒运动，所以此次禁毒活动虽初有成效，但未能从根本上解除这 100 余年历史造成的痼疾。一些不法之徒仍暗中继续种植、制造、贩卖毒品，群众中吸食烟毒的现象仍较普遍。

云南省嵩明县 1952 年 2 月对该县龙街乡调查，发现仍有烟馆 13 家、吸食鸦片者 80 人，占全乡总人口 2 148 人的 3.7%。③

四川省阿坝州 1952 年 3 月底统计，仅茂县、汶川、理县、松潘 4 个县尚有吸毒人员 883 人、贩毒 8 815 人、长途贩运 318 人、种烟 120 人。④ 叙永县在开展 1952 年肃毒运动前调查，仅叙永城区就有贩运、制造、吸食鸦片烟毒者达

---

① 黑龙江省地方志编纂委员会编：《黑龙江省志·民政志》，第 487 页。
② 卢守信：《哈尔滨的鸦片烟毒和禁毒运动》，《哈尔滨文史资料》第十四辑，第 159 页。
③ 陈铉：《嵩明五十年代的禁烟禁毒》，《嵩明文史资料选辑》第二辑，第 139 页。
④ 杨光成：《阿坝的禁烟肃毒》，苏智良、赵长青主编：《禁毒全书》，第 457 页。

6 000 多人，占总人口的20%多。[①] 邛崃县公安局于1952年肃毒运动前在火井乡一村调查，该村1 056人中，吸毒的人数占50%，有瘾的15%，而未沾过烟毒的人仅占35%（多数是妇孺）。[②] 泸州市1952年6月调查，全市仍有制毒犯15人、贩毒犯80人、运毒犯8人、窝主及串犯20人；其中，惯犯82人、主犯30人、初犯6人、从犯5人；从毒品数量上看，200两以上的40人，500两以上的4人，1 000两以上的49人，5 000两以上的4人，1万两以上的6人。[③]

西康省西昌地区1952年8月初步统计，全专区烟毒流行严重的重点区有35个；种烟户5 000余家，面积2万余亩；毒贩1 705名，其中500两以上的700余人；烟馆745家，瘾民近万人。[④]

绥远省丰镇县1952年6月统计，全县仍有制贩毒品者272户，吸食毒品者2 000人左右。[⑤] 萨拉齐县1952年6月调查，仍有吸毒者334人。[⑥]

察哈尔省张家口市从已经处理的毒品案犯的情况来看，绝大部分是小贩，对大的毒犯发现的很少，打击非常不够。据1952年4月份市公安局的初步调查发现，社会上有现实活动的毒品点栈达15处之多，制、贩毒品者400余人。此外，市民中存毒数量还很大，至少在3万两以上。[⑦]

河北省毒品流行情况仍较严重。

1. 制、贩毒活动甚为猖獗

据1952年6月的不完全统计，唐山、石家庄、秦皇岛、保定、通县、衡水等8个市、区仍有贩毒者318人，主要吸食而兼有小量贩卖者824人，制毒者4人。[⑧] 其中，石家庄在1951年后仍有活动的大小毒犯162人，较大的毒犯计18人。据不完全统计，仅此18个较大毒犯共贩料面2 458两、鸦片439两。[⑨] 全省1951年

---

① 梁永庆：《建国初期叙永肃毒运动概况》，《叙永县文史资料选辑》第十二辑（庆祝中华人民共和国成立四十周年专辑），第115—116页。

② 彭华生：《解放前邛崃的烟毒情况与解放后的肃毒运动》，《邛崃文史资料》第四辑，第101页。

③ 先安铭：《解放初期泸州的禁烟禁毒运动》，四川省泸州市中区政协文史资料工作委员会编：《江阳文史资料》第四辑，1990年印刷，第119页。

④ 孙兴盛、石棠熙、朱昌鹤：《禁烟肃毒在凉山》，马维刚编：《禁娼禁毒——建国初期的历史回顾》，第202页。

⑤ 丰镇县人民政府：《丰镇县禁烟禁毒工作报告》，内蒙古档案馆藏，编号：202-1-438。

⑥ 萨拉齐县人民政府：《萨拉齐县禁烟禁毒工作报告》，内蒙古档案馆藏，编号：208-2-264。

⑦ 李兆俭：《张家口市解放后的肃毒禁烟运动》，《张家口文史资料》第十五辑（纪念张家口解放四十周年续集），第88页。

⑧ 《河北省毒品流行情况和肃毒工作计划》，1952年6月23日，河北省公安厅档案，案卷号：永久284。

⑨ 吴景仁、张克勤：《石家庄市改造妓女、禁烟、戒赌实录》，河北省政协文史资料委员会编：《河北文史资料》第三十八期，1991年印刷，第61页。

以后仍然进行活动的毒犯分子有1 875名,其中制毒者36名,贩毒者1 839名。[①] 贩毒方式大都雇用妇女儿童代运,并勾结铁路乘务员及邮电职工作掩护。

2. 罂粟种植仍然存在。通县、定县、天津、保定4个专区有种毒村庄308个,涉及1 951户、种植面积约126亩4分9厘、米壳67亩[②]

河南省漯河1952年年初统计,全市仍有贩毒者140人,其中,大毒贩93人,中小毒贩47人,每年贩毒近万两,获利达4亿6 653万元(旧币);吸毒者4 868人,占全市人口的7%。马路街东段马家大院,居住30户居民,28户吸大烟;自博街吸毒者113人(其中女性占1/3),占全街1 102人的12%。[③] 汝南县1952年7月份调查统计,全县11个区(镇)尚有25户种植罂粟,其中种植最多的一户竟达近1 000株(1亩左右)。汝南城关当时有烟毒制造者15户、贩卖者413户559人;吸食毒品的930户1 312人。原高井台街共有680户2 863人,吸食毒品的就有100户,计118人。[④]

湖北省武汉市1952年6月仍有吸、贩毒人员6 878人。[⑤] 据1952年夏调查,黄石市暗地里贩、制、吸毒者仍有491人,甚至有因毒债纠纷闹到公安派出所的。[⑥]

江西省石城县调查统计,1950年,该县边远山区偷种罂粟9 121亩,有烟馆50家、贩运烟毒者67人、吸食烟毒者793人;1951年,偷种罂粟5 472亩,有烟馆34家、贩运烟毒者53人、吸食烟毒者588人。[⑦] 铅山县在1952年禁毒运动开始前,全县仍有吸食烟毒者近400人,烟毒贩子70余人。其中,河口、永平、石溪三地就有吸食烟毒者269人,贩卖烟毒和出售灯吸者29人,又贩又吸者21人。河口镇和平街一烟毒贩子,1949年前倚仗其舅父是国民党县政府官员,以贩毒为生,有恃无恐。1949年后至禁毒运动前夕,此人仍以卖香菇为名,到四川等地运来鸦片烟土,加工后出售。他虽被公安机关拘留教育多次,但仍不悔改,检查中一次就被没收鸦片烟土20余斤。[⑧]

南京市在1952年6月尚有烟毒犯4 441名,按其主要活动罪行来分,其中贩毒的最多,达3 026名,占68.14%;售毒的1 162名,占26.16%;运毒的229名,

---

① 《河北省禁毒行动修订计划》,1952年8月7日,河北省公安厅档案,案卷号:永久395。

② 《我省种植大烟和米壳情况》,1952年6月23日,河北省公安厅档案,案卷号:永久284。

③ 邢富功、刘国钧:《漯河的禁烟禁毒》,《文史精华》编辑部编:《近代中国烟毒写真》(上卷),第486—487页。

④ 吴善富:《汝南禁烟记述》,河南省汝南县政协文史资料研究委员会编:《汝南文史资料》第三辑,1987年印刷,第86—87页。

⑤ 陈守谦:《武汉禁毒运动》,马维刚编:《禁娼禁毒——建国初期的历史回顾》,第231页。

⑥ 中共湖北省委党史研究室编:《城市的接管与社会改造:湖北卷》,第67页。

⑦ 理言、廖渊:《解放前后石城的禁烟禁毒运动》,《石城文史资料》第三辑,第112页。

⑧ 方荣珠:《铅山县的禁毒运动和改造妓女工作》,《铅山文史资料》第四辑,第86页。

占 5.16%;制毒的 24 名,占 0.54%。[①]

安徽省到 1952 年 7 月仍有制、贩、运毒集团 138 个(其中主犯 255 人,从犯 934 人),单独从事贩毒活动者达 3 373 人,烟馆 745 家。[②] 合肥市在 1952 年 7 月调查,全市有烟馆 69 家,吸食毒品者 892 人,经铁路贩运到合肥的烟土达 6 500 万余两,通过其他渠道贩毒的 290 人,贩入合肥的烟土达 2.1 万余两、吗啡 200 余两。[③]

福建省调查统计,至 1952 年 7 月,仅 8 个市县就有制贩运毒犯 2 179 名,其中,制毒犯 102 名,贩运毒犯 1 520 名,开烟馆 557 名;以地区计,福州 359 名,厦门 606 名,泉州 177 名,漳州 282 名,晋江县 355 名,长乐县 111 名,龙溪县 234 名,平和县 55 名。[④]

吉林省长春市在开展禁烟肃毒运动前,经社会调查,仍有吸食毒品的瘾民 1 324 人。[⑤]

为了根除这一旧社会的恶劣遗毒,保护人民的身心健康,振奋民族精神,恢复和发展生产,迎接大规模经济建设的到来,必须"在全国范围内有重点地大张旗鼓地发动一次群众性的运动,来一次集中的彻底的扫除"。[⑥]

四、全国各地的彻底禁毒运动

1952 年,中共中央和政务院在经过充分准备后,集中力量、时间在全国范围内组织了一场大规模的群众性的禁毒运动,把中华人民共和国成立初期的禁毒斗争推向了高潮。1952 年 4 月 15 日,中共中央发出《关于肃清毒品流行的指示》,指出:为了彻底根除烟毒"这种旧社会的恶劣遗毒,在全国范围内有重点地大张旗鼓地发动一次群众性的运动,来一次集中的彻底的扫除,是十分需要的"。[⑦] 指示对肃毒运动的方针、政策及打击的重点都作了明确的规定。5 月 21 日,中央人民政府政务院再次发布《查禁鸦片烟毒的通令》,号召"各级人民政府应在'三反'、'五反'所造成的有利条件下,有重点地大张旗鼓地开展一个群众性的反毒运动,粉碎制毒、贩毒罪犯分子及反革命分子的阴谋,以根除这种旧社

① 宁弓矢:《南京的禁毒工作》,马维刚编:《禁娼禁毒——建国初期的历史回顾》,第 369 页。
② 安徽省地方志编纂委员会编:《安徽省志·公安志》,安徽人民出版社 1993 年版,第 211 页。
③ 合肥市地方志编纂委员会编:《合肥市志》,第 2070 页。
④ 福建省肃毒指挥部办公室:《福建烟毒情况初步综合》,1952 年 7 月 30 日,福建省公安厅档案科,案卷号:长期 215。
⑤ 王连馨:《长春禁毒运动》,苏智良、赵长青主编:《禁毒全书》,第 506 页。
⑥ 《中共中央关于肃清毒品流行的指示》,《党的文献》1996 年第 4 期。
⑦ 《中共中央关于肃清毒品流行的指示》,《党的文献》1996 年第 4 期。

会的恶劣遗毒”。[①] 6月10日，政务院着手布置严厉打击毒犯行动，决定由公安部负主要责任，其他部门予以配合，指定由彭真定期召集公安、铁道、交通、邮电、海关、内务、卫生、法院等部门汇报工作情况，并在中央指示下处理有关问题。针对贩毒团伙活动诡秘的特点，中央决定由公安部门统一布置，全国一致行动，以便一网打尽。为了达到此目的，公安部下达密令，要求各地公安局重点做好本地区的侦察准备工作。7月30日，中央正式批准了公安部的《关于开展全国规模的禁毒运动的报告》，并训令立即执行。8月10日，根据公安部的统一部署，全国1 202个禁毒重点部门和地区同时进入第一期破案行动，大规模地搜查、缉捕各种毒品案犯，禁毒运动由此展开。随即又进行了第二、三期的破案。这一运动在党中央的正确领导下，有关部门的大力配合和公安部门的积极工作，经过了充分的侦察准备，发动群众和集中破案，于11月底胜利结束。

（一）西南区的彻底禁毒运动

1. 云南省

云南省禁烟委员会于1952年制定并公布了《云南省对毒犯处理标准》，在省委、省政府的领导下，在内地78个县市开展了声势浩大的群众性禁毒运动，以禁种为重点，并彻底清查、打击贩毒分子。昆明市作为全省肃毒的重点地区，于8月14日—10月29日，相继组织了4次搜捕行动，共逮捕贩毒人犯1 698名，登记贩毒人员3 400余名，缴获鸦片18.4万余两。[②] 其中，抓获了大贩毒犯刘云阁和大制毒犯唐烈炎。刘云阁1949年后混入茶叶公司云南分公司，组织贩毒集团，两年内就贩毒高达11.3万两。[③] 四川籍的唐烈炎从1944年开始，以昆明市为基地制贩毒品，1947年后专门制造吗啡，至卢汉起义后，共制造贩卖吗啡4 630余两，有“吗啡大王”之称。1950年12月，逃匿重庆、贵阳等地；1951年11月，返回昆明后，继续制贩毒品，至1952年8月肃毒运动开始前，所制毒品折合鸦片6.25万余两，被市民举报查获，依法判处死刑。[④] 嵩明县于8月24日进行第一次行动，将事实清楚、证据确凿、情节严重的39名贩运烟毒犯逮捕归案。9月20日晚，进行第二次行动，逮捕烟毒犯44名。接着在重点集镇开展坦白的登记运动，先后有287名中小贩卖烟毒者在法令威慑、政策感召并在群众的帮助教育下，自动坦白登记，得到了宽大处理，还有21名情节恶劣而又拒不坦白的烟

---

① 《北京档案史料》1997年第5期。
② 云南省地方志编纂委员会总纂、云南省公安厅编撰：《云南省志·公安志》，第326页。
③ 黄瑶、张明哲：《罗瑞卿传》，第258页。
④ 云南省地方志编纂委员会总纂、云南省公安厅编撰：《云南省志·公安志》，第326页。

毒犯,全部被逮捕法办。该县共逮捕烟毒犯 104 名,收缴烟土 4 092.7 两。① 宜良县于 10 月中旬在县城大同门广场召开大会,逮捕了屡教不改的烟毒犯 140 名,自首登记 136 名,1 名罪犯被判处无期徒刑,一批罪犯被判处有期徒刑,并当众焚毁鸦片烟 11 295 两,烟具 10 余挑。②

全省禁吸工作也成效显著。昆明市登记烟民 14 762 名,采取按年龄分期分批强制戒断的办法,使 80%的烟民戒除了毒瘾。③ 下关市 1952 年共办戒烟班 6 期,帮助 415 名瘾者戒除了烟毒。邓川县戒烟所开办第一期戒烟班就为 86 名瘾者戒了烟。大理地区到 1952 年年底 90%以上的吸毒者戒了瘾,所有烟馆都关闭或转业。④

到 1952 年年底,全省城镇和内地农村的瘾民,除年老患病者之外,均已戒除了吸毒恶习。全省在肃毒运动中,共查出贩毒分子 2.44 万余名,对其中罪行严重者,逮捕 6 239 名,判处死刑 38 名;缴获鸦片 150.2 万余两、烟具 1.5 万多套、各种枪支 130 余支、子弹 7 300 余发、毒资黄金 2 144 两、金砖 18 块、银元 1.6 万余元以及制毒工具一批。⑤

2. 贵州省

贵州省禁毒运动从 1952 年 6 月开始准备,7 月全面部署,8 月召开全省禁毒会议,开展打击烟毒犯的集中统一行动,到 11 月底胜利结束。

贵阳市在 1952 年禁毒运动中,共捕获烟毒犯 890 名,其中,依法判处死刑 8 名,无期徒刑 2 名,有期徒刑 581 名,缓刑 16 名,管制 12 名,强迫劳动 204 名;摧毁烟馆 1 500 多家,破获烟毒案 4 000 多件,查获追缴鸦片近 37 万两、吗啡 1.4 万余两。全市有 8 000 多名烟民在戒烟所戒掉了烟瘾,还有大量的烟民在家中自动戒掉了烟瘾。有 1.2 万多名烟民登记悔过,交出存毒及烟具。⑥

安顺城于 8 月 11 日、8 月 22 日、9 月 13 日先后进行 3 次集中行动,逮捕烟毒犯 176 名,先后召开两次公审大会,宣判处理 114 名,其中,枪决重大烟毒犯 4 名,判处徒刑和劳改 94 名,管制、释放 16 名;查获鸦片毒品 21 147 两、烟具 1 000 余件、贩运工具 60 余种。第一期行动后,以街道为单位设立 137 个毒犯登

---

① 陈铉:《嵩明五十年代的禁烟禁毒》,《嵩明文史资料选辑》第二辑,第 140—142 页。

② 周正强、陶华、刘伟:《宜良禁毒史话》,《宜良文史资料》第三辑,第 170 页。

③ 云恭:《云南鸦片烟毒简史》,苏智良、赵长青主编:《禁毒全书》,第 447 页。

④ 苏松林:《大理地区禁烟肃毒述略》,《文史精华》编辑部编:《近代中国烟毒写真》(下卷),第 454 页。

⑤ 云南省地方志编纂委员会总纂、云南省公安厅编撰:《云南省志・公安志》,第 326 页;云恭:《云南鸦片烟毒简史》,苏智良、赵长青主编:《禁毒全书》,第 447 页。

⑥ 贵阳市公安局史志办:《解放初期的禁烟禁毒运动》,《贵阳文史资料选辑》第二十七、二十八合辑,第 72 页。

记处，截至 8 月 29 日，共登记毒犯 828 名，自动登记的烟馆业主 326 名。[①]

毕节地区公安处组织干警 300 名，抽调地、县直属机关干部 600 多名投入禁毒运动。8 月 11 日—9 月 19 日，毕节县先后采取三次集中统一行动，共逮捕毒犯 315 名。9 月 20 日，毕节公安处组织地区内 6 个县的统一行动，共逮捕毒犯 288 名，其中，大定（今大方）29 名、黔西 83 名、织金 50 名、金沙 85 名、威宁 21 名、水城 20 名。[②]

遵义市于 8 月 11 日采取第一期统一行动，逮捕烟毒犯 40 名。9 月 24 日召开公审大会，人民法庭依法判处烟毒犯死刑 2 名、死缓 2 名、无期徒刑 2 名、有期徒刑 138 名、管制 11 名。习水县于 9 月 14 日逮捕烟毒犯 98 名，收缴鸦片 7 803 两。[③]

镇远专区濉阳镇于 8 月 23 日采取集中行动，逮捕了彭文斗、杨锦川等 30 名重大烟毒犯。10 月 5 日、29 日先后两次召开公审公判大会，展览罪证，揭露罪行，处决重大烟毒犯彭文斗，判处有期徒刑 16 名，同时公捕继续贩毒的现行犯 4 名。[④]

贵阳专区贵定、瓮安、龙里、贵筑、惠水、清镇、开阳、修文、息烽等 9 县先后采取集中逮捕烟毒犯的统一行动，共逮捕烟毒犯 208 名，收缴鸦片 10 792 两，烟具 440 件，毒资大洋 1 003 元、黄金 1 两。[⑤]

全省在禁毒运动中，共逮捕烟毒犯 3 915 名，占全省 100 两以上烟毒犯 16 573 名的 23%，审结处理已捕烟毒犯的 80%，公开处决了 25 名身兼反革命和罪大恶极的贩毒集团的组织者与主谋者；缴获鸦片 298 628 两，其他毒品毒料折合鸦片 72 587 两，总共缴获烟毒 371 215 两；收缴烟具 6 703 套、毒资黄金 35 两 7 钱、白银 90 两、银元 12 467 元、小洋 4 954 元，人民币 1 677.5 元，贩运毒品使用的汽车 5 部、马车 23 部、长短枪 15 支、子弹 5 000 余发。[⑥]

3. 四川省

四川富顺县人民政府于 1952 年 7 月在县公安局内设立肃毒办公室，开展全民性肃毒运动。8 月，在鸦片输入的必经之道兜山区设置哨卡，共缴获烟毒 2 007 两，捕获烟贩 12 名。9 月，又发动全县人民检举揭发毒贩，经过调查取证，共逮捕烟毒犯 38 名，缴获鸦片、吗啡 800 余两，烟具 1 500 余件。[⑦]

---

① 金士宝、廖以文：《贵州肃毒》，马维刚编：《禁娼禁毒——建国初期的历史回顾》，第 287 页。
② 金士宝、廖以文：《贵州肃毒》，马维刚编：《禁娼禁毒——建国初期的历史回顾》，第 287 页。
③ 金士宝、廖以文：《贵州肃毒》，马维刚编：《禁娼禁毒——建国初期的历史回顾》，第 287—288 页。
④ 金士宝、廖以文：《贵州肃毒》，马维刚编：《禁娼禁毒——建国初期的历史回顾》，第 288 页。
⑤ 金士宝、廖以文：《贵州肃毒》，马维刚编：《禁娼禁毒——建国初期的历史回顾》，第 288 页。
⑥ 金士宝、廖以文：《贵州肃毒》，马维刚编：《禁娼禁毒——建国初期的历史回顾》，第 288—289 页。
⑦ 苏铁生：《富顺县鸦片流毒与肃毒》，《文史精华》编辑部编：《近代中国烟毒写真》（下卷），第 216 页。

綦江县前后三批共依法逮捕烟毒犯罪分子约300人,其中,判处死刑2名、有期徒刑192名、管制59名、劳教25名、教育释放17名;共缴获烟片烟毒1.363 9万两、沃水6磅、非拉斯丁16两、嘈哒3两,吸毒、制毒、运毒工具1 488件(套)。[①]

大足县在1952年7月至11月间,共逮捕烟毒犯124人,其中判处死刑1人,徒刑91人,管制、取保释放32人;缴获各种烟毒1 143.44两,沃水1瓶,贩、吸烟毒用具328件,毒资银圆45块、金戒4只、金子26两,步枪3支,子弹307发,刺刀1把。[②] 叙永县在整个肃毒运动中,共收缴鸦片5万多两,吗啡500多两,烟具300多套,打击处理烟毒犯400多名,处决特大烟毒犯马相如。[③]

南溪县从1952年7月起开展肃毒运动,在运动中查出从屏山、宜宾贩烟到泸州、重庆等地出售的烟贩中,南溪人有15个,这批烟贩子用木船共贩运大烟10 602两。在全县查出尚在吸烟的有213人,打击了14名。据摸底,在大观、李庄、城区共有烟贩子216人,其中,贩运500两以上的1人,1 000两以上的6人。同年10月25日—11月3日,李庄办烟贩学习班,有57人参加,对他们追缴烟毒和烟具。1952年年底,肃毒运动基本结束,共登记烟民310人,交出烟土720两、烟具154件;查出大小烟贩344人,追出大烟166.4两;城区逮捕烟贩13名,李庄逮捕7名。[④] 璧山县人民政府于1952年集训贩运、销售烟毒分子227人,305名吸烟和小量销售毒品者坦白自首,查获烟毒集团案5件、单个案48件,缴获毒品3 573两、毒具1 583件,分3批逮捕烟毒犯105人,其中9人被依法判刑。[⑤]

中江县于1952年7月17日成立了以王朴庵为主任委员,郑培、伍烈光为副主任委员,各界代表15人参加的中江县禁烟委员会,在县公安局设置办公室,决定抽调干部,以兴隆、仓山、广福、黄鹿为重点,开展禁烟运动。7月19日,根据川北人民行政公署的指示,又重新作了部署,增加了城关、龙台、太平、石笋、冯店、兴发、永兴等乡、镇为重点,共抽调县、区、乡干部440多名,组成11个工作组,以点带面,在全县开展了群众性禁烟运动。经过层层召开各种会议,传达上

---

① 高镇如:《綦江县禁绝鸦片烟毒工作片断》,《文史精华》编辑部编:《近代中国烟毒写真》(下卷),第233页。

② 邓治平、王绍武:《大足县的禁烟》,《文史精华》编辑部编:《近代中国烟毒写真》(下卷),第243—244页。

③ 梁永庆:《建国初期叙永肃毒运动概况》,《叙永县文史资料选辑》第十二辑(庆祝中华人民共和国成立四十周年专辑),第116页。

④ 南溪县文史办公室:《概述南溪县禁烟肃毒实况》,《南溪县文史资料选辑》第二十辑,第84页。

⑤ 刘祖乾:《璧山县查禁鸦片烟情况》,《璧山县文史资料选辑》第四辑,第23页。

级指示，摸底调查，制定方案，于 8 月 15 日凌晨 5 点 30 分，以城关、仓山、太平为重点，统一行动，对烟贩家庭重点进行了搜查，缴获了一批烟毒、烟具和银币、金戒指。当天上午，重点地区分别召开了 2.3 万人参加的群众大会，由党政领导出面，宣传鸦片对国家、对人民的危害和禁烟政策，号召人民群众检举揭发烟贩的罪行，凡有鸦片烟和烟具的要交人民政府。大会之后，一面召开各类座谈会、控诉会、烟贩家属会，进一步发动群众，一面深入调查、搜集、核实烟贩材料，追缴烟毒烟具。一个大宣传、大检举、大揭发、大批斗的群众禁烟运动，迅速在全县展开。为了推动运动的深入发展，在作好充分准备的基础上，又于 8 月 30 日，在县城召开了 4 300 多人的禁烟公审大会，对中统特务、大烟贩赵荫浏执行枪决，判处了 2 名贩烟犯的徒刑。10 月上旬，城关、冯店、广福、龙台、兴发等地，又分别召开群众大会，判处、管制了一批烟贩。截至 11 月 6 日，逮捕烟贩 44 名，管制 25 名，登记悔过的 136 名，共缴获鸦片烟 1 900 余两、烟种 30 余两、烟膏 39 两多、烟灰 25 两多、吗啡 1 两、烟具 1 004 件，用以贩烟的银币 583 元、金戒指 4 个、手枪子弹 113 发、手榴弹 1 枚，公开销毁鸦片烟 730 多两、烟种 20 多两、烟具 130 多件。①

雷波县在乐山专署禁烟禁毒委员会的布署下，于 1952 年 7 月 28 日成立雷波县禁烟禁毒委员会，县长张义臣任主任委员，公安局长梁克敏任副主任委员，民政、团委等部门为成员单位。雷波县人民法院于 1952 年 11 月 14 日在县城召开了 1 000 多名群众参加的公判会，公判了 16 名烟毒犯罪分子，并对屡教不改的烟毒犯李义轩执行了死刑。至同年年底，雷波县公安局相继缴获了鸦片 12 832 两。②

南川县委、县人民政府为了杜绝贩运、吸食、存毒的行为，于 1952 年 8 月—10 月在城关、南平、水江、万盛等场镇开展了 2 个月的禁烟肃毒突击运动，发动群众深入揭发，动员烟民彻底坦白交代。共集训烟民 526 名，缴获烟具 2 120 余件、各种毒品 400 多两，对一些抗拒政令，群众愤恨的分子，给予严厉的惩罚。③

重庆市从 1952 年 8 月 11 日至 10 月 4 日，通过三次大逮捕，共破获烟毒集团案 115 件，单案 2 887 件，先后逮捕大毒犯 3 148 名，缴获毒品 2.190 8 万两，制毒原料 43 944 两。④

---

① 王善培：《中江的禁烟运动》，《中江文史资料选辑》第六辑，第 205—207 页。

② 魏吉民、杨文思：《雷波禁烟概况》，《雷波文史》第八期，第 11 页。

③ 吴光成：《禁绝烟毒　人人称快——我县解放初期禁烟肃毒运动简记》，《南川文史资料选辑》第六辑(纪念南川县解放四十周年)，第 130 页。

④ 周勇主编：《重庆通史》第三卷，第 1423 页。

泸州市在禁毒运动中，先后逮捕烟毒犯 264 名，占烟毒犯总数的 20.19%，其中，判处死刑 2 名、无期徒刑 4 名、10 年以上有期徒刑 35 名、5 年以上有期徒刑 83 名、5 年以下有期徒刑 83 名，释放管制 52 名，另有毒犯 5 名按反革命案处理（未统计在内）。收缴毒品 8 997 两、烟具 1 247 件、长短枪 6 支、子弹 379 发。成立城区戒烟所，先后分批收戒瘾民 2 412 人，经过 4 个月的强制戒烟，使全部瘾民脱瘾，逐渐恢复了健康，分别就业，走上了自食其力的生产岗位，同时分散在社会上监督自戒的近 1 万名瘾民，在 1952 年内，也陆续全部脱瘾。①

南充县 1952 年共收缴烟土 5 000 多两、烟具 140 多件，处治烟贩 50 余人，依法判处徒刑者 26 人。金台乡烟毒贩冯图山违反禁令，继续贩运烟毒，不杀不足以平民愤，被专政机关依法枪决。随即发动群众检举揭发，据不完全统计，收到群众检举信 1 540 多封，检举揭发烟毒犯 293 人，追缴鸦片烟 130 多两。②

4. 西康省

西康省西昌专区在 1952 年 6 月至 12 月间，共逮捕烟贩 1 689 名，召开公审大会 70 余次，判处死刑 26 名、死缓及徒刑 300 余名；缴获生熟鸦片烟 6 万余两、毒资旧人民币 29 亿多元、黄金 130 余两、白银 3 000 多两、银圆近 2 万元，烟具 10 万余件、枪 28 支、子弹 1 500 余发、手榴弹 3 枚。③

（二）西北区的彻底禁毒运动

1. 甘肃省

甘肃省从 1952 年 5 月开始，以兰州、天水两市为重点，开展了大规模的肃毒运动。两市均成立了统战形式的禁毒委员会，此次运动以打击集体大量制造、贩卖、包运毒品犯与严重违法的国家工作人员为重点。共有 3 823 名毒犯向人民政府坦白登记，缴获鸦片 1 亿 1 692 万两、毒具 866 件，逮捕重大毒品犯 682 人。④ 这次大规模的肃毒运动，基本上摧毁了兰州这一毒品制贩基地。与此同时，各地在汉民居住区相继成立了一些戒烟机构，通过集中施戒、互相劝戒、分散自戒等多种形式，使 5.8 万余人戒除了烟毒。甘谷县采取“公办”和“民办”相结合的办法对该县 400 余名烟民施戒，绝大多数戒除了烟毒，受到西北军政委员会

---

① 先安铭：《解放初期泸州的禁烟禁毒运动》，《江阳文史资料》第四辑，第 122—123 页。

② 四川省南充县志编纂委员会编：《南充县志》，四川人民出版社 1993 年版，第 582 页。

③ 孙兴盛、石棠熙、朱昌鹤：《禁烟肃毒在凉山》，马维刚编：《禁娼禁毒——建国初期的历史回顾》，第 202—203 页。

④ 李晓卫、方仕樵：《烟毒与禁政——甘肃历史上的禁烟肃毒》，马维刚编：《禁娼禁毒——建国初期的历史回顾》，第 192 页。

民政部的通报表扬。[①]

2. 新疆省

1952年6月9日，迪化市五届三次人民代表大会作出开展禁烟禁毒运动的决议：组织群众性禁烟禁毒，号召坦白、检举烟毒行为；对制、贩、运、售烟毒分子情节严重恶劣，局部坦白者依法惩办；对烟毒嗜好者依靠群众力量以说服教育规劝与强制相结合方法限期戒除。

随后市民政局与一区政府首先试办了群众互助戒烟所，自愿入所戒毒者22人。戒烟期间，组织烟民学习，并以自身经历控诉烟毒的危害，启发烟民自戒和辅以药物治疗，为全面开展戒烟工作取得了经验。同时，各街道利用宣传会、座谈会和到戒烟所参观等形式规劝烟民登记戒烟。市公安局开始一方面收集整理过去已掌握的揭发出的烟毒材料，调查毒品流行情况；一方面发动群众，培养积极分子，调查贩、运毒品情况。在工作方法上采取争取小贩，孤立大贩，进行分化瓦解，初步查出全市37个行业中有职业性、半职业性大小烟贩920余户（多系工商户），其中，过去已处理的440户，"三反""五反"中新暴露的450余户，经核实继续从事贩售鸦片者534人，制造大麻者2人，根据群众检举破获运输行赵健致、健美丰酱园张子杰贩、藏、售鸦片以及热依木制造大麻等一批重大案件，缴获鸦片3 365两、大麻107.3两、海洛因10.7两。[②]

同年8月，按照中央关于边疆少数民族地区禁烟禁毒应在今后的工作中逐步解决的指示精神和迪化市贩毒活动受到打击后暂时处于沉寂的实际，全市禁烟禁毒转入经常性工作：(1) 以集中打击贩毒现行犯为主。(2) 根据已掌握的贩毒特点、规律，加强对入境车辆、人员、货物的检查。(3) 在商栈、运输行、车马店及市郊清查绕道入境和漏网毒品。(4) 协查通缉潜逃的重大毒犯。这次运动虽然中途停止，但是效果显著。① 掌握了全市毒品流行和毒犯底数，沉重打击了贩毒活动，烟毒案由1951年的489件减少至177件；② 烟民普遍觉悟，多数人进行了登记并戒除了烟瘾，从而大大减轻了烟毒对社会的危害。

1953年年初，随着全国禁烟禁毒运动的基本结束，迪化市成为少数几个未完成禁烟禁毒工作的省会城市，为此，市委按照新疆分局有关指示精神，决定适时开展一场务求根绝烟毒的群众运动。在工作部署中，考虑到迪化市是个多民族聚居的地区，少数民族群众在历史上受烟毒危害较深的特点，以慎重稳进为原

---

① 甘肃省地方史志编纂委员会、《甘肃省志·公安志》编纂领导小组编纂：《甘肃省志·公安志》，甘肃文化出版社1995年版，第438页。

② 中共乌鲁木齐市委党史工作委员会编：《城市的接管与社会改造：乌鲁木齐卷》，第509页。

则，以改造教育毒犯为主只打击少数罪大恶极的毒犯，并力求把打击面缩小到最低限度。同时，要求各级部门在组织上、思想上、行动上为运动作好各项准备。同年10月，在市委统一领导下，运动在全市范围大张旗鼓地展开。从1954年1月至4月，市公、检、法部门先后分批处理毒贩105人，其中，判刑89人，管制6人，免刑10人。7月，市人民法院又公开宣判了两批毒贩，其中2名大毒犯被依法枪决，34名毒犯分别被判处徒刑、管制或教育释放。① 至此，在押毒犯基本处理完毕，运动胜利结束。

3. 青海省

青海省公安厅于1952年7月5日制订了《青海省肃毒计划》，组织公安干警，深入下去，依靠群众，掌握了1 260名贩运、吸毒者的情况。同年8月20日凌晨4时，以西宁、湟源为重点，全省开展了肃毒统一行动，逮捕毒贩25名，查获吸毒者466人，收缴毒具434件、烟毒2 400余两。在宣传、教育群众、打击毒贩的同时，对800多名一般吸食者给予批评教育。在城镇施行集中医疗和戒烟，乡村则由基层政权监督自戒，并再次发布禁令，严禁种植、贩运和吸食烟毒。从此，青海省清除了长期存在的社会弊端，基本结束了100余年来烟毒危害人民健康的历史。②

4. 陕西省

汉中市于1952年8月成立查禁鸦片烟毒委员会，领导全市禁毒工作。经过4次调查，共掌握有各类烟毒问题的899人。从8月29日至10月14日，经过清理清查，共逮捕烟毒犯174人，其中，大毒犯46人，惯犯71人，烟馆主44人，制毒技师2人，一般烟毒犯11人；交人民群众管制143人。在押烟毒犯供出线索163件，主动交出大烟276两、料面3两、烟膏53两、制毒工具971件。根据这些线索又查获大烟368两、料面1.2两、烟坯6.5两、烟膏122两、制毒药9两、制毒工具24件。这一时期，公安部门还集中侦破集体贩毒案4起，涉及案犯44人，合资股金1亿2 422万元(旧币)，合资大烟389两。这伙烟贩先后倒卖大烟2 925两，料面1041.5两。依法逮捕19人，管制9人。从10月15日至11月底，进行了公开处理。首先，在北教场召开群众大会，当众烧毁大烟5 673两，以及一批烟具、制毒器材等。其次，对烟毒贩78人集训教育，依法逮捕6人，管制27人，释放40人，其他处理5人。没收8名烟毒犯非法所得房屋4院、黄金36两、银元169枚、自行车2辆。第三，召开公判大会，判处罪大恶极的烟毒犯

---

① 中共乌鲁木齐市委党史工作委员会编：《城市的接管与社会改造：乌鲁木齐卷》，第511—512页。
② 青海省地方志编纂委员会编：《青海省志·公安志》，第108—109页。

李含萼、陈子元、廖子由 3 人死刑，立即执行；109 名烟毒犯被判处有期徒刑。[1]

西安市禁毒运动，从 1952 年 8 月中旬开始，到 12 月底结束，历时 4 个多月。共施戒烟民 6 000 余人，登记毒贩 1.058 4 万人，处理各类毒贩 1.066 4 万人，其中，判处死刑 29 人、死缓 1 人、有期徒刑 1 118 人，交社会管制 986 人，具结悔过 3 369 人，不以毒贩论 4 545 人；缴获鸦片 2.072 544 万两、制毒原料醋酸 1 821.8 两、巴比通 1 875.2 两、普鲁卡因 41.7 两、咖啡因 290.86 两、士的年 17.16 两、奎宁 416.5 两和其他原料 6 343.28 两，制毒机器 12 台、制毒工具 2 164 件，以及部分枪支和其他军用物品。[2] 陇县在 1952 年 8 月到 12 月，各区乡送到县上的烟贩有 42 人，全县查出吸食大烟的达 1 320 人（城镇 472 人，乡村 848 人），法院依法查处烟毒案 134 起，处理 132 人。[3]

5. 宁夏省

宁夏全省在禁毒运动中共查获鸦片 5.89 万两、吗啡 249 两，罚没毒资 1 亿 3 259 万零 762 元（旧人民币），对所查没的烟毒在各级人民政府的主持和群众监督下全部焚毁。[4]

（三）中南区的彻底禁毒运动

1. 河南省

河南省于 1952 年 5 月成立省禁毒委员会。6 月，中共河南省委、省人民政府按照全国统一部署，发出《关于开展禁毒运动的指示》，要求全省“有准备地、有领导地、坚决地、大张旗鼓雷厉风行地发动一个群众性的禁毒运动，务求彻底肃清，逐步根绝”。全省各地建立健全禁烟禁毒机构，分两批开展群众性的禁烟禁毒运动。第一批主要是开封、郑州、洛阳、许昌、漯河、驻马店、信阳、周口、南阳、商丘等已进行“五反”运动的城市；第二批是各县城及重要集镇。

郑州市委于 1952 年 6 月 25 日制定《关于开展肃毒运动初步方案》，该方案下达后，全市迅速行动。经过广泛发动群众和细密的排查摸底，公安部门于 8 月 12 日和 30 日逮捕了第一批、第二批毒犯。9 月 2 日，全市召开了由 5 万人参加的控诉、坦白、检举大会。在此基础上，9 月 15 日拂晓，逮捕了第三批毒犯。9 月 19 日，又召开了近 3 万人参加的公审大会，会上当场处决 2 人、判刑 4 人、释放 2 人、焚烧毒品 1 000 多两，群众情绪异常高涨，禁毒运动进入高潮。当场收到检

---

① 陈福寿：《汉中禁烟事略》，《汉中文史》第九辑，第 152—154 页。

② 张成俊：《西安的禁烟肃毒》，马维刚编：《禁娼禁毒——建国初期的历史回顾》，第 313 页。

③ 马执中：《解放初期的禁烟和一九五二年禁烟大会》，《陇县文史资料选辑》第七辑，第 154—155 页。

④ 宁夏国史编审委员会、宁夏国史学会编：《当代宁夏史通鉴》，第 91—92 页。

举材料10 162件，当场登记坦白865人，交出毒品4两7钱，原料146两5钱。会后第二天第四批毒犯落网。截至9月底，先后4批共逮捕毒犯345人，收缴毒品折烟土计2 590两、各种原料4 890两、各种制毒工具887件、黄金32两5钱7分、银元585块。肃毒运动取得了重大胜利。①

洛阳市禁毒运动从1952年7月10日开始，历时4个月，经准备、发动、追缴毒品、登记4个阶段，至11月底结束。共逮捕大毒犯110人，缴获毒品2 178两，制毒工具14套103件，运毒工具4 831件，处决了贩毒近8万两的大犯侯杏槐。②

漯河市人民政府于1952年9月发布了《漯河市人民政府布告》和《漯河市种毒、制毒、贩毒分子登记办法》，成立了漯河禁毒委员会，规定市内各派出所负责办理登记事宜。明令："凡居住本市的种毒、制毒、贩毒者及其窝主，自即日起，依照规定向各级登记机关申请登记，对登记真实确知悔改者，予以宽大处理，有显著贡献者酌情予以奖励，其胆敢隐匿，违抗，进行破坏或登记不彻底者，一经查明坚决严惩不贷。"经过充分准备，1952年9月初，在市禁毒委员会领导下，全市统一组织117人的干警专案队伍，2 000多名干群组成29个规劝小组，依照"坦白从宽、抗拒从严，小犯从宽、大犯从严，偶犯从宽、惯犯从严"的政策和市政府布告，深入发动群众，大张旗鼓地开展禁毒运动。从1952年9月初至11月底，漯河市在3个月的群众禁毒运动中，共集中训练吸食鸦片烟者1 034人，依法逮捕、判处不同刑期的708人，其中，处以极刑的3人，教育释放的210人，处以罚款的116人，金额达5亿零562万零50元(旧人民币)，收缴烟土612两、海洛因585两。③

许昌市在禁毒运动中，共收缴鸦片664两、海洛因97两、各种制毒原料300磅、制毒和吸毒工具2 134件、长短枪6支、子弹289发、手榴弹12枚。④

商丘县人民政府从1952年7月—9月共逮捕贩毒罪犯7人，缴获鸦片烟110两。⑤ 汝南县在禁毒运动中，先后依法逮捕52名罪犯，全部予以公审，其中判处15年以上徒刑的11人；15年以下徒刑的40人；判处死刑的1人；共收海洛因88两3钱6分，烟膏818两，海洛因配料醋酸等262两，制毒和吸毒器具485件，贩毒用的长枪10支，子弹123发，手榴弹7枚，自行车2辆，银圆380元，

---

① 中共郑州市委党史研究室编：《历史的涛声——郑州市城市接管与社会改造》，第12—13页。

② 中共河南省委党史研究室编：《城市的接管与社会改造：河南卷》，第459页。

③ 邢富功、刘国钧：《漯河的禁烟禁毒》，《文史精华》编辑部编：《近代中国烟毒写真》(上卷)，第488—489页。

④ 杨玉亭：《许昌市禁毒始末》，苏智良、赵长青主编：《禁毒全书》，第505页。

⑤ 编者：《商丘县的禁赌、禁毒、禁娼》，《商丘文史资料》第六辑，第192页。

金戒指 5 只，烟毒针剂 73 支。[①]

郸城县在禁毒运动中，全县逮捕毒品犯 109 名；仅据秋渠、宜路、石槽、巴集、汲冢 5 个区的不完全统计，就缴获大烟 81 981 两，长短枪 39 支，子弹 229 发，手榴弹、迫击炮弹 8 枚，刺刀 2 把，自行车 3 辆，银圆 258 块，元宝 2 个，铜钱 60 千克，金戒指 10 只，人民币 519.25 万元（旧币）。[②]

全省在 1952 年禁毒运动中共破获烟毒案件 12 795 起，逮捕毒犯 5 971 人，缴获毒品折合鸦片 780 749 两，各种毒具 36 447 件。[③]

2. 湖北省

1952 年 5 月 23 日，湖北省人民政府举行第二届八次行政会议，决定在全省开展群众性的禁烟禁毒运动，并成立省禁烟禁毒委员会。6 月 5 日，省政府发出《关于开展大规模群众性禁烟禁毒运动的指示》，要求在全省大张旗鼓、雷厉风行地进行一次群众性的禁烟禁毒运动。7 月，省政府发出布告，指出：凡从事毒品贩运和制售者，应立即向当地人民政府坦白悔过，交出毒品，检举同犯，立功赎罪；种植毒品者，应立即铲除，保证绝不再种；吸食毒品者，应自动向政府登记，限期戒毒。各级政府的禁烟禁毒委员会，负责调查材料，掌握政策，布置工作、统一步调打击首犯，找出毒品的来源、去向。除武汉市外，全省运动以沙市、黄石、宜昌、襄樊和郧阳、恩施六地、市为重点，步骤是先城镇后农村，先重点后推广，逐步在全省展开。主要打击对象是贩卖、制毒的首要分子及主犯、惯犯、现行犯。实行"打击少数，改造多数""今后从严，过去从宽；抗拒从严，坦白从宽"的政策。只要坦白交代，真诚悔过，检举揭发，可减轻或免予处分。除打击大毒犯外，各级政府抓禁种、禁运、禁吸。禁止农民种植鸦片，由民政、司法、公安、税务、武装等部门合力禁运，封锁出口，堵围销路。对开设烟馆者，没收烟毒、烟具，封闭烟馆。对尚保留有鸦片者，一律上交；交通不便者，就地焚毁。采取严惩收购毒犯，杜绝烟毒销路，逐步禁绝的方针。

武汉市人民政府委员会与各界人民代表会议协商委员会于 1952 年 5 月 30 日举行联席会议，专题研究讨论禁烟禁毒问题。中共武汉市委书记、市长李先念主持会议，副市长朱涤新作了报告，副市长王任重作了总结发言。会议确定了武汉市开展禁烟禁毒运动的方针、政策和方法，并确定重新成立武汉市禁烟禁毒委员会，朱涤新副市长（兼市公安总局局长）为主任委员，陈经畬副市长、市政

① 吴善富：《汝南禁烟记述》，《汝南文史资料》第三辑，第 91—92 页。
② 郸城县志总编室：《清烟禁毒运动》，《郸城文史资料》第一辑，第 61—62 页。
③ 《河南省志·公安志》，第 78 页。

府协商会议副主席陈铭枢、市民政局局长彭炎为副主任委员。市禁烟禁毒委员会成立后，即集中力量进行准备，制定和颁布了《武汉市处理烟毒案件暂行办法》《武汉烟毒瘾民登记办法》和《武汉市禁烟禁毒委员会奖励自报检举查缉办法》。市委抽调了100名干部充实禁毒办公室及其审讯机构，各区委也分别抽调10名左右的干部以加强各区禁毒办事处的工作。全市组成20个执行、审讯小组，实行包查、包破案、包审、包结的四包负责制，具体执行逮捕、审讯及教育人犯、结案判决等工作。从6月中旬开始，由公安部门负责，对各辖区烟毒的流行情况进行反复地调查摸底。清理了“三反”“五反”运动中检举出来的线索和以前遗留下来的材料，进行认真的查证研究。经过2个月的紧张、艰苦、细致的工作，到8月上旬基本上掌握了全市烟毒情况，并找出了重点对象、地区和单位。8月13日晚，全市首次统一行动，参加者达800余人，分成210个行动小组，共逮捕大犯、主犯、惯犯、现行犯206名，并破获一批较大的案件，缴获一批毒品、毒具。但是对烟毒犯震动不大。在被捕的毒犯中，有的已经屡次进出公安局，被逮捕后满不在乎，自认为人民政府对他们不会怎么样，“杀不了我，吓吓傻子罢了”；有的在审讯中百般抵赖、对抗、狡辩，甚至质问审讯人员；有的毒犯家属顶撞甚至侮辱办案人员。暂时未捕的毒犯，有的“能躲就躲，能跑就跑，互定盟约，潜伏不动”；有的转移、隐藏毒品及财产；有的则趁机涨价售毒，“原三千一包的货，现在非五千不卖”；有的造谣说：“共产党要钱，收缴吗啡到百货公司去卖”；有的威胁检举人，打击积极分子；有的躺在死人身上吸毒示威，意为即使杀头，也要吸毒；有的甚至扬言：“老子吸给你看，卖给你看，看你把老子怎么办?”为此，市政府决定加大打击力度。8月29日夜，进行第二次全市统一行动，按计划又逮捕了917人。9月9日下午，召开有2万多人参加的宣判大会，当场公诉和宣判了20名烟毒犯，其中判处死刑立即执行的2名、7～15年徒刑的3名、5年以上7年以下徒刑的5名、3年以上5年以下徒刑的5名、3年以下徒刑的1名，交群众管制的1名，教育释放的3名。市委、市政府张平化、王任重等领导同志在会上讲话，号召全市人民进一步行动起来，把禁烟禁毒运动进行到底。各民主党派人士及工、农、青、妇、商等群众团体代表纷纷发言，表示坚决拥护党和政府的判决。被教育释放的毒犯曾全刚在会上现身说法，感谢党和政府的宽大。这次大会，进一步发动了群众，极大地震慑了毒犯。当天晚上即有124人主动交代问题，共交出吗啡94两、鸦片1 012两、醋酸145磅。次日，仅云樵派出所就有20名毒犯主动坦白登记，超过前10天的登记总人数。第二次统一行动之后，全市共有1 566名群众检举出材料1 586件，涉及3 116人。在此基础上，号召坦白悔过登记，明令毒犯限期登记，逾期不登记者加重处罚，使毒犯阵营彻底崩溃，纷纷到公安部门登记坦白，检举揭发。这一时期，全市共登记毒犯 3 236 人，登记备查的历史犯 4 133 人，主动要求登记的瘾民 5 473 人。从 9 月 11 日起至 10 月初，为全市禁烟禁毒运动的收尾阶段，主要任务是追捕逃犯，歼灭残敌，将审讯、侦查、检举、登记紧密结合，进一步挖毒根，追“现货”，并分期分批地打击处理所有逮捕及登记的毒贩。该阶段收效相当大，缴获的毒品、毒具占整个运动所缴获毒品、毒具的 90%；全市共成立了 27 个集训班，集训了 1 711 名毒犯；6 693 名瘾民大多解除了毒瘾。武汉市在整个运动中，共查明毒犯 10 241 人，占全市人口总数的 0.8%强；逮捕毒犯 1 322 人，其中大犯、惯犯、现行犯占 58.4%；判处死刑 16 人、死刑缓期执行 1 人、无期徒刑 1 人、有期徒刑 782 人，管制 123 人，交群众监督 133 人；缴获鸦片 1 051.8 两、吗啡 525.4 两、醋酸 517.5 两、巴比通 318.9 两、底子 18.3 两，以及其他毒品制成品 740 两、药针 295 支、药水 198 瓶。①

沙市于 1952 年 5 月 16 日在全市开展禁烟禁毒运动，人民群众检举揭发有 50 两以上的烟犯 795 名。共查获鸦片 843 两、吗啡 149 两、制毒原料 615 两、制毒工具 1 327 件；逮捕烟犯 384 人，判处死刑 3 人、无期徒刑 3 人，管制 17 人，其余的教育释放。② 7 月，宜昌市成立禁烟禁毒运动委员会，共破获毒品案 1 251 件，抓捕毒犯 1 854 人，处决大毒犯 5 人。8 月，襄樊市委发出《禁烟禁毒布告》，成立禁烟禁毒委员会，破获运毒制毒集团 11 起，剿灭了毒品流行黑市场。8 月，黄石市委发出《关于开展大规模群众性禁烟禁毒运动的指示》，处理历史惯犯 28 名。③ 恩施县于 1952 年 6 月 13 日在城区召开了首次禁烟禁毒动员大会，号召广大群众检举揭发，掀起群众性的肃毒运动。会上逮捕了一批重大烟毒犯，并公布其罪行，当场焚毁了缴获的鸦片 5 200 两、吗啡 70 两和一批毒具。9 月 25 日，在县体育场召开了庆祝禁烟禁毒胜利大会，又当众焚毁鸦片 3 000 余两，以及一批毒具。全县在整个运动中，处决了余注之、沈绍民 2 名罪大恶极的贩毒集团首犯，逮捕了 80 名重大烟毒犯，从宽处理了一大批坦白好和有立功表现的烟毒犯。④

湖北省共查出贩毒犯 9 869 人、制毒犯 324 人、吸毒者 10 651 人，其中，公安部门处理 8 361 人（死刑 61 人，死缓 1 人，有期徒刑 6 366 人，管制 1 933 人）；共

---

① 陈守谦：《武汉禁毒运动》，马维刚编：《禁娼禁毒——建国初期的历史回顾》，第 234—244 页；武汉地方志编纂委员会主编：《武汉市志·政法志》，第 48 页；刘通鸾、源清：《禁毒禁娼　改造社会》，武汉市政协文史资料委员会编：《武汉文史资料》第三十七辑（中华人民共和国成立初期武汉大事选记），1989 年印刷，第 44—47 页。

② 中共湖北省委党史研究室编：《城市的接管与社会改造：湖北卷》，第 54 页。

③ 中共湖北省委党史研究室编：《城市的接管与社会改造：湖北卷》，第 14 页。

④ 谈传信：《恩施禁烟禁毒史话》，《恩施文史资料》第二辑，第 123—124 页。

收缴鸦片 91 956 两、吗啡 3 823 两、醋酸 510 多磅、制毒原料 8 400 多两、烟具 14 854 个。①

3. 湖南省

祁阳县人民政府于 1952 年 7 月 21 日成立县禁烟禁毒委员会，领导全县禁毒运动。该县禁毒运动分 3 期。第 1 期县人民政府发出了禁烟布告，各地组织了报告会、群众会，运用多种文艺形式，进行禁烟宣传；第 2 期发动群众检举烟犯，进行烟犯登记，共登记烟毒犯 395 人、吸烟犯 204 人、售烟犯 91 人；第 3 期为打击处理阶段，在重点地区召开审判大会。到是年 10 月 9 日，禁烟运动结束。共破获烟案 30 余起，逮捕烟犯 25 名，判处死刑 2 名。对现行吸烟犯 60 余名，组织集训，强令戒除，并彻底取缔烟店烟馆。②

长沙市人民政府于 1952 年 8 月 4 日成立长沙市禁烟禁毒委员会，并在全市开展禁烟禁毒运动。至 10 月底，共收缴鸦片 504 两、烟丸 28 两、吗啡 72 两、烟具 160 余件；逮捕烟毒犯 201 名，其中判处死刑的 4 名，判处有期徒刑的 142 名，判处管制的 37 名，教育后释放的 18 名。③

湘西的禁毒运动，以禁制、禁运烟毒为主，采取"拦腰一棍"的办法，坚决卡住烟毒流通的中间环节，使种的无销路，吸的无货源。公安机关通过专案侦查，成功地破获了一批重大、特大贩毒集团案件。典型案例有永顺姜万盛武装贩毒集团案和龙山刘永祥贩毒集团案。自 1947 年起，姜万盛勾结永顺县匪首向克武、龙山县匪首向心国、大庸县警察局警察所长龙国清，组织两个武装班共 30 人，于龙山靛房至大庸沿线设立据点，分段押运毒品，到常德、汉口等地销售。1950 年开始转入地下，至 1952 年破案日止，该集团共贩运鸦片 71 112 两、吗啡 192 两。1952 年 9 月 24 日，首犯姜万盛在永顺县被处决。刘永祥自 1933 年开始贩运鸦片，并勾结匪首师兴周等人组成贩毒集团，以"友联""力和"布号为掩护，暗中大量制造、贩运毒品，仅 1937 年一年即贩运鸦片 12 万两；1947—1949 年，年均贩运鸦片 1 万余两。1949 年后，在常德设"大地土产贸易组""公大油行""何记油行""河北旅社"，在津市设"两湖旅社"等，作为毒品中转站和销售点，将毒品销往长沙、汉口、上海等地。从 1950 年到 1952 年破案日止，该集团共制造吗啡 4 500 两，贩运鸦片 23.96 万两、吗啡 2 816 两。1952 年 9 月 25 日，首犯刘永祥在龙山县被处决。湘西在禁毒运动中共登记烟毒犯 4 564 人，其中，制造 293

① 湖北省地方志编纂委员会编：《湖北省志·民政志》，第 283 页；中共湖北省委党史研究室编：《城市的接管与社会改造：湖北卷》，第 14 页。

② 廖时雨：《祁阳查禁烟毒始末》，《祁阳文史资料》第六辑，第 77 页。

③ 长沙市志编纂委员会编：《长沙市志》第二卷，湖南出版社 1995 年版，第 364 页。

人，贩运 3 358 人，零售 862 人，窝主 7 人，提篮子 35 人，种植 9 人；逮捕烟毒犯 913 人，其中，制造 69 人，贩运 800 人，零售 54 人；判处死刑 16 人，徒刑 836 人，管制 39 人，释放 22 人；缴获鸦片 12.1 万两、吗啡 487.85 两、烟种 66.3 两、制毒机器 4 部、枪 2 支、子弹 2 766 发、黄金 46.38 两、碎银 36.35 两、光洋 12 259 块。①

4. 江西省

石城县委、县人民政府于 1952 年 7 月联合发出《关于禁烟禁毒指示》，将禁烟禁毒工作列入主要议事日程。7 月 15 日，石城县禁烟禁毒委员会成立，委员由民政、公安、司法、税务、交通、邮政等部门人员组成，办公室设在公安局。同时，在丰山、高田、小松、屏山、横江等重点区也设立禁烟禁毒委员会，区长兼主任委员，委员由公安、民政、宣传、卫生、武装部及工、青、妇等单位派员组成。并在烟毒种、贩、吸盛行的 24 个乡设立禁烟禁毒小组。7 月 27 日，县禁烟禁毒委员会制订禁烟禁毒计划。运动以“根除”“禁绝”为目标，贯彻“禁种、禁运、禁贩、禁吸四管齐下”的方针，根据实际情况，区别对待。丰山、高田、小松重点禁种；横江、小松、屏山重点禁贩；城关重点禁吸。遵照宁都专署对禁毒工作的部署，决定了 7 月、8 月、9 月 3 个月在全县大张旗鼓地开展禁毒运动。并将此项工作列为是年第三季度的中心任务。根据计划，全县的禁毒运动分三个阶段进行。7 月 18 日—8 月 8 日为第一阶段，主要是宣传政策及侦察破案。共破获大案 5 起，其中，300 两至 500 两者 1 起，200 两至 300 两者 1 起，100 两至 200 两者 1 起，100 两以下者 2 起。8 月 28 日—9 月 8 日为第二阶段，主要是审讯和判决。共逮捕烟毒犯 59 名，其中判刑 21 名（死刑 3 名，6 年以上徒刑者 13 名，5 年以下徒刑者 5 名），管制 38 名。9 月 10 日—28 日为第三阶段，主要是登记缴毒。共登记烟毒犯 32 名，销售犯 27 名，吸食者 339 名；缴获烟毒品 13 374 两，料膏 152 两，罂粟种 250 两，烟具 397 件，烟款折合新人民币 154 元，银圆 24 元。②

铅山县禁毒运动从 1952 年 7 月 5 日开始，至 10 月 9 日结束。全县共登记吸食烟毒者 399 人，贩卖烟毒者 74 人，其中，4 人被判刑，10 人交群众管制；收缴销毁散存在民间的烟土 200 余斤，罂粟壳 2 斤，取缔烟馆 40 多家。③

5. 广东省

梅县人民政府于 1952 年 6 月发布禁烟布告，在全县范围内开展禁烟毒运动。县人民政府成立禁烟委员会作为专门禁毒机构，县长赖运如兼任主任，公安

① 余飞：《湘西烟毒与禁烟禁毒》，苏智良、赵长青主编：《禁毒全书》，第 463—465 页。
② 理言、廖渊：《解放前后石城的禁烟禁毒运动》，《石城文史资料》第三辑，第 112—114 页。
③ 方荣珠：《铅山县的禁毒运动和改造妓女工作》，《铅山文史资料》第四辑，第 87 页。

局长陈学为副主任，委员 11 人。在开展大张旗鼓的宣传、发动群众检举揭发和做好调查研究的基础上，组织各级干部 2 451 人的庞大队伍，于同年 8 月中旬至 9 月旬，连续三次进行大规模的统一搜捕行动，彻底扫除烟毒犯罪。并召开宣判大会，对大小烟毒犯 385 名分别作出处理。计依法捕判 86 名(其中处死刑的 1 名)，管制 62 名，其他处理 237 名。缴获烟土 391 两，烟膏、烟水、烟条以及烟具等一大批。①

兴梅专区共缴获烟土 21 694 两，烟膏 774 两，烟条 1 407 条，烟酒 6 356 两，烟种 1 002.35 两，料膏 1 050 两，烟具 3 465 件，手枪 1 支，子弹 55 发，刀、剑、匕首等凶器 314 件。汕头市缴获烟土 8 381 两、烟膏 91 两、吗啡 235 两、烟具 433 件；破获烟毒发售点 2 处，售吸点 183 个。②

广州市的禁烟禁毒运动，从 1952 年 8 月 12 日开始，至 10 月底结束。全市共收到检举揭发毒犯材料 10 090 件，逮捕毒犯 1 104 名，交群众管制的毒犯 474 名，缴获鸦片烟土 4 636 两、鸦片烟膏 268 两、吗啡 1 182 两、海洛因 123 两、毒具 4 179 件、手枪 18 支、冲锋枪 1 支、子弹 73 发、雷管 2 个。③ 通过大范围的禁烟禁毒运动，广州市郊种植的罂粟被铲除，制造、贩运烟毒的活动被禁绝，吸毒者无法购买烟毒品而不得不戒烟戒毒。

6. 广西省

广西省委、省政府于 1952 年下半年本着抓住重点作战，集中力量解决制毒、贩毒重大专案等主要问题的原则，根据烟毒犯罪活动的严重程度和侦查破案中密切配合的需要，确定柳州、南宁、梧州 3 市及百色、靖西、金城江、龙州 4 县镇为省直接掌握的重点，桂林、北海 2 市和全县、长安、三江、凭祥、钦州、东兴、玉林、芦圩、八步 9 县镇为专区、市一级重点，荔浦、平乐、贵县、贡川、防城、台浦、南丹、宜山 8 县镇为副点。从 1952 年 8 月 12 日开始，采取在规定时间内统一行动、集中破案、突出重点、点面结合、突然袭击、一网打尽的方法，在全省范围内开展了禁毒运动，到 11 月中旬全部结束，历时 3 个月。据不完全统计，全省共有 31 265 名群众对 10 156 名毒犯进行了书面或口头检举；有 15 746 名毒犯坦白登记，其中，集训了 5 221 名；侦破贩毒团伙案件 113 起，查出烟毒犯 24 137 名，逮捕制毒、贩毒大犯、主犯、惯犯、现行犯 4 476 名；缴获鸦片 75 679.53 两、吗啡 680.27 两、海洛因 324.02 两、制毒原料和药品 10 240 两、制毒器械 12 部，各种烟

---

① 刘枫：《清代以来梅县禁烟概况》，广东省梅县政协文史资料委员会编：《梅县文史资料》第十八辑，1990 年印刷，第 196 页。

② 钟浩：《潮汕兴梅扫毒运动纪略》，《文史精华》编辑部编：《近代中国烟毒写真》(上卷)，第 637 页。

③ 马文元、任克勤：《广州禁毒简史研究》，《政法学刊》1999 年第 2 期。

具 13 214 件以及武器、弹药、刀具、收发报机等。[①]

(四) 华东区的彻底禁毒运动

1. 江苏省

苏北区于 1952 年 6 月 11 日发出《关于肃清毒品流行的指示》，苏南区亦发出相应指示，有重点地大张旗鼓地开展肃毒运动。

南京在 1952 年 6 月查明仍有贩毒活动的毒贩 4 441 名，到年底逮捕了 1 153 名，其中，判处死刑 19 名、10 年以上徒刑 135 名、5～10 年徒刑 332 名、3～5 年徒刑 285 名、管制 138 名，释放 97 名，待判 146 名。在禁毒运动中，全市共缴获鸦片烟土 2 402.65 两、烟膏 168.29 两、鸦片料 286.71 两、海洛因 27.7 两、白面料 65.83 两、烟灰 112.32 两、巴比通 320.4 两、咖啡精 768 针、烟具 4 265 件、手枪 7 支、子弹 1 193 发，毒犯非法得利黄金 119.55 两、银元 266 枚、宝石戒指 8 枚、人民币 172.9 万元等。[②]

镇江在禁毒运动中查明大小毒贩 724 名，其中，逮捕法办 228 名（判处死刑 3 名），宣布交群众管制 94 名，当众悔过自新 402 名；缴获鸦片烟土 75 两 4 钱余、白粉 44 两 4 钱余，白粉底子 29 两、吗啡 6 支、烟毒工具 232 件。[③]

海安县在禁毒运动中，共处理毒犯 65 名，其中，逮捕 18 人、传讯 44 人，其他处理 3 人；缴获大烟、白面、面料等毒品 20.418 两、毒具 26 件以及贩毒资金、物资一批。[④]

高邮县于 1952 年 8 月 12 日采取统一行动，逮捕或拘留毒贩 64 人，严重吸毒者 14 人。10 月 12 日，召开有 5 000 多名群众参加的宣判大会，宣判有期徒刑 3 人，释放 4 人，管制 25 人，悔过不予处理 90 人，当场逮捕 3 人。全县在禁毒运动中先后逮捕大毒贩 8 人，中毒贩 9 人，小毒贩和拒不悔改的严重吸毒者 113 人；收留到游民习艺所教养的 61 人；缴获烟土 72 两 2 钱、烟料 33 两、烟灰 4 两、白面 1 两 1 钱零 26 包、各种烟具 413 件。[⑤]

截至 1952 年 10 月，苏南、苏北两区共逮捕法办重大的制毒、贩毒犯 3 499 名，缴收毒品（折合鸦片）28 842 两、毒具 9 186 件、黄金 608 两、银圆 6 085 枚、长短枪 69 支。全省各级法院共审理烟毒案件 5 628 件，判处被告

---

① 陈勇：《禁绝广西烟毒》，马维刚编：《禁娼禁毒——建国初期的历史回顾》，第 383—385 页。

② 宁弓矢：《南京的禁毒工作》，马维刚编：《禁娼禁毒——建国初期的历史回顾》，第 377—379 页。

③ 董宝森：《镇江禁毒始末》，马维刚编：《禁娼禁毒——建国初期的历史回顾》，第 254 页。

④ 陈谦稳：《解放前后禁毒状况》，江苏省海安县政协文史资料委员会编：《海安文史》第六辑，1990 年印刷，第 42—43 页。

⑤ 朱兵：《解放前后高邮禁烟概况》，江苏省高邮县政协文史资料委员会编：《高邮文史资料》第九辑，1991 年印刷，第 176—177 页。

5 487 名；其中判处无期徒刑以上 158 名，有期徒刑 232 名，其余案犯受到管制、单科剥夺政治权利、单科罚金等处罚。至此，群众性肃毒、禁毒运动告一段落，烟毒犯罪在江苏全境基本禁绝。①

2. 浙江省

1952 年 7 月 3 日，浙江省公安厅制定《浙江省烟毒流行情况及今后禁毒工作意见》，提出先解决种毒、制毒、贩毒三件事，并将禁种、禁制工作的重点放在产毒严重的台州、温州、金华 3 个专区，将禁贩的重点放在大中城市和交通要道、沿海港口。根据华东公安部和省公安厅的部署，从 1952 年 8 月至 10 月底，杭州、温州、宁波、金华、嘉兴、湖州、绍兴 7 个市和 69 个县先后开展禁毒运动，遵照中共中央确定的严厉惩办和改造教育相结合的方针，共依法逮捕毒犯 2 161 人，传讯登记 5 455 人，集训 2 668 人；破获毒品专案 77 起；缴获鸦片 789.2 千克以及制毒工具和原料一批，并缴获电台 1 部、长短枪 18 支、子弹 1 655 发。至同年 11 月底，对毒品犯罪分子，依法判处死刑立即执行 23 人、死刑缓期执行 7 人、无期徒刑 16 人、有期徒刑 1 390 人、管制 247 人。各地召开公审大会，当众烧毁缴获的毒品，并通过各种宣传形式，使城乡广大群众受到教育，全省受教育人数达 450 万人。②

3. 上海市

上海在 1952 年 6—7 月间进行禁毒运动的准备工作。6 月 28 日，上海市委发布《关于开展肃清毒品运动的准备工作的指示》，明确指出："目前准备工作，主要放在搜集整理材料，训练领导骨干及积极分子，交待政策和工作步骤、方法，并布置深入侦查。"③7 月 12 日，在市委和市政府的统一领导下，成立了上海肃清毒品委员会。

上海肃毒运动于 8 月 13 日正式开始，当日晚 8 时全市近万名干警统一行动，集中搜捕烟毒犯，共破获专案 143 件，捕获毒犯 501 名。8 月 21 日，又进行了第二次搜捕，破获专案 16 件，捕获毒贩 65 名。9 月 17 日，召开了全市各界人民代表公审毒犯大会，当场判决了 30 名毒犯，其中，判处死刑 4 名，死缓 1 名，有期徒刑 15 年、7 年、1 年各 1 名，3 年有期徒刑缓期执行 2 名，交保释放 20 名。运动到 11 月底结束，共破获制毒、贩毒、运毒案 159 起，清查出毒犯和犯罪分子 13 685 名(制毒犯 198 名，贩毒犯 12 584 名，运毒犯 509 名，窝藏犯 394 名)，其中，逮捕毒犯 1.2 万名，判处死刑立即执行的共有 35 名；缴获各类毒品折合鸦片

---

① 江苏省地方志编纂委员会编：《江苏省志・审判志》，第 194 页。
② 浙江省公安志编纂委员会编：《浙江人民公安志》，第 223 页。
③ 张辰、贺飞选编：《上海解放初期的禁毒运动》(上)，《档案与史学》1999 年第 3 期。

共计 1.3 万两、各种制毒贩毒工具 6 329 件、手枪 3 支。①

为了使吸毒者戒除烟毒走向新生，上海市人民政府还对全市登记在册的 8 997 名有吸毒史的人，限其 1 年内戒绝烟毒；少数烟瘾较严重的，或年老有病的，按地区分别到指定的 30 家医院接受戒毒治疗，个别经济困难的，还予以免费住院戒毒。在禁毒工作中，市人民政府拨款 3.6 亿元（旧人民币）作为戒毒医疗费用和烟民生活困难补助费。在市委、市政府的领导和人民群众的积极配合下，烟毒的祸害终于在上海被彻底铲除。②

4. 山东省

济南市自 1952 年 5 月至 11 月，历时 6 个月，经过调查侦查、逮捕审讯、政策教育宣传、毒犯登记、群众检举、追缴毒品和对毒犯全面处理等阶段，禁毒运动取得了重大胜利。全市共逮捕毒犯 218 名，缴获烟土、烟膏、海洛因等各种毒品 3 250 余两和吗啡针、片、面以及其他毒品一宗，缴获烟具、毒具 2 138 件，对吸食毒品的人进行了劝戒、教育和改造。③

青岛市从 1952 年 8 月 12 日至 18 日进行了为期 6 天的大破案，逮捕烟毒犯 88 名，缴获烟土 235 两、海洛因 16 两、黄金 181 两、银圆 333 元、美钞 88.75 元、人民币 3 000 多万元（旧币）。青岛市禁毒委员会于 9 月 13 日和 27 日两次在市第三公园召开公判大会，对 51 名制造、贩运烟毒的主犯惯犯进行了公开审判。青岛市肃毒运动至 10 月中旬结束，共审判、处理烟毒犯 1 668 名，其中，判处死刑 6 名、有期徒刑 345 名、管制 287 名，遣送回籍、免予处分及给予其他处理 1 030 名；缴获烟土 1 038 两、海洛因 37 两、吗啡针 2 248 支、烟具 822 件。④

济宁市人民政府在禁毒运动中处决了抗拒到底的大土贩贾广义，囤积烟土、操纵居奇的钱玉彬、死不坦白的时耀庭、经营膏店多年的大混混曾广誉等人被判处徒刑或劳改。⑤

5. 安徽省

安徽省于 1952 年 6 月初即着手彻底禁毒的准备工作，确定运动以蚌埠、合肥、芜湖、淮南、当涂县、安庆、屯溪、亳县、界首、阜阳、宿县、固镇、临涣 13 地为重

---

① 中共上海市委党史研究室编著：《中国共产党在上海 80 年（1921—2001）》，第 424—425 页；定林：《警惕死灰复燃（之三）——记上海解放初期的禁烟禁毒运动》，《上海党史与党建》1996 年第 6 期。

② 熊月之主编：《上海通史》第十三卷，上海人民出版社 1999 年版，第 25—26 页；中共上海市委党史研究室编著：《中国共产党在上海 80 年（1921—2001）》，第 425 页。

③ 济南市档案馆编：《禁毒风雷——济南解放初期禁毒运动档案文献选辑》，第 5 页。

④ 兰波：《青岛清除烟毒纪实》，马维刚编：《禁娼禁毒——建国初期的历史回顾》，第 394—396 页。

⑤ 远敬：《济宁的鸦片公卖与改造烟民》，《文史精华》编辑部编：《近代中国烟毒写真》（上卷），第 288 页。

点，以明光、六安、正阳关、巢县、大通 5 地为次重点，制定行动方案。并于 6 月 23 日成立安徽省禁毒委员会，各地均于 6 月间成立禁毒指挥部，组织力量，搜集材料。8 月 12 日，中共安徽省委正式批准了省公安厅制订的“禁毒运动的行动计划”，全省各地根据该计划的规定，积极开展禁毒运动。8 月 13 日拂晓，各重点县市将应逮捕的主要毒犯全部逮捕，对其进行身体检查，责令交出所存毒品、毒具及有关伪造证件等。各地逮捕的毒犯占查获的毒犯总数的比例是：芜湖市 18.3%，安庆市 21.1%，合肥市 20%，六安 17%，蚌埠 14.5%，阜阳 14%，宿县 12%。① 在禁毒运动中，合肥市共查出烟毒犯 466 名，其中，依法判处死刑立即执行 1 名，判处徒刑 96 名，管制 136 名，具保登记免予刑事处分的 233 名；查获烟土 3 540 两、吗啡 20.5 两，缴获毒具 473 件以及贩毒所得的黄金 5.2 两、银圆 147 块。②

全省共逮捕制造、贩卖、运输等毒犯 1 505 名，占全省查获毒犯总数 7 766 名的 19.4%，其中，判处死刑 22 名、有期徒刑 930 名、劳役 144 名、释放交群众监督 409 名；共集训 877 名，传讯 3 957 名，登记 3 945 名，管制 1 148 人；缴获烟土 3.446 万两、副品 2 998 两、烟具 6 589 件、黄金 22.1 两、银圆 3 469 块、元宝 56 枚、人民币 200 余万元(旧币)、步枪 7 支。③ 全省所有烟馆、烟行等全部被摧毁，制造、贩卖、运输毒品等毒犯受到毁灭性打击，烟毒在全省基本绝迹。

6. 福建省

福建省于 1952 年 8 月 14 日在福州、厦门、泉州、漳州、晋江县、长乐县、龙溪县、平和县 8 个禁毒重点市县实施统一破案逮捕行动，共组织 1 884 人投入工作，一举侦破 32 件专案，逮捕毒犯 581 人，集训毒犯 477 人，查获鸦片 2 003.74 两、吗啡 30 两。接着于 8 月 24 日，在福安、霞浦、漳浦、云霄、海澄、诏安等 6 县逮捕毒犯 69 人，缴获鸦片 425.72 两。④ 从 9 月 21 日至 10 月 15 日，全省共处理毒犯总数 5 656 人，逮捕了其中的大犯、主犯、惯犯、现行犯 1 659 人，占毒犯总数的 29.3%。先后召开公审大会 11 场，宣判会多场，进行全面处理。其中判处死刑 27 人，占逮捕总数的 1.62%；判处有期徒刑 996 人(其中 10 年以上 51 人，5 至 10 年 225 人，3 至 5 年 334 人，3 年以下 386 人)，占逮捕总数的60.03%；管制 298 人，教育释放 245 人，其他处理 93 人。经批准，在公审会上，当场烧毁鸦片

---

① 安徽省地方志编纂委员会编：《安徽省志·公安志》，第 212 页。

② 戴健：《解放初期的合肥》，《城市接管亲历记》编委会编：《城市接管亲历记》，第 249 页；合肥市地方志编纂委员会编：《合肥市志》，第 2071 页。

③ 王枫林：《建国初期的安徽省禁毒》，《江淮文史》1996 年第 6 期。

④ 林辉等著：《为了这片净土——福建禁毒斗争的历史、现状和对策研究》，第 123 页。

200两、假烟膏200两、副品1.9万两。①

福州市在这次肃毒运动中，共依法逮捕烟毒犯121名，其中，判处死刑3名、无期徒刑1名、有期徒刑68名，管制26名，教育释放23名；缴获鸦片966两、制毒原料248两、制毒和吸毒工具344件；摧毁“温州帮”“汕头帮”“长乐帮”“马尾帮”等贩卖、销售鸦片烟毒集团。②

全省在肃毒运动中共缴获各种毒品折合鸦片62 611.359两、制毒器具250多件、机枪2挺、长短枪45支、子弹5 262发、手榴弹14颗。③

（五）华北区的彻底禁毒运动

1. 北京市

北京市公安局根据北京市委、市政府的部署，从1952年5月14日先期开始了近3个月的全面和缜密侦查准备工作，对已掌握的2 500余件毒案线索逐一进行调查、对证，从中确定61个重点案件组织专门力量进行侦查。这一充分的准备工作为肃毒运动的顺利开展创造了良好的条件。

北京市的肃毒运动于8月9日开始进行，分两批逮捕毒犯共535名，缴获大烟1 800两，白面料子500余两，烟枪、烟灯等毒具775件，制毒原料300余磅，制毒机器10部。④ 北京市的烟毒犯多为历史性的职业犯，历史复杂，政治反动，在刚开始登记时很多人都猜疑观望，或是假装镇静，或者躲躲闪闪，或者假登记，试探风声；有些甚至非常嚣张，散布谣言，订立攻守同盟，抵抗登记，威吓群众：“谁检举，我就是一刀子”；有的顶风作案，竟抬高毒品价格，继续出售。为此，内一、外一、外五公安分局都召开了群众大会，对一些罪行严重而又抗拒登记的毒贩当场予以逮捕。9月1日，北京市公安局又在先农坛体育场召开了有4万多人参加的群众大会，当场对3名一贯贩毒并在1949年后贩毒达1 000两以上的大毒贩判处死刑；同时，对逮捕后彻底坦白、检举立功而罪行较轻的6名毒贩从宽处理并当场释放。这一活动，震慑了毒贩，鼓舞了群众，收效很大。参加大会的毒犯大多很恐慌，有的吓得面色苍白，浑身发抖，有的吓得尿了裤子，有的晕倒在地上。会后他们纷纷前往公安机关登记，普遍反映：“再不登记就见阎王了，再也不敢欺骗政府了。”外五分局在8月28日召开大会前，每天只有二三十人登记，会

① 福建省人民政府公安厅：《福建省禁毒运动总结》，1952年11月26日，福建省公安厅档案科，案卷号：永久116。

② 福州市地方志编纂委员会编：《福州市志》第六册，第581页。

③ 陈勋政、祁虎文、何锋涛：《福建禁烟禁毒斗争简记》，苏智良、赵长青主编：《禁毒全书》，第405页。

④ 《北京市公安局肃毒工作初步报告》（1952年9月14日），诸羽主编：《割除毒瘤——共和国首次禁毒禁娼述实》，第142页。

后第二天即有 130 多人登记，原来登记的有 45 人又重新补充了材料。内一分局召开逮捕大会前，每天只有三五个人登记，会后第二天即有 30 多人登记。[①] 9 月 1 日，市公安局召开群众大会后，6 天内全市坦白登记的即有 2 848 名，其中有现行犯 367 名。[②] 过去隐藏很深的毒网、毒窝被揭露出来，一幕幕旧社会延续下来的毒品黑幕被彻底撕开，令人触目惊心：北京铁路系统查获徐春国、易鸿钧、高启志 3 个贩毒团伙，1949 年后勾结大毒贩往上海、西安等地走私运毒数十次，贩运海洛因 9.628 万多克，鸦片烟土 8.99 万多克。北京邮局系统揭露出来利用邮包、邮车运毒的白月荣、张俊英两个贩毒团伙，1949 年后在京绥、京沪线贩运鸦片烟土达 2 200 余件共计达 6 875 千克。毒贩张宏喜勾结原起义部队旧军官，私刻某军长、政委名章假冒解放军，往上海、西安、广州等地公然武装贩毒。经西四分局查获后在其住宅内起获手枪 2 支、子弹 30 余发。崇文分局破获的崇外大街“隆庆栈”商行，原来是经理、职工集体贩毒，成为该地毒品集散窝点的“大烟栈”；同时，查获了大毒贩任存厚、陈其言等股东、制毒技师。肃毒运动到 9 月 15 日转入收缩处理，到 11 月中旬基本结束。[③]

据统计，在这场肃毒运动中，北京市共戒除吸毒烟民 5.502 8 万人，坦白登记毒犯 9 172 人；逮捕毒犯 647 名，判处重特大毒犯死刑 3 人，判处徒刑 448 人；缴获鸦片、海洛因等各类毒品 11.987 5 万克，制毒原料 22.27 余万克，制毒机器 10 部，各种毒具 2 144 件。[④]

2. 天津市

天津市公安局在重新审查逮捕毒贩名单和做好准备工作的基础上，于 1952 年 8 月 10 日凌晨 2 时许开始了第一次集中逮捕毒犯的统一行动。至上午 10 时，在批准逮捕的 150 名毒犯中，共捕获 145 人，其中，制毒犯 4 人、贩毒犯 141 人，另有 5 人离津未归，分别派人或电告外地追捕。9 月 3 日凌晨，市公安局又开始了第二次大搜捕，共捕获大犯、主犯、惯犯 301 人，其中，小工商业经理、行商经纪人、小手工业者、商贩 117 人，药房诊所经理、医师 5 人，店员、工人、散工 57 人，宁民 4 人，机关企业内部职员 13 人，无业者及其他 105 人。9 月 8 日，召开了全市公审毒犯大会，参加人数达 4.2 万人。判处刘树仁等 3 名大毒犯死刑，立即执行；判处毒犯方向阳死刑，缓期两年执行；判处郭龙文等二犯有期徒刑；张

① 中共北京市委政策研究室秘书组：《中共北京市委关于禁毒宣传的情况和初步经验》(1952 年 8 月 30 日)，诸羽主编：《割除毒瘤——共和国首次禁毒禁娼述实》，第 133—134 页。

② 北京市委：《中共北京市委关于禁毒运动的初步收获、经验及下一步做法的报告》(1952 年 9 月 9 日)，诸羽主编：《割除毒瘤——共和国首次禁毒禁娼述实》，第 140 页。

③ 刘伟、冯双平：《建国初期北京的肃毒斗争》，《北京党史》2000 年第 4 期。

④ 刘伟、冯双平：《建国初期北京的肃毒斗争》，《北京党史》2000 年第 4 期。

容真等二犯释放管制;另有 5 名当场教育释放。9 月 23 日,市公安局又逮捕了最后的漏网分子。9 月 25 日,天津的禁烟禁毒运动基本结束。这次运动从各方面共获取材料 35 329 件,掌握 1950 年以后仍有活动的大、小毒犯 3 086 名,其中,逮捕大犯、主犯、惯犯 677 名,登记一般毒犯 2 409 名。依据有关法律和政策,判处死刑 10 名,判处死刑缓期执行 7 名,判处有期徒刑 420 名,管制 798 名,教育释放 87 名,登记免予管制 1 764 名,吸毒者兼有偶尔小量(5 两以下)贩毒者 1 243 名,一律进行教育,免予惩处;共缴获烟土 5 914 两、烟膏 471.6 两、烟灰 235.8 两、料面 494.8 两、白面 82.4 两、醋酸 122.3 两、针剂吗啡 655 支、制毒原料 100 余两、制毒机器及制毒吸毒用具 4 230 件;另外,查获赃款 244.83 万元、黄金 157.17 两、银圆 209 枚,以及手枪 8 支、瓦斯枪 1 支、子弹 6 000 余发。①

3. 河北省

河北省在经过几个月充分准备的基础上,于 1952 年 8 月—10 月展开了大规模的禁毒运动。河北省人民政府根据各地烟毒流行的具体状况,确定石家庄、保定、唐山、秦皇岛 4 个市和阜平、涞源、迁西、卢龙、昌黎及泊镇、辛集、胜芳、杨柳青等 26 个县、镇为禁烟重点地区,铁路、运输等部门为禁烟重点部门。各地以公安机关为主,民政、卫生、法院等部门紧密配合,严厉打击各种毒品犯罪活动。石家庄市在运动中先后逮捕毒犯分子 68 人,占毒犯总数的 27%,对罪大恶极的判处死刑立即执行的 1 名、死刑缓期执行的 2 名、无期徒刑 3 名、有期徒刑 30 名,缓刑 5 名,管制 42 名,宽大释放 3 名。② 全市 1 829 名染上毒瘾的分子戒除了烟瘾。③

全省共收缴大烟 681.1 万两、烟膏 3 763 两、料面 15 两、料面坯子 3 298 两、海洛因 75 两 7 钱、各种烟具 3 216 件、黄金 51 两、白银 924 块、人民币 1 200 万元(旧币)、手枪 16 支、子弹 2 059 发。④

4. 平原省

平原省会新乡市根据中央政务院的禁毒令和平原省公安厅的禁烟禁毒会议精神,于 1952 年 7 月开始进行大规模的禁烟禁毒运动。市公安局于同年 8 月制订了《新乡市禁毒运动计划》。在群众揭发、全面调查、核准材料的基础上,全市先后逮捕了三批罪行严重的毒贩,对 313 名吸毒人员进行了登记和集训。与此同时,政府还利用各种形式宣传毒品危害,动员全市人民一齐行动,肃清烟毒。

---

① 周利成、张菊:《天津的烟毒和禁烟史话》(三),《天津档案》2000 年第 5 期。
② 吴景仁、张克勤:《石家庄市改造妓女、禁烟、戒赌实录》,《河北文史资料》第三十八期,第 62 页。
③ 石家庄市地方志编纂委员会编:《石家庄市志》第四卷,第 120 页。
④ 河北省地方志编纂委员会:《河北省志·公安志》,中华书局 1993 年版,第 122 页。

9 月 22 日，在市第一完小召开了 2 100 余人参加的公审毒犯大会，审判了 6 名重大毒品犯，判处大毒品犯张进义死刑，并当场焚烧了收缴的毒品。到 1952 年 10 月，新乡市的烟毒基本被肃清。[①]

5. 察哈尔省

察哈尔省会张家口市公安局经过长期的侦察、准备，在充分掌握了毒犯情况与证据的情况下，于 1952 年 8 月 10 日至 10 月底止，连续打了 3 个战役，共逮捕主犯、大犯、惯犯 238 名，占所掌握毒犯总数 988 名的 24%。从被逮捕的毒品犯的政治情况来看，5 种反革命 5 名，反动党、团员 11 名，敌伪军、警、宪、顽伪人员 29 名，反动会道门 7 名，地主、富农 15 名，流氓、地痞、无业游民 87 名，商人 27 名，共产党员 1 名，一般市民 56 名。随后迅速对这些人作出了判刑、管制等处罚，并对其中 4 名罪大恶极、拒不交代的首要分子处以极刑，狠狠打击了制、贩、运毒品犯的嚣张气焰，全市人民拍手称快。毒犯登记工作于 8 月 12 日开始到 10 月底结束，全市共登记毒犯 1 753 名。对问题大又拒不坦白的管制了 127 名，宽大不究的 1 626 名。同时开展集训改造毒品犯工作，使其改邪归正。共有 105 人参加了集训，根据坦白程度与态度的好坏分别作出了处理，其中判刑 8 名，管制 48 名，取保释放 49 名。全市在禁毒运动中共收缴鸦片 25 334 两，其他毒品 146 两。[②] 万全县从 1952 年 6 月起以川区 12 个重点村为主，全面开展了禁毒活动，至 10 月底，有 316 人向政府作了登记并戒除了烟瘾。全县共收缴旧存烟土 15 344 两，依法处决了 1 名大毒品犯，逮捕法办 40 多名制贩毒品的犯罪分子。[③] 张北县于 1952 年 6 月，对存毒、贩毒、吸毒者分别进行了教育和打击，共处理烟贩、烟鬼 72 人，没收大烟土 25 970 两。9 月 27 日，召开了肃毒审判大会，对 12 名集训毒犯作了公开处理。9 月 28 日，又召开了全城存毒者及烟民会议，并当场烧毁大量鸦片。县公安局长作了动员，指明了政策，责令存毒户自动缴毒。当场东关存毒户靳宝即缴出大烟土 50 多两。29 日，全城分 5 片向存毒户进行规劝、动员，缴毒 317.79 两。[④]

6. 绥远省

绥远省人民政府公安厅于 1952 年 6 月 15 日发布《关于扫清毒品流行的指示》，规定了扫毒的方针、政策和方法步骤。接着各地对群众检举出来的毒犯进

---

① 中共河南省委党史研究室编：《城市的接管与社会改造：河南卷》，第 471 页。

② 李兆俭：《张家口市解放后的肃毒禁烟运动》，《张家口文史资料》第十五辑（纪念张家口解放四十周年续集），第 90—93 页。

③ 王金城：《万全县鸦片毒害的始末》，《张家口文史资料》第二十二辑（社会卷下），第 226 页。

④ 李桂兰、杨万堂：《鸦片在张北的种、吸、禁始末》，《张家口文史资料》第二十二辑（社会卷下），第 222—223 页。

行了集中审查处理。丰镇县在运动中群众揭发出的怀疑对象数量不少，为了澄清落实他们的问题，采取了集训办法进行集中审查，先后共集训 221 人，其中，72 人被逮捕法办，7 人送劳教队劳动改造，149 人经教育后释放。[①] 武东县共有 139 名毒犯进行登记，集中审查了 102 人，其中，25 人被逮捕，15 人被管制，62 人经教育后释放。托克县审查毒犯 88 人，其中 78 人被逮捕。[②] 同时，各地纷纷召开审判大会，对各种毒品犯罪分子进行公开审判。如丰镇县城关区于 1952 年 9 月 24 日召开万人宣判大会，大毒犯高顺被枪决，其他 30 名毒犯被判处徒刑。[③] 到 1952 年年底，绥远省的禁毒运动胜利结束。据统计，丰镇县共逮捕毒品犯 266 人，分别判处死刑 4 人，死缓 1 人，无期徒刑 1 人，有期徒刑 183 人，免于刑事处分的 27 人；共收缴各种毒品 13 220.587 两，毒资白洋 2 052 元，黄金 25.567 两。[④] 包头市人民法院共判处烟毒案 1 121 件，其中 5 名烟毒犯被判处死刑，1 名被判处无期徒刑，976 名被判处有期徒刑。吸毒者基本上戒除了毒瘾，仅包头市就有 10 239 人戒掉了吸毒嗜好(自行戒除者未统计在内)。在全省范围内禁绝了鸦片的种植及各种毒品的制造、贩卖和吸食现象。

(六) 东北区的彻底禁毒运动

1. 热河省

热河省克什克腾旗在 1952 年禁毒运动中，共查处了贩运毒品犯 263 人，他们贩运毒品数量 21 461.07 两。[⑤]

2. 辽宁省

1952 年 5 月 3 日，东北人民政府颁发《关于根绝烟毒处理贩毒分子的决定》，辽宁各地在烟毒流害严重的地区大张旗鼓地开展了群众性肃毒运动。辽西省各市、县成立肃毒运动委员会，下设肃毒办公室，以公安机关为主，宣传、司法、民政等部门参加，经过调查准备，三次统一行动，共逮捕毒犯 458 名，缴获烟土 107.63 千克、烟膏 335 克、海洛因 590 克、烟具 316 件、毒资黄金 18.7 两、银圆 1 111 块、现款东北币 2 000 多万元。结合公开宣判毒犯，采取多种形式，广泛深入地进行肃毒戒烟的宣传教育，受教育人数达 100 多万人，占人口总数的 63%。人民群众对政府的禁毒戒烟举措一致赞扬，并积极检举密告烟毒分子；贩毒人员

① 邢吉和：《丰镇县戒烟扫毒运动概况》，内蒙古自治区丰镇县《丰镇县志》编纂委员会编：《丰镇史料》第四辑，1984 年印刷，第 262—263 页。

② 庆格图勒：《建国初期内蒙古西部地区的禁烟禁毒斗争》，《内蒙古大学学报》(人文社会科学版)1998 年第 4 期。

③ 邢吉和：《丰镇县戒烟扫毒运动概况》，《丰镇史料》第四辑，第 263 页。

④ 邢吉和：《丰镇县戒烟扫毒运动概况》，《丰镇史料》第四辑，第 262 页。

⑤ 林瑞：《消除烟毒害，杜绝后患根——克旗禁烟概况》，《克旗文史资料》第二辑，第 310 页。

纷纷向公安机关坦白登记。到 1952 年年底，辽西省 12 个重点市县对毒犯判处死刑 5 名、死缓 4 名、无期徒刑 13 名、有期徒刑 333 名、管制 342 名。辽东省 22 个重点市县到 1952 年 10 月共逮捕毒犯 1 607 名，缴获大烟土 233.25 千克、烟膏 25.6 千克、海洛因 2 225 克、吗啡 934 克、吗啡液 1 152 毫升、制毒机 1 台、毒具 1 531 件，铲除烟苗 780 亩。共处理毒犯 1 208 名，其中判处死刑 15 名、无期徒刑 15 名。沈阳市在调查的基础上，于 1952 年 8 月 5 日、23 日和 9 月 4 日进行了三次搜捕，共捕获毒犯 837 名，缴获大烟土 1 972.2 千克、海洛因 3 787 克、吗啡 3 654 克、毒资黄金 1 116 两、现款东北币 8 000 多万元及大批毒具。在此期间，旅大、鞍山、抚顺、本溪等市公安局也开展了群众性的禁烟禁毒活动，收缴大量毒品，逮捕大批毒犯。经过持续不断肃毒，烟毒流害大为减轻。①

3. 吉林省

吉林省在 1952 年开展了大规模的禁毒运动。年初，吉林省公安厅转发《东北人民政府禁毒命令》。3 月 21 日，又转发《吉林省人民政府关于转发〈东北人民政府关于严禁鸦片烟毒及其他毒品命令〉》的文件，并部署各级公安机关做好肃毒、禁毒工作。通过调查摸底，全省共发现制、贩毒分子 536 人。4 月 12 日，省公安厅发出《关于打击烟毒犯的具体指示》，规定吉林省打击的重点地区是吉林、长春两市和汪清、敦化、蛟河、磐石、公主岭、珲春、和龙、延吉、图们、范家屯、烟筒山等县区；打击重点对象是集体贩运烟毒的首要分子，制毒业主与制毒技师和以贩毒为业的惯犯。4 月 19 日，省公安厅又发出《对打击烟毒犯的补充指示》，要求各地公安局堵住烟毒来源、销路，从根本上把越境贩毒的主犯、惯犯搞掉，把在延边地区的收购点搞掉。4 月 25 日，省政府副主席徐元泉发出《关于大力开展严禁鸦片烟毒的指示》，并转发全省各地。通报了敦化、桦甸等地种植罂粟普遍，延吉烟毒案件上升，图们吸毒严重等情况。6 月 10 日，省公安厅发出《关于打击烟毒犯准备工作的指示》，又根据各地上报的材料以《审批烟毒分子材料情况分类报告》，向东北公安部、吉林省委、省政府汇报了情况，其中，将应批准逮捕者划分为 5 种：(1) 惯犯。不务正业一贯贩毒、屡教不改，靠贩毒发财并放高利贷者；一贯贩毒又系奸商。拉拢干部情况恶劣者；一贯贩毒又系反革命分子，情节恶劣者；一贯零星贩卖，虽然量不多，但情节恶劣者。(2) 窝主。一贯以窝藏烟事并介绍贩卖为业者，其烟毒关系多，生活富裕；开旅馆做招牌，窝藏烟毒犯从中取利为主要经济来源者。(3) 制毒业主兼技师。(4) 以介绍贩毒为业，并参与贩卖，向干部行贿，情节恶劣，历史上又系反革命者。(5) 专门以包运烟毒

① 辽宁省地方志编纂委员会办公室主编：《辽宁省志·公安志》，第 245 页。

为业者。7月3日,省人民政府按上述报告发布《颁发根除烟毒流害、处理贩毒分子的决定》。各地公安机关在执行这一决定中还通过清档,审讯在押烟毒犯,发动监狱劳改犯人坦白交代、检举揭发等发现了大量线索。如烟毒犯李日新、王洪堂、陈玉山均系伪警察,勾结国民党军官、散兵、流氓20多人,组成一个地下制毒、贩毒集团,订立誓约"犯案一人当,家属大家养"。在各据点制造海洛因,然后由各案犯在市内推销并远销到沈阳、天津、上海等地,从中牟取暴利;图们市公安局有人向烟毒惯犯廉玉泄露"江边电网不通电"的重大秘密,致使廉玉乘机贩运烟土达1万两以上;龙井、延吉、图们等边境地区为烟毒集结、推销之地,烟毒分子勾结铁路、公安人员中的坏分子,为其贩毒提供方便。8月4日,全省各地按省公安厅部署,先后进行3次统一行动,共逮捕烟毒要犯、惯犯、现行犯1 123人,经突击审讯,结案1 024人。其中,判处死刑188人、无期徒刑7人、有期徒刑710人,逮捕管制128人,未捕管制612人。行动中,收缴大烟3 146两、吗啡1 032两、海洛因272克、烟料子246两、烟籽7.5斤、各种制贩毒工具1 193件。统一打击行动震慑了犯罪分子,使一些贩毒分子纷纷坦白、登记、揭发检举,全省共登记8 173名毒犯。①

长春市是1952年吉林省禁毒运动的重中之重。长春市人民政府在开展群众性的禁毒运动前,做了充分的准备工作,掌握毒犯427名,吸食毒品分子324名。运动中公布了严禁烟毒的政策:(1)惩罚的对象,主要是少数情节重大或屡教不改的制造和贩运毒品的首要分子、惯犯和现行犯;(2)对于情节不大,自动坦白,交出毒品,保证今后不犯,并能检举揭发其他贩毒分子的均不予处分;(3)对于因吸毒而少量贩卖,以及初犯、偶犯等人,只要彻底坦白,交出毒品,保证今后不犯,就不予处分。总的政策是:打击惩办少数,教育改造多数;拒不坦白者从严,一般毒犯从宽;凡自动真诚坦白,交清毒品或有检举大功表现者,不管其贩毒数量多少,情节轻重,从宽处理,重者减,轻者免。如果拒不坦白,也不交出毒品、毫无改悔表现,企图隐瞒,甚至抗拒破坏禁烟禁毒运动者,一律加重处分。1952年8月3日晚11时,长春市公安局首次进行全市性的大搜捕,逮捕了有严重罪行的烟毒犯32名。8月22日拂晓,进行第二次大搜捕,共逮捕烟毒犯59名。8月30日下午,市公安局配合司法机关,在人民公园召开了有各阶层群众4万多人参加的宣判大会,共判处烟毒犯31名。其中,大制毒犯李日新被判处死刑,立即执行;大制毒犯卢晓峰和王洪堂被判处死刑缓期2年执行;有25人

---

① 吉林省地方志编纂委员会编纂:《吉林省志》卷十二(《司法公安志·公安》),吉林人民出版社1998年版,第234—235页。

被判处3～15年徒刑，1人被判处2年缓刑，2人被判处管制。9月9日拂晓，又进行了第三次大搜捕，逮捕了拒不登记的烟毒犯46名。9月18日上午9时，公安司法机关在人民公园召开第二次宣判大会，又判处烟毒犯31名。其中，第一次宣判大会判处死缓的卢晓峰和王洪堂，因群众不满便改判死刑，立即执行；其余除1名被判处管制外，有28名毒犯分别被判处2～12年徒刑。[①] 运动中，全市共处理烟毒犯707名，其中捕办烟毒犯218名（其中经省公安厅批准捕办的大犯、惯犯148名），集中劳改28名，交由群众管制的120名，自首登记的486名（实际登记341名，其余已捕办）。[②] 共收缴烟土200余两、吗啡原料150克、吗啡354克、海洛因72克、制毒小型机器3台，烟具21套、金元宝20个、金戒指5个、银圆20块，约合旧人民币1亿余元。[③] 经过禁烟肃毒运动，长春市达到毒品绝迹，无价无市，瘾者全部戒断，烟毒流害基本肃清。

据统计，1952年，长春、吉林、延吉、图们、敦化、龙井、蛟河、怀德等市县共查出贩运鸦片的1 402人，贩运鸦片209 457两，吗啡5 490克又2.21万片。[④]

4. 松江省

哈尔滨市于1952年8月1日由公安、法院、民政、卫生、文教等部门组成哈尔滨市禁毒指挥部，在全市开展禁毒运动。公安局设立了禁毒办公室，专门对哈尔滨市毒犯进行摸底调查。经过调查摸底、专案侦查等充分准备，确定了第一批逮捕名单，报上级部门批准，于8月4日晚10时全市统一行动对毒犯进行大逮捕，逮捕毒犯127名，缴获了一批毒品、毒县。次日召开了市人民代表会议，大会号召全市人民揭发检举毒犯，号召毒犯坦白自首。对第一批逮捕的毒犯，经过审讯扩大线索1 654件，其中贩毒线索1 569件，吸毒线索85件。经过宣传工作，到8月25日全市已登记自首的1 377名，揭发检举材料3 080件。经过公安机关的调查侦察，确定了第二批逮捕名单，8月20日，又逮捕了第二批毒犯。为了深入开展运动，体现政策，于8月31日在八区召开了群众公审毒犯大会，市人民检察署对22名毒犯提起公诉。经过大会公审，对罪恶严重的惯犯、主犯、贩毒集团头子王占一、王于彬处死刑，对罪行轻微被捕后又能彻底坦白，又有立功表现的姜文元、刘伯林、唐明发等6人从宽处理，当场释放。并在公审大会上当众焚烧了毒品和毒具。公审大会后，在全市震动很大，人民群众拍手称快，犯罪分子纷纷登记自首，到9月初共收到检举密告材料5 602件，毒品罪犯自首登记

① 王连馨：《长春禁毒运动》，苏智良、赵长青主编：《禁毒全书》，第507—508页。
② 张树范：《长春的接管与改造》，《城市接管亲历记》编委会编：《城市接管亲历记》，第70—71页。
③ 王连馨：《长春禁毒运动》，苏智良、赵长青主编：《禁毒全书》，第508页。
④ 吉林省地方志编纂委员会编：《吉林省志》卷十一（《政事志·民政》），第309页。

260 名，吸毒人员登记 4 181 名，收到了应有的效果。9 月 9 日逮捕了第三批毒犯，9 月 21 日，在八区召开了第二次公审大会，在会上公审了 147 名毒犯。对大量贩毒分子王松柏、董自学、刘学礼判处死刑，对刘子林判处死刑缓期执行，对种毒犯厉万三判处无期徒刑；对主动坦白、彻底悔过又有立功表现的徐耀春、藩焕章等当场释放，禁毒运动再次掀起高潮。三次大逮捕共捕获毒犯 744 名，占毒犯总数 28.1%，其中，制毒犯 16 名、贩毒犯 500 名、运毒犯 9 名、烟馆业主 133 名、毒品经济人 3 名、种毒犯 7 名、现行犯 76 名。在逮捕毒犯中有哈尔滨市出名的“四大王”，即王占一、王子彬、王松拍、王辅臣；有朝鲜族贩毒的“四大家”，即王海龙、杨春实、朴鲁星、崔仁淑。他们的罪行严重，手段恶劣，为人民所痛恨。如贩毒犯王占一是个大量贩毒的头子，号称“四大王”之首，他从 1925 年就开始贩毒，一直到被捕，前后贩毒 28 年。他纠合流氓王松柏、高登永等 30 多人组成贩毒网，大批收购贩卖毒品，从 1946 年至 1950 年共贩卖鸦片 5 760 余两。1950 年，因贩毒被公安机关逮捕，释放后仍不知悔改，继续从事犯罪活动，还将在“五反”运动中检举他罪行的于馨五威逼致死。又如王辅臣原是伪满日寇豢养的职业贩毒分子，曾在双城开设大烟馆，光复后潜入哈尔滨，纠集地痞流氓数十人组成贩毒集团，以开设新井泉商号为掩护，大量贩毒。再如崔庆余，外号“烟土大王”，在伪满勾结敌伪官吏公开贩毒。光复后以“利滨号”船长为掩护，拉拢船员组成贩毒集团，每次贩运几百两至千两，除在哈尔滨销售外，还向北京、上海等地贩运。打击了这些贩毒集团，对禁止烟毒起到了十分重要的作用。通过逮捕毒犯共收缴鸦片烟土 1 345 两、烟膏 35 两、烟料子 129 两、海洛因 493 瓦、白面 7 片、毛露西内 106 支、黄金 1 366.8 瓦、砂金 178 瓦、旧人民币 1 亿零 743 万 8 100 元、毒具 1 145 件、手枪 4 支、子弹 104 发，其他贩毒制毒工具多件。在禁毒运动中，全市共登记吸毒贩毒人员 6 460 名，其中，吸毒分子 3 615 名、贩毒分子 2 845 名，共收到检举材料 23 470 件。对逮捕的 744 名毒犯，根据犯罪事实和悔过表现判处 3～4 年徒刑的 202 名、5～9 年徒刑的 204 名、判处 10～20 年徒刑的 75 名、无期徒刑 9 名、死刑 10 名、死缓 3 名，病死 1 名，自杀 1 名，转外地处理的 18 名，按反革命和刑事犯罪处理的 26 名，当时案件未结的 68 名。1952 年 10 月 20 日，禁毒运动在哈尔滨胜利结束，彻底根绝了旧社会遗留下来的严重恶习，彻底摧毁了鸦片烟毒的社会基础。①

松江省戒烟工作成效显著。省人民政府民政厅于 1952 年 9 月 12 日发出了《结合爱国肃毒运动进行全面戒烟工作》的通知，要求各地普遍进行瘾民登记。

① 卢守信：《哈尔滨的鸦片烟毒和禁毒运动》，《哈尔滨文史资料》第十四辑，第 159—162 页。

对一般瘾民特别是农村的瘾民，主要采取群众监督、订立公约、自动戒除的方法，限期戒除。烟民多而又集中的市、县成立临时戒烟所或以生产教养院收容烟民，有计划地分别集中施戒。对瘾民中的游民、乞丐适当安置或收容改造。戒烟工作，由民政部门负责组织领导，卫生部门负责研制戒烟药品及治疗，公安部门协助动员掌握情况。本着“普遍开展，重点施戒”的方针，松江省民政厅于 1952 年 11 月 20 日召集牡丹江、佳木斯、宁安、鸡西、鹤岗、富锦 6 个重点市、县有关部门负责人开会，介绍了哈尔滨市的戒烟工作经验，参观了哈尔滨市的戒烟所。并按烟民需要将哈尔滨市剩余的 2 500 份戒烟药品发给 6 个市、县。到 1952 年年底，大部分瘾民已戒除了烟瘾。戒除烟瘾的人大都恢复健康，参加了生产劳动。他们感谢中国共产党和毛泽东主席，表示以实际行动报答党和政府。①

五、这是一次精彩的禁毒运动

自 1950 年 2 月至 1952 年 12 月进行的中华人民共和国成立初期禁毒运动，尤其是 1952 年下半年开展的这场大规模的群众性的禁毒运动，取得了令人瞩目的巨大成绩。时任公安部部长罗瑞卿，在 1952 年 12 月 14 日送交毛泽东主席、中共中央及中央人民政府党组和政法党组《关于全国禁毒运动的总结报告》中详细写道：“1952 年禁毒运动，在全国禁毒重点地区共发现制造、贩卖、运送毒品的毒犯 369 705 名，超过了原来估计的数字。共逮捕毒犯 82 056 名，占毒犯总数的 22%。据不完全统计，已依法处理了毒犯 51 627 名，其中，判处各种徒刑 33 786 名，劳改 2 138 名，管制 6 843 名，释放 3 534 名，未报分类统计的 4 337 名。已经处决了其中罪恶和民愤极大的毒犯 880 名，占逮捕总数的 1%。共缴获各类毒品折合鸦片 3 996 056 两，制毒机 235 部又 15 716 套，各种贩、运、藏毒工具 263 459 件，六〇炮 2 门，机枪 5 挺，长短枪 877 支，子弹 80 296 发，手榴弹 167 颗，炸弹 16 个，发报机 6 部。”②

罗瑞卿在报告中还对 1952 年全国禁毒运动的特点和经验作了概括和总结。报告中指出这次禁毒运动的特点是：准备充分，计划周密，政策界限明确，纪律严明，控制严密，督导及时，工作紧张，威力充沛。就运动发展的迅速、健康及其效果看来，就各地对中央肃毒指示的体会贯彻的精神看来，可说是一次比较精彩的运动。这次运动比较突出的经验有以下几点③：

---

① 黑龙江省地方志编纂委员会编：《黑龙江省志·民政志》，第 488 页。

② 《罗瑞卿关于全国禁毒运动的总结报告》，《党的文献》1996 年第 4 期。

③ 齐霁：《荡涤污泥浊水——新中国成立初期中国共产党对主要社会问题的治理》，第 121—123 页。

（一）政策明确。运动中始终集中打击制造、贩卖、运送毒品的毒犯，特别是其中兼有反革命身份和其他坏分子身份者，争取了胁从、偶犯、毒犯家属和为数众多的吸毒瘾民。各地都彻底贯彻了中央这一正确政策，各级领导都保持了清醒的头脑，一般工作人员都有明确的政策界限。因而，迅速地扩大了群众队伍，壮大了运动的声势，使毒犯陷于孤立，打下了毒犯的威风，使运动很快进入了高潮。

（二）准备充分。各期破案之前，均在思想上、组织上、材料上作了充分准备。各地均在党委统一领导下，以公安机关为主，组织了有力的肃毒办公室，于运动展开前3个多月就积极地展开了调查、侦查和反复查对材料的工作。因而各地均能在搜捕行动之前掌握了毒犯的名单和罪证，准确、雷厉风行地逮捕了应捕而必须捕的毒犯，并使毒犯都受到了应得的惩办和教育。这是打准、打狠和引导运动正常、健康发展的重要保证，也是缩短时间，使运动精彩结束的先决条件。

（三）控制严密。省以上的公安机关都派出检查组到各重点地区检查督导，及时地发现与解决了不少实际问题。在整个运动中都实行了规定的报告制度。因此，在严密控制和及时督导的情况下，纠正了个别地区的准备不足、忽视深入侦查、初期捕人和初期宣传工作的束手束脚以及运动高潮阶段部分地区的简单、急躁情绪等失误，保证了运动全始全终地发展到最后的胜利。

（四）及时指导。集中注意于掌握情况的发展，摸清毒情、毒犯的底细。各地一般均采取了侦查、审讯、群众检举、毒犯登记四者密切结合的办法是成功的。经验证明：凡是结合好的地方，抓住了毒犯的矛盾，内外夹攻，毒情便很快被摸清，对运动的规模和声势起了重大的推动作用。从以上四方面所得材料，必须不失时机地研究和处理，才能把一切大犯、主犯、惯犯和现行犯很快地挖出来，才能把应缴获的毒品追缴出来。

（五）集中处理。逮捕与处决毒犯，都大张旗鼓地采取了集中处理的方法，完全显示了运动的威力和政府的决心，这是发动广大群众和打击毒犯的绝好办法。事实证明，旧中国社会所遗留下来的深重毒害，采取过去那种零打碎敲的办法是不能解决问题的。中央决定“在全国范围内有重点地大张旗鼓地发动一次群众运动，来一次集中的彻底的扫除”是十分正确和英明的。

（六）口头宣传。经验证明，用口头向群众宣传，不用登报、广播等文字宣传，亦可做到大张旗鼓。禁毒运动中利用组织报告员、宣传员、宣传车、宣传队，召开各种大小群众会、毒犯家属会、老年会、公审大会等形式，大张旗鼓地进行口头宣传，反复交代政策，完全可以做到家喻户晓，人人皆知，并达到了充分发动教育群众和制服毒犯的目的。

总之,在党中央的领导下,经过各级人民政府和公安部门的努力,至1952年年底,终于基本上清除了祸害中国人民100多年的烟毒,荡涤了旧社会遗留下来的污泥浊水,保护了人民的身心健康,节约了社会财富,改善了社会风尚,净化了社会环境,巩固了新生的人民政权,振奋了民族精神,提高了党和人民政府的威信,为恢复和发展国民经济创造了必要的条件。广大群众称赞道:"人民政府为人民除了一大害!""毒害100余年,只有共产党才能解决这个问题!"[①]直到40年后,邓小平1992年在南方谈话中还自豪地说:"新中国成立以后,只花了3年时间,这些东西就一扫而光。吸鸦片烟、吃白面,世界上谁能消灭得了?国民党办不到,资本主义办不到。事实证明,共产党能够消灭丑恶的东西。"[②]

① 黄瑶、张明哲:《罗瑞卿传》,第258页。

② 《邓小平文选》第三卷,人民出版社1993年版,第379页。

第七章　中华人民共和国成立初期全国禁绝烟毒斗争的成功经验

中华人民共和国成立后，中国共产党领导全国人民仅用了3年的时间，就把祸害中华民族100余年的烟毒一扫而光，创造了世界禁毒史上的奇迹。1953年，中国政府向全世界郑重宣告：中华人民共和国为"无毒国"。中国共产党为中国和全世界的禁毒事业作出了不可磨灭的重大贡献。中华人民共和国成立初期，全国禁绝烟毒斗争积累了丰富的成功经验，也为当代的禁毒斗争提供了有益的历史借鉴。

一、加强禁毒立法、完善禁毒法制，是禁毒斗争成功的法律保障

禁毒必须有法可依。中国共产党和人民政府一贯重视禁毒法制建设。早在土地革命战争时期，一些苏维埃政府就颁布过颇具威力的禁烟法令。抗战时期和抗战胜利以后，各抗日民主政府和各解放区政府陆续制定和颁布了数十个关于禁毒的专门性法规法令，内容较为系统和完备，涉及禁种、禁贩、禁售、禁吸等禁毒工作的主要方面。中华人民共和国成立初期，党和政府继续重视禁毒立法工作。这一时期全国性的禁毒法律法规有：《政务院关于严禁鸦片烟毒的通令》《政务院为查禁鸦片烟毒的通令》《内务部关于贯彻严禁烟毒工作的指示》《中共中央关于肃清毒品流行的指示》《中华人民共和国惩治毒犯条例（草案）》等。全国各大行政区、省市人民政府积极响应中央号召，紧密结合本地区的实际情况，纷纷制定了具体的禁绝烟毒的办法和措施，主要有：《西南军政委员会关于禁绝鸦片烟毒的实施办法》《西南军政委员会关于开展禁烟禁毒工作的指示》《西南区禁绝鸦片烟毒治罪暂行条例》《西北区禁烟禁毒暂行办法》《中南区禁烟禁毒实施办法》《华东军政委员会关于决定查获毒品之处理办法的通令》《华东军政委员会关于禁烟禁毒的指示》《中共华东中央局关于肃清毒品流行的指示》《内蒙古自治区禁绝鸦片烟毒实施办法》《东北区禁烟禁毒贯彻实施办法》《东北人民政府关于严禁鸦片烟毒及其他毒品的命令》《湖南省贩毒制毒分子申请坦白登记办法》《云南省对毒犯处理标准》《广西省禁烟禁毒实施办法》《山东省人民政府关于戒烟、

禁种罂粟与收缴农村存毒的指示》《福建省人民政府关于严禁鸦片烟毒的指示》《福建省禁烟禁毒暂行条例》《福建省禁烟禁毒暂行条例实施细则》《绥远省查禁烟毒暂行办法》《绥远省禁烟禁毒实施办法》《绥远省严禁烟毒惩处暂行办法》《河北省严禁鸦片烟毒暂行办法》《宁夏省禁烟禁毒暂行条例》《西安市禁烟禁毒暂行办法》《西安市烟民登记限期戒除办法》《西安市查缉烟毒暂行办法》《武汉市烟毒瘾民登记办法》《武汉市处理烟毒案件暂行办法》《武汉市禁烟禁毒委员会奖励自报检举查缉烟毒办法》《北京市查禁烟毒办法》《天津市烟毒检查登记办法》《上海市禁烟禁毒暂行办法》《上海市禁烟禁毒委员会组织章程》《上海市禁烟禁毒登记规则》《上海市禁烟禁毒施戒调验规则》《上海市禁烟禁毒委员会戒烟所组织规则》等。上述禁毒法律法规，尽管由于历史的原因，大多数都显得比较粗糙和单薄，但是因为结合了当时禁毒斗争形势和毒品犯罪情况，并制定了与之相适应的较为完整的禁毒治罪体系，从而为打击毒品犯罪分子、顺利开展禁毒斗争提供了有力的法律保障。

二、政治廉洁、组织高效，是禁毒斗争成功的政治基础和组织保障

毒品是社会的一大公害，但却是贪官污吏们的生财之道。旧中国历代政府禁毒弊政根本在于政治的腐败，贪风盛行，大小官吏往往纵毒为患，从中渔利，中饱私囊，致使烟毒屡禁不止，泛滥成灾，且愈演愈烈。历史证明：一个腐败不堪的政府，绝不可能禁绝毒品。中国共产党代表着最广大人民群众的根本利益，代表着民族和国家的根本利益，它没有自己的私利，在没有夺取全国政权的局部执政时期是如此，夺取了全国政权成为全国执政党后更是如此。在中华人民共和国成立后，党和人民政府执法如山、说到做到，对被烟毒腐蚀、毒犯收买的新政权的机关工作人员坚决惩治、毫不手软。例如，中华人民共和国成立初期，党和人民政府坚决处理了与烟毒有关的震惊全国的刘青山、张子善贪污巨款案。刘青山、张子善分别是1931年和1933年入党的老党员，是经过长期战争考验的老干部。刘青山参加过河北高阳、蠡县的农民暴动，被敌人逮捕后，在严刑逼供下，毫不屈服。张子善1934年被国民党逮捕入狱，曾参加狱中的绝食斗争和卧轨斗争，在敌人面前表现了共产党人的英雄气概。但是，1949年后，他们居功自傲、贪污腐败、挥霍公款、享乐腐化。刘青山甚至吸食毒品，借口有病长期休养，实则沉溺于海洛因的毒瘾之中。后来，在毛泽东主席亲自关注下，经最高人民法院核准，二人均被处以死刑。又如，热河省人民政府为使党政机关团体公务人员率先垂范搞好戒烟禁毒，向各市、县(旗)和省各直属机关发出指令，专门提出约法六章。该省凌源县城关区有1名党员干部，因贪污鸦片1两，被县委察觉，立即将

其开除党籍，行政撤职，并由法院依法裁决，判处有期徒刑 2 年。[①] 中华人民共和国第一任公安部长罗瑞卿对公安系统内部人员参与毒品案件尤为痛恨，批示："不管是禁烟局的还是公安局的，均应送法院分别治罪。"[②]新生的中华人民共和国政权厉行廉洁政治，这无疑是成功开展禁毒斗争的政治基础。

新生的中华人民共和国政权还十分重视对禁毒工作的领导。全国各地均设立了由公安、法院、民政、卫生、文教、宣传、农林及工会、青联、妇联等部门代表参加的精干、高效的禁烟禁毒委员会，作为禁烟禁毒工作的专门领导机构。在具体执行中，以公安部门为主体，但其他部门的密切配合也十分重要。在禁种方面，民政、农林等部门协助公安机关铲除烟苗，帮助农民发展生产；在禁贩、禁售方面，邮电运输、特种行业等部门协助公安机关查禁毒犯，缉获烟毒；在禁吸方面，民政、卫生等部门帮助瘾民戒毒；在禁毒宣传中，宣传、文化、教育、农会、工会、青联、妇联等部门都积极参与。各级禁烟禁毒委员会的成立及其各组成部门的通力合作，使中央的禁毒政策法令得以顺利贯彻落实，从而有效地打击了各种毒品犯罪活动，为禁毒斗争取得胜利提供了组织上的保证。

三、深入开展宣传教育、依靠广大人民群众、开展禁毒的人民战争，是禁毒斗争成功的重要前提和群众基础

毒品犯罪是一个社会问题，彻底肃清毒品不能仅仅依赖政府的权威及其所发布的命令，只有动员广大人民群众，自觉地来认识烟毒的严重危害及禁绝烟毒的重大意义，有组织地执行禁绝烟毒的命令，才能取得禁毒斗争的彻底胜利。

群众路线是中国共产党根本的政治路线、组织路线和工作路线。在中华人民共和国成立初期的禁毒斗争中，党和政府十分强调和重视依靠群众、发动群众。中央人民政府政务院 1950 年 2 月 24 日发布的《关于严禁鸦片毒品的通令》第一条就明确规定："各级人民政府应协同人民团体，进行广泛的禁烟禁毒宣传，动员人民起来一致行动。"[③]中央在 1952 年上半年又明确指出："要根除制造、贩卖毒品或包庇掩护毒犯的现象，必须依靠广大群众的觉悟程度和斗争的积极性。"[④]"必须大张旗鼓的做禁烟禁毒的宣传工作，把烟毒害人及贩毒与制毒罪犯的典型罪恶事实，通过各种会议、各个宣传机关，及时的在人民群众中进行深入、广泛的宣传，以提高群众对制毒犯与贩毒犯的仇视。"要"进行群众性的检举运动

① 田果如：《热河戒烟录》，《承德文史》第六辑，第 68—69 页。
② 黄瑶、张明哲：《罗瑞卿传》，第 257 页。
③ 诸羽主编：《割除毒瘤——共和国首次禁毒禁娼述实》，第 30 页。
④ 《中共中央关于肃清毒品流行的指示》(1952 年 4 月 15 日)，《党的文献》1996 年第 4 期。

和发动犯罪分子的坦白运动。”[①]为配合1952年全国大规模的群众性的禁毒运动的即将展开，中共中央宣传部和公安部于1952年7月19日联合发出了《关于禁毒宣传的指示》。该指示首先强调：“为了使群众充分了解禁毒运动的意义，动员他们积极地与贩卖、制造毒品罪恶活动作斗争，积极地协助政府检举毒犯，以达到根绝毒品的目的，必须在人民群众中进行广泛的强有力的宣传。”其次为避免美帝国主义利用我禁毒运动进行造谣诬蔑，要求“这次禁毒宣传只限于在人民群众中进行内部的口头的宣传，不在报纸、刊物、新华社及广播电台作公开的文字的宣传”。最后对禁毒宣传的内容做出了具体规定。[②]

各级党委、人民政府在1952年禁毒运动中，根据中央的指示精神，通过组织报告员、宣传员、宣传队、宣传车，召开报告会、专题讨论会、大小群众会、干部动员会、居民小组会、毒犯家属会、老年会、青年会、儿童会、妇女会、学生会、店员会、民兵会、烟民会、展览会、控诉会、公审大会以及街头宣讲、街头小剧、政治喊话、漫画、标语、宣传画、幻灯、黑板报、戏剧、歌剧、相声、腰鼓、大鼓、秧歌、快板、双簧、山歌、顺口溜等群众喜闻乐见的形式，大张旗鼓地进行广泛的口头宣传教育，宣传党的禁毒方针政策和毒品对人民群众的身心、对中华人民共和国建设事业的严重危害，做到了家喻户晓、妇孺皆知，给毒犯分子形成了强大的心理压力，达到了充分发动教育群众、制服毒犯的目的。据统计，云南省各地共召开各种会议8万多次，受教育人数约400万余人次。[③] 贵州省共召开各种禁毒会议和举办各种禁毒宣传活动17 848次，参加会议和受教育群众达50余万人。[④] 西康省西昌各地先后召开大小群众会议2 000余次，受到教育发动的群众约50万人次。[⑤] 四川省邛崃县在运动中，仅城关和4个重点乡就召开大小会议600余次，参加人数达78%以上。[⑥] 甘肃省兰州、天水两市共有3 270余名干部、学生和积极分子参加了禁毒宣传工作，召开群众会议5 560余场(次)，受教育群众32万多人，其中，兰州市民受教育面达82%。[⑦] 陕西省汉中市培训查禁工作骨干891人，先后召开学生会、店员会、干部会382次，农会、青年会、妇女会509次，小型座谈会

---

① 《中央人民政府政务院为查禁鸦片烟毒的通令》(1952年5月21日)，《北京档案史料》1997年第5期。

② 济南市档案馆编：《禁毒风雷——济南解放初期禁毒运动档案文献选辑》，第141—144页。

③ 云南省地方志编纂委员会总纂、云南省公安厅编撰：《云南省志·公安志》，第326页。

④ 金士宝、廖以文：《贵州肃毒》，马维刚编：《禁娼禁毒——建国初期的历史回顾》，第291页。

⑤ 孙兴盛、石棠熙、朱昌鹤：《禁烟肃毒在凉山》，马维刚编：《禁娼禁毒——建国初期的历史回顾》，第202页。

⑥ 彭华生：《解放前邛崃的烟毒情况与解放后的肃毒运动》，《邛崃文史资料》第四辑，第108页。

⑦ 李晓卫、方仕樵：《烟毒与禁政——甘肃历史上的禁烟肃毒》，马维刚编：《禁娼禁毒——建国初期的历史回顾》，第192页。

545 次，深入院落家庭召开烟贩及家属会 1 329 次。[①] 广西省桂林市在运动中利用大小会及其他形式，共宣传 1 456 次，受教育者 81 333 人次。[②] 广西省共召开各种群众会及毒犯家属会 1 778 次，直接受教育的群众有 1 821 279 人，占禁毒行动地区人口的 80%以上。[③] 河南省洛阳市召开各种代表人员会、群众会、控诉会共 1 756 次，参加人员 1.24 万人，召开贩毒运毒者会议 255 次，参加人员达 7 700 人次，召开毒犯家属会 175 次，参加人员达 5 095 人，受教育面占全市的 60%以上。[④] 武汉市武昌区宣传发动面占人口总数的 90%；江岸区各派出所召开大小会议约 500 余次，受教育群众有 16 万余人次。[⑤] 湖北省宜昌市共召开各种会议 1 787 次，群众在禁烟禁毒中受教育的面达到了 70%以上。[⑥] 湖南省共抽调专职干部 3 887 人，对 9 个市、84 个城关镇、203 个圩镇全面查禁烟毒，共召开群众大会 1.86 万次，受教育群众达 259 万人。[⑦] 绥远省丰镇县先后召开小型会议 1 103 次，受教育人数达 86 564 人次，召开大型会议 163 次。[⑧] 察哈尔省张家口市有 5 000 余人参加了禁毒宣传队伍，召开大小会 4 785 次，共有 31 800 余人次参加；群众多者受过 10 余次教育，最少也受过 1 次教育。[⑨] 河北省石家庄市组织推动宣传员、报告员 3 648 名，召开各种会议 11 522 次，参加人数达 439 600 余人。[⑩] 河北省各禁毒重点市、县的人民政府共派出宣传干部 21 765 人，组织报告员 588 人、宣传员 9 327 人，召开群众公审大会、街道干部会、行业部门座谈会 37 414 次，参加群众达 2 664 080 人次。[⑪] 北京市共召开各种群众禁毒宣传会议 21 648 次，到会群众 100 万人次以上。[⑫] 上海市共组织了有 3 万人参加的宣传队伍，分头召开控诉会、座谈会和检举揭发会，与会者累计达 250 万人次。[⑬] 南京市共召开各种群众会议 8 847 次，听众 744 342 人，占当时全市人口总数的 85%以上。[⑭] 镇江市共召开各种会议 1 563 场，受教育群众累计 18.9 万

---

① 陈福寿：《汉中禁烟事略》，《汉中文史》第九辑，第 152—153 页。

② 赵世琨：《消灭桂林的贩毒活动》，马维刚编：《禁娼禁毒——建国初期的历史回顾》，第 264 页。

③ 陈勇：《禁绝广西烟毒》，马维刚编：《禁娼禁毒——建国初期的历史回顾》，第 388 页。

④ 中共河南省委党史研究室编：《城市的接管与社会改造：河南卷》，第 459 页。

⑤ 陈守谦：《武汉禁毒运动》，马维刚编：《禁娼禁毒——建国初期的历史回顾》，第 237—238 页。

⑥ 中共湖北省委党史研究室编：《城市的接管与社会改造：湖北卷》，第 333 页。

⑦ 齐磊、胡金野：《中国禁毒史》，第 265 页。

⑧ 邢吉和：《丰镇县戒烟扫毒运动概况》，《丰镇史料》第四辑，第 262—263 页。

⑨ 李兆俭：《张家口市解放后的肃毒禁烟运动》，《张家口文史资料》第十五辑（纪念张家口解放四十周年续集），第 92 页。

⑩ 吴景仁、张克勤：《石家庄市改造妓女、禁烟、戒赌实录》，《河北文史资料》第三十八期，第 61 页。

⑪ 《肃毒工作执行情况》，1953 年 1 月 15 日，河北省公安厅档案，案卷号：永久 395。

⑫ 刘伟、冯双平：《建国初期北京的肃毒斗争》，《北京党史》2000 年第 4 期。

⑬ 熊月之主编：《上海通史》第十三卷，第 24—25 页。

⑭ 宁弓矢：《南京的禁毒工作》，马维刚编：《禁娼禁毒——建国初期的历史回顾》，第 374 页。

人次，占市区总人口的81.6%。[①] 青岛市共召开各类会议3 420多次。[②] 济南市仅1952年8月18日、19日两日即召开干部会71个、群众大会57个、小型群众座谈会419个，约有15万人受到教育；[③]在运动中共召开各种形式的群众会、控诉会、毒犯家属会等7 879次，市民一般受到9次以上教育。[④] 广州市召开宣传会11 046次，受教育群众1 239 283人。[⑤] 福州市抽调党政干部、治保人员、学生等8 788人组成宣传队，开展禁烟禁毒宣传活动。先后召开群众大会、代表会、积极分子会、院落会、老人会、妇女会、毒犯和烟民家属座谈会等各种会议1.5万多场，组织11辆宣传车、4艘大船，分别在街头和水上流动宣传；并设立固定宣传站54个，由烟毒犯上台坦白交代问题，或由烟民家属控诉和评话员说唱进行广泛宣传，受教育群众达40多万人次。[⑥] 漳州市在禁毒运动中组织了8个宣传队1 170人，连续出动街头宣传员积极分子1 650人，分成274个宣传小组，有领导地分别进行宣传、规劝工作，曾5天就召开各种会议41次，参加人数达2 600人。[⑦] 福建全省共组织干部、积极分子29 519人投入宣传和发动群众工作，先后召开各种会议23 156次。[⑧] 沈阳市召开各种宣传会21 425次，受到直接教育的群众有1 171 648人。[⑨] 长春市累计参加各种形式会议的人数约140.1万多人次，占当时全市人口的2.5倍多，平均每人受到2次以上的禁毒教育。[⑩] 哈尔滨市共组织了5 000多名街道宣传员，150多名宣传报告员，召开各种会议1.5万余次，受教育群众达83万余人，占全市人口总数83%。[⑪] 据不完全统计，全国共召开各种宣传会765 428次，受教育的群众达74 595 181人。[⑫]

经过广泛深入的宣传发动，提高了广大人民群众的觉悟，鼓舞了群众的斗志，调动了群众的积极性，不少群众积极行动起来，协助政府和公安部门检举揭

---

① 董宝森：《镇江禁毒始末》，马维刚编：《禁娼禁毒——建国初期的历史回顾》，第253页。

② 兰波：《青岛清除烟毒纪实》，马维刚编：《禁娼禁毒——建国初期的历史回顾》，第395页。

③ 济南市禁毒委员会办公室：《济南市禁毒委员会办公室禁毒工作情况简报》，1952年8月20日，济南市档案馆编：《禁毒风雷——济南解放初期禁毒运动档案文献选辑》，第56页。

④ 济南市禁毒委员会办公室：《济南市禁毒运动工作总结》，1952年12月，济南市档案馆编：《禁毒风雷——济南解放初期禁毒运动档案文献选辑》，第106页。

⑤ 《罗瑞卿关于全国禁毒运动的总结报告》，《党的文献》1996年第4期。

⑥ 福州市地方志编纂委员会编：《福州市志》第六册，第581页。

⑦ 龙溪公安处：《漳州市宣传工作专报》，1952年9月12日，福建省公安厅档案科，案卷号：长期176。

⑧ 陈勋政、祁虎文、何锋涛：《福建禁烟禁毒斗争简记》，苏智良、赵长青主编：《禁毒全书》，第404页。

⑨ 《罗瑞卿关于全国禁毒运动的总结报告》，《党的文献》1996年第4期。

⑩ 王连馨：《长春禁毒运动》，苏智良、赵长青主编：《禁毒全书》，第508页。

⑪ 卢守信：《哈尔滨的鸦片烟毒和禁毒运动》，《哈尔滨文史资料》第十四辑，第160页。

⑫ 《罗瑞卿关于全国禁毒运动的总结报告》，《党的文献》1996年第4期。

发制毒、贩毒、运毒的犯罪活动，并帮助动员烟毒分子主动登记和坦白自首。据统计，云南省共收到举报贩毒材料 16.4 万多件。[①] 贵州省共收到群众检举信 29 041 件。[②] 兰州、天水两市群众称“禁烟是救命”，积极检举、提供毒品线索合计 8 739 条，3 823 名毒犯向人民政府坦白登记。[③] 汉中市政府收到群众检举信 3 714 件，经过 4 次调查，共掌握有各类烟毒问题的 899 人。[④] 湘西在禁毒运动中，仅 32 个重点地区通过群众检举揭发出来的烟毒分子即达 1 347 人，占登记总数 4 564 人的 29.51%，查获鸦片 10 232.3 两、吗啡 12.35 两；群众自动交出鸦片 22 962.21 两，吗啡 61.45 两。[⑤] 桂林市在运动中群众共检举有吸毒、贩毒行为者 694 人。[⑥] 广西省有 31 265 名群众对 10 156 名毒犯进行了书面或口头检举，有 15 746 名毒贩坦白登记。[⑦] 河南省郑州市仅 8 月、9 月份收到群众检举材料即有 32 615 件。[⑧] 绥远省丰镇县在运动中根据群众揭发和提供材料，10 天时间就逮捕毒品犯 53 人，其中，群众协助追捕逃犯 15 人，丰镇中学 5 名学生动员家长交出大烟 108 两。[⑨] 察哈尔省张家口市共有 8 168 人递交检举毒犯材料 9 378 件，有 37 名群众和烟民悲愤地控诉了 31 名毒犯的罪恶。街道积极分子、治安保卫委员会成员，夜以继日地深入存毒户，进行耐心细致的说服动员，前后共收缴大烟 25 334 两，其他毒品 146 两。[⑩] 河北省共收到检举材料 39 055 件，受理口头检举 3 189 人次。[⑪] 天津市共获取从各方面暴露的材料 35 329 件，其中，群众检举 10 977 件，经过逐件查对共挖出毒犯 3 086 名。[⑫] 上海市由群众提供的检举制毒、贩毒、运毒的材料共达 2.1 万份，其中，经查后确认有烟毒犯罪者共 13 685 人。[⑬] 南京市共收到检举信 5.83 万件，口头检举 3 411 次。[⑭] 青岛市共收到检举材料 6 000 余份，接待主动坦白登记的烟毒犯 1 092 名。[⑮] 济南市共收到

---

① 云南省地方志编纂委员会总纂、云南省公安厅编撰：《云南省志·公安志》，第 326 页。

② 金士宝、廖以文：《贵州肃毒》，马维刚编：《禁娼禁毒——建国初期的历史回顾》，第 291 页。

③ 李晓卫、方仕樵：《烟毒与禁政——甘肃历史上的禁烟肃毒》，马维刚编：《禁娼禁毒——建国初期的历史回顾》，第 192 页。

④ 陈福寿：《汉中禁烟事略》，《汉中文史》第九辑，第 153 页。

⑤ 余飞：《湘西烟毒与禁烟禁毒》，苏智良、赵长青主编：《禁毒全书》，第 465—466 页。

⑥ 赵世琨：《消灭桂林的贩毒活动》，马维刚编：《禁娼禁毒——建国初期的历史回顾》，第 264 页。

⑦ 陈勇：《禁绝广西烟毒》，马维刚编：《禁娼禁毒——建国初期的历史回顾》，第 389、384 页。

⑧ 中共郑州市委党史研究室编：《历史的涛声——郑州市城市接管与社会改造》，第 224 页。

⑨ 邢吉和：《丰镇县戒烟扫毒运动概况》，《丰镇史料》第四辑，第 262 页。

⑩ 李兆俭：《张家口市解放后的肃毒禁烟运动》，《张家口文史资料》第十五辑（纪念张家口解放四十周年续集），第 93 页。

⑪ 《新旧地区划分全省情况毒情综合》，1953 年，河北省公安厅档案，案卷号：永久 395。

⑫ 项宝生：《旧天津的烟毒及 1952 年的禁毒运动》，苏智良、赵长青主编：《禁毒全书》，第 480 页。

⑬ 熊月之主编：《上海通史》第 13 卷，第 25 页。

⑭ 宁弓矢：《南京的禁毒工作》，马维刚编：《禁娼禁毒——建国初期的历史回顾》，第 376 页。

⑮ 兰波：《青岛清除烟毒纪实》，马维刚编：《禁娼禁毒——建国初期的历史回顾》，第 395 页。

群众检举揭发材料 13 693 份。[①] 镇江市经过宣传发动，共收到群众检举信 5 835 件，经逐一查证，属实的有 4 586 件，占总数的 78.59%。[②] 福州市共收到群众检举揭发烟毒材料 634 件。[③] 福建省共收到检举揭发烟毒线索信 3 万余件。[④] 长春市共有 1 418 人参加检举揭发，共收到检举材料 3 222 件，其中，属于检举制毒、贩毒的材料 1 898 件，吸毒的材料 1 324 件；登记坦白自首的烟毒分子达 1 119 人，其中，制毒、贩毒分子 486 人，吸毒分子 633 人。[⑤] 据不完全统计，全国共收到群众检举信 1 312 535 件，检举的毒犯有 220 806 名。[⑥]

全国各地还涌现出了许多禁毒积极分子以及妻子控告丈夫、子女揭发父母、弟妹检举哥嫂等大义灭亲的感人事例。例如，云南宣威县有 402 个群众积极分子分别在各乡镇成立了 31 个肃毒小组，挨家挨户地收缴烟毒。该县吴堡街由 30 多名群众积极分子组成的肃毒小组，在一天之内就收缴烟毒 6 000 多两。[⑦] 昆明市府东街 20 号居民万树华带病外出搜集材料，她不识字，即邀约一个识字人一起调查搜集材料，并自愿补助同去者的生活费；后新南街的罗承芝、陈志祺、龚荣清、张秀琴 4 人，为证实几个烟毒犯的材料，自己出车费到小板桥、老鸦营、黑林铺等周围行程上百里的地方去调查；临江里少年龙绍国检举其母亲 1951 年为烟毒犯窝藏一皮箱大烟；金牛街烟民李忠不交烟具，被他 15 岁的儿子将烟具主动送到派出所；拓东路 328 号李树芬检举其父亲 1950 年 6 月后，用布匹去牟定换回大烟 6 000 两；文庙直街周明，在控诉会上检举其父勾结国民党军官做大烟生意 20 年；临江里 195 号朱淑英检举其哥哥贩卖烟毒 1 000 两。[⑧] 四川泸州市涌现出 255 名禁毒积极分子，其中，有第一派出所辖区旅店工人邱光华，严格注意来往可疑的客人，检举了现行犯刘玉英；第六派出所居民干部为捉拿现行犯在小市工农桥守候 6 天 6 夜未睡觉；第五派出所 1 名儿童守候在烟毒犯家中，发现情况报告公安人员，捉到 1 名现行犯，缴获烟土 30 多两；第七派出所 14 岁小学生赖明熙检举其父赖高林毒犯，并缴获手枪 1 支。[⑨] 武汉市江岸区

---

① 济南市档案馆编：《禁毒风雷——济南解放初期禁毒运动档案文献选辑》，第 5 页。

② 董宝森：《镇江禁毒始末》，马维刚编：《禁娼禁毒——建国初期的历史回顾》，第 253 页。

③ 福州市地方志编纂委员会编：《福州市志》第六册，第 581 页。

④ 陈勋政、祁虎文、何锋涛：《福建禁烟禁毒斗争简记》，苏智良、赵长青主编：《禁毒全书》，第 404 页。

⑤ 王连馨：《长春禁毒运动》，苏智良、赵长青主编：《禁毒全书》，第 508 页。

⑥ 《罗瑞卿关于全国禁毒运动的总结报告》，《党的文献》1996 年第 4 期。

⑦ 中共云南省委党史研究室、中共云南省公安厅委员会编：《建国以来云南的禁毒斗争》，第 134—135 页。

⑧ 中共云南省委党史研究室、中共云南省公安厅委员会编：《建国以来云南的禁毒斗争》，第 145 页。

⑨ 先安铭：《解放初期泸州的禁烟禁毒运动》，《江阳文史资料》第四辑，1990 年印刷，第 119 页。

毒犯黄久臣的女儿检举了其父亲的贩毒罪行并动员其父亲交出了毒品；江岸区刘家庙居民郎幼梅听了报告会后，就积极检举其弟弟的吸毒行为；武昌区荆南街某妇女检举丈夫的吸毒行为，并促使丈夫坦白交出毒品；江汉区妇女余金娣当众揭发她的姐夫刘汉卿、妹夫涂汉林以及街邻数人，并放下生意不做，协助政府查证材料，拒绝不法分子对她的拉拢收买，驳斥了舅舅阻止她揭发犯罪分子的行为，还动员其姐姐在会上控诉姐夫刘汉卿。[①] 河南许昌市在调查落实材料阶段，由于线索多、任务重，公安干警力量严重不足，全市组建了 123 个群众调查小组，参加 1 424 人，不少群众积极分子，个人自备路费，自带干粮，跋山涉水，风餐露宿，远征各省、市、县，协助公安机关查证落实了大量毒品犯罪线索，充分显示出依靠群众、发动群众的强大威力。[②] 江苏镇江市大毒犯吴业华被捕后，只承认贩毒，不承认制毒，更不承认家中还存有毒品。吴业华的儿媳王苏揭发了吴犯及其同伙的毒品犯罪活动，并动员自己的丈夫吴本树交出毒品、检举其他烟毒犯，使镇江市公安局彻底破获吴业华制造贩卖毒品集团案。[③] 济南市民王玉彬检举了 11 名毒犯，并自动骑脚踏车外出调查毒犯郭贯一的存毒情况，返回报告派出所，起出鸦片 130 两；魏玉英为证实一个毒犯的材料，跑到市外 60 里的乡村去调查；闫敬明为监视一毒犯行动，跟踪外出 20 里。[④] 济南市五区毒犯张金生的妻子，在毒犯家属座谈会上当即上交了检举其夫大量现行贩毒的两份材料，会后又上交了两份检举材料；四区毒犯家属闫王氏会后主动检举了其夫闫居川贩卖鸦片的事实，并协助搜出证据。[⑤] 哈尔滨市禁毒运动开展以后，西傅家区治安员郝子斌为了监视住毒犯李惠民的行动，一天没顾上吃饭；毒犯张洪钧的儿子到顾乡分局检举了其父吸毒罪行；连公安局捕获的 729 毒犯都不同程度地得到群众的检举、监视。[⑥] 据统计，张家口市在禁毒运动中涌现出 209 名禁毒肃毒积极分子，出现了 21 个检举亲属模范例子。[⑦] 河南省在运动中收到儿子检举父亲、妻子检举丈夫的事例 680 余件。[⑧]

---

① 陈守谦：《武汉禁毒运动》，马维刚编：《禁娼禁毒——建国初期的历史回顾》，第 238 页。

② 杨玉亭：《许昌市禁毒始末》，苏智良、赵长青主编：《禁毒全书》，第 504 页。

③ 董宝森：《镇江禁毒始末》，马维刚编：《禁娼禁毒——建国初期的历史回顾》，第 251 页。

④ 中共济南市委：《中共济南市委关于禁毒第二阶段工作情况简报》，1952 年 9 月 29 日，济南市档案馆编：《禁毒风雷——济南解放初期禁毒运动档案文献选辑》，第 74 页。

⑤ 中共济南市委：《中共济南市委关于禁毒运动情况的报告》，1952 年 8 月 21 日，济南市档案馆编：《禁毒风雷——济南解放初期禁毒运动档案文献选辑》，第 62 页。

⑥ 卢守信：《哈尔滨的鸦片烟毒和禁毒运动》，《哈尔滨文史资料》第十四辑，第 160 页。

⑦ 李兆俭：《张家口市解放后的肃毒禁烟运动》，《张家口文史资料》第十五辑（纪念张家口解放四十周年续集），第 93 页。

⑧ 《罗瑞卿关于全国禁毒运动的总结报告》，《党的文献》1996 年第 4 期。

四、全面禁毒、多管齐下、重点打击制贩活动、宽严相济、区别对待，是禁毒斗争成功的重要方针和政策

中华人民共和国成立初期，党和人民政府多管齐下，五禁并举：禁种以消毒源，禁制以减品种，禁运以止流通，禁贩以止销售，禁吸以绝耗用，对烟毒进行全面围剿，使之无隙可遁。同时，又把禁毒斗争的重点放在严惩毒贩、堵源截流上，充分发动群众，严厉打击处理制造、贩卖、运送毒品的大犯、主犯、惯犯、现行犯。

由于烟毒在中国流行的历史很长，具有一定程度的社会普遍性，打击处理中若一律从严，势必打击面过宽；若一律从宽，又失去了党和政府禁烟禁毒的严肃性。因此，党和政府在1952年开展的大规模禁毒运动中，采取了宽严相济、区别对待的正确政策，始终集中打击制造、贩卖、运送毒品的毒犯，而特别是其中兼有反革命身份和其他坏分子，争取了协从、偶犯、毒犯家属和为数众多的吸毒瘾民，保证了禁毒斗争的顺利发展。中央根据当时的情况，明确指出这次禁毒运动要以制造、贩运的毒犯为打击重点。具体政策是过去从宽，今后从严；坦白从宽，抗拒从严；小犯、从犯、偶犯从宽，大犯、主犯、惯犯从严。总的精神是严查宽办，惩治与教育相结合，以争取改造大多数。在对毒犯进行定案处理的过程中，各地都彻底贯彻和执行了中央这一正确政策。从全国来看，处决的少数大毒犯，一般都是具有反革命身份而且民愤极大的分子。对逮捕的毒犯，大多通过管制或劳动改造，使他们改恶从善，重新做人。有的省市，对一般毒犯年龄在60岁以上者，或家中有小孩无人照顾的女犯，也采取轻判或管制的处理办法。① 至于对众多的吸毒烟民，一般以“受害者”对待，主要在运动中教育与群众监督规劝下进行戒毒。

总之，全面禁毒、多管齐下、重点打击制贩活动、宽严相济、区别对待，无疑是成功开展禁毒斗争的重要方针和政策。

五、注重民族政策、维护民族团结，是禁毒斗争成功的重要策略

中国是一个多民族国家，各少数民族不同的风俗习惯既为中华民族提供了绚烂多彩的民族文化，但同时也对中国共产党的方针政策制定带来了不小的难度。尤其是在中华人民共和国成立初期，由于少数民族地区的人民在历史上长期遭受封建大汉族主义政策的迫害，再加上长期生活在闭塞的环境中，汉族与少数民族之间的关系较为紧张，民族关系也较为错综复杂。因此，在少数民族聚居

---

① 凌青、邵秦主编：《从虎门销烟到当代中国禁毒》，第110页。

的地区,任何一项政策的实施都必须要高度谨慎,否则稍有失误就会招致民族冲突,不仅不能解决任何社会问题,反而还会增加解决的难度。[①]

1950 年 4 月 3 日,中共中央发出《关于在民族杂居地区成立民族民主联合政府的指示》,提出:"政府凡在处理关涉到少数民族的工作问题时,必须和少数民族的委员充分协商,力求取得他们的同意,然后做出决定。"[②]1950 年 7 月 21 日,邓小平在欢迎赴西南地区的中央民族访问团大会上作了《关于西南少数民族问题》的长篇讲话,把少数民族政策问题讲得十分透彻,并且提出"一切事情都要经过他们上层"的意见。他说:"在少数民族里面,正是由于过去与汉族的隔阂很深,情况复杂,所以不能由外面的力量去发动少数民族内部的所谓阶级斗争,不应由外部的力量去制造阶级斗争,不应由外力去搞什么改革。所有少数民族内部的改革,都要由少数民族内部的力量来进行。改革是需要的,不搞改革,少数民族的贫困就不能消灭,不消灭贫困,就不能消灭落后,但是这个改革必须等到少数民族内部的条件具备了以后才能进行。""所有这一切工作,都要掌握一个原则,就是要同少数民族商量。他们赞成就做,赞成一部分就做一部分,赞成大部分就做大部分,全部赞成就全部做。一定要他们赞成,要大多数人赞成,特别是上层分子赞成,上层分子不赞成就不做,上层分子赞成才算数。为什么?因为在少数民族地区,由于历史的、政治的、经济的特点,上层分子作用特别大。""我们有些同志往往采取激进的办法,以为不通过上层分子能够搞得更好。事实上不是搞得更好,而是搞得更坏;不是搞得更快,而是搞得更慢,因为阻力大。对上层分子的工作做好了,推动他们进步了,同我们的合作搞好了,这样,在他们的帮助下来推进工作,就要顺当得多。"[③]贺龙在论述云南边防问题时也曾指出:"少数民族工作哪一天做不好,边防问题就哪一天得不到很好的解决。相反,我们只要做好了少数民族工作,那么帝国主义所培植的特务和土匪,即失掉了依托和群众基础,而我们在边防斗争上,也就取得了政治上的保障。"[④]

在禁毒方面,少数民族地区更是较为特殊的地方,因为 1949 年前后的少数民族聚居区经济十分落后,有不少人依靠种植鸦片作为换取枪支和向汉区换取部分生活必需品的来源。因此,在少数民族地区的禁毒问题上,中央要求各地要持慎重的态度。为此,贵州曾一度明确规定少数民族聚居区一律不进行禁毒工

---

① 齐霁:《荡涤污泥浊水——新中国成立初期中国共产党对主要社会问题的治理》,第 324 页。

② 中共中央文献研究室编:《建国以来重要文献选编》第一册,中央文献出版社 1992 年版,第 170 页。

③ 《邓小平文选》第一卷,人民出版社 1994 年版,第 164、168、169 页。

④ 《贺龙传》编写组编:《贺龙军事文选》,解放军出版社 1989 年版,第 508 页。

作。对禁毒运动中涉及的少数民族中的烟毒犯的处理,依靠少数民族自然领袖以乡政府委员会或人民代表会议的形式作出处理意见。由于作了上述规定,贵州省的禁毒运动没有发生混乱现象,使开展禁毒运动的地、市、县运动进展顺利、发展健康。[①] 西康省人民政府也正确贯彻了中央民族政策,于 1950 年 9 月 1 日发出《禁烟禁毒重点步骤及注意事项》通令;1952 年 2 月 23 日,又发出《关于严禁鸦片烟毒》的指示,明确规定:“在少数民族地区暂不禁烟。”“着重宣传教育,通过各种关系,启发他们自觉停止种、售、贩、吸,切勿强迫命令,造成不良后果。”各地公安机关根据这一精神,对少数民族地区的禁烟肃毒采取逐步推进的办法,最终成功解决了这一棘手问题。[②]

六、禁毒要与清除其他社会病害配合进行,是禁毒斗争成功的必要措施

禁毒工作是涉及社会各个方面和千家万户的极其复杂的斗争,也是社会改革的一项重要内容,不能孤立进行。中华人民共和国成立初期,党和政府创造性地把禁毒工作与当时正在进行的其他各项社会改革运动有机地结合起来,使之相互推动,收到了良好效果。

(一) 禁毒与禁娼、剿匪相结合

毒品、娼妓、土匪是旧中国的三大社会顽症,三者联系十分密切。妓院是藏污纳垢的渊薮,历来就是吸毒、藏毒、贩毒的重要场所;土匪往往是从事贩毒、运毒、护毒活动的重要力量;娼妓、嫖客、土匪又是吸毒的重要人口群。1949 年后,一些毒犯混迹于嫖客之中,把妓院作为逃避惩处的避风港;一些土匪负隅顽抗,联手靠贩毒来维持生存,仍在猖狂地进行贩毒活动。因而,中华人民共和国成立初期的禁毒与禁娼、剿匪同时进行,相互配合。从 1949 年年底至 1950 年年初,人民政府毅然决定封闭全部妓院,惩治了一批作恶多端的妓院老板,教育和挽救了一大批受害妇女,彻底铲除了几千年来极其野蛮的严重摧残妇女身心健康和侮辱妇女人格的娼妓制度。从 1949 年 5 月至 1951 年年底,各大区先后抽调了大约 39 个军 114 个师的兵力,前后经历了军事进剿、分兵助剿和最后清匪三个阶段,共肃清土匪 200 多万人,长期困扰中国社会的匪患问题得以彻底解决。取缔妓院、剿灭土匪,无疑都沉重地打击了毒犯,使烟毒泛滥失去了依托,为彻底肃清烟毒提供了条件。

---

① 金士宝、廖以文:《贵州肃毒》,马维纲编:《禁娼禁毒——建国初期的历史回顾》,第 290 页。

② 孙兴盛、石棠熙、朱昌鹤:《禁烟肃毒在凉山》,马维纲编:《禁娼禁毒——建国初期的历史回顾》,第 205—206 页。

(二) 禁毒与镇压反革命运动相结合

中华人民共和国成立初期，有不少兼具反革命身份的毒贩仍在从事贩毒活动，甚至从中牟取暴利作为其进行反革命活动的经费。全国各地公安机关结合镇压反革命运动，发现、清除了一大批兼具反革命身份的毒犯。南京市公安机关于 1950 年 5 月将毒贩、反革命武装特务组织首犯萧明山及其同伙一网打尽，又分别于同年 4 月 14 日和 6 月 11 日处决了大毒贩、反革命分子缪凤池、孔经武、林之洞。[①] 云南省宜良县匡远镇查获的贩毒犯王文德，曾任民国军队连长及副乡长，又是当地帮会头目，民国时期依仗帮会势力，勾结军政官吏、恶霸地主，从罗平、师宗、泸西、陆良等县收购鸦片，运往昆明等地销售，人民政权建立后，组织暗杀团，担任副团长，阴谋暗杀干部、农民，并违抗禁令，继续贩卖鸦片 2 150 多两，被依法判处死刑；毒犯马心一，曾任民国政府镇长，1942—1949 年，与云南军队要员勾结，坐地收购鸦片 3.4 万余两，运往四川宜宾和重庆销售；人民政权建立后，禁令颁布前，制造砒子 4 110 两(折合鸦片约 1.1 万两)；禁令颁布后，贩卖砒子 200 余两，鸦片 2 500 余两，被依法判处无期徒刑。[②] 据统计，在华北、东北、中南三区 30 502 名已捕毒犯中，兼具反革命身份的就有 20 383 名，占 67%。中南区处决的 245 名毒犯中，兼具反革命身份的有 212 名，占被处决总数的 87%。沈阳市逮捕的 867 名毒犯中，兼具反革命身份的有 826 名，占 95%。[③] 绥远省丰镇县处理的 266 名毒品犯，地主、流氓、顽伪人员等出身的就占了 74.7%。[④] 武汉市在 1949 年后逮捕贩运烟毒的大犯、主犯、惯犯、现行犯中，国民党军、警、宪人员、地痞、流氓及社会渣滓就占 49.8%。其中，一些反革命特务分子还以大量制造贩卖毒品获取暴利，作为其反革命特务活动的经费。[⑤] 南京市在禁毒运动中逮捕了 1 153 名毒犯，其中，特务 110 名、伪官吏 68 名、反动军官 67 名、反动党团人员 50 名、恶霸地主 48 名、封建帮会头目 46 名、反动会道门骨干 23 名、兵痞 20 名、流氓 17 名、土匪 4 名，共 453 名，占逮捕总数的 39.5%。[⑥] 合肥市在 1952 年 8 月中旬逮捕的 107 名烟毒犯中，有特务 4 名、土匪 12 名、反动党团骨干 11 名、伪军官 9 名、反动会道门道首道徒 3 名、地主 12 名，占总数的 47%。[⑦] 济南市逮捕的 218 名毒犯中，有 5 名是反革命分子，38 名是一般反革命身份，均加

① 宁弓矢：《南京的禁毒工作》，马维刚编：《禁娼禁毒——建国初期的历史回顾》，第 366—368 页。
② 云南省地方志编纂委员会总纂、云南省公安厅编撰：《云南省志 · 公安志》，第 326—327 页。
③ 《罗瑞卿关于全国禁毒运动的总结报告》，《党的文献》1996 年第 4 期。
④ 邢吉和：《丰镇县戒烟扫毒运动概况》，《丰镇史料》第四辑，第 225 页。
⑤ 陈守谦：《武汉禁毒运动》，马维刚编：《禁娼禁毒——建国初期的历史回顾》，第 231—232 页。
⑥ 宁弓矢：《南京的禁毒工作》，马维刚编：《禁娼禁毒——建国初期的历史回顾》，第 378 页。
⑦ 合肥市地方志编纂委员会编：《合肥市志》，第 2070 页。

重了对他们的惩办。[①] 福建省逮捕的毒犯中，具有反革命身份的 416 名，国民党军政官吏及兵痞、流氓 381 名，两者共 797 名，占逮捕总数的 48.08%；运动中，破获利用贩毒进行反革命活动的案件 14 起，逮捕 33 人。[②] 贵州全省在禁烟禁毒运动中，公开处决了 25 名身兼反革命和罪大恶极的贩毒集团的组织者与主谋者。[③] 贵阳市逮捕的 890 名烟毒犯中，反革命分子占 19%；都匀专区逮捕的 367 名烟毒犯中，反革命分子占 27.5%；安顺逮捕烟毒犯 176 名，其中，身兼五方面反革命骨干和旧军官、旧官吏、反动帮会头子占 58.8%。[④]因此可见，中华人民共和国成立初期的禁毒运动不仅沉重打击了毒犯，而且狠狠打击了反革命分子，这对推动镇压反革命运动、巩固新生人民政权和维护社会治安都具有重大作用。

（三）禁毒与“三反”“五反”运动相结合

党中央和毛泽东于 1952 年 3 月、4 月，连续发出指示，“把禁毒运动作为‘三反’‘五反’运动结束时期的一个主流……这个运动应在 5 月底大张旗鼓雷厉风行地开展”[⑤]，要继续发动人民群众揭发深挖，严肃处理已查出的犯罪人员，尽快铲除烟毒这种丑恶现象。全国各地在禁毒运动中，结合“三反”“五反”运动，对机关、国营企业内部和私营工商业中的贩毒人员进行了清查、处理。西康在“三反”运动中，党政内部和国家单位结合运动对烟毒进行了一次清理，处理了一些内部贩毒、吸毒人员，其中就包括西昌区委书记马某某和德昌公安局长姚某某。[⑥] 云南在“三反”运动中，在省级机关和铁路、交通、邮电、银行等 21 个部门，共查出人民政权建立后制造、运输、贩卖、盗卖、包庇毒品的干部职工 596 名，约占这些部门干部职工人数的 5.9%。其中，90%以上为接管留用人员。他们共参与贩运、售卖鸦片烟毒 110 万余两。尤以运毒最为严重，参与的有 285 人，共为贩毒分子运输毒品 84.1 万余两。昆明铁路局查出参与贩毒活动的职工 117 名，共利用火车为毒犯运输鸦片 38.7 万余两。在接管留用的铁路警察中参与贩售活动的有 36 人，共包庇贩运鸦片 11 万余两。火车司机王锡先，禁毒法令颁布后，利用行车条件为贩毒分子运输鸦片 4 400 余两，受贿人民币 980 余元。火车司机康兆

---

① 济南市禁毒委员会办公室：《济南市禁毒运动工作总结》，1952 年 12 月，济南市档案馆编：《禁毒风雷——济南解放初期禁毒运动档案文献选辑》，第 107 页。

② 陈勋政、祁虎文、何锋涛：《福建禁烟禁毒斗争简记》，苏智良、赵长青主编：《禁毒全书》，第 405 页。

③ 金士宝、廖以文：《贵州肃毒》，马维刚编：《禁娼禁毒——建国初期的历史回顾》，第 288 页。

④ 金士宝、廖以文：《贵州肃毒》，马维刚编：《禁娼禁毒——建国初期的历史回顾》，第 289 页。

⑤ 中国社会科学院、中央档案馆编：《1949—1952 年中华人民共和国经济档案资料选编 · 综合卷》，中国城市经济社会出版社 1990 年版，第 537 页。

⑥ 孙兴盛、石棠熙、朱昌鹤：《禁烟肃毒在凉山》，马维刚编：《禁娼禁毒——建国初期的历史回顾》，第 201 页。

秀,1949 年前为贩毒老板运输毒品,1949 年后拉拢司炉李某等人,为毒贩运输鸦片 1 万余两,制毒原料 600 余两,受贿人民币 790 余元。省交通厅所属运输系统,参与运毒的汽车司机有 244 人,共运输鸦片 24.2 万余两。专、县政府工作人员中,也有极少数参与贩毒活动。据文山、玉溪、楚雄、蒙自 4 个专区的 20 个县和泸西县统计,共发现 151 名,参与贩毒 10 万余两。昆明市在"五反"运动中,发现私营 87 个行业的 2 327 户工商户涉及贩毒问题,共制、贩、运鸦片 375.3 万余两。其中,贩毒 1 万两以上的有 56 户。多为汽车运输、进出口贸易、旅店客栈、医药杂货、土产等行业。他们中的相当一部分人,民国时期既经商又贩毒,人民政权建立后仍不改邪归正,继续从事毒品交易。对私营工商业户中的贩毒人员,除极少数罪行严重、民愤大的,在肃毒运动中依法作了判处外,大多数结合"五反"定案,进行处理。① 武汉市在"五反"运动中,揭发出大资本家贺衡夫利用人民代表、市府委员、中南军政委员等身份,组织并领导了一个规模庞大的盗窃集团,除盗窃其他物资、盗运巨额黄金出口外,还贩卖大宗吗啡、海洛因等毒品,坑害国家和人民。② 济南市主要通过整理"三反""五反"中所暴露的材料,清理出毒犯线索 988 份。③ 察哈尔省在"三反"运动中,通过群众检举,挖出了"昌记号"贩毒集团,抓获毒犯 20 余人。北京、锦州、沈阳、天津、上海、太原、西安、衡阳等地及公安系统在"五反"运动中,通过人民群众的检举揭发,也破获了一大批贩毒制毒大案,如衡阳铁路局贩运毒品人员达 2 000 人以上,贺××贩毒证据确凿达 1 万余两。④ 据统计,在 1952 年的禁毒运动中,仅在全国机关内部即发现毒犯 12 958 人,华北、华东、中南、西南四区共逮捕 103 名。⑤

(四) 禁毒与土地改革结合起来

中央人民政府于 1950 年 6 月颁布《中华人民共和国土地改革法》,在全国范围内开展土地改革运动。在这次土改中坚决执行了依靠贫农、雇农,团结中农,中立富农,有步骤地、有分别地消灭封建剥削制度,发展农业生产的正确路线。到 1952 年年底,全国除西藏等少数民族地区和台湾省外,已基本完成了土地改革,3 亿多农民分得了约 7 亿亩土地、297 万头耕畜、3 954 万件农具、3 807 万间房屋,免除了过去每年必须缴纳的地租负担约 700 亿斤粮食,彻底摧毁了长达数

---

① 云南省地方志编纂委员会总纂、云南省公安厅编撰:《云南省志·公安志》,第 327 页。

② 1952 年 4 月 7 日《人民日报》。

③ 济南市禁毒委员会办公室:《济南市禁毒运动工作总结》,1952 年 12 月,济南市档案馆编:《禁毒风雷——济南解放初期禁毒运动档案文献选辑》,第 103 页。

④ 中国社会科学院、中央档案馆编:《1949—1952 年中华人民共和国经济档案资料选编·综合卷》,第 530 页。

⑤ 《罗瑞卿关于全国禁毒运动的总结报告》,《党的文献》1996 年第 4 期。

千年之久的封建剥削制度，使农民在经济上和政治上都获得了解放，极大地激发了农民发展农业生产的积极性。翻身做主的农民心情愉悦，一改过去那种自暴自弃、消沉落后的精神面貌，热烈响应党中央包括禁毒在内的各项号召。一些地区的农民，自动不种甚至铲除了已种的罂粟。例如云南嵩明县民权乡的农民，主动订立公约，保证不使一粒烟籽入土，将烟地统统改种农作物。到 1951 年 3 月，西南多数地区的烟田，已基本铲除。[①] 同时，各级人民政府对那些要求上进、立志戒除毒瘾的烟民采取不排斥、不歧视的政策，分给他们与别人相同的土地和农具，鼓励他们改过自新。加上农村医疗水平的提高，农民不再把毒品作为祛病止痛的良药，吸毒人数大大减少。

历史充分证明：毒品的流行不是孤立的，它与其他社会病害往往纠缠在一起，如果不同时治理其他社会病害，也就难以使毒品彻底禁绝。中华人民共和国成立之初，娼妓、土匪、反动分子等旧中国遗留的社会病害与鸦片烟毒关系十分密切，新生人民政权少数党政干部被腐蚀堕落甚至吸毒贩毒，这些都是鸦片烟毒存在或再生的最适宜的条件和土壤。孤立地禁毒而不清除这些社会病害和丑恶现象，毒品不仅难以彻底肃清，即便肃清，也会很快再生。中华人民共和国成立初期的禁毒之所以能彻底，肃清以后其成果之所以能持久和巩固，重要的原因是同时开展了禁娼、剿匪、镇压反革命、土地改革以及“三反”“五反”运动，彻底地清除了其他社会病害，创造了毒品难以滋生的清洁的社会环境。

① 西南区禁烟禁毒委员会：《西南区一九五零年禁烟禁毒工作总结》，1951 年 3 月 15 日重庆《新华日报》。

下 篇

改革开放新时期的禁毒斗争

第八章　新时期毒品问题在中国的死灰复燃

中华人民共和国成立后，中国共产党和人民政府为根绝毒品危害，保护人民健康，在全国范围内开展了轰轰烈烈的群众性禁毒斗争，仅用短短的3年时间，就基本上禁绝了肆虐中国100余年的烟毒祸害，一扫旧中国"东亚病夫"的形象，写下了中国和世界禁毒史上最光辉的一页。此后在长达近30年的时间里，中国一直被国际社会赞誉为"无毒国"。然而，进入20世纪80年代后，在国际毒潮侵袭下，中国早已绝迹的种毒、制毒、贩毒、吸毒现象又沉渣泛起、死灰复燃，且迅速蔓延、愈演愈烈，出现了20世纪50年代禁毒运动之后从未有过的严重情况。造成毒品在中国复萌与蔓延的主要原因有：境外毒品的大量渗入，是导致毒品重新泛滥的直接原因和国际因素；种制贩毒品巨额暴利的诱惑，驱使犯罪分子铤而走险，是造成毒品复萌与蔓延的经济动因和重要根源；禁毒不力，致使毒品犯罪势头未能得到及时遏制，是造成毒品蔓延的重要因素。新时期毒品在中国泛滥的危害十分严重：极大损害吸食者的身心健康；严重破坏家庭幸福；诱发多种犯罪，影响社会安定；给社会带来巨大的经济损失；危害政治秩序。

一、新时期毒品问题在中国复萌与蔓延的概况

20世纪80年代以来，毒品问题在中国的复萌与蔓延突出地表现在非法种植毒品原植物问题屡禁不止、制造毒品案件不断发生、贩毒活动日益猖獗、吸毒者人数迅速增加等方面。

(一) 非法种植毒品原植物问题屡禁不止

现今世界上最重要的毒品原植物主要有大麻、罂粟和古柯三种。这三种毒品原植物中，除古柯是地区性植物外，[1]其他两种在中国都有人非法种植，且屡禁不止。从20世纪80年代初到90年代中后期，非法种植毒品原植物，尤其是非法种植罂粟的违法犯罪活动，基本上是呈逐年上升的趋势。

大麻在中国主要产在西北边疆，尤以新疆为主。新疆的大麻系印度大麻的

---

① 古柯的主要产地集中在拉丁美洲的安第斯地区。

属种，每年春季播种，9月—10月间收获。人们采集其分泌物（树脂），经过搓揉、筛选和挤压，做成供吸食的大麻烟，新疆维吾尔族称之为“乃西”。新疆的大麻烟以在本区吸卖为主，间或也有少量销往甘肃等地的。

非法种植罂粟在中国起初仅限于云南、贵州、福建等地的少数边远山区村寨，但后来在四川、甘肃、内蒙古、山东、河南、河北、辽宁、黑龙江、安徽等省、自治区也不断发现有非法种植罂粟的现象。到20世纪90年代初，全国各地均发现有非法种植罂粟的犯罪活动，并且愈演愈烈。种植的地方由偏僻农村向城乡结合部发展，由零星少量种植到占用好田公开种植。一些地方甚至流行着“想致富，种罂粟；要赚钱，种大烟”的奇谈怪论。有的村干部、党员带头栽种罂粟，并以此作为发家致富的门路。还有的地方竟然全村公开栽种罂粟，甚至出现了罂粟专业户和雇人种植的罂粟庄园主。

云南镇雄县委从1981年4月26日起，组织公安干警56人，公社、大队干部866人，由县委领导干部带头，到各罂粟种植区进行检查，10天内共铲除非法种植罂粟218亩。[①] 1981年，德宏州检查发现，部分边沿山区有人偷种罂粟，共约300亩，其中，盈江县边境地区最多，约100亩。发现后，全部被铲除。[②] 1982年，云南省有14个地州的54个县发现非法种植罂粟820亩。1983年，13个地州发现私种罂粟240亩。经不断采取措施，逐级建立禁种责任制，1986年全省减少到79亩，1994年发现和铲除罂粟21.8亩，1995年发现和铲除罂粟28.87亩。尽管云南种植罂粟问题基本得到控制，但由于境外因素的影响，工作稍有放松就会出现反复。如1990年全省发现和铲除罂粟296亩，其中，有175亩发生在西双版纳州勐腊县的中、老边境地区，绝大部分是老挝边民越境到我方一侧深山密林中偷种的。[③]

广西过去较少种植罂粟，20世纪90年代竟有大面积栽种。如1992年仅广西公安缉毒机关缴获的罂粟干果就达11吨。[④]

四川省南充县从1981年至1982年，先后在灯台、渔溪、凤山公社查获8户农民私种罂粟37平方米，除对其进行法制教育外，铲除罂粟苗，没收剩余种子，并通报全县。对其不听劝阻者，予以依法治罪。[⑤] 茂县仅在1990年7月一次就

---

① 中共云南省委党史研究室、中共云南省公安厅委员会编：《建国以来云南的禁毒斗争》，第59页。

② 中共云南省委党史研究室、中共云南省公安厅委员会编：《建国以来云南的禁毒斗争》，第61页。

③ 中共云南省委党史研究室、中共云南省公安厅委员会编：《建国以来云南的禁毒斗争》，第161页。

④ 苏智良：《中国毒品史》，第511页。

⑤ 四川省南充县志编纂委员会编：《南充县志》，第582页。

铲除罂粟 6 000 株。[①] 凉山彝族自治州 1986—1990 年共铲除非法种植罂粟 3 500 万株以上。[②] 成都市从 1991 年以来，在所属的龙泉驿区和金堂、双流、大邑、彭县、郫县等县先后发现 18 户农民非法种植罂粟 6 456 株。该市 5 701 厂宿舍里还发现一个工人在阳台花盆内私种罂粟 47 株。[③] 据统计，四川全省 1990 年前铲除非法种植罂粟最多的年份不过几十万株，而 1991 年铲除 1 207 万株，1992 年铲除 105 万株，1993 年铲除 72.1 万株，1994 年铲除 112.35 万株，1995 年以来每年铲除的非法种植罂粟竟高达 200 万株以上。[④]

1990 年 1 月—4 月，贵州省织金县 12 个区镇中，有 5 个区、12 个乡非法种植罂粟，种植面积 36.1 亩。[⑤] 该县公安局仅在 1991 年就铲除罂粟 321 361 株。[⑥]

陕西省发现非法种植罂粟的县市有 20 多个，甚至在部分国家机关、军工企业单位、宾馆、寺院也都有发现。西安市污水处理厂的花园里，竟栽有 1 万余株罂粟。一些大型国营企业，也都存在非法种植罂粟的现象。个别地方甚至出现了一批“种植大烟专业户”。1990 年 1 月—5 月，全省查处非法种植罂粟案件 516 起，铲除罂粟 9 万余株，比上年同期上升几十倍。[⑦]

甘肃省在 1988 年以前只在五六个地州市发现有非法种植罂粟的现象；1989 年，猛增到 13 个地州市；到 1990 年时，全省 14 个地州市均有发现。同时，非法种植罂粟由少量、零星种植逐年发展为大面积种植，种植地点从家庭院落、田头地埂发展到整块责任田，有些地区还出现了以种植毒品为生的“专业户”“专业村”。这些种植者将罂粟进行粗加工后，除留下一部分供自己吸食外，大部分卖给毒品贩子进行进一步加工，制成鸦片、海洛因成品运销各地，从中牟取暴利。全省 1987 年铲除罂粟 90 万株，1988 年铲除 460 万株，1990 年铲除 816 万株。[⑧] 2002 年，甘肃全省查处非法种植毒品原植物案件 37 起，铲除毒品原植物 8.938 7 万株。

在 1980 年前后，青海省一些机关单位、工厂企业的院落、花园，以美化园地、供人观赏为名，私种罂粟，在群众中造成不良影响。化隆县群科等地发现私种罂粟 12 亩。省公安厅、卫生厅联合发出了《关于严禁私种罂粟的通知》，在教育群

---

① 孟明：《共和国鸦片战争秘闻》，团结出版社 1993 年版，第 60 页。
② 齐磊、胡金野：《中国禁毒史》，第 291 页。
③ 张宿堂、薛莉：《中国大禁毒》，时代文艺出版社 1993 年版，第 35 页。
④ 孟明：《共和国鸦片战争秘闻》，第 60 页；《四川省公安管理干部学院学报》1995 年第 2 期。
⑤ 欧阳涛、柯良栋：《吸毒、贩毒现状分析》，《社会学研究》1993 年第 3 期。
⑥ 张宿堂、薛莉：《中国大禁毒》，第 34 页。
⑦ 张宿堂、薛莉：《中国大禁毒》，第 33 页。
⑧ 张宿堂、薛莉：《中国大禁毒》，第 32 页。

众、做好工作的基础上，铲除了私种的罂粟。[①]

广东 1997 年在梅州大浦县查获并铲除非法种植罂粟 190 株，1998 年又在韶关铲除非法种植罂粟 996 株。[②]

福建省的非法种植罂粟问题主要集中在闽东、闽北等山区，其中，闽东地区成为全省非法种植罂粟的重灾区。地处闽东的宁德历史上就有种植罂粟的传统，受多方面因素的影响，在 20 世纪末非法种植罂粟曾经一度泛滥。1997 年，宁德地区党政领导带领公安机关在福安、霞浦县开展铲除罂粟行动，一次性铲除一大批罂粟原植物，取得了显著的成果。[③] 但 2001 年又有较大回潮，据统计，宁德有关县市是年就铲除罂粟 100 万余株，破获非法种植罂粟案件数十起，抓获违法犯罪嫌疑人 52 名，批准逮捕 24 名。[④] 1997 年，全省铲除非法种植罂粟 200 多万株。[⑤]

上海近郊也发现有部分乡镇非法种植罂粟的现象，多为小面积种植，但数量较多，占到上海乡镇的 1/3。[⑥]

浙江省非法种植罂粟主要集中于交通不便、经济不发达的边远山区和海岛，有的已从自己种植发展到雇人种植，从零星种植发展到成片种植。[⑦]

山东省 1987 年只在少数贫困地区发现少数农民种植罂粟，到 1990 年，在比较富裕的沿海地区也有发现。一些边远山区的农民甚至把种植罂粟作为致富的手段。多数罂粟种植在山区或套种、间种在麦田、棉田、菜园、果园当中，不到开花季节很难发现。[⑧]

安徽省自 1982 年开始，有一些地方开始非法种植罂粟，其中以宿县、阜阳地区及合肥、淮南两市较为严重。1983 年，合肥市肥东县铲除罂粟 269 152 株，肥西县铲除罂粟 20 800 株。[⑨] 1987 年春，省公安厅通知各地大力铲除。1988 年 4 月 22 日，省公安厅又以传真电报转发公安部、卫生部《关于严禁非法种植罂粟的通知》，要求各地进一步做好查禁工作，对于屡教不改的私种罂粟者，公安机关要依法从严处理。情况严重的宿县、阜阳、合肥、淮南等地市，查禁工作由所在地

---

① 青海省地方志编纂委员会编：《青海省志・公安志》，第 109 页。

② 崔敏主编：《毒品犯罪发展趋势与遏制对策》，警官教育出版社 1999 年版，第 259 页。

③ 福建省公安厅禁毒总队调研组：《我省毒品堵源截流工作之态势及主要对策》，《福建公安》2001 年第 6 期。

④ 林辉等著：《为了这片净土——福建禁毒斗争的历史、现状和对策研究》，第 150、232 页。

⑤ 林辉等著：《为了这片净土——福建禁毒斗争的历史、现状和对策研究》，第 295 页。

⑥ 崔敏主编：《毒品犯罪发展趋势与遏制对策》，第 262 页。

⑦ 崔敏主编：《毒品犯罪发展趋势与遏制对策》，第 264 页。

⑧ 胡杉等著：《中国禁毒风云录》，中共党史出版社 1997 年版，第 143 页。

⑨ 合肥市地方志编纂委员会编：《合肥市志》，第 2072 页。

政府统一部署，公安、卫生、工商、民政部门配合，集中力量，突击铲除。阜阳行署于同年5月8日，召开全区县(市)长会议，确定由一名副县(市)长负责，指挥查禁。宿县全区抽调3 000余人，在数日内铲除罂粟32.5万棵。淮北市对非法种植者，予以治安处罚68人，其中，拘留2人，罚款43人，警告23人。据公安机关统计，1987年，全省共铲除罂粟884万余棵，收缴烟果2 226千克、鸦片1 490克。1989年，铲除罂粟8.8万棵，收缴烟果413.5千克、鸦片565克。[①] 到了1992年3月，合肥市又出动公安干警、民兵和治保人员1 700多人次，重点对三县一郊的55个镇、乡、村和农场、苗圃等地进行了检查，全市共铲除私种罂粟22万棵，对165名私种罂粟者予以治安处罚，收缴制毒工具52件。[②]

山西省非法种植罂粟时有反复，种植地点日趋隐蔽，手段更加狡猾。过去铲除过的地区种植数量明显减少，甚至绝迹；而过去没有铲除过的地区，近年来反而出现了非法种植问题。种植地区已波及忻州、朔州、大同、太原、吕梁等地区。[③]

内蒙古自治区非法种植罂粟居全国首位。1990年，内蒙古全区有50多个旗发现有农民非法种植罂粟的现象，其中，呼伦贝尔盟的鄂伦春自治旗、莫力达瓦达斡尔自治旗、阿荣旗尤为严重。[④] 20世纪90年代初，呼伦贝尔盟的深山老林中，大量种植罂粟，已成为当时国内最大毒源地。呼盟某地有两个屯的53户居民中有52户种植罂粟。1990年，人民法院以非法制造毒品罪判处的非法种植罂粟者中，最多的达到6.6万株。[⑤] 内蒙古非法种植的罂粟面积在高峰期间竟然高达5 000亩。1990年，该区仅被查获铲除的罂粟就达1 800余亩。[⑥]

黑龙江省哈尔滨市道里公安分局于1983年8月在全区铲除罂粟近5万株。1989年和1990年，一些不法之徒见钱眼开，种植毒品原植物又有所抬头，其中，以呼兰、阿城农村种植罂粟较严重。[⑦] 1992年，黑龙江省发现大、小兴安岭两侧非法种植罂粟问题严重，经国务院批准，公安机关在军队和有关部门的大力协助下，在上述地区组织集中铲毒的“北方行动”，一度遏制住非法种植罂粟违法犯罪活动蔓延的势头。但20世纪90年代中后期，受暴利的趋势，黑龙江省内非法种

---

① 安徽省地方志编纂委员会编：《安徽省志·公安志》，第212页。

② 合肥市地方志编纂委员会编：《合肥市志》，第2072页。

③ 崔敏主编：《毒品犯罪发展趋势与遏制对策》，第270页。

④ 张宿堂、薛莉：《中国大禁毒》，第38页。

⑤ 胡杉等著：《中国禁毒风云录》，第143页。

⑥ 齐磊、胡金野：《中国禁毒史》，第293页。

⑦ 哈尔滨市地方志编纂委员会编：《哈尔滨市志·公安司法行政》，黑龙江人民出版社1996年版，第176页。

植罂粟的违法犯罪活动重新抬头，且有愈演愈烈之势。

吉林省非法种植罂粟的现象也很严重。1992 年，仅蛟河市的 21 个乡镇中，就有 18 个不同程度地发现种植罂粟，占全部乡镇的 86%。尽管公安机关在 1991 年和 1992 年即大规模地铲除罂粟，但 1993 年再次铲除时，所铲除的罂粟量竟比 1991 年增长了 1 倍，比 1992 年增长了 3 倍。①

据统计，1989 年，全国查处的非法种植罂粟案件比 1988 年上升 2.5 倍。② 1990 年春季，全国各省、自治区、直辖市共铲除非法种植罂粟 3 600 万株，种植面积折合约 3 000 亩。③ 1991 年，全国又铲除非法种植罂粟 329 万株，种植面积折合约 300 亩。④ 1999 年，全国共铲除非法种植的罂粟 1 547.6 万株，比 1998 年增加了 1.64 倍。⑤

近年来，由于打击力度逐年加大，大面积非法种植罂粟的势头得到了遏制，但零星非法种植罂粟的现象在全国一些地方仍时有发生。

（二）制造毒品案件不断发生

20 世纪 80 年代，我国极少发现有制造毒品的现象，然而进入 20 世纪 90 年代以后，不断出现境内外不法分子勾结在内地开设加工厂，非法制造冰毒和摇头丸的案件，且情况日益严重。⑥

福建省从 1991 年 5 月最先在厦门市查获由台湾黑社会成员林建成等人设立的制造冰毒窝点开始，不断发现台湾毒犯在福建设厂制造冰毒的案件，到 1996 年，全省共缴获冰毒 2 000 余千克。⑦

广东自从 1992 年 5 月在江门破获首例制造“冰”毒案后，每年缴获的“冰”毒均居全国之首。1998 年，缴获的“冰”毒突破 1 吨大关。此外，以前“摇头丸”都是从香港、澳门、台湾偷运入境；1997 年，发现澳门毒犯在广州、深圳大量制造“摇头丸”，仅深圳就缴获“摇头丸”8 940 粒和半成品 35 千克。⑧

湖南省常德市于 1996 年 5 月 7 日破获一起境内外犯罪分子勾结制造冰毒的特大案件，当场抓获台湾毒犯周朝荣等 4 人，缴获冰毒 40 千克。此后查明，本

---

① 崔敏主编：《毒品犯罪发展趋势与遏制对策》，第 273 页。

② 欧阳涛、陈泽宪主编：《毒品犯罪及对策》，群众出版社 1992 年版，第 20 页。

③ 云南省高级人民法院编：《惩治毒品犯罪的理论与实践》，中国政法大学出版社 1993 年版，第 14 页。

④ 1992 年 6 月 25 日《人民公安报》。

⑤ 国家社会科学基金项目课题“西部地区毒品犯罪对全国禁毒工作的影响研究”报告。

⑥ 关于制贩毒问题可参阅本书第九章第四节中关于我国近 30 多年来先后破获的一批重大制毒贩毒案件。

⑦ 崔敏主编：《毒品犯罪发展趋势与遏制对策》，第 260 页。

⑧ 崔敏主编：《毒品犯罪发展趋势与遏制对策》，第 259 页。

案涉及37人(其中有6名台湾人),共制造晶体冰毒500余千克和液体冰毒100千克。[①]

浙江省舟山公安机关于1996年5月破获一起台湾人投资建厂制造冰毒案件,当场缴获冰毒306千克。[②]

湖北省大悟县交通民警于1997年7月19日截获了形迹可疑的两辆汽车,将携带武器和毒品的黄卫星等6名犯罪嫌疑人拘留。后查明,以黄卫星为首的制毒团伙,自1996年2月至1997年7月,共购买麻黄素5 850千克,利用其6个制毒窝点,制成冰毒2 760千克,贩卖后,获赃款4 000余万元。[③]

陕西省西安海关与警方于1997年11月29日联合破获了一起走私制造冰毒原料麻黄素的案件,抓获犯罪嫌疑人李某。随后进一步扩大战果,先后抓获同案犯13名,缴获麻黄素10吨、毒资107万元,创造了该省一次缴获制造冰毒原料麻黄素最多的纪录。[④]

辽宁省公安厅禁毒总队协调丹东市公安局于2005年6月5日捣毁一地下毒品加工厂,缴获大型制毒设备8台、苯丙胺类毒品50余千克。[⑤]

我国公安机关与菲律宾警方联手破获蔡爱山特大跨国制贩冰毒案。2007年6月4日—7日,在公安部禁毒局的指挥协调下,在我驻菲律宾使馆和香港警方的大力协助下,福建和广东、北京等地公安禁毒部门经过长达3年缜密侦查,与菲律宾警方联手侦破了蔡爱山特大跨国制贩冰毒案,分别在北京、福建、深圳抓获犯罪嫌疑人6名。菲律宾肃毒局根据我方提供的情报和设计的方案,在马尼拉市成功抓获犯罪嫌疑人2名,在黎刹省摧毁该犯罪集团建立的制毒工厂一个,缴获成品及半成品冰毒180多千克、易制毒化学品一批以及反应炉、加热器等制毒设备2套;在马尼拉和迈里索那市摧毁毒品仓库2个,缴获丙酮、乙醚等制毒配剂近10吨。[⑥]

(三)贩毒活动日益猖獗

20世纪80年代初,贩毒活动只存在于云南、广西、贵州、四川、广东等少数几个省、自治区。到1989年,全国各省、自治区、直辖市均已发现贩毒犯罪活动。随着20世纪90年代以来中国国内毒品消费市场的形成,贩毒活动越来越猖獗。其中,西南地区的云南、广西、四川、贵州,以陕西、甘肃为主的西北地区,以毗邻

① 崔敏主编:《毒品犯罪发展趋势与遏制对策》,第243—244页。
② 崔敏主编:《毒品犯罪发展趋势与遏制对策》,第264页。
③ 1998年6月13日《北京晚报》。
④ 崔敏主编:《毒品犯罪发展趋势与遏制对策》,第253页。
⑤ 《辽宁在全国首先发布禁毒报告　吸毒者10年增3成》,2006年6月23日《辽沈晚报》。
⑥ 中华人民共和国国家禁毒委员会办公室:《2008年中国禁毒报告》。

港、澳、台的广东、福建沿海地区，以及以大兴安岭西麓为中心的内蒙古和东北地区尤为严重。在上述这些地区，历年来查破的案件数和缴获的毒品数，均占全国总数的90%以上。

云南自1981年以来，查破的走私贩毒案件和缴获毒品大幅度上升。据统计，破获贩毒案件数：1981年，全省破获贩毒案件634起，比上年增加67.28%；1983年，破获贩毒案件2 976起，比上年增加2.55倍；1986年，破获贩毒案件3 004起，比上年增加12.7%；1990年，破获贩毒案件3 262起，比上年增加7.72%；1994年，破获贩毒案件4 716起，比上年增加12.9%；1995年，破获贩毒案件4 898起，比上年增加3.9%。收缴毒品的数量：1981年4 479.6千克，比上年增加1.45倍；1983年6 173.77千克，比上年增加4.1%；1986年6 392.19千克，比上年增加13.58%；1990年3 641.18千克，比上年减少11.3%，但其中海洛因等精制毒品增加60.47%。查获贩毒人犯数：1983年5 094名，比前3年捕获毒贩总数3 098名还增加64.4%；1990年5 209名，比上年增加9.43%；1994年6 632名，比上年增加7.1%；1995年7 320名，比上年增加10.4%。[①] 1982—1995年，全省共破获贩毒案件45 633起，缴获海洛因等精制毒品17 060.8千克，鸦片47 603.7千克，制毒配剂404.4吨，毒资1亿2 027万余元；查获贩毒分子71 019人。缴获海洛因占全国的80%，鸦片占70%左右。[②] 2007年，云南联合四川省公安机关破获特大组织、利用特殊人群贩毒集团案。2007年8月11日，云南铁路公安局昆明站派出所民警查获涉嫌贩运毒品3名四川省凉山州布拖县怀孕或哺乳期妇女，缴获海洛因3 000余克。经审讯，这3名犯罪嫌疑人均受雇于布拖县的吉吾么扯歪等人。四川、云南省公安禁毒部门会同昆明铁路公安局，先后抓获吉吾么扯歪、勒子此撒和易册林等17名主要犯罪嫌疑人，缴获海洛因7.8千克、冰毒2.8千克、毒资18万元，打掉了一个长期组织利用怀孕和哺乳期妇女等特殊人群，从缅甸向四川省凉山州和湖北武汉市走私贩运毒品的特大贩毒集团。

广西1989年破获的毒品犯罪案件139件，其中，大案97件，缴获毒品599.53千克。[③] 1992—1996年，共破获毒品犯罪案件2.6万多起，其中，重、特大案件2 700多起，共缴获鸦片1 889千克、海洛因590多千克。[④]

---

① 中共云南省委党史研究室、中共云南省公安厅委员会编：《建国以来云南的禁毒斗争》，第157页。

② 中共云南省委党史研究室、中共云南省公安厅委员会编：《建国以来云南的禁毒斗争》，第17页。

③ 广西壮族自治区地方志编纂委员会编：《广西通志·审判卷》，广西人民出版社2000年版，第215页。

④ 1997年6月16日《法制日报》。

四川省成都市、攀枝花市走私贩运毒品日趋猖獗。据统计,1989 年 6 月以来,成都已查获此类特大案件 19 起。从 1989 年至 1992 年的 3 年中,共缴获海洛因 182 千克。据调查,这些海洛因绝大部分是途经成都取道兰州、上海、广州再贩运出境的"中转货"。贩卖鸦片的情况也很严重,1985—1990 年,成都共查获这类案件 47 起,缴获鸦片 69.3 千克。[①] 攀枝花市侦破的贩毒案件中,在市内贩毒占全部贩毒案件的比例,1992 年为 10.4%,1993 年即猛增到了 66%,1994 年又增至 68%,1995 年更上升为 94.4%。[②] 四川省 1992 年破获毒品案件 1 006 起,1998 年 1 月—9 月侦破 14 456 起。1992—1997 年的 6 年中,全省破获毒品案件增长近 13 倍。[③]

贵州省查获的海洛因数量逐年大幅增长。1987 年,首次破获贩卖海洛因案件,当年查获海洛因 2 667 克;1990 年查获 9 074.5 克。尔后查获海洛因的数字不断增长,1993 年上半年,便查获 25 819 克;1995 年,查获海洛因高达 35 462.5 克。1994 年 6 月 11 日,贵州省兴义市破获了一起特大跨国武装贩毒案,抓获境外毒贩肖根才等 3 名贩毒分子,缴获海洛因 35.9 千克、赃款 2.2 万元、连发散弹枪 1 支、子弹 44 发、吉普车 1 辆。[④] 贵州省破获的中、特大贩毒案件也呈快速上升势头。全省 1994 年破获重、特大贩毒案件 47 起,1995 年为 142 起,1996 年为 423 起,1997 年为 685 起。[⑤]

西藏 1990 年—1994 年 8 月,共破获毒品犯罪案件 29 起,抓获贩毒人员 58 名,缴获海洛因 8 209.5 克、大麻 118 千克、鸦片 24 550 克,以及一批麻醉药品和精神药品。截至 1995 年 1 月,全区已发现有 7 个地市 12 个县存在贩卖毒品的现象。[⑥]

陕西省 1989 年共查破毒品案件 663 起,比上年增加 6.7 倍。1989 年,全省查破的毒品案件数仅次于云南省,居全国第二位。1990 年第一季度,查破毒品案件 121 起,又比上年同期增加 1.3 倍,缴获毒品量增加 16.4 倍,更为严重的是,有些犯罪分子进行武装贩毒活动。[⑦]

甘肃省 1987 年共查获贩毒案件 37 起,1988 年 92 起,1989 年 419 起。

---

① 张宿堂、薛莉:《中国大禁毒》,第 35 页。

② 刘静波:《攀枝花市毒品消费市场现状、成因及治理措施》,《公安大学学报》1998 年第 1 期。

③ 崔敏主编:《毒品犯罪发展趋势与遏制对策》,第 249 页。

④ 崔敏主编:《毒品犯罪发展趋势与遏制对策》,第 251 页;曹凤:《第五次高峰——当代中国的犯罪问题》,今日中国出版社 1998 年版,第 21 页。

⑤ 崔敏主编:《毒品犯罪发展趋势与遏制对策》,第 251 页。

⑥ 崔敏主编:《毒品犯罪发展趋势与遏制对策》,第 252 页。

⑦ 张宿堂、薛莉:《中国大禁毒》,第 33 页。

1990年1月—9月公安机关向人民检察院移送300克以上的贩毒大案68起，涉及160人。1991年，全省共破获制贩毒品案件1 554起，缴获海洛因62 057克。贩毒数额越来越大，贩卖海洛因2 000克、3 000克的大案已为数不少。[①] 在1989—1991年的3年间，全省共破获贩毒案件3 700起，抓获4 000余人，缴获毒品18.7万克，缴获毒资300多万元。[②]

宁夏回族自治区外流贩毒问题严重，尤以同心县为甚。1991年全区有1 500余人在外从事贩毒活动，仅同心县就不下1 000人。只有2 378户居民的韦州镇，吸贩毒人员就达109人，其中，53人为贩毒分子。外流贩毒成为下马关镇最“红火”的“生意”。1995年2月13日，云南省破获一起涉嫌达100余人的特大跨国人体带毒贩毒案，当场抓获宁夏籍的贩毒人员67人，缴获海洛因5 849克，毒资5万余元。“西北大毒枭”周彦吉参与贩毒28起，贩毒数量高达204.6千克，集毒资810余万元。[③] 截至1997年年底，全区因外流贩毒在外省区被判处死刑的已达153人；仅同心县被执行死刑的就有100多人，被判刑在押的有600多人。同心县韦州镇总人口2万多人，因贩毒被判处死刑的达48人，被判有期徒刑的80多人。韦州镇农民周生全的6个儿子，就有5个因贩毒被逮捕，其中2人被判死刑，1人被判死缓，2人被判有期徒刑。[④]

新疆乌鲁木齐市公安局于1981年、1983年分别缴获鸦片2 664两和3 440两。[⑤] 1983年9月，王洪波贩得鸦片63两。10月初，王先后伙同卿照明、杜少星等人多次在乌鲁木齐市群众饭店门前、人民公园等地与马某看鸦片、商议价格，最后商定以每两210余元向马某出售。10月9日，王与互交鸦片、款项时被当场抓获，缴获鸦片63两，王洪波已构成贩卖毒品罪。人民法院依法判处王洪波有期徒刑12年，卿照明有期徒刑5年，杜少星有期徒刑5年。[⑥] 全区贩卖海洛因和非法倒卖麻黄素的案件也日益突出。新疆在1989年首次发现贩卖海洛因案到1998年的10年中，全区贩卖海洛因案件由每年几起增加到每年数百起，查获的毒品也由几克到几万克。1995年以来，全区共查破非法贩卖麻黄素案件15起，涉案麻黄素19 470千克。其中，缴获麻黄素6 650千克，没收毒资750万

---

① 张宿堂、薛莉：《中国大禁毒》，第32页。
② 1992年8月6日《法制日报》。
③ 宁夏国史编审委员会、宁夏国史学会编：《当代宁夏史通鉴》，第92页。
④ 崔敏主编：《毒品犯罪发展趋势与遏制对策》，第255—256页。
⑤ 乌鲁木齐市党史地方志编纂委员会编：《乌鲁木齐市志》第五卷，第446页。
⑥ 新疆维吾尔自治区地方志编纂委员会、《新疆通志》编纂委员会编：《新疆通志·审判志》，新疆人民出版社1993年版，第232页。

元，抓获涉案人员 48 人。[①]

广东省从 1987 年到 1990 年，共破获重大贩毒案件 1 000 多起，抓获境内外贩毒分子 2 500 人，缴获海洛因 400 千克，鸦片、大麻等 1 400 千克。[②] 深圳市在 20 世纪 90 年代前发现的贩毒案件并不多见，进入 20 世纪 90 年代后此类案件大幅上升。1991—1994 年，深圳市贩毒案件的立案数，相当于前 10 年总和的 12.7 倍，而 1994 年缴获的毒品数量则是 1990 年的 3.8 倍。据有关部门估计，20 世纪 90 年代后，每年滞留于深圳的毒品均在 1 000 千克以上。[③]

福建省在 1991 年以前查获的贩毒案件多为贩卖鸦片和海洛因的案件。1982 年在莆田县查获 10 起贩卖鸦片、吗啡案件，抓获作案分子 24 人，缴获鸦片 112.15 斤。1986 年，全省查获毒品案件 21 起，缴获鸦片 11 800 克。1988 年，全省查获毒品案件 46 起，缴获鸦片 64 456 克、海洛因 1 000 克。1990 年，全省查获毒品案件 66 起，缴获鸦片 129 561 克、海洛因 17 942 克。[④] 福建省在 1991 年以后相继查获了大量走私贩卖新型毒品冰毒的重特大案件。1995 年 12 月 11 日，泉州市边防支队在晋江破获一起特大走私冰毒和枪支案，当场缴获冰毒 68 千克、手枪 10 支、子弹 250 发，扣留台湾渔船"全胜栓"号，先后在晋江、石狮、厦门等地抓获许宝坤、刘朝吉等 5 名台湾籍毒贩。同年 12 月 23 日，平潭县公安局查获一起走私冰毒大案，抓获台湾毒贩戴武纪等 6 人，当场缴获冰毒 320 千克。[⑤] 1997 年 1 月 26 日，漳州市工商行政管理局破获一起制贩冰毒案，抓获毒贩 6 名，缴获冰毒 30 千克。[⑥] 1998 年 9 月 21 日，连江县边防大队破获一起特大贩毒案，缴获冰毒 107.7 千克，贩毒分子卢思明等 5 人被警方拘留。[⑦] 1999 年 8 月 7 日，省公安厅禁毒处在莆田、福州市公安局缉毒大队和莆田边防部门的配合下，在莆田、福州两地破获一起特大走私冰毒案，缴获冰毒 60 余千克，抓获毒贩严宗敏等 4 名。[⑧] 2000 年 2 月 7 日，厦门市公安机关根据群众举报，在该市南山路一民宅内成功破获一起特大贩毒案件，抓获台湾籍犯罪嫌疑人许耀彩和陈永顺，缴获冰毒 200 余千克。[⑨] 2001 年 2 月 11 日，厦门公安边防支队成功破获了由 6 名台湾毒贩与 3 名香港毒贩、3 名大陆毒贩相互勾结，准备将冰毒从厦门

① 崔敏主编：《毒品犯罪发展趋势与遏制对策》，第 256—257 页。
② 方仁：《白色瘟疫在粤省蔓延》，1992 年 6 月 21 日《澳门日报》。
③ 崔敏主编：《毒品犯罪发展趋势与遏制对策》，第 258—259 页。
④ 林辉等著：《为了这片净土——福建禁毒斗争的历史、现状和对策研究》，第 288—289 页。
⑤ 林辉等著：《为了这片净土——福建禁毒斗争的历史、现状和对策研究》，第 292—293 页。
⑥ 林辉等著：《为了这片净土——福建禁毒斗争的历史、现状和对策研究》，第 294 页。
⑦ 林辉等著：《为了这片净土——福建禁毒斗争的历史、现状和对策研究》，第 296 页。
⑧ 林辉等著：《为了这片净土——福建禁毒斗争的历史、现状和对策研究》，第 298 页。
⑨ 林辉等著：《为了这片净土——福建禁毒斗争的历史、现状和对策研究》，第 300—301 页。

携带到台湾的特大贩毒案，查获冰毒 50 千克，并分别在厦门、泉州、广州等地一举抓获涉案人员 12 名。[①] 同年 4 月 14 日，福建省公安厅禁毒总队与泉州市公安局联手，在深圳市公安机关配合下，在深圳罗湖区华侨旅行社、龙岗区东兴路等处成功破获一起特大贩卖冰毒案，抓获 13 名境内外犯罪嫌疑人，查获冰毒 190 多千克。[②] 据统计，1991—2000 年的 10 年中，全省共查获毒品案件 8 316 起，抓获犯罪嫌疑人 9 651 人，缴获各类毒品 5 581.23 千克。[③] 2001 年，全省查获毒品案件 4 737 起，抓获犯罪嫌疑人 1 989 人，缴获各类毒品 1 137.28 千克。[④]

上海市的贩毒问题也越来越严重。上海市中级人民法院 1989 年受理贩毒案件 2 起；1990 年 4 起；1991 年 5 起；1992 年仅 1 月—3 月，就受理了 8 起；特别是 1991 年以来，出现了外国籍人入境从事毒品犯罪的新情况，到 1992 年上半年共受理了 5 起 6 人，他们分别为美国、英国、德国籍人。[⑤] 上海市公安机关 1990 年查获贩毒案件 32 起；1991 年查获 52 起；1992 年查获 54 起；1993 年之后则大幅度上升，仅 1993 年 1 月—10 月即查获 63 起。1994 年以后，更是大幅度上升，尤其是大宗走私贩毒案件突出。1994 年，破获贩毒案件 368 起，其中，重大案件 215 起，特大案件 29 起。1998 年，就破获贩毒案件 1 780 起，其中，重大案件 1 069 起，特大 119 起。1998 年，侦破千克以上案件 13 起，万克以上特大案件 5 起，最大一案缴获海洛因 83.58 千克。[⑥]

江苏省 1993 年在无锡破获首例贩毒案。1998 年，全省破获贩毒案件 2 611 起，其中，重大案件 189 起，特大案件 42 起，共缴获海洛因 63.04 千克，超过 1949 年后全省破案缴获毒品的总量。[⑦]

浙江省于 1983 年发现第一起贩毒案，其后毒情迅速蔓延，至 20 世纪 90 年代贩毒活动日益猖獗。1994 年 2 月，缅甸毒贩和云南毒贩从境外携带 5 千克海洛因，潜入浙江被截获。1995 年，发现中国台湾、韩国的毒贩准备借道浙江海域和码头贩毒。1997 年，发生了东大集团走私 10 吨咖啡因案件。1998 年上半年，全省破获 103 个贩毒团伙，其成员 459 人，占总数的 70%。[⑧]

北京市 1992 年破获的毒品犯罪案件为 56 起；1993 年为 82 起，比前一年增

---

① 林辉等著：《为了这片净土——福建禁毒斗争的历史、现状和对策研究》，第 304 页。
② 林辉等著：《为了这片净土——福建禁毒斗争的历史、现状和对策研究》，第 305 页。
③ 《福建公安》2001 年第 6 期。
④ 林辉等著：《为了这片净土——福建禁毒斗争的历史、现状和对策研究》，第 309 页。
⑤ 张宿堂、薛莉：《中国大禁毒》，第 36 页。
⑥ 崔敏主编：《毒品犯罪发展趋势与遏制对策》，第 261—262 页。
⑦ 崔敏主编：《毒品犯罪发展趋势与遏制对策》，第 263 页。
⑧ 崔敏主编：《毒品犯罪发展趋势与遏制对策》，第 264 页。

加 46.4%；1994 年为 347 起，比前一年增加 3.23 倍；1995 年为 630 起，超过前 3 年破案数的总和；1996 年为 914 起，比前一年又增长了 45%。在查获的贩毒案件中，一次缴获的毒品数量越来越多。1992 年，一次缴获海洛因最大数量仅为 30 克，而 1995—1996 年两年间，一次缴获海洛因 50 克以上的大案就有 50 起，其中，1 次缴获海洛因 100 克以上的特大案件达到了 30 起。[①]

辽宁省从 1996—2005 年的 10 年间，共破获毒品违法犯罪案件 45 742 起，抓获涉毒人员 54 141 人，缴获毒品海洛因 83.439 千克。其中，主要破获的是贩毒案件，并有不少是贩毒大案要案。1997 年 4 月，丹东市公安局摧毁了以姜桂莲为首的“姜氏特大贩毒集团案”，抓获犯罪嫌疑人 20 名，缴获海洛因勾兑液 1 000 支、海洛因 45 克。该案轰动全国。2004 年 6 月 18 日—7 月 5 日，专案组经过长达一年的工作，破获公安部督办的大连“9·17”特大跨境走私毒品案。摧毁一个以某国黑社会成员为骨干、长期向某国走私冰毒的跨国贩毒集团。2004 年 9 月 18 日，辽宁省公安厅禁毒总队、大连市公安局禁毒支队与大连海关、广东、上海公安机关密切配合，破获公安部督办的“8·6”特大跨国走私冰毒案，抓获以刘伦虎为首的跨国贩毒集团成员 9 名，缴获各种毒品近 60 千克，这是辽宁省公安机关有史以来破获的最大一宗贩运毒品案件。2005 年 11 月 28 日，辽宁省公安厅获取情报：鞍山贩毒嫌疑人李厚文在云南购买冰毒 9 万粒，支付 10 万元订金，毒品近日要运往辽宁交易。12 月 1 日 15 时许，云南贩毒嫌疑人进入辽阳市某酒店与李厚文等 2 人交易时被抓。“12·1”冰毒交易案是辽宁迄今为止最大的跨省贩卖冰毒片剂案件。2005 年 11 月，鞍山市禁毒支队在食品药品监管部门的协助下，破获特大麻醉药品流入非法渠道案，查处非法销售麻醉药品零售药店 5 家和鞍山市中大医药有限公司，抓获犯罪嫌疑人 12 人。[②]

(四) 吸毒人数迅速增加

毒品犯罪的猖獗，势必导致吸毒人员的增加和蔓延。据中国国家禁毒委员会办公室统计，1991 年全国登记在册吸毒人员有 14.8 万人，1992 年增加到 25 万人，1994 年又增至 38 万人，1995 年上升为 52 万人，1997 年为 54 万人，1998 年为 59.6 万人，1999 年为 68.1 万人，2000 年为 86 万人，2001 年为 90.1 万人，2002 年为 100 万人，2003 年超过 105 万人，2004 年为 114.04 万人，2005 年为 116 万人，2006 年为 126 万人。2007 年全国吸毒人员数据库中的吸毒人员已达 95.7 万人，2008 年全国上网登记入库的吸毒人员为 112.67 万人。2009 年全

---

① 崔敏主编：《毒品犯罪发展趋势与遏制对策》，第 269 页。

② 《辽宁在全国首先发布禁毒报告　吸毒者 10 年增 3 成》，2006 年 6 月 23 日《辽沈晚报》。

国登记吸毒人员共为133.5万人，2010年为154.5万人。2011年全国登记吸毒人数增长近25万人，达179.4万人。2012年一年猛增30多万人，登记吸毒者总数达到209.8万人。2013年全国登记吸毒人员达247.5万人，一年内又陡增近40万人。截至2014年年底，全国累计登记吸毒人员295.5万名，实际吸毒人数超过1 400万人。截至2015年年底，全国现有吸毒人员234.5万名(不含戒断3年未发现复吸人数、死亡人数和离境人数)；截至2016年年底，全国现有吸毒人员250.5万名(不含戒断3年未发现复吸人数、死亡人数和离境人数)，同比增长6.8%。到2015年、2016年，全国吸毒人员总量虽然开始缓慢增长，但查获吸毒人员数量上升。2015年，全国查获吸毒人员数量上升，共查处有吸毒行为人员106.2万人次，其中，新发现吸毒人员53.1万名，同比分别上升20%和14.6%。2016年，查获有吸毒行为人员100.6万人次，其中，登记新发现吸毒人员44.5万人。

1998年，全国涉毒县(市、区)已达2 033个，比上年增加了109个，其中，吸毒人员在100人以上的有740个，1 000人以上的有171个。1999年，有48个县(市、区)新发现了吸毒人员，全国涉毒县(市、区)达2 081个，比上年增加48个，其中，吸毒人员在1 000人以上的有179个，100～1 000人的有827个。2000年，全国涉毒县(市、区)达2 084个，其中吸毒人员在1 000人以上的有185个，100～1 000人的有837个。2001年，全国涉毒县(市、区)有2 051个，其中，吸毒人员在1 000人以上的有205个，100～1 000人的有912个，吸食海洛因人员74.5万人，占吸毒人员总数的82.69%。2002年，全国涉毒县(市、区)已经发展2 148个，比上年增加97个，其中，1 000人以上的有214个，比上年增加9个。2004年，全国涉毒县(市、区)达2 102个，其中，吸毒人员在1 000人以上的有217个，100～1 000人的有943个。2005年，全国涉毒县(市、区)2 368个，占当时全国县(市、区)总数的82.7%。2009年，全国涉毒县(市、区)达到2 730个，其中，登记吸毒人员1 000人以上的县(市、区)达到304个。2010年，全国涉毒县(市、区)达到2 827个，比上年年底增加97个，其中，登记吸毒人员1 000人以上的372个，比上年年底增加68个。2014年，全国涉毒县(市、区)增至3 048个，占全国县(市、区)总数9成以上，其中，吸毒人员100人以下县(市、区)754个、100人以上1 000人以下县(市、区)1 545个、1 000人以上县(市、区)749个。①

云南省1988年发现吸毒人员4 000余人，1989年则为1万余人，1990年升

① 数据引自中华人民共和国国家禁毒委员会办公室从1998年至2016年公布的中国禁毒年度报告和2014年、2015年、2016年中国毒品形势报告。

至2.6万余人，1992年即达到5万～6万人。[①] 德宏州从1983年至1989年的6年间，仅吸食海洛因的人数就增加了120倍。[②] 其中，以瑞丽县最为突出，该县的200多个自然村中，190多个村发现有吸毒者，到1990年4月，这个县吸毒的总人数已达3 112人，占全县总人口的4%，大大超过了国际上1%的毒品泛滥标准。[③] 昆明盘龙区自1988年发现首例吸食海洛因案件以来，至1990年，该区已抓获吸毒人员1 440余人。[④] 截至2015年5月底，云南省登记在册吸毒人员18.8万人，居全国第五，有7个州市吸毒人员过万人，有65个县市区吸毒人员超过500人。[⑤]

贵州在20世纪80年代初，吸毒者以民国时期遗留下来的老烟民为主。1986年，发现的吸毒者有5 900多人。到1988年，已增至1万余人，他们以吸食鸦片为主，吸毒现象只在部分地区出现，尚未波及至全省。到20世纪80年代末期，吸毒者由老年向青少年发展，由吸食鸦片发展到吸食、注射海洛因或其他精神药品、麻醉药品。到20世纪90年代，吸毒人员逐年大幅度上升。全省公安机关登记在册的吸毒人员，1990年为11 816人，1995年为22 307人，1996年为27 547人，1997年为38 029人，1998年为45 872人，至1999年"90天扫毒大行动"为止，经摸底排查，登记在册的吸毒人员52 068人。整个"九五"期间，全省吸毒人员平均增幅达到42.3%。20世纪90年代，全省各个年龄阶段的吸毒者均有，但以中青年为主，所吸食、注射的毒品，主要是海洛因或各种精神药品、麻醉药品。[⑥] 截至2013年8月底，贵州籍吸毒人员超过14万人，其中省内有12万余人。[⑦]

四川省攀枝花市在1990年5月发现首例海洛因吸食者，当年登记在册的吸毒人员仅5人。该市从1992年开始对吸毒人员进行清查，登记在册的海洛因吸食者为26人；1993年增加为178人，是1992年的6.8倍；1994年又增至757人，是1993年的4.2倍；1995年更猛增为1 681人。仅仅3年时间，正式登记在册的海洛因吸食者竟比1992年增加了64倍(再加上吸食鸦片的668人，攀枝花市1995年登记在册的吸毒者共有2 349人，占全市人口总数的2.3%)。[⑧] 成都市

---

① 《犯罪与改造研究》1997年第4期。

② 欧阳涛、陈泽宪主编：《毒品犯罪与对策》，第29页。

③ 张宿堂、薛莉：《中国大禁毒》，第43页。

④ 崔敏主编：《毒品犯罪发展趋势与遏制对策》，第247页。

⑤ 新华网 http://news.xinhuanet.com/local/2015-06/25/c_1115722958.htm.

⑥ 赵翔等著：《毒品问题研究——从全球视角看贵州毒品问题》，中国人民公安大学出版社2005年版，第166—167页。

⑦ 杨颖博：《贵州瘾君子达14万人　吸毒人员年最少耗费5.5亿》，2013年9月25日《贵阳晚报》。

⑧ 刘静波：《攀枝花市毒品消费市场现状、成因及治理措施》，《公安大学学报》1998年第1期。

1993年,全市共查获吸毒人员152名,1994年增至1 376名,1995年达到1 829人。① 四川省1998年登记在册的吸毒人员已达5万余人,比1997年上升了18%。②。截至2016年上半年,四川全省有吸毒人员16.5万,其中,18~35岁的中青年占70%。③

据重庆市禁毒委在2015年6月的统计数字,全市在册吸毒人员81 294人,比上一年72 427人增加了8 867人,增长12.2%,其中,男女比例分别为78%和22%,农村和城市比例分别是11%和89%。④

西藏1988年发现第一例吸毒人员,从2001年开始,吸毒人员数量逐年增多,特别是2003年以来增幅较大,截至2007年年底,全区登记在册的吸毒人员已达1 596人,其中,上网入库并实现动态管控的有475人。⑤ 拉萨市1995年统计,该市吸毒人员已达1 000余人,其中,主要是从四川、甘肃、青海等省区来藏打工经商的人员。⑥ 截至2014年7月,在拉萨的吸毒人员总共有1 700多人,其中,女性占到了30%左右,每一名吸毒人员周围就有5~6名隐形吸毒人员,这些吸毒人员基本上是外来的,本地人员涉毒的非常少。近几年,35岁以下青少年涉及毒品的案件不断增多,占吸毒人员的比例也越来越大,很多青少年初来拉萨时都有正当的工作,但是因为涉世不深,对毒品危害缺乏认识以及好奇心的驱使,最终在周围“瘾君子”的诱惑下掉进了毒品的陷阱。⑦

宁夏1991年在册吸毒人员141人,2000年已达6 971人。吸毒者已从城市逐步延伸到农村,从社会面逐步向工矿企业发展。⑧ 宁夏新发现吸毒人员年增20%。2016年4月27日,宁夏学校毒品预防教育经验交流暨“6·27”工程推进会议透露,全区新发现吸毒人员正在以每年20%以上的速度递增,80%以上都是35岁以下人员。目前,宁夏登记在册吸毒人员2.8万余名,其中,35岁以下者达1.5万名,约占吸毒总人数的55%,17岁以下未成年吸毒人员有183名。⑨

陕西省1990年吸毒人数有2万人⑩,1995年登记在册的吸毒人员已有

---

① 但未丽:《成都市吸毒引发刑事犯罪的调查及治理对策》,《四川省公安管理干部学院学报》1997年第2期。

② 崔敏主编:《毒品犯罪发展趋势与遏制对策》,第249页。

③ 四川省人民政府网 http://www.sc.gov.cn/10462/10464/10797/2016/6/26/10385606.shtml.

④ 黄平:《重庆市在册吸毒81 294人 戒毒年龄最小者15岁》,2015年6月26日《重庆商报》。

⑤ 西藏自治区禁毒委员会办公室:《2002—2007西藏禁毒工作报告》,第13页。

⑥ 崔敏主编:《毒品犯罪发展趋势与遏制对策》,第252页。

⑦ 中国西藏新闻网 http://www.chinatibetnews.com/2014/0704/1344617.shtml.

⑧ 宁夏通志编纂委员会编:《宁夏通志·司法公安卷》,第74页。

⑨ 李锦:《宁夏新发现吸毒人员年增20%》,2016年4月28日《宁夏日报》。

⑩ 齐磊、胡金野:《中国禁毒史》,第293页。

3.4 万余人,1998 年已突破 4 万人,波及 89 个县市,占全省县市总数的 83.2%[①]。截至 2015 年 6 月,陕西省有 92 000 余名吸毒人员,35 岁以下有 34 000 多人,占总人数的 30%左右。西安市有 26 000 余吸毒人员,35 岁以下有 5 000 多人,占 20%左右的比例。陕西省妇女吸毒者有 1.14 万人,约占全省吸毒总人数的 13%,女性吸毒人数连年上升。[②]

甘肃省 1987 年查获吸毒人员 469 人,1988 年查获 756 人,1989 年查获 2 402 人。1990 年全省核实有吸毒行为人员 11 649 人。兰州团市委对兰州市青年吸毒情况进行调查,结果 68 个被调查单位有 45 个单位存在吸毒情况,所占比例高达 66%。难怪到了 1991 年,一位全国人大常委会委员在人大常委会的会议上惊呼:仅兰州一个市就有两三万人吸毒。更惊人的是,兰州化学公司这样的国家大企业竟有 198 人吸毒,兰州钢铁厂有 57 人吸毒。[③] 2004 年,甘肃省省长助理郝远报告说全省在册吸毒人数约 4.5 万余人,估计实际人数在 8 万人左右。[④] 截至 2016 年 10 月底,甘肃省共入库吸毒人员近 6 万多名,现有吸毒人员 3 万多名。

青海 2015 年共查处吸毒人员 3 027 人。截至 2016 年上半年,青海全省登记在册的吸毒人员已超 10 800 名。

新疆 1990 年全区仅发现吸毒人员 194 人,分布在 4 个大城市;1992 年登记在册吸食海洛因的就有 3 000 人,其后平均每年新增加 2 000 人,1998 年全区登记在册的吸食海洛因人数已接近 2 万人。[⑤] 2000 年,新疆登记在册的吸毒人员为 12 590 人;截至 2009 年 5 月,这一数字递增为 26 765 人,为 9 年来最高记录,约占全疆总人口的 1.31‰,遍布全疆 15 个地、州,84 个县市,高于全国 0.72‰的平均水平。[⑥] 截至 2016 年 5 月 31 日,新疆登记在册吸毒人员已达 7.6 万人,现有吸毒人员 4.2 万人(不含戒断 3 年未发现复吸人数 3.4 万名、死亡人数和离境人数),其中,男性占九成,18～35 岁的占一半多;登记吸毒人员在 1 000 人以上的县(市、区)达 26 个,比上年年底增加 4 个;100～1 000 人的 55 个;100 人以下的 21 个。全区所有县(市、区)均登记有吸毒人员。[⑦]

---

① 崔敏主编:《毒品犯罪发展趋势与遏制对策》,第 253 页。

② 卿荣波、周艳涛:《陕西吸毒女性 1.14 万　西安最小吸毒者 13 岁》,2015 年 6 月 25 日《华商报》。

③ 张宿堂、薛莉:《中国大禁毒》,第 41 页。

④ 郝远:《提高认识,狠抓落实,全面推进我省艾滋病防治工作》,甘肃人民政府网 www.gansu.gov.cn,2004 年 5 月 31 日。

⑤ 崔敏主编:《毒品犯罪发展趋势与遏制对策》,第 257 页。

⑥ 艾尔肯·沙木沙克:《新疆毒品犯罪现状及其防治对策探讨》,《犯罪研究》2010 年第 3 期。

⑦ 凤凰网 http://news.ifeng.com/a/20160617/49134448_0.shtml.

广东省在20世纪80年代共查获吸毒人员3 000多人次，而进入20世纪90年代以来，6年就查获15万人次，1996年达4.4万人次。① 1998年，登记在册的吸毒人员已超过7万人，遍及21个地、市和114个县(市、区)，占全省121个县(市、区)的94%。② 深圳市1991年查获的吸毒人数比前十年的总数还上升1.72倍，而到了1992年又比1991年上升53%，1993年比1992年上升1.44倍，1994年比1993年上升41%，1995年比1994年上升86%。③ 普宁市1993年仅有吸毒人员61人，1998年已达6 000人，增加了将近100倍。汕头市1992年仅有吸毒人员10人，1997年已达2 080人，上升了207倍。④ 目前，作为国际贩毒通道、国内毒品中转地、国内新型毒品制造地，广东属全国吸毒人数最多、毒品危害最为严重地区的情况仍尚未改变。据统计，到2015年年底，广东登记在册的吸毒人口有58.2万人，占全国登记吸毒人口的1/6，总量全国第一。⑤

在20世纪80年代末，广西吸毒问题仅在全区少数几个边境县市出现，到1992年，全区已有26个县市发现吸毒人员，且由城市向农村蔓延。1996年，则迅速发展到70多个县市。⑥ 到1997年时，登记在册的吸毒人数已达3万余人，遍及全区115个县市区，只有1个县尚未发现吸毒人员。⑦ 不仅吸毒蔓延势头之快令人触目惊心，而且吸毒者低龄化的现象十分突出，18～25岁的吸毒人员占吸毒总人数的45.8%，25～35岁的吸毒人员占吸毒总人数的44.6%。⑧ 到2014年10月底，广西全区在册吸毒人员达16万多人，在全国位居第五，按照国际上通行的标准1∶5(即每一个在册吸毒人员对应隐藏有5个吸毒人员)来计算，实际吸毒人数超过80万人。⑨

海南是人口小省，但吸毒人数占全省人口比例却在全国排名靠前，吸毒活动也屡禁不止。2013年11月28日召开的海南省五届人大常委会五次会议透露，海南吸毒人数居高不下，且呈现低龄化的现象。目前，全省累计登记入库吸毒人员50 582名，实际在册吸毒人数34 007人，占全省人口比例达5‰以上，其中，查获17岁以下吸毒人员458名，年龄最小的仅13岁。⑩

① 胡杉等著：《中国禁毒风云录》，第126页。
② 崔敏主编：《毒品犯罪发展趋势与遏制对策》，第259页。
③ 曹凤：《第五次高峰——当代中国的犯罪问题》，第18页。
④ 崔敏主编：《毒品犯罪发展趋势与遏制对策》，第259页。
⑤ 谢孙武：《广东登记在册吸毒人员58.2万人》，2016年6月26日《深圳都市报》。
⑥ 广西壮族自治区地方志编纂委员会编：《广西通志·审判卷》，第215页。
⑦ 崔敏主编：《毒品犯罪发展趋势与遏制对策》，第249页。
⑧ 广西壮族自治区地方志编纂委员会编：《广西通志·审判卷》，第215页。
⑨ 段钦中：《全区在册吸毒人员达16万多人》，2014年11月1日《南国早报》。
⑩ 杜颖：《海南省吸毒人员呈低龄化趋向》，2013年12月2日《海南日报》。

2000 年，山东省登记吸毒人员有 499 人。2016 年 6 月，全省登记吸毒人员已经超过了 9 万人，近 3 年来以年均 37%的速度递增，16 年的时间，登记吸毒人员数量增加了 180 多倍。①

有数据显示，截至 2014 年 6 月，江苏省吸毒人员近 12 万人，并呈现出低龄化趋势，70%的吸毒人员为 35 岁以下青少年；吸贩毒活动由城市向农村渗透，苏北地区吸毒人数大幅上升；因吸毒引发的肇事肇祸事件时有发生，特别是“毒驾”问题引起社会的广泛关注。②

1996 年，浙江省登记在册的吸毒人 8 000 余人；1998 年，已达 1.6 万人。③ 截至 2013 年年底，浙江省登记在册的吸毒人员已突破 16 万人，其中，温州、宁波、杭州、台州位居前 4 位；合成毒品蔓延较快，全省吸食冰毒人数达到 9 万人，仅 2013 年就新发现吸食合成毒品人员 1.91 万人，其中，超过九成是吸食冰毒。④ 截至 2014 年 10 月，全省在控吸毒人员总量已经超过 17 万名，而且还在以每年 2 万名左右速度继续增加。

福建省 1991 年登记在册的吸毒人员仅为 180 人，而 1996 年达 3 768 人，涉及全省 9 个地(市)的 46 个县(市、区)。⑤ 1997 年，登记在册的吸毒人员猛升至 13 807 人。⑥ 1998 年又增至 17 223 人，涉及全省 60 个县(市、区)，占全省县(市、区)总数的 70%。⑦ 至 2001 年年底，全省公安机关登记上网吸毒人员已达 22 921 人，涉及 66 个县(市、区)。截至 2002 年 6 月，公安机关登记上网吸毒人员达 2.4 万人，涉及 71 个县(市、区)。吸食毒品的品种不断增多，已从过去简单的鸦片、海洛因发展到现在包括冰毒、摇头丸、大麻、可卡因、K 粉在内的多种新型毒品。吸毒也已由过去的秘密行为发展到现在半公开性行为。⑧ 截至 2015 年 11 月 30 日，福建全省登记在册吸毒人员达 9.86 万，按照 1∶6 显隐性比例，实际吸毒者人数高达 60 万人，而 70%是青少年。⑨

上海吸毒人员逐年大幅增长。1992 年，全市公安机关查获吸毒人员 187 人。1999 年，上海首次进行吸毒人员普查，共有登记在册吸毒人员 8 437 人，

---

① 时培磊：《吸毒人员 16 年增长了 180 倍　我省登记人数达 9 万多》，2016 年 6 月 16 日《齐鲁晚报》。

② 中国江苏网 http://news2.jschina.com.cn/system/2014/06/26/021269721.shtml.

③ 崔敏主编：《毒品犯罪发展趋势与遏制对策》，第 263 页。

④ 《浙江吸毒人员已突破 16 万人　温甬杭台位居前四》，2014 年 4 月 19 日《浙江日报》。

⑤ 胡杉等著：《中国禁毒风云录》，第 126—127 页；林辉等著：《为了这片净土——福建禁毒斗争的历史、现状和对策研究》，第 294 页。

⑥ 林辉等著：《为了这片净土——福建禁毒斗争的历史、现状和对策研究》，第 259 页。

⑦ 《福建内参》(政法版)1999 年第 23 期。

⑧ 林辉等著：《为了这片净土——福建禁毒斗争的历史、现状和对策研究》，第 143 页。

⑨ 杨文：《闽实际吸毒者高达 60 万》，2015 年 12 月 9 日《海峡导报》。

2002 年年底跃至 16 431 人。1999 年到 2002 年递增 94.7%，是全国增幅的一倍(同期全国增幅为 47%)，2002 年吸毒人员数是 1992 年的 87.9 倍。登记在册吸毒人员占全市人口比例超过 1‰，其中，35 岁以下青少年占吸毒人员总数的 54.2%。① 截至 2014 年 6 月 15 日，上海市累计登记吸毒人员达 7.5 万人，其中，本地吸毒人员 4.8 万人。在男女比例中，男性吸毒者比例达 72%；在年龄段方面，18～35 岁的青壮年占 44%。② 2016 年 6 月 2 日，上海禁毒工作新闻发布会公布，目前全市登记吸毒人员 81 269 人。其中，本市户籍 53 645 人，占 66%，外省市户籍 27 624 人，占 34%；男性 59 436 人，占 73.1%，女性 21 833 人，占 26.9%；35 岁以下青年占到总数的 40%，本市吸毒人员总数依然较高。2015 年，全市新增吸毒人员 7 043 人，其中，本市户籍 3 356 人，占 47.7%；外省市户籍 3 687 人，占 52.3%。③

2015 年 3 月 23 日，安徽省副省长、省公安厅厅长李建中在安徽省十二届人大常委会第 18 次会议上作安徽省禁毒工作情况报告。报告显示，截至目前，全国吸毒人员信息库有皖籍吸毒人员 79 450 人，与 2011 年相比翻了一番多。且吸毒人员低龄化趋势明显，35 岁以下的青少年占 81.1%，年龄最小的仅 11 岁。涉毒区域不断扩展，安徽的 105 个县(市、区)均涉毒，登记吸毒人员达 1 000 人以上的县(市、区)有 21 个，其中，阜阳市临泉县、颍上县、阜南县最多；肥东县吸毒人数达 1 068 人，是合肥市吸毒人数最多的县(区)。④ 据安徽财经网 2017 年 2 月 14 日消息，安徽省目前入库皖籍吸毒人数已逾 9 万人，近 3 年来吸毒人数翻了一番。此外，吸食合成毒品人数继续保持快速增长态势，青少年是主要增长主体，涉毒犯罪继续高位运行。

江西省 2012 年 6 月在册管控吸毒人数 35 886 人；2013 年 6 月，在册管控吸毒人数 40 543 人；2014 年 5 月，在册吸毒人数 54 491 人；2015 年 6 月 25 日，在册吸毒人数 77 136 人。据江西省公安厅 2015 年 6 月 26 日提供的数据显示，近 3 年，江西省每年查获吸毒人员数年均增长 50%以上，其中，2014 年，查获吸毒人员数首次突破 2 万人次，新增吸毒人员 14 000 多人。截至 2015 年 6 月 25 日，江西省在册吸毒人数 77 136 人，其中，35 岁以下的青少年共计 49 490 人，占吸毒人员总数的 64.2%，吸毒人员低龄化现象明显。⑤ 江西省公安厅 2015 年 12 月

---

① 胡鹏：《上海市吸毒问题现状与对策》，《青少年犯罪问题》2004 年第 3 期。

② 新华网 http://news.xinhuanet.com/local/2014-06/25/c_1111305716.htm.

③ 《本市登记吸毒人员达 81 269 人：男性占 73.1%　35 岁以下青年占 40%》，2016 年 6 月 3 日《青年报》。

④ 中安在线 http://ah.anhuinews.com/system/2015/03/23/006727090.shtml.

⑤ 钟建华等：《我省上半年缴获毒品 1.15 吨》，2015 年 6 月 27 日《南昌晚报》。

29 日召开新闻发布会，通报该省 2015 年禁毒工作情况。截至 11 月底，江西全省新发现吸毒人员 14 049 人，该省累计登记在册吸毒人员 81 659 人。①

湖南省 1994—1999 年登记在册的吸毒人数从 5 736 人剧增至 55 985 人，年均增幅高达 578%。2000 年，登记在册吸毒人数达到高峰，为 6.4 万人；全省 123 个县(市、区)中，吸毒人数 1 000 人以上的有 21 个，毒品问题严重的有 6 个。上述 27 个县(市、区)的总人口占全省的 24.3%，吸毒人数占全省的 61.1%。②截至 2014 年 10 月，湖南登记在册湖南籍吸毒人数已达 23.5 万人，占全国总数的 1/12，实际吸毒人员估测超过 100 万名，吸毒人员增幅高于全国平均增幅的 1.38 倍。③

湖北省 1995 年统计的吸毒人数为 3 663 人，1998 年登记在册的吸毒人数已超过 2 万人。截至 1998 年年底，全省 103 个县市(区)中，有 87 个发现有吸毒人员，占 84.5%。吸毒人员中 30 岁以下的青少年占 78.8%；最小的年仅 12 岁；女性吸毒人员占 36%。④ 截至 2016 年 6 月，湖北登记在册的吸毒人员 17.7 万人，排名全国第八。据估算，全省实际吸毒人员已超过 80 万人，且以年均 13%左右的增幅继续增加。现有吸毒人员中，一半以上是 35 岁以内的青少年；而 2015 年以来新发现的吸毒人员中，90%以上是青少年。⑤

河南省 1998 年登记在册的吸毒人员为 8 696 人，实际吸毒人数远大于此数，据估计在 3 万人左右。⑥ 2015 年，河南省累计登记吸毒人员达 6.7 万余人，登记吸毒人员总数以年均 20%的速度递增，吸毒人员低龄化特征日益明显，35 岁以下青少年吸毒人员已占总数的 53.7%。据此推算，全省 35 岁以下青少年吸毒人数约 3.6 万。⑦

北京市查获的吸毒人员逐年大幅度上升：1992 年为 140 人；1993 年为 249 人，比前一年增加了 77.9%；1994 年为 790 人，比前一年增加了 2.2 倍；1995 年为 1 220 人，远远超过了前 3 年的总和；1996 年更达到了 1 774 人，又比前一年上升了 45.4%。⑧ 据 2015 年 6 月 24 日北京禁毒工作新闻发布会上公布

① 中国新闻网 http://www.chinanews.com/sh/2015/12-29/7693520.shtml.

② 上海市禁毒委员会办公室、上海市法学会编，林化宾主编：《痛击毒魔——禁毒理论与实践》，上海社会科学院出版社 2006 年版，第 84—85 页。

③ 覃剑：《湖南全面启动禁毒会战　登记在册吸毒人数 23.5 万》，2014 年 10 月 9 日《潇湘晨报》。

④ 崔敏主编：《毒品犯罪发展趋势与遏制对策》，第 265 页。

⑤ 吴昌华：《我省在册吸毒人员达 17.7 万，吸毒人数年均增长 13%》，2016 年 6 月 23 日《楚天都市报》。

⑥ 崔敏主编：《毒品犯罪发展趋势与遏制对策》，第 267—268 页。

⑦ 邵可强：《2015 年河南 35 岁以下吸毒人数占比首次过半》，2016 年 6 月 25 日《大河报》。

⑧ 崔敏主编：《毒品犯罪发展趋势与遏制对策》，第 269 页。

的数字，北京在册吸毒人员为 3.1 万人，估测实际吸毒人员达 15 万人。[①] 据 2016 年 6 月 21 日北京市政府新闻办公室公布的数字，北京在册吸毒人员已达 3.3 万人，估测实际吸毒人数达 16 万人。在册吸毒人员中，外地籍吸毒人员有 1.8 万余名，占比已达 54.6%。[②]

天津市从 1992 年禁毒处成立至 2009 年 6 月，公安机关打击处理登记在案的吸毒人员共有 7 000 余名，然而，社会中实际吸毒人员远远超过这个数字。其中，25～35 岁这个年龄段，在吸毒人员中占有重要比例，已达到 50%之多。更为明显的是，近年来未成年人吸毒人数有所增加。根据 2009 年统计的结果显示，最小的吸毒人员仅有 12 岁，已掌握的 18 岁以下吸毒人员就有 20 余名，这在以前是不曾出现过的。统计表明：2006 年，天津市新型毒品只占传统毒品海洛因的一小部分，然而到 2007 年，新型毒品已经是传统毒品的 3 倍。截至 2009 年 5 月底，天津市缴获的冰毒是所缴获海洛因的 4 倍，已经大大超过 2008 年同期的缴获量。[③] 2014 年，天津市抓获吸毒人员 6 041 名，其中，新发现的吸毒人员达 3 704 人；发生吸毒人员引发的抢劫、强奸、聚众斗殴、自残、自杀等极端案(事)件 11 起，造成 5 人死亡。[④] 2015 年天津市收戒的吸毒人员中，吸食冰毒的比例为 69.1%，吸食海洛因的比例为 24.4%，吸食两种毒品的比例为 6.4%，吸毒人员的平均年龄为 35 岁。[⑤]

河北省 2005 年在册吸毒人员总数为 8 591 人，是 1999 年的 5 倍。到 2006 年国际禁毒日，省内在册吸毒人员增至 9 111 人。到 2007 年 6 月 25 日，在册吸毒人员下降为 7 112 人，比上年公布的在册吸毒者数量减少 1 999 人。此前，河北省内在册吸毒者人数一直呈增长态势，此次为河北省在册吸毒者人数近 10 年来首次下降。[⑥] 但此后吸毒人数又呈现上升趋势。2010 年 6 月初，河北省登记上网吸毒人员 8 037 人，吸食新型毒品人数为 4 947 人，占 61.5%，其中，未成年人、45 岁以下涉毒人员上升速度加快。[⑦] 截至 2014 年 6 月，河北省登记在册吸毒人员 24 791 人，其中，35 岁以下青少年占 75%。[⑧] 2015 年 6 月 24 日，河北省禁毒办公布，全省登记在册的吸毒人数约 3 万多名，全国排名第 26，连续

---

① 《仅去年数十名艺人涉毒被查获　大量毒品寄递进京》，2015 年 6 月 25 日《北京日报》。
② 张蕾：《北京在册吸毒人员数量公布：最小吸毒者年仅 12 岁》，2016 年 6 月 21 日《北京晚报》。
③ 新华网 http://www.xinhuanet.com/chinanews/2009-06/22/content_16877591.htm.
④ 常健：《天津去年抓获 6 041 名吸毒者　新发现人员占六成》，2015 年 6 月 1 日《城市快报》。
⑤ 徐杨、徐雯：《天津吸毒人员平均年龄 35 岁》，2015 年 6 月 25 日《天津日报》。
⑥ 新华网 http://news.xinhuanet.com/society/2007-06/26/content_6294070.htm.
⑦ 白云：《六成吸毒者追逐“新毒品”》，2010 年 6 月 5 日《河北青年报》。
⑧ 冯月静、董世杰：《河北省在册吸毒人员 35 岁以下占 75%》，2014 年 6 月 27 日《燕赵晚报》。

3 年新发现吸毒人员增幅超过 50%。新型毒品仍然占据吸毒、贩毒的主导地位，吸毒群体和涉毒区域呈现出由大中城市向农村乡镇扩散趋势。[①] 截至 2016 年 6 月，河北省登记的吸毒人员有 3.9 万人，但据估算，实际超过 10 万人，而且近两年以年均约 30%的增幅继续增加。近 3 年来，传统毒品海洛因、吗啡、杜冷丁等大幅减少，冰毒的吸食量增加，要占到 90%以上。[②]

山西省吸毒问题发展蔓延很快，到 20 世纪 90 年代末已成为影响社会治安稳定的重大隐患。1998 年，登记在册吸食鸦片和海洛因的有 8 900 余人，而估计实际人数至少也有 2 万余人。在全省 119 个县(市)中，有一半发现了吸毒现象。吸毒人员中青少年占 85%以上。吸食的毒品主要为土制海洛因。全省因吸毒引发的刑事案件占全部刑事案件的 30%以上。[③] 截至 2014 年年底，山西省登记在册吸毒人员 7.07 万余人，遍布全省 119 个县，吸毒人员总数不断上升，特别是吸食冰毒、麻古、氯胺酮等合成毒品人员增速加快。[④]

据内蒙古自治区公安厅披露，2009 年内蒙古新发现、查办的 1 520 名吸毒人员中，35 岁以下的吸毒人员占 883 名，占 58.1%。[⑤] 截至 2015 年 11 月，内蒙古全区登记在册吸毒人员已达 46232 人，较 2011 年增长了一倍多。[⑥] 截至 2016 年 2 月 29 日，全区登记在册吸毒人员已达到 49 950 人，较 2015 年年初增长超过 20%。[⑦]

辽宁省 1996 年吸毒者不到 5 000 人，而截止到 2005 年年底，累计登记在册吸毒人员已达 2 万余人，省属 14 个市都存在毒品问题。1996 年前，全省吸食摇头丸等新型毒品人数几乎为零，现在却已超过吸食海洛因等传统毒品。[⑧] 2014 年，辽宁省在册的吸毒人员已有近 10 万人。

吉林省截至 2005 年年底，登记在册吸毒人员已达 14 595 人，比 1991 年增加了 14.5 倍，全省 60 个县(市)已全部发现吸毒问题。2014 年以前，吉林省的吸毒人员在册数为 23 917 人；到 2015 年 3 月 31 日，总数达到了 38 177 人。截至 2015 年 6 月 18 日，全省吸毒人员在册数量已达到了 4.2 万人，而根据这个数来分析，初步估计，全省吸毒人员总数应该在 20 万左右。[⑨]

---

① 长城网 http://report.hebei.com.cn/system/2015/06/24/015784011.shtml.

② 河北广播网 http://www.hebradio.com/app/news/2016/0626/741066.json.html.

③ 崔敏主编：《毒品犯罪发展趋势与遏制对策》，第 270 页。

④ 左燕东：《山西登记吸毒人员 7 万余人　遍布 119 个县》，2015 年 1 月 6 日《山西日报》。

⑤ 新华网 http://news.xinhuanet.com/legal/2010－06/26/c_12265845.htm.

⑥ 齐晓英：《内蒙古登记在册吸毒人员达 46 232 人》，2015 年 11 月 11 日《内蒙古晨报》。

⑦ 中国新闻网 http://www.chinanews.com/df/2016/02－29/7777943.shtml.

⑧ 《辽宁在全国首先发布禁毒报告　吸毒者 10 年增 3 成》，2006 年 6 月 23 日《辽沈晚报》。

⑨ 新华网吉林频道 http://www.jl.xinhuanet.com/2012jlpd/2015－06/25/c_1115716259.htm.

截至2005年5月31日,黑龙江省吸毒登记在册人员近4万人,是2001年的13倍。到2015年8月,黑龙江省登记在册吸毒人员已经突破7万,达71 027人,比2006年上升了623.4%。近3年,每年新增吸毒人员1万多人,毒品扩散面在不断加大,而且低龄化问题突出,青少年吸毒占比达70%以上。[①]

二、新时期毒品问题在中国复萌与蔓延的主要原因

20世纪80年代以后,造成毒品在中国复萌与蔓延的因素是多方面的,其主要有境外毒品的大量渗透、种毒制毒贩毒暴利的诱惑和禁毒不力等原因。

(一)境外毒品的大量渗入,是导致毒品重新泛滥的直接原因和国际因素

20世纪70年代末80年代初,在国际毒品消费市场特别是欧美毒品消费需求不断增长的刺激下,世界范围内的毒品犯罪已出现新的高峰,毒潮正在步步逼近中国国门。毗邻中国西南边境的泰国、老挝、缅甸三国交界地带,就是世界三大毒品生产基地之一、世界最大鸦片产地和海洛因加工区的"金三角"。在20世纪70年代,"金三角"地区的鸦片年生产量已由20世纪60年代的200多吨升至700吨;20世纪80年代后,该地区鸦片产量又飞速增长,1988年为1 200吨,1989年为2 400吨,1991年则达近3 000吨。[②] 随着鸦片产量不断增长,海洛因加工业也迅速发展,每年生产海洛因达60吨左右。[③] 如此数量巨大的毒品,要贩卖出去实现其"价值",转换为金钱,必须有与之适应的贩运渠道。20世纪80年代以来,"金三角"原有的经新加坡、马来西亚等国运销西方的贩毒通道,由于沿线各国采取严厉的禁毒措施和不断的缉毒行动而受阻。为了继续将毒品运往欧美,国际毒贩极力开辟新的通道。由于中国临近"金三角"毒源地,有长达4 000多千米的边境线,许多地段没有天然屏障,各种小路纵横交错,便于绕关避卡,加上改革开放后的中国,国门洞开,边贸活跃,边民往来频繁,使国际贩毒集团和其他不法分子走私毒品有隙可乘。一些国际毒贩就越来越多地假道中国,与中国境内的不法分子勾结,将大量的毒品从"金三角"地区偷运进中国国境,再转运到我国港澳地区,最后投入国际毒品市场,从而开辟了所谓的"中国通道""云南运输线"。据统计,1988年中国破案抓获境外毒贩517名,1989年抓获境外毒贩750人,增加了45%。[④]

---

① 王鑫、孙莹:《黑龙江省在册吸毒人员超7万　青少年占七成》,2015年8月19日《新晚报》。

② 崔敏主编:《毒品犯罪发展趋势与遏制对策》,第234—235页。

③ 中共云南省委党史研究室、中共云南省公安厅委员会编:《建国以来云南的禁毒斗争》,第155页。

④ 赵秉志、于志刚:《毒品犯罪》,中国人民公安大学出版社2003年版,第35页。

随着境外毒品不断向中国境内渗透，导致已经禁绝的毒品祸害又卷土重来，因毒品过境引发的毒品违法犯罪活动逐步蔓延。20世纪80年代，我国毒品问题表现为以过境贩毒为主，毒品问题主要在西南边境局部地区，危害也局限在局部地区。20世纪90年代以来，我国的毒品问题逐渐严重，并发展成为过境贩毒与国内消费并存，毒品问题发展蔓延到全国的大部分地区。目前，在过境贩毒情况严重的同时，国内毒品消费的情况更加严重，许多地区已泛滥成灾。

(二) 种制贩毒品巨额暴利的诱惑，驱使犯罪分子铤而走险，是造成毒品复萌与蔓延的经济动因和重要根源

马克思在《资本论》第二十四章"所谓原始积累"第七节的注释中曾引用邓宁格的话说："一有适当的利润，资本就会非常胆壮起来。只要有10%的利润，它就会到处被人使用；有20%，就会活泼起来；有50%，就会引起积极的冒险；有100%，就会使人不顾一切法律；有300%，就会使人不怕犯罪，甚至不怕绞首的危险。"[①]目前，种植、制造、贩卖毒品所获利润远远高于300%，具有从事任何正当生产经营活动或其他不法生产经营活动所不可比拟的高额利润。有材料说：1千克生鸦片在"金三角"的收购价格为400美元，有时还会被压低到70～80美元，炼制1千克海洛因需要10千克鸦片，即4 000美元。而在泰国，每千克海洛因售价8 000美元，在美国高达15万美元。如果大批海洛因被破获，或鸦片大歉收，美国的海洛因立刻大涨价，有时每千克竟卖100万美元。如以1981年10千克鸦片的价格为基数，毒犯把1千克海洛因运到美国，可获得3 750%的利润。据1985年《宇宙》杂志报道，按西德马克计算，"金三角"每1千克海洛因原料值300马克，可是1千克海洛因在欧洲一些大城市售价高达70万马克，即原材料的2 300多倍。[②] 根据我国各地缉毒部门破案所了解的情况，在中缅边境一带，每千克海洛因的批发价大约是人民币3万元左右，零售价每克50～80元；入境后运至昆明，每千克的批发价升至8万～10万元，零售价每克150～200元；运至广州，又翻了一番，每千克的批发价大约是15万～20万元，零售价则升至每克300～500元；在我国内地各省、自治区、直辖市，每克海洛因的零售价，通常在600～1 000元之间。走私出境到香港，每千克的批发价有升至港币30万元；最终贩运到美国之后，批发价更猛增10倍，每千克高达20万～30万美元。在经过大量掺假后零售，每千克可收入150万～200万美元。[③]

正是由于种制贩毒品的巨额暴利，才驱使和刺激着许多利欲熏心的不法之

---

① 《资本论》第一卷，人民出版社1958年版，第839页。

② 胡杉等著：《中国禁毒风云录》，第155页。

③ 崔敏主编：《毒品犯罪发展趋势与遏制对策》，第10页。

徒不惜以生命做赌注，走上制贩毒品的不归之路，成为毒品泛滥、屡禁不止的经济动因和重要根源。例如，在安徽，农民种一亩麦子只能获得500元收入，而种一亩罂粟就能得到2万～3万元，在一些经济落后的农村地区，一度流传着“要想富，种罂粟”“要发家，麦套花”之类的歌谣，导致私种罂粟的活动屡禁不止。[①] 在山西省，由于种植一亩罂粟可获利5万～7万元，相当于山区种植100亩庄稼的收入，在暴利的驱动下，屡禁屡种，并且种植地点日趋隐蔽，手段更加狡猾。[②] 在云南山区，一个农民背一天毒品，只要不被抓住，也可得近1 000元，相当于其一年从事农业生产的收入。因而贩毒贩子，尤其是屡犯不改的毒品贩子，都公开宣称：“杀了我一个，幸福几代人。”1992年，云南省公安机关对著名毒巢平远镇发动武装扫毒，从民间缴获了巨量的毒品、毒资，小小的一个镇几乎人人贩毒。凡稍有规模者，缴获的毒资均在100万元与数百万元之间。一个名叫王粉英的女毒贩公开宣称，自己的丈夫必须是毒贩，其两任丈夫均因贩毒被判死刑，故被称为“白粉世家”。[③] 20世纪80年代末，宁夏回族自治区同心县韦州、下马关一带一些人在贩毒分子的蛊惑下，集资结伙到云南贩毒，这些靠贩毒一夜暴富起来的人，腰缠万贯，盖楼修宅，置办家具电器。因此，又影响和诱惑了更多的人纷纷仿效，把贩毒当作致富捷径。他们明知被抓获后的法律结果，却铤而走险，拿生命做赌注。当地流传着“上前线，撇干饭，云南广州转，回来几十万，杀头也情愿”的说法。[④] 马关镇一个姓马的贩毒分子在“上前线”之前召集亲朋好友“庄重”地托付说：“我这一趟出去吉凶未卜，如果赚了钱回来，你们人人有份，全部重谢。如果我被查获，脑袋丢在外面，今后我一家老小的生活就全托你们照顾了。”[⑤]在贩毒暴利的诱惑下，一时贩毒队伍越滚越大，贩毒活动愈演愈烈，到1991年年底，外流贩毒一发而不可收拾，几乎到了公开化的程度。同心县乡乡镇镇都有人外出贩毒，毒品犯罪很快辐射全区19个县市。1991—2000年，全区因外流贩毒被外省区拘捕判刑的累计近1 000人。[⑥] 1991年，仅同心、吴忠、灵武、青铜峡等地市县，从云南、四川、广东等省拉回被处决的外流毒贩尸体就有29具。[⑦]

---

① 崔敏主编：《毒品犯罪发展趋势与遏制对策》，第267页。

② 崔敏主编：《毒品犯罪发展趋势与遏制对策》，第270页。

③ 苏智良：《中国毒品史》，第509页。

④ 宁夏国史编审委员会、宁夏国史学会编：《当代宁夏史通鉴》，第92页。

⑤ 中共云南省委党史研究室、中共云南省公安厅委员会编：《建国以来云南的禁毒斗争》，第159页。

⑥ 宁夏国史编审委员会、宁夏国史学会编：《当代宁夏史通鉴》，第92页。

⑦ 崔敏主编：《毒品犯罪发展趋势与遏制对策》，第256页。

（三）禁毒不力，致使毒品犯罪势头未能得到及时遏制，是造成毒品蔓延的重要因素

“由于中国长期处于封闭状态，又处于无毒国的环境之中，面对迅速蔓延的毒况，政府有关部门一时在思想上、禁毒措施上、禁毒技术上均准备不足。”①认识不够、机构缺失、宣传教育落后、立法滞后等禁毒不力问题的存在，贻误了禁毒战机，致使毒品犯罪势头未能得到及时有效的遏制。任何不良的事物和现象，在萌芽状态是最好控制和消灭的，一旦成了“气候”，不但费时费力，而且难于一时清除干净。毒品违法犯罪活动在全国的蔓延和泛滥，就充分说明了这一点。这也是应该汲取的深刻的历史教训。

1. 对毒品泛滥的严重性和巨大危害性缺乏足够的认识

一些地方党政领导对毒品泛滥的严重性和巨大危害性缺乏足够的认识，打击和查禁措施不力，一些毒情严重的重点地区长期得不到有力整治，毒品犯罪分子有活动的空间。例如，四川省某县公安机关抓获两名毒贩，却只按《治安管理处罚条例》进行了行政拘留和罚款后，便草草了结而未深究。② 又如，宁夏回族自治区在20世纪90年代后毒患迅速蔓延，其中一个重要的原因就是与当地基层某些干部的认识有关。有些干部对缉毒警察说：“贩毒源头在云南，在宁夏过境，出售在广州，两头在外，对宁夏利大害小，管它干啥。再说，赚的是外国人的钱，背回宁夏的是现金，你们何苦断绝贫困地区群众的一个致富门路。”③正是由于这种错误认识的存在，同心县在外流贩毒活动兴起之后，对毒品犯罪打击不力，毒品犯罪分子未得到应有的惩罚，因而酿成祸患，致使区内毒品犯罪活动蔓延，地下毒品市场活跃，非法种植罂粟屡禁不止。同心县人们成群结队上云南、广州贩毒，当地人称此为“上前线”。有很多人甚至参与到国际贩毒网络之中。外流毒贩从个人单干向团伙化、家族化、智能化、专业化发展，其内部组织严密，形成购、运、销一条龙的经营体系。有坐镇指挥的毒枭，有专门组织货源的进货员，有专业运输的马仔，还有销毒的推销员，参与者由最初的农民，蔓延到城市无业人员、工人、教师、干部甚至政法干警。他们利用飞机、火车、汽车等交通工具实施贩毒活动，手段日趋隐蔽狡猾，其贩毒区域不断扩大，涉及云南、广东、四川等15个省、市、自治区。④ 几个拥有巨量资金的大毒枭控制了全区的毒品交易。例如被公安部通缉的同心县回民周彦吉，年仅29岁，是从1989年才涉足毒业

---

① 苏智良：《中国毒品史》，第510页。
② 赵秉志、于志刚：《毒品犯罪》，第40页。
③ 赵秉志、于志刚：《毒品犯罪》，第33页。
④ 宁夏国史编审委员会、宁夏国史学会编：《当代宁夏史通鉴》，第92页。

的，但能量颇大，短短三四年间，其贩毒足迹即遍及大半个中国，并建立了庞大的贩毒体系。[①]

2. 禁毒机构缺失、缉毒工作不力

经过中华人民共和国成立初期的禁毒运动，此后在长达近30年的时间里，我国的毒品问题已不复存在，国家原有的专门禁毒机构也相应撤销，禁毒专业队伍被解散。从此，对毒品犯罪的监控就一直处于既无专项资金又无专门机构的状态。缉毒工作由普通刑事侦查、治安、海关、工商行政等部门承担，由于这些部门也大都对毒品问题认识不足，相互之间又缺乏密切的配合，以致造成对毒品犯罪分子打击不力，给毒品犯罪留下了可乘之机。

3. 禁毒宣传教育工作不到位

自20世纪50年代中期以来，由于我国的毒品犯罪已很少发现，有关部门也就基本上停止了对毒品知识、毒品危害和预防毒品犯罪的宣传教育。当20世纪80年代新一轮毒潮涌入我国国门的时候，人们普遍缺乏防范的手段和能力。一些司法、海关、工商人员对毒品的基本知识缺乏了解，有时查获大量的海洛因，竟不知其为何物，轻易地将毒品犯罪分子放掉；在人民群众，尤其是青少年中，很少有人知道毒品的危害和我国曾经遭受的毒品祸国的历史，很少有人知道毒品千万不能试吸第一口、要避免毒品侵害的唯一办法就是永不吸毒，很少有人知道吸毒违法，甚至一些人把吸毒看成是一种时髦，当作一种时尚。禁毒宣传教育工作不到位，在客观上为毒品的蔓延，提供了一个适宜的环境。

4. 禁毒立法滞后

20世纪80年代初，毒品开始在中国死灰复燃；20世纪80年代中期之后，吸毒和各种毒品犯罪逐渐成为严重的社会问题。加强法制建设，强化法律手段，依法从严从重打击毒品违法犯罪活动，有效地遏制毒品蔓延发展，已成为禁毒斗争的当务之急。1979年7月1日第五届全国人民代表大会第二次会议通过、1980年1月1日开始实行的《中华人民共和国刑法》第一百七十一条规定："制造、贩卖、运输鸦片、海洛因、吗啡或者其他毒品的，处五年以下有期徒刑或者拘役，可以并处罚金；一贯或者大量制造、贩卖、运输鸦片、海洛因、吗啡或者其他毒品的，处五年以上有期徒刑，可以并处没收财产。"1982年3月28日，第五届全国人大常委会第二十二次会议通过的《关于严惩严重破坏经济的罪犯的决定》，对《刑法》第一百七十一条"贩毒罪"的处刑补充，修改为"情节特别严重的处十年以上有期徒刑、无期徒刑或者死刑，可以并处没收财产"。1986年9月5日，第

---

① 赵秉志、于志刚：《毒品犯罪》，第33页。

六届全国人大常委会第十七次会议通过的《中华人民共和国治安管理处罚条例》第二十四条规定:“违反政府禁令,吸食鸦片、注射吗啡等毒品的,处15日以下拘留、200元以下罚款或者警告”;第三十条规定:“严厉禁止违反政府规定,种植罂粟等毒品原植物,违者除铲除其所种罂粟等毒品原植物外,处15日以下拘留,可以单处或者并处3 000元以下罚款,构成犯罪的,依法追究刑事责任”。从以上三部主要法律法规有关内容可以看出,对惩治毒品违法犯罪的规定存在以下明显的漏洞和问题:(1)规定笼统。数量多大算是“大量”、什么情况算“情节较轻”或“情节特别严重”?对毒品犯罪量刑的数额及情节这两个关键性的问题均未作出明确的界定和规定,不便于操作,给实际执法带来了一定的困难。(2)处罚偏轻。《刑法》第一百七十一条法定处罚中,对重大毒品犯罪没有处死刑的规定,《关于严惩严重破坏经济的罪犯的决定》中虽然作了补充规定,但是把毒品犯罪作为“经济犯罪”处罚,同刑事犯罪性质的毒品罪是相悖的,无论是量刑治罪,还是审理程序都不利于禁毒斗争。对吸毒者和罂粟非法种植者的处罚标准也偏轻,难以起到警诫作用。(3)对吸毒者的强制戒除没有法律规定。(4)规定设立的毒品犯罪种类少。由于我国禁毒的法律在当时还不够健全,立法明显滞后,有关毒品犯罪的规定比较笼统,实际量刑的毒品数量过高,不能震慑犯罪,对吸毒者的强制戒除也没有法律规定,因而执行不力,不能适应当时禁毒斗争形势的需要,不能及时有效遏制毒品的蔓延势头。待毒品泛滥后才拔出严惩的利剑,客观上拖延了禁毒的时间和机会,导致了毒品违法犯罪活动在一个相当长的时间自由发展状况的出现。

三、新时期毒品问题在中国复萌与蔓延的危害

新时期,毒品在中国的泛滥所造成的危害是十分严重的。它不仅给吸毒者个人和家庭带来损害,而且对整个社会和国家造成多方面的危害;它不仅直接危害人民的身心健康,而且给经济发展和社会进步带来巨大威胁。毒品的危害,可以概括为“毁灭自己、祸及家庭、危害社会”12个字。

(一)毒品泛滥极大损害吸食者的身心健康

毒品泛滥造成的最直接危害是损害吸食者的身心健康与生命。

1. 毒品极大损害吸食者的身体健康

毒品之所以被人们称为“瘟疫”“幽灵”“魔鬼”,是因为吸毒上瘾容易戒断很难。一个人一旦尝试毒品,就想为吸毒产生的欣快感而再次吸食,几经吸食之后,成瘾即不可自拔,久而久之,体内严重中毒,产生各种病态反应。尤其是目前吸食的毒品大多数是海洛因,它使人体神经系统产生高度的毒性和生理破坏。

最终导致吸毒者的体质越来越弱，甚至危及生命、中毒死亡。据我国各地戒毒所统计，吸毒成瘾者体重普遍下降 10 千克以上，有的甚至下降 20 千克，他们一般只能承担正常工作量的 40%～50%。我国仅靠“金三角”的一个村寨，因吸毒十分普遍，在一次征兵体检时，竟无一人身体合格。[①]

我国因吸毒造成的死亡和残疾事例不断发生。据我国北方某市 4 个县 8 个乡镇统计，仅 1987 年一年，因吸毒致死者就有 9 人。1990 年以来，广东省珠海市已有 5 人因吸毒过量而猝死；云南省昆明市吸毒者因吸食、注射毒品过量而导致死亡的达 30 人。云南省瑞丽县从 1983 年至 1989 年，吸毒致死者更高达 73 人，其中，还有 17 岁的少年。[②] 湖北省 1996 年至 1998 年有 200 多人因吸毒致死。[③] 湖南省 1997—1998 年两年共发现吸毒人员因吸毒过量致死 129 人，致残 1 696 人。[④] 四川省从 1992 年至 2000 年因吸毒死亡的达 1 077 人。[⑤] 据不完全统计，自 20 世纪 80 年代至 2005 年，我国因吸毒导致死亡的已有 49 378 人。[⑥]

2. 由于吸食者使用不洁注射器注射毒品以及女性吸毒者大多靠卖淫来获取毒资，容易导致艾滋病、性病、肝炎等严重传染病的蔓延

我国自 1985 年 6 月 23 日发现第一例 AIDS（艾滋病）病人以来，截至 1997 年 9 月底总计发现 168 例（其中 50 人已死亡），HIV（艾滋病病毒）感染者 8 277 例，其中，60%～70%为注射毒品所致。[⑦] 1999 年年底，全国累计报告 17 316 例艾滋病，病毒感染者中，因静脉注射毒品感染的占 72.4%。2001 年年底，全国累计报告艾滋病病毒感染者 40 560 例，比 2000 年累计增长 32%，其中，艾滋病病人 2 639 例，死亡 1 047 例，因吸毒感染的占 63.7%。[⑧] 2002 年，全国报告的 4 万多名艾滋病毒感染者中吸毒人员约占 2/3。[⑨] 截至 2005 年 9 月底，在国家累计报告的 135 630 例艾滋病病毒感染者中，有 40.8%因静脉注射毒品而感染，仍居艾滋病传播途径的首位。全国登记在册吸毒人员中 80%患有各种传染病。[⑩] 云南截至 1992 年已查出 368 例（全国 378 例）艾滋病毒感染者，他们均

---

① 崔敏主编：《毒品犯罪发展趋势与遏制对策》，第 64 页。
② 张宿堂、薛莉：《中国大禁毒》，第 44—45 页。
③ 崔敏主编：《毒品犯罪发展趋势与遏制对策》，第 265 页。
④ 崔敏主编：《毒品犯罪发展趋势与遏制对策》，第 266 页。
⑤ 中华人民共和国国家禁毒委员会办公室：《2000 年中国禁毒年度报告》。
⑥ 中华人民共和国国家禁毒委员会办公室：《2006 年中国禁毒报告》。
⑦ 上海市禁毒委员会办公室、上海市法学会编，林化宾主编：《痛击毒魔——禁毒理论与实践》，第 145 页。
⑧ 赵翔等著：《毒品问题研究——从全球视角看贵州毒品问题》，第 309 页。
⑨ 上海市禁毒委员会办公室、上海市法学会编，林化宾主编：《痛击毒魔——禁毒理论与实践》，第 232 页。
⑩ 中华人民共和国国家禁毒委员会办公室：《2006 年中国禁毒报告》。

为静脉注射毒品者。[①] 新疆艾滋病疫情出现相对较晚，但发展速度惊人，是全国疫情发展速度最快的省区之一。继 1995 年年底在乌鲁木齐市发现首例本地吸毒者感染艾滋病后，到 1998 年 6 月，全区确认艾滋病感染者 1 615 例，其中，由吸毒感染的占 97%，位于全国第 2 位。[②] 广西卫生部门曾对 150 名吸毒青少年调查，发现 45%的患有肝炎，25%的患有性病。[③] 广东省宝安县曾对该县沙井镇戒毒班的 79 名成员体检，发现 50%以上患有肝炎，30%以上患有性病。[④]

3. 毒品极大损害吸食者的精神健康

吸食者吸毒上瘾后常常失去正常人应有的道德观念、伦理准则与是非标准，心理变态，人格解体，不知廉耻，严重败坏社会风气与道德风尚。云南保山市有个 27 岁的吸毒者叫吴清华，原为家具店老板，吸毒仅一年多，就把家产全部卖光，离婚后，前妻留给的 3 200 元女儿的抚养费，也被他吸光。一次女儿发烧无钱医治，他母亲看孩子病得可怜给了 10 元钱为孩子看病，他抱着孩子拿着钱，却鬼使神差地跑去买了海洛因，过足瘾后才想起怀里还抱着发烧的孩子。后来毒瘾发作，竟将女儿以 500 元卖给他人，去吸食毒品；吴的父母得知后把孩子赎回并送入幼儿园，吴清华得知后竟又准备把女儿第二次卖走，吸毒使他丧失了人性。[⑤] 云南有一女吸毒者，常从母亲那里骗取钱财购买毒品，一次母亲发现她要钱是去买毒品，为阻拦她而心脏病发作，她连头也没回，直到吸毒过瘾后，才跑回家扶起昏倒在地的母亲。[⑥]

（二）毒品泛滥严重破坏家庭幸福

毒品泛滥常常导致倾家荡产、妻离子散、家破人亡，造成无数家庭悲剧，毁灭无数幸福家庭。“烟枪一支，打得妻离子散，未闻炮声震地；锡纸半张，烧尽田地房廊，不见火光冲天。”这就是无数吸毒者的共同结局。例如，辽宁省鞍山市王宝岩、高静夫妇，1991 年开始吸毒；3 年中，吸光了包括两幢楼房、一辆出租车在内的百万家财，为吸毒又借了 80 多万元的债。王宝岩年迈的老母亲无奈带着辍学的孙子流落街头。[⑦] 内蒙古呼和浩特市的个体经营者关建喜，本来过着富裕、安乐的日子，因经营华侨商场收益好，资产已发展到 500 余万元。在呼市也算赫赫有名。由于他寻求超常刺激，吸上了海洛因，从此毒雾笼罩了他的生活。仅 3 年

① 《法制文摘》1990 年第 9 期。
② 崔敏主编：《毒品犯罪发展趋势与遏制对策》，第 257—258 页。
③ 郭翔：《中国毒品问题及对策研究》，《刑事法学》1998 年第 4 期。
④ 张宿堂、薛莉：《中国大禁毒》，第 44 页。
⑤ 苏智良：《中国毒品史》，第 507—508 页。
⑥ 赵秉志、于志刚：《毒品犯罪》，第 46 页。
⑦ 全国禁毒展览办公室编：《珍爱生命，拒绝毒品》，经济科学出版社 1998 年版，第 10 页。

时间,家业抽光,商场倒闭,还落得负债累累。后来,他无力购买海洛因,又靠注射杜冷丁来满足毒瘾。1996 年 3 月 16 日,终因注射过量杜冷丁,经抢救无效而在凌晨死亡。[①] 海南省有一个姓廖的个体户,靠跑运输、开发廊,积攒了 10 余万元的家产。可惜好景不长,一家 7 口就有 4 人染毒,17 万元积蓄被吸个精光。最后妻女远走他乡,儿子踏上了贩毒之路,自己则因吸毒过量而暴毙于家中。[②] 湖南省长沙市府后街住有一户三口之家,全都吸毒,在毒瘾发作时难以忍受而一起纵火自焚。[③] 云南省腾冲县无业青年蒋志鹏吸毒后,经常偷家里的物品去卖。有一次毒瘾发作无钱购买毒品,便用尖刀顶住父亲胸部索钱,父亲反抗,竟被他打伤。[④] 原西安市电磁厂工人李洪军,因吸毒负债累累,当他得知其父贷有 5 000 元现款准备做生意时,即向其父要钱,遭拒绝后,竟恼羞成怒用斧头将父亲活活劈死,抢走现金 4 400 余元。[⑤]

（三）毒品泛滥诱发多种犯罪,影响社会安定

毒品引发各种犯罪早已成为全球性问题,在我国也已经对社会安定造成了极大的影响。吸毒诱发的各种刑事犯罪活动更成为社会的一大公害。从世界各地经济消费水平看,吸毒实属一种高消费,大多数成瘾产生药物依赖的人靠正常经济收入是难以维持的,因此,吸毒者为了满足毒瘾往往在耗尽个人和家庭钱财后会铤而走险,不惜采用非法手段去攫取钱财,从而导致各种刑事犯罪的发生。如盗窃、抢劫、诈骗、赌博、拐卖妇女儿童、行凶杀人、绑架、敲诈勒索、贪污、贿赂、伪造货币、走私、贩毒、卖淫等,对社会治安形势的稳定构成极大的威胁。据统计,在我国男性吸毒人员中 80%有犯罪行为,女性吸毒人员中 80%有卖淫行为。大多数省市区抢劫、抢夺、盗窃等侵财性案件 30%以上是吸毒人员所为,一些毒情严重的地区甚至接近 80%。我国吸毒青少年大都有其他各种违法犯罪行为,据统计,广州市某区 1994 年查处的 1 320 例青少年违法案件中,由吸毒而诱发和导致违法犯罪的就有 1 080 例,占到 80%。[⑥] 据昆明市的调查统计分析,约有 70%的吸毒者无正当职业和无正常经济收入,25%的吸毒者虽有一定的正当收入,但远不足以维持其吸毒需要。只有 5%的吸毒者其经济收入可暂时满足吸毒所需。因此,绝大多数吸毒者必然要进行其他违法犯罪活动,以寻求其吸毒资

① 曹风:《第五次高峰——当代中国的犯罪问题》,第 19—20 页。
② 崔敏主编:《毒品犯罪发展趋势与遏制对策》,第 68 页。
③ 崔敏主编:《毒品犯罪发展趋势与遏制对策》,第 69 页。
④ 苏智良:《中国毒品史》,第 508 页。
⑤ 欧阳涛、陈泽宪主编:《毒品犯罪及对策》,第 33 页;苏智良:《中国毒品史》,第 513 页。
⑥ 上海市禁毒委员会办公室、上海市法学会编,林化宾主编:《痛击毒魔——禁毒理论与实践》,第 146 页。

金来源。[①]

因吸毒引发的盗窃、抢劫、敲诈案件不胜枚举。据兰州市公安机关对2 500个吸毒者进行审查,发现其中53%有盗窃、抢劫等犯罪行为。[②] 据云南大理州的统计,1991年上半年,这个自治州发生盗窃案件248起,其中,有71名吸毒者作案,占作案罪犯的52%。昆明五华区吸毒人员赵文等3人为筹毒资,自1990年10月以来先后盗窃作案44起,并将盗得的2.4万余元财物全部用于吸毒;盘龙区检察院1991年1月至8月办理的336件540人刑事案中,因吸毒而走上抢劫、盗窃、诈骗道路的就高达189件、213人,分别占56.3%和39.4%。[③] 1997年4月,广西灵山县破获一起少年抢劫、盗窃案。该案4名团伙成员均为吸毒者,其中,最大的14岁,最小的只有12岁。他们因吸毒成瘾而辍学,不到一年时间就作案70余起,抢劫、盗窃万余元赃款,全部用于吸毒。这是我国破获的因吸毒而引发的抢劫案中年龄最小的团伙。[④] 在贵州省吸毒人数最多的贵阳市,1995年所发生的抢夺金银首饰、抢劫出租车和入室盗窃案件中,吸毒人员作案的比例分别为90%、70%和50%。1998年,贵阳市破获的抢劫、抢夺、盗窃等侵财型案件,吸毒人员作案比例仍占60%。[⑤] 贵州省在1997年发生的各类刑事案件中,抢夺金银首饰案件90%系吸毒人员所为;抢劫出租车案件80%是吸毒人员作案;城镇发生的入室盗窃等侵财案件60%是吸毒人员干的。[⑥] 福建省福清市公安机关于1996年12月9日摧毁一个有7名吸毒女青年组成的"女子飞虎队"犯罪团伙,最大的20岁,最小的16岁。因为没有正常的经济收入供她们吸毒,就专干抢劫、敲诈的勾当。她们先后抢劫金项链、金戒指、进口照相机、BP机和现金等6 000多元。[⑦] 据不完全统计,福州市1996年因吸毒引发的抢劫、绑架、杀人等恶性案件就有110多起,占恶性案件的10%以上。[⑧] 1996年5月6日,河南省郑州市公安机关破获一起盗窃案。李雪峰、施军等5名吸毒人员为筹集吸毒所需资金,在西安等地的停车场作案多起,先后盗窃各种机动车8辆,总价值70余万元。[⑨] 西安市查获的一个特大盗窃集团,12名成员均为吸毒者,他们中有的人一天用于吸毒的费用高达200元。没钱就去偷盗,仅半年时间即

---

① 欧阳涛、陈泽宪主编:《毒品犯罪及对策》,第33页。
② 崔敏主编:《毒品犯罪发展趋势与遏制对策》,第70页。
③ 张宿堂、薛莉:《中国大禁毒》,第49页。
④ 崔敏主编:《毒品犯罪发展趋势与遏制对策》,第249页。
⑤ 赵翔等:《毒品问题研究——从全球视角看贵州毒品问题》,第168页。
⑥ 崔敏主编:《毒品犯罪发展趋势与遏制对策》,第252页。
⑦ 林辉等著:《为了这片净土——福建禁毒斗争的历史、现状和对策研究》,第293—294页。
⑧ 林辉等著:《为了这片净土——福建禁毒斗争的历史、现状和对策研究》,第294页。
⑨ 全国禁毒展览办公室编:《珍爱生命,拒绝毒品》,第48页。

盗窃财物价值 17 万多元,全部用于吸毒。[①] 甚至有些吸毒分子大肆盗窃麻醉药品和精神药品。江苏省某市,仅 1991 年 2 月 25 日—3 月 1 日,就有 5 家医院先后连续发生 6 起麻醉药品被盗案件。某中心医院一次就被盗麻醉药品和精神药品达 15 种之多,共 5 箱,价值 6 000 多元。[②] 天津市吸毒人员荣某某,本人吸毒又无经济来源,偷窃了 6 名出租车司机驾驶证照,然后逐个进行敲诈。[③]

因吸毒引发的行凶杀人案件屡有发生。黑龙江省吸毒人员赵学伟、王义德、赵光等,为寻毒资,先后盗窃 2 起,抢出租车 15 起,1993 年 4 月 23 日,在预谋抢劫一储蓄所过程中,将来取款的黑龙江大学教授孙景军杀死,抢去现金 2.5 万元。1994 年 11 月 25 日深夜,吸毒人员周西民、白俊杰为弄钱吸毒,持刀闯入陕西省戏剧研究院著名画家秦惠浪家中,将其一家四口人全部杀害,抢劫现金 6 万余元以及其他财物。1995 年 4 月 11 日,周西民、白俊杰被执行死刑。[④] 1995 年 10 月 31 日,福州市发生一起罕见的暴力犯罪案件。吸毒人员陈旺因吸食冰毒过量失去控制,伙同另外两人,持散弹枪在福州市马尾区劫持汽车,沿途疯狂地向政法干警和群众开枪射击,造成死伤 23 人的大血案,震惊了社会。[⑤]

因吸毒上瘾而贩毒养吸的案例屡见不鲜。广州市珠海区个体户梁广达,1989 年年初因与香港吸、贩毒分子黄贤均、阿鬼等人来往密切而吸毒上瘾,后来发展到利用自己开设的"士多"档以卖烟、酒、饮料为掩护,暗中出售海洛因,除自己吸食外,先后卖出海洛因 583 克。1990 年,广州公安机关在广州市惠福路摧毁了一个以家庭为窝点的吸、贩毒团伙,当场抓获吸、贩毒人员 20 多人。主犯陈某一家七口都吸毒,连雇请的一个家庭女教师,也因闻多了毒品的烟味上了瘾,成为吸毒者。这些人为了方便自己吸毒,也为了挣钱,陈某家中开设"米铺"(毒品窝点),招引"道友"(瘾君子)上门聚众吸食,每天到陈家吸毒、贩毒的人少则 10 多人,多达二三十人,陈某从中倒卖海洛因,谋利达 10 余万元。[⑥] 沈阳的王旭霞、王宏霞姐妹,经商赚钱后开始吸毒,很快便支持不下去了,转而"以贩养吸",用无偿送人品尝的方法拉人下水,4 年时间贩毒 521.5 克、杜冷丁 7 085 支。巨额的利润解决了她们吸毒钱款的来源,却使 30 多人堕入毒海。这 30 多人中有机关干部、大学生、公司老板,年龄最小的只有 16 岁。[⑦] 1995 年,云南省玉溪市

---

① 欧阳涛、陈泽宪主编:《毒品犯罪及对策》,第 37 页。
② 欧阳涛、陈泽宪主编:《毒品犯罪及对策》,第 33—34 页。
③ 全国禁毒展览办公室编:《珍爱生命,拒绝毒品》,第 48 页。
④ 全国禁毒展览办公室编:《珍爱生命,拒绝毒品》,第 48—49 页。
⑤ 林辉等著:《为了这片净土——福建禁毒斗争的历史、现状和对策研究》,第 292 页。
⑥ 张宿堂、薛莉:《中国大禁毒》,第 35—36 页。
⑦ 全国禁毒展览办公室编:《珍爱生命,拒绝毒品》,第 29 页。

公安机关共抓获贩毒案犯52名，其中，吸毒者占50.5%。广西灵山县查获的28名吸毒者中，有15名系又贩又吸者。[①]

因吸毒上瘾而卖淫养吸的事例司空见惯。对于众多的女性吸毒者来说，当自己已囊中羞涩、没有任何资金来源而毒瘾又难以遏制时，唯一可以换来金钱和毒品的就只有自己的肉体了："松裤头、换一口"。据广东省公安机关统计，在全省的女性吸毒者中，80%以上卖淫。据昆明有关机关调查，在昆明的卖淫妇女中，有80%是吸毒者。据云南玉溪市调查，该市的女性吸毒者中，90%有卖淫行为。[②] 据湖北省公安厅1998年对全省21 362名吸毒人员的统计，几乎所有的女吸毒人员都卖淫。[③] 广州市荔湾区年仅16岁的少女陈某，染上吸毒恶习后，仅两个半月便用去了7 000多元；当无钱购买毒品时，她便四处"拉客"，以"卖身钱"换回"白粉"吸。后来，她又委身于一个50多岁的港商做情妇，以身体换钱来满足吸毒的需要。[④] 一名女高中生，面临高考，压力巨大，为不负众望，日夜拼搏，身心疲惫不堪。一个偶然的机会，她在亲戚家认识了一位男客，那人神秘地奉送他一包"金丹"，自称是解乏提神的良药，并教她服用方法。她回学校后烫吸了几次，果然灵验。于是，她也神秘地告诉了并教会了几位同窗。几番拜访，几番无偿奉送，待几位姑娘陷得很深而无法自拔时，那人便开始收网，讨价还价了。从此，她们偷、骗、卖淫，在堕落的路上滑得越来越远。数月后，当其他同学在考场上挥笔疾书，描绘未来的蓝图时，她们却正在为吸上几口"金丹"，在街上厚颜无耻地拉客。[⑤]

因吸毒而引发的贪污案件时有发生。昆明市某单位一个年仅18岁的女会计，因染上毒瘾而大肆贪污，致使数万元公款被挥霍一空。[⑥] 甘肃省白银市某城市信用社出纳股股长张琰，为满足吸毒的需要，监守自盗，共贪污国库券78 490元。1994年4月8日，被依法逮捕；同年，被白银区人民法院判处有期徒刑12年。[⑦] 郑州市某交通设施工程有限公司女出纳王玢，2001年因贪污45万余元被判刑13年，其犯罪动机是为给儿子筹集吸毒的资金。[⑧] 云南吸毒人员刘澜斌，原是某银行系统工作人员，因染上毒瘾，利用职务之便，贪污公款74万元，

---

① 崔敏主编：《毒品犯罪发展趋势与遏制对策》，第71页。

② 崔敏主编：《毒品犯罪发展趋势与遏制对策》，第75页。

③ 崔敏主编：《毒品犯罪发展趋势与遏制对策》，第265页。

④ 张宿堂、薛莉：《中国大禁毒》，第48页。

⑤ 北京师联教育科学研究所编：《毒品预防专题教育读本》(高中版)，人民武警出版社2003年版，第55—56页。

⑥ 欧阳涛、陈泽宪主编：《毒品犯罪及对策》，第37页。

⑦ 1996年6月23日《经济日报》。

⑧ 2001年12月3日《生活时报》。

被判处无期徒刑。[1]

近年来因毒驾而导致的交通事故越来越多。毒驾是指吸毒后驾驶机动车上路的行为及尚未戒除毒瘾的驾驶人驾驶机动车上路的行为。近年来,因吸毒后驾驶机动车引发的交通事故不断增多,特别是导致多人伤亡的恶性交通事故时有发生。有研究表明,毒驾比正常驾车的反应时间慢21%;吸毒后人往往会出现幻象,驾驶能力严重削弱,为恶性交通事故的发生埋下隐患。仅以浙江为例,截至2014年6月,浙江省已注销吸毒人员机动车驾驶证2 314本,现场查获毒驾人员15名;全省在控的16.7万余吸毒人员中,30%左右持有驾驶证,也就是约有5万多名"瘾司机"。近年来,浙江多次发生因毒驾而造成的恶性交通事故。2010年5月26日晚8时30分,杭州一狭窄的三岔路口处,一辆轿车在10多分钟里撞飞了4个摊位,连撞17人,最后将一个女孩压在车底下。愤怒的群众将车掀翻救出女孩后才制止了惨剧的扩大。后经涉毒检测表明,肇事男子吸食了K粉(氯胺酮)。据肇事者傅某事后交代,他觉得当时的感觉像是在电子游戏的场景中,路人就像游戏中的人物一样,车子撞人越多,他的游戏得分就越高,他就越觉得兴奋。一位目击者感叹道:"这不是交通事故,简直是在杀人!"2014年6月4日傍晚,一辆途锐越野车在嘉兴市秀洲区境内马路上摇摇晃晃地行驶。开到秀洲大道东升西路口北侧时,司机张某突然右打方向盘驶入非机动车道,"砰"地一声巨响,将正在骑车的市民金某撞飞。闻讯赶来的交警看到,张某神情麻木地在现场等候,伤者躺在地上,面部发紫,伤势非常严重。120急救车将伤者送往医院,但因伤势过重抢救无效死亡。面对交警的讯问,张某精神萎靡,还不时打着哈欠,一点也不显得紧张。经检验,张某的血液及尿液中均检出甲基苯丙胺(俗称"冰毒"),尿液中检出吗啡。张某交代,几天前,曾与朋友在桐乡一家宾馆吸食冰毒和海洛因,事发时正巧毒瘾发作,"感觉手和脚都不是自己的,想刹车都来不及了"。警方调查发现,2008年以来,张某因吸食毒品先后受到公安机关3次拘留、1次强制戒毒的处罚。2014年6月10日深夜,相距不远的秀洲区新塍塘路义庄南区路段,也发生了一起蹊跷的交通事故。当时,甘肃人王某骑二轮摩托车,直挺挺地冲向一辆停在路边的拖拉机,致车毁人伤,王某入医院重症监护室接受治疗。原来,王某也是一名瘾君子,2009—2013年有4次强制戒毒经历,可一直没能戒除毒瘾。交警发现,王某的手臂上到处是注射毒品留下的针孔,并在他的随身物品中发现两只注射毒品用的针筒。[2]

---

① 全国禁毒展览办公室编:《珍爱生命,拒绝毒品》,第10页。

② 余勤等著:《三成吸毒者持驾照,引发大量交通事故——毒驾,马路新杀手》,2014年6月26日《浙江日报》。

随着汽车保有量的高速增长和吸毒人员的基数增大，全国各地因毒驾导致的交通事故和伤亡数字不断上升。有学者统计：2003—2005年，国内媒体关于毒驾所引发的道路交通事故的报道平均每年不足10起；2006—2008年为每年10～20起。到了2010年，仅上半年，全国关于毒驾所引发道路交通事故的报道就已经接近40起。到了2012年，媒体报道的查获毒驾案例已经在100起以上。[①] 据统计，仅2015年，全国依法注销14.6万名吸毒驾驶人驾驶证，拒绝申领驾驶证1.1万人。2016年6月27日，国家禁毒办有关负责人接受《法制日报》记者采访时说，2013年以来，全国涉及毒驾的道路交通事故共造成1 562人死亡、4 934人受伤。[②] 毒驾，已成为平安交通的又一重大隐患。

(四) 毒品泛滥给社会带来巨大的经济损失

1. 毒品泛滥消耗巨额社会财富

一方面，吸毒不仅不会创造任何积极意义上的社会财富，而且严重损耗社会财富，纯粹是一种恶性消费。据国家禁毒委员会统计，截至2005年年底，全国登记在册的吸毒人员中，共有78.5万人吸食海洛因，占登记在册吸毒人员总数的78.3%。据估算，仅这一吸毒群体每年耗费即超过400亿元人民币。加上4～5倍的隐性吸毒人员以及吸食鸦片、大麻、冰毒、摇头丸、杜冷丁等毒品人员的消耗，我国吸毒人员每年吸毒耗资高达2 000亿元人民币左右。另一方面，为了遏制毒品犯罪的蔓延，国家和地方政府不得不逐年递增地耗费大量资金，投放大量人力物力，用于打击毒品犯罪、进行禁毒宣传教育和帮助吸毒者戒断毒瘾。据国家禁毒委员会办公室公布的数据，从1991年至1997年，我国共强制戒毒55万人次，劳教戒毒9万人次。如果按每名吸毒者戒毒一次需花1 700元人民币计算，我国在这7年中仅戒毒一项就花费了10亿元人民币。[③] 国家禁毒委员会办公室发布的《2001年中国禁毒报告》透露：2001年，中央禁毒专项经费达到1亿元人民币，比2000年增加了3 030万元；国家计委专门立项投资4亿元，在云南修建专门用于毒品犯罪分子服刑的监狱、劳教戒毒所和强制戒毒所。[④] 最近几年，我国各级政府仅用于强制戒毒和劳教戒毒平均每年至少需要投入30亿元。[⑤]

---

① 中国警察网 http://626.cpd.com.cn/n2004578/c14480892/content_1.html.

② 周斌：《近3年全国毒驾交通事故致死1 562人》，2016年6月28日《法制日报》。

③ 崔敏主编：《毒品犯罪发展趋势与遏制对策》，第69页。

④ 中华人民共和国国家禁毒委员会办公室：《2001年中国禁毒报告》。

⑤ 上海市禁毒委员会办公室、上海市法学会编，林化宾主编：《痛击毒魔——禁毒理论与实践》，第89页。

2. 毒品泛滥严重破坏生产力的发展

在我国贩毒、吸毒盛行的一些农村地区，贩毒和吸毒者无心或无力从事农业生产活动，致使大片农田荒芜，严重影响当地的农业发展和民众生活。如云南省边境地区的瑞丽县姐勒乡某村共 34 户 178 人，其中，33 户 62 人有吸毒、贩毒行为。不少家庭因此生产无人搞，吃了上顿没下顿，生活水平迅速下降。全村甘蔗种植面积 1987 年为 180 亩，1989 年降至 50 亩，下降了 72%；人均收入也从 1987 年的 1 000 元下降到 1989 年的 400 元。某村民全家 12 口人，有全劳动力 6 人，原来生产搞得好，生活富裕，家有手扶拖拉机 1 台、牛 9 头。1987 年后，因家中有两人染上毒瘾，经济入不敷出，靠变卖家产维持生计，不仅家中主要物品全部卖光，还欠债 5 000 余元。[①] 澜沧县下军勐寨 43 户拉祜族住户，由于吸毒而变得好吃懒做，盗窃成风，田地荒芜。其中的 36 户人家穷得没有房子住，只能常年栖身岩洞，如同原始人一样生活。[②] 又如云南省孟连县景信乡有个爱伲族村寨，一共 73 户 388 人。该村在 20 世纪 60 年代是全县闻名的先进生产队之一，近年来由于走私贩毒活动十分猖獗，许多村民染上了吸毒恶习。该村有 179 个劳动力，其中，近 1/3 的人吸毒成瘾，致使农业生产无法正常进行。该村已被当地成为烟鬼多、懒鬼多、穷人多、帮工多的“四多”村寨。[③]

（五）毒品泛滥危害政治秩序

一些意志薄弱的政府官员遭到腐蚀。犯罪分子经常把一些国家机关工作人员尤其是警察、法官等司法工作人员拉下水，进行共同犯罪。如从香港入境的罪犯刘建光，在得知香港走私分子张某走私海洛因后，纠合广州市某公安派出所民警孙某某、佘某某等人，以公安人员身份，拦截张某所携带的海洛因 53 428 克，随之贩卖牟利。[④]

一些贩毒分子非法购买武器，控制局部地区，公开与政府对抗。云南省平远地区就曾是这样一个“毒瘤”。平远地区隶属文山壮族苗族自治州砚山县和文山县，是通往越南、广西的交通要口，涉及两镇、一乡，是一个回、汉、壮、苗、彝等多民族杂居区。其中，田心、茂龙、松毛坡、车白泥、小石桥、中寨、茂克等 7 个行政村及平远镇办事处，统称“平远地区”，辖区面积 325 平方千米，共有人口 14 855 人。自 20 世纪 80 年代初以来，平远地区的贩毒贩枪及其他犯罪活动愈演愈烈，并逐渐形成了黑社会恶势力。他们控制基层政权，任意欺压民众，横行

① 欧阳涛、陈泽宪主编：《毒品犯罪及对策》，第 37 页。
② 苏智良：《中国毒品史》，第 507 页。
③ 崔敏主编：《毒品犯罪发展趋势与遏制对策》，第 81 页。
④ 赵秉志、于志刚：《毒品犯罪》，第 48 页。

乡里,与人民政权进行顽固对抗,暴力抗拒执法。有一次,军车被盗,一位副军级的干部带着后勤处长去平远找车,还未进村,就被当地的人缴了枪,并被非法搜身,要求他们交出10万元才能提车。① 当地不法分子经常煽动大批人员抗拒执法,打砸公安机关,冲击政府首脑部门。1986年1月16日,文山州公安局派员到松毛坡村逮捕毒犯马会礼,遭到数百人围攻,负责在一线指挥的公安局长为保护部下生命安全,被迫缴出手枪,全体缴械后退出,被称为“共和国公安史上的奇耻大辱”。② 1987年6月28日,不法分子煽动数十人打砸平远街公安派出所,打伤8名民警和综合治理工作组人员。同年12月30日,公安民警查处一违章驾车者,不法分子又煽动数百人,打砸平远公安分局和派出所,并投掷手榴弹,打死、炸伤15名民警,烧毁警车和档案材料,放走5名在押人犯。1992年3月30日,省委工作队和公安民警到车白泥村执行逮捕人犯公务,遭到罪犯袭击,致使文山州政法委副书记金寿平和另一位工作人员不幸牺牲,3名公安民警受重伤。③ 当地不法分子的气焰十分嚣张。有一罪犯竟公然打电话给进驻平远的综合治理工作队,说:“我们进了一批枪,今晚要试枪,你们莫心慌。”另一毒贩直接给云南省高级人民法院院长写信,说:“我们最近获利很大,得到10亿元,可以给你们赞助一两亿元。欢迎你们来平远参观,但愿你们有来无回。”④

为根治平远地区贩毒、贩枪及其他犯罪问题,经中央和省委批准,在省委、省政府的直接指挥下,云南调集3 000余名公安干警、武警官兵和数百名党政干部奔赴平远地区,从1992年8月31日起开展了为期82天的严打整治行动。据统计,这场斗争共揭露出贩毒、贩枪等违法犯罪分子854名,其中,毒贩400多名,枪贩300多名,既贩毒又贩枪70多名。违法犯罪面占总人口的7.32%,占成年人口的12.11%。⑤ 对这854名违法犯罪人员核实罪行后,依法打击处理了656名,其中,判处死刑7名、死缓1名、无期徒刑2名、有期徒刑3名、缓刑和管制30名、免予起诉83名、免予刑事处分530名。抓捕中击毙2名,畏罪自杀1名。收缴海洛因896千克,鸦片85千克,专用于毒品掺假的非纳西丁93千克;军用枪353支,非军用枪611支,子弹近4万发,手榴弹、手

---

① 崔敏主编:《毒品犯罪发展趋势与遏制对策》,第89页。

② 苏智良:《中国毒品史》,第522页。

③ 中共云南省委党史研究室、中共云南省公安厅委员会编:《建国以来云南的禁毒斗争》,第273—274页。

④ 崔敏主编:《毒品犯罪发展趋势与遏制对策》,第89—90页。

⑤ 中共云南省委党史研究室、中共云南省公安厅委员会编:《建国以来云南的禁毒斗争》,第282页。

雷、地雷共 278 枚;赃款人民币 1 047 万元,美元 5 000 元,港币 1 100 元,黄金 2.5 千克,白银 14.4 千克;汽车 60 辆,摩托车 34 辆。依法没收用贩毒暴利建盖的豪华住宅 64 幢。[①] 通过严打整治,摧毁了这一地区的犯罪恶势力,夺回了被少数人篡夺、控制的基层政权,推动了基层政权建设和社会治安综合治理,恢复了正常的社会秩序。

① 中共云南省委党史研究室、中共云南省公安厅委员会编:《建国以来云南的禁毒斗争》,第 90—91 页。

第九章　新时期中国禁毒工作取得的成绩

30 多年来，在中国共产党的领导下，中国政府以对国家、民族、人民和全人类高度负责的态度，坚持严厉禁毒立场，采取各种必要措施，坚决打击一切毒品违法犯罪活动，禁毒工作向纵深发展并取得了显著成绩，也得到了国际社会的普遍赞誉。

一、党和政府高度重视禁毒工作

(一) 党和政府始终把禁毒工作作为事关民族兴衰存亡的大事来抓

毒品问题关系到国家和民族的兴衰存亡，党和政府一向高度重视禁毒工作。

1981 年 8 月 27 日，国务院发出《关于重申严禁鸦片烟毒的通知》，要求各省、市、自治区人民政府，采取有力措施，切实搞好查禁烟毒工作。9 月 7 日，中共中央政治局委员、书记处书记、全国人大常委会副委员长彭冲，公安部副部长、党组副书记凌云，在云南省省长刘明辉陪同下，到德宏州视察，就禁毒问题作了指示，强调打击毒品犯罪要严，态度要坚决，决不能让大烟再危害我们的国家和民族。

1982 年 7 月 16 日，中共中央、国务院又发出《关于禁绝鸦片烟毒问题的紧急指示》，强调指出：毒品已波及全国 10 多个省市，不仅破坏两个文明建设，而且损坏国家声誉。一切私种罂粟和制毒、贩毒、吸毒都是犯罪行为，必须严加禁绝。

1983 年 4 月 30 日，时任中共中央总书记胡耀邦看了中纪委《纪检特讯》第五期刊登的《云南省文山、版纳、思茅三个地州打击贩毒情况》后批示："此事要云南重视，采取进一步的有效措施。"[①]

1989 年 11 月，时任中共中央总书记江泽民到云南视察工作时，专门听取了禁毒工作情况汇报。11 月 13 日，国务院召开电话会议，部署在全国范围内开展

---

① 中共云南省委党史研究室、中共云南省公安厅委员会编：《建国以来云南的禁毒斗争》，第 162 页。

包括扫除吸毒、贩毒在内的“除六害”运动。这是自中华人民共和国成立以来，中国政府第二次号召进行反毒斗争。

1990 年 11 月，国务院决定成立国家禁毒委员会，负责研究制定禁毒方面的重要政策和措施，协调有关重大问题，统一领导全国的禁毒工作。1990 年 12 月，第七届全国人民代表大会常务委员会通过了《关于禁毒的决定》。

1991 年 6 月，国务院召开了第一次全国禁毒工作会议，部署全国的禁毒工作，解决有关禁毒工作的重大问题。1991 年 12 月 20 日，中央政治局在听取了国家禁毒委员会的汇报之后，江泽民同志严肃指出：“现在不把贩毒、吸毒问题解决掉，从某种意义上说，是涉及中华民族兴亡的问题。这不是危言耸听，必须提到这样的高度来认识。”时任国务院总理李鹏指示：“对毒品问题要搞大行动，下决心搞大围剿”，“云南禁毒工作已到了非抓不可的地步，主要依靠发动群众大家来禁毒，才能真正取得成效”。①

1997 年 1 月 26 日，中共中央、国务院下发《关于转发〈全国禁毒工作领导小组关于“九五”期间加强禁毒工作的报告〉的通知》，由此掀起全国禁毒专项斗争的高潮。

1998 年 5 月 20 日，时任中共中央总书记、国家主席江泽民为禁毒事业题词：“禁绝毒品，功在当代，利在千秋。”党中央、国务院、全国人大、全国政协的领导人均参观了全国禁毒展览，并对禁毒工作作了重要指示。李鹏委员长、朱镕基总理和国务委员罗干分别视察了包头、南宁、西安等地禁毒工作。财政部、海关总署、公安部、国家工商行政管理局联合下发文件，规定缉私罚没收入 8%返还禁毒部门用于禁毒。

1999 年 8 月，全国禁毒工作会议在内蒙古包头市召开，时任中共中央政治局委员、国务委员、中央政法委员会书记罗干莅临会议作了重要讲话，时任国家禁毒委员会主任、公安部部长贾春旺作了题为“面向新世纪，开创新局面，努力夺取我国禁毒斗争的新胜利”的工作报告。罗干还视察了包头市的禁毒工作。

2000 年年初，罗干召集会议，专门研究了云南禁毒工作有关问题。6 月 27 日，全国人大常委会副委员长、全国妇联主席彭佩云，全国妇联副主席顾秀莲等视察了北京市公安局戒毒所。

2002 年，中央办公厅、国务院办公厅转发了《中央社会治安综合治理委员会关于加强社会治安防范工作的意见》，就深入开展创建“无毒社区”活动提出明确

① 中共云南省委党史研究室、中共云南省公安厅委员会编：《建国以来云南的禁毒斗争》，第 162 页。

要求。

2003 年 9 月，全国人大内务司法委员会组成 4 个专题调研组，分赴云南、广东、四川、甘肃等省视察了禁毒工作，后召开全体委员会议专门听取了国家禁毒委员会的汇报，顾秀莲副委员长参加四川组的调研并提出了加强禁毒工作的意见和建议。

2004 年 2 月 12 日和 26 日，国家禁毒委员会在北京分别召开了全体委员会议和部署 2004 年全国禁毒工作电视电话会议。会议回顾了 2003 年全国禁毒工作，分析了当前我国面临的毒品形势，对 2004 年全国禁毒工作进行了认真研究和全面部署。4 月 15 日，时任中共中央总书记、国家主席胡锦涛主持召开第 62 次中央政治局常委会议，听取了国家禁毒委员会关于全国禁毒工作的汇报。吴邦国、温家宝、贾庆林、曾庆红、黄菊、吴官正、李长春、罗干同志出席会议。汇报会上，各位常委充分肯定了近年来全国禁毒工作取得的显著成绩，深刻分析了当前禁毒工作面临的严峻形势，明确提出了当前和今后一个时期禁毒工作的指导思想、目标任务，研究解决了禁毒体制、保障等方面的一些重大问题。胡锦涛指出：禁毒工作事关人民群众的身心健康和安居乐业，事关社会主义精神文明建设，事关经济社会协调发展，事关全面建设小康社会宏伟目标的顺利实现，事关国家安危和民族兴衰。禁毒工作必须全社会共同参与，各部门通力合作，综合治理。首先要抓教育，第二要抓戒毒，第三要抓打击，第四要抓管理，最后要抓法制，加强立法。5 月 28 日，中共中央、国务院下发了《关于转发〈国家禁毒委员会 2004—2008 年禁毒工作规划〉的通知》(中发〔2004〕12 号)。《通知》要求各级党委和政府，本着对国家、对民族、对人民高度负责的精神，进一步加强对禁毒工作的领导，下最大的决心，采取更有力的措施，坚决解决毒品问题。6 月 10 日，时任国务院总理温家宝视察武汉市公安局强制戒毒所，慰问医护、管理人员，看望戒毒人员。6 月 20 日—23 日，国家禁毒委员会在云南省昆明市召开了全国禁毒工作会议。会议全面部署了当前和今后一个时期的全国禁毒工作。10 月 23 日，胡锦涛在云南省委书记向中央报送的调研报告上作出重要批示：如不下大力气抓好禁毒和艾滋病防治工作，不仅会严重影响这些地区经济社会发展，影响全面建设小康社会目标的实现，而且会影响人民群众的身心健康，影响民族团结和社会稳定。要研究采取有效措施，部署在这些地方真正打一场禁毒和防治艾滋病的人民战争，确保取得明显成效。温家宝总理、吴仪副总理也相继作出重要批示。11 月 12 日，吴仪副总理主持召开国务院会议，专题研究了进一步支持云南省加强禁毒和防治艾滋病工作的意见，制定了《关于进一步支持云南省加强禁毒和防治艾滋病的工作方案》。12 月 17 日，国务院正式印发了此工作方案。

2005年，时任中共中央总书记、国家主席胡锦涛又先后就重庆、西藏禁毒工作作出重要批示。6月，时任国务院总理温家宝专程视察了昆明市公安局强制戒毒所并作了重要指示。6月26日，时任中央政治局常委、中央政法委书记罗干会见了缉毒英雄吴光林同志先进事迹报告团成员及全国禁毒先进集体和个人代表。8月，时任全国人大常委会副委员长顾秀莲率全国妇联有关负责同志赴云南调研禁毒工作。时任全国政协副主席李兆焯、国务委员陈至立以及最高人民法院院长肖扬等领导同志也先后参加各种禁毒宣传教育活动。

2006年3月，时任中共中央总书记、国家主席胡锦涛明确批示：禁毒人民战争“务必持之以恒、紧抓不懈、认真落实，实现三年的奋斗目标”。6月，时任国务院总理温家宝明确批示：“一年来禁毒工作成效显著，但形势依然严峻。各级党委、政府务必高度重视，加强领导，加大工作力度，动员全社会的力量，打一场深入持久的人民战争，特别要在预防教育、禁吸戒毒、堵源截流、打击犯罪、严格管理等方面取得实效，坚决遏制毒品危害。”国务院专门召开会议，协调有关部门解决禁毒经费、专项编制等问题，为开展禁毒人民战争提供了有力保障。8月27日，全国人大常委会委员长吴邦国主持召开全国人大常委会，专题听取禁毒讲座。

2007年1月1日，胡锦涛就戒毒康复场所建设工作作出重要批示：“要一抓到底，务求实效；总结经验，以点带面。”4月、12月，再次就禁毒工作作出批示：“禁毒工作取得明显成绩。但也面临新情况、新问题。要严厉打击贩毒犯罪的幕后策划者，绝不给贩毒团伙死灰复燃的机会。”“应协调有关部门和地方，加大打击力度，完善监管机制，坚决遏制毒品走私高发态势。”

2008年6月，胡锦涛、温家宝等中央领导同志对禁毒工作作出重要批示，充分肯定近年来禁毒工作取得的成效，要求把禁毒工作作为一项长期任务，坚持不懈地抓下去；要认真总结经验，针对新形势、新问题、新特点，继续搞好综合治理，继续深入开展禁毒人民战争；要下大力气，在宣传教育、依法严打、科学戒毒、强化管理、国际合作等方面取得明显成效；要以实施《中华人民共和国禁毒法》为契机，加强禁毒执法，努力开创禁毒工作新局面。

2009年7月19日，时任国务院总理温家宝，国务委员、国家禁毒委员会主任、公安部部长孟建柱在公安部致国务院办公厅《关于转递湖北省武汉市宜昌市荆州市公安局强制隔离戒毒所全体戒毒人员给温总理的一封信的函》上作出重要批示，对全体戒毒人员表示亲切问候，希望他们下定决心，彻底戒毒，做一个健康、有用的人，让父母和亲人放心；同时勉励从事戒毒工作的广大民警认真履行职责，帮助更多的吸毒人员彻底戒除毒瘾。

2010年，胡锦涛指出：禁毒工作是一项长期任务，必须坚持不懈地抓。要继续、深入开展禁毒人民战争，下大力气，在宣传教育、依法严打、科学戒毒、强化管理、国际合作等方面取得明显成效，努力开创禁毒工作新局面。11月30日至12月1日，温家宝来到四川省凉山彝族自治州考察艾滋病防治工作，看望广大彝族干部群众，并就艾滋病防治、禁毒工作作出重要指示。温家宝指出，艾滋病防治工作必须同促进经济社会发展结合起来，同扶贫、禁毒工作结合起来，采取综合措施，标本兼治，有效遏制艾滋病的蔓延。在西昌市戒毒康复中心考察期间，温家宝先后察看了康复中心的心理咨询室、药房、观察室、学员宿舍，和康复学员亲切交谈，了解他们的学习和生活情况，叮嘱学员要对未来有信心，要有坚强的毅力下决心戒毒，要努力学习本领回报社会。2010年，温家宝还先后就江苏、河南、安徽禁毒工作作出重要批示，要求坚决有力地打击毒品犯罪活动，防止合成毒品违法犯罪活动的蔓延。2010年6月25日，时任国务委员、国家禁毒委员会主任、公安部部长孟建柱考察浙江省宁波市禁毒工作，看望正在接受治疗的戒毒人员，慰问基层禁毒工作者。孟建柱强调，成功挽救一名吸毒人员，就是挽救了一个家庭，增加了一份社会和谐因素，要探索建立富有实效的人性化戒毒模式，帮助吸毒人员摆脱毒瘾、重新融入社会，开创新的美好生活。

2011年2月，中央举办省部级重要领导干部社会管理及其创新专题研讨班，胡锦涛总书记和习近平等中央领导同志发表重要讲话，就深入推进社会管理创新、加强包括吸毒人员在内的特殊人群管理等作出了一系列部署。6月26日国际禁毒日期间，时任国务委员、国家禁毒委员会主任、公安部部长孟建柱先后到贵阳、深圳深入考察禁毒工作，看望戒毒人员，慰问基层禁毒工作者。他强调，要以高度的社会责任感，关心戒毒人员的身心健康，关心他们的就业和生活，帮助他们重树信心，自立自强，更好地融入社会。

2012年5月16日，时任国务委员、国家禁毒委员会主任、公安部部长孟建柱主持召开国家禁毒委员会全体会议。2012年11月30日，中共中央总书记、中央军委主席习近平在北京市丰台区蒲黄榆社区卫生服务中心参加世界艾滋病日活动。

2013年6月25日，在第26个国际禁毒日来临之际，国务委员、国家禁毒委员会主任、公安部部长郭声琨在北京会见当选全国“禁毒先锋”、第三届“十大民间禁毒人士”的禁毒战线优秀代表人物。9月2日，国家禁毒委员会全体会议暨部署全国禁毒工作电视电话会议在北京召开，郭声琨出席并讲话。他强调，禁毒事业是一项光荣而神圣的事业，功在当代、利在千秋。做好禁毒工作，是全党全社会的共同责任。

2014年，在6月26日国际禁毒日到来之际，习近平总书记、李克强总理分别主持召开中央政治局常委会议和国务院常务会议，专题听取全国禁毒工作汇报，并就做好当前和今后一个时期的禁毒工作发表重要讲话、作出重要指示。"6·26"国际禁毒日期间，习近平总书记、李克强总理又就禁毒工作作出重要批示。习近平强调，各级党委和政府要深刻认识毒品问题的危害性、深刻认识做好禁毒工作的重要性，以对人民高度负责的精神，加强组织领导，采取有力措施，持之以恒把禁毒工作深入开展下去。禁毒工作是事关人民幸福安康、社会和谐稳定的一项重要工作。近年来，各地区各部门贯彻落实中央关于禁毒工作的决策部署，深入开展禁毒斗争，取得了明显成效。当前，我国面临的禁毒形势依然严峻，禁毒工作依然任重道远。要强化重点整治，严厉打击各类毒品犯罪活动，坚决遏制毒品问题蔓延势头。要标本兼治、多管齐下，坚持源头治理、系统治理、综合治理、依法治理，统筹运用法律、行政、经济、教育、文化等手段，综合采取禁吸、禁贩、禁种、禁制等措施，加强宣传引导，广泛发动群众，最大限度减少毒品的社会危害，为保护人民身心健康、维护社会秩序、实现"两个一百年"奋斗目标作出积极贡献。李克强指出，毒品是人类公害。禁毒工作事关人民群众身心健康和民族振兴，是一件必须引起全社会高度重视的大事，务必抓紧抓好。国家禁毒委员会各单位要坚持预防为主，增强全民意识，完善综合治理体系，严打和惩戒教育并举，创新体制机制，务实开展国际合作，坚决遏制毒品问题蔓延发展。中共中央、国务院首次印发《关于加强禁毒工作的意见》。中共中央办公厅、国务院办公厅印发《贯彻落实〈中共中央、国务院关于加强禁毒工作的意见〉重要政策措施分工方案》。中国国家禁毒委员会印发了《禁毒工作责任制》，召开了全国禁毒工作会议。

2015年6月25日，国际禁毒日到来之际，中共中央总书记、国家主席、中央军委主席习近平在北京亲切会见全国禁毒工作先进集体代表和先进个人，并发表重要讲话。他强调，禁绝毒品，功在当代、利在千秋。禁毒工作事关国家安危、民族兴衰、人民福祉，厉行禁毒是党和政府的一贯立场和主张。各地区各有关部门要切实增强做好禁毒工作的政治责任感，以更加坚定的决心、更加有力的措施、更加扎实的工作，坚持严打方针不动摇，坚持多策并举、综合治理，坚持部门协同、社会共治，保持对毒品的"零容忍"，锲而不舍，常抓不懈，坚定不移打赢禁毒人民战争，不获全胜决不收兵。中共中央政治局常委、国务院总理李克强参加会见。

2016年3月23日，国家禁毒委员会全体会议暨全国禁毒工作电视电话会议在京召开。国务委员、国家禁毒委员会主任、公安部部长郭声琨出席会议并讲话。会议充分肯定了2015年禁毒工作取得的成绩，深入分析了我国当前面临的毒情形势，要求各地区、各有关部门深入学习贯彻习近平总书记系列重要讲话和关于禁毒工作的重要指示精神，按照李克强总理和孟建柱同志要求，以高度的使命感、责任感和紧迫感，毫不松懈地抓好各项禁毒工作措施的落实，积极构建党委政府统一领导、禁毒委员会组织协调、各部门各负其责、全社会广泛参与的禁毒工作格局，最大限度减少毒品社会危害，努力夺取禁毒人民战争新胜利。4月19日，2016年世界毒品问题特别联大在美国纽约召开。国务委员、国家禁毒委员会主任、公安部部长郭声琨率中国代表团出席并发表讲话。他强调，中国政府高度重视禁毒工作，坚定不移厉行禁毒方针，坚决打赢禁毒人民战争。中国将继续支持联合国禁毒机构工作，积极参与国际禁毒事务和区域禁毒合作，共同打击跨国毒品犯罪，继续推进实施可持续的替代发展战略，同国际社会一道，携手构建合作共赢的伙伴关系，合力推动国际禁毒事业向前发展，为保障人类健康安全和共同福祉而不懈奋斗。7月21日，全国政协在北京召开第53次双周协商座谈会，围绕“推进禁毒工作社会化”建言献策。全国政协主席俞正声主持会议并讲话。11月1日，中共中央政治局委员、中央政法委书记孟建柱在北京与电影《湄公河行动》主创人员座谈。他指出，影片以湄公河“10·5”案件成功侦办为原型，生动讲述了从案发到侦破这一段惊心动魄的历史，彰显了党和政府坚决捍卫人民群众根本利益的坚定立场，展现了在党和政府坚强领导下，中国警方参与国际合作执法，共同打击犯罪的主动姿态和实际行动，展示了中国精神、中国力量。

各地党委政府对禁毒工作也十分重视，主要领导亲自过问禁毒工作，调整充实禁毒工作领导，制定加强禁毒工作的措施，部署重大禁毒活动。

（二）健全禁毒工作领导体制、加强禁毒专业队伍建设、成立中国禁毒基金会、制定符合中国实际情况的禁毒工作方针

在党和政府的高度重视、亲切关怀和积极支持下，我国健全了禁毒工作领导体制，加强了禁毒专业队伍建设，成立了中国禁毒基金会，形成了符合中国实际情况的禁毒工作方针。

1. 健全禁毒工作领导体制

20世纪80年代初，随着国际毒潮对中国的侵入，中国边境地区需要加强堵截和查禁毒品的工作。为此，处在中国反毒前沿的云南省在1982年8月成立了全国第一个省级禁毒工作领导小组，由副省长孟琦兼任领导小组组长，各有关部门负责人参加，定期召开会议，研究重大问题，指导和协调全省的禁毒工作。进入20世纪90年代以后，面对毒品犯罪在国内继续蔓延的态势，为统一部署禁毒

行动，协调各有关部门，指挥全国各个方面协同作战，与国际禁毒组织和机构配合交流，1990 年 11 月，国务院决定成立国家禁毒委员会，由公安部、国务院办公厅、卫生部、海关总署、外交部、司法部、民政部、财政部、国家教委等 16 个部门负责人组成，由时任公安部部长王芳任主任，副部长俞雷任秘书长，办事机构设在公安部。后来，为加强对全国禁毒的领导，国家禁毒委员会又进行了重组。国家禁毒委员会由公安部、中宣部、卫生部、海关总署、最高人民法院、最高人民检察院、外交部、国家发展和改革委员会、教育部、国家安全部、民政部、司法部、财政部、铁道部、交通部、农业部、商务部、文化部、中国人民银行、国家工商总局、中国民航总局、国家广播电影电视总局、国家安全生产监督管理总局、国家林业局、国家食品药品监督管理局、国务院法制办、国务院新闻办、国家邮政局、解放军总参谋部、全国总工会、共青团中央、全国妇联 32 个部门有关负责人组成。国家禁毒委员会办公室的工作由公安部禁毒局承担。国家禁毒委员会的职责是：对外负责禁毒国际合作，履行国际禁毒公约义务；对内统一领导全国的禁毒工作，制定有关政策措施，组织、协调各有关部门和单位并动员全社会的力量开展禁毒斗争。目前，全国 31 个省(自治区、直辖市)和大多数地(市、州)政府都建立了相应的禁毒领导机构。在中国，已形成禁毒工作由各级政府领导，公安禁毒部门主管，政府有关职能部门齐抓共管，社会团体共同参与的局面。

2. 加强禁毒专业队伍建设

(1) 成立专门禁毒机构。1998 年 8 月，国务院批准公安部成立禁毒局，该局同时又作为国家禁毒委员会的办事机构。该局下设毒品预防教育处、毒品案件侦查处、情报处、禁吸禁种处、禁制毒品处、国际合作处和办公室。其职责任务是：掌握毒品违法犯罪活动动态，研究拟定预防、打击对策；组织、指导、监督对毒品犯罪案件的侦查工作；毒品预防教育、禁吸戒毒、禁种铲毒及麻醉药品、精神药品安全管理和易制毒化学品管制工作；协调有关部门开展禁毒工作；以国家禁毒委员会的名义，代表政府履行国际禁毒公约，统一负责协调禁毒国际合作等。目前，全国 31 个省、自治区、直辖市公安厅局均单设了禁(缉)毒局或禁(缉)毒处作为专门禁毒机构。

(2) 组建公安缉毒专业队伍。同毒品犯罪开展长期有效的斗争，离不开专业的缉毒队伍。20 世纪 80 年代以来，面对“金三角”日益严重的毒品渗透，云南对禁毒、缉毒负有特殊使命，组建一支缉毒专业队伍迫在眉睫。云南省公安厅经过多次调查论证，经省委同意，以省委、省政府的名义向党中央、国务院提交了组建缉毒专业队伍的报告。1982 年，经国务院批准，给云南增加 1 000 人的缉毒专业编制，在全国率先组建了公安缉毒专业队伍。1989 年和 1991 年，中央又两次给云南增拨 950 人的编制。云南各地、州、市、县都建立了缉毒专业队伍。此后，其他省、直辖市、自治区也先后组建了专门的缉毒队伍，增拨了禁毒专项经费，进一步加大了查缉毒品犯罪的力度。

实践证明，全国各地组建的专业缉毒队伍，在同毒品犯罪进行的长期坚韧不拔的斗争中显示了巨大的威力。如云南公安缉毒侦查队组建之后，查破贩毒案件、缴获毒品、抓获毒贩逐年增多。1983 年，新建缉毒专业队上岗的当年，缉毒专业队破获的贩毒案件和抓获的人犯均占全省总数的 60%以上，缴获鸦片占 70%左右；1984—1990 年，缉毒专业队破获的贩毒案件约占 60%～70%，抓获毒贩和缴获毒品约占 70%左右（其中，海洛因等精制毒品占 80%左右）；1991—1994 年，缉毒专业队破获的贩毒案件占总数的 80%以上，抓获毒贩占 85%左右，缴获毒品占 80%左右（其中，海洛因等精制毒品占 85%以上）。[①]

（3）不断提高禁毒专业队伍的素质和水平。① 深入开展禁毒民警业务培训和考试。1998 年，全国公安禁毒部门普遍加强了培训工作，共举办各类培训班 40 多期，培训骨干 1 200 余人次。[②] 为提高禁毒民警综合素质，适应禁毒工作需要，2001 年 9 月 10 日—21 日，公安部禁毒局在北京举办了全国公安禁毒处长培训班。各省、自治区、直辖市公安厅（局）和省会（首府）市公安禁毒部门负责人共 60 余人参加培训。培训围绕禁毒工作近年来出现的新情况、新问题，邀请有关专家、学者授课，取得良好效果。国家禁毒委副主任、公安部副部长白景富和国家禁毒委常务副秘书长、公安部禁毒局局长杨凤瑞分别在培训班开始和结束时讲话并授课。公安部禁毒局与政治部人事训练局组织并完成了全国公安机关首次禁毒民警全员业务培训和任职资格考试。1.3 万多名从事禁毒工作的民警分 5 批，参加了业务培训和任职资格考试，有 12 868 名民警获得了上岗资格。[③]

2007 年，公安部禁毒局制定了《关于加强禁毒基层基础建设的意见》《关于深化苦练基本功活动实施方案》《关于开展禁毒系统“三考”工作的意见》等文件，提出了推进“三基”工程建设的意见和措施。全国各级公安禁毒部门大力强化培训工作，组织民警苦练基本功，努力提高禁毒民警的禁毒执法能力和禁毒管理水平。国家禁毒办与国家邮政局分别在云南昆明和广东东莞举办了两期寄递渠道查毒培训班。黑龙江省举行了全省禁毒业务知识竞赛，四川省全年共举办了 6 次专门培训，江苏建立侦查人才选拔、培养和激励机制，有 4 名同志通过评审

① 中共云南省委党史研究室、中共云南省公安厅委员会编：《建国以来云南的禁毒斗争》，第 267 页。

② 中华人民共和国国家禁毒委员会办公室：《1998 年中国禁毒年度报告》。

③ 中华人民共和国国家禁毒委员会办公室：《2001 年中国禁毒报告》。

成为首批禁毒侦查行家，广东省建立了禁毒业务培训师资库。

② 开展禁毒执法大检查，提高禁毒执法水平。2003 年，各地以检查全国人大常委会《关于禁毒的决定》《中华人民共和国刑法》中打击毒品犯罪有关规定的执行情况为重点，认真组织开展了禁毒执法大检查，系统总结了近年来禁毒执法工作的情况和存在的问题，进一步提高了禁毒执法水平。2011 年，大力推进执法规范化建设。加强《禁毒法》相关配套法规建设，修改完善《戒毒条例（送审稿）》；抓住禁毒执法中的突出难题，出台《药品类易制毒化学品管理办法》《戒毒医疗服务管理暂行办法》《吸毒检测装备配置标准》等规范性文件；起草《吸毒成瘾认定办法》《公安机关强制隔离戒毒所管理办法》《公安机关强制隔离戒毒所等级评定办法》《强制隔离戒毒诊断评估办法》等规范性文件；围绕禁毒执法的基本环节和流程，制定《公安机关执法细则》（禁毒分册），提高禁毒执法规范化、专业化、标准化水平。

③ 开展"大讨论"和执法观念教育活动，提高队伍素质和战斗力。2003 年，全国各级公安禁毒部门深入学习党的十六大、十六届三中全会和第二十次全国公安会议精神，广泛开展了"贯彻十六大、全面建小康、禁毒怎么办"大讨论活动和执法观念教育活动，普遍加强了对禁毒民警的培训和教育，提高了队伍的素质和战斗力。广东省加强了禁毒机构和队伍建设。上海、湖南、江苏、甘肃、辽宁等省、市制定了规范禁毒执法和加强禁毒队伍建设的规章制度，促进了队伍的规范化建设。重庆、青海等省、市抽调专门力量对全省禁毒工作进行调研，浙江省召开了第二届全省禁毒理论研讨会。中国刑事警察学院增设禁毒本科专业，首届禁毒专业学生获得学士学位，奔赴禁毒一线。中央财政拨款 5 000 万元，为一线禁毒部门配备了 300 余辆禁毒专用车辆和一批查毒设备、缉毒犬。①

④ 积极开展"大练兵"活动，努力提高禁毒民警三个素质。2004 年，公安部禁毒局制定了《全国公安禁毒民警大练兵活动实施方案》，组织编写了《禁毒民警大练兵 100 问》，加强了对大练兵活动的指导和督促力度，组织广大禁毒民警立足岗位开展大练基本功活动，进一步提高了禁毒民警的政治、业务和体能素质。河南省组织开展"学长霞、铸警魂、树形象"活动，举办了"打击冰毒犯罪战地培训班"；黑龙江省对全省禁毒业务骨干普遍进行了 C－51 项目培训。

3. 成立中国禁毒基金会

1997 年 10 月 15 日，中国国家禁毒委员会就成立中国禁毒基金会请示时任国务委员罗干。10 月 18 日，罗干批示同意报中国人民银行、民政部审批。11

---

① 中华人民共和国国家禁毒委员会办公室：《2003 年中国禁毒报告》。

月，李鹏、朱镕基批准从国家财政拨5 000万元人民币作为中国禁毒基金会启动资金。1998年11月28日，中国人民银行批复公安部批准成立中国禁毒基金会。1999年4月28日，中国禁毒基金会在民政部正式注册登记。

中国禁毒基金会是依法登记的具有独立法人地位的全国性非营利社会团体，它的宗旨是：动员社会各界和广大人民群众参与禁毒斗争，筹集和接受捐赠，支持中国禁毒事业的发展，开展国际民间禁毒合作，为保护人民健康幸福和民族兴旺发达作出贡献。

中国禁毒基金会成立以来，开展了一系列卓有成效的工作和活动。

(1) 积极开展禁毒宣传教育活动。2001年，中国禁毒基金会积极参与禁毒宣传活动，呼吁社会各界关心禁毒事业。8月，向内地及香港特区几百家知名企事业单位开展了“禁毒宣传一封信”活动。2002年，中国禁毒基金会配合全国禁毒严打整治专项斗争，发挥禁毒基金会的优势，采取多种形式，积极开展禁毒宣传活动。① 配合开展集中整治歌舞娱乐场所吸贩摇头丸的统一行动，精心设计和制作发行了《世纪之患——新型毒品》禁毒专题片的VCD光盘。② 在“6·26”国际禁毒日，与公安部金盾影视文化中心共同承办了“珍爱生命，拒绝毒品”大型公益演唱会。③ 与全国妇联、共青团中央等部门在北京、广东等地开展了赠送禁毒教育VCD光盘、《毒品与艾滋病》专题研讨等系列活动。④ 赴黑龙江、云南等地慰问为禁毒事业殉职民警的家属，转达了国家禁毒委员会和公安部领导的问候和关怀。2004年，中国禁毒基金会会同国家禁毒委员会、北京大学共同举办了“2004禁毒论坛”，由此推动社会各界关注毒品问题和加强对禁毒理论的研究，激发各界人士参与禁毒工作的积极性；参与国家禁毒办、共青团中央、北京市禁毒委员会组织以“抵制毒品、参与禁毒”为主题的“中国禁毒志愿者汽车万里行”活动，分别在北京、石家庄、郑州、武汉、长沙、广州等地与当地禁毒部门和禁毒志愿者共同开展了禁毒宣传活动，取得了良好的社会效果。2005年，中国禁毒基金会会同国家禁毒委员会办公室组织了吴光林先进事迹报告团、禁毒先进集体和个人代表疗养休假活动，参与组织吴光林先进事迹报告团巡回报告；会同国家禁毒委员会办公室、民政部在《中国社会报》创办了《禁毒周刊》，宣传各地开展创建无毒社区活动、开展禁毒人民战争的措施和成效；会同人民出版社筹集社会资金，印刷发放《全民禁毒教育读本》，努力扩大禁毒宣传教育面；会同最高人民法院等部门，推出了禁毒警示教育电影《黑白记忆》，进一步推进了青少年禁毒教育。2006年，继续与国家禁毒办、中国社会报社共同举办《禁毒周刊》，研究了深化改革的措施和意见，加强了禁毒宣传阵地建设；会同国家禁毒办、公安部宣传局、《讽刺与幽默》报社等单位开展全国禁毒公益漫画大赛，制作

《防范新型毒品挂图》；支持十大民间禁毒人士之一的湖南益阳市银城花鼓戏艺术团团长吴孟清10万元经费，用于解决该团资金严重不足。2010年，与国家禁毒委员会办公室等联合拍摄了以青少年为特定受众、以合成毒品危害为专门题材的禁毒警示教育电影《明天》，并在“6·3”虎门销烟纪念日到“6·26”国际禁毒日期间集中组织放映和观影活动；与国家禁毒委员会办公室联合邀请禁毒宣传形象大使和义务宣传员拍摄、制作了一组禁毒公益广告，包括以关爱戒毒人员为主题的电视版广告、以抵御合成毒品诱惑为主题的广播版广告、以禁毒宣传“进社区、进学校、进单位、进场所、进家庭、进农村”为主题的招贴画等，并免费下发到各地广为播放和张贴；与国家禁毒委员会办公室联合组织开展了“2010全国‘6·26’禁毒宣传教育精品活动”评选表彰活动，北京、辽宁、江苏等地共37个活动入选。2011年，配合国家禁毒委员会办公室组织开展深化全民禁毒教育试点项目，由北京、江苏、云南等14个省区市禁毒办承办10个试点项目，涉及禁毒宣传教育进社区、进学校、进家庭、进农村、进场所、进工厂等多个方面；与国家禁毒委员会办公室共同拍摄制作了一组以“防范合成毒品”为主题的禁毒公益广告，包括3条电视公益广告(30秒)和10张禁毒公益招贴画，与国家禁毒委员会办公室共同组织编写了《戒毒条例读本》《戒毒条例》宣传挂图，并免费提供给各地广泛学习、张贴；参与国家禁毒委员会办公室组织召开《禁毒周刊》宣传策划会。2013年，配合国家禁毒委员会办公室举办“全国禁毒公益微电影大赛”和“全国禁毒宣传教育讲课大奖赛”，支持《禁毒周刊》《中国禁毒杂志》《中国禁毒数字展览馆》等禁毒宣传教育阵地建设，提升了禁毒宣传教育工作的总体水平。

(2) 积极募集资金和物资，为开展禁毒公益事业提供保障。2000年，福建省福州鼓山泉涌寺主办“敲世纪钟，捐禁毒款”活动，该活动组委会向中国禁毒基金会捐赠71.8万元。[①] 2001年，浙江乐清市人民政府捐赠10万元。2006年，完美(中国)日用品有限公司捐赠1 000万元，澳门志濠投资发展有限公司捐赠300万元，中国化工集团捐赠100万元，天大药业捐赠价值2 000万元戒毒药品，中国长农实业集团公司捐赠价值300万元戒毒药品，广州万孚生物技术有限公司捐赠价值300万元的毒品检测试剂。[②] 中国禁毒基金会在募集实践中探索出了4种形式的筹资方式，即点对点募集、定向募集、物资募集、投资增值等。2007年，共募集资金约991万元，其中现金约520余万元，受赠物资约471万元。2009年，共向社会募集资金、物资及投资收益累计价值人民币1 086万元，

① 中华人民共和国国家禁毒委员会办公室：《2000年中国禁毒报告》。
② 中华人民共和国国家禁毒委员会办公室：《2001年中国禁毒报告》。

其中,货币收入约 561 万元人民币,受赠禁毒教育书籍、毒品检测试剂、增健口服液等物资价值人民币 525 余万元。2010 年,共向社会募集资金、物资及投资收益累计价值人民币 1 013 余万元,其中,货币收入约 873 余万元人民币,受赠毒品检测试剂、禁毒宣传品等物资价值人民币 140 余万元。2011 年以来,累计接受捐赠资金和物资价值人民币约 1 280 余万元,比上年增长 26%,保持连续 6 年每年募集资金和物资超过 1 000 万元的规模。2012 年,中国禁毒基金会累计募集慈善资金和物资(折价)1 300 余万元,比上年增长 1.5%,保持连续 7 年每年募集资金和物资超过千万元的规模。2013 年,中国禁毒基金会累计募集慈善资金和物资(折价)2 085 余万元,年募集资金和实物(折价)首次超过 2 000 万元人民币,连续 8 年保持了较好的增长势头。

(3) 慰问在工作中牺牲、受伤的禁毒民警及其家属。2001 年,中国禁毒基金会积极组织开展慰问烈属和伤残民警活动,全年慰问烈属 54 人、伤残民警 70 人。2003 年,赴青海、云南、四川、贵州等省慰问为禁毒事业殉职民警的家属和受伤民警,转达了国家禁毒委员会和公安部领导的问候和关怀,增强了禁毒队伍的凝聚力和战斗力。2004 年,在禁毒执法中,河北、辽宁、云南、陕西、宁夏等省、自治区的 12 名公安禁毒民警和禁毒执法人员在缉毒执法和航测铲毒工作中殉职,他们用鲜血和生命捍卫着祖国和人民的利益,维护着宪法和法律的尊严。为此,中国禁毒基金会将抚恤禁毒英烈的慰问活动作为 2004 年的工作重点,深入边境山区,积极开展慰问活动,把党和国家及社会各界对公安禁毒民警的关怀送到牺牲民警家属的心中,同时,向社会各界和人民群众宣传禁毒英烈英勇事迹,让全社会共同关心、支持禁毒事业。2005 年,向在禁毒斗争中牺牲、受伤的禁毒民警发送了抚恤慰问金,向在禁毒斗争中作出突出贡献的英雄模范民警发送了奖励金,向身患重大疾病仍坚持工作在禁毒斗争第一线的禁毒英雄模范民警发送了补助金。2006 年,向牺牲的广州市公安局吴桂忠烈士、甘肃省公安厅王建平烈士、云南省公安厅程伟峻烈士和包头市公安局东河分局禁毒大队赵秀烈士的家属各送去慰问金 3 万元,向受伤的公安局东河分局禁毒大队关正宇、冯卫军、杨建国、石玉洁同志各送去慰问金 3 000 元。2007 年,分别赴贵州、河南、湖南、内蒙古、贵州、宁夏、云南等地慰问在禁毒工作中牺牲或受伤的工作人员及其家属 18 人次,发放慰问金 26 万元。2008 年,慰问云南、贵州、山东、宁夏等地在禁毒工作中因公牺牲或受伤人员及家属 9 人次,慰问四川、甘肃、陕西等地在"5·12"地震中伤亡禁毒民警及家属 20 人次,共发放慰问金 66.6 万元人民币。2009 年,累计慰问辽宁、重庆、福建、广东、四川、贵州、云南、陕西、甘肃、海南、青海等地在禁毒人民战争中因公牺牲或受伤人员及家属 24 人次,共发放慰问金

33万元人民币。2010年，累计慰问云南、湖南、内蒙古、广东、贵州、陕西、甘肃等地在禁毒人民战争中因公牺牲或受伤人员及家属14人次，共发放慰问金18万余元人民币；专项拨款10万元用于慰问抚恤在甘肃舟曲县特大泥石流灾害中伤亡的公安禁毒民警及其家属。2011年，基金会累计慰问北京、内蒙古、广东、广西、海南、贵州、新疆、甘肃、云南等地受伤及牺牲禁毒民警及家属30余人次，累积支出慰问抚恤款近35万元。2012年，基金会派人赴北京、辽宁、江西、湖北、广西、重庆、云南、陕西等地慰问抚恤受伤及牺牲禁毒民警及家属共14人次，支出慰问抚恤款近40万元。特别是对"10·5"湄公河惨案专案组人员的慰问，提振了队伍一线民警的士气。2013年，基金会抚恤慰问云南、四川、广东等14个省(区、市)禁毒工作中伤亡的民警和家属以及涉毒弱势群体170余人。

(4) 争取到国家税务总局的免税政策。2006年，争取到国家税务总局的免税政策，即对纳税人通过中国禁毒基金会的公益、救济性捐赠，在年度企业所得税应纳税所得额3%以内的部分或未超过申报的个人所得税应纳税所得额30%的部分，准予在缴纳企业所得税或者个人所得税前据实扣除。[①]

(5) 进一步加强基金会领导班子建设。2006年，全国人大常委、内务司法委员会副主任委员陶驷驹同志兼任中国禁毒基金会理事长和法人代表，中国武装警察部队学院院长张世瑷少将、公安部禁毒局巡视员刘志民同志任中国禁毒基金会副理事长，陈绪富同志任中国禁毒基金会秘书长，陈兴友同志任中国禁毒基金会副秘书长。2007年11月22日，中国禁毒基金会召开了第一届理事会第一次会议。公安部常务副部长白景富及国家禁毒委员会副主任、公安部副部长张新枫、中央宣传部副部长欧阳坚接见了会议代表。会议选举陶驷驹为理事长，张世瑷、刘志民、古润金为副理事长，陈兴友为秘书长，王晓齐、边振甲、李文章、杨凤瑞、张立群、张向宁、张宗久、陈伟明、欧鸿、单慧敏、贾新怡、曾荫培、廖泽云为理事。公安部派装备财务局副局长刘明望、禁毒局副巡视员陈绪富担任监事。2012年12月，中国禁毒基金会召开第一届第十次理事会议，会议增补李宪辉为中国禁毒基金会理事并兼任基金会秘书长，王向东为副秘书长。

(6) 加强基金会自身建设。2006年，在学习、借鉴有关基金会、协会管理经验的基础上，组织起草和修改了《中国禁毒基金会章程》《中国禁毒基金会基金募集管理办法》以及《中国禁毒基金会财务管理制度》《中国禁毒基金会内务管理制度》等。请公安部审计局进行了年度审计，通过了民政部的年度审核，并在《公益时报》上刊登了年审报告。按照公安部的统一部署，着手开展清理整顿工作。

① 中华人民共和国国家禁毒委员会办公室：《2007年中国禁毒报告》。

2008年，通过新闻媒体面向社会公开征集中国禁毒基金会会徽设计方案，128人投稿，共211幅作品。继续支持办好《禁毒周刊》，进一步加强在《人民公安报》《人民政协报》及公安部禁毒局政府网站、北京禁毒在线网站等新闻媒体的宣传。编印基金会宣传画册、简报、会议纪要等内部刊物，充实和加强秘书处队伍建设。自觉接受审计，在《公益时报》上公示年度财务报告，被民政部确定为年检合格单位。

4. 制定符合中国实际情况的禁毒工作方针

1991年6月，在北京召开的第一次全国禁毒工作会议上，国家禁毒委员会明确提出了“三禁（禁贩、禁吸、禁种）并举，毒源截流，严格执法，标本兼治”的禁毒工作方针。

1999年8月，在内蒙古包头市召开的全国禁毒工作会议上，针对一些地方制造“冰毒”等苯丙胺类毒品犯罪活动突出的情况，将我国禁毒工作的方针及时调整为“四禁（禁吸、禁贩、禁种、禁制）并举，毒源截流，严格执法，标本兼治”。

2004年6月，国家禁毒委员会在云南省昆明市召开了全国禁毒工作会议，我国禁毒工作方针确立为“‘禁吸、禁贩、禁种、禁制’四禁并举、预防为本、严格执法、综合治理”。会议指出，当前和今后一个时期，全国禁毒工作要遵循“禁吸、禁贩、禁种、禁制”四禁并举、预防为本、严格执法、综合治理的方针，坚持打击毒品犯罪与减少吸毒危害相结合、国内缉毒与国际合作相结合、解决当前紧迫问题与实现长远目标相结合的工作思路，进一步提高禁毒工作实效，坚决遏制毒品来源、毒品危害和新吸毒人员的滋生，为全面建设小康社会创造良好的社会环境。今后5年禁毒工作的目标和任务是：全民禁毒意识进一步增强，新吸毒人员滋生速度明显减缓，吸毒人员戒断巩固率显著提高，毒品的社会危害程度逐步减轻；境外毒品渗透势头得到有效遏制，国内制贩毒品犯罪活动受到有力打击；易制毒化学品和麻醉、精神药品管理制度逐步健全，流入非法渠道的情况得到有效控制；禁毒法规体系基本形成，缉毒执法队伍的革命化、专业化、正规化建设得到明显加强，执法水平全面提高；禁毒保障更加有力，禁毒工作领导体制、工作机制进一步健全，齐抓共管、综合治理的禁毒工作格局基本形成。

二、禁毒宣传教育有突破性进展

20世纪80年代，我国为了维护“无毒国”的形象，对禁毒宣传控制较严，禁毒工作处于“只做不说，秘而不宣”的状态。这既不利于发动群众同毒品犯罪作斗争，也不利于同国际社会联合禁毒。20世纪80年代后期，随着国际毒品的日益泛滥，境外毒品渗透与日俱增，国内外贩毒集团和贩毒分子过境贩毒愈演愈烈，宣传和动员各族群众开展禁毒斗争，实行全民禁毒势在必行。尤其是受过境贩毒危害最大的云南省，积极提出了“适当开放禁毒宣传”的建议，反复向中央和有关部门作了汇报请示。1990 年，中央同意禁毒宣传“适度放开”。同年 6 月 26 日，为纪念鸦片战争 150 周年和国际禁毒日 3 周年，云南省在昆明拓东体育场召开近 4 万人参加的禁毒大会，当众焚毁公安机关历年缴获的海洛因 520 千克、鸦片 480 千克，人民法院依法宣判处决毒品犯罪分子 14 名。和志强省长讲话，重申中国政府坚决肃毒的严正立场，号召全省各族人民立即行动起来，打一场禁毒人民战争。同日，德宏、保山、大理、临沧、思茅、曲靖、西双版纳 7 个地州也召开群众大会，当众销毁了一批毒品，依法判处了一批毒犯。① 电视台、广播电台、报刊等新闻媒体对此作了公开报道。云南省由此开创了国内禁毒宣传之先河，改变了过去禁毒工作“秘而不宣”的被动局面。实践证明，对禁毒进行公开的宣传报道，可以大长人民群众的气势，震慑毒品犯罪分子，在国际上也会产生良好的反响，有百利而无一害。从 1990 年以来，我国的禁毒宣传教育工作日益深入、全面展开，并取得了显著的成效。

(一) 每年“6・26”国际禁毒日期间集中开展禁毒宣传活动

1990 年以来，每年主要在“6・26”国际禁毒日期间，我国各级党委、政府运用报刊、广播、电视等新闻媒介及其他多种形式，集中开展了面向全社会的禁毒宣传活动。这些活动有效地提高了公众抵御毒品侵袭的能力，增强了全社会的禁毒意识。

1991—1998 年，每年“6・26”国际禁毒日期间，各地政府都统一组织了规模较大的宣传活动，如万人签名宣誓、禁毒展览、文艺演出、禁毒知识竞赛、公开处理宣判毒犯、焚烧毒品、发放宣传材料等，形成禁毒宣传高潮。1997 年 6 月 26 日，青海省西宁市召开由全市数万名中小学生参加的“禁毒誓师大会”，向全省青少年和中小学生倡议：珍爱生命，拒绝毒品。国家禁毒委员会和中国青年报社、新华人寿保险公司共同举办禁毒知识竞赛。②

1999 年，中央和地方的新闻单位对禁毒工作方面作了大量报道。中宣部、文化部和广电总局分别协调本系统，广泛开展了禁毒宣传教育。尤其是国际禁毒日期间，各级宣传文化部门和电视台、电台、报纸、杂志、因特网等新闻媒体，都把禁毒宣传作为工作重点来抓，掀起禁毒宣传高潮。中宣部推出了缉毒英雄方红霄的先进事迹。文化部门结合“三下乡”等活动开展禁毒宣传，积极支持各级

① 中共云南省委党史研究室、中共云南省公安厅委员会编：《建国以来云南的禁毒斗争》，第 81 页。
② 全国禁毒展览办公室编：《珍爱生命，拒绝毒品》，第 66—67 页。

禁毒部门搞好禁毒晚会、话剧等文艺节目。北京市对 8 个城区的 100 多家文化娱乐场所签订了《禁毒责任保证书》,强化了对易于染毒人员活动场所的控制和管理力度。国家禁毒委员会办公室在北京授予了自费“禁毒万里行”的农民刘天贵“禁毒义务宣传模范”称号。时任国家禁毒委员会主任、公安部部长贾春旺和国家禁毒委员会副主任、公安部副部长白景富分别参加了北京市组织的禁毒宣传活动。6 月 26 日,《法制日报》发表了记者专访白景富的文章。各地连续开展了大规模的宣传活动,如河南举行为期 40 天的“99 禁毒宣传中原行”活动;江苏、辽宁等地举办禁毒文艺晚会;浙江、贵州等地开展禁毒知识竞赛;上海召开“99 毒品问题研讨会”和“99 青少年禁毒教育研讨会”;四川、广东等地召开公开逮捕或公开判处活动;贵州省禁毒委 38 个成员单位纷纷走上街头,开展声势浩大的禁毒法制宣传,散发各类禁毒宣传资料 40 万份,举行了“珍惜生命,远离毒品”万人签名活动。①

2000 年,在“6·26”国际禁毒日期间,中宣部、文化部、广播电影电视总局及其所属系统在深化禁毒宣传和强化预防教育方面下了很大功夫。广播影视发挥迅速、直观、易于接受等优势,播发了大量禁毒新闻,制作了一批具有警示教育意义的专题片和专题节目,取得了很好的宣传效果。中央电视台《新闻联播》《新闻30 分》等栏目 6 月 26 日前后,编发了《罗干出席国际禁毒大会》《全国掀起禁毒热潮》《国际禁毒日:各地举行“珍爱生命、拒绝毒品”宣传活动》等 30 多条禁毒新闻报道;《今日说法》《新闻调查》等栏目推出了专题节目。中央人民广播电台《新闻和报纸摘要》《全国新闻联播》等新闻节目中播出 20 多篇禁毒稿件,《新闻纵横》栏目播发了专题报道,法制节目播出了公安机关侦破贩毒案件的通讯、消息 100 多篇。中国国际广播电台及时采访和播出了《中国的禁毒》白皮书、中国禁毒成就和举措的新闻 35 条和专题 11 篇,使海外听众进一步了解我国禁毒工作的情况和进展。福建人民艺术剧院针对吸毒人员低龄化现象,创作并演出了大型禁毒话剧《爱与恨》,在省内在校学生中巡回演出,该剧还荣获了第八届中国人口文化奖少年儿童剧三等奖。此外,各省、市、自治区都组织了形式多样的禁毒宣传活动,如北京市举行了禁毒表彰大会;湖北省组织了“禁毒宣传楚天行”活动;广东省组织了十几辆禁毒宣传彩车在省内巡回宣传;吉林、河南、海南举办了“青年禁毒志愿者宣誓仪式”;河南省开通了 24 小时禁毒服务热线电话;云南等省举办了“戒毒人员文艺汇报演出”;四川省发放了《创建无社区共建美好家园》宣传挂图以及举行“创建无毒社区从我做起”签名活动;江苏省开通了“江苏禁毒

① 中华人民共和国国家禁毒委员会办公室:《1999 年中国禁毒年度报告》。

网站”及主办了50多万人参加的《江苏禁毒条例》知识竞赛；安徽省在学校设立了禁毒警示牌；内蒙古包头市举办了“交行之杯”大型禁毒文艺晚会；等等。贵州省老年人摩托车运动俱乐部的42名离退休职工，自愿组成禁毒宣传远征队，历时10天，途经5个地州市的24个县，行程1 200多千米，开展禁毒宣传活动。《南方周末》摄影记者梁文祥，春节期间深入广州火车站拍摄了几百张照片，出版了摄影作品集《独闯毒穴》，5月—6月在广州市举办了摄影作品展览，并在广东各地市进行巡展。对这些活动，各级新闻媒体都进行了宣传报道。通讯《毒枭的末日》（四川）和《禁毒环保中国行》（四川）、电视专题片《缉毒行动》（陕西）、《戒除毒瘾走向新生》（贵州）、摄影画册《戒毒女》（湖北）、摇滚快板《战毒魔》（江苏）等禁毒宣传作品获得了第五届全国公安系统“金盾文化工程奖”。

2001年“6·26”国际禁毒日期间，各地宣传、公安、教育、体育、广电等部门及工、青、妇等群众组织，广泛开展以“体育与禁毒”为主题的群众性体育活动，举办“珍爱生命，拒绝毒品”文艺晚会、知识竞赛、征文和演讲比赛，举行禁毒万人签名和社区禁毒宣传咨询活动。天津、沈阳、长春、杭州、长沙、成都等地举办了各具风格的禁毒文艺晚会，安徽、湖北、新疆、浙江、山东、广东、四川、重庆、宁夏等地举办了禁毒知识竞赛，湖南开展了禁毒征文活动，上海、贵州组织了禁毒演讲。各地普遍在城市中心广场或体育场隆重举行了纪念“国际禁毒日”万人签名活动。中宣部、文化部、广播电影电视总局及其所属系统进一步深化禁毒宣传和预防教育，提高公众防毒、拒毒、禁毒意识。广播影视发挥传播迅捷、直观、受众广泛、易于接受等优势，播发了大量禁毒新闻报道，制作了一批具有禁毒教育意义的专题片和专题节目，播出了禁毒题材的影视剧作品，宣传效果显著。中央电视台《新闻30分》对云南昆明焚烧毒品大会进行了现场直播。国际禁毒日前后，全国报刊共登载禁毒新闻、报道1.8万篇。各地还演出和播放了一批禁毒题材的戏剧、电影和电视连续剧。为教育公众特别是青少年认清冰毒、摇头丸等苯丙胺类毒品的危害，提高抵御能力，国家禁毒委员会办公室组织中央电视台《东方时空》《焦点访谈》等栏目制作播出了反映制贩、吸食摇头丸问题的专题节目；组织《人民日报》《法制日报》《人民公安报》等媒体就禁毒热点问题开展报道；组织设计、印刷了一批体现冰毒、摇头丸危害的宣传招贴画和折页。

2002年5月下旬，国家禁毒办下发了《关于在“6·26”国际禁毒日期间继续掀起禁毒宣传高潮的通知》，在中央主要媒体以专版、专题、系列节目等形式进行了高密度的宣传。6月26日，由国家禁毒委员会主办，中国禁毒基金会、公安部金盾影视文化中心承办的“珍爱生命，拒绝毒品”大型公益演唱会成功举行，并在中央电视台《同一首歌》栏目多次播放，再度掀起了禁毒宣传新高潮。卫生部制作了吸毒与艾滋病公益广告并在中央电视台播放，制作发放了以“拒绝毒品，远离艾滋病”为主题的禁毒宣传招贴画。团中央牵头在北京等10城市开展“社区青少年远离毒品”主题宣传活动。各地围绕“吸毒与艾滋病”主题，开展了丰富多彩的宣传教育活动。海南省组织的禁毒火炬摩托车环岛接力赛及新疆开展的“禁毒之剑”火炬传递活动，在当地形成了深远的影响。粤、港、澳联合举办销毁毒品大会，并发表了《粤港澳禁毒联合宣言》，进一步显示了三地联手禁毒的决心。贵州省禁毒委员会举办“青少年禁毒知识电视抢答赛”，全省共举行1 061场，直接参与者84 200余人。[①]

2003年，国家禁毒委员会参照联合国“让我们讨论毒品问题”的主题，将“远离毒品、关爱未来”确立为我国国际禁毒日的宣传主题。6月26日，国家禁毒委、中央综治委、教育部、共青团中央在北京市第35中学联合举行了《中学生毒品预防教育挂图》暨宣传设备赠送仪式。各地围绕“远离毒品、关爱未来”主题，组织开展了丰富多彩的宣传教育活动。广州、深圳两地销毁9吨毒品。湖南省开展了“禁毒宣传三湘行”活动，行程逾千里，受众达100万人。山西省举行了大型风筝艺术表演，印制1.5万副禁毒扑克赠送社会公众。陕西省利用全省3万余辆出租车和公交车开展了为期10天的禁毒流动宣传。辽宁、广西、新疆等地还组织开展了“禁毒展板走百校”“光明点亮童心”“南国边关无毒路”等系列宣传活动。中央和各地方主要媒体对禁毒工作进行了大容量、多角度、高频率的宣传报道。泰国、日本、美国、加拿大等8个国家的驻华禁毒联络官参加了北京的禁毒宣传活动。

2004年，中宣部、公安部和国家禁毒委员会办公室确定了“抵制毒品、参与禁毒”的宣传主题，并对“6·3”虎门销烟纪念日至“6·26”国际禁毒日期间的集中宣传活动进行了全面部署。各地结合本地实际，开展了社区禁毒论坛与研讨、知识竞赛与征文、图片展览与咨询、文艺演出与演讲、焚烧毒品大会等活动。福建、广东两省联合举办了“闽粤港澳台青少年禁毒宣传夏令营”；黑龙江省举办了《北疆之剑》大型禁毒晚会；四川省针对三个层面（全社会、在校学生、高危人群）开展了三大板块（社区、学校、家庭）禁毒宣传教育。

2005年6月，禁毒集中宣传月期间，国家禁毒委员会办公室与相关部门组织大型宣传教育活动25次。6月3日，全国总工会与国家禁毒委员会办公室联合举行了“全国职工禁毒宣传教育活动月暨职工拒绝毒品‘零计划’行动推进会”。6月7日，团中央与国家禁毒委员会办公室联合举办了“为了明天——全

① 赵翔等著：《毒品问题研究——从全球视角看贵州毒品问题》，第204页。

国青少年禁毒宣传月”活动启动仪式。6 月 18 日，国家禁毒委员会、公安部、中央电视台联合举办了《生命·阳光》大型禁毒公益晚会。6 月 26 日，国家禁毒委员会、中宣部、公安部等单位在北京人民大会堂举行了缉毒英雄吴光林同志先进事迹报告会。各地也精心组织策划了一系列高规格、大规模、辐射广的禁毒宣传活动。北京市禁毒委员会举行了“禁毒宣传万人长走”活动，京、吉、辽、黑四地举行了“中国禁毒志愿者汽车万里行”，湖北省举行了“温家宝总理视察武汉市公安局强制戒毒所一周年纪念”活动，福建举行了“林则徐生平史迹与禁毒展览”，收到了较好的宣传效果。各级法院召开公审、公判大会，集中审理、宣判了一批毒品犯罪案件，震慑了罪犯，教育了群众。

2006 年，以禁毒新闻宣传为突破口全面加大禁毒宣传工作力度。中央及地方新闻媒体围绕禁毒人民战争进行了全方位、高频率的宣传报道，营造了良好的禁毒舆论氛围。据不完全统计，中央主要新闻媒体共刊发（播出）禁毒消息（文章）4 500 余条（次），中央电视台《焦点访谈》《新闻调查》等品牌栏目共制作禁毒专题节目近 80 期。6 月，国家禁毒办、公安部宣传局和中央电视台共同策划了“禁毒宣传周”电视宣传报道，中央电视台《新闻联播》《朝闻天下》《新闻 30 分》每天播放禁毒消息，《法治在线》《新闻会客厅》等品牌栏目对禁毒工作进行了深度报道。其中，中央电视台新闻频道“6·26”大型禁毒直播活动《禁毒最前沿》长达 8 小时，向观众呈现了禁毒人民战争的全景。国务院新闻办公室与公安部发言人办公室分别召开了禁毒人民战争进展情况和中菲警方合作破获邵春天特大制贩冰毒案新闻发布会。国家禁毒办会同人民公安报社举办了“禁毒人民战争好新闻竞赛”活动，联合公安部宣传局、国务院新闻办公室开展了网络禁毒宣传。广东省各级主流媒体建立了免费刊播禁毒公益广告制度。湖南省推出《禁毒宣传报道线索素材采用奖励办法》，提高了禁毒部门的新闻宣传意识。

2007 年，中宣部、中央外宣办分别向中央主要媒体和外宣媒体下达了禁毒宣传要点，国家广电总局部署协调广播电视媒体开展禁毒宣传。国家禁毒办会同公安部宣传局、发言人办公室组织中央主要媒体赴云南、甘肃等地进行了集中采访报道，召开了蔡爱山特大跨国制贩毒案、“2·28”特大跨省贩毒和“捕鲸行动”专案新闻发布会；联合国新办网络局于 6 月 3 日—26 日开展了禁毒人民战争网上集中宣传活动；联合中央电视台新闻频道集中开展了“禁毒宣传周”活动，并于“6·26”国际禁毒日当天开展了大型禁毒电视直播——“禁毒最前沿”，掀起了禁毒宣传高潮。中央电视台《焦点访谈》《法治在线》等品牌栏目制作了一批高质量的禁毒专题节目。《人民日报》专门开设了宣传专栏《禁毒，我们在行动》。对云南省缉毒英雄罗金勇夫妇的先进事迹进行了集中宣传报道。据不完全统计，中央电视台全年共播出禁毒新闻时长500余分钟。仅“6·26”期间中央主要新闻媒体就刊播禁毒消息、专题、评论4 000多条(篇)，制作电视、广播专题节目80余集，报纸专版10余版。各地积极组织新闻媒体，开展了大容量的新闻宣传活动。甘肃、海南、湖南、湖北、安徽等省组织开展了“禁毒人民战争陇原行”“海岛行”“楚天行”“三湘行”等大型采访报道活动，许多地方召开了新闻发布会或通气会，收到了较好的宣传教育效果。6月20日，全国妇联副主席莫文秀出席全国妇联、国家禁毒办在新疆乌鲁木齐举行的“禁毒面对面宣传行动暨无毒家庭创建示范点”启动仪式。6月21日，中宣部宣教局、公安部宣传局、国家禁毒办、北京紫禁城影业公司联合举行了电影《缉毒警》首映式，公安部政治部主任蔡安季出席。6月22日，最高人民法院在北京新安劳教所举行了禁毒慰问活动暨禁毒公益电影《母亲·爱》新闻发布会。北京市举办了“陆、空、邮缉毒成果展示”活动，河北、浙江、重庆、上海举办了无毒社区创建表彰及“6·26”国际禁毒日文艺晚会；广西在中越边境举行了首次中越两国联合销毁毒品活动；湖北武汉市举行了禁毒人民战争成果大型展览；黑龙江省禁毒委员会联合中国禁毒基金会举行了禁毒书画捐赠和义卖大型公益宣传活动；山西举办了“禁毒宣传进万村”、海南举行了“万人万车走百镇”禁毒宣传活动；贵州省举行了禁毒万人行、山东举行了“禁毒与健康”万人登山健身活动。新疆邀请林鸿汉、孟繁英、汪俊豪、阿合买提·库尔班等4位“全国十大民间禁毒人士”开展了“禁毒宣讲团巡回报告会”。各地普遍举行了焚烧毒品活动，将禁毒宣传推向了高潮。6月26日，中共中央政治局委员、北京市委书记刘淇等出席了国家禁毒教育示范基地暨北京市禁毒教育基地落成典礼并参观禁毒展览。在基地展厅，刘淇等仔细观看禁毒教育展览，与参观的青少年亲切交谈，与禁毒志愿者深入交流，并看望了“向日葵”社区的工作人员。刘淇希望禁毒教育基地在大力宣传教育群众、组织发动群众、深入推进禁毒人民战争中切实发挥积极的作用。各地、各有关部门均组织开展了形式多样的大型禁毒宣传教育活动。

2008年，国家禁毒委员会办公室紧紧抓住“6·26”国际禁毒日这一有利契机，会同公安部宣传局、北京市禁毒委员会办公室，组织开展了一系列大型禁毒宣传教育活动。各地以“依法禁毒、构建和谐”为主题，精心策划“6·26”大型禁毒宣传教育活动，营造了国际禁毒日期间的浓厚禁毒氛围。时任中共中央政治局委员、上海市委书记俞正声视察了上海市公安局强制戒毒所，辽宁、黑龙江、天津、山东、河南、江西、宁夏、新疆等大多数地区党政主要领导都以不同形式参加了“6·26”禁毒宣传活动；全国妇联专门下发通知部署开展了国际禁毒日期间的禁毒集中宣传活动。北京市开通了“北京禁毒在线”英文网站；甘肃省举行了青年禁毒志愿者“重走长征路禁毒宣传行”活动；宁夏回族自治区举办了全区职工“拒绝毒品、健康一生”启动仪式；湖北省举办了禁毒公益广告创意大赛；贵州省举办了大型禁毒文艺晚会；青海省举办了国际禁毒日交响音乐会；山西省举办了禁毒动漫创意大赛；四川、陕西等地深入灾民安置点开展禁毒宣传；浙江、重庆、黑龙江、陕西、宁夏、内蒙古等地举行了毒品焚烧仪式，在全社会掀起了禁毒宣传的高潮。

2009 年各地区、各有关部门充分利用广播、报刊、电视等传统媒体，积极开拓网络、手机等宣传新领域，广泛宣传禁毒人民战争取得的显著成效，不断扩大禁毒宣传的广度和深度。“6·26”国际禁毒日期间，中央主要新闻媒体刊播禁毒消息、专题 3 000 多条(次)，制作电视、广播专题节目 100 余集，报纸专版 10 余版，网络宣传点击率近 3 亿次，全社会受教育群众达 5 亿多人次。国家禁毒委员会办公室会同国务院新闻办、公安部发言人办公室、中国禁毒基金会在人民网等 9 家重点网站开展了以“网络禁毒作品征集”为主线的 6 月网上集中宣传活动。中央电视台新闻频道在“6·26”当天直播云南边境移交毒贩和广东、广西销毁毒品活动，社会与法频道推出国际禁毒日宣传周大型媒体行动，制作专题节目 40 多集、新闻近 100 条，每天播出逾 10 小时。在中宣部、外交部、公安部发言人办公室的协调支持下，40 余家中外媒体对 2 月在上海举办的“万国禁烟会”100 年纪念活动进行了大量报道。黑龙江、贵州组织新闻单位开展“禁毒龙江边境行”“禁毒宣传黔中行”大型宣传活动，江苏、四川、湖南建立网上禁毒展览馆，组织网络知识竞赛，开展全方位禁毒宣传。6 月 26 日，国际禁毒日当天，时任国务委员、国家禁毒委员会主任、公安部部长孟建柱等，前往北京市公安局强制隔离戒毒所考察戒毒所建设和戒毒治疗工作，慰问戒毒所民警，并与正在接受康复治疗的戒毒人员亲切交流，鼓励他们树立信心，自立自强，重获新生，做一个对社会有用的人。各地区、各有关部门在“6·26”国际禁毒日期间，集中组织开展了形式多样的大型禁毒宣传活动。福建、云南、辽宁、安徽组织了林则徐虎门销烟 170 周年大型纪念活动、领导干部讲授禁毒课、万所学校和百万师生禁毒宣誓、禁毒主题巡回宣讲活动，北京、天津、黑龙江、湖北、四川、吉林集中销毁毒品，在全社会掀起了禁毒宣传的高潮。

2010 年，在各级党委宣传部门的指导下，各类媒体积极承担公益禁毒宣传责任，营造浓厚的禁毒舆论氛围。“6·26”国际禁毒日期间，中央电视台 6 个频道组织了大容量的禁毒宣传报道。新闻频道推出主题报道“禁毒最前沿”，社会与法频道推出禁毒宣传周“中国禁毒 2010”和特别节目《生命之盾》。据不完全统计，“6·26”期间，仅中央主要新闻媒体就刊播禁毒消息、专题近 4 000 条次，制作电视、广播专题节目近 200 集，网上各类禁毒新闻近 3 万篇。国家禁毒委员会办公室商请国务院新闻办协调主要商业及新闻网站同步宣传关于加强互联网易制毒化学品销售信息管理的公告，组织中央级媒体记者团深入开远市公安局戒毒康复场所“雨露社区”采访，加大了常态化禁毒宣传力度。2010年，围绕“6·1”《禁毒法》实施两周年、“6·3”虎门销烟纪念日和“6·26”国际禁毒日，全国掀起以“依法禁毒，构建和谐”为主题的禁毒宣传热潮。25个省区市党政主要领导出席了本地禁毒宣传教育活动。国家禁毒委员会办公室在江苏召开全国禁毒宣传教育精品活动表彰会，授予辽宁“禁毒之火，让爱传递”、江苏“禁毒艺术作品征集和评选”、湖南“百所高校百万大学生抵制毒品大行动”、四川“万名党员讲禁毒”等37个活动“2010年全国‘6·26’禁毒宣传教育精品活动”称号。

2011年6月，时任国务委员、国家禁毒委员会主任、公安部部长孟建柱同志先后赴贵阳、深圳参加禁毒宣传活动，深入考察禁毒工作，看望戒毒人员，慰问基层禁毒工作者。国家禁毒委员会副主任、公安部副部长张新枫同志专程前往云南、福建视察戒毒康复工作，参加禁毒宣传教育活动。全国26个省(区、市)党政主要领导出席本地禁毒宣传教育活动。各地区、各部门精心组织开展大型禁毒宣传教育活动，湖南129个县市区开展的“关爱生命、呵护家庭”妈妈禁毒联盟“蓝结行动”、北京青少年禁毒夏令营及少年儿童禁毒主题创意绘画大赛、云南“全省交通沿线识毒拒毒反毒大型宣传活动”、四川和福建禁毒巡回演讲、辽宁“保护子女、免受毒害”大型主题宣传活动，受到人民群众普遍好评。

2012年，各地禁毒部门充分利用“6·1”《禁毒法》实施纪念日、“6·3”虎门销烟纪念日和“6·26”国际禁毒日组织开展了一系列成体系、成规模、覆盖面宽、持续时间长、富有实效的禁毒宣传教育活动，甘肃“千名领导到千所学校开展毒品预防教育”活动，湖南“蓝结”系列禁毒活动，北京“中国禁毒志愿者汽车万里行禁毒宣传之火传递”活动、首都高校大学生禁毒志愿者骨干培训活动，山西“禁毒蓝丝带佩戴”活动等大型禁毒宣传教育活动，在全社会引起强烈反响。全国共组织各类宣传活动15万场次，发放资料8 000万份，直接受众近8亿人次。

2014年，国家禁毒办专门召开“全民禁毒宣传月”宣传教育工作部署会议和全国“6·26”禁毒宣传工作紧急视频会议，协调中央媒体加大禁毒宣传工作力度，部署各地统一规划、集体联动、精心组织大型禁毒宣传教育活动，营造出国际禁毒日期间的浓厚社会氛围。国家禁毒办和各地禁毒部门主要领导亲自研究、部署、参与禁毒宣传教育活动，围绕“6·1”“6·3”“6·26”多次掀起禁毒宣传热潮。国务委员、国家禁毒委员会主任、公安部部长郭声琨在国家禁毒委员会副主任兼办公室主任、公安部副部长李伟陪同下，视察了北京市东城区和平里街道禁毒工作，看望戒毒人员，慰问基层禁毒工作者，充分体现党中央国务院对禁毒工作的高度重视。全国20多个省(自治区、直辖市)党委政府副省级以上的领导也纷纷作出批示或直接参加"全民禁毒宣传月"相关活动,主流媒体广泛报道,引发民众关注。

(二) 利用影视等作品形象地进行禁毒宣传教育

随着电影、电视等现代视听技术和设备的广泛普及,利用影视作品进行禁毒的形象宣传教育,已成为一种极好的形式。我国在利用影视等作品进行禁毒的形象宣传教育方面,已经取得了可喜的成绩。

1995年6月,由国家禁毒委员会、公安部、中央电视台联合录制的、中华人民共和国成立以来第一部大规模反映我国禁毒领域的电视纪实片《中华之剑》在中央电视台一套节目黄金时间连续播出,引起观众强烈反响。这部电视纪实片一共8集长达300分钟,以其真实、生动、形象的音像效果,感染和震撼了无数电视观众,对增强全民禁毒意识起到了积极作用。该片获得了中宣部颁发的精神文明"五个一工程奖"。

1999年,贵州省禁毒办与贵州电视台联合摄制的6集电视教育片《毒品的危害》,受到国家禁毒委的肯定和推荐,荣获中国科技影像制品一等奖。为了隆重纪念江泽民总书记为禁毒事业题词一周年、林则徐虎门销烟160周年和"6·26"国际禁毒日,福建省委宣传部、省教委、省禁毒委办公室、省新闻出版局联合拍摄了《毒品预防教育》专题片。该专题片片时约为45分钟,分为识毒篇、毒害篇、拒毒篇、宣战篇4个部分。通过披露翔实感人的典型案件,科学严谨的论证和生动形象的影视语言,介绍了毒品的基本知识,昭示了吸毒对个人、家庭、社会的危害,深刻地教育广大青少年如何构筑拒绝毒品的心理防线,充分体现了党和国家禁绝毒品的决心和福建省禁毒事业所取得的成就。条理明晰、重点突出,融知识性、教育性、可欣赏性于一体,令人印象深刻,难以忘怀。该片已获得福建省第六届优秀科技音像制品一等奖,是开展青少年禁毒宣传教育的理想教材。

2000年,国家禁毒委员会办公室与中央电视台联合摄制的《2000禁毒备忘录》专题片于6月26日20时在中央电视台第一套节目播出,观众反应热烈,据调查收视率名列本周第五。国家禁毒委员会办公室还与中央电视台摄制播出了6条禁毒公益广告、"中华禁毒歌"MTV。2000年5月31日,由福建省禁毒委主办、省人民艺术剧院创作的大型禁毒题材话剧《爱与恨》在福州大戏院举行首场演出,11月初,获第八届中国人口文化奖少年儿童剧三等奖,在社会上引起了强烈的反响,取得了很好的社会效益。省禁毒委抓住"6·26"国际禁毒日前后的有利时机,扩大在全省各地巡回演出面,特别是深入一些毒情较严重的重点地区演出。据统计,2000年该剧在全省巡回演出70多场,2001年巡回演出150多场,进一步提高了广大群众特别是青少年的禁毒意识。

2001年,原齐齐哈尔市京剧团宣传科科长樊晓刚,为了增强禁毒教育的灵活性和感染力,利用自己多年从事表演艺术的优势,结合近年的禁毒宣传教育实践,创作了话剧《远离毒品》。该剧自2001年上演至2006年5月,演出138场,观众30余万人次。团省委、省禁毒委、省教育厅、省文化厅联合下发文件,在全省推广该话剧。2005年10月,樊晓刚把话剧《远离毒品》改编成上、下两集电视剧《飘逝的年华》。2006年5月10日,该电视剧在齐齐哈尔市举行首映式,受到观众欢迎。该剧自2006年6月26日起在全国发行。

2002年国家禁毒委员会办公室组织制作的《世纪之患——新型毒品》荣获第八届中国电视纪录片学术奖长篇一等奖。

2005年,公安部政治部、国家禁毒办与中央电视台联合制作的电视文献片《中国禁毒行动》,全面反映了20年来中国禁毒的历史与现状,受到了社会各界的一致好评。中国禁毒基金会会同最高人民法院等部门,推出了禁毒警示教育电影《黑白记忆》,进一步推进了青少年禁毒教育。

2006年,国家禁毒委员会办公室与公安部宣传局共同筹划了中国打击跨国毒品犯罪的30集电视连续剧《无国界行动》在中央电视台播出;会同中宣部宣教局、公安部宣传局组织拍摄了以缉毒英雄吴光林为原型的电影和电视连续剧;策划出版了《红旗画刊——禁毒人民战争实录》、禁毒童话《逃离恐怖岛》和禁毒微型小说《天堂背后》;推出了禁毒歌曲《让生命更精彩》;会同《人民日报》讽刺与幽默报社征集、展出禁毒主题漫画。

2010年,为遏制合成毒品在青少年群体中的滥用势头,国家禁毒委员会办公室联合国家广电总局电影局、公安部宣传局、中国禁毒基金会、上海北弋影视有限公司,在“虎门销烟”纪念日当天举办禁毒警示教育电影《明天》首映式,部署全国开展以观影活动为载体的防范合成毒品宣传教育活动,公安部副部长黄明出席首映式并接见剧组演职人员;协调中央媒体加大对合成毒品危害的宣传报道力度,中央电视台在《法律讲堂》栏目推出禁毒讲座“青春迷途”,直接受教育群众逾2 000万人。

(三) 利用现代科学技术开辟禁毒宣传教育的新途径

随着现代科学技术特别是计算机与信息科学技术的飞速发展,当今社会已发展成为信息化的社会,互联网作为传播信息的载体,以其方便快捷的传输方式,在社会生活中正发挥着越来越大的作用。在信息化网络高速发展的形势下,运用互联网开展禁毒宣传有着广阔的发展空间和美好的发展前景。近年来,禁毒互联网站在我国如雨后春笋般纷纷出现,无疑为禁毒宣传和毒品预防教育开辟了一条新的途径。

1999 年 6 月 25 日，第 12 个国际禁毒日即将到来之际，毗邻“金三角”的中国反毒前沿云南，开通了中国首家禁毒预防宣传网站，为中国禁毒开辟了又一条新的反毒战线。该网站名为“禁毒前线”，是云南省禁毒委办公室和云南省公安厅禁毒局开设的，网址为 http://www.ncb.cinfo.net 或 http://www.oncc.Yn.cinfo.net。该网站除了向访问者介绍有关禁毒政策法规外，还开辟了 20 多个栏目，包括缉毒案例分析、境外罂粟替代种植、易制毒化学品管理、国际禁毒合作、侦查通讯、禁吸戒毒、禁毒理论探讨、禁毒历史、禁毒合作需求、英雄烈士、禁毒论坛等，还有一系列富有知识性、可读性，以禁毒为题材的文学、影视作品和图片可供上网访问者阅览。网站还设立了举报热线和通缉令，以增强与民间的联系。网站还可与世界禁毒网站进行连接，打开这一网站后，访问者还可进入联合国禁毒署、欧美及东南亚国家的禁毒机构网站。

目前，我国已开通的禁毒国际互联网站主要有：北京禁毒在线、云南禁毒网、南宁禁毒网、贵阳禁毒网、广东禁毒网、广东省青少年禁毒网、广州市青少年禁毒网、珠海禁毒网、福建禁毒网、厦门禁毒网、泉州市禁毒网、湖南禁毒网、杭州市禁毒专网、温州市禁毒网、上海市网上禁毒教育馆、河北禁毒网、吉林禁毒网、辽宁省禁毒信息网、青少年远离毒品网、中国禁毒在线等。其内容主要有：禁毒新闻、禁毒图库、禁毒方针政策、大案聚焦、网上举报、宣传教育、禁毒常识、毒品危害、戒毒研究、法律法规、禁毒论坛等。

禁毒国际互联网站的纷纷开通，有利于将我国禁毒工作的影响延伸至全世界，有利于全世界了解我国的禁毒成就，了解我国政府厉行禁毒的严正立场和“毒品一日不绝，禁毒一刻不止”的非凡决心。更为重要的是，禁毒国际互联网站的开通，还为我们搭建了一个禁毒宣传和毒品预防教育的新平台，这一平台在提高全民禁毒意识，减少毒品违法犯罪，降低毒品危害等方面，发挥了积极而重大的作用。

(四) 举办形式多样的禁毒展览和建立中国禁毒展览馆

1. 举办首次全国禁毒展览，轰动社会、影响久远

以“珍爱生命，拒绝毒品”为主题的全国禁毒展览于 1998 年 5 月 29 日—7 月 30 日在北京中国人民革命军事博物馆举行。由公安部主办，北京市人民政府、中宣部、财政部、农业部、卫生部、海关总署、国家工商行政管理局、国家药品监督管理局等单位协办的这次展览，是 1949 年以来我国政府首次举办的全国性大型禁毒展览，旨在广泛宣传毒品的危害，提高全民特别是青少年的禁毒意识，进一步表明党和政府禁绝毒品的立场和决心，推动我国禁毒斗争的不断深入开

展。这次展览历时63天,接待观众166万人次,为党和国家领导人及各国驻华外交人员组织了18个专场,社会反响强烈,给予高度评价。全国禁毒展览的成功举办,使中国的禁毒宣传教育水平提高到一个新的阶段,对增强全民禁毒意识,推动各项禁毒工作全面开展,起到了积极作用。

(1) 中共中央政治局全体常委参观展览。中共中央政治局常委江泽民、李鹏、朱镕基、李瑞环、胡锦涛、尉健行、李岚清先后参观了展览,并就禁毒工作发表了重要讲话。多位党和国家领导人集中地就禁毒问题公开发表谈话,史无前例。

时任中共中央总书记、国家主席江泽民参观全国禁毒展览,强调禁毒斗争是全民族的一件大事,关系到中华民族的兴亡。6月6日,江泽民在时任公安部部长贾春旺的陪同下,仔细参观了展览的各个展厅,询问了毒品对人体、家庭和社会造成的危害,了解了全国禁毒工作开展的情况。江泽民说:"禁毒斗争是全民族的一件大事,关系到中华民族的兴亡。举办全国禁毒展是得民心之举,我们要在全国范围内广泛开展禁毒教育和禁毒斗争。青少年是我们的未来,要十分重视对青少年的禁毒教育,保护他们的身心健康。"①参观展览过程中,江泽民总书记多次强调做好禁毒工作对于国家、民族前途命运的意义,高度赞扬了缉毒民警的无私奉献精神,并提议向缉毒烈士们三鞠躬,表达对他们的敬意和哀悼。

时任中共中央政治局常委、全国人大常委会委员长李鹏参观全国禁毒展览时指出,通过多种形式坚决禁绝毒品。6月23日,在各个展室,李鹏仔细听着讲解员的讲解,认真查看缴获的各种毒品。当了解到毒品使许多人家破人亡并传染疾病、诱发刑事犯罪时,李鹏表情严肃,深感痛心。在展出的1990年12月七届全国人大常委会作出的关于禁毒的决定面前,李鹏仔细察看着条文,并询问《决定》的执行情况。讲解员介绍,我国禁毒工作已取得很大成绩,仅1997年就抓获24万名毒品违法犯罪人员,李鹏听后频频点头表示赞赏。参观结束时,李鹏说,全国人大常委会已就禁毒作出了决定。要进一步加大禁毒宣传力度,从教育入手,让广大群众都知道毒品的危害,同时,各级人大要加强监督。要通过立法、监督、宣传、教育、打击等多种形式,坚决禁绝毒品。他同时指出,历史上中国人民曾深受鸦片的侵害,并进行了不屈不挠的斗争。历史的教训不可忘记。

时任中共中央政治局常委、国务院总理朱镕基参观全国禁毒展览,重申坚决禁毒是中国政府的一贯立场。6月26日,朱镕基参观了各个展厅,询问了全国禁毒展览举办以来社会各界的反响。他说,中国在近代曾深受毒品祸害,但中国人民具有禁毒斗争的光荣传统,而且在我国1949年后曾经禁绝过毒品,禁毒工

① 陈维伟:《江泽民参观全国禁毒展》,1998年6月7日《人民日报》。

作取得了伟大的成绩。在当前国际毒品泛滥、毒害在我国死灰复燃的新形势下，举办这个展览非常必要，不仅对弘扬我国人民禁毒斗争的光荣传统、宣传我国取得的禁毒成绩、进一步提高全民禁毒意识、动员全社会的力量参与禁毒斗争起到了积极的作用，同时，也是对最近召开的联合国禁毒特别联大的积极响应，再次表明了中国政府坚决禁毒的态度和立场。他指出，当今世界毒品泛滥的形势日趋严重，禁毒已成为国际社会广泛关注的热点。目前，中国也由于毒品过境引发了吸毒贩毒蔓延发展。展览中许多触目惊心的案例充分说明，吸毒对个人、家庭和社会的危害极为严重，对我国的社会主义现代化建设也造成很大的破坏。我们要清醒地认识到当前面临的毒品犯罪形势严峻，禁毒工作任重道远，必须毫不动摇地按照禁吸、禁贩、禁种"三禁"并举和堵源截流、严格执法、标本兼治的禁毒工作方针，坚持有毒必肃、贩毒必惩、种毒必究、吸毒必戒的原则，运用法律、行政、经济、文化、教育的各种手段，动员全社会的力量，进行综合治理，狠狠打击毒品违法犯罪活动。加强禁毒工作，开展禁毒斗争，扫除毒品危害，是关系到人民健康幸福、民族兴旺发达和社会主义物质文明、精神文明建设顺利进行的重大问题，是我们各级党委、政府责无旁贷的历史责任。各地党委政府，要以对国家、民族高度负责的态度，切实加强对禁毒工作的领导，坚决落实禁毒工作的各项措施，加大财力、物力、人力的投入，并要把打击走私与禁毒斗争结合起来。朱镕基还表示，中国政府积极执行前不久在纽约召开的禁毒特别联大通过的各项决议，继续认真履行国际禁毒公约的义务，积极参与国际禁毒斗争，加强国际禁毒合作，为在全世界消除毒品祸害，为促进人类社会的发展进步作出更大的贡献。

时任中共中央政治局常委、全国政协主席李瑞环参观全国禁毒展览，指出禁毒绝不能手软，要下狠心。6 月 30 日，李瑞环仔细观看了禁毒展览每一部分的内容，详细了解毒品和禁毒工作的有关情况。他对在禁毒斗争中作出贡献的公安武警和干部群众表示感谢，并向为禁毒事业牺牲的英烈们鞠躬，表示崇高的敬意。参观结束时，李瑞环说，这个展览办得很好，很有意义。他强调指出，对禁毒工作，各级党委和政府态度要坚决，措施要得力，工作要抓实。禁毒绝不能手软，要下得了狠心，只有这样，才是对人民负责，对社会负责。要加大宣传力度，进一步引起全社会对禁毒斗争的关注，使大家真正了解毒品对个人健康、家庭幸福、社会安宁乃至整个国家和民族的严重危害，动员各种力量，从种、贩、吸各个环节把毒品蔓延的渠道堵死。要切实加强国际禁毒合作，研究和采取从根本上铲除毒害的有效办法和措施。

时任中共中央政治局常委、书记处书记、国家副主席胡锦涛参观全国禁毒展览，强调把禁毒这件利国利民的大事办好。7 月 29 日，胡锦涛仔细观看了展览的各个部分，并详细地了解了我国开展禁毒斗争的情况。他说，全国禁毒展览办得很好、很成功，在社会上引起了强烈的反响，受到了普遍的欢迎。这次展览以丰富的材料和生动的形象，展示了这些年来我们开展禁毒斗争取得的成绩，表明了党和政府禁绝毒品的鲜明立场和坚定决心；也向人们宣传了毒品给个人、家庭、国家和民族带来的严重危害，进一步向全社会敲响了警钟。总之，举办这次禁毒展览是深得民心之举。胡锦涛对这次展览取得的巨大成功表示衷心的祝贺，并向为举办这次展览而付出辛勤劳动的同志们表示诚挚的感谢，向战斗在禁毒斗争第一线的广大公安干警、武警官兵、医务工作者和有关方面的同志，表示亲切的问候和崇高的敬意。胡锦涛强调，进一步深入开展禁毒斗争，关系到人民群众身心健康，关系到提高全民族的素质，关系到净化社会风气和维护社会稳定，关系到国家繁荣富强和长治久安。各级党委、政府要切实加强领导，要动员全社会都积极支持和参与这场斗争，要采取切实有效的措施，遏制毒品蔓延的势头，推动禁毒斗争深入、持久、扎实地开展，把禁毒这件利国利民的大事办好。

时任中共中央政治局常委、书记处书记尉健行于 6 月 4 日参观全国禁毒展览。在参观过程中，尉健行仔细询问了北京市和全国禁毒工作情况，并对我国在查缉毒品方面取得的成就表示充分肯定。他说，通过举办这样的展览，让人们认识毒品的危害，远离毒品，这是一件很有意义的事情。他希望有关方面组织更多的人，特别是青少年学生来参观展览，通过展出的触目惊心的事例，增强对毒品的免疫力。他强调说，禁毒工作是全社会的事，各级党委、政府要高度重视，齐抓共管。

时任中共中央政治局常委、国务院副总理李岚清参观全国禁毒展览时强调，在广大青少年中开展禁毒教育。6 月 10 日，李岚清仔细参观了展览的各个展厅，并侧重了解了毒品对青少年的毒害情况。得知吸毒人员中 80%以上是青少年，而其中又有 80%以上是在对毒品的危害无知的情况下染上毒瘾这一情况时，李岚清强调说，青少年是祖国的未来，中华民族要屹立于 21 世纪的民族之林，希望就在他们身上。要让青少年自觉远离毒品，最重要的途径就是通过生动形象的教育，使他们认清毒品的危害，增强抵制毒品的意识。有关部门要高度重视、认真研究这一问题，要针对不同的年龄层次、采取不同的教育方法，务必使广大青少年树立起防毒拒毒意识，自觉抵制毒品的侵蚀。

(2) 社会反响强烈。展览以对群众、对民族、对历史、对未来高度负责的态度，用大量触目惊心的实例，实事求是地向观众展示了毒品对个人、家庭、社会、民族的严重危害，以及毒贩诱人吸毒的伎俩，并且重点向青少年们传授了抵御毒品侵袭的方法。展览不仅空前地普及了禁毒知识，极大地增强了公众的禁毒意识，更成为传播健康人生理想、弘扬爱国主义精神、凝聚民心民气的大课堂。

展出期间，新闻媒体关于展览的报道不计其数，也引起了国际舆论的关注。展出期间，参观者非常踊跃，平均每天接待 2.6 万名观众，最多时达 4.3 万人。[①] 尤其是自发前来的观众超过有组织的观众，这在类似的展览中从未有过。共有 166 万普通群众参观了全国禁毒展览。其中，持团体参观券的 54 万余人，自发排队领取参观券的 56 万余人，组织无票观众进场 56 万余人。他们当中，大、中、小学生 581 553 人，占观众总数 35%；机关干部 265 853 人，占 16%；企事业单位职工 415 395 人，占 25%；街道办事处、居委会、治保会积极分子及个体劳动者等 166 158 人，占 10%；驻京部队和武警官兵 49 542 人，占 9%；外地来京观众 83 079 人，占 5%。[②] 63 天的全国禁毒展览，对人民群众是一次生动深刻的禁毒教育，对青少年敲响了远离毒品的警钟，对毒品违法犯罪分子是强有力的震慑，对全国的禁毒工作者是一个巨大的鼓舞，对国际社会则是中国政府的禁毒宣言。

(3) 禁毒展挂图参观群众达 1.6 亿人。全国各地以禁毒展览为契机，造势借力，充分利用各种媒体和形式，持续深入地开展了禁毒宣传教育活动。

为进一步扩大禁毒宣传的效果，公安部制作 6 500 套禁毒展览挂图，发到了全国每一个县，形成了大规模、长时间的巡展。各级公安部门利用挂图展出 24 900 多场次，参观者达到 1.6 亿人次。有些地方还组织了“宣传月”“电影周”“万人签名宣誓”、禁毒知识竞赛、焚烧毒品、公处公判等活动，编写、制作、排演了一批禁毒书籍、画册、电视片、戏剧等。据统计，1998 年，全国共编印禁毒书籍 600 多万册、图片 20 万份，举行集会、晚会 1 万多场，在广播、电视、报刊上刊发稿件 13 万多篇。[③]

2. 各地举办形式多样的禁毒教育展览

广东省和广州市于 1999 年年初联合举办了历时 50 天的禁毒教育展览，参观群众达 120 万人。

江苏省举办禁毒图片展览。为纪念“6・26”国际禁毒日，2002 年 6 月 24 日，由江苏省禁毒委、省公安厅、省教育厅等单位主办的“江苏省禁毒图片展览”在文化艺术中心举行。展览用大量触目惊心的生动案例和生动翔实的图片资料，深刻揭示了毒品泛滥已经成为人类的一大公害这一罪恶本质，引导人们深刻认识毒品的危害，提高识毒、防毒、拒毒的能力，使广大群众能够自觉地做到“珍

---

① 中华人民共和国国家禁毒委员会办公室：《1998 年中国禁毒年度报告》。
② 1998 年 7 月 31 日《人民日报》。
③ 中华人民共和国国家禁毒委员会办公室：《1998 年中国禁毒年度报告》。

爱生命，拒绝毒品”。

深圳举行禁毒巡回展览，开创禁毒教育新模式。2003 年 11 月 6 日，深圳市第三届禁毒巡回展览在宝安都之都广场正式拉开帷幕，国家禁毒委、广东省和深圳市政法委、禁毒委，香港和澳门的禁毒官员与宝安区的 4 000 多名群众参加了首展式。这次禁毒巡展由市委政法委、市禁毒委、市禁毒“03 工程办”主办，各区禁毒委、市戒毒所、团市委、市妇联等单位协办，展期 35 天，行程 2 000 多千米，深入居民社区、工业区、学校、乡镇集市，展点达到 70 多个。巡展以深圳市 400 多万外来打工者和 60 多万中小学生为重点对象，以巡回展览的形式，深入基层，通过宣传国家禁毒法律和政策，揭露毒品的危害，提高全社会特别是广大青少年的禁毒意识。此届禁毒巡展车队由 7 部彩车组成，总长 175 米，图片 135 幅，文字 3.8 万字。7 辆彩车造型内容分别是：飘扬的红旗、鸦片战争场面、掰断烟枪、太阳和绿地、生死之间、创建无毒社区、警钟长鸣。通过生动的造型和作品介绍，表明了党和政府禁绝毒品的决心，呼吁全社会关心青少年的健康成长，并表达了建设无毒害城市的长远目标。同时，为扩大宣传教育效果，主办单位在前两次巡展的基础上，利用影视设备增加了禁毒宣传的知识含量，通过 DVD 播放系统和电脑触摸屏，向人民群众展示毒品的危害。针对静脉注射毒品，吸毒者共用注射器引发艾滋病的严重问题，禁毒巡展车队还携带有关预防艾滋病知识的展板进行展出。巡展活动期间，沿途共向群众派发印有拒绝毒品和预防艾滋病内容的安全套 15 万盒和禁毒宣传手册 15 万册。2003 年，省禁毒委在深圳召开的“珠三角片区”禁毒宣传工作现场经验交流会上推广了深圳市的经验。禁毒巡回展览开创了禁毒教育新模式，被誉为“流动的禁毒展览馆”，连续两年被国务院、国家禁毒委列入《中国的禁毒》白皮书、“中国禁毒年度报告”。

山东省举办性病艾滋病预防暨禁毒戒毒教育展览。2006 年 3 月，山东省公安厅、山东省疾病预防控制中心、济南市公安局联合主办了性病艾滋病预防暨禁毒戒毒教育展览。展览分为禁毒戒毒知识、艾滋病预防知识、常见性病介绍三个部分。第一部分首先介绍了毒品的有关知识，然后通过大量的事实案例介绍了毒品对人身体的危害，对社会的危害。同时还介绍了禁毒的相关法律法规，教授了一些拒绝毒品的方法等；第二部分讲解了关于艾滋病的常识，包括艾滋病的发病表现，以及其传染途径等；第三部分主要介绍了几种常见的性病。展览展出了大量真实的案例照片。极具震撼力的场景，使禁毒的观念深入人心，同时起到了很大的警示作用。

江西省鹰潭市举办“参与禁毒斗争　构建和谐社会”禁毒展览。2006 年 6 月 26 日是第 19 个世界禁毒日，当年世界禁毒日的主题是“参与禁毒斗争、构建和谐社会”。上午，鹰潭市公安局在市区银座广场举办了“参与禁毒斗争　构建和谐社会”禁毒展览。在展览现场，92块宣传板前吸引了众多市民。一幅幅触目惊心的宣传画面，一个个真实悲惨的现实案例，给市民留下了深刻印象。活动中，主办方还精心准备了禁毒知识小册子、禁毒知识问答等宣传资料，发放给市民，并且陈列毒品样品，教市民如何识别毒品。

海峡两岸联合举办“林则徐史迹与当代禁毒展览”。2007年6月26日—30日，林则徐基金会、福建省禁毒办、金门县两岸经贸文化观光发展协会、金门县采风文化发展协会和厦门市金门同胞联谊会在金门联合举办了“林则徐史迹与当代禁毒展览”。展品包括林则徐生平事迹图片，林则徐书信、奏折、诗文等文物复仿制品，林则徐雕像、纪念碑，以及当代禁毒斗争图片。上千名金门同胞观看了此次展览，不少人在参观后表示，海峡两岸在“国际禁毒日”期间共同举办民族英雄林则徐史迹展览很有意义，警醒人们远离毒品，营造健康无毒的家园。林则徐基金会以弘扬民族英雄林则徐爱国主义与积极倡导禁毒的精神为宗旨，1995年11月在福建省福州市成立。2004年以来，基金会先后在福州、厦门、杭州、香港、澳门等10多个城市举办“林则徐史迹与当代禁毒展览”。

全国最大禁毒教育展揭幕，模拟吸毒场景触目惊心。2007年6月20日上午，在“6·26禁毒日”到来之际，北京市禁毒教育展在北京禁毒教育基地一号展馆内完成布展。该展是全国最大规模的禁毒教育展，面积3 000平方米，展线长度1 100米，参观平均时间45分钟。展览以青少年为重点对象，面向全社会开放。展览依据现代心理学、教育学、传播学和行为学的先进理念。在宣传禁毒知识的基础上，围绕“拒绝毒品，立足行动”的主题，以大量体验性、选择性内容，调动观众参与，实现心理互动。通过声、光、电等高科技手段，使展览内容获得新的形式，实现寓教于乐。上午10时，先期抵达的观众饶有兴致地依展览的8个部分顺序参观。在观演区，大量互动、体验的高科技“玩具”让人真切感受到沾上毒品的可怕后果，触目惊心的模拟场景令人顿生“远离毒品”的意念。许多年轻人经常光顾的娱乐场所，如酒吧、歌厅、舞厅、迪厅等也被“搬”进了展馆，意在告诉观众这些地方容易发生吸食和交易毒品，应提高警觉。北京禁毒教育展是一个永久性展览，将常年向个人、家庭、单位和社会开放，预计年接待参观者40万人次。

3. 建立中国禁毒展览馆

中国禁毒展览馆，是由国家禁毒委员会办公室与中国禁毒基金会主办，北京市禁毒委员会办公室协办，全国30余个省市禁毒办参与、北京市禁毒教育基地设计制作的，具备独立域名的交互式多媒体、多功能大型网上数字展览。

展览内容丰富，除囊括有关毒品知识、危害、防范、戒毒全部内容之外，还包含国家禁毒政策、法律法规、禁毒历史、中外毒情、大事记、国际公约等内容。此外，展览还部分展示全国各地的禁毒工作，禁毒英模烈士及禁毒志愿、公益活动等。展览目前设有一个大厅，10 个展厅，若干个专区，一个场景。参观浏览者可以根据自己的兴趣或需要，方便快捷地找到自己需要的内容。展览采用多种表现手段，既有平面文字、图片，更有多媒体视频短片、动画，还有互动游戏、在线答题等参与式内容。既可以在这里欣赏与禁毒相关的影视作品、音乐剧，还可以观赏美术作品、文学作品。信息量大、实时更新、不受地域、条件限制是展览的最大特点。作为传统实体教育展览的补充，禁毒教育（数字）展既可以通过网上参观浏览，也可以制作成光盘或通过其他方式传播，可以说只要有一台电脑，所有与禁毒相关的知识、法律、新闻大事、中外毒情等就可以一览无余。

（五）建立各级禁毒教育基地

禁绝毒品不是一朝一夕之事，禁毒的长期性决定了禁毒宣传教育的持久性。为了使毒品预防教育系统化、经常化，按照国家禁毒委员会的统一部署，全国各地相继建立了一批禁毒教育基地。

2000 年 6 月，《中国的禁毒》白皮书中指出，国家禁毒委员会重点支持北京市、贵州省贵阳市、广东省东莞市等地建设一批永久性禁毒教育基地。目前，已在全国建立了 5 个国家级的永久性禁毒教育基地，即北京市、广东省东莞市、贵州省贵阳市、辽宁省沈阳市的禁毒教育基地及曾经拍摄《鸦片战争》的浙江横店影视城禁毒教育基地。云南、贵州、广东、海南、上海、天津、内蒙古、黑龙江、吉林等省、市、自治区建立了省级的永久性禁毒教育基地。很多省、市、自治区还建立了区县、乡镇、村级的禁毒教育基地，如广东省茂名市已建立了 1 000 余个村级禁毒教育基地。

也有一些个人自费创建禁毒教育基地，如原齐齐哈尔市京剧团宣传科科长樊晓刚，1998 年在电视中看到公安部举办的禁毒展览报道，毒品这个毒瘤给社会、家庭带来的危害深深刺痛了他。于是，樊晓刚自费到北京观看了这次禁毒展览，现场的情景更让他震惊不已，激起了他决心从事禁毒宣传的社会责任感。回到齐齐哈尔市后，樊晓刚筹资 20 万元，在市文化局的支持下举办了该市首次禁毒展览。展览共收集图片 4 000 余幅，持续展出两年，并在各县区巡展，参观人数达 120 万人次，收到留言 10 余万条。在办图片展的过程中，樊晓刚越来越感到禁毒宣传的艰巨性、长期性，“打游击”式地搞几次展览并不能从根本上解决问题。自 2000 年 3 月始，樊晓刚开始着手筹建齐齐哈尔市禁毒教育基地。经过 3 个多月的努力，在政府没投一分钱的情况下，禁毒教育基地初步建成。基地共有图片1.2万余张，实物样品30余件，解说员2人。这是黑龙江省第一家地市级禁毒基地。截至2006年，齐齐哈尔市禁毒教育基地接待70余万人次。如今，该基地已经成为齐齐哈尔市青少年禁毒教育的固定场所。

在禁毒教育基地通过展板和电教片的形式，介绍有关禁毒条例、毒品知识、毒品对人体的危害、吸毒者的悲惨结局、我国采取的禁毒措施及青少年如何抵制毒品犯罪等。各级禁毒教育基地的建立，为有效地开展禁毒教育活动，增强青少年的感性认识，提高识毒、防毒、拒毒能力，起到了十分重要的作用。

（六）重视对青少年特别是对中小学生进行毒品预防教育

在吸毒者中，由于无知、好奇、被他人引诱而吸毒的青少年的比例最高。青少年正处于生理、心理发展时期，心理防线薄弱，好奇心强，判别是非能力差，不易抵制毒品的侵袭，加之对毒品的危害性和吸毒的违法性缺乏认识，最易受到毒品的侵袭。因此，对青少年进行远离毒品的教育是禁毒预防教育工作的重中之重。青少年是我们民族的未来与希望。中国政府一向重视对青少年，特别是对在校学生进行毒品预防教育。1991年第七届全国人民代表大会常务委员会第二十一次会议颁布的《中华人民共和国未成年人保护法》和1999年第九届全国人民代表大会常务委员会第十次会议颁布的《中华人民共和国预防未成年人犯罪法》，都对保护青少年不受毒品危害作出规定。按照禁毒预防教育从小抓起的思路，各级政府把对中小学生的禁毒预防教育作为禁毒工作的基础工程。

1992年，国家禁毒委员会和国家教育委员会共同编写、审定了《禁毒教育读本》，作为在中学生中普及禁毒知识的课外读物。

1996年，国家禁毒委员会办公室编写、国家教育委员会审核的《毒品预防教育》一书出版发行，为学校开展青少年毒品预防教育提供了基本教材。

1997年，国家教育委员会会同国家禁毒委员会下发《关于对中小学生开展毒品预防教育的通知》，规定把禁毒教育作为国民素质教育的组成部分，正式纳入中小学德育教育教学大纲，要求在中小学校有针对性地开展形式多样的禁毒教育。共青团在青少年中开展了丰富多彩的禁毒宣传活动，动员组织广大青少年向毒品宣战。许多省区开展了以青少年为主要对象的毒品预防教育活动。重庆、贵阳等地举办“中小学校毒品预防教育骨干培训班”，在中小学增设禁毒教育课，进行毒品预防教育。贵阳22.5万名中小学生参加了全市统一组织的禁毒教育考试，收到了良好的效果。[①]

1999年，根据国家禁毒委员会的要求，全国县以上各级禁毒部门在

① 全国禁毒展览办公室编：《珍爱生命，拒绝毒品》，第66—67页。

24 223 所中小学校建立了毒品预防教育联系点，直接指导学校开展禁毒教育。各级教育行政部门积极配合各级禁毒办开展了中小学校禁毒教育工作。重庆市教委会同市禁毒委、团市委联合下发了《关于进一步加强全市在校学生禁毒宣传和毒品预防教育的实施意见》，明确校长为毒品预防教育的第一责任人，并组织开展了读一本禁毒教育书籍、听一场专题报告、看一部影视教育片、参观一次禁毒展览、写一篇心得或征文、开展一次禁毒教育专题班会等“六个一”活动。

2000 年 4 月，国家禁毒委员会办公室发出《关于今年国际禁毒日前后广泛开展“普及禁毒常识，提高禁毒意识”活动的通知》，要求在全国城乡开展一次针对青少年学生的宣传教育活动。重庆、辽宁、福建、内蒙古、宁夏、湖北、陕西、四川、山西、江西、海南、青海、安徽、吉林等省、自治区、直辖市在大中小学校开设了毒品预防教育课程。浙江省禁毒委员会、公安厅、教育委员会、新闻出版局联合在全省中学生中开展了禁毒教育读书活动。天津市集中力量对 140 万在校中小学生进行了“珍爱生命、拒绝毒品”教育。内蒙古、湖北等地部署兴建了青少年禁毒教育基地。6 月，教育部办公厅发出《关于在今年国际禁毒日前后组织中小学校开展“禁毒知识一堂课”活动的通知》，各地教育行政部门在今年“6·26”国际禁毒日期间，根据中小学生心理特点，采取多种形式，有针对性地认真组织了各中小学校开展“禁毒知识一堂课”活动。河南省教育厅会同省禁毒办、公安厅编印了《河南省高中等学校禁毒征文选编》，分发给全省高中等学校的在校学生，并在 1 430 所中学、420 所小学开展了“禁毒知识一堂课”活动，受教育中小学生达 223 万名。①

2001 年，针对毒品吸食者低龄化趋势，各地普遍加大了对青少年特别是对在校学生的毒品预防教育力度。教育部要求各级教育部门和学校把毒品预防教育作为学校教育的一项重要内容，列入教学活动计划，予以保证，并确定校长为各学校禁毒教育工作的第一责任人。为提高青少年学生毒品预防教育实效，将毒品预防教育内容纳入小学思想品德和中学思想政治课教材，通过常规教学，帮助学生养成良好的生活习惯和健康的生活方式。继续开展“禁毒知识一堂课”活动，将其明确列入课程计划，保障每学期禁毒教育活动的落实。开展了丰富多彩的禁毒文艺体育活动，尤其是“6·26”国际禁毒日期间，中小学普遍开展了以禁毒为主体的活动。结合学校法制教育，还举办了禁毒、防毒法律知识讲座，以提高学生的禁毒法律意识。各地中小学校开展的“读一本禁毒书籍，写一篇禁毒教育体会文章，看一部禁毒题材的电影，参观一次禁毒展览，举行一次禁毒内容的

---

① 中华人民共和国国家禁毒委员会办公室：《2000 年中国禁毒报告》。

班会，举办一次禁毒知识竞赛”活动，已成为毒品预防教育的有效形式。山西省编写了《青少年毒品预防教育读本》，天津举行了万名中小学生集体宣誓，上海、河北、辽宁、浙江、安徽、福建、四川、云南、山西等地在中小学校继续开展“禁毒知识一堂课”活动的同时，增加了禁毒民警担任法制副校长、开办禁毒知识讲座等内容。各地还充分发挥禁毒教育基地的阵地作用，北京、福州、齐齐哈尔等地的禁毒教育基地已成为当地中小学校禁毒教育的摇篮。

2002 年，为贯彻落实党的十六大关于加强法制宣传教育、青少年思想道德建设及国务院关于在中小学生中普遍开展预防艾滋病、预防毒品教育的要求，国家禁毒委员会、中央综治办、教育部、共青团中央又联合下发了《关于进一步加强中小学生毒品预防教育工作的通知》，要求自 2003 年春季开始，毒品预防教育必须列入教学计划，运用课堂教学的组织形式和方法，在小学五年级至高中二年级全面展开。教育部基础教育司和国家禁毒办联合印制并免费发放了 6 万套《全国中小学生禁毒教育挂图》。各级禁毒、教育行政部门、学校和共青团组织广泛开展“禁毒知识一堂课”活动，通过读书征文、知识竞赛、夏令营、参观禁毒展览等多种形式，帮助学生养成良好的生活习惯和健康的生活方式。

2003 年，国家禁毒办会同教育部、中央综治办、团中央，共同推动中小学生毒品预防专题教育工作的开展，组织编写了《中小学生毒品预防专题教育大纲》和专题教材，印制了 12 万套《中学生毒品预防教育挂图》，发送到全国城乡每一所中学，并开展了禁毒师资培训工作，下发了《关于抓好中学生毒品预防教育活动示范学校工作的通知》，为全国 100 所“中学生毒品预防教育活动示范学校”和 100 所重点联系的“社区青少年法律学校”配发了宣传教育设备和资料。5 月，国家禁毒办会同共青团中央发出了《关于在社区青少年法律学校中加强毒品预防教育工作的通知》，各级共青团组织以深入实施“社区青少年远离毒品”行动为载体，以社区法律学校为依托，加强了对社区青少年的毒品预防教育。各地富有成效地开展了针对中小学生的毒品预防专题教育工作。

2004 年，教育部、团中央等单位，以贯彻《中共中央、国务院关于进一步加强和改进未成年人思想道德建设的若干意见》为契机，坚持把青少年特别是中小学生作为禁毒预防宣传教育的重中之重，全面实施《中小学生毒品预防专题教育大纲》，广泛开展“社区青少年远离毒品”活动，继续加强“中学生毒品预防教育活动示范学校”的建设，积极落实在小学五年级至高中二年级普遍开设毒品预防教育课程，逐步将毒品预防教育由城市扩展到农村。甘肃省组织开展了“千名领导到千所学校开展毒品预防教育活动”，北京市举办了第三届青少年禁毒教育研讨会等活动。

2005 年，进一步深化面向青少年的禁毒宣传教育活动。各地、各部门以青少年为重点，开展了一系列具有地方特色的禁毒宣传活动。教育部和国家禁毒委员会办公室在云南省举办了禁毒和防治艾滋病骨干师资培训班，向云南省 2 000 多所中小学校赠送了配套教育挂图和幻灯片，共同组织 35 名师生赴泰国参加了“中泰建交 30 周年青少年禁毒交流活动”；团中央、中央综治委和国家禁毒委员会办公室联合开展了“社区青少年远离毒品行动”，并在互联网上进行了禁毒知识竞赛；甘肃省继续开展了“千名领导干部深入学校讲授禁毒课”活动；四川省举办了“为了明天，远离毒品”青少年禁毒宣传活动，受教育学生达 635 万名，仁寿县还专门建成了禁毒宣传一条街；山东省启动创建“百所市县级中学生毒品预防教育活动示范学校”，省、市、县(区)三级毒品预防教育活动示范学校网络基本形成；湖北省将毒品预防教育纳入全省“中小学现代远程教育”工程，通过远程教育网络在全省 6 000 所中小学校开展毒品预防教育活动，提高了禁毒教育的科学化和规范化水平。

2006 年，以防范新型毒品为重点加强青少年禁毒宣传教育。国家禁毒委员会办公室会同公安部宣传局、中国国际文化传播中心、中央电视台和上海市禁毒委员会共同举办了以“远离新型毒品，健康成就未来”为主题的大型禁毒公益晚会《让生命更精彩》，并于国际禁毒日当天在中央电视台播出；会同中宣部、教育部和中国禁毒基金会制作了《防范新型毒品宣传挂图》，并向重点省区赠送挂图 1 万套；联合中央电视台制作了 5 集防范新型毒品专题片；会同中央综治委、教育部、共青团中央组织开展了对中小学生毒品预防专题教育工作督导检查，并在重庆召开座谈会，部署推进全国中小学生毒品预防专题教育。湖北省将 2 万余所中小学校禁毒教育工作纳入“示范学校”创建范畴和中小学校远程教育系统。北京团市委开展了青少年禁毒教育夏令营，修订了《毒品预防教育参与式培训手册》。

2011 年，针对青少年涉毒问题严重、合成毒品蔓延迅速的情况，国家禁毒委员会办公室会同教育部重点在学校和社区组织开展“2011 青少年远离毒品行动”；会同公安部发言人办公室、国新办网络局在人民网组织开展“禁毒大家谈”系列访谈活动；积极协调中央媒体持续关注合成毒品滥用问题，中央电视台《焦点访谈》“明星吸毒，毒害社会”，网络媒体转载 500 余次，引起社会广泛关注。北京举办“首都高校大学生骨干”禁毒夏令营，上海举办第 6 届“网上禁毒知识竞赛”吸引 60 多万人参与，江苏开展大学生禁毒宣传小分队进社区活动，青海在全省所有学校组织开展“合成毒品知识一堂课”活动，云南组织开展中小学校禁毒宣传黑板报大赛，提高了青少年学生抵御合成毒品的能力。

2012年，禁毒教育的重点是加强“青少年和合成毒品”宣传教育。针对青少年滥用合成毒品快速增长的情况，国家禁毒办确定2012年全国禁毒宣传主题为“青少年和合成毒品”；梳理合成毒品导致严重危害的典型案例，制作警示教育片《与死神共舞》；会同中国禁毒基金会制作“人生不可回放”“生命不可娱乐”电视公益广告和招贴画，以典型案例、真实故事阐释合成毒品的严重危害；会同教育部评选13个“全国中小学生毒品预防教育社会实践基地”。各地围绕主题，加强对“失业、失学、失管”青少年、服刑人员子女等易染毒青少年群体的宣传教育。黑龙江、吉林、江苏、河南、湖南、安徽广泛进行禁毒骨干师资登记和培训工作，培训禁毒师资1.6万余名；上海、海南部署开展“上好一堂合成毒品预防教育课”活动；北京、天津、浙江、西藏举办禁毒主题夏令营、知识竞赛；河南、湖南开展暑期禁毒教育“三下乡”活动，有效提高了广大青少年抵御合成毒品侵害的能力。

2013年，国家禁毒办持续将“青少年和合成毒品”作为重点工作，运用新兴媒体面向青少年有针对性地广泛传播合成毒品的严重危害，进一步强化青少年防范毒品特别是合成毒品的力度。国家禁毒办举办全国禁毒微电影大奖赛，利用创新形式吸引广大青少年关注参与禁毒事业；成功开发建设“中国禁毒展览馆”，以融合声、光、电等多种元素的3D技术，实现了禁毒虚拟展厅和实体展览的高度融合，成为广大网民特别是青少年获取毒品知识的新窗口；会同中央主流媒体制作播出《吸毒“低龄化”调查》《合成毒品危害调查》等专题节目和专版报道，以符合青少年的语言直观展示了合成毒品对青少年身心健康、家庭和社会的严重危害；部署各地广泛播映合成毒品危害警示教育片《与死神共舞》，仅全国各大视频网站累计点击次数已突破2亿人次。各地禁毒部门积极探索运用青少年喜闻乐见的媒体形式，广泛应用网络、微博、微信等新媒体、新平台开展禁毒宣传，逐步形成了快捷传播、贴近群众、实用有效的教育新手段、新模式。

2014年，全国各地、各部门坚持活动形式与效果并重，面向流动人口、青少年、社区居民等不同群体开展禁毒主题宣传活动，在宣传禁毒工作、传播禁毒知识、发动人民群众参与禁毒斗争中起到良好作用。北京连续举办8届“青少年禁毒教育夏令营”，集中3 000名法制副校长进行禁毒培训；天津开展禁毒知识竞赛、诗歌创作和微电影拍摄系列活动；上海连续9年举办以中小学生为主体的禁毒知识竞赛；江苏举办首届大学生禁毒辩论赛；浙江省开展全省高校禁毒倡议活动；广西在全区中小学校推广使用《禁毒宣传教育电子教材》；湖南开展禁毒师资培训互联网远程培训活动；新疆开展禁毒宣传高校行系列活动，良好地衔接了学校、家庭、社区的禁毒宣传教育工作，有效提高了青少年特别是中小学生抵御毒品侵害的能力。

2016年，全国各地各有关部门深入实施“6·27”青少年毒品预防教育工程，20余万所学校的1.5亿名学生接受禁毒专题教育，11万名教师参加禁毒师资培训，15万所学校975万名学生参与全国青少年禁毒知识竞赛网上答题。

（七）加强面向社区和“高危人群”的毒品预防教育

2000年2月29日，国家禁毒委员会发出《关于在强制戒毒等场所强化禁毒教育的通知》，从2000年起，在劳改、劳教场所和拘留所、收容所、戒毒所、妇教所、工读学校、收容遣送站等场所强化禁毒教育。为此，国家禁毒委员会办公室将《禁毒教育挂图》等宣传品发给上述各场所，各地利用这些资料采取多种措施，对这些易染毒高危人群开展了公众宣传毒品预防教育。甘肃省组织9名戒毒成功或正在戒毒的人员，在全省部分学校、戒毒所、劳教所进行巡回演讲。贵州组织全省戒毒所戒毒人员开展“告别昨天重塑自我”文艺调演活动。

2001年，工会、妇联等群众组织充分发挥自身优势，积极开展社区禁毒宣传教育活动。各级工会组织利用工人文化宫、俱乐部、职工学校和工人报刊，开展了形式多样的禁毒宣传活动。上海市妇联和禁毒办联合制作了40幅《不让毒品进社区，不让毒品进家庭》宣传挂图发放到基层单位；江苏省妇联和禁毒办编辑出版了《家庭拒毒知识读本》下发各地，举办了“不让毒品进我家”知识竞赛活动；甘肃省10个地市的妇联举行了“不让毒品进我家”万户签名承诺活动。北京、上海、湖北、江苏、广东、江西、云南等地加大对公共娱乐场所吸食“摇头丸”违法人员的查禁力度，福建、黑龙江等地开展了“对摇头丸说不”主题系列活动。

2002年，国家禁毒办组织编写了《社区禁毒宣传教育问答》，并部署各地以此为教材，开展了面向社区公众的禁毒宣传教育活动。上海市和浙江省的禁毒教育基地先后建成开馆，浙江省还在旅游景区和休闲场所内建设了一批禁毒宣传窗口。司法部组织开展了全国劳教场所的禁毒戒毒知识竞赛，全国禁毒戒毒工作者和劳教人员27万人参加了比赛。公安部监所管理局与《人民公安报》联合举办了“全国强制戒毒所禁毒戒毒知识竞赛”，在全国各级监管部门和强制戒毒所掀起了学习禁毒戒毒知识的热潮。陕西省举办了“远离毒品，关爱进城务工青年”主题教育活动。广东、广西、湖北、江苏、河南、辽宁、青海等省、区在歌舞娱乐场所开展了集中宣传教育活动。

2004年，有针对性地加强对吸毒高危人群的禁毒宣传教育。国家禁毒办就加强流动人口禁毒教育进行专题部署，配套印发了2.5万套《禁毒宣传教育挂图》、10万册《社区禁毒宣传教育问答》，在重点场所和人群中广泛张贴发放，提高了公众的识毒、防毒、拒毒意识。各地禁毒办、共青团组织了10万多支禁毒宣传小分队，深入到车站、码头、工地等流动人口集中地区，开展禁毒宣传咨询活动，加强了对外出务工人员、无业闲散人员等高危人群的禁毒宣传教育，提高了他们抵御毒品的能力，有效遏制了新吸毒人员的滋生。

2005 年，进一步深化了面向吸毒高危人群的禁毒宣传教育活动。为遏制新型毒品的发展蔓延，9 月—11 月，国家禁毒委员会部署在全国开展了防范新型毒品集中宣传教育活动。10 月 16 日，中宣部、公安部、文化部、国家广播电影电视总局、国家工商行政管理总局和国家禁毒委员会办公室共同在北京、大连、哈尔滨、青岛、广州、武汉、乌鲁木齐 7 个城市同时启动了“万家歌舞娱乐场所禁毒承诺行动”。号召所有歌舞娱乐场所自觉远离新型毒品，上海市制作了防范新型毒品公益广告，在电视台、商业楼宇联播网络滚动播出。湖南、黑龙江两省共组织歌舞娱乐场所业主及从业人员培训班 1 670 余期，培训人员近 30 万人(次)。陕西省对 1 500 家娱乐场所进行明查暗访，并与 4 000 家娱乐场所签订了禁毒责任书，场所禁毒自律意识有所增强。为加强对劳教人员的禁毒宣传教育工作，各级司法劳教部门利用征文、演讲、知识竞赛等形式对在所的 28 万余人次劳教人员开展了禁毒宣传教育。针对外出务工人员禁毒知识贫乏的问题，湖南省组织大学生专门给外出务工经商人员发放禁毒警示卡，提高了外出务工人员识毒、防毒能力。

(八) 不断发展壮大禁毒志愿者队伍

发展和完善禁毒志愿者队伍是构建社会主义和谐社会的迫切需要，是深入推进禁毒人民战争的重要载体，也是实现“巩固和深化娱乐场所无毒、基本实现公共场所无毒、大力推进社区无毒”三大目标的有力保障。禁毒工作迫切需要大批禁毒志愿者的积极参与。国家禁毒委员会十分重视禁毒志愿者工作，在 1999 年全国禁毒工作会议上提出了“培养一批禁毒志愿者”的要求。近年来，我国禁毒志愿者队伍不断发展壮大。

我国的禁毒志愿者工作开始于 2001 年。2001 年是“国际志愿者”年，我国各地加强了禁毒志愿者队伍建设。国家禁毒委员会办公室会同共青团中央，在北京、江苏、湖北、广东、重庆 5 省市开展了禁毒志愿者试点工作。6 月 26 日，北京市社区禁毒志愿者总队成立，时任国家禁毒委主任、公安部部长贾春旺，国家禁毒委副主任、公安部副部长白景富参加了成立大会并为总队授旗。广西编写了禁毒志愿者培训手册《禁毒与毒品预防》，山西、辽宁、吉林、上海、浙江、江苏、福建、湖北、广东、广西、重庆、云南、陕西、甘肃、宁夏等地组织禁毒志愿者深入社区、街道、家庭开展禁毒宣传和帮教吸毒人员等系列活动。

2003 年，各地积极发动组织人民群众参与禁毒工作，因地制宜地组织禁毒志愿者活动。湖南省成立了由副省长徐宪平任会长的禁毒协会。广东省湛江市成立了 315 个乡镇级妇女、青年禁毒协会和 64 个“自愿戒毒辅导站”，会员达 2 831 人。上海市积极开展社会化禁毒的试点工作，现已上岗禁毒社工 131 人，负责管理 6 242 名在册吸毒人员。湖北省组建禁毒志愿者队伍 20 余支，义务宣传队员达 6 000 余人。①

2004 年，国家禁毒办、共青团中央、全国总工会、全国妇联联合发出《关于推动禁毒志愿者行动的通知》，就禁毒志愿者行动进行了全面部署。北京、河北、河南、湖北、湖南、广东六省（市）禁毒办、团中央联合开展了“中国禁毒志愿者汽车万里行”活动。江苏、陕西等省建立了省、市、县三级禁毒志愿者机构和队伍，充分调动和鼓励志愿者深入一线开展禁毒宣传教育活动，有效保证了禁毒志愿者行动的开展。广西、内蒙古、四川、云南、贵州等西部省区，积极响应“社区青少年远离毒品西部行动”，组织禁毒青年志愿者深入社区开展禁毒宣传教育。湖北省黄石市公民邹强自费投入 40 万元人民币，组织“洲翔禁毒艺术团”，深入社区进行义演。

2005 年，禁毒志愿者队伍不断壮大，服务领域不断拓宽。截至 2005 年年底，仅云南、山西等 13 个省市就成立了禁毒志愿者队伍 558 支 25 万余人。海南省妇联通过开展“千村创建妇女禁毒会”活动，在全省 1 050 个村（居）委会成立了妇女禁毒会，培训妇女禁毒宣传教育和帮教骨干 21 万人。②

2006 年，国家禁毒办和共青团中央协调北京、海南等 7 省（区、市）组织开展了“中国禁毒志愿者汽车万里行”西南线活动，并于 6 月 26 日在北京居庸关长城举办了“共筑禁毒长城”大型主题宣传活动。国家禁毒委员会办公室会同中共中央宣传部、共青团中央编写、印发《中国禁毒志愿者手册》，并推出了禁毒志愿者标识。云南省启动了万名禁毒志愿者骨干师资培训工作。

2007 年，各级禁毒部门积极推进禁毒志愿者工作，全国已有禁毒志愿者 100 万余名，大部分省（区、市）建立了禁毒志愿者组织，并积极开展禁毒志愿者活动。北京市禁毒志愿者达 1.4 万余名，组织开展了娱乐场所检查、罂粟踏查、社区禁毒宣传及“保奥运、禁毒品、志愿者在行动”活动。浙江省下发了《关于进一步推进禁毒志愿者行动的通知》，要求各县（市、区）均要建立禁毒志愿者队伍。陕西省禁毒委员会和省妇联共同组建了“陕西省妇女禁毒志愿者总队”，有近 5 000 名妇女参加了成立仪式。四川乐山组织禁毒志愿者深入学校、社区、车站开展禁毒宣传。

---

① 中华人民共和国国家禁毒委员会办公室：《2003 年中国禁毒报告》。
② 中华人民共和国国家禁毒委员会办公室：《2006 年中国禁毒报告》。

2015年6月11日，由国家禁毒办、共青团中央、全国妇联、中国禁毒基金会和宋庆龄基金会共同发起的“百万禁毒志愿者进千万家庭”活动在湖南长沙正式启动。活动旨在通过组织动员全国百万禁毒志愿者深入千家万户，宣传禁毒政策、普及毒品知识、讲解毒品危害、传授防毒技巧，在全社会营造浓厚的禁毒人民战争氛围。活动即日起在湖南、广西、重庆、贵州4个省市区试点开展，力争用3年时间推广到全国。

目前，全国禁毒志愿者人数已达到100多万名，北京、山西、陕西、宁夏、河北、河南、湖南、安徽、江苏、浙江、云南等10多个省、自治区、直辖市成立了禁毒志愿者总队或青少年禁毒志愿者总队、妇女禁毒志愿者总队，一大批禁毒志愿者积极参与禁毒宣传教育、帮教吸毒人员和创建“无毒社区”等工作，为禁毒事业作出了特殊的贡献。

(九) 以适当形式进行对外禁毒宣传

20世纪90年代以来，不少外国新闻记者、外交人员以及国际禁毒组织的官员来华采访、访问时，参观了中国的一些禁毒设施，有的还参观了各地的戒毒所，了解了中国的禁毒成就和面临的困难。他们通过耳闻目睹，对中国政府厉行禁毒的立场、决心和采取的有力措施，有了直接的了解和亲身的体会，消除了以往对中国禁毒工作存在的某些误解和偏见。许多外宾对中国在禁毒斗争中取得的巨大成就和为国际禁毒合作作出的贡献，表示由衷的敬佩；对中国在禁毒斗争中遇到的实际困难，也表示能够理解。

中国政府首次发表《中国的禁毒》白皮书。2000年“6·26”国际禁毒日，中国政府对外发布了由中国国家禁毒委员会办公室组织撰写的《中国的禁毒》白皮书，介绍了过去20多年中国禁毒工作取得的显著成就，阐明了中国政府严厉禁毒的一贯立场和决心，在国内外引起了强烈反响。各省区市禁毒领导机构和社会群众团体、各界知名人士纷纷组织学习座谈，或发表电视讲话、署名文章。新疆维吾尔自治区政府副主席的电视讲话，通过卫星频道以维吾尔、汉、哈萨克三种语言播出。国外许多新闻媒体都转载和报道了《中国的禁毒》白皮书的主要内容。一些国家提出要与中国磋商建立双边的禁毒协议，国际刑警组织秘书长在第五届国际海洛因大会上对《中国的禁毒》白皮书给予了积极评价。

中国政府首次发布《中国毒品形势报告》。中国国家禁毒委员会办公室于2015年6月24日发布《2014年中国毒品形势报告》，这是中国政府首次对外发布毒品形势报告。《报告》分为前言、正文和结语三个部分，总共6 000多字。正文共四章，包括毒品滥用、毒品来源、毒品贩运和毒品形势走向。中国国家禁毒委员会副主任、公安部部长助理刘跃进指出，中国毒品形势报告发布的背景和意义，是“为了调动社会各界各行各业参与禁毒工作，同时也为了让国内民众以及国际社会对中国毒品犯罪情况有一个真实、客观、清醒的了解”。目前，中国国家禁毒委员会办公室已经连续3年发布中国毒品形势报告。

三、禁毒立法不断完善

中国高度重视禁毒法制建设，坚持依法禁毒。近30多年来，针对不断蔓延的毒品问题，中国加快禁毒立法的步伐，制定颁布了一系列法律、法规，禁毒法制建设取得重大进展。目前，中国已初步形成了以刑事法律为主、行政法规和地方性法规相配套的禁毒法律体系，为开展禁毒斗争提供了有力的法律武器。

（一）禁毒刑事立法逐步完善

1979年7月1日，第五届全国人民代表大会第二次会议通过的中华人民共和国的第一部刑法典《中华人民共和国刑法》，专门规定了制造、贩卖、运输毒品罪及其刑罚。该法第一百七十一条规定：“制造、贩卖、运输鸦片、海洛因、吗啡或者其他毒品的，处五年以下有期徒刑或者拘役，可以并处罚金；一贯或者大量制造、贩卖、运输鸦片、海洛因、吗啡或者其他毒品的，处五年以上有期徒刑，可以并处没收财产。”但是规定笼统，处罚较轻，对严重毒品犯罪没有处死刑的规定。

20世纪80年代，全国人民代表大会常务委员会陆续颁布《中华人民共和国海关法》《中华人民共和国治安管理处罚条例》《关于严惩严重破坏经济的罪犯的决定》《关于惩治走私罪的补充规定》等法律，进一步对惩治毒品违法犯罪作出规定，并将严重毒品犯罪的法定最高刑提高到死刑。1990年12月18日，第七届全国人民代表大会常务委员会第十七次会议通过的《关于禁毒的决定》，对毒品犯罪的种类及其刑罚，对吸毒者的处罚和强制戒毒等，作了全面规定，并明确规定了中国对走私、贩卖、运输、制造毒品犯罪的普遍管辖权。

1997年3月14日，第八届全国人民代表大会第五次会议对《中华人民共和国刑法》进行了修订，在吸收、保留《关于禁毒的决定》主要内容的基础上，对毒品犯罪的法律规定作了重要修改和补充，使中国的禁毒刑事立法进一步得到加强。最高人民法院、最高人民检察院对修订后的刑法作出了相关司法解释。修订后的《中华人民共和国刑法》对走私、贩卖、运输、制造毒品的犯罪的处罚更加完善，充分体现了从严惩处毒品犯罪这一原则：(1) 对毒品犯罪种类规定齐全，确保各种毒品犯罪行为受到法律制裁。该法规定了走私、贩卖、运输、制造毒品罪，非法持有毒品罪，窝藏、转移、隐瞒毒品、毒赃罪，走私制毒物品罪，非法买卖制毒物品罪，非法种植毒品原植物罪，非法买卖、运输、携带、持有毒品原植物种子、幼苗罪，非法提供麻醉药品、精神药品罪等12个罪名及刑罚，并对毒品洗钱犯罪行为作出处罚规定。

(2) 对走私、贩卖、运输、制造毒品,无论数量多少,都规定要追究刑事责任,予以刑事处罚。毒品的数量以查证属实的走私、贩卖、运输、制造、非法持有毒品的数量计算,不以纯度折算。

(3) 对毒品犯罪从经济上予以制裁。对毒品犯罪,规定了并处没收财产或罚金,旨在剥夺毒品罪犯的非法收益,摧毁其再次实施毒品犯罪的经济能力。

(4) 对利用、教唆未成年人走私、贩卖、运输、制造毒品,或者向未成年人出售毒品的,引诱、教唆、欺骗或者强迫未成年人吸食、注射毒品的,因走私、贩卖、运输、制造、非法持有毒品罪被判过刑又有毒品罪行为的,从重处罚。

(5) 对走私、贩卖、运输、制造毒品等严重的毒品罪犯处以死刑。中国在立法上对毒品犯罪从严惩处,是现实禁毒斗争的需要,表明了中国严厉禁毒的立场。

近年来,经过各地区各有关部门的共同努力,我国禁毒工作取得了明显成效。但禁毒工作面临的形势仍然十分严峻,有必要在总结实践经验的基础上,制定一部专门的禁毒法律,为预防和惩治毒品违法犯罪行为进一步提供法律保障。2004 年,国家禁毒委员会成立了《中华人民共和国禁毒法》起草领导小组,成立了专门办公室,积极开展立法工作。截至年底,《中华人民共和国禁毒法》草案已经基本完成,进入全面征求意见和修订阶段。2005 年,国家禁毒委员会积极开展禁毒法立法调研工作,加快禁毒法立法进程,并于 10 月将《中华人民共和国禁毒法(送审稿)》提交国务院。2006 年 6 月,国务院常务会议讨论并原则通过《中华人民共和国禁毒法(草案)》,会议决定,该草案经进一步修改后,由国务院提请全国人大常委会审议。8 月,十届全国人大常委会第 23 次会议审议了《中华人民共和国禁毒法(草案)》。2007 年 12 月 29 日,十届全国人大常委会第三十一次会议通过了《中华人民共和国禁毒法》,自 2008 年 6 月 1 日起施行。《中华人民共和国禁毒法》对禁毒工作的方针体制、禁毒宣传教育、毒品管制措施、戒毒措施、禁毒国际合作、法律责任等作出全面规定。它为我国的禁毒工作提供了重要的法律武器,使我国的禁毒刑事立法更加完善。

(二) 禁毒行政法规不断出台

1. 颁布多种严格管理、禁止滥用麻醉药品和精神药品的法规

严格管理、禁止滥用麻醉药品和精神药品,是中国禁毒法制建设一项十分重要的内容。中国为此颁布的法律、法规和规章多达 30 余项。

1984 年 9 月,第六届全国人民代表大会常务委员会第七次会议通过《中华人民共和国药品管理法》,其中第三十九条规定:国家对麻醉药品、精神药品实行特殊的管理办法。

1987年和1988年，国务院先后发布《麻醉药品管理办法》和《精神药品管理办法》，分别对麻醉药品和精神药品的生产、供应、运输、使用、进出口的管理以及对违法行为的处罚作出了明确规定。

2001年，国家药品监督管理局依法强化了对麻醉、精神药品的监督管理，进一步规范了生产、经营和使用，下发了《关于对麻醉药品经营单位验收调整的通知》，麻醉药品经营环节的管理工作进一步得到加强。

2003年，为推进特殊药品法规建设，国家食品药品监督管理局组织修订了《麻醉药品管理办法》和《精神药品管理办法》。

2005年，国务院颁布了《麻醉药品和精神药品管理条例》，为进一步规范和加强麻醉药品和精神药品的管理，打击有关违法犯罪活动提供了较为完善的法律依据。

2. 发布一系列严格管制易制毒化学品和麻黄素的法规

为了防止易制毒化学品和麻黄素流入非法渠道，严厉打击有关违法犯罪活动，中国立法机构和政府还发布了一系列严格管制易制毒化学品和麻黄素的法规和规章。

中国有关部门于1988年10月发文，对醋酸酐、乙醚、三氯甲烷三类可供制造海洛因等毒品的化学品实行出口管制。1993年1月，中国对《联合国禁止非法贩运麻醉药品和精神药物公约》所列举的22种易制毒化学品实行出口许可证管理。1996年6月，又规定对上述22种易制毒化学品实行进口许可证管理。1997年4月，中国外贸部门发布《易制毒化学品进出口管理暂行规定》，并于1999年12月正式发布《易制毒化学品进出口管理规定》。2000年，国家经济贸易委员会、国家工商行政管理局、公安部联合下发了《关于加强易制毒化学品生产经营管理的通知》，对易制毒化学品的生产经营企业，仓储运输企业、使用单位提出了严格的要求，使各地各部门对易制毒化学品生产、经营环节的管理有章可循。2005年，商务部、公安部、海关总署、国家安全生产监督管理总局、国家食品药品监督管理局联合出台了《向特定国家（地区）出口易制毒化学品暂行管理规定》，加强了对向“金三角”地区有关国家出口58种易制毒化学品的严格管理。国务院颁布了《易制毒化学品管理条例》，为进一步规范和加强易制毒化学品的管理，打击有关违法犯罪活动提供了较为完善的法律依据。2006年，公安部制定了《易制毒化学品购买和运输管理办法》，国家安全生产监督管理总局制定了《非药品类易制毒化学品生产、经营许可办法》，商务部修订了《易制毒化学品进出口管理规定》《易制毒化学品进出口国际核查管理规定》《商务部、公安部、海关总署2006年第五十七号公告》《麻黄素类易制毒化学品出口企业核定暂行办法》，公安部、国家安监总局制定下发了新的许可证（或备案证明）。2009年，最高人民法院、最高人民检察院、公安部出台《关于办理制毒物品犯罪案件适用法律若干问题的意见》，为有效打击易制毒化学品犯罪活动提供了法律依据。公安部、商务部、海关总署、国家工商行政管理总局、国家安全生产监督管理总局、国家食品药品监督管理局出台《关于进一步加强易制毒化学品管制工作的指导意见》，全面规范和加强了易制毒化学品管理工作。针对不法分子利用互联网非法买卖易制毒化学品问题，2010年9月21日，公安部、工业和信息化部、工商总局、安全监管总局、食品药品监管局联合下发《关于加强互联网易制毒化学品销售信息管理的公告》，规范网上易制毒化学品销售行为。2011年，国家禁毒委员会办公室会同药监局、安监局、商务部、海关总署、法制办等部门，启动对《易制毒化学品管理条例》修改、品种目录调整程序，积极对条例相关内容适时作出修改，完善易制毒化学品监管和立法机制。2012年，开展《易制毒化学品管理条例》修订工作，适应国内外毒品形势和易制毒化学品流失情况新变化。同年8月，公安部、商务部、卫生部、海关和安监等部门联合发布《关于管制邻氯苯基环戊酮的公告》，将制造羟亚胺的原料邻氯苯基环戊酮列入《易制毒化学品管理条例》附表第一类易制毒化学品进行管制。针对α-氰基苯丙酮、新康泰克、苯乙酸酯类等已成为部分国家制毒新原料的问题，启动麻黄碱复方制剂、苯乙酸酯类等非列管物质进出口管制调研工作。2013年，针对新出现的溴代苯丙酮非法制造麻黄碱以及α-氰基苯丙酮非法出口用于制造苯基丙酮问题，国家禁毒办会同相关部门积极加快立法进程，上报国务院作为第一类易制毒化学品进行管制，全力遏制制毒物品流失制毒的发展蔓延。

1992—1998年，国家卫生部药政局、国家医药管理局以及1998年以后成立的国家药品监督管理局，连续3次修订发布《麻黄素管理规定》，对麻黄素实行国内定点生产、定点经营、凭证购用、凭证运输、一证一次有效等严格的管理制度。1998年3月，国务院发出《关于进一步加强麻黄素管理的通知》，规定对麻黄素的生产、经营、运输、使用、出口实行专项管理。1998年12月，对外经济贸易合作部、公安部、海关总署、国家药品管理局联合下发《关于加强麻黄素类产品出口管理有关问题的通知》，对麻黄素各种盐类、粗品、衍生物和单方制剂等12个品种全部实行出口管制。1999年6月，国家有关部门发布《麻黄素管理办法》。2000年，国家药品监督管理局下发了《关于进一步加强麻黄素单方制剂监督管理工作的通知》，对麻黄素单方制剂的生产、经营、使用等进行了规范，确定并公布了全国单方制剂生产厂名单，并要求各省级药品监督管理部门对有关生产企业涉嫌违规销售麻黄素片进行严肃查处。国家药品监督管理局发出《关于贯彻打击冰毒和加强易制毒化学品管理专项整治行动电视电话会议精神，进一步加强麻黄素管理的通知》，要求省级药品监督管理部门对本辖区麻黄素及其单方制剂的生产、经营和使用单位进行一次彻底清查，研究提出进一步加强管理的措施。公安部颁布了《麻黄素运输许可证管理规定》。进一步完善了对麻黄素严格管制的有关规定。2007 年 11 月，国家食品药品监督管理局、公安部联合发出《关于进一步加强麻黄碱管理的通知》，进一步加大对麻黄碱的审批、购买、运输、使用的审核工作力度，部署全国范围开展一次针对麻黄碱生产、经营、使用情况的专项检查，不断规范麻黄碱的生产、经营活动，全面提高了麻黄碱的管理水平。2009 年，国家食品药品监督管理局下发了《关于切实加强部分含特殊药品复方制剂销售管理的通知》，完善了对麻黄碱复方制剂的监管措施。2011 年，国家禁毒委员会办公室协调、配合全国人大、最高法、最高检、药监局等部门，起草关于办理走私、非法买卖麻黄碱类复方制剂等刑事案件具体应用法律若干问题的意见。2012 年 6 月，最高法、最高检和公安部三部委联合发布《关于办理走私、非法买卖麻黄碱类复方制剂等刑事案件适用法律若干问题的意见》；9 月，国家药监局、公安部、卫生部下发《关于加强含麻黄碱类复方制剂管理有关事宜的通知》，从源头上遏制麻黄碱类复方制剂流入非法渠道被用于制造毒品。2013 年，针对麻黄草被大量用于非法制造麻黄碱问题，国家禁毒办联合最高法、最高检、农业部和国家食药监管总局出台《关于进一步加强麻黄草管理严厉打击非法买卖麻黄草违法犯罪活动的通知》。

3. 制定有关强制戒毒和劳教戒毒的法规

《关于禁毒的决定》第八条第二款中规定："吸食、注射毒品成瘾的，除依照前款规定处罚外，予以强制戒除，进行治疗、教育。强制戒除后又吸食、注射毒品的，可以实行劳动教养，并在劳动教养中强制戒除。"为配合《关于禁毒的决定》这一原则性规定的贯彻实施，1995 年国务院发布《强制戒毒办法》，1999 年司法部颁布《劳动教养戒毒工作管理办法(试行)》，使我国戒毒工作有法可依。自此，有关戒毒的行政措施与惩治毒品犯罪的刑罚制裁相配套，形成了较为完备的法律、法规体系。

《强制戒毒办法》对强制戒毒的定义，强制戒毒的主管机关，强制戒毒所的设置，强制戒毒的期限，戒毒人员在强制戒毒期间的生活费和治疗费，强制戒毒期间的管理、纪律、探视和发生意外事件时的处理办法、程序以及解除强制戒毒的程序等问题，都作出了明确具体的规定。它是我国对吸毒人员实施强制戒毒的基本操作规程，使强制戒毒规范化和制度化，保证这一涉及面很广的社会工程，能够有章可循，严格依法办事。

司法部在1999年颁布《劳动教养戒毒工作管理办法(试行)》的基础上,依据现行劳动教养法律、法规,结合劳动教养戒毒工作实际,根据戒毒劳动教养人员的生理和心理特点,总结近年来全国管理矫治戒毒劳动教养人员的实践经验,借鉴国内外戒毒医疗工作的有益经验,于2003年制定了《劳动教养戒毒工作规定》。《劳动教养戒毒工作规定》从对戒毒劳动教养人员的管理、治疗、教育等方面,全面系统地规范了劳动教养戒毒工作,有力地推动了劳动教养戒毒工作的法制化建设,对今后全国劳动教养机关充分发挥自身职能,进一步做好对戒毒劳动教养人员的教育挽救工作具有重要的指导意义。

(三) 禁毒地方性法规相继制定

国家立法和行政法规不可能穷尽禁毒方面的一切事项,这就需要各地根据自己的实际情况予以增补、扩充和使之具体化。近20多年来,根据《中华人民共和国地方各级人民代表大会和地方各级人民政府组织法》第三十八条关于"省、自治区、直辖市的人民代表大会常务委员会在本级人民代表大会闭会期间,根据本行政区域的具体情况和实际需要,在不同宪法、法律、行政法规相抵触的前提下,可以制定和颁布地方性法规,报全国人民代表大会常务委员会和国务院备案"的规定和中共中央、国务院关于"烟毒蔓延地区,可以依法颁布地方性法令、法规"的指示,全国大多数省、自治区、直辖市的地方立法机构,从自己的实际情况出发,相继制定了一些与国家禁毒刑事立法和国务院有关禁毒的行政法规相配套的地方性禁毒法规或规章。据笔者的不完全统计,截至2017年4月底,已经有云南、贵州、四川、重庆、广东、广西、海南、宁夏、黑龙江、吉林、内蒙古、山西、江苏、浙江、福建、安徽、上海、湖南、湖北等19个省、自治区、直辖市的人大制定了禁毒条例。北京、天津、河南、山东、江西等地也已把《禁毒条例》列入近期的立法规划。

四、惩治毒品违法犯罪成果卓著

(一) 深入开展禁毒专项斗争

1983年以来,我国几乎每年都开展禁毒专项斗争,对毒品犯罪形成高压态势,严厉打击一切毒品犯罪活动。

1983—1986年,全国连续3年开展的"严厉打击刑事犯罪活动"都把打击毒品犯罪作为重点。

1992年8月,云南省委、省政府和公安部组织历时82天的武装扫毒行动,一举摧毁了多年盘踞在云南省文山州平远地区的具有黑社会性质的武装贩毒贩枪集团,捕获犯罪嫌疑人854名,缴获海洛因、鸦片等毒品975千克,收缴用于武装贩毒的军用枪支 353 支，有力地震慑了毒品犯罪。

1993—1996 年，公安部部署在西南边境地区持续开展了“三年缉毒缉枪专项斗争”。此次专项斗争战果显赫，公安边防部队共破获贩毒案件 4 437 起，缴获海洛因 3 312 千克、鸦片 1 755 千克，抓获犯罪嫌疑人 635 名，最大限度地把毒品堵获在边境地区。[①] 云南省公安机关先后捕获了境外大毒枭杨茂贤、余加发等 10 余人，并将其绳之以法。

1996 年，全国统一开展了以打击毒品犯罪为重点的“严厉打击刑事犯罪的斗争”，取得了显著战果。全国共破获各种各类毒品违法犯罪案件 88 579 起，缴获海洛因 1 100 余千克、鸦片 17 745 千克、冰毒 1 599 千克、易制毒化学品 218.6 吨。

1997 年，国家禁毒委员会统一部署在全国范围内开展了一场声势大、力度大的禁毒专项斗争，取得重大战果。据不完全统计，全国公安机关共破获毒品违法犯罪案件 18 万余起，是 20 世纪 90 年代以来破获案件最多的一年；抓获涉案犯罪人员 24.4 万名，缴获海洛因 5.477 吨，是历年来最多的一年；缴获鸦片 1.88 吨、大麻 2.408 吨、冰毒 1.334 吨，缴获各类制毒化学品 383.5 吨，也是历年来最多的。强制戒毒 18 万人次，逮捕毒品犯罪分子 22 369 人，依法判处刑罚 16 150 人，其中，判处 5 年以上有期徒刑、无期徒刑、死刑（含死缓）8 564 人。在一定程度上遏制了毒品在全国蔓延的势头。[②]

1999 年，国家禁毒委员会确定了云南、广西、广东、云南、贵州、四川、甘肃、宁夏、安徽、河南等 11 个省区的 17 个毒品危害重点地区，并对这些地区开始进行专项集中整治。1999 年以来，这些地区结合实际制定了整治工作方案，派出专门工作组，深入发动群众，组织优势兵力，采取打击防范、宣传教育等措施，多管齐下，取得了重要成果。2001 年 4 月，公安部禁毒局组织 11 个省区的 17 个重点地区组成 5 个工作组，对重点整治工作进行交叉检查和考评。情况表明，各地因地制宜，组织了有影响、有力度的专项斗争和集中打击行动，对毒品问题形成了严打整治态势。17 个重点地区共破获毒品案件 7 748 起，抓获犯罪嫌疑人 13 819 名，缴获各种毒品 180 多千克、枪支 55 支、子弹 222 发，打掉毒品犯罪团伙 96 个，铲除吸毒、贩毒窝点 121 个；强制戒毒、劳教戒毒 1.4 万人次。国家禁毒办宣布浙江省绍兴县、苍南县，广西壮族自治区靖西县，广东省广州市三元里不再列入毒品问题严重地区重点整治范围。[③] 1999 年，全国各地有针对性地开展了禁毒专项斗争。各地在加强专案侦查努力攻克大要案件以及打击零星贩毒

---

① 全国禁毒展览办公室编：《珍爱生命，拒绝毒品》，第 19、57 页。

② 全国禁毒展览办公室编：《珍爱生命，拒绝毒品》，第 4、19 页。

③ 中华人民共和国国家禁毒委员会办公室：《2001 年中国禁毒报告》。

活动不断压缩毒品消费市场的同时，积极开展专项打击行动。北京市为期3个月的“扫毒挖枪破大案”专项斗争，重庆市先后3次开展的专项斗争，青海、新疆、陕西、甘肃、宁夏等西北五省区的打击毒品违法犯罪统一行动，贵州的“90天扫毒大行动”，河南、安徽两省的“百日扫毒行动”，四川凉山州的“净土计划”，湖北武汉的“禁毒破案百日会战”，江苏的“三禁一打”，福建的“禁毒月”等，都各具特色。禁毒执法的国际合作走向深入，先后多次与日本警方和韩国大检察院举行双边会谈，联手打击跨国、跨境贩毒活动。广东省通过与香港警方合作，成功破获了一起贩卖可卡因案，缴获可卡因95.5千克。①

2000年7月至9月，国务院在全国组织了“加强娱乐服务场所管理，严厉打击卖淫嫖娼、赌博、吸毒贩毒等社会丑恶现象专项行动”和“电子游戏经营场所专项治理工作”，公安部禁毒局为此专门下发了《关于积极开展打击娱乐服务场所内吸毒贩毒违法犯罪活动的通知》，加大了打击力度。2000年9月8日，国家禁毒委员会在北京召开电视电话会议，在全国部署开展为期4个月的“打击冰毒犯罪和加强易制毒化学品管理”专项整治行动，集中侦破了一批制贩冰毒案件，打掉了一批制贩冰毒犯罪团伙，摧毁了一批地下制、吸、贩冰毒的窝点，全面调查清理了易制毒化学品生产经营情况。专项行动期间，全国共破获制贩冰毒、摇头丸案件65起，缴获冰毒151.9千克、摇头丸20多万粒、摇头丸半成品1 140千克（可制成摇头丸410万粒）；破获非法买卖、走私易制毒化学品案件23起，缴获易制毒化学品118.4吨。②

2001年，深入开展严打整治斗争。在严打整治斗争中，各级公安禁毒部门积极行动，组织了大规模的毒情调查，针对本地突出的毒品问题，采取了有力度的严打整治行动，打掉一批贩毒团伙，缴获大量毒品。各地注意将禁毒工作与“打黑除恶”等专项行动有机结合，因地制宜地开展缉毒行动，破获了一批涉枪、抢劫等刑事案件。各级检察机关共受理公安机关提请批捕的走私、贩卖、运输、制造毒品案件30 758件、42 295人，批准逮捕29 304件、39 604人，其中，重大案件犯罪嫌疑人9 961人，特大案件犯罪嫌疑人4 328人；受理公安机关移送审查起诉的走私、贩卖、运输、制造毒品案件34 066件、47 691人，决定起诉27 902件、37 596人，其中，重大案件被告人9 096人，特大案件被告人3 642人。各级法院受理走私、贩卖、运输、制造、非法持有毒品等各类毒品犯罪案件26 837件，审结24 690件，判决生效人数29 511人。③

---

① 中华人民共和国国家禁毒委员会办公室：《1999年中国禁毒年度报告》。
② 中华人民共和国国家禁毒委员会办公室：《2000年中国禁毒报告》。
③ 中华人民共和国国家禁毒委员会办公室：《2001年中国禁毒报告》。

2002年初，国家禁毒委员会召开电视电话会议，部署开展全国禁毒严打整治专项斗争。最高人民法院、司法部、文化部、国家工商行政管理总局分别就本部门、本系统各级参与禁毒严打整治专项斗争提出了具体要求。各地禁毒部门在当地党委、政府统一领导下，精心组织，积极行动，迅速掀起了严厉打击毒品违法犯罪活动的高潮。经过近一年的努力，专项斗争取得了明显成效。

(1) 加大堵源截流和缉毒破案力度。2002年，全国共破获毒品犯罪案件11万余起，同比上升2.4%；抓获毒品犯罪嫌疑人近9万名，同比上升22.8%；缴获海洛因9 290.8千克，同比下降29.5%；鸦片1 219.3千克，同比下降56.9%；冰毒3 190.9千克，同比下降33.7%；摇头丸301万余粒，同比上升45.4%；大麻1 300千克，同比上升73.3%；缴获易制毒化学品300余吨，同比上升45%；摧毁毒品加工厂(点)107个。

(2) 开展整治歌舞娱乐场所吸贩摇头丸统一行动。公安部、文化部和国家工商行政管理总局联合下发了《关于印发〈整治歌舞娱乐场所吸贩“摇头丸”统一行动方案〉的通知》，各地工商行政管理，文化和公安禁毒、治安部门密切合作，联合开展了清查歌舞娱乐场所专项行动，重点对存在吸贩“摇头丸”问题的娱乐场所进行整治。2002年，全国共清查歌舞娱乐场所2万余家，限期整改或取缔涉毒歌舞娱乐场所4 532家。

(3) 开展集中收戒吸毒人员统一行动。国家禁毒办下发了《关于集中收戒吸毒人员统一行动有关问题的通知》，各地公安监督、司法劳教等部门充分利用现有戒毒场所，努力扩建扩容，深挖收戒潜力，积极开展集中收戒吸毒人员统一行动。2002年，全国累计强制戒毒25.25万人次，劳教戒毒7.6万人。

(4) 不断深化重点整治工作。2002年8月，公安部禁毒局在广东普宁召开了重点整治工作会议，部署深化重点整治工作。据不完全统计，13个重点地区共破获毒品案件7 331起，抓获贩毒犯罪嫌疑人1 107名，缴获海洛因117.02千克，收戒吸毒人员8 817名。

(5) 开展易制毒化学品管理“五个一”(开展一次摸底调查、组织一次集中宣传教育、签订一份责任书、对重点企业进行一次深入检查、处理一批违法违规企业)专项行动，严厉打击非法买卖、走私易制毒化学品犯罪活动。2002年，全国共破获非法买卖、走私易制毒化学品案件119起，缴获各类易制毒化学品300余吨。①

2003年，针对“金三角”毒品入境和跨区域贩毒突出的问题，国家禁毒委员

---

① 中华人民共和国国家禁毒委员会办公室：《2002年中国禁毒报告》。

会和公安部部署自 8 月至 12 月，以云南为主战场，开展“打击‘金三角’毒品入境和跨区域贩毒活动专项行动”。专项行动以 2002 年抓获到云南贩毒人员较多的省（区、市）为重点，全国其他省（区、市）公安禁毒、公安边防、海关缉私部门和铁路、民航、交通、公安部门共同参与，取得显著成效。公安部禁毒局在云南省昆明市建立缉毒联络办公室，20 个重点省（区、市）禁毒部门共派出 55 名联络员联合办公，初步建立了国内缉毒协作机制。通过整合执法资源，加强情报共享，提高了打击实效。截至年底，联络办共组织查获毒品犯罪嫌疑人 239 名，缴获海洛因 379.5 千克、毒资 900 余万元。2003 年，针对东南沿海地区制贩和走私苯丙胺类毒品犯罪突出的问题，公安部部署东南沿海 13 个省市自 2003 年 8 月—2004 年 1 月，以福建、广东为重点，开展“打击制贩和跨国走私冰毒、摇头丸犯罪专项行动”，共破获苯丙胺类毒品案件 1 743 起，打掉贩毒团伙 139 个，捣毁制毒加工厂 14 个，抓获涉毒犯罪嫌疑人 1 785 名，缴获冰毒 454.5 千克、摇头丸 12.91 万粒、甲喹酮 4 301.9 千克、麻黄碱 99.4 千克、咖啡因 835.19 千克、氯胺酮（K 粉）1 758.26 千克、胡椒基甲基酮 133 千克，缴获毒资 1 763.7 万元，缴获一大批制毒原料及制贩毒工具。[①]

2004 年，为贯彻落实党中央、国务院领导对禁毒工作的重要指示精神，5 月—11 月，公安部在全国范围内部署开展了声势浩大的“全国遏制毒源专项行动”和“全国扫毒行动”。在行动中，各地公安机关按照公安部的总体安排，在当地党委、政府和禁毒委的关心重视下，充分利用公安部扫毒行动办公室搭建的信息共享平台，依据考核评估标准，精神组织，周密部署，全警动员，全线出击，不断推动扫毒行动的深入发展，取得了显著成效，实现了预期目标。其间，全国公安机关共打掉吸、贩、制毒团伙 2 186 个，抓获团伙成员 18 326 人，抓获毒品犯罪嫌疑人 34 719 名；破获毒品刑事案件 34 851 起，缴获各类毒品 11.1 吨（其中，海洛因 6.66 吨，鸦片 549 千克，冰毒 1.14 吨，氯胺酮 605 千克，大麻 1.42 吨，摇头丸 764 千克）；查获罂粟壳 20 吨、易制毒化学品 61 吨；缴获毒资人民币 1 亿 5 946 万元、汽车 461 辆、枪支 92 支；暗访和整治涉毒娱乐场所 87 474 家，查封和停业整顿 2 585 家，处理涉毒人员 12 万多名；收戒吸毒成瘾人员 17 万多名，依法劳动教养 43 205 名。与 2003 年同期相比，主要指标有较大幅度的上涨。打掉团伙数增加 38.5%，缴获海洛因增长 11.5%、“摇头丸”增长 13 倍、大麻增长 2 倍、暗访整治涉毒娱乐场所增长 20 倍。[②]

---

① 中华人民共和国国家禁毒委员会办公室：《2003 年中国禁毒报告》。
② 中华人民共和国国家禁毒委员会办公室：《2005 年中国禁毒报告》。

2005 年,国家禁毒委员会部署全国开展禁毒人民战争。4 月 4 日,国家禁毒委员会召开全体委员会议,研究开展禁毒人民战争的具体措施;4 月 14 日,召开电视电话会议,部署在全国开展禁毒人民战争,要求各地充分发动各种社会力量,整合各种社会资源,采取各种有效措施,着力解决当前我国突出的毒品问题。禁毒人民战争的目标是:遏制毒品来源、遏制毒品危害、遏制新吸毒人员滋生。禁毒人民战争的五大战役是:禁毒预防战役,即紧紧抓住全民、青少年、吸毒高危人群三个层次,坚决遏制新吸毒人员的滋生;禁吸戒毒战役,即通过对吸毒人员进行"大普查、大收戒、大帮教",坚决遏制毒品危害;堵源截流战役,即从西南、西北、东北、东南四个方向,坚决遏制境外毒品对我走私渗透;禁毒严打战役,即以开展破案攻坚仗、外流贩毒歼灭仗、禁种铲毒仗、娱乐场所禁毒仗为重点,坚决遏制国内毒品犯罪的高发势头;禁毒严管战役,即通过开展治理易制毒化学品和麻醉药品、精神药品管理秩序"两个专项行动",坚决遏制易制毒化学品和精神药品、麻醉药品流入非法渠道。

2006 年,深入开展打击境外毒枭"拔钉子"专项行动,抓获一大批坐镇境外向中国贩毒的大毒枭。针对境外毒枭藏身幕后,遥控指挥向中国贩毒的情况,公安部锁定了一批境外毒枭和重要毒贩,搜集和固定贩毒证据,发出 A 级通缉令悬赏抓捕,部署云南等地开展了打击境外毒枭的专项行动。同时积极加强与缅甸、老挝、泰国、菲律宾等国家的缉毒执法合作,开展联合抓捕行动。2006 年,先后抓获了陈伟华、文坤全、陈强、肖云春、邵春天等 37 名长期盘踞境外的大毒枭和重要毒贩,极大地震慑了境内外贩毒势力。①

2007 年,公安部组织开展打击外流贩毒和组织利用特殊人群贩毒专项行动。2007 年上半年,公安部组织云南、广东、湖北、重庆、四川等 21 省(区、市)公安禁毒部门开展了集中打击外流贩毒活动专项行动——"天网行动"。21 个地区公安禁毒部门统一行动,精心组织,与相关部门密切协作,整体联动,全力开展侦查工作,投入大量的人力、物力和财力,打了一场短平快的科技仗、信息仗和联手仗,实现了侦查效益的最大化。行动中,共摧毁贩毒团伙 73 个,抓获犯罪嫌疑人 959 名,缴获各类毒品 246 千克、毒资 414 万元人民币、车辆 34 台、枪支 4 支,摧毁制毒加工厂(点)19 个,狠狠地打击了外流贩毒活动的嚣张气焰。为整治组织、利用怀孕和哺乳期妇女、儿童、残疾人员等特殊人群进行贩毒活动问题,2007 年 9 月,公安部在云南昆明召开打击组织利用特殊人群贩毒问题工作会议,部署云南、四川、贵州、新疆等 13 个省(区、市)开展为期半年的治理组织利用

① 中华人民共和国国家禁毒委员会办公室:《2007 年中国禁毒报告》。

特殊人群贩毒问题专项行动。各地坚持"源头抓起、打防结合、综合整治"的工作思路，严厉打击幕后组织策划者，教育、挽救绝大多数被雇用、利用的涉毒特殊人群。截至2007年12月，13个省(区、市)已破获此类案件595起，抓获犯罪嫌疑人1 039名，其中幕后组织策划者109名，缴获各类毒品148千克，初步遏制了特殊人群涉毒问题高发的势头。云南省破获特殊人群贩毒案件908起，抓获犯罪嫌疑人1 110名，缴获毒品322.604千克。云南、四川公安机关和铁路公安部门破获"8·11"组织利用特殊人群贩毒案件，抓获犯罪嫌疑人7名，缴获海洛因10.6千克。同时，各地认真落实了对接回涉毒人群的管控和教育挽救措施，探索建立有效解决特殊人员贩毒问题的长效机制。2007年，公安部部署云南省公安机关继续开展针对境外毒枭的"拔钉子"专项行动。云南省切实加大工作力度，严格落实追逃抓捕责任制，成功抓捕了鲁宗包、刘加祥、曹伍等30名重大毒品犯罪嫌疑人，其中包含2005年列捕对象2名，2006年列捕对象2名。截至2007年年底，云南省3年来共列捕116名"拔钉子"对象中，已成功抓捕了韩永万、陈强、段惠明、肖春云、曾志阳、段生华、张志仁等79名列捕对象，彻底打掉了一大批常年盘踞在中缅边境地区向中国贩毒的毒贩，有力震慑了境外贩毒势力，从源头上减轻了缅北毒源地对我国的毒品压力。针对一些大中城市歌舞娱乐场所吸贩新型毒品问题突出的情况，2007年，国家禁毒委员会将娱乐场所禁毒管理作为工作重点，推广北京等地整治娱乐场所吸贩毒问题的经验做法，组织有关部门开展治理娱乐场所专项行动。各地按照《娱乐场所管理条例》的规定，大力加强娱乐场所禁毒管理工作，取得了显著成效。全国公安机关共查处了4 168家娱乐场所，其中责令停业整顿616家、依法取缔26家，追究了19 476人的法律责任。广东、广西、浙江、四川、江苏、重庆、福建、湖南、湖北、辽宁、河南、重庆、江西、山东、上海等地公安机关开展了对娱乐场所涉毒问题的专项整治。湖北出动警力1.4万余人次，共清查各类涉毒娱乐场所520余家，对230余家存在严重吸贩毒问题的娱乐场所实行了停业整顿；重庆市依法处理涉毒娱乐场所73家；广东省查处娱乐场所43家，责令停业整顿14家，建议工商部门吊销营业执照6家，查获吸毒人员440名。[①]

2008年，各地针对突出的毒品问题，组织开展了多种形式的专项斗争和集中整治行动。福建省晋江市集中开展了"利剑百日扫毒""净晋扫毒"行动，甘肃省开展了"打击外流贩毒活动"专项行动，重庆市开展"秋风行动""荡污行动"专项整治行动，宁夏组织开展了"春雷行动""铁流行动"，形成了强大的打击声势。

---

① 中华人民共和国国家禁毒委员会办公室：《2008年中国禁毒报告》。

各地特别是国家禁毒委员会挂牌整治的15个县区市，按照国家禁毒委员会办公室“盘县会议”的部署，采取打防管控与扶贫治愚相结合等多种措施，不断加大整治工作力度，取得了明显成效。通过整治，重庆市梁平县、四川省兴文县、贵州省织金县、甘肃省广河县、宁夏同心县、新疆和田县等12个县(区、市)外流贩毒活动得到有效遏制，毒品面貌发生了可喜的变化。2008年与2005年相比，外流贩毒人员平均下降了54%，由毒品问题引发的刑事和治安案件也大幅下降。云南、四川、新疆等13个省、自治区、直辖市禁毒部门继续深入贯彻落实胡锦涛总书记的重要批示精神，按照2007年9月国家禁毒委员会昆明会议的部署，严厉打击组织利用特殊人群贩毒活动，2008年共破获1 890起，打掉组织利用特殊人群贩毒团伙124个，抓获犯罪嫌疑人3 130名(其中，幕后组织策划者564名、涉毒特殊人员2 211名)，缴获各类毒品550千克。此外，劝返、救助、管控涉毒高危人员530名，有效遏制了特殊人群涉毒问题的发展蔓延。[①]

2009年6月1日，国家禁毒委员会办公室在福建省泉州市召开禁毒重点整治工作座谈会，总结2004年以来全国禁毒重点整治工作，研究部署深入推进禁毒重点整治工作的意见和措施，决定不再将11个县(市、区)列为国家禁毒委员会挂牌整治的重点整治地区，通报了20个外流贩毒问题突出的县(市、区)。各地特别是毒品问题重点地区以国家禁毒委员会挂牌和通报为动力，坚持打击、管理、宣传、戒毒多管齐下，深入开展重点整治工作。四川、贵州、新疆、广西、湖北等地为有效解决外流贩毒问题，会同云南、广东、浙江等有关地区联合开展打击治理外流贩毒专项行动，共抓获外流贩毒人员2.5万名，同比上升18.2%。各地公安机关会同工商行政、文化等部门为遏制吸贩毒问题在娱乐场所发展蔓延，联合开展对娱乐场所涉毒问题整治行动，加强对经营业主、从业人员的禁毒法制教育，不断完善娱乐场所禁毒管理制度，严厉打击吸贩毒违法犯罪活动，共清查娱乐服务场所15.9万家，从中查处毒品违法犯罪案件6 956起，停业整顿娱乐场所1 412家，取缔264家，查获吸贩毒人员1.9万名，缴获毒品46.5千克，有效地净化了社会环境。广东、广西、云南等地针对外国籍人员在华贩毒问题突出的情况，组织开展了专项打击行动，共破获外国籍人员在华贩毒案件1 106起，抓获外国籍贩毒人员1 559名，缴获毒品1.9吨。[②]

2010年，公安部禁毒局召开上海世博会和广州亚运会安保工作座谈会，部署打好总体仗和联手仗。各地按照中央综治委关于开展社会治安重点地区排查

---

① 中华人民共和国国家禁毒委员会办公室：《2009年中国禁毒报告》。

② 中华人民共和国国家禁毒委员会办公室：《2010年中国禁毒报告》。

整治的部署，针对毒品危害严重的重点地区、场所以及突出毒品问题，组织开展了针对娱乐场所涉毒、外流贩毒、外籍人员和利用特殊人群贩毒的打击整治行动。国家禁毒委员会办公室会同公安部、文化部、国家工商行政管理总局联合下发通知，部署各地加大对娱乐服务场所涉毒问题的整治力度，共清查娱乐服务场所 10 万余家，查处了一批涉毒场所。四川、贵州、广西等地加大对外流贩毒活动的整治力度，共抓获外流贩毒人员 2.6 万名。广东省结合亚运会安保工作部署专项整治行动，破获外籍人员毒品犯罪案件 471 起。云南省共查破组织利用特殊人群贩毒案件 726 起。[①]

2011 年，深入开展禁毒专项行动。3 月—12 月，按照公安部统一部署，组织开展涉案人员非正常死亡和涉案财物管理问题专项治理工作，深入排查执法办案中的隐患和问题。指导各地完善了执法安全防范规范以及涉案资金、房产、车辆和不宜保存物品等各类特殊涉案财物的管理工作制度，加强了硬件设施建设，执法安全防范能力和涉案财物规范化管理水平有效提高。其间，各地共排查毒品案件 15.2 万起，清理各类涉案财物 1.9 万余件，现金存款及有价证券和保证金 3.4 亿元。5 月 26 日—12 月 15 日，公安部部署全国公安机关开展网上追逃专项督察“清网行动”。各地、各级公安禁毒部门紧密围绕行动部署要求，将境外“拔钉子”和境内“追逃”相结合，在短短 6 个半月内，抓获网上逃犯 3 705 名，其中行动前逃犯 2 234 名，“清网率”达 91.93%，抓获潜逃 10 年及以上逃犯 262 名，命案逃犯 131 名，境外“钉子”逃犯 46 名，“漂白”身份逃犯 102 名。[②]

2012 年，部署开展十八大维稳专项打击行动。公安部禁毒局专门成立领导小组，部署各地全面加强对重点人员、重点场所、重点部位的排查管控，有效防止了因涉毒人员、毒品问题引发治安热点问题，为做好十八大安保工作发挥了重要作用。指导北京全面加强对各类毒品违法犯罪的打击力度，破获走私、运输毒品案件 278 起，抓获犯罪嫌疑人 297 名，缴获毒品 297 千克，创同期历史新高。组织河北、辽宁、山东等地，将涉京毒品违法犯罪作为打击重点，强化“环京”安保圈查缉工作。指导非涉京地区组织力量严厉打击制贩毒、外流贩毒活动以及其他相关犯罪活动，部署全国公安禁毒部门参与治爆缉枪专项行动，强力打击枪毒同流、以枪护毒的涉毒涉枪案件，全国各地破获涉枪案件 351 起，缴获枪支 617 支、仿真枪 93 支、子弹 14 431 发，查处违法犯罪嫌疑人 947 名，有力维护了社会安全稳定。加大打击零星毒品犯罪工作力度，集中整治零星贩毒和吸毒问题突出

---

① 中华人民共和国国家禁毒委员会办公室：《2011 年中国禁毒报告》。
② 中华人民共和国国家禁毒委员会办公室：《2012 年中国禁毒报告》。

的部位、窝点，全年共破获零星毒品犯罪案件 9.16 万余起，有效净化社会治安环境。①

2013 年，全面部署开展各类专项行动。

1. 以大力萎缩境内毒品消费，提升群众安全感为目标，部署开展“扫毒害保平安”严打整治行动

1 月 24 日—5 月 9 日，公安部组织全国公安机关开展了为期百日的“扫毒害保平安”严打整治行动。各地以零包贩毒活动作为打击重点，先后组织 200 余次督导行动。其间，全国共破获毒品犯罪案件 50 827 起，抓获毒品犯罪嫌疑人 56 989 名，缴获各类毒品 26.5 吨（其中，海洛因、冰毒、氯胺酮共计 10.2 吨），同比分别上升 43.1%、44.5%和 126.8%。严打整治行动期间，共破获零包贩毒案件 35 889 起，共捣毁制毒工厂、窝点 141 个，抓获制毒犯罪嫌疑人 688 名。严打整治行动在大力萎缩毒品消费的同时，有效降低了吸贩毒人员盗抢等犯罪案件发案率，18 个省区市群众安全感和对社会治安的满意度明显提高。

2. 以遏制境外毒品入境内流，深化湄公河联合执法合作机制为核心，部署开展中、老、缅、泰四国“平安航道”联合扫毒行动

4 月 20 日开始至 6 月 20 日，中方倡导、组织老挝、缅甸、泰国联合开展了为期 2 个月的打击湄公河流域毒品犯罪的“平安航道”联合扫毒行动。在行动中，孟建柱、郭声琨、孟宏伟等领导同志先后多次作出批示，要求深化和巩固“四国机制”，精心组织实施，努力取得更大战果。行动期间，指挥部多次召开联合案情分析、缉毒情报交流和重要战果通报会议，实地调研、检查中缅和中老边境毒品查缉、河道堵截工作联合扫毒行动中，相互传递情报线索共计 60 份，梳理确立 37 起“平安航道”重点督办目标案件，从境外抓回 9 名重要逃犯，将 10 名境外毒枭、重大涉毒逃犯列为“平安航道”A 级目标，将 17 名境外毒贩、逃犯列为 B 级目标。4 国共破获涉及湄公河流域毒品犯罪案件 1 784 起，抓获犯罪嫌疑人 2 534 名，缴获各类毒品 9 781.3 千克，易制毒化学品 260 吨，枪支 38 支、子弹 1 125 发，毒资 361.2 万美元。国内战场破获毒品犯罪案件 1 568 起，抓获犯罪嫌疑人 2 176 名，缴获各类毒品 3 920 千克，分别占总数的 87.89%、85.56%、40.08%。

3. 以回应群众呼声、加大毒品问题突出地区整治工作力度为核心，全力推动“肃毒害、创平安”禁毒百日攻坚会战

8 月 8 日—12 月 8 日，公安部部署全国公安机关开展了“肃毒害、创平安”禁毒百日攻坚会战，各地公安机关迅速发动，突出重点、主动进攻，堵截、打击、整

① 中华人民共和国国家禁毒委员会办公室：《2013 年中国禁毒报告》。

治、管理多管齐下，深入开展"对毒品入境的堵截战役、对制毒活动的打击战役、对贩毒活动的围剿战役、对制毒物品流失的整治战役、对吸毒人员的查控战役"共破获毒品犯罪案件 5.6 万起，抓获毒品犯罪嫌疑人 6.3 万名，缴获海洛因、冰毒等各类毒品共计 18.2 吨。广东惠东治理制贩氯胺酮、广州治理非洲籍人员贩毒、广西东兴开展堵截境外毒品入境等突出毒品问题整治工作取得重大突破，社会效果良好。

4. 以当前网络涉毒违法犯罪活动出现的新情况、新特点为突破口，集中部署开展"打击网络涉毒违法犯罪"专项整治

7 月 29 日—8 月 5 日，公安部部署全国公安机关集中开展打击网络涉毒违法犯罪专项整治，各地禁毒、网安部门统一行动、集中收网，共抓获网络涉毒违法犯罪嫌疑人 2 120 名，摧毁制毒加工窝点 11 处，缴获各类毒品 268 千克、易制毒化学品 7.93 吨、枪支 22 支、子弹 719 发。行动中，破获多起严重影响网络安全和社会治安秩序、危害广大青少年身心健康和网民合法权益的重大案件，江苏无锡破获大量吸毒人员利用一在线视频网站客户端进行吸毒表演案件，共查处涉案人员 651 名，涉及全国 29 个省（区、市）；四川省达州市抓获两个涉毒聊天群，查处通过网络传播制毒技术、销售制毒原料及设备、贩卖和吸食毒品人员 400 余名，涉及 26 个省（区、市）。①

2014 年，全国禁毒执法部门始终坚持把打击毒品犯罪作为治理毒品问题的首要环节，组织 108 个城市开展百城禁毒会战、中越边境地区联合扫毒、中塔联合查缉行动等一系列专项打击行动，采取一系列超常规的措施手段，不断加大各项执法打击和堵源截流工作力度，缉毒执法战果丰硕。2014 年，全国共破获毒品犯罪案件 14.59 万起，抓获毒品犯罪嫌疑人 16.89 万名，缴获各类毒品合计 68.95 吨。同时，各地、各部门持续加强重点制毒物品管控和重大制毒物品案件侦办，不断强化对麻黄碱、羟亚胺、邻酮和溴代苯丙酮等重点制毒物品的管制，实现制毒和制毒物品犯罪全链条打击，全国破获制毒物品案件 549 起，缴获制毒物品 3 847 吨。②

（二）禁种铲毒工作常抓不懈

中国政府始终把禁种罂粟等毒品原植物作为工作重点，常抓不懈，防患于未然。

20 世纪 80 年代后期，特别是 1987 年公安部《关于坚决查禁私种罂粟的通

---

① 中华人民共和国国家禁毒委员会办公室：《2014 年中国禁毒报告》。
② 中华人民共和国国家禁毒委员会办公室：《2015 年中国禁毒报告》。

知》和1988年公安部、卫生部《关于查禁非法私种罂粟的通知》下发后，各地进一步加强了查禁工作。据有关部门统计，云南省1989年共铲除非法种植罂粟412.5亩，是1988年铲除数的29.8倍；1990年1月至4月又铲除非法种植罂粟291.6亩，已接近1989年全年铲除数的3/4。贵州省织金县12个区镇中，有5个区、12个乡非法种植罂粟36.1亩，均被铲除。河南省1987年共铲除非法种植罂粟238万株，1988年减少到50万株，1989年减少到28万株。这说明我国各地党委和政府部门对于查禁非法种植罂粟极为重视，指挥协调有关部门制定措施，落实责任制，狠抓实绩，取得了明显成效。①

1990年11月，国家禁毒委员会成立后，每年都部署全国开展禁种铲毒工作。各级政府层层落实禁种铲毒责任制，发动群众搞好宣传教育和禁种检查，做到种毒必究、有毒必铲。重点山区、林区的当地政府，每年都组织人员对山区、林区非法种植毒品原植物问题进行调查监控。1992年以来，国家禁毒委员会和林业部门运用现代科技手段，在东北的大兴安岭和西北的莲花山等原始森林地区组织了航测查毒铲毒行动。

1999年，黑龙江、内蒙古、甘肃等省区都全面开展了林区零星非法种植罂粟的铲毒工作；全国依法处理一批非法种植罂粟违法犯罪分子；不少地方按照禁种责任制的要求，对于非法种植比较突出的地区，严肃追究了禁毒工作第一责任人的责任，有的乡村干部因禁种工作不力而被撤职。

2000年2月，国家禁毒委员会下发《关于切实做好禁种工作的通知》，要求全国各地严格落实责任制，切实做好禁种铲毒工作。4月，国家禁毒委员会办公室召开全国禁种铲毒工作电话会议，对全国禁种铲毒工作作了具体部署。6月下旬—7月中旬，国家禁毒委员会组织对内蒙古、黑龙江、甘肃等省区的林区进行了踏查和航测铲毒工作。10月，国家禁毒委员会办公室下发通知，要求各地按照标准做好“九五”期间禁种铲毒总结评估工作。内蒙古呼和浩特市经过3年的不懈努力，种植毒品原植物违法犯罪人员由1997年的164减少为2000年的无一人种植。河南省组成了由禁毒委各成员单位负责人带队的18个工作组，赴各地市督导铲毒行动，全省共铲除非法种植罂粟120 088株，依法处理违法犯罪人员1 411名。②

2001年初，国家禁毒委员会对“九五”期间禁种铲毒工作进行了总结，向全国通报了“九五”禁种情况，对今年禁种铲毒工作进行了全面部署。黑龙江、山西

① 欧阳涛、陈泽宪主编：《毒品犯罪及对策》，第114页。
② 中华人民共和国国家禁毒委员会办公室：《2000年中国禁毒报告》。

开展了航测铲毒行动。各级禁毒领导机构加强了对禁种铲毒责任制执行情况的督促检查，并将之纳入各级党政领导政绩考核范围，做到奖惩分明。10月，国家禁毒委员会办公室在北京召开了部分省区禁种铲毒工作座谈会。国家禁毒办常务副主任、公安部禁毒局局长杨凤端总结了近年来禁种铲毒工作情况，分析了形势，提出了今后一个时期禁种铲毒的任务和措施。国家林业系统积极做好林区禁毒工作，特别是内蒙古、黑龙江、甘肃大面积国有林区的森林公安机关，坚持"守土有责"和"谁主管谁负责"原则，以创建"无毒林区"为目标，全方位开展了铲除毒品原植物行动。

2003年，针对部分地区零星非法种植毒品原植物有所反弹的问题，国家禁毒委员会提出重点地区整治与全面巩固成果相结合的工作要求，以部分省际交界处的联合铲毒行动为重点，全面推进禁种铲毒工作。3月，国家禁毒办在福建省宁德市召开会议，部署在非法种植罂粟重点地区开展省际交界处禁种铲毒联合行动。各地按照国家禁毒委员会的部署，全面落实禁种宣传、踏查铲毒、依法处理等各个环节的工作措施，巩固了禁种铲毒成果。

2004年10月，国家禁毒委员会办公室在黑龙江省哈尔滨市召开部分省区市禁种铲毒工作会议，部署在全国重点地区深入开展禁种铲毒工作，黑龙江、河北、山西、安徽、江苏、四川、新疆等省(区)公安与林业部门运用航测、卫星遥感等技术手段和组织人员踏查等方式，集中开展禁种铲毒行动，铲除了一批零星非法种植的罂粟、大麻等毒品原植物，依法打击处理了一批非法种植的违法犯罪分子。其中，在重庆市巫山县、黑龙江省和内蒙古自治区的大兴安岭、四川省九寨沟等地组织实施了"天目-04行动"，首次运用卫星遥感技术开展了铲毒试点，取得了明显成效。

2005年，国家禁毒委员会办公室组织部分省、自治区、直辖市组织开展了"天目-05"铲毒行动，运用卫星遥感监测技术提高了禁种铲毒工作水平和发现能力。存在非法种植问题的地区进一步落实禁种铲毒工作责任制，特别是在山区林区组织开展了禁种宣传、航测铲毒和人工踏查，及时发现和铲除零星非法种植的毒品原植物，依法处理了一批非法种植的违法犯罪分子，禁种铲毒工作取得历史最好水平，国内零星非法种植毒品原植物问题得到基本解决。重庆、内蒙古等地曾经零星非法种植罂粟问题较为严重地区的面貌出现根本性好转；天津、上海、西藏、海南、青海、宁夏等6个省市区未发现存在零星非法种植罂粟问题；黑龙江大兴安岭、伊春市乌伊岭区、七台河市，甘肃莲花山，四川九寨沟，福建福安市、霞浦县等历史上零星非法种植罂粟问题比较突出的地区继续保持毒品"零种植"的记录。

2006年，切实加大禁种铲毒工作力度，全国发现并铲除非法零星种植罂粟数为历年最低。国家禁毒委员会确定若干禁种铲毒重点县，严格落实领导责任制；运用卫星遥感技术，在部分地区开展了“天目-06”监控铲毒行动。各地深入开展禁种宣传、航测铲毒和人工踏查，及时发现、铲除非法零星种植的毒品原植物。全国继续保持无大面积非法罂粟种植。

2007年，国内继续整治禁种铲毒重点地区。国家禁毒办组织开展了“天目-07”行动，共对15.6万平方千米区域进行了卫星遥感监测。国家林业局下发了《关于组织开展林区禁毒专项行动，推进2007年林区禁毒工作的通知》，对林区禁种铲毒工作作出专项部署。各地积极开展禁种宣传，形成了浓厚的禁种氛围。全国禁种铲毒成果显著，黑龙江大兴安岭、伊春市乌伊岭区、七台河市等一些历史上存在非法零星种植问题的地区持续保持了“零种植”，禁种成果进一步巩固。

2008年，深化“天目”铲毒专项行动，进一步巩固和扩大了禁种成果。各地特别是非法种植问题突出地区严格落实禁种铲毒责任制，深入开展卫星遥感监测“天目”铲毒行动，全面加大禁种宣传、踏查铲毒、执法打击工作力度，进一步巩固和扩大了禁种成果，在去年的基础上实现了禁种工作历史最好水平。国家禁毒委员会办公室确定的15个重点地区非法种植严重的情况得到扭转，黑龙江大兴安岭、伊春市乌伊岭区和四川九寨沟等一些历史上存在非法零星种植问题的地区继续保持“零种植”，全国非法种植罂粟基本实现“零产量”目标。

（三）破获一批重大制贩毒案件

30多年来，我国以公安机关为主先后破获了一批重大制毒贩毒案件，抓获了不少毒枭和重要毒贩，有力打击了制毒贩毒势力的嚣张气焰。因破获的制毒贩毒品大案要案众多，我们仅从中选取一部分典型案例列举如下：

1. 新时期中国官方首次向世界公开报道的缉毒大案

1986年，云南警方经过4个多月的缜密侦查，在昆明市成功破获“4·12”特大国际贩毒案，抓获泰国籍毒贩温源和、香港毒贩戴文煊、余锡宽，缴获海洛因达22.768千克。温、戴二犯被依法处决，余犯被判处死刑缓期2年执行。①

2. 上海市破获“锦鲤鱼”国际贩毒大案

1988年3月9日中午，上海市公安机关在虹桥机场发现25箱准备搭当天13时40分起飞的波音747客货两用机运往美国旧金山金鱼水族馆的锦鲤鱼，从中查出藏在鱼肚里的3 300克海洛因。中国内地与美国和中国香港警方紧密

---

① 中共云南省委党史研究室、中共云南省公安厅委员会编：《建国以来云南的禁毒斗争》，第69页。

合作，仅用89个小时就侦破了这桩罕见的国际贩毒案件。此案的侦破，充分说明了我国政府坚决打击毒品犯罪的一贯立场，也显示了我国公安机关的缉毒威力，显示了警方国际合作的力量。①

3. 四省联合侦破"89·11"特大贩毒案

1989年1月，公安部统一指挥四川、云南、甘肃和广东联合侦破了"89·11"特大贩毒案，共捕获境外毒贩9名、境内53名，缴获海洛因207.5千克、毒资人民币195万元、美元2万元、黄金800克、手枪3支、子弹47发、汽车4辆等一批赃款赃物。②

4. 云南省一年破获三起特大国际贩毒案

1990年，云南警方先后破获三起特大国际贩毒案，抓获贩毒犯罪嫌疑人27名，缴获海洛因96.551千克。同年，四川、云南、甘肃、广东四省公安机关在公安部刑侦局统一组织指挥下，联合破获一起特大跨国贩毒案，捕获境内外贩毒犯罪嫌疑人51名，缴获海洛因221.1千克、毒资人民币160余万元，另加美元2万余元、港币4万余元、黄金800余克。③

5. 中国破获首例走私贩卖液体海洛因特大案件

1991年10月3日，福建畹町海关在办理一起境外不法分子走私贩毒的案件时，当事人交代出另一伙参与一起走私液体毒品的情况，立即引起了中国海关的高度重视。本案涉及滇、闽、粤、港、台5个省和地区。犯罪分子采用高新技术手段，将海洛因溶解于特殊药水制成的溶液中，经过巧妙伪装后，偷运入内地，试图再贩至港台地区。畹町海关历时8个月、风雨兼程2万多千米，成功查破此案，抓获毒贩10人，缴获液体海洛因13.25千克，固体海洛因27.36千克。④

6. 广东省破获首例制造冰毒案

1992年5月19日，广东省公安机关在江门破获首例制造冰毒案件，抓获境外不法分子37名，查获制冰毒加工窝点2个，缴获冰毒112.9千克、半成品54千克以及汽车、毒资等一批赃款赃物。⑤

7. 云南省破获"8·24"特大国际贩毒案

1992年，云南警方在广东警方的配合下，经过两个月缜密侦查，破获"8·24"特大国际贩毒案，缉获香港毒贩林卓敏，缴获海洛因100.16千克。⑥

---

① 1988年3月18日《人民日报》。
② 全国禁毒展览办公室编：《珍爱生命，拒绝毒品》，第60页。
③ 崔敏主编：《毒品犯罪发展趋势与遏制对策》，第242页。
④ 齐磊、胡金野：《中国禁毒史》，第322页。
⑤ 全国禁毒展览办公室编：《珍爱生命，拒绝毒品》，第60页。
⑥ 中共云南省委党史研究室、中共云南省公安厅委员会编：《建国以来云南的禁毒斗争》，第92页。

8. 云南省破获“93·91”特大贩毒案

1992年，云南省潞西县公安局破获“93·91”特大贩毒案，先后抓获毒贩8人(缅甸籍1人，浙江籍7人)，缴获海洛因105.603千克，毒资人民币235万元。[①]

9. 1996年以前全球破获的最大冰毒案

在公安部组织协调下，福建、广东、上海公安机关经过10个月的缜密侦查，于1992年9月在福建查处制冰毒的工厂，搜获冰毒310.25千克、冰毒半成品261.25千克，摧毁3个秘密加工点，抓获案犯56名。[②]

10. 云南省警方实施“控制下交付”破获特大贩毒案

1993年，云南警方经过1年侦控，获取大量证据，实施“控制下交付”，在大理市现行抓获毒贩李军、杨泽礼，缴获海洛因109.201千克。[③]

11. 福建省首次破获的走私海洛因大案

1993年5月13日，福建省泉州市公安机关成功破获了一个由香港、台湾毒贩同大陆境内犯罪分子相勾结的走私毒品犯罪集团，缴获海洛因36千克。境外毒贩蔡德辉、陈新源等先后落网。[④]

12. 中国破获的最大一起人体藏毒案

1995年2月13日，云南芒市机场一次查获宁夏同心县贩毒人23人。他们将海洛因经特殊包装后，藏匿于人体肛门、阴道或吞食于胃内，采用这种方法，通常一人能携带50克海洛因，最多的一人竟藏254克。此案经进一步追查，共抓获宁夏籍贩毒人员67人，缴获海洛因5 849克。这是我国近年来侦破的最大的一起人体藏毒案。[⑤]

13. 三省公安机关联手破获“96·1”特大贩毒案

1996年4月15日，广东、云南、福建公安机关联手破获“96·1”特大贩毒案，抓获贩毒分子40余名，缴获海洛因598.85千克、小口径步枪1支、运毒汽车16辆、快艇1艘、毒资人民币近600万元、美元31万元。[⑥] 这是我国当时破获的最大一起贩运海洛因案件，被国际刑警组织列为全球破获的第6大贩毒案件。

14. 中国查获的首例贩运“摇头丸”案件

1996年8月28日，广州白云机场海关在一名从曼谷入境的马来西亚旅客

---

① 中共云南省委党史研究室、中共云南省公安厅委员会编：《建国以来云南的禁毒斗争》，第96页。

② 林辉等著：《为了这片净土——福建禁毒斗争的历史、现状和对策研究》，第291页；1994年12月19日《新民晚报》。

③ 中共云南省委党史研究室、中共云南省公安厅委员会编：《建国以来云南的禁毒斗争》，第96页。

④ 林辉等著：《为了这片净土——福建禁毒斗争的历史、现状和对策研究》，第291—292页。

⑤ 崔敏主编：《毒品犯罪发展趋势与遏制对策》，第256页。

⑥ 林辉等著：《为了这片净土——福建禁毒斗争的历史、现状和对策研究》，第293页。

林管财身上查获 4 包红色药片，共 3 922 粒重 1 115 克，经鉴定为 MDMA，即“摇头丸”。①

15. 福建省破获的自 1949 年以来走私海洛因最多的一起毒品案件

1997 年 5 月 22 日，福建省公安厅边防部门查获境外毒贩企图走私至台湾的海洛因 175 千克。②

16. 中国破获的首例国内外毒贩互相勾结在国内生产、加工“摇头丸”案件

广西公安机关于 1997 年 10 月 7 日在南宁市破获一起生产、加工“摇头丸”的案件，抓获余鸿基等两名香港籍犯罪嫌疑人，缴获片剂“摇头丸”45 321 片，尚未制成片剂的“摇头丸”粉 13.51 千克，以及一批制作“摇头丸”的化学配剂和制毒工具。这是我国破获的首例国内外毒贩互相勾结，在国内生产、加工“摇头丸”的案件，也是缴获“摇头丸”最多的一起特大案件。③

17. 中国查获的走私制毒化学配剂第一大案

1997 年 9 月 1 日，新疆乌鲁木齐市海关所属红其拉甫海关在办理一家进出口货物报关手续时，查获伪报为“硫酸”的制毒化学品醋酸酐 10.1 吨。其后，红其拉甫海关又于 9 月 30 日、10 月 10 日、10 月 11 日连续截获企图走私出境的醋酸酐共 17.25 吨。在上海、杭州、义乌等地公安机关和海关的协助下，将涉案的 7 名犯罪嫌疑人全部抓获。本案查获的醋酸酐 2 735 吨，是巴基斯坦驻浙江业务代表处非法从内地的化工市场购买后运往新疆并企图走私出境的。这是截至当时我国查获走私制毒化学配剂最多的一案。④

18. 新疆破获的最大一起贩毒案

1998 年 12 月 31 日，新疆乌鲁木齐市公安局破获了一起“玉石藏毒”案，在一块被掏空的玉石中查获海洛因 14.9 千克。这是 1949 年后新疆破获的最大一起贩毒案。⑤

19. 上海市破获的自 1949 年以来最大一起团伙贩毒案

1998 年，上海市公安机关破获一个从外地来沪的特大贩毒集团，缴获海洛因 83.58 千克，抓获贩毒嫌疑人 29 名，缴获运毒货车 1 辆，毒资 133 万余元。这

---

① 全国禁毒展览办公室编：《珍爱生命，拒绝毒品》，第 57 页；林辉等著：《为了这片净土——福建禁毒斗争的历史、现状和对策研究》，第 293 页。“摇头丸”的化学名称是 MDMA(3,4 - METHYLENEDIOXY - METAMPHTAMINE；3,4 -亚甲二氧化甲基安非他明)，具有明显的中枢致幻、兴奋作用。在我国因吸毒者滥用后会随着音乐剧烈地摆动头部而得名“摇头丸”。摇头丸外观为圆、方、棱等形状的片剂，呈白、灰、粉、红、蓝、绿等多种颜色。

② 崔敏主编：《毒品犯罪发展趋势与遏制对策》，第 260 页。

③ 崔敏主编：《毒品犯罪发展趋势与遏制对策》，第 248—249 页。

④ 齐磊、胡金野：《中国禁毒史》，第 323 页。

⑤ 崔敏主编：《毒品犯罪发展趋势与遏制对策》，第 257 页。

是1949年后上海警方侦破的最大一起团伙贩毒案件。①

20. 湖南省破获药博士制毒贩毒案

2000年7月，湖南长沙市公安局水上分局在调查吸毒案件时，发现吸毒人员正在使用一种名叫"美莎酮"的毒品。而毒品的制造者竟是曾在长沙工作、生活过10余年，现在河南新乡居住、是湖南某医药工业研究所于1985年作为特殊人才引进的一名化学博士邱芳龙。在前后不到2年的时间里，邱芳龙共生产和卖出了"美莎酮"胶囊1.5万粒之多，仅销售"美莎酮"就非法获利70多万元。②

21. 广东、广西警方联手侦破药厂总工提供配方并担任技术总顾问的特大冰毒犯罪集团案

2000年10月18日，广东、广西警方联手，成功侦破了"10·18"特大冰毒犯罪集团案，抓获了为制贩集团提供制造冰毒配方并担任技术总顾问的犯罪嫌疑人林棋桐、李雪岚，连续端掉了广西玉林、南宁等多个冰毒实验室和工场，彻底打掉了多年来为害东南数省市制贩毒的罪魁祸首。林棋桐是原南宁制药厂总工程师，1992年曾作为有突出贡献的科技人员受到国务院表彰，享受政府特殊津贴；1996年退休。李雪岚刚36岁，曾担任过林棋桐的助手，独立完成过多项技术攻关项目，有的还获得广西科技成果奖。贪婪金钱，使一个曾有辉煌过去，一个可能前途无量的科技人才坠入了犯罪深渊。③

22. 北京市一博导制毒贩毒被判死刑

2001年10月24日，北京法院依法制裁了一名"档次"最高的毒贩子。中国中医研究院中药研究所研究员、博士生导师刘应泉被北京市第一中级人民法院以贩卖、制造毒品罪一审依法判处死刑，剥夺政治权利终身，没收个人全部财产。与其他的制毒、贩毒案件不同，当年已是59岁的刘应泉制贩的名为"毒瘾消"的毒品，竟然是刘应泉充分发挥自己所掌握的医药学知识和聪明才智"自己研制出来的"。法院经审理后查明，刘应泉从1998年至2000年，未经国家有关部门批准，竟然私自制造国家规定管制的麻醉药品美沙酮，并将美沙酮加入其他原料中，制成自称为"毒瘾消"的毒品，出售给宋文江等人。刘应泉被查获归案时，公安机关当场从其住处起获的"毒瘾消"就有7万多粒。法院最终查明，刘应泉在3年间共贩卖、制造"毒瘾消"达30.535千克(含美沙酮957.56克)。④

---

① 1998年7月9日《人民日报》。

② 2000年9月10日《工人日报》。

③ 中华人民共和国国家禁毒委员会办公室：《2000年中国禁毒报告》。

④ 2001年10月25日《新华每日电讯》。

23. 中国破获的最大一起团伙贩毒案

2001年,在中、缅双方警方、肃毒机关的通力合作下,长期向中国境内大肆进行走私贩毒活动的大毒枭谭晓林及其贩毒集团18名成员落入法网。谭晓林,曾用名谭明林,男,汉族,1962年生于四川省乐至县,1993年非法出境到缅甸。经我公安机关侦查掌握,自1995年以来,谭晓林在缅甸木姐、勐古等地,纠集一批境内外贩毒分子,运用现代化的交通、通信、金融条件,疯狂地进行毒品犯罪活动。为了逃避我公安机关的打击,他们内部组织严密、分工明确、层层负责,形成规模庞大的地下贩毒网络;他们行动诡秘,在境内外建立多个贩毒据点,设立毒品仓库,改造伪装车辆,并采用密语联络、互相监视、分段运输、单线联系等狡诈手段,绕关避卡,假道云南,从缅北向我国境内和海外大肆走私贩毒。在谭晓林等人的苦心经营下,在很短的时间内,形成了一个横跨境内外,收购、运输、贩卖、洗钱一条龙,规模庞大的职业化走私贩毒集团。谭晓林成为缅北地区对我危害最大的大毒枭之一,犯罪气焰十分嚣张。这是我国公安机关破获的1949年以来最大一起团伙贩毒案。① 2004年6月25日,谭晓林等一批毒品犯被依法判处死刑,并被押赴刑场处决。

24. 中国破获首例网上出售冰毒配方案

2002年3月13日,我国首例利用因特网出售冰毒配方案成功告破,被抓获的犯罪嫌疑人胡某竟是湖北省襄樊市年仅17岁的职高学生。胡某系湖北随州均川镇人,化学成绩特别好,他通过互联网掌握了冰毒(甲基苯丙胺)的分子式和结构式。之后,他运用所学化学知识,“研制”出冰毒配方。2月下旬,胡某在襄樊“天使网吧”以同学名义登陆“中国化工网”,公开发布了出售冰毒配方的信息。3月5日,胡在襄樊与北京“客户”以3 000元价做成第一笔“生意”后,被襄樊警方擒获。②

25. 宁夏警方破获的最大一宗毒品贩卖案

2004年4月13日至14日,由宁夏回族自治区公安厅禁毒处、吴忠市公安局缉毒支队和同心县公安局缉毒大队组成的缉毒专案组,成功地在同心县韦州镇破获一起特大毒品贩卖案,当场抓获犯罪嫌疑人5名,缴获海洛因3 325克、毒资13.6万余元。这是目前该区警方破获的宁夏历史上最大的一宗毒品贩卖案。③

---

① 搜狐新闻 http://news.sohu.com/08/41/news145414108.shtml.

② 北京师联教育科学研究所编:《毒品预防专题教育读本》(高中版),第109—111页。

③ 2004年4月19日《宁夏日报》。

26. 云南省腾冲警方11天连破5起贩毒大案

云南省腾冲县公安局禁毒大队在保山市公安局行动技术支队的帮助和瑞丽市公安局禁毒大队、中国海关总署缉私局瑞丽缉毒大基地的支持配合下，将公开查缉和专案侦查有机结合，在2004年2月15日至25日11天内，连续破获5起特大贩毒案件，缴获海洛因28.01千克，抓获犯罪嫌疑人13名。①

27. 天津市破获的自中华人民共和国成立以来最大毒品案

2004年10月，在天津市公安局统一领导下，由市刑侦局缉毒处、公安河西分局刑侦支队等组成的"10·11"专案组与重庆警方密切合作，缉毒民警生死卧底，一举摧毁了以重庆籍女子付继红为首的特大贩毒集团，21名吸贩毒人员悉数落网，缴获毒品海洛因5.22千克、摇头丸140余粒、冰毒及底粉等2.4千克及制毒工具一套，另收缴毒资42万元、别克轿车一部。②

28. 头号大毒枭刘招华落网并被判死刑

2005年3月5日凌晨4点，公安部悬赏20万元通缉的特大毒枭刘招华在他的家乡福建省福安市落网。这一天，正是公安部在全国公开悬赏通缉刘招华的第100天，同时，也是他40岁的生日。刘招华在福建平潭当过兵，在那里接触了台湾人。有台湾毒贩拉他下水，提供制毒资金，购买制毒原料和设备，生产冰毒。刘招华退伍后在福安市法院当过法警，不久即辞职。1996年，刘招华在老家福安赛岐设点生产冰毒的事情败露，随后开始了长达9年的逃亡生活。其间，他与台湾毒贩"合作"，又先后在广东普宁、宁夏银川等地设点制造冰毒。刘招华是中国缉毒史上制造贩卖冰毒的头号毒枭。他涉嫌参与、制造和贩卖冰毒14吨，已被警方查获12吨。2004年11月24日，公安部首次向社会公开悬赏通缉刘招华等5名毒犯，悬赏总金额为38万元，其中，刘招华案情重大，悬赏20万元。2007年6月26日，第20个国际禁毒日这一天，世纪大毒枭刘招华在广州市中级人民法院一审被判死刑。法院最终确认，其制造的冰毒总量达12.675吨，超过其案发前全世界一年查获的冰毒总量。大毒枭刘招华的落网并被判死刑是中国缉毒史和禁毒史上的一件大事，同时，也为其他执迷不悟的犯罪分子敲响了警钟。③

29. 甘肃省破获的自中华人民共和国成立以来最大毒品案

2005年10月2日，由公安部挂牌督办，甘肃省公安边防总队立案侦查的

---

① 2004年3月9日《人民公安报》。

② 2005年4月20日《城市快报》。

③ 中央电视台2005年3月9日《焦点访谈》；新华社2005年3月9日福州电；2007年6月27日《广州日报》。

“11·12”特大跨国贩卖运输毒品案告破。办案人员历时近一年，出击广东、云南、青海、宁夏4省区，行程9万多千米，抓获犯罪嫌疑人10名，查获毒品海洛因220千克，摧毁了3个贩毒网络。①

30. 广东破获“601B”特大制贩氯胺酮案

2006年6月2日，在广东省公安厅禁毒局的组织指挥下，广东省边防总队在相关部门及广州市、深圳市、佛山市公安局的协助下，联合湛江市公安局成功破获了“601B”特大制贩毒品案，捣毁了1个制毒工厂，抓获犯罪嫌疑人21人，缴获氯胺酮约57千克、麻古约10千克，以及大批制毒原料和制毒设备，查冻涉毒资金人民币506.5万元。②

31. 黑龙江、新疆联手破获“10·8”制贩大麻案

2006年9月，在公安部禁毒局的指挥协调下，黑龙江、新疆公安机关经过两个多月的艰苦侦查，联手破获迄今为止最大一起制造、贩卖大麻案件，抓获犯罪嫌疑人9名，缴获大麻烟及大麻叶等半成品共计90吨和成套加工设备。③

32. 新疆查获最大一起“金新月”地区毒品走私入境案

2007年10月30日，新疆公安机关查破一起利用集装箱走私、贩运“金新月”毒品案件，从装在集装箱的313块纤维板中查获大麻4 848千克、海洛因67.5千克，抓获犯罪嫌疑人4名，这是我国迄今为止查获的最大一起“金新月”地区毒品走私入境案件。④

33. 中、美、加联合破获黄智勇特大跨国走私可卡因案

2006年11月，广东公安禁毒部门获取了以黄智勇为首的贩毒集团准备从南美巴拿马走私可卡因经美国到加拿大的情报。公安部禁毒局即在北京、广东召开专案会议，制订了行动方案。2007年1月17日，在公安部统一协调下，中国、加拿大和美国一举侦破了该起特大跨国走私可卡因案，在加拿大抓获5名犯罪嫌疑人，在广东抓获6名犯罪嫌疑人，在美国缴获可卡因25千克。该案是中国、加拿大、美国三方联动，通过实施“控制下交付”成功破获的一起特大跨国走私毒品大案，是我公安禁毒部门以情报为先导，积极主动协调美、加两国联合打击跨国贩毒团伙的成功案例。⑤

34. 中国公安机关与马来西亚警方联合破获林迪特大跨国制造毒品案件

2009年1月23日，在公安部禁毒局的统一协调下，广东省公安禁毒部门与

---

① 2005年10月28日《甘肃日报》。

② 人民网 http://politics.people.com.cn/GB/1027/5215749.html.

③ 人民网 http://politics.people.com.cn/GB/1027/5215749.html.

④ 中华人民共和国国家禁毒委员会办公室：《2008年中国禁毒报告》。

⑤ 中华人民共和国国家禁毒委员会办公室：《2008年中国禁毒报告》。

香港、马来西亚警方经过近 4 个月的深入经营，在马来西亚开展收网行动，成功破获林迪特大跨国制造毒品案件，捣毁制毒加工厂 2 个，抓获犯罪嫌疑人 7 名，缴获冰毒 73.3 千克、海洛因 0.17 千克及麻黄素 1.88 千克，彻底摧毁了一个跨国制贩毒网络。①

35. 破获徐正帮等人制毒贩毒案

这起由公安部列为部督目标案的“3·29”毒品案，被称作 2010 年全国破获的最大制贩毒品案件。2009 年 12 月—2010 年 4 月，徐正帮通过周东、汪辉祥、吴宪勇、吴康林等人购买麻黄碱，并在高强等人的协助下，先后在四川仁寿县制造成品冰毒 34.1 千克、半成品（水剂）56.4 千克。徐正帮将制造出的 32.8 千克冰毒分别贩卖给汪辉祥等人进行贩卖；同时，徐正帮还贩卖麻古 74 000 余颗给汪辉祥、周东等人。②

36. 侦破“831”特大网络吸贩毒案件

2011 年 9 月，在时任公安部部长孟建柱、副部长张新枫、黄明的直接指挥下，全国 31 个省区市多警种合成作战，开展侦破“831”特大网络吸贩毒案件的统一行动，历经 56 天连续艰苦奋战，查获涉毒违法犯罪嫌疑人员 12 125 名（其中，吸毒人员 6 112 名），破获制贩毒案件 496 起，打掉贩毒团伙 144 个、吸毒窝点 340 个、制毒工厂（点）22 个，缴获毒品 308 千克。此案是全国范围内组织侦办的首例利用互联网视频交友平台进行涉毒违法犯罪活动的新类型毒品案件，是中华人民共和国成立以来组织领导力度最大、参战警种警力最多、作战地域跨度最广、打击效果最显著、社会反响最好的一次全国性缉毒侦查行动。③

37. 湘粤“2012－337”制贩毒案

2012 年 9 月 13 日，湖南、广东两地公安机关禁毒部门联合破获公安部“2012－337”号毒品目标案件，在湖南郴州捣毁面积约 800 平方米的特大制毒工厂 1 个，抓获犯罪嫌疑人 14 名（其中，墨西哥籍制毒技师 1 名、香港籍 3 名），缴获冰毒 1.12 吨（其中，冰毒成品 218.35 千克、半成品 901.9 千克）、制毒原料 19.8 吨，查扣涉案汽车 6 辆及制毒设备一批，成功摧毁了一个墨西哥、中国香港及内地人员相互勾结、组织严密、分工明确的特大跨国跨境制贩毒团伙。④

38. 重拳整治广东汕尾陆丰制毒问题

国家禁毒办、公安部禁毒局和广东省委、省政府及各级禁毒部门重拳整治汕

---

① 中华人民共和国国家禁毒委员会办公室：《2010 年中国禁毒报告》。
② 中国广播网 http://news.cnr.cn/gnxw/201103/t20110317_507801080.html.
③ 中华人民共和国国家禁毒委员会办公室：《2012 年中国禁毒报告》。
④ 中华人民共和国国家禁毒委员会办公室：《2013 年中国禁毒报告》。

尾陆丰制毒问题，国家禁毒办专门约谈汕尾、陆丰两级党政领导，公安部禁毒局多次派出工作组赴陆丰督导调研，并协调 18 个省区公安禁毒部门合力打击涉汕尾制毒犯罪。2013 年 12 月 29 日，在公安部禁毒局直接指导、协调下，广东省公安厅组织多地公安民警及武警官兵共 3 000 余人，对全国最大的制毒"堡垒村"——陆丰市甲子镇博社村开展集中清剿行动，一举打掉毒品犯罪团伙 18 个，捣毁制毒厂点 77 个，抓获犯罪嫌疑人 175 名，缴获冰毒 2.4 吨、氯胺酮 260 千克、制毒原料过 100 吨、制毒工具一大批，收缴手枪、子弹、手雷等一批武器。①

39. 沪、苏、粤、鲁联合侦破"聂某制毒案"

历时 5 个多月的苦心经营，2014 年 9 月 11 日，公安部禁毒局积极协调台湾地区法务调查部门，指挥上海、江苏、广东、山东 4 地公安禁毒部门，成功侦破"聂某制毒案"暨部毒品目标案件 2014－415 号。全案共抓获犯罪嫌疑人 34 名，其中台湾籍嫌疑人 4 名；捣毁制毒工厂 2 处；缴获甲卡西酮 1.04 吨、其他毒品 1.6 吨、仿六四式手枪 1 支、子弹 6 发，查扣涉案汽车 4 辆，扣缴毒资 120 余万元。该案也是 2014 年单案缴获毒品数量最多的案件。②

（四）惩治毒品违法犯罪成果统计

根据国家禁毒委员会办公室公布的有关资料③，将我国从 1987 年至 2016 年的 30 年间惩治毒品犯罪的主要成果统计、概述如下：

1987 年，全国公安机关共查破毒品案件 56 起，缴获海洛因 43 千克、鸦片 137 千克。

1988 年，全国公安机关共查破毒品案件 268 起，缴获海洛因 166 千克、鸦片 239 千克。

1989 年，全国公安机关共查破毒品案件 547 起，缴获海洛因 559 千克、鸦片 289 千克。

1990 年，全国公安机关共查破毒品案件 3 670 起，缴获海洛因 1 632 千克、鸦片 782 千克。

1991 年，全国公安机关共查破毒品案件 8 395 起，抓获涉案违法犯罪人员 18 479 名，缴获海洛因 1 919 千克、鸦片 1 980 千克、大麻 454 千克、甲基安非他明 351 千克，企图走私出境的制毒化学品 49.8 吨。共逮捕毒品犯罪分子 8 080 人，依法判处刑罚的 5 285 人。

---

① 中华人民共和国国家禁毒委员会办公室：《2014 年中国禁毒报告》。

② 《2014 年禁毒十大案例》，2015 年 1 月 12 日《人民公安报》。

③ 主要参考和依据中华人民共和国国家禁毒委员会办公室历年公布的禁毒报告和 2014 年、2015 年、2016 年中国毒品形势报告。

1992 年,全国公安机关共查破毒品案件 14 701 起,抓获涉案违法犯罪人员 28 292 名,缴获海洛因 4 489 千克、鸦片 2 680 千克、大麻 910 千克、甲基安非他明 655 千克,企图走私出境的制毒化学品 58.8 吨。共逮捕毒品犯罪分子 7 025 人,依法判处刑罚的 6 588 人。

1993 年,全国公安机关共查破毒品案件 26 191 起,抓获涉案违法犯罪人员 40 834 名,缴获海洛因 4 459 千克、鸦片 3 354 千克、大麻 251 千克、甲基安非他明 5 千克,企图走私出境的制毒化学品 90 吨。共逮捕毒品犯罪分子 7 677 人,依法判处刑罚的 6 137 人。

1994 年,全国公安机关共破获毒品案件 38 033 起,抓获涉案违法犯罪人员 50 964 名,缴获海洛因 3 881 千克、鸦片 1 737 千克、大麻 1 534 千克、甲基安非他明 460 千克,企图走私出境的制毒化学品 38 吨。共逮捕毒品犯罪分子 10 434 人,依法判处刑罚的 7 883 人。

1995 年,全国公安机关共破获毒品案件 57 524 起,抓获涉案违法犯罪人员 73 734 名,缴获海洛因 2 376 千克、鸦片 1 110 千克、大麻 466 千克、甲基安非他明 1 304 千克,企图走私出境的制毒化学品 85.9 吨。共逮捕毒品犯罪分子 12 990 人,依法判处刑罚的 9 801 人。

1996 年,全国公安机关共破获毒品案件 88 579 起,抓获涉案违法犯罪人员 112 641 名,缴获海洛因 4 347 千克、鸦片 1 745 千克、大麻 4 876 千克、甲基安非他明 1 599 千克,企图走私出境的制毒化学品 218.6 吨。共逮捕毒品犯罪分子 18 860 人,依法判处刑罚的 13 787 人。

1997 年,全国公安机关共破获毒品违法犯罪案件 180 125 起,抓获毒品违法犯罪嫌疑人 244 000 人,缴获海洛因 5 477 千克、鸦片 1 880 千克、大麻 2 408 千克、甲基安非他明 1 334 千克,各类易制毒化学品 383.5 吨。共逮捕毒品犯罪分子 24 873 人,依法判处刑罚的 18 878 人。

1998 年,全国公安机关共破获毒品违法犯罪案件 182 416 起,抓获违法犯罪人员 231 940 名,缴获海洛因 7 358 千克、鸦片 1 215 千克、大麻 5 079 千克、甲基安非他明 1 608 千克,缴获各类易制毒化学品 344.5 吨。共逮捕毒品犯罪分子 34 287 人,依法判处刑罚的 27 229 人。

1999 年,全国共查破走私、贩卖、运输、制造毒品犯罪案件 6.4 万起,其中,1 万克以上海洛因大案 60 起,抓获犯罪嫌疑人 5.7 万名,分别比 1988 年增加了 2.4%和 7.9%。缴获海洛因 5 300 千克、冰毒 1.6 万千克。依法逮捕毒品犯罪嫌疑人 3.7 万名,判刑 3.3 万名。

2000 年,全国共破获走私、贩卖、运输、制造毒品案件 96 189 起,缴获海洛因

6 300 千克、鸦片 2 400 千克、冰毒 20 900 千克，各类易制毒化学品 215 吨，以及大量摇头丸等毒品。

2001 年，全国各级禁毒部门共破获毒品犯罪案件 11.03 万起，抓获毒品犯罪嫌疑人 7.33 万名，缴获海洛因 1.32 万千克、鸦片 2 820 千克、冰毒 4 820 千克、大麻 750 千克、“摇头丸”207 万粒和各类易制毒化学品 208.2 吨。

2002 年，全国共破获毒品犯罪案件 11 万余起，同比上升 2.4%；抓获毒品犯罪嫌疑人近 9 万名，同比上升 22.8%；缴获海洛因 9 290.8 千克，同比下降 29.5%；鸦片 1 219.3 千克，同比下降 56.9%；冰毒 3 190.9 千克，同比下降 33.7%；摇头丸 301 万余粒，同比上升 45.4%；大麻 1 300 千克，同比上升 73.3%；缴获易制毒化学品 300 余吨，同比上升 45%；摧毁毒品加工厂(点)107 个。

2003 年，全国共破获毒品犯罪案件 9.38 万起，同比下降 14.5%；抓获毒品犯罪嫌疑人 6.37 万名，同比下降 29.2%；缴获海洛因 9 530 千克，同比上升 2.6%；缴获冰毒 5 830 千克，同比上升 82.6%；缴获摇头丸 40.9 万粒，同比下降 86.4%；缴获各类易制毒化学品 72.8 吨，同比下降 75.7%。全国检察机关及时批准逮捕毒品犯罪嫌疑人，起诉走私、贩卖、运输、制造毒品案件。各级人民法院充分发挥刑事审判职能作用，依法审判，惩处了一大批涉毒犯罪分子。

2004 年，全国公安机关共破获各类毒品犯罪案件 98 009 起，同比上升 4.4%；抓获犯罪嫌疑人 66 960 名，同比上升 5.1%；打掉制贩毒犯罪团伙 2 752 个，同比基本持平；缴获海洛因 10 836.5 千克，同比上升 13.6%；缴获“摇头丸”300 余万粒，同比增长 8 倍；缴获冰毒 2 746 千克，同比下降 52.9%。全国检察机关及时批准逮捕犯罪嫌疑人，起诉走私、贩卖、运输、制造毒品等案件。各级法院充分发挥刑事审判职能作用，依法审判，惩处了一大批涉毒犯罪分子。

2005 年，全国公安机关共破获毒品犯罪案件 4.54 万起。其中，1 000 克以上毒品案件 1 794 起，1 万克以上毒品案件 342 起，打掉制贩毒团伙 1 550 个，抓获毒品犯罪嫌疑人 5.8 万名，缴获海洛因 6 900 千克、冰毒 5 500 千克、鸦片 2 300 千克、摇头丸 234 万粒、氯胺酮 2.6 吨、大麻 941 千克。全国检察机关共批准逮捕毒品犯罪嫌疑人 46 359 人，起诉各类涉毒案件 33 750 件 46 013 人。

2006 年，全国公安机关共破获毒品犯罪案件 4.63 万起，抓获毒品犯罪嫌疑人 5.62 万名，缴获海洛因 5 790 千克、鸦片 1 690 千克、冰毒 5 950 千克、摇头丸 45.41 万粒、氯胺酮 1.79 吨。全国检察机关共批准逮捕毒品犯罪嫌疑人 47 290 人。

2007 年，全国共破获毒品犯罪案件 5.6 万起，抓获毒品犯罪嫌疑人 6.7 万名，同比分别上升 36.8%、36.3%；缴获海洛因 4.6 吨、下降 35.5%，鸦片 1.2 吨、下降48.9%，冰毒5.8吨、下降3.9%，冰毒片剂762万片、上升86.4%，摇头丸221万粒、上升3.9倍，氯胺酮6吨、上升2.4倍，呈现出破案数和抓捕数显著上升、海洛因缴获量持续下降、新型毒品缴获量明显增多的特点，使国内海洛因来源持续减少，价格大幅上涨，纯度明显下降。

2008年，全国共破获毒品犯罪案件6.19万起，打掉贩毒团伙1 565个，摧毁制毒工厂和窝点244个，抓获犯罪嫌疑人7.34万名，缴获海洛因4.33吨、鸦片1.38吨、冰毒及其片剂6.15吨、氯胺酮5.27吨。

2009年，全国公安机关共破获毒品犯罪案件7.7万起，同比上升25.8%；抓获毒品犯罪嫌疑人9.1万名，同比上升25%，缴获海洛因5.8吨、鸦片1.3吨、冰毒6.6吨、氯胺酮5.3吨、摇头丸106.2万粒、大麻8.7吨。全国有28个省、自治区、直辖市破案数上升，其中16个增幅超过20%。

2010年，全国共破获毒品犯罪案件8.9万起，抓获毒品犯罪嫌疑人10.1万名，同比分别上升14.5%和10.8%，缴获海洛因5.3吨、鸦片1吨、冰毒及片剂9.9吨、氯胺酮4.9吨、大麻3.2吨。

2011年，全国公安机关共破获毒品刑事案件10.17万起，抓获毒品犯罪嫌疑人112 406名，缴获海洛因7.08吨、冰毒及片剂14.32吨，同比分别上升14%、10.5%、32.1%、44.9%，破案首次超过10万大关，缉毒执法工作取得了新突破新跨越。

2012年，全国共破获毒品刑事案件12.2万起，抓获毒品犯罪嫌疑人13.3万名，同比分别上升19.8%和18.1%；缴获各类毒品45.1吨。其中，海洛因7.3吨、冰毒类毒品16.2吨、氯胺酮4.7吨、大麻4.2吨。

2013年，全国共破获毒品刑事案件150 943起、抓获毒品犯罪嫌疑人168 296名，同比分别上升23.89%、26.75%；缴获毒品海洛因8.55吨、鸦片1.46吨、冰毒类毒品19.52吨、大麻4.50吨、氯胺酮9.69吨。

2014年，全国共破获毒品犯罪案件14.59万起，抓获毒品犯罪嫌疑人16.89万名，缴获各类毒品合计68.95吨，其中，海洛因9.3吨、冰毒类毒品25.9吨、氯胺酮11.2吨、大麻4吨。

2015年，全国共破获毒品刑事案件16.5万起，抓获毒品犯罪嫌疑人19.4万名，缴获各类毒品102.5吨，同比分别增长13.2%、15%和48.7%。

2016年，全国共破获毒品刑事案件14万起，抓获毒品犯罪嫌疑人16.8万名，缴获各类毒品82.1吨，其中，海洛因8.8吨、冰毒晶体17.4吨、冰毒片剂11.6吨、氯胺酮10.4吨。

五、禁吸戒毒工作成绩显著

为了保护公民身心健康，维护社会治安秩序，最终消除毒品危害，中国政府高度重视并大力开展禁吸戒毒工作。近20年来，在开展吸毒人员调查登记，加大禁吸戒毒力度，加快戒毒场所规范化建设，开展社会帮教、落实禁毒工作责任制，创建“无毒社区”等方面做了大量的工作，取得了显著成绩，并积累了许多成功的经验。

（一）认真开展吸毒人员调查登记工作

近20年来，我国各省、自治区、直辖市陆续开展了对吸毒人员的调查登记，逐步摸清了吸毒人员情况，为深入开展戒毒工作奠定了良好基础。

1998年，一些地方针对吸毒人员底数不清的问题，重点开展了对吸毒人员的调查摸底工作，基本摸清了吸毒人员底数。云南省用5个月时间在全省范围内对吸毒人员底数进行核查；山西省把摸查吸毒人员底数当作全年禁毒工作的一项重要任务；宁夏部署各派出所对吸贩毒人员基本情况登记造册、建立档案；湖南省各县市区以派出所为单位，深入街道居委会、单位、乡镇、村组进行全面摸排，逐一登记造册。

1999年，全国多数省、自治区、直辖市开展了对吸毒人员的调查摸底工作。如上海市政府统一组织，在各区县建立了由公安、司法、卫生、民政、宣传、教育、工商等部门参加的普查登记工作领导小组，对全市吸毒人员情况开展了2个月的登记工作。又如广西组织了第3次吸毒人员基本情况调查。再如贵州省抽调机关干部、禁毒工作积极分子、公安政法干警3万余人组成1 000余个普查工作组，全面展开对吸毒人员地毯式的调查摸底工作，初步查出全省在册吸毒人员5万余人。通过工作，全国新发现登记吸毒人员8.5万名，比1998年增长了14%。[①]

2000年，公安部下发了《关于加强吸毒人员登记工作的通知》，统一了登记内容，规范了登记工作，为今后按标准数据开展登记工作并纳入全国禁毒信息系统创造了条件。全国登记在册吸毒人员达86万人。天津、海南等省市分类排出了未受毒品侵害、受毒品侵害较轻、受毒品侵害较重的乡镇和街道，天津对全市4 000余名吸毒人员和6 117个居(村)委会进行全面细致的调查。福建采取计算机手段，从6月到9月，在全省开展了“百日网上毒情调查专项行动”。广西部

---

① 中华人民共和国国家禁毒委员会办公室：《1999年中国禁毒年度报告》；赵翔等著：《毒品问题研究——从全球视角看贵州毒品问题》，第209页。

署开展了全区第4次毒情调查,新发现吸毒人员5 396名。云南把对吸毒人员的调查经常化,在全省建立了吸毒人员监测点。[①]

2001年,深化毒情普查和吸毒人员登记工作。针对国内滥用苯丙胺类毒品日趋严重的问题,3月,公安部禁毒局下发了《关于开展苯丙胺类毒品违法犯罪情况专题调查的通知》;10月,公安部又发出《关于对滥用苯丙胺类兴奋剂人员严格执行登记制度的通知》,要求对吸食冰毒、"摇头丸"等苯丙胺类毒品的人员发现一个登记一个,逐步摸清底数。各地精心组织、周密部署,开展了认真细致的毒情普查工作,有的地方还同时完成了禁毒信息系统数据的初次采集。2001年,全国登记在册吸毒人数达90.1万人,发现新滋生吸毒人员2.59万人。[②]

2002年,各级公安机关普遍开展了对吸毒人员的调查登记工作。云南省将吸毒人员信息全部录入计算机,经过筛选,登记在册吸毒人员上升了近2万人。黑龙江省加大了调查摸排工作力度,登记吸毒人员总数由去年的2 000多人上升到目前的1.4万余人。截至2002年年底,全国登记在册吸毒人数达100万人。[③]

2003年,各地禁毒部门普遍开展了调查摸底工作。截至2003年年底,全国登记在册吸毒人数达105.3万人。[④]

2004年,全国登记在册吸毒人数达114.04万人,其中,新滋生吸毒人员22 256人。[⑤]

2006年,以摸清吸毒人员底数、加快吸毒人员信息系统建设为目标,全力开展对吸毒人员的大普查活动。为摸清吸毒人员底数,不少地方党委、政府召开专门会议部署开展对吸毒人员普查登记工作。北京、湖北、湖南、四川、陕西等地发布通告敦促吸毒人员限期到公安机关登记。广西组织了第七次毒情普查工作,内蒙古全面清理吸毒人员数据库。浙江、贵州省禁毒委员会办公室分别制定了《关于对本地实有吸毒人员认定的通知》和《吸毒人员管理暂行规定》,进一步规范了对吸毒人员进行普查登记和管理工作。截至2005年年底,全国登记在册吸毒人员116万人。通过普查,全国新登记吸毒人员10.1万人。其中,新滋生3.3万名,新发现前几年染毒人员6.8万名。现有吸毒人员78.47万名,比上年下降0.9%。[⑥]

---

① 中华人民共和国国家禁毒委员会办公室:《2000年中国禁毒报告》。
② 中华人民共和国国家禁毒委员会办公室:《2001年中国禁毒报告》。
③ 中华人民共和国国家禁毒委员会办公室:《2002年中国禁毒报告》。
④ 中华人民共和国国家禁毒委员会办公室:《2003年中国禁毒报告》。
⑤ 中华人民共和国国家禁毒委员会办公室:《2005年中国禁毒报告》。
⑥ 中华人民共和国国家禁毒委员会办公室:《2006年中国禁毒报告》。

2007 年，各地公安禁毒、治安、边防、刑侦、监管和司法劳教等部门密切协作，强力推进吸毒人员大排查和信息录入工作，至 3 月底，圆满完成了“将公安机关能够见面排查的吸毒人员信息全部上网入库”的阶段性任务目标，初步搭建起吸毒人员动态管控机制的信息管理平台，较为准确地掌握了全国吸毒人员的底数和现状，实现了全国信息共享、动态管控、网上跟踪。截至 12 月底，全国吸毒人员数据库中的吸毒人员已达 95.7 万人。2007 年，全国公安机关在深入排查吸毒人员过程中，依托吸毒人员动态管控数据库，依法查处复吸人员 12.2 万余人，查获负案在逃的犯罪嫌疑人员 3 000 余人。[①] 广东深圳、北京、江苏、浙江、辽宁大连等地公安机关坚持“边建边用”，率先将吸毒人员数据库与其他公安信息资源实现联网比对、信息共享，切实提高了公安机关对吸毒人员的发现和管控能力。

2008 年，国家禁毒委员会办公室部署各地继续加大吸毒人员排查和信息录入工作，不断完善吸毒人员动态管控机制建设，较为准确地掌握了全国吸毒人员的状况。截至 2008 年 12 月底，全国上网入库的吸毒人员为 112.67 万人，其中，滥用海洛因等阿片类毒品 90 万人，35 岁以下吸毒人员所占的比例继续呈现下降趋势。为全力打造“无毒奥运”的社会环境，各地依托吸毒人员动态管控数据库信息，对吸毒人员进行全面排查，重点加大对已外流到北京等奥运赛区的本地户籍吸毒人员的核查、管控力度。1 月—9 月，全国 30 个省、区、市排查曾在京暂住的外地籍涉毒人员达 8 229 名，见面排查北京籍失控吸毒人员 3 460 名，见面劝返、管控吸毒人员 3 378 名。按照公安部“深圳会议”部署，重点城市公安机关普遍加快吸毒人员动态管控系统拓展应用建设，实现了动态管控系统与其他公安信息系统资源整合、联网比对，成为提升发现、打击毒品违法犯罪能力的新的增长点。截至 12 月底，全国共有北京、天津、河北等 13 个省区市全面完成、9 个省区市在部分城市完成拓展应用技术平台建设，通过系统报警查处吸毒人员 49 833 名，带破毒品案件 1 712 起。[②]

2009 年 7 月至 9 月，国家禁毒委员会部署在全国范围开展了吸毒人员排查登记和管控行动。各地区、各有关部门充分利用吸毒人员动态管控系统拓展应用功能，完善对流动吸毒人员的跨区域协作查控机制，深入开展对吸毒人员的排查和登记工作，充分利用社区戒毒、强制隔离戒毒、场所康复、社区康复、社区药物维持治疗等戒毒模式，认真落实戒治、康复、帮教等挽救措施，使一大批吸毒人员戒断了毒瘾，回归了社会。专项行动期间，全国共发现有吸毒行为人员 8.8 万

① 中华人民共和国国家禁毒委员会办公室：《2008 年中国禁毒报告》。
② 中华人民共和国国家禁毒委员会办公室：《2009 年中国禁毒报告》。

名，逐一落实戒治、康复、帮教等管控措施，有效减少了社会面失控吸毒人员。2009 年，各地公安机关共依法处理有吸毒行为人员 2.8 万名，带破涉毒违法犯罪案件 1 209 起。[①]

2010 年，国家禁毒委员会办公室组织开展了吸毒人员排查登记和信息核查行动。各级公安机关依托信息化手段，进一步创新吸毒人员动态管控机制，全面落实戒治、康复、帮教等挽救措施，有效压缩了国内毒品消费市场。2010 年，全国新发现登记吸毒人员 21.4 万余名，依法查获有吸毒行为人员 38 万人次，强制隔离戒毒 17.5 万余名，社区戒毒、社区康复 9.6 万余名。[②]

2011 年 8 月—11 月，国家禁毒委员会部署在全国范围内集中开展吸毒人员排查登记和管理专项行动。依托信息化手段，进一步完善吸毒人员动态管理系统建设，将吸毒人员数据库拓展应用工作统一归口进行管理；对部、省、市三级的吸毒人员动态管理系统进一步进行完善升级，运行新的管理模式和科学研判。2011 年，全国查获有吸毒行为人员 41.3 万人次，新发现吸毒人员 23.5 万名；共依法处置吸毒成瘾人员 57.7 万名，同比增长 8.3%，其中，处置强制隔离戒毒 17.1 万名，责令社区戒毒、社区康复 9.7 万。[③]

2012 年，国家禁毒办在全国范围内部署开展了为期 6 个月的吸毒人员排查管控专项行动，组织公安、卫生、司法部门和乡镇（街道）等基层组织，切实加大对吸毒人员的排查、管控和收戒，全面落实戒治、康复、帮教等挽救措施，有效减少了社会面失控吸毒人员。截至 2012 年年底，全国累计登记吸毒人员 209.8 万名，其中，滥用阿片类毒品人员 127.2 万名、滥用合成毒品人员 79.8 万名，分别占 60.6%和 38%；2012 年全国新发现登记吸毒人员 30.5 万余名，依法查获有吸毒行为人员 54.9 万人次，依法处置强制隔离戒毒 20.2 万余名，依法责令接受社区戒毒、社区康复 13.6 万余名，3 年未发现复吸人员 75.9 万名。联合交管部门开展"毒驾"治理工作，加强交通民警对吸毒行为判别、检测等方面的专业培训，建立了吸毒驾驶人员的核查协作机制和联合执法机制，依法核查吸毒驾驶人信息 64 万余人次，依法注销 10 445 名吸毒成瘾未戒除人员的机动车驾驶证，拒绝 4 006 名吸毒人员申领驾驶证，有效减少涉毒安全隐患。[④]

2013 年，规范维护吸毒人员动态管控系统信息质量，完成"吸毒人员动态管控系统"二期项目及扩展项目的相关开发工作。截至 2013 年年底，全国累计登

---

① 中华人民共和国国家禁毒委员会办公室：《2010 年中国禁毒报告》。
② 中华人民共和国国家禁毒委员会办公室：《2011 年中国禁毒报告》。
③ 中华人民共和国国家禁毒委员会办公室：《2012 年中国禁毒报告》。
④ 中华人民共和国国家禁毒委员会办公室：《2013 年中国禁毒报告》。

记吸毒人员 247.5 万名，其中，滥用阿片类毒品人员 135.8 万名、滥用合成毒品人员 108.4 万名，分别占 54.9%和 43.8%；2013 年，全国新发现登记吸毒人员 36.5 万余名，依法查获有吸毒行为人员 68.2 万人次，依法处置强制隔离戒毒 24.2 万余名，依法责令接受社区戒毒、社区康复 18.4 万余名，3 年未发现复吸人员 88.9 万名。针对我国滥用合成毒品问题日趋严重的现状，部署全国公安机关开展滥用合成毒品人员查处管控专项行动。行动期间，全国共查获滥用合成毒品人员 18.3 万余人，新发现合成毒品滥用人员 12.4 万余人，同比分别增长 51.2%和 47.7%。积极配合交管部门开展吸毒肇事肇祸整治工作，优化吸毒人员数据库与机动车驾驶人员数据库的对接，截至 12 月底，全国禁毒部门配合交管部门依法注销 2.4 万名吸毒驾驶人的机动车驾驶证，拒绝吸毒人员申领机动车驾驶证 3 382 人，拒绝申请校车驾驶资格 30 人。①

2014 年，公安部禁毒局部署指导各地积极推行"逢嫌必检"措施，大力推进百城禁毒会战吸毒人员查控战役，不断加强对吸毒人员排查管控工作，大大提高对隐性吸毒人员的发现能力，最大限度预防和减少吸毒人员发生肇事肇祸行为。截至 2014 年年底，全国累计登记吸毒人员 295.5 万名，其中，滥用阿片类毒品人员 145.8 万名、滥用合成毒品人员 145.9 万名，分别占 49.3%和 49.4%；全年共查处吸毒人员 88.7 万余人次，新发现登记吸毒人员 46.3 万余名，各项数据同比均有大幅增长。②

2015 年，全国共查处有吸毒行为人员 106.2 万人次，其中，新发现吸毒人员 53.1 万名，同比分别上升 20%和 14.6%。截至 2015 年年底，全国现有吸毒人员 234.5 万名（不含戒断 3 年未发现复吸人数、死亡人数和离境人数），其中，被查获一次且无戒毒史的偶吸人员 106.9 万名、复吸（成瘾）人员 127.6 万名，分别占 45.6%和 54.4%。③

2016 年，全国共查处有吸毒行为的人员 100.6 万名。截至 2016 年年底，现有吸毒人员 250.5 万名，戒断 3 年未发现复吸人员增至 141.1 万人。④

（二）加大禁吸戒毒力度，全面推进社区戒毒和社区康复

为了从根本上消除毒品对人民群众的侵害，挽救吸毒者的生命，遏制毒品违法犯罪活动，最终消除国内毒品消费问题，长期以来我国是按照全国人大常委会《关于禁毒的决定》和国务院《强制戒毒办法》、司法部《劳动教养戒毒工作规定》，

---

① 中华人民共和国国家禁毒委员会办公室：《2014 年中国禁毒报告》。
② 中华人民共和国国家禁毒委员会办公室：《2015 年中国禁毒报告》。
③ 中华人民共和国国家禁毒委员会办公室：《2015 年中国毒品形势报告》。
④ 中华人民共和国国家禁毒委员会办公室：《2017 年中国禁毒报告》。

各地方政府组织公安、司法、卫生等有关部门依靠基层党政组织和广大人民群众，开展强制戒毒和劳教戒毒工作。对吸毒成瘾人员，由公安机关依据国务院《强制戒毒办法》通过行政措施在一定时期内对其强制进行药物治疗、心理治疗和法制教育、道德教育，使其戒除毒瘾。对经强制戒毒后的出所人员，由家庭、单位、常住地公安派出所及基层群众组织，共同负责开展对强制戒毒出所人员的后续帮助教育工作，防止其复吸。对发现的复吸者，由司法部门对其实行劳动教养，继续帮助其戒毒。

《中华人民共和国禁毒法》在2008年6月1日实施之前，我国有两种形式的强制戒毒，即公安强制戒毒和司法劳教戒毒。《禁毒法》则确立了以社区戒毒、强制隔离戒毒和社区康复为主的新的戒毒体系。社区戒毒就是指吸毒成瘾人员在社区的牵头、监管下，整合家庭、社区、公安以及卫生、民政等力量和资源，使吸毒人员在社区里实现戒毒。强制隔离戒毒决定由公安机关下达，属行政强制措施。强制隔离戒毒的执行目前则分别由公安机关和司法行政机关负责。强制隔离戒毒制度统一并取代了此前由公安机关负责的强制戒毒和司法行政机关负责的劳动教养戒毒。社区康复就是吸毒人员在有效戒毒以后，在社区牵头、监管下，整合家庭、社区、公安以及卫生、民政等力量和资源，使吸毒人员在社区里实现康复。强制隔离戒毒、社区戒毒、社区康复形成一个紧密衔接的完整过程，有利于戒毒人员最终戒除毒瘾，回归社会。根据2008年施行的《禁毒法》和2011年实施的《戒毒条例》规定，2008年以来，全面推进社区戒毒和社区康复，取得了显著成效。

1991年至1997年，全国强制戒毒55万人次，劳动教养戒毒10万人次。医疗卫生部门还建立了一批自愿戒毒机构，收治了一批自愿戒毒人员。[①]

1998年，全国公安机关强制戒毒14万余人次。[②] 云南、新疆、广西、四川等地禁毒部门与卫生防疫部门密切合作，加强对戒毒人员的艾滋病预防教育和检测工作；北京、内蒙古、辽宁、广东、湖南、广西、重庆、贵州、青海等9省区市按照公安部和卫生部要求对强制戒毒人员开展了艾滋病知识问卷调查和检测工作。

2000年，强制戒毒所共收治吸毒人员24.8万人次，其中，广东、云南、贵州、四川、重庆五省市收治人员都在1万人以上；劳教戒毒所新收戒吸毒人员5.4万多人次，在所劳教吸毒人员12万人次左右。从1月至9月强制戒毒所收治人员从事的职业看，无业人员9.9万人，占62.3%；农民3.4万人，占21.4%；工人1万

---

① 中华人民共和国国家禁毒委员会办公室：《1998年中国禁毒年度报告》。

② 中华人民共和国国家禁毒委员会办公室：《1998年中国禁毒年度报告》。

人，占 6.3%，个体工商业者 8 881 人。从文化程度看，中学、小学文化程度的 14.9 万人，占 93.7%；文盲 7 019 人，占 4.4%。从年龄层次看，25 岁以下的 6.2 万人，占 39%。从吸毒时间看，1 年至 3 年的 5.5 万人，占 34.6%；3 年以上的 3.9 万人，占 24.5%。[①] 4 月，公安部发出了《关于公安机关做好预防控制艾滋病有关工作的通知》，要求：对强制戒毒人员中的艾滋病病毒感染者，不得提前解除强制戒毒；强制戒毒期满后，要将有关情况通报卫生部门并配合做好监控工作；要将艾滋病知识列入强制戒毒所的日常宣传教育内容。

2001 年，全国共依法实施强制戒毒 216 586 人次，劳教戒毒 7 万余人次。[②] 云南、湖南、陕西等地分别开展了吸毒人员统一收戒行动。

2002 年，国家禁毒办下发了《关于集中收戒吸毒人员统一行动有关问题的通知》，各地公安监督、司法劳教等部门充分利用现有戒毒场所，努力扩建扩容，深挖收戒潜力，积极开展集中收戒吸毒人员统一行动。2002 年，全国累计强制戒毒 25.25 万人次，劳教戒毒 7.6 万人。[③] 北京、江苏、福建、河南、湖南、湖北、广东、海南、重庆、四川、贵州、云南等地强制戒毒所、劳教戒毒所基本实现了满员收戒。安徽、江苏、河南等地专门拨出了改善戒毒场所专项经费，保证了收戒工作的顺利进行。

2003 年，全国强制戒毒 22 万余人次、在所劳教戒毒人员约 13 万人次，其中，2003 年，新收劳教戒毒人员约 6.15 万人。[④]

2004 年，各地公安机关充分发挥基层组织、派出所的作用，进一步加大了对吸毒人员的摸底排查力度，强化了强制戒毒和劳教戒毒措施，集中开展了收戒吸毒成瘾人员专项行动。全国共收戒吸毒成瘾人员 34.1 万人次，其中，强制戒毒 27.3 万人次，劳教戒毒 6.8 万人次。[⑤]

2005 年，以教育挽救吸毒成瘾人员、压缩毒品消费市场为目标，依法开展对吸毒成瘾人员的大收戒行动。国家禁毒委员会办公室与公安部、司法部联合下发了《关于进一步加强劳教戒毒工作的紧急通知》，要求依法将戒毒后复吸毒品的人员实行劳动教养。9 月，国家禁毒委员会办公室分别向安徽、河北等 6 个省禁毒委员会主任发出《关于进一步加大对吸毒成瘾人员收戒力度的建议信》。各地进一步加大了禁吸戒毒工作力度，强制戒毒和劳教戒毒人员大幅增长。全年

---

① 中华人民共和国国家禁毒委员会办公室：《2000 年中国禁毒报告》。
② 中华人民共和国国家禁毒委员会办公室：《2001 年中国禁毒报告》。
③ 中华人民共和国国家禁毒委员会办公室：《2002 年中国禁毒报告》。
④ 中华人民共和国国家禁毒委员会办公室：《2003 年中国禁毒报告》。
⑤ 中华人民共和国国家禁毒委员会办公室：《2005 年中国禁毒报告》。

强制戒毒29.8万人次、劳教戒毒7万人，同比分别上升9.3%和8.6%。其中，云南强制戒毒6.14万人次，劳教戒毒1.26万人；广东强制戒毒7.44万人次，劳教戒毒1.64万人。大力开展对吸毒成瘾人员收戒工作，不仅直接萎缩了毒品消费市场，而且还从源头上减少了因毒品问题诱发的抢劫、抢夺、盗窃等案件和艾滋病传播等社会问题的发生。云南省德宏州加大收戒工作力度后，刑事案件发案数下降11.4%；其中，盗窃案件下降21.1%。①

2006年，大力收戒吸毒成瘾人员，切实萎缩毒品消费市场。6月，公安部下发《公安部关于严格依法收戒吸毒成瘾人员的通知》，要求对初次发现的吸毒成瘾人员一律强制戒毒，对戒毒出所后复吸毒品的，一律报送劳动教养。各地公安机关以此为依据，普遍加大了对吸毒成瘾人员的收戒力度。河北、黑龙江、内蒙古、广东、新疆等地在全省范围内开展了"大收戒"行动，最大限度地收治吸毒成瘾人员。浙江省部署开展了全省吸毒人员集中排查收戒专项行动。海南省连续下发通知，加大了对患传染病吸毒人员的收戒力度。广东省公安厅提出了年底前全省强制戒毒床位数不少于登记在册吸毒人员1/3、全年强制戒毒和劳教戒毒所床位利用率不少于80%、送强制戒毒和劳教戒毒总人数不少于现有吸毒人数2/3的目标。2006年，全国强制戒毒26.9万人次，劳教戒毒7.1万人。②

2007年，各地公安机关按照国家禁毒委员会的部署，继续加大对吸毒成瘾人员的收戒治疗力度。2007年，全国共强制戒毒26.8万名，劳动教养6.9万名。北京从9月中旬至年底对全市吸毒人员集中开展了为期3个多月的"收治收戒"统一行动。甘肃省共强制戒毒4 644人，劳教戒毒1 046人，全省戒断3年以上人数达到20 233名，强制戒毒和戒断3年以上人数同比上升9.71%和3.49%。③

2009年，全面推进社区戒毒和社区康复。2009年，全国共有4.7万名吸毒成瘾人员被责令社区戒毒，有3.5万名强制隔离戒毒出所人员被责令社区康复。目前，全国巩固3年以上未复吸的达6.8万人。积极稳妥推进强制隔离戒毒工作。各地公安、司法行政部门依据《禁毒法》有关规定，因地制宜地制定出台执行强制隔离戒毒措施暂行办法，依法开展强制隔离戒毒工作，顺利完成了强制戒毒、劳教戒毒措施向强制隔离戒毒措施的平稳过渡。截至2009年年底，公安机关和司法行政部门执行强制隔离戒毒的吸毒成瘾人员分别超过10万名。2009年，全国被依法予以强制隔离戒毒的吸毒成瘾人员有17.3万名。④

---

① 中华人民共和国国家禁毒委员会办公室：《2006年中国禁毒报告》。
② 中华人民共和国国家禁毒委员会办公室：《2007年中国禁毒报告》。
③ 中华人民共和国国家禁毒委员会办公室：《2008年中国禁毒报告》。
④ 中华人民共和国国家禁毒委员会办公室：《2010年中国禁毒报告》。

2010年，积极推动社区戒毒和社区康复。截至2010年年底，全国正在参加社区戒毒人员5.88万名、社区康复人员8.4万名，戒断3年以上未复吸的达6.4万名。稳妥推进强制隔离戒毒工作。截至2010年年底，全国强制隔离戒毒场所在戒人员达21.6万余名，比上年同期增长46%，发挥了强制隔离戒毒手段的治疗挽救作用。①

2011年，创新社区戒毒社区康复工作。据统计，截至2011年年底，全国正在执行社区戒毒人员3.6万名，社区康复人员4.0万名，3年以上未复吸人员64.1万名，社区戒毒和社区康复工作的戒断巩固效果已初见成效。强力推动强制隔离戒毒工作。截至2012年年底，全国公安机关共收戒吸毒成瘾人员9.2万余名，目前，全国强制隔离戒毒所在戒人员达到22.7万余名。②

2012年，全国依法处置强制隔离戒毒20.2万余名，依法责令接受社区戒毒、社区康复13.6万余名，3年未发现复吸人员75.9万名。③

2013年，全国依法处置强制隔离戒毒24.2万余名，依法责令接受社区戒毒、社区康复18.4万余名，3年未发现复吸人员88.9万名。④

2014年，全国强制隔离戒毒新收戒26.4万余人次，社区戒毒社区康复新报到12.4万余名，全国3年未复吸人员达到100.8万名，各项数据同比均有大幅增长。⑤

2016年，全国依法强制隔离戒毒35.7万人次，责令社区戒毒24.5万人次、社区康复5.9万人次。截至2016年年底，现有吸毒人员250.5万名，戒断3年未发现复吸人员增至141.1万人，一大批吸毒人员回归社会、走向新生。⑥

（三）加快戒毒场所规范化建设

在中国，《禁毒法》2008年6月1日实施以前，强制戒毒和劳教戒毒是最主要的戒毒方法，强制戒毒所和劳教戒毒所是教育挽救吸毒人员的特殊学校。《强制戒毒办法》对强制戒毒场所的建设、管理、戒毒措施、生活保障等方面作出了明确具体的规定。中国公安、司法机关分别制定了有关规章，对强制戒毒所和劳教戒毒所实行等级化、规范化管理。各级政府每年都投入大量资金，建设专门的戒毒场所。各戒毒所坚持教育、感化、挽救的方针，实行依法、严格、科学、文明管理。戒毒所都对戒毒人员进行安全科学的戒毒。云南、贵州、甘肃、广东等省的

---

① 中华人民共和国国家禁毒委员会办公室：《2011年中国禁毒报告》。
② 中华人民共和国国家禁毒委员会办公室：《2012年中国禁毒报告》。
③ 中华人民共和国国家禁毒委员会办公室：《2013年中国禁毒报告》。
④ 中华人民共和国国家禁毒委员会办公室：《2014年中国禁毒报告》。
⑤ 中华人民共和国国家禁毒委员会办公室：《2015年中国禁毒报告》。
⑥ 中华人民共和国国家禁毒委员会办公室：《2017年中国禁毒报告》。

一些戒毒所，在规范化管理方面创造了“治疗医院化、教育学校化、环境园林化、康复劳动化”的经验，被戒毒人员称为“告别毒品的再生之所”。

1991—1997 年，全国共建立了 695 个强制戒毒所，司法部门建立劳教戒毒所、队 86 个。[①]

据不完全统计，1998 年年底全国共有公安机关主管的强制戒毒所 632 所，建筑面积共 58 万多平方米，总床位 8.6 万余张。在所管教民警 4 782 人。1998 年，国家计委拨款 3 890 万元补贴了 19 个省的 22 个强制戒毒所。兰州市政府克服财政困难，通过 2 年的努力修建了容量 1 500 人的戒毒所。贵阳市政府投资 1 000 余万元扩建了容量近 1 000 人的戒毒康复中心。一些地区还加强了戒毒所规范化管理，强化科学戒毒工作，贵州省制定了《公安强制戒毒所管理暂行办法》和《公安强制戒毒所等级评定暂行办法》；昆明市政府投资 400 万元为戒毒所购买了一批医疗设备。据统计，到 1998 年年底，全国有 61 个劳教戒毒所、167 个戒毒医疗机构。[②]

1999 年，全国新建、扩建了一批强制戒毒所、劳教戒毒所，并加强了戒毒所的规范化管理。截至 1999 年年底，全国共有强制戒毒所 746 个、戒毒床位 11.3 万余张，全年依法强戒吸毒人员 22 万多人次。全国共有戒毒劳教所 41 个、戒毒劳教大(中)队 393 个，全年在所劳教戒毒人员 12 万多名。贵州省实施了《公安强制戒毒所等级评定暂行办法》。各地还采取家庭限期戒毒等方式，大力帮助吸毒人员戒毒。

2000 年，进一步加强了戒毒所管理。公安部 4 月发布了《强制戒毒所管理办法》，在戒毒所推行规范化管理。完善了规章制度建设，制定了《强制戒毒所等级评定办法》《强制戒毒所事故、重大事件分类和报告制度的暂行规定》《强制戒毒人员行为规范》。1999 年，开始在全国强制戒毒所开展“抓典型、树样板”活动；2000 年 11 月，在湖南长沙召开了全国强制戒毒所工作经验交流暨表彰会，表彰了北京、包头、昆明、深圳等 10 个“全国公安规范化管理先进强制戒毒所”。认真开展调查研究，先后组织对西南、西北、华东等地的 78 个强制戒毒所进行调查，在此基础上确定了 13 个省区市的 14 个强制戒毒所对外开放。公安部 3 月份在长沙召开了强制戒毒所清理整顿工作座谈会，广泛听取意见，研究提出具体措施，于 7 月份发布了《关于清理整顿强制戒毒所的通知》，取缔非法建立、管理混乱、以营利为目的的强制戒毒所，清理整顿后强制戒毒所一律由公安机关建立

---

① 中华人民共和国国家禁毒委员会办公室：《1998 年中国禁毒年度报告》。

② 中华人民共和国国家禁毒委员会办公室：《1998 年中国禁毒年度报告》。

和管理。

2001 年，广西在全区强制戒毒所实行收费最高限价，包头市为部分有疾病、伤残的吸毒人员专门成立了康复戒毒所。

2002 年，公安部监所管理局继续强化全国强制戒毒所等级化管理工作，分别在浙江、上海召开了强制戒毒所等级化管理工作现场会，在内蒙古召开了全国强制戒毒工作研讨暨表彰会；组织编写了《强制戒毒所医疗工作手册》和《戒毒人员教育读本》。司法部在湖南召开了全国劳教戒毒工作座谈会，总结了 12 年来劳教戒毒工作的基本经验，确定了今后一个时期劳教戒毒工作的指导思想、基本思路和重点措施；在总结湖南"社区治疗(TC)模式"等经验基础上，提出了"完全封闭、三区四期、流程管理、综合脱瘾、跟踪帮教、巩固疗效"的劳教戒毒工作基本模式，并先后组织了 8 期全国性的劳教戒毒业务培训班，将戒毒矫治康复基本知识纳入了"全国劳教系统人民警察素质教育"的内容；制定了《劳教戒毒工作管理规程》，进一步推进了劳教戒毒工作的科学化、制度化。

2003 年，大力推进戒毒场所规范化管理。2003 年，全国已有强制戒毒所 583 个、床位 116 054 张、劳教戒毒所(队)151 个。各地按照国家禁毒办《关于对各类戒毒场所进行检查的通知》和公安部《强制戒毒所管理秩序专项整治工作意见》的要求，集中开展了以加强规范化管理为主要内容的教育整顿。海南省拨出 500 万元专款建设戒毒康复农场，并下发了《关于加强戒毒工作的决定》，全面规范全省各项戒毒工作。广东省实施戒毒场所增容扩建工程，安排了 4 亿多元的资金用于扶持经济欠发达地区的强制戒毒和劳教戒毒场所建设。司法部制定了《劳动教养戒毒工作规定》，依法规范了劳教戒毒工作；开展劳教戒毒课题研究，确立了"相对封闭、分期管理、综合矫治、后续照管"的戒毒康复模式。各地通过加强基础设施建设，强化业务培训，推行人性化管理，提高了劳教戒毒工作水平。卫生部加强了对自愿戒毒治疗工作的指导，起草了《戒毒诊疗规范》，开展了培训教材的编写工作，并委托中国药物滥用防治协会对全国自愿戒毒医疗机构的医务人员进行了岗位培训。各地进一步规范了自愿戒毒治疗，清理自愿戒毒医疗机构，稳妥发展自愿戒毒业务，服务禁吸戒毒工作。

2004 年，公安部部署各地强制戒毒所认真学习贯彻温家宝总理在视察武汉戒毒所时的重要讲话精神，强化以人为本思想，对戒毒人员实施人文关怀，提高戒毒所规范化管理水平。同时，在广东深圳市戒毒所建立了培训基地，加强了对强制戒毒所民警的培训。

2006 年，大力推进戒毒康复场所建设，积极探索禁吸戒毒工作新思路。建设集强制脱毒、身心康复、融入社会功能于一体的戒毒康复场所，是国家禁毒委员会为深入推进禁毒人民战争、完善我国禁吸戒毒工作体系、有效解决我国吸毒人员复吸率高问题的重大举措。中央高度重视戒毒康复工作，胡锦涛、罗干等中央领导同志多次就戒毒康复工作作出重要指示或批示。各地高度重视戒毒康复场所建设工作。海南、河南、四川、贵州、河北、宁夏等6个省(自治区)党委、政府主要领导同志听取汇报并作出批示。广东、甘肃、山西等10个省(自治区)党委、政府的主管领导实地考察戒毒康复场所建设并现场办公解决实际问题。司法部吴爱英部长在部长办公会上3次专题研究戒毒康复场所建设，陈训秋副部长两次带队开展实地调研，决定在北京、重庆等地的8个劳教戒毒场所开展试点。全国戒毒康复场所建设工作进展顺利。9月，国家发展改革委下达了全国15个戒毒康复场所建设项目。12月，国家发展改革委、公安部、司法部联合下发通知，要求集中建设资金支持每个省(区、市)建设1～2个戒毒康复场所的试点工作。湖南、四川、贵州、云南、广西、海南、甘肃等省(区)因地制宜，积极稳妥地规划建设戒毒康复场所。目前，部分地区的戒毒康复场所已经取得了初步成效。海南省三亚市戒毒康复场所新拓展了花卉、蔬菜、服装加工、家禽养殖等康复生产项目，可为200名戒毒人员安置就业，目前，已安排35名自愿留所人员就业。开远市依托强制戒毒所建立的“雨露社区”已有158名强制戒毒期满后自愿留所、返所人员在这里生活就业；还有67名强制戒毒人员提交申请，要求强制戒毒期满后进入社区。宁夏回族自治区吴忠市戒毒康复场所因地制宜发展林木、经济作物种植和畜禽养殖等生产经营项目，为戒毒康复人员提供充足的就业岗位，已有30多人自愿留场就业，有5对在康复场所内结婚。[①]

2007年，继续大力推进戒毒康复场所建设，积极探索禁吸戒毒工作新模式。各地党委、政府高度重视戒毒康复场所建设，加快了戒毒康复场所的规划和建设。国家发展和改革委员会2006年下达的公安机关15个试点项目，目前，绝大多数已经开工建设，有的已经开始安置戒毒康复人员。司法部首批确定的8个戒毒康复场所试点项目也都改造完成。2007年，国家发改委、公安部、司法部制定了《全国地方戒毒康复场所试点项目建设规划》，并于9月首期下达了全国23个戒毒康复场所试点建设项目的中央预算内投资计划，公安部和司法部分别召开了全国工作会议，进行动员部署。目前，这23个项目建设进展顺利，云南省昆明市公安局强制戒毒所在中央建设资金到达之前，自筹资金，将民警的宿舍改造成戒毒康复人员的宿舍，安置300多名戒毒康复人员。海南省在重点支持三亚市戒毒康复场所建设的同时，要求所有吸毒人员超过1 000人的县都要因地

① 中华人民共和国国家禁毒委员会办公室：《2007年中国禁毒报告》。

制宜地建设戒毒康复场所。三亚批准留所康复人员参加医疗保险、工伤保险，享受最低生活补贴，所需资金纳入每年市财政预算；海口制定了鼓励企业事业单位参与戒毒康复工作的优惠政策。各地积极宣传动员戒毒人员主动到戒毒康复场所进行康复。据不完全统计，截至2007年年底，全国建成和部分在建的戒毒康复场所累计安置戒毒人员近3 000名，已建立以种植、养殖、手工加工等为主要康复项目的戒毒康复场所38个，出现了北京天堂河、海南三亚、云南昆明和开远、宁夏吴忠等一批典型。一些企业和社会组织通过提供资金、合作生产等方式，积极参与、支持戒毒康复场所的建设与发展。[①]

2008年，加快推进戒毒康复场所建设，完善戒毒康复场所支持性政策。2008年，国家发展和改革委员会第二批下达了地方戒毒康复场所项目中央预算内投资计划。各地公安机关和司法行政部门继续按照胡锦涛总书记关于戒毒康复场所工作“要一抓到底，务求实效。总结经验，以点带面”的重要批示精神，加快推进戒毒康复场所建设工作，不断探索完善戒毒康复场所的支持性政策。据统计，2006年以来国家发改委下达的全国公安机关和司法行政部门的70个试点项目中，截至2008年12月，有51个项目已经开工建设，其中，投入使用的共有13个，安置戒毒康复人员近5 000名。[②] 各地戒毒康复场所积极引进戒毒康复生产项目，在场所内普遍开展就业技能培训，基本实现了戒毒康复人员“人人有活干”的目标。江苏、湖北、重庆、四川、广西、新疆等省（区、市）司法行政部门管理的强制隔离戒毒场所还积极自筹资金，依托现有戒毒资源，拓展康复功能，安置戒毒康复人员。与此同时，积极探索支持戒毒康复场所发展的支持性政策，探索管理经验。目前，有12个戒毒康复场所已经解决了机构和编制问题，成立了专门机构和管理队伍。海南省三亚市、云南省开远市等地政府都出台了支持戒毒康复场所发展的优惠政策，海南省三亚市自2007年4月起，市财政每年拨出60多万元，给留场人员每人每月发放220元最低生活补贴，解决医疗保险和工伤保险等问题，并每年由市政府统一拨款，市劳动就业部门与市公安局共同组织对200名以上的戒毒康复人员和强制隔离戒毒人员进行职业技术技能培训。云南省昆明市公安局戒毒康复中心“和谐家园”积极吸纳戒毒康复人员参与家园管理，成立了戒毒康复中心管理委员会，制定了管理公约，有效调动了戒毒康复人员参与戒毒康复场所管理的积极性。12月4日—5日，公安部在海南三亚召开了全国公安机关戒毒康复工作现场会，总结推广海南三亚、云南昆明和开远、

---

① 中华人民共和国国家禁毒委员会办公室：《2008年中国禁毒报告》。

② 中华人民共和国国家禁毒委员会办公室：《2009年中国禁毒报告》。

福建漳州、宁夏吴忠等戒毒康复场所工作经验，并对公安机关进一步推进戒毒康复场所工作进行了部署。国家禁毒委员会副主任、公安部副部长张新枫讲话指出，各级公安机关要进一步深化认识，总结经验，加大力度，全面推进戒毒康复场所的建设和管理工作，不断提高禁吸戒毒工作水平。

2009 年，加快推进戒毒康复场所试点项目建设。各地公安机关和司法行政部门按照国家禁毒委员会统一部署，从关爱帮助吸毒人员、减少戒毒复吸出发，积极推进戒毒康复场所建设。国家发展和改革委员会先后投入 4 亿多元人民币，各地落实土地和配套资金，建成了一批具备戒毒康复、职业培训、生活服务、康复劳动等功能的戒毒康复场所试点项目，兴办了一批劳动康复项目，推行了一系列人性化关怀管理措施，推出了海南省三亚市、云南省昆明市和开远市等戒毒康复场所工作先进典型，在帮助吸毒人员提高劳动就业和回归社会能力、切实提高戒断巩固率等方面发挥了重要作用，受到吸毒人员及其家属的普遍欢迎。截至 2009 年年底，全国公安机关和司法行政部门共建成戒毒康复场所 81 个，累计安置戒毒人员 2.1 万名，目前在所康复人员近 5 000 名。2010 年，探索戒毒康复场所建设管理经验。公安部、司法部分别召开会议，推广典型经验，以点带面推动全国戒毒康复场所建设管理工作。各地公安机关认真学习云南省开远市“雨露社区”戒毒康复场所的经验，加快建设进度，创新管理理念，完善管理机制，拓展康复项目，扩大安置规模。司法部制定《戒毒康复场所管理办法》。截至 2010 年年底，全国公安机关和司法行政部门共建成戒毒康复场所 93 个，累计安置戒毒康复人员 3.2 万余名，在戒断巩固、减少复吸等方面的作用初步显现。国家禁毒委员会办公室组织联合国毒品与犯罪问题办公室官员和 11 个国家的驻华禁毒(执法)联络官赴云南考察戒毒康复场所，宣传我国戒毒康复工作的理念和经验。[①]

2011 年，加快戒毒康复场所建设。国家禁毒委员会办公室、公安部、司法部起草下发《关于集中开展戒毒康复场所试点项目检查评估的通知》，各地公安禁毒部门按照部署全力加快工作进度，有效改善戒毒康复条件、环境和能力。目前，由公安机关禁毒部门管理和指导的 29 个戒毒康复场所试点项目中，已经完工并投入使用的项目有 22 个，累计安置戒毒康复人员 7 295 名，在所戒毒康复人员 1 932 名。[②] 云南开远市“雨露社区”、昆明市“和谐家园”、辽宁省公安厅戒毒康复救助中心分别引进了新的生产项目，完善了基础设施建设，扩大了安置规

① 中华人民共和国国家禁毒委员会办公室：《2010 年中国禁毒报告》。
② 中华人民共和国国家禁毒委员会办公室：《2012 年中国禁毒报告》。

模，为戒毒康复人员提供了较好的生产生活条件。

2012 年，推动戒毒康复场所建设管理工作。国家禁毒办会同公安部、司法部对全国戒毒康复场所试点项目建设管理情况进行全面检查，积极推动戒毒康复场所可持续发展。目前，国家发展和改革委员会立项建设的 70 个戒毒康复场所试点项目中，已投入使用，开始安置人员的有 59 个，累计安置戒毒康复人员 6.7 万名，在所康复 9 000 名。[①] 把劳动康复生产项目纳入戒毒康复场所建设总体规划，积极稳妥地引进多种形式的劳动生产项目，形成了适应戒毒康复人员不同素质技能、产业结构相对合理的项目组合。把戒毒康复场所作为就业安置重要渠道，树立以人为本、人文关怀的理念，创新管理方法，完善管理制度，引导戒毒康复人员自我管理、自我教育、自我服务，促进戒毒康复人员彻底戒断毒瘾，顺利回归社会。

2013 年，国家禁毒办深入贯彻落实“贵阳会议”精神，加强顶层设计，完善制度规范，强化指导考核，积极推进社区戒毒社区康复和就业安置工作。1 月，国家禁毒办、中央综治办、公安部等 10 部委联合下发《关于加强社区戒毒社区康复工作的意见》。4 月，国家禁毒委员会出台《关于创建社区戒毒社区康复工作示范单位的意见》。11 月，国家禁毒委员会命名 38 个全国社区戒毒社区康复工作示范单位和 51 个全国社区戒毒社区康复工作示范点。8 月，国家禁毒办分别在甘肃省兰州市和浙江省嘉兴市召开部分地区社区戒毒社区康复工作座谈会，对深入推进社区戒毒社区康复和就业安置工作进行再动员再部署。目前，全国已建立社区戒毒社区康复工作领导小组 2.3 万个，成立社区戒毒社区康复工作办公室 2.7 万个，配备专职工作人员 2.3 万名，兼职工作人员 6.8 万名；已建立戒毒康复人员就业安置基地（点）836 个，累计安置社会面阿片类戒毒康复人员 51.5 万名，就业安置率达到 47.8%。有 22 个省市区就业安置率超过 50%。[②] 贵州“阳光工程”、湖南“蓝结家园”、广西“启航工程”、内蒙古“爱心工程”、四川“绿色家园”、新疆“阳光家园”以及北京“向日葵社区”“致远号”等建设深入开展，形成了一批富有特色的品牌项目。

2014 年，着力加强社区戒毒社区康复工作。国家禁毒办联合 11 部委制定《关于加强戒毒康复人员就业扶持和救助服务工作的意见》，深入推进以就业安置为核心的社区戒毒社区康复工作，落实戒毒康复人员的最低生活保障和临时救助，将戒毒康复人员纳入劳动职业技能培训总体规划，推动落实相关培训和鉴

---

① 中华人民共和国国家禁毒委员会办公室：《2013 年中国禁毒报告》。
② 中华人民共和国国家禁毒委员会办公室：《2014 年中国禁毒报告》。

定补助政策。推动各地借鉴贵州经验，立足本地实际，加快就业安置基地（点）建设，采取集中就业安置、分散就业安置、鼓励自主创业、提供公益岗位等多种方式，努力为戒毒康复人员就业安置提供更多的渠道和机会。截至2014年年底，全国共建立社区戒毒社区康复工作领导小组2.3万个，建立戒毒康复人员就业安置基地（点）836个，全国正在执行社区戒毒社区康复人员25.2万名，累计安置社会面阿片类戒毒康复人员51.5万名，就业安置率达到47.8%。[①]

（四）开展社会帮教、落实禁毒工作责任制

内蒙古、云南、贵州、广西等地，相继以禁吸戒毒工作为突破口，把戒毒出所的吸毒人员，纳入派出所的日常性工作进行管理，开展帮教。他们层层建立禁毒工作责任制，逐级签订禁毒工作责任书，实行禁毒工作目标管理，开展创"无毒社区"活动。内蒙古自治区包头市在党委、政府的领导下，严格落实多部门齐抓共管、全社会积极参与的禁毒工作责任制，1998年，他们进一步巩固工作成果，使复吸率又有降低。浙江省乐清市充分发动群众落实禁毒责任制。各部门、各界人士齐心协力，确保禁吸戒毒的每个环节都责任到人。广东省一些地方建立了由政府、社会、家庭共同组成的帮教小组，注意发挥群众组织在禁毒工作中的作用，成立"老人帮教协会""妇女帮教协会""青年帮教团"等组织，帮助戒毒人员巩固戒毒效果。

1999年，一方面，对戒毒出所人员实行"四位一体"的社会帮教工作。湖北制定了《吸毒人员跟踪帮教责任制》，甘肃制定了《全省吸毒人员戒毒社会帮教责任制》，南京市秦淮区建立了"四个层次、四个结合"的帮教工作模式。另一方面，各地普遍落实禁毒工作责任制。各级政府主要领导层层签订责任书，将禁毒任务落实到各级政府、各部门和各有关责任人，规定对未达标的追究责任，为创建"无毒社区"工作提供了保障机制。各地认真学习推广"包头经验"，广西提出了创建"无毒自治区"的战略目标，要求明确，措施得力。

2000年，各地进一步强化了对戒毒出所人员的社会帮教工作。贵州省成立了由10 218名人员组成的4 551个帮教小组，对4 550名吸毒人员实施重点帮教。甘肃召开了全省强制戒毒、劳教戒毒会议，研究提出了提高戒毒工作质量的措施。甘肃、湖北分别制定了《关于对吸毒人员实施社会帮教工作的意见》《吸毒人员跟踪帮教责任制（试行）》，明确了社区基层组织、家庭、单位及工会、共青团、妇联等有关部门的帮教职责。重庆市制定了"戒毒人员帮控力量表""涉毒人员帮控情况及效果表""帮教记录册"，对吸毒人员基本落实了"四位一体"的帮教措

① 中华人民共和国国家禁毒委员会办公室：《2015年中国禁毒报告》。

施。江苏省南京市中华门街道重点落实了对36名吸毒人员的帮教，目前，戒断1年以上的有12人，戒断半年以上的有17人。

2001年，各地继续落实对吸毒人员的帮教工作。浙江省综治委、禁毒委联合制定了《吸毒人员帮教暂行规定》，明确了基层组织、公安派出所、家庭、单位在帮教工作中的职责，规范了工作程序。为巩固戒毒成果，给戒毒出所人员创造就业机会，使他们重返社会，各地在多元化戒毒康复模式方面进行了积极探索和有益尝试。云南、宁夏的戒毒农场、广东的戒毒工厂等继续发展，湖北的禁毒学校、上海的戒毒人员回归社会过渡基地、海南的乡镇及农场自办戒毒学习班和青少年禁毒教育基地等各具特色。

2002年，四川省已建立帮教小组1.7万个，有成员近5万名，把2.4万名吸毒人员纳入帮教工作范围。浙江、四川、甘肃对戒毒人员社会帮教等制定了相关制度。

2005年，以巩固戒毒效果、降低复吸率为目标，强化对戒毒人员的大帮教工作。各地普遍建立了帮教小组，加大对吸毒人员帮教力度。甘肃省建立帮教小组2.94万个，落实帮教对象30 659名。湖北省建立帮教小组1.38万个，落实帮教对象13 858名。上海市按照“政府主导推动，社团自主运作，社会多方参与”的总体思路，从2003年起组建了禁毒社工组织，为戒毒人员提供戒毒康复指导等服务。目前，禁毒社工已发展到400人。云南省昆明市结合社区改革，在社区中设立禁毒专干，负责社区帮教工作。贵州省贵阳市戒毒人员余红芳夫妇创办的“爱心屋”，从电话咨询戒毒逐步发展成为戒毒现身帮教、禁毒知识宣传、收住自愿戒毒者进行帮扶的民办公助的民间戒毒组织。贵州、浙江、甘肃等省出台了加强吸毒帮教对象脱毒认定和吸毒人员管理方面的规定，进一步规范了帮教工作。为进一步更新戒毒理念，推进禁毒和防治艾滋病政策衔接，7月，国家禁毒委员会办公室和公安部监管局联合在云南省召开禁吸戒毒和防治艾滋病研讨会。教育部调剂300万元资金支持云南瑞丽等地改建10多所寄宿制学校，为吸毒人员和艾滋病患者子女接受九年制义务教育创造条件。通过不断强化康复巩固和监控帮教措施，各地戒断巩固率进一步提高。目前，全国戒断巩固3年以上人员达11.6万人，比上年增加2.8万人。甘肃省全面落实禁毒工作责任制，并以实施全民教育、全面排查、全员收戒、全程帮教四大工程为重点，连续实施了两个三年禁毒规划，在减少传统毒品需求方面取得了明显成效，初步遏制了海洛因滥用发展蔓延的势头，吸毒人员中35岁以下青少年从2000年的79%下降到目前的58%，戒断巩固3年以上吸毒人员从1999年的4%上升至目前的34%。

2006年，进一步加大对回归社会戒毒人员的帮教力度，切实提高戒毒出所人员的戒断巩固率。国家禁毒委员会办公室认真总结、推广各地在戒毒出所人员帮教工作中积累的好经验、好做法,并给予大力支持。荣获“2005 年度十大民间禁毒人士”称号的云南省思茅市(今普洱市)重生预制品厂厂长李继东,安置戒毒出所人员 200 多名,其中,90%是艾滋病患者,国家禁毒办专门划拨了 60 万元资金予以扶持和奖励。浙江省禁毒办与省劳教局协调建立劳教戒毒解教人员信息交换制度,加强了劳教戒毒人员的出所衔接工作,并联合开展了劳教戒毒解教人员落实帮教工作专项调研。甘肃省加强社区帮教力量建设工作,在有吸毒人员的社区、村配备禁毒专干 2 000 人,建立帮教组织 3 万个,共帮教人员 9.6 万人,经评估,全省戒断巩固 3 年以上吸毒人员比例从 1999 年的 4%上升到目前的 35%。四川省成都市为加强对外出帮教对象的工作力度,专门制定了《禁吸戒毒“大帮教”活动实施方案》,对未外出的吸毒人员的帮教达到了 90%。

2007 年,各地调动社会资源参与戒毒帮教工作。广东省组织开展了“千人戒毒帮教工程”试点工作,在全省范围内选择 1 000 名戒毒人员,每 1 名戒毒人员建立 2～3 人的帮教小组。上海、甘肃、云南昆明、江苏南京等地组建了专职的社工队伍,协助政府开展吸毒人员帮教工作。各地积极探索建立强制戒毒所和社区帮教的衔接制度。甘肃省在戒毒所与社区之间建立工作衔接制度,对戒毒出所的本省籍吸毒人员落实管控措施,2007 年,全省吸毒人员在控率达到 88%。云南省昆明市建立了无缝隙管控吸毒人员工作机制,对全市戒毒人员实施社区戒治,要求开展全程监督和帮助,有效降低复吸率。湖南省推出了以帮助戒毒出所人员解困、安置就业为核心的“黄丝带工程”。海南省三亚市开展对戒毒出所人员“无缝衔接”帮教试点工作。截至 2007 年年底,全国共有 15.8 万名戒毒人员接受帮教,其中,戒断巩固 3 年以上的有 6.7 万名。

(五) 创建“无毒社区”工作取得明显成效

创建“无毒社区”活动,就是以禁吸戒毒工作为重点,以城乡小型社区(城市一般是街道,农村一般是乡镇,也可以是居(村)民委员会)为基本单位,把禁吸、禁贩、禁种、禁制工作的各项目标、任务、措施和责任落实到社区党委政府、各职能部门和居(村)委会、公安派出所等基层组织,使政府部门禁毒行为转化为全社会的行为,逐步扩大“无毒社区”的范围,积小区为大区、积小胜为大胜、积大胜为全胜,实现一县、一市、一省乃至全国“禁绝毒品”的目标。

开展创建“无毒社区”活动的重要意义体现在以下五个方面:

1. 可以成为“一个载体”

创建“无毒社区”活动,可以最广泛地动员广大人民群众参与禁毒斗争,是持久开展禁毒人民战争的有效载体。

2. 可以实现“一个转变”

即变禁毒部门的单一行为为政府领导下的社会行为。

3. 可以突破“一个关键”

即突破禁吸戒毒这个“瓶颈”。禁吸难，难就难在戒毒巩固难，开展创建“无毒社区”活动，能够最大限度地实现对社区内每个吸毒人员的监控和帮教工作。

4. 可以带动“两个结合”

开展创建活动，社区组织对禁毒工作总揽全局，集教育、打击、防范、管理为一体，有机地把各项禁毒工作结合在一起。同时，也有利于禁毒工作与社区两个文明建设的结合，带动社区经济、政治等全面建设的发展。

5. 可以创建一片净土

促进各地区、各部门都从自己做起，从基层的社区和单位做起，努力实现无毒目标，在此基础上，积小区为大区，积小胜为大胜，直至全胜，最终在一地、一市、一省，最后在全国禁绝毒品。总之，开展创建“无毒社区”活动，适合中国国情，符合全民动员、综合治理的战略要求，创造了具有中国特色的禁毒工作新途径，代表着我国禁毒工作的发展方向。

1999 年 8 月，全国禁毒工作会议决定在全国范围内深入开展创建“无毒社区”活动。各省、自治区、直辖市分别召开会议，采取有力措施，贯彻落实会议精神。云南等 7 个省的主要负责人专门就禁毒工作发表讲话，作出指示。各省、自治区、直辖市普遍制定了创“无毒社区”工作的实施方案和创建目标，推出了一系列重要举措，加大了人力、财力、物力的投入。

2000 年，创建“无毒社区”活动全面展开。2 月，公安部在武汉召开了 10 个省市区创建“无毒社区”工作座谈会，以建立责任制为核心提出了 2000 年的创建工作意见。公安部禁毒局及时总结交流各地好的做法和经验，推动、指导创建工作。四川、广西、宁夏、海南、内蒙古等省区召开了创建“无毒社区”工作会或现场会。北京、海南、贵州、四川等省市区制定了党委、政府及有关部门在创建“无毒社区”工作中的职责和考核评估标准。四川泸州市以“吸毒无来源、贩毒无市场、涉毒无条件、社会无毒害”为目标的“禁毒绿洲计划”，实施一年来成绩显著。河南平舆以“十户联防”为依托，推行了“无毒家庭”“无毒学校”“无毒小区”建设。内蒙古包头市从 2000 年 5 月开始，开展了为期 3 个月的强化“无毒害城市建设”集中统一行动，完善了帮教监控网络，重新调整、确认帮教小组 1 997 个，对在册吸毒人员 4 136 全部落实了帮教措施。强化了打击力度，侦破毒品案件 149 起，逮捕起诉 50 人，刑事拘留 42 人，劳动教养 111 人，强制戒毒 117 人，全市设立永久性禁毒广告牌 125 块、禁毒举报箱 463 个，举办禁毒展览 349 场次、大型禁毒文艺晚会1场。到目前为止,包头市吸毒人员3年戒毒巩固率达40%。内蒙古呼和浩特市加大执法力度,为创建“无毒社区”奠定坚实基础,2000年,共破获毒品案件1 285起,打掉吸贩毒团伙81个。同时,狠抓禁毒责任制的落实。2000年,创建“无毒社区”工作取得初步成效。各地按照“无毒保净土,有毒创无毒”的原则,对毒品问题实行综合治理的意识有所增强。通过“无毒社区”创建活动的宣传发动和广泛教育,社区公众参与禁毒工作的主动性有所提高。云南2000年上半年发现新滋生吸毒人员815名,比上年同期下降29.3%。“无毒社区”试点工作取得成效。湖北省335个“无毒社区”试点单位中有276个单位一年来没有新滋生吸毒人员,3 858名吸毒人员中戒断1年以上的有445人、戒断半年以上的有2 512人。

2001年,各地继续推进“无毒社区”创建工作。

1. 齐抓共管局面逐步形成。各地党委、政府将创建“无毒社区”工作纳入重要议事日程,通过层层落实责任制等多种手段部署和推动创建工作的深入开展

云南、贵州、广西等地把创建工作列为“一把手工程”。依据《国家禁毒委员会成员单位主要职责》,各地陆续制定了相关职责规定,各部门据此开展了各具特色的创建活动。浙江、福建等地制定并颁布了《省禁毒条例》,重庆市、南京市将创建“无毒社区”活动纳入提升城市整体形象、加强两个文明建设范畴,积极完善以社区为基础的禁毒防控体系,建立有效的社会帮教机制。四川凉山州昭觉县竹核乡成立了民间禁毒组织“禁毒联合会”,在当地创建“净土社区”活动中发挥了积极作用。2月,全国总工会下发了《关于落实禁毒工作责任制的意见》,要求全国各级工会组织积极配合当地禁毒职能部门做好有关工作。北京、上海、四川、广东、云南等12个省(区、市)分别成立了工会禁毒工作领导小组,没有成立领导小组的也都设有专门禁毒工作联络员。各级工会发挥植根基层、贴近职工的特点,把创建“无毒社区”与“建设职工之家”“争创文明企业、争做文明职工”等活动结合起来。各级共青团组织在落实禁毒“五个一”工程、开展禁毒志愿者行动、社区青少年远离毒品行动等方面进行了积极探索。3月,国家禁毒办、团中央志愿者行动指导中心召开了禁毒志愿者工作座谈会,决定在北京、重庆、江苏、广东、湖北等地选择部分社区开展试点。10月,共青团中央、中央综治委预防青少年违法犯罪工作领导小组、民政部和国家禁毒委联合制定了《关于在全国开展“社区青少年远离毒品”行动的意见》,提出今后将抓住全国社区改革的有利时机,紧密结合安全小区、文明社区等创建活动,深入推动“无毒社区”创建工作。全国妇联继续大张旗鼓地开展“不让毒品进我家”活动。6月,全国妇联在南京召开了13个省区市妇联和禁毒办参加的现场会,总结了“不让毒品进我家”活动

开展两年以来的情况，部署下阶段工作，提出在100个县(区、市)深入开展“不让毒品进我家”承诺行动。各地妇联组织充分发挥基层优势，以家庭为重点，把参与禁毒工作与创建“五好家庭”“不让黄、赌、毒进我家”等工作结合起来，开展“争创合格妈妈”“禁毒知识竞赛”“万家签名”“一对一帮教”等活动，上海的“妈妈喊话队”、广东汕头的“妇女三禁会”都活跃在创建第一线。

2. 搞好试点，树立典型。各地的“无毒社区”创建工作普遍采取了试点先行、积累经验、稳步推进的做法

全国23个省级禁毒委向国家禁毒办推荐了一批创建工作预选示范单位。国家禁毒办委托北京大学社会人类学研究所，对包头、昆明、乐清的禁毒模式进行社会学评估和比较研究，这将为我国创建“无毒社区”工作的深入开展提供科学依据。

2002年，各级各地政府积极推进“无毒社区”创建工作。中央办公厅、国务院办公厅转发了《中央社会治安综合治理委员会关于加强社会治安防范工作的意见》，就深入开展创建“无毒社区”活动提出明确要求。国家禁毒委员会办公室在继续关注包头、昆明、乐清、厦门等典型地区创建工作的同时，确定了陕西西安雁塔区电子城办事处20所社区、江苏武进市横山桥镇、湖南岳阳纸业集团为创建“无毒社区”工作联系点。并举办了全国禁毒部门两禁业务培训班，对负责创建工作及禁吸禁种业务的人员进行了全面系统的培训；国家药品监督管理局加强药物滥用监测网建设，编写了《2001年药物滥用监测报告》。共青团中央继续推动“社区青少年远离毒品行动”和禁毒志愿者行动。全国妇联以“不让毒品进我家”为载体，深入推进创建工作。湖南省政协组织调研组，分赴各地市就创建工作进行调研、督导；常德市探索出“三三创建法”。江苏省以实施社区警务战略为契机，将创建工作与社区警务改革紧密结合，互相促进。湖北省按照“三级抓示范、三百带全盘”的思路，将全省毒情严重的300个社区纳入省、市、县三级示范点，以此促进创建工作的全面发展。天津市组织全市吸毒人员在百人以上的10个区109个乡镇(街道)办事处的1 682个居委会主任、综治办主任和治保主任进行了禁毒专业培训。广西壮族自治区综治办将创建活动纳入社会治安综合治理工作考评范畴。广东汕头市已建有妇女“三禁会”210个、群众禁毒小分队213支、青年禁毒志愿者队伍18支。贵州、湖南、上海、内蒙古、云南等省(区、市)制定了创建“无毒社区”考核标准与考评办法。2002年，创建“无毒社区”取得明显成效。各省(区、市)相继命名了一批“无毒县(区)”和创建工作先进单位。内蒙古全区没有16岁以下的吸毒人员，每年新滋生的吸毒人员数量呈逐渐下降的趋势。甘肃“一手抓创建，一手抓巩固”的工作思路有力推动了创建工作的健

康发展，全省已有 46 个县创建为“无毒县”，占全省县市区总数的 153%；1 414 个社区创建成为“无毒社区”，占全省社区（乡镇）总数的 85%。广西共创建了 26 157 个“无毒社区”、30 个“无毒县”。湖北吸毒人员的违法犯罪率，由创建工作开展前 1998 年的 80%下降到目前的 35%，吸毒人员对社会的危害明显减少。贵州认真组织了对申报“无毒县”的考察验收工作，贵阳铁路分局贵阳车辆段创建“无毒站（点）”的工作，取得了良好的社会效果。

2003 年，以整治吸毒 1 000 人以上县（市、区）为重点，深化“无毒社区”创建工作。国家禁毒办会同中央综治办、中央文明办联合下发了《关于深入开展创建“无毒社区”“无毒村”工作的通知》。国家禁毒办在广西壮族自治区召开了部分省（区、市）创建“无毒社区”工作座谈会，研究推进创建工作的具体措施。各地以整治吸毒人员 1 000 人以上县（市、区）为重点，紧密结合“不让毒品进我家”“禁毒志愿者”和“社区青少年远离毒品行动”等活动，进一步深化创建“无毒社区”工作。全国妇联与中央综治办、国家禁毒办联合下发了《进一步开展“不让毒品进我家”活动的意见》，要求各级妇联组织配合“千人县整治”工作，深化“不让毒品进我家”活动，推进创建“无毒社区”“无毒村”工作。各地积极发动组织人民群众参与创建工作，因地制宜地组织禁毒志愿者活动。湖南省成立了由副省长徐宪平任会长的禁毒协会。广东省湛江市成立了 315 个乡镇级妇女、青年禁毒协会和 64 个“自愿戒毒辅导站”，会员达 2 831 人。上海市积极开展社会化禁毒的试点工作，已上岗禁毒社工 131 人，负责管理 6 242 名在册吸毒人员。湖北省组建禁毒志愿者队伍 20 余支，义务宣传队员达 6 000 余人。

2004 年，深入开展“无毒社区”创建工作，有力推进了禁毒工作的社会化进程。各地坚持把创建“无毒社区”“无毒村”“无毒单位”“无毒学校”“无毒家庭”作为禁毒工作的重要载体，积极推动创建活动向纵深发展。各级民政部门充分发挥社区功能和作用，开展社区禁毒工作，为全面创建“无毒社区”创造良好的环境。福建、海南、贵州、湖南、上海、内蒙古、云南、浙江、四川、甘肃等省（区、市）分别制定了创建“无毒社区”考核标准、考核办法、申报程序和奖励办法，进一步促进创建工作的规范化；甘肃省委、省政府出台了禁毒工作领导责任追究办法，将创建“无毒社区”工作绩效作为干部考核的重要内容；四川省禁毒委、综治委制定了《四川省吸毒人员戒毒社会帮教管理暂行办法》；海南省妇联、省禁毒办和省综治办联合开展了“不让毒品进我家”活动试点启动仪式暨万人签名承诺活动，举办了全省妇女骨干禁毒培训班；天津市妇联组织家庭妇女开展了“姐妹情，手拉手，防毒路上一起走”活动，团市委组织开展了禁毒青年志愿者进社区活动，取得了良好成效。

2005年，以“无毒社区”建设为载体，深入推进创建无毒社区工作。2005年，全国妇联、中央综治办、共青团中央、公安部、司法部和国家广电总局联合在全国开展创建“平安家庭”活动，号召全国广大家庭努力实现“四无”（无毒品、无赌博、无暴力、无犯罪），构筑家庭识毒、防毒、拒毒防线。江苏省组织开展为期3年的“社区拒绝毒品行动”，通过社区、行政村等基层组织，发动居民群众进行禁毒自我教育、自我防范和自我管理，推动创建工作的深入开展。重庆市江津市蒲草田社区长期因外来人口多、人员流动量大，吸贩毒违法犯罪活动曾一度猖獗。禁毒人民战争中，该社区紧紧围绕“建立良好秩序，美化社区环境，净化社区空气，提高居民素质”的工作目标，坚持以社区人口管理为重点，以帮教转化吸毒人员为突破口，3名吸毒人员戒除毒瘾，成了“无毒社区”。截至2005年年底，全国共建成无毒县市区576个，占全国县市区总数的19.9%。甘肃省建成“无毒县（市、区）”67个，占全省“无毒县（市、区）”的78%。内蒙古创建“无毒旗（县、区）”29个、“无毒乡镇（苏木）”887个，分别占总数的28.7%和62.3%。安徽、四川、内蒙古、广西等省区市还初步完成了对本地社区涉毒情况的调查分类工作。

2007年，各地深化“无毒社区”创建活动。四川、云南、辽宁、浙江、湖北、甘肃等地采取召开现场会、考核评比等形式，继续加大创建“无毒社区”工作力度。为充分发挥妇女组织的优势，国家禁毒办和全国妇联联合在福建、湖南、广西等8省（区）选择22个毒品问题重点县（市、区）开展了“创建‘无毒家庭’示范区”活动。四川举办了“无毒家庭”创建示范点工作培训班，对全省9个示范点所在地区的禁毒、妇联部门负责同志进行了培训。

（六）禁吸戒毒工作积累了许多成功的经验

近年来，全国禁吸戒毒工作取得了很大成绩，创造了如云南昆明、内蒙古包头、浙江乐清等一些具有中国特色的禁吸戒毒工作新经验。

1. 昆明模式

云南省禁吸戒毒工作开展得最早，并且率先建立了吸毒人员信息数据库。从1994年开始，新增吸毒人员呈逐年减少的趋势。尤其是云南省昆明市强制戒毒所在科学管理、依法管理和文明管理三个方面，为我国强制戒毒工作探索出了一条新的路子。1990—1998年，该所已对1.8万多人次吸毒者实施戒毒，使一批又一批吸毒者走向新生。截至1998年上半年，包括80多个国家和地区的政府首脑、专家学者等在内的5 000多人参观考察了这个戒毒所，500多名海内外记者进行了采访。参观来访者一致认为，昆明市强制戒毒所是“世界一流的戒毒所”；并把该所的工作管理方式誉为“昆明模式”。这一模式的主要内容和经验是：（1）封闭式管理；（2）军事化生活；（3）学校化教育；（4）医院化治疗；（5）劳动化康复。[①]

2. 包头经验

内蒙古自治区包头市在全社会帮教挽救吸毒者、减少复吸率方面积累了成功的经验。包头市是内蒙古自治区开展禁毒工作的重点地区。自20世纪80年代以来，包头地区毒品问题日趋严重。对此，包头市委、市政府高度重视禁毒工作，按照“以禁吸为突破口，以强戒、帮教、打击机制为依托，消灭贩毒市场，净化涉毒环境，全力遏制毒害”的禁毒工作思路，充分发挥公安机关的职能作用，调动社会各方面力量齐抓共管，深入持久地在全市开展了有声势、有步骤、有重点的禁毒斗争，取得了明显成效。包头市由政府发布行政法规，规范了对戒毒人员重返社会后的监控管理办法，已使相当一批社区成为“无毒社区”。在这个200万人口的城市中，1 500多名重返社会的吸毒人员，巩固3年以上的122人，2年以上的349人，1年以上的320人。[②] 国家社会科学基金“毒品犯罪的发展趋势与治理对策”课题调研组于1998年11月对包头禁毒进行了考察，发现包头的做法很有力度，且颇有章法，确有与众不同之处，并收到了实际的效果，其基本经验，可以概括为八点：(1) 真抓实干；(2) 敬业精神和奉献精神；(3) 措施过硬；(4)“三专”(专门机构、专职人员和专项经费)到位；(5) 干戒脱瘾；(6)“五位一体”(由派出所管片民警、街道居委会或村委会、家长、原单位和由离退休老干部组成的“关工委”五个方面组成的帮教小组，具体落实对每个出所人员进行监督、帮教)；(7) 抽查尿检；(8) 教育为本。[③]

3. 乐清经验

浙江省乐清市在开展禁吸戒毒工作的过程中，形成了一套行之有效的工作方法。乐清禁吸戒毒经验有：(1) 层层建立禁毒领导机构；(2) 村镇落实对吸毒人员出所后的帮教制度；(3) 村镇组织青年禁毒帮教团，对吸毒人员跟踪帮教，并签订责任书；(4) 加强对青少年毒品预防教育，组织吸毒人员现身说法；(5) 深入基层逐人逐户调查毒情，掌握底数，建档立卡；(6) 对戒断后吸毒人员法《戒断证明书》，树立戒毒人员重新生活信心；(7) 深入乡村、街道，开展形式多样的禁毒宣传。[④]

六、国际禁毒合作取得明显成效

毒品在全球蔓延的速度相当惊人，毒品犯罪已成为全球性的社会公害，目

---

① 全国禁毒展览办公室编：《珍爱生命，拒绝毒品》，第22、62—63页。
② 全国禁毒展览办公室编：《珍爱生命，拒绝毒品》，第23、63—64页。
③ 崔敏主编：《毒品犯罪发展趋势与遏制对策》，第604—608页。
④ 全国禁毒展览办公室编：《珍爱生命，拒绝毒品》，第64页。

前，世界上很少有国家能免于毒品的侵袭。打击毒品犯罪、遏制毒品蔓延需要国际社会的共同合作，已成为世界各国的共识。加强国际禁毒合作，对于推动世界范围内的禁毒斗争和从根本上解决中国的毒品问题，是十分必要的。中国在坚持和平共处五项原则的基础上，一向积极参与和推动禁毒国际合作，在世界禁毒领域发挥了重要作用。

（一）中国政府积极参与国际禁毒事务

1. 批准加入国际禁毒公约

国际禁毒公约是指国际性的反毒品条约。1985 年 6 月 18 日，经全国人民代表大会常务委员会批准，中国加入经 1972 年议定书修正的联合国《1961 年麻醉品单一公约》①《1971 年精神药物公约》②。1989 年 9 月 4 日，经全国人民代表大会常务委员会批准，中国加入《联合国禁止非法贩运麻醉药品和精神药物公约》③，成为最早加入该公约的国家之一。

中国政府依据这些国际公约，加强对麻醉药品、精神药物的控制，开展国际禁毒合作。

2. 积极参加一系列重要禁毒国际会议

从 1984 年起，中国政府多次派代表团出席联合国、国际刑警组织、世界海关组织和世界卫生组织等召开的禁毒国际会议。

1989 年 10 月，中国在北京举办亚太地区禁毒会议。来自全世界五大洲 40 多个国家和地区的 200 多名代表出席了这次会议，国际刑警组织执委会的 4 位常委有 3 位出席了本次禁毒大会。

1990 年 2 月，中国政府代表团参加联合国第 17 次禁毒特别会议，向国际社会宣示了中国政府坚决禁毒的立场和政策、措施。

1996 年 11 月，中国在上海主办国际兴奋剂专家会议。34 个国家、地区和国际组织的专家及高级官员参加了会议。会议集中分析了全球兴奋剂滥用形势，

---

① 1961 年 3 月 30 日通过、经 1972 年修正的《麻醉品单一公约》。该公约将管制范围扩大到天然麻醉原料的种植，包括鸦片、大麻和古柯。公约要求各缔约国制定国内立法，将非法种植、生产、制造、提炼、销售等行为规定为犯罪行为，予以刑事制裁。

② 1971 年 2 月 21 日缔约的《精神药物公约》。自从 20 世纪 60 年代以来，国际上滥用苯丙胺等兴奋剂、麦角副酸——乙酸胺等幻觉剂以及甲喹酮等安眠药的情况日趋严重，致使许多人吸毒成瘾，危及健康。在这种滥用精神药物的国际新背景下，各国缔结了本公约，对 32 种迷幻剂实行严格的管制。

③ 鉴于 20 世纪 80 年代以来，国际毒品犯罪十分猖獗，不仅在数量上呈上升趋势，而且日益与恐怖主义等有组织的国际犯罪相结合，威胁着国际社会的安定和人类的健康，已成为当代世界面临的严重问题之一。在此形势下，1984 年联合国第 39 届大会通过了一项关于起草新禁毒公约的 141 号决定，经过联合国和各国政府历时 4 年的努力，于 1988 年 12 月 19 日在奥地利维也纳联合国通过《禁止非法贩运麻醉药品和精神药物公约》会议的第六次全会上通过，1990 年 11 月 1 日生效，也称《维也纳公约》。中国于 1988 年 12 月 20 日签署。

并提出相应对策。

1998年3月,时任国家禁毒委员会常务副秘书长杨凤瑞率团出席了在维也纳举行的联合国麻醉品委员会①第41届会议。6月8日,时任国务委员罗干率中国政府代表团,参加了以禁毒为主题的联合国第20次特别会议。这是我国政府第一次派高级代表团出席这种会议。中国禁毒工作的成就和为世界禁毒事业所作的努力,得到与会代表以及国际社会的一致好评。罗干在大会上发了言,向国际社会宣示了中国政府和人民坚决禁毒的决心,提出了推进世界禁毒斗争的三项主张:(1) 坚持广泛参与、责任共担原则。毒品消费国、生产国、过境国都应该切实承担自己的责任,密切合作,建立新型的国际禁毒合作关系。各国政府作为国际禁毒合作的主体,对禁毒负有首要责任。同时,国际禁毒合作必须充分尊重各国的主权,任何国家和组织均不得以毒品问题和禁毒为由干涉别国内政。(2) 全面实施综合、均衡的国际禁毒战略。加强现有国际禁毒机制的作用,全面实行禁吸、禁种、禁贩,在严厉打击毒品非法供应的同时,切实减少毒品非法需求。(3) 重视替代发展。替代发展是国际综合禁毒战略的重要环节。保障毒品种植地区人民生活,促进种植国经济发展,是从根本上解决毒品问题的关键。国际社会应为替代发展提供必要的资金和技术援助。②

1999年,国家禁毒委员会办公室组团出席或参加了联合国麻醉品委员会、经社理事会、禁毒署、国际麻醉品管制局等联合国系统以及国际刑警组织召开的打击海洛因、可卡因、大麻和精神药物及易制毒化学品会议、联合国麻醉品委员会专家会议、第42届联合国麻醉品委员会年会、化学品管制专业会议等,并且在有关重要决议案如联大《国际合作打击世界毒品问题》中作为共同提案国。派人参加了减少需求和预防艾滋病国际专业会议。

2000年3月6日—15日,以时任中国驻维也纳代表团大使张大山为团长,时任国家禁毒委员会办公室副主任、公安部禁毒局副局长陈存仪为副团长,外交部、海关总署、国家药品监督管理局、香港禁毒常务委员会等单位人员组成的中国代表团,参加了在奥地利维也纳召开的联合国麻醉品委员会第43届会议,在积极发表意见的同时,还努力探讨与联合国有关机构及有关国家加强合作的方式和渠道。7月18日—21日,国际刑警组织在北京主办了第5届国际海洛因大会,一致通过了旨在加强合作有效打击包括海洛因在内的国际毒品犯罪《北京倡议书》。时任中国公安部部长贾春旺出席了大会,部长助理兼国际刑警组织中国

---

① 麻醉品委员会是联合国经社理事会职司委员会之一,成立于1946年2月,是联合国麻醉品管制领域的决策机构。

② 1998年6月9日《人民日报》。

国家中心局局长朱恩涛主持了会议。中国除派正式代表团与会外，还邀请了24个省公安厅(局)主管禁毒工作的副厅(局)长、32名省公安厅禁毒处长作为观察员参加大会。

2001年3月，联合国麻醉品委员会第44届会议在奥地利维也纳召开，中国国家禁毒委员会办公室会同外交部、海关总署、国家药监局、香港禁毒处和澳门社会工作局组成以时任驻维也纳代表团张义山大使为团长的中国代表团参加会议。中国代表团积极与联合国有关机构及有关国家接触，交换意见和看法，探讨今后加强合作的方式和渠道。

2002年，中国国家禁毒委员会办公室组团参加了联合国麻醉品委员会第45届会议。

2003年4月，中国禁毒代表团赴维也纳参加了自1998年联合国禁毒特别联大召开以来麻醉品委员会首次部长级会议，积极参加各项议题的讨论，郑重提出了重视替代发展工作、加强易制毒化学品管制以及有效应对因吸毒引发艾滋病蔓延等问题的主张。

2004年3月，中国国家禁毒委员会办公室组团参加了在维也纳召开的联合国麻醉品委员会第47届会议，介绍了中国政府在制定实施综合均衡的国家禁毒战略、积极开展国际禁毒、反洗钱合作等领域的工作及取得的显著成果，呼吁国际社会加强合作，共同打击毒品犯罪。

2005年3月7日至14日，联合国麻醉品委员会第48届会议在维也纳举行。时任中国驻维也纳代表团张炎大使率团出席了会议，就国际禁毒形势、禁毒合作等问题发言，并与其他与会代表团进行了交流。

2006年3月，中国派员参加了在维也纳召开的联合国麻醉品委员会第49届会议，与有关国家代表团开展了双边会谈，会议通过了“加强国际合作、促进替代发展”“加强用于制造合成毒品的易制毒化学品的管制制度”“将氯胺酮列入管制药物”等决议。5月、8月和11月，国家禁毒办分别组团参加了在韩国、泰国举办的第16届亚太地区禁毒联络官国际合作会议、东盟和中日韩打击跨国犯罪缉毒执法工作组会议以及第30届亚太地区禁毒执法机构负责人会议。

2007年3月，中国国家禁毒委派团参加了在维也纳召开的联合国麻醉品委员会第50届会议，就中国禁毒工作情况、“易制毒化学品管制面临的新挑战”和麻管局工作报告议题等作了发言。2月，组团参加了在日本举办的亚太缉毒执法会议。3月，我国代表亚洲国家在亚欧合作打击合成毒品及易制毒化学品会议上发言，与欧洲国家进行了交流，达成了共识。5月，组团赴西班牙参加了国际缉毒执法大会。

2008 年 3 月，国家禁毒委员会办公室派团参加了第 51 届国际麻醉品委员会议，向大会提交了召开“万国禁烟会”的提案，与各国开展了广泛的交流。

2009 年 2 月，国家禁毒委员会、外交部、公安部、上海市政府在上海成功举办了“万国禁烟会”100 年纪念活动，来自 17 个国家和联合国毒品和犯罪问题办公室、国际麻醉品管制局的 100 余位高级别代表出席纪念活动。这次会议是中国政府举办的一次重要的国际禁毒会议，进一步重申了我国厉行禁毒的一贯立场和倡导合作的主张，有力推动了国际和区域多边禁毒合作事业健康发展，有效扩大了我国在国际禁毒领域的影响。会议通过的《上海宣言》写入了联合国指导未来 10 年禁毒工作的《政治宣言》，对加深各方共识、促进国际禁毒事业深入发展具有深远意义。3 月，国家禁毒委员会办公室组团参加了联合国第 52 届麻醉品委员会高级别会议，再次重申我国与国际社会共同努力应对世界毒品问题的政治承诺。

2010 年 3 月，国家禁毒委员会组团参加联合国第 53 届麻醉品委员会会议，重申我国与国际社会共同努力应对世界毒品问题的政治承诺，积极参与有关会议文件、决议的磋商和修改，维护了我国在国际禁毒领域的良好形象。

2011 年 3 月，国家禁毒委员会办公室组团赴维也纳参加第 54 届联合国麻醉品委员会会议，表明中国禁毒立场和决心，主张采取减少需求与减少供应并重、综合均衡的措施。

2012 年，3 月，国家禁毒委员会办公室组团参加第 55 届联合国麻醉品委员会会议，重申与国际社会共同努力应对世界毒品问题的政治承诺，与美国等国共提《纪念海牙公约一百周年》决议，联手我国港澳特区禁毒部门向世卫组织推动氯胺酮国际列管。

2013 年 3 月 11 日，联合国麻醉药品委员会第 56 届会议在维也纳召开。成竞业大使代表亚洲组国家在开幕式上致辞，强调国际禁毒形势依然严峻，呼吁各国继续以三项禁毒公约为依据，基于共同分担责任的原则，就预防和遏制毒品犯罪进一步加强合作。

2017 年 3 月 13 日至 17 日，国家禁毒委员会常务副秘书长、公安部禁毒局局长梁云率团赴维也纳参加联合国第 60 届麻醉品委员会会议。梁云在一般性辩论中发表了题为《共同担当，共同治理》的主旨发言，重申了国务委员郭声琨在 2016 年世界毒品问题特别联大上代表中国政府所作的郑重承诺，再次强调中方将坚决维护以联合国三大禁毒公约为基石的现行国际禁毒机制，始终坚持并有效落实全面、综合、平衡、责任共担的禁毒战略，积极推动执行 2009 年《关于开展国际合作以综合、平衡战略应对世界毒品问题的政治宣言和行动计划》、2014 年

《落实政治宣言和行动计划部长级联合声明》和2016年特别联大成果文件《我们对有效处理和应对世界毒品问题的共同承诺》，强调全面加强禁毒国际合作，持续加强国内禁毒工作，科学推进可持续发展战略，着力减少毒品供应、毒品需求，强化治理新精神活性物质、非列管易制毒化学品、网络贩毒等世界性难题，全力为全球毒品治理贡献中国智慧、中国力量。发言得到各方高度关注、广泛认可和一致好评。

3. 邀请联合国禁毒组织官员来华考察访问并进行沟通交流

1987年和1988年，联合国禁毒基金执行主任迪金乃罗一行2人和联合国禁毒署通信专家班克，先后到云南进行考察，详细了解云南禁毒工作情况及实施联合禁毒的条件和可能合作的项目。

1991年5月，联合国禁毒署新任主任贾克梅里一行4人以及以缅甸外交部副部长吴翁觉为团长的缅甸禁毒代表团来华访问，重点考察云南禁毒工作，三方代表就有关禁毒合作事宜进行会谈，达成了协议。9月，联合国禁毒署执法专家西蒙斯一行访问了大理、保山、楚雄。同年下半年，联合国禁毒署连续派出高级顾问、执法专家、农业专家到云南边境和缅甸一侧考察，评估禁毒合作项目，为中、缅、联合国三方签署协议打下基础。

1992年4月，应中国国家禁毒委员会邀请，联合国禁毒署毒品减少需求亚洲中心主任比齐纳为首的"联合世界毒品减少需求分项目检查团"到云南考察禁毒情况，其间还考察了红河、德宏等地区的禁吸戒毒情况。

1994年4月6日，应我国国家禁毒委员会邀请，联合国禁毒署亚区中心执法顾问狄更斯前来云南进行为期10天的考察访问，就签署执行中、缅、联合国三方执法项目和中国与联合国双边缉毒执法项目中向我援助设备及联合开展缉毒执法培训等问题进行了会谈。9月28日—30日，应国家禁毒委员会办公室邀请，联合国麻醉药品管理局官员马哈达教授和藤野彰先生对云南查缉制毒化学配剂及戒毒工作情况进行考察。

1998年5月，联合国副秘书长兼禁毒署执行主任阿拉奇访华，国务委员罗干和公安部长贾春旺、副部长白景富分别会见了阿拉奇。阿拉奇高度赞扬了我国严厉禁毒的坚定立场，对中国禁毒工作在艰苦的条件下取得的成就表示赞赏。阿拉奇的来访，使我国同联合国禁毒署的合作更加密切。

2002年9月，联合国麻醉品管制局代表团访华。12月，联合国驻维也纳办事处主任兼联合国毒品和犯罪办公室（ODC）执行主任安东尼奥·马里亚·柯斯塔应邀访华。中央政治局常委、国务委员罗干在中南海会见了柯斯塔一行。国家禁毒委员会副主任、公安部副部长白景富与柯一行举行了会谈。

4. 认真履行国际公约义务，加大易制毒化学品进出口国际核查力度

2000 年，中国认真履行国际公约义务，积极参与联合国组织的打击高锰酸钾、醋酸酐非法贸易的“紫色行动”，并且认真开展其他易制毒化学品进出口的国际核查。公安部与外经贸部、海关等部门密切配合，通过核查共阻止易制毒化学品非法出口贸易 11 笔、涉及易制毒化学品 836.3 吨。①

2001 年，中国切实履行国际公约义务，继续积极参与联合国组织的全球防止高锰酸钾流入非法渠道的“紫色行动”和打击醋酸酐非法贸易的“黄宝石行动”，并且认真开展其他易制毒化学品进出口的国际核查。办理易制毒化学品国际核查件 474 份，涉及易制毒化学品出口 51 811 吨，阻止易制毒化学品非法出口 21 笔，共计 1 352 吨。②

2002 年，中国政府制定并实施了《易制毒化学品进出口国际核查管理规定》，进一步加强易制毒化学品国际核查工作。在继续参与全球防止高锰酸钾流入非法渠道的“紫色行动”和打击醋酸酐非法买卖的“黄宝石行动”外，中国政府又积极参加联合国麻管局准备发起的防止苯丙胺类兴奋剂化学前体流入非法渠道的“棱柱项目”行动。对每一笔易制毒化学品的进出口展开了扎实有效的核查。年内，我国共办理易制毒化学品国际核查件 423 份，涉及易制毒化学品出口 21 745 吨，阻止或防止易制毒化学品出口 21 745 吨，阻止或防止易制毒化学品非法出口 28 笔，共计 2 288 吨。涉及的品种有苯基丙酮、胡椒基甲基酮、胡椒醛、麻黄素等。③

2003 年，中国政府加大了易制毒化学品进出口国际核查力度。全年共办理易制毒化学品国际核查件 670 份，涉及 56 个国家和地区、17 种易制毒化学品，共计 27 925.72 吨，其中，高锰酸钾 25 497.2 吨、醋酸酐 330 吨、胡椒醛 759.63 吨、麻黄素 98.58 吨、苯乙酸 665.06 吨，其他易制毒化学品 575.24 吨。合法出口易制毒化学品 24 434.86 吨，阻止非法出口 3 490 吨。9 月 1 日开始，中国政府开始对黄樟油实施管制，共发现并阻止 61.8 吨黄樟油的非法出口。④

2004 年，国家禁毒办积极参与联合国禁毒机构在全球开展的防止易制毒化学品流入非法渠道行动，加强了对易制毒化学品进出口国际核查工作，全年共阻止易制毒化学品出口 3 513.65 吨。⑤

---

① 中华人民共和国国家禁毒委员会办公室：《2000 年中国禁毒报告》。
② 中华人民共和国国家禁毒委员会办公室：《2001 年中国禁毒报告》。
③ 中华人民共和国国家禁毒委员会办公室：《2002 年中国禁毒报告》。
④ 中华人民共和国国家禁毒委员会办公室：《2003 年中国禁毒报告》。
⑤ 中华人民共和国国家禁毒委员会办公室：《2005 年中国禁毒报告》。

2005年，福建省破获了一起向菲律宾走私易制毒化学品案件，缴获麻黄素1.8吨。广东省破获了“7·06”特大走私苯基丙酮案，抓获犯罪嫌疑人1名，缴获易制毒化学品苯基丙酮3 900千克。此案是中国和荷兰在谅解备忘录框架下，通过情报信息交流破获的第一起走私易制毒化学品案件。

2006年，各级禁毒部门认真贯彻实施《易制毒化学品管理条例》和《麻醉药品和精神药品管理条例》，深入开展对易制毒化学品和麻醉药品、精神药品管理秩序的整治行动，从源头上防止易制毒化学品流入非法渠道。2006年，国家禁毒办共发出易制毒化学品出口前通知书747份，共计89 318吨。①

2007年，国家禁毒委员会办公室通过联合国麻管局网上核查系统共发出易制毒化学品出口前通知书768份，比上年增加12份，涉及67个国家和地区，16种易制毒化学品，共计62 689.41吨，其中，全年核查通过易制毒化学品出口726单，共61 769.41吨。通过对重点品种和向重点国家出口的审查，对中、小型进公司出口的监控，对出口企业合法固定客户群的分析，以及联合国麻管局和进口国的通报，主动暂停出口易制毒化学品54单，共920吨，比2006年提高了59%，进一步加强了对易制毒化学品出口的管制，提高了对国际贸易途径流入非法渠道的监管能力。②

2008年，深入开展国际核查，暂停了一批可疑易制毒化学品出口。国家禁毒委员会办公室和商务、安监、药监等有关部门继续参与联合国组织的易制毒化学品管制行动，包括防止制造海洛因所需易制毒化学品流失的“聚合项目”、防止苯丙胺类毒品前体流失的“棱柱项目”及其采取的具体行动等。通过进出口贸易信息沟通和合作，有效地防止了易制毒化学品从国际贸易渠道流失。国家禁毒委员会办公室还会同商务部进一步加强易制毒化学品进出口国际核查，尤其是对麻黄碱、苯基丙酮、胡椒基甲基酮、醋酸酐等重点品种以及向“金三角”“金新月”等重点地区出口的易制毒化学品严格核查，严防流入制毒渠道。2008年，通过网上出口前通知书系统发出易制毒化学品出口提前通知书536份，涉及易制毒化学品104 096吨，其中，通过核查暂停出口24单，涉及易制毒化学品327吨。③

2009年，公安部、商务部、海关总署认真履行国际公约，严格执行易制毒化学品进出口国际核查制度，切实加强对麻黄碱、苯基丙酮、胡椒基甲基酮、醋酸酐等重点品种以及流向“金三角”“金新月”等重点地区出口的检查控制，有效防止

① 中华人民共和国国家禁毒委员会办公室：《2007年中国禁毒报告》。
② 中华人民共和国国家禁毒委员会办公室：《2008年中国禁毒报告》。
③ 中华人民共和国国家禁毒委员会办公室：《2009年中国禁毒报告》。

了流入非法渠道。2009 年,共发易制毒化学品出口前通知书 660 份,国际核查通过 5.8 万吨,暂停出口 12 批,共计 422 吨。①

2010 年,公安部、商务部、海关总署认真履行国际公约,严格执行易制毒化学品进出口国际核查制度。2010 年,共发出易制毒化学品出口前通知书 674 份,国际核查通过 7.8 万吨,暂停出口 27 批,共计 1 088 吨。②

2011 年,进一步加强进出口国际核查。全年共发出口前通知书 696 份,涉及 51 个国家和地区、9 个品种,共计 13 万吨,暂停出口 10 批,共计 720 吨,有效防止了流入非法渠道。③

2012 年,开展进出口国际核查和国际合作。国家禁毒办、商务部进一步加强对麻黄素类、苯基丙酮、胡椒基甲基酮、醋酸酐等重点品种以及向缅甸、老挝、阿富汗等国家出口易制毒化学品的核查工作,全年共发出易制毒化学品出口前通知书 701 份,涉及易制毒化学品 9.921 万吨,暂停出口 43 批共计 1 441.52 吨,有效防止易制毒化学品走私出境。增加对苯乙酸乙酯、麻黄碱复方制剂、α-氰基苯丙酮等非列管易制毒化学品个别进出口贸易的国际核查工作,成功阻止危地马拉一非法公司进口苯乙酸乙酯贸易。积极参与国际麻管局组织开展的旨在监控苯丙胺类兴奋剂前体国际贸易的"聚合项目",参加麻管局关于旨在关注以非洲为目的地或中转地的麻黄素、伪麻黄素及含麻黄素复方制剂走私活动的 EPIG 行动,加入"前体事件交流系统"与相关国家执法部门就前体缉获情况及拦截、转移、非法加工厂等进行信息交流。通过共同召开研讨会、举办执法培训、交流管制工作情况等形式,深化与上合组织有关成员国、美国、墨西哥、荷兰、德国的易制毒化学品管制合作。2012 年 3 月和 9 月,分别派员赴比利时、香港侦办"1·31"走私苯基丙酮案件,缴获苯基丙酮 5.79 余吨,抓获犯罪嫌疑人 10 名。④

2013 年,积极开展易制毒化学品的进出口国际核查,全年共发出易制毒化学品出口前通知书 630 份,涉及 59 个国家和地区、42 家出口企业、12 种易制毒化学品,共计 79 112.481 吨;审核 64 份易制毒化学品进口核查通知书,涉及 16 个国家和地区进口易制毒化学品共计 32 158.09 吨;成功阻止了 37 批易制毒化学品可疑出口贸易,有效防止了易制毒化学品从国际贸易渠道流失。⑤

---

① 中华人民共和国国家禁毒委员会办公室:《2010 年中国禁毒报告》。
② 中华人民共和国国家禁毒委员会办公室:《2011 年中国禁毒报告》。
③ 中华人民共和国国家禁毒委员会办公室:《2012 年中国禁毒报告》。
④ 中华人民共和国国家禁毒委员会办公室:《2013 年中国禁毒报告》。
⑤ 中华人民共和国国家禁毒委员会办公室:《2014 年中国禁毒报告》。

2014 年,积极开展进出口国际核查和国际合作。公安部禁毒局极为重视易制毒化学品出口国际核查,全年共发出易制毒化学品出口提前通知书 687 份,涉及 58 个国家和地区,16 种易制毒化学品,共计 61 378.05 吨。其中,国际核查通过出口 655 单,共 55 495 吨;暂停出口 32 单,共 5 883.05 吨。积极向有关国家提供司法协助和线索核查,全年共向英国、美国、墨西哥等国提供司法协助及回复核查请求 80 余份,与美国、英国、加拿大、墨西哥、澳大利亚、新西兰等国家代表或驻华联络官举行会谈会晤 30 余次。2014 年 12 月,在广东深圳主办中欧联合后续小组会议暨易制毒化学品管制研讨会,由双方政府主管部门、协会和企业代表专题研讨中欧易制毒化学品管制合作工作情况及政府行业合作。会同澳大利亚、新西兰共同分析、经营破获一批互涉麻黄碱走私等案件,成功阻止大量化学品流失制毒。2014 年 8 月,公安部禁毒局指挥福建公安禁毒部门,破获李某向新西兰走私制毒物品案,抓获犯罪嫌疑人 5 名,缴获麻黄碱 46.132 千克,新西兰警方抓获 3 名犯罪嫌疑人,缴获制毒物品麻黄碱 200 余千克。同时,国家禁毒办与澳大利亚、新西兰、巴基斯坦、英国、美国等国就"9·12"醋酸酐走私案、麻黄碱走私案、张磊案等案件加强合作。①

中国政府有效的国际核查工作,防止了大量易制毒化学品流入非法渠道,为国际禁毒事业作出了积极贡献。

5. 积极参与国际禁毒项目

中国积极支持并参与联合国禁毒署主持的有关禁毒合作项目,同时,学习和借鉴国际禁毒领域的先进经验和成功做法,争取国际援助,对改善中国禁毒队伍的装备,提高禁毒水平起到了很大作用。

1998 年,中国国家禁毒委员会办公室积极参与联合国禁毒署组织实施的《中国、缅甸、联合国禁毒署三方边境禁毒执法会晤项目》《减少东亚山地少数民族毒品需求项目》《加强中国和缅甸边境地区缉毒执法能力项目》《加强中国云南缉毒执法能力项目》《东亚地区化学品管制项目》等双边和多边合作项目。

1999 年,开始实施了 5 个联合国禁毒援助项目,在四川举办了一期项目制定和管理培训班。举办了 2 期化工系统管理部门的业务培训班,制作下发了 1 000 套化学品现场检验箱,建立了中央级易制毒化学品管理网络。在云南省 4 个位于中缅边境地区的村寨落实毒品预防教育项目。在云南省思茅地区召开了替代种植项目研讨会。选择了广西壮族自治区南宁市、内蒙古自治区包头市、福建省厦门市、新疆维吾尔自治区乌鲁木齐市作为联合国禁毒署《次区域吸毒高

---

① 中华人民共和国国家禁毒委员会办公室:《2015 年中国禁毒报告》。

危人群减少需求开发机构能力项目》实施地点。

2003年11月,联合国毒品和犯罪问题办公室(UNODC)亚太地区中心与中国国家禁毒委员会以及福建、广东省禁毒部门,就“打击中国南部冰毒制贩活动”国际禁毒合作项目文本在福建省厦门市召开会议,为在福建、广东省建立毒品实验室,并提供培训等相关援助进行研讨,推动建立打击苯丙胺类兴奋剂的国际合作机制。

2004年,在联合国毒品和犯罪问题办公室的协调和支持下,中国国家禁毒委员会办公室积极推动和参与了“跨境执法合作”“易制毒化学品管制”“监督东盟和中国禁毒合作计划实施”“改进收集安非他明类兴奋剂数据的方法与手段”“提高中国南部地区打击非法制造和贩运安非他明类兴奋剂的能力”“加强东亚次区域禁毒谅解备忘录国家伙伴关系”等项目。

2005年,在联合国毒品和犯罪问题办公室的协调和支持下,国家禁毒委员会办公室积极推动和参与了“跨境执法合作”“易制毒化学品管制”“监督东盟和中国禁毒合作计划实施”“改进收集安非他明类兴奋剂数据的方法与手段”“提高中国南部地区打击非法制造和贩运安非他明类兴奋剂的能力”“加强东亚次区域禁毒谅解备忘录国家伙伴关系”等项目。

2006年5月,根据我国与联合国毒品和犯罪问题办公室联合开展的“提高中国南部地区打击非法制造和贩运苯丙胺类兴奋剂(ATS)的能力项目”(G75)安排,广东、福建建立了10个多媒体培训中心,并安装了由澳大利亚联邦警察提供的情报信息系统,对近百名基层禁毒民警提供了情报信息培训。12月,国家禁毒办与联合国毒品和犯罪问题办公室联合考察了湖南、陕西、四川三省,并初步设计出了禁毒援华项目框架。

2007年,国家禁毒委员会加强了与联合国等国际组织的合作,参加了I61(“巩固和加强东南亚地区边境联络官机制项目”),G69(“提高东亚地区人民对毒品危害的认识”),I63(“东亚易制毒化学品缉查”)、H84(“东亚替代发展合作”)等项目,促进了中国在相关禁毒领域与有关国家和国际组织的经验交流。

(二) 中国积极支持和促进联合国倡导的次区域禁毒合作活动

1990年8月,联合国禁毒基金执行主任迪金乃罗访华,根据中方的设想和建议,联合国禁毒基金提出《东南亚禁毒战略》的设想,使次区域禁毒合作迈出了第一步。

1991年2月,在日本东京举行了联大禁毒特别全会,根据中国与缅甸和泰国的协商结果,联合国禁毒基金在先前提出的《东南亚禁毒战略》的基础上,开展东南亚“金三角”地区次区域禁毒合作的设想,得到中国、缅甸、泰国的积极响应。

5月，国家禁毒委员会在北京主办第一次中国、泰国、缅甸和联合国禁毒署高级官员会议，商讨开展次区域禁毒多边合作的设想，3国4方确定了开展此区域间多边禁毒国际合作模式。

1992年6月，中国、缅甸和联合国禁毒署在缅甸仰光签署《中国、缅甸和联合国禁毒署三方禁毒合作项目》。

1993年10月，中国、缅甸、泰国、老挝和联合国禁毒署代表出席第48届联大禁毒特别全会期间，在纽约联合国总部正式签署《禁毒谅解备忘录》，确定在次区域禁毒合作中各方保持高级别接触，每年举行例会，商讨禁毒合作事宜。

1995年5月，中国、越南、老挝、泰国、缅甸、柬埔寨及联合国禁毒署在北京召开第一次次区域禁毒合作部长级会议，通过《北京宣言》，并签署《次区域禁毒行动计划》，并同意接受柬埔寨、越南为《禁毒谅解备忘录》成员国。《次区域禁毒行动计划》是一个为期3年的禁毒行动计划，它包括减少毒品需求、减少毒品供应和缉毒执法的11个协作项目提纲。《北京宣言》呼吁各国关注毒品问题，并在禁止毒品生产、打击毒品过境或者预防毒品滥用方面加强合作。

1998年10月，公安部禁毒局王刚副局长率团出席在马来西亚召开的第22届亚太地区国家禁毒执法机构官员会议。

1999年，中国政府派代表团分别出席在日本和老挝召开的次区域部长级会议，继续积极推动次区域禁毒合作。1月31日—2月3日，国家禁毒委员会副主任、公安部副部长白景富率中国政府代表团赴日本东京，出席联合国禁毒署和日本政府举行的东亚次区域《禁毒合作备忘录》6个成员国和日本国部长级会议。会议期间，白景富会见了联合国副秘书长兼禁毒署执行主任阿拉奇。5月17日—22日，公安部部长助理杨焕宁率团赴老挝首都万象，参加6国7方第三次次区域禁毒合作部长级会议，向大会介绍了我国政府坚决禁毒的方针政策和近两年来在禁毒领域所取得的成绩，重点宣传了我国1998年成功举办全国禁毒展览的情况。会议期间还举行了中国、缅甸、联合国禁毒署三方项目执委会会议。

2000年7月25日，联合国禁毒署东亚太平洋地区中心次区域研讨会在中国上海市举行，中国、柬埔寨、越南、老挝、泰国、缅甸6国的禁毒同行们共商禁毒良策。国家禁毒委员会办公室常务副主任杨凤瑞在会上指出，只有各国政府、禁毒执法部门共同努力，加强合作，贯彻实施综合均衡的禁毒战略，才能从根本上解决毒品问题。10月11日—13日，中国国务委员罗干率团出席了由泰国政府和联合国禁毒署在曼谷联合召开的“东盟＋中国国际禁毒会议”，通过了《曼谷政治宣言》，共同签署了《东盟和中国禁毒行动计划》。11月14日—17日，国家禁毒委员会办公室副主任、中国禁毒基金会秘书长刘志民率外交部、国家药品监督管理局、海关总署，公安部等单位人员组成的代表团，出席了联合国禁毒署在缅甸仰光召开的第24届亚太地区禁毒执法负责官员会议。会议就海洛因的贩运和消费、兴奋剂控制、海上贩毒、毒品犯罪分子化等问题进行了研究。

2001年5月，东亚次区域禁毒合作谅解备忘录(MOU)成员国部长级会议在缅甸仰光举行。时任国家禁毒委员会常务副秘书长、公安部禁毒局局长杨凤瑞率团参加了会议，并阐述了近年来中国政府为落实特别联大后续行动确定的工作目标所采取的措施及取得的成效，得到好评。8月28日，中国、老挝、缅甸、泰国禁毒合作部长会议在北京召开。朱镕基总理会见了与会部长，罗干出席开幕式并设宴招待与会代表。会议通过了《北京宣言》，确立了4国间的禁毒合作伙伴关系和通过高层会晤磋商解决禁毒等国际和地区重大问题的方式，决定加强工作层面的业务交流，在人员培训、毒品预防教育、替代发展、禁毒执法、易制毒化学品管制、情报交流、信息共享等方面开展切实有效的合作，营造了加强4国间禁毒合作、共同打击毒品犯罪的有利环境，将区域禁毒合作推上了一个新层次。9月13日—14日，旨在解决阿富汗毒品问题的“6＋2”机制第二次禁毒技术性会议在巴基斯坦伊斯兰堡举行。国家禁毒委员会组团参会，伊朗、巴基斯坦、土库曼斯坦、乌兹别克斯坦、俄罗斯、美国和联合国禁毒署也派团参加了会议。10月15日—18日，第25届亚太禁毒执法机构负责人(HONLEA)会议在澳大利亚悉尼举行，由公安部、海关总署、北京市公安局等单位组成的中国代表团7人与会。中国代表团积极发言、讨论，向会议提交了国家报告和执行第23届会议工作建议的调查问卷，并与我国香港、澳门特区代表接触，交流看法，与韩国、日本等国共商合作事宜。11月13日—16日，公安部、外交部组团参加了在印尼巴厘召开的“东盟＋中国”禁毒合作行动计划组第一次会议。

2002年，中、老、缅、泰四国禁毒合作工作会议于1月在泰国清迈召开。会上各方达成了广泛共识并制订了相应的行动计划，将中、老、缅、泰禁毒合作推向深入。5月20日—22日，我国在北京成功举办了东亚次区域禁毒合作谅解备忘录(MOU)高官委员会议，中、老、缅、泰、越、柬、联合国禁毒署等6国7方均派出代表与会。时任国家禁毒委员会副主任、公安部副部长白景富和联合国禁毒署亚太地区中心代表卡尔瓦尼出席开幕式并致辞。中国国家禁毒委员会办公室与联合国禁毒署亚太地区中心于8月在广东中山市召开了“打击苯丙胺类兴奋剂犯罪区域合作研讨会”，来自联合国、中国、澳大利亚、韩国、日本等7个国家、地区和国际组织的代表出席了会议，通过了联合国禁毒署提出的《行动计划草案》。

2003年7月，时任国家禁毒委员会副主任、公安部副部长罗锋率团出席了在泰国清莱举行的中、老、缅、泰、印(度)5国禁毒合作高官会和部长级会议，部长级会议通过了《清莱宣言》，推动5国在替代发展和易制毒化学品管制方面加强合作。9月，时任公安部部长助理张新枫率团出席了在越南河内召开的东亚次区域禁毒谅解备忘录（MOU）6国7方高官会和部长级会议。国家禁毒办分别组团参加了"东盟和中国"禁毒行动计划各工作组会议以及在泰国曼谷举行的中、老、缅、泰、印（度）5国易制毒化学品工作会议。国家禁毒办先后派团参加了亚太地区缉毒执法机构负责人会议（HONLEA）和国际刑警组织打击毒品犯罪会议，积极推动参与了联合国次区域禁毒项目在中国的设计和实施，如推动了中老、中缅边境一线的缉毒联络官机制的建设；增设了计算机多媒体缉毒培训点，扩大了培训规模；引进了与联合国禁毒部门接轨的禁毒数据统计指标体系等。经过竞选，中国禁毒专家成为联合国毒品和犯罪问题办公室（UNODC）替代发展主题评估工作组成员，全程参与了全球替代发展主题评估活动。

2004年5月，参加了在泰国召开的东亚次区域禁毒谅解备忘录高官会议。12月，赴泰国参加了亚太缉毒执法机构负责人会议。此外，国家禁毒办还派团参加了"东盟和中国"禁毒行动计划预防教育、减少需求、缉毒执法和替代发展工作组会议及联合工作组会议等。

2005年5月，时任国家禁毒委员会副主任、公安部副部长张新枫率团出席了在柬埔寨暹粒举行的东亚次区域禁毒合作谅解备忘录（MOU）签约国高官会暨部长级会议。10月18日—20日，在外交部的协助下，中国政府、联合国毒品和犯罪问题办公室、东盟在北京成功举办"第二届东盟和中国禁毒合作国际会议"。会议通过了《北京宣言》、更新后的《东盟和中国禁毒合作行动计划》以及《东盟和中国关于2006年开展打击苯丙胺类毒品犯罪联合行动的倡议》，进一步确定了本地区开展禁毒合作的战略和措施，扩大和深化了我国在东盟和国际禁毒事务中的影响。12月，国家禁毒委员会办公室与联合国毒品和犯罪问题办公室还在广州共同举办了"东盟和中国开展打击苯丙胺类毒品犯罪联合行动启动会议"。

2007年5月25日，第七届东亚次区域禁毒谅解备忘录（MOU）签约国部长级会议在北京钓鱼台国宾馆举行。来自柬埔寨、中国、老挝、缅甸、泰国、越南以及联合国毒品和犯罪问题办公室的代表以及有关国家和国际组织的观察员和专家80余人出席了会议。会议通过了《2007年MOU北京宣言》、更新后的《次区域行动计划》，决定成立专门工作组对2002年通过的《MOU伙伴关系补充文件》进行修改。会议充分肯定了12年来MOU合作机制在解决本地区毒品问题方面所取得的成果，针对新的毒品形势提出了应对措施，对于巩固和发展MOU禁毒合作机制，加大替代发展和减少毒品危害的力度，建立更加密切的打击跨国毒品犯罪合作机制，发挥了积极作用。

2008 年 6 月，参加了在老挝召开的 MOU 高官会议，研究制订了新的区域禁毒合作工作计划。8 月，参加了在文莱举行的第五届“东盟和中国禁毒合作机制”（ACCORD）联合工作组高官会议，探讨了禁毒执法合作，制订了新的合作计划。

2009 年，为减少“金三角”毒品危害，时任国家禁毒委员会副主任、公安部副部长张新枫率团赴泰国参加第八届 MOU 签约国部长级会议，签署了《MOU 伙伴关系补充文件修订版》，推进了东亚次区域禁毒谅解备忘录（MOU）机制发展。参加了在泰国、印尼举行的第 32 届和第 33 届亚太禁毒执法机构负责人会议（HONLEA）等区域禁毒执法合作会议，广泛参与区域禁毒合作交流。

2010 年，国家禁毒委员会参加了东亚次区域禁毒合作谅解备忘录（MOU）签约国高官会议，努力推动 MOU 机制继续健康发展。组团参加第 34 届亚太禁毒执法机构负责人会议（HONLEA）、第 27 届国际缉毒大会（IDEC）、第 15 届亚太地区禁毒执法合作会议（ADEC）等区域会议，广泛参与区域禁毒合作交流，不断提高中国在国际禁毒领域的作用和影响力。

2011 年，国家禁毒委员会加大对东亚次区域禁毒合作谅解备忘录（MOU）机制的支持力度。3 月，组织中、老、泰三国禁毒部门联合考察昆曼公路毒情，有关工作建议提交至当年 5 月召开的 MOU 部长级会议；4 月，作为 MOU 机制减少需求主席国承办东南亚地区苯丙胺类毒品成瘾治疗康复研讨会，并组织与会代表赴开远参观考察“雨露社区”；积极推进湄公河流域安全执法合作和联合巡航相关工作。

2012 年，国家禁毒委员会加大对东亚次区域禁毒合作谅解备忘录（MOU）机制的支持力度，提高捐款额度；参加“支持东亚次区域禁毒合作伙伴关系项目（H15）联络员会议”、“东亚次区域禁毒谅解备忘录签约国高官会议”、第 36 届“亚太地区禁毒执法机构负责人会议”（HONLEA）和区域联合执法打击跨国犯罪伙伴关系项目（PATROL）；推动“电脑多媒体培训”（CBT）项目在华开展；参与“东盟加中日韩机场毒品查缉研讨会”“东盟加中日韩打击跨国有组织犯罪禁毒工作组会议”，务实探讨部分东盟国家通过空港渠道向中国贩毒问题。

2013 年，国家禁毒委员会针对东亚次区域禁毒合作遭遇凝聚力、资金等瓶颈问题，充分利用第 10 届东亚次区域禁毒合作谅解备忘录（MOU）签约国部长级会议暨高官会、第 56 届联合国麻醉品委员会会议、第 18 届亚太缉毒执法会议、第 23 届国际缉毒联络官会议、第 8 届东盟加中日韩禁毒工作组会议（10＋3 会议）暨首届东盟和中国禁毒协调会议（10＋1 会议）、第 37 届亚太地区禁毒执法机构负责人会议（HONLEA）、第56届麻醉品委员会续会之机，向国际社会宣传MOU次区域面临的毒品形势及合作的不懈努力，呼吁各方携手共同应对MOU困境，为降低"金三角"毒品危害作出积极努力。

2014年，国家禁毒委员会承办东亚次区域禁毒谅解备忘录签约方第1届缉毒执法会议，为柬、中、老、缅、泰、越6国搭建中长期全方位跨国执法合作的新平台，11月22日，中越公安机关利用该平台首次合作抓获中方通缉的重大涉毒逃犯梁亚上；承办支持东亚次区域禁毒合作谅解备忘录（MOU）伙伴关系项目联络员会议和高官会议，讨论新形势下《次区域行动计划》发展方向、伙伴关系定位等重要事项。

（三）中国不断加强与外国的双边、多边国际禁毒合作

1. 中国与美国等西方国家及南美洲有关国家的禁毒合作

近年来，中国与美国、加拿大、澳大利亚、法国、荷兰等西方国家及南美洲有关国家的禁毒合作健康发展，并不断取得新的突破。

（1）中国与美国的禁毒合作。中美两国的禁毒合作在中美关系发展中起着十分重要的作用，由于特殊的地理位置，中国近年来在打击过境贩毒方面取得显著成绩，客观上形成了有效阻止"金三角"地区毒品流向美国毒品市场的重要屏障。

中国与美国从1985年开始进行禁毒合作，1987年，两国政府签署《中美禁毒合作备忘录》。

1991年7月，美国负责毒品事务的助理国务卿列文斯基及美国驻成都总领事一行6人到云南访问，双方就禁毒合作问题进行了会晤，美方对云南在禁毒领域取得的卓著成效表示赞赏。

1993年5月，应美国驻成都总领事馆邀请，时任云南省禁毒委员会办公室副主任、省公安厅缉毒处处长陈存仪到美国考察禁毒工作，与联合国禁毒署、美国有关执法、禁毒机构的官员交流了情况。

1994年1月28日—29日，美国助理国务卿罗伯特·格尔巴德一行前来云南就禁毒问题进行考察访问，为克林顿总统制定控制海洛因的新战略提供了依据。在听取了关于云南禁毒情况、实施戒毒办法及帮助缅甸推行改种计划等情况介绍后，十分赞赏，表示愿意与我国进一步开展禁毒合作。

1997年，中美两国首脑签署包括禁毒合作内容的《中美联合声明》，把中美禁毒合作提高到一个新水平。随后，中美两国政府互派了禁毒联络官。

2000年5月23日—6月15日，时任国家禁毒委员会办公室常务副主任、公安部禁毒局局长杨凤瑞、公安部法制局局长郝赤勇及办公厅副主任陆志谦，率领

由22个省区市公安厅局禁毒处长组成的禁毒业务研修团出访美国，围绕边境堵源截流、情报信息工作、技术装备、冰毒犯罪、专业队伍培训、亚裔有组织毒品犯罪、缉毒办案机制和手段、城市打击毒品犯罪和禁毒戒毒情况等8个专题进行了全面考察。6月下旬，美国内阁成员、白宫禁毒政策办公室主任巴里·麦克福里率团访华。时任国家禁毒委员会主任、公安部部长贾春旺在北京钓鱼台国宾馆会见了麦克福里一行。时任国家禁毒委员会副主任、公安部副部长白景富在人民大会堂与麦克福里举行了双边业务会谈。麦克福里还访问了云南省和香港特别行政区。此次来访，双方就合作开展毒品和化学前体样品检测，加强打击洗钱斗争的合作等方面达成了共识。

2002年，第一届中美禁毒战略情报交流会在北京成功召开。时任国家禁毒委员会副主任、公安部副部长白景富分别会见了与会的美国白宫禁毒政策办公室副主任克兰和缉毒署副署长卡斯特尔。

2003年，经多轮磋商，中美双方就《中国公安部禁毒局和美国司法部缉毒署禁毒合作意向备忘录》(MOI)基本达成共识；国家禁毒办两次组团赴美考察了毒品实验室设备和禁毒装备。

2004年4月，国家禁毒办赴秘鲁参加国际禁毒执法会议，并顺访了美国白宫禁毒政策办公室、美国司法部缉毒署等部门，就双方共同关心的禁毒事务进行了交流和磋商，取得了积极成果。

2005年2月，美国司法部缉毒署署长凯伦·坦迪女士访华，双方共同签署了《中国公安部禁毒局和美国司法部缉毒署关于缉毒合作的意向备忘录》。6月，美国缉毒署与中国共同举办了“中美反涉毒洗钱研讨会”。

2006年6月，中美联合召开了第二届禁毒情报工作组会议。7月，中美签署了《关于加强中国国家禁毒委员会与美国白宫国家禁毒政策办公室合作的意向备忘录》。8月，中美联合举办了第二期反涉毒洗钱研讨会，美方派出9名反洗钱专家为中方40名禁毒及有关部门人员就反洗钱的法律、制度、侦查手段和方法等内容进行了培训。

2007年2月，时任国家禁毒委员会常务副秘书长杨凤瑞率团赴美开展禁毒业务交流，与美国白宫禁毒政策办公室主任、美国司法部缉毒署署长等进行座谈；会见了美国众议院“美中工作小组”共同主席；实地考察了迈阿密戒毒康复中心、毒品法庭和位于夏威夷的美国西部多部门联合毒品情报工作组。4月和6月，分别派出两个代表团赴美参加了两期执法培训。

2007年1月，中国、美国、加拿大三国联合侦破了“0303”特大跨国走私可卡因案件，在加拿大抓获5名犯罪嫌疑人，在广东抓获6名犯罪嫌疑人，在美国缴获可卡因 25 千克，该案是由中方提供准确情报，协调美、加两国开展侦办工作的典型案例。

2008 年 2 月，公安部禁毒局与美国司法部缉毒署合作开展跨国控制下交付行动，抓获贩毒犯罪嫌疑人 4 名，缴获可卡因 779 克、大麻 276 克、其他毒品 600 余克，一举打掉了一个长期在华从事贩毒活动的非洲籍跨国贩毒犯罪团伙。

2011 年，国家禁毒委员会与美缉毒署联合举办“中美打击可卡因贩运情报交流会”。

2012 年，国家禁毒委员会深化与美国等有关重点国家的全面合作和个案磋商。赴美参加中美执法联合联络小组(JLG)第 10 次会议禁毒分小组会、第 4 届中美禁毒情报交流会和国际反洗钱与金融调查会议。9 月，时任国务委员、国家禁毒委员会主任、公安部部长孟建柱在京会见来访的美国白宫禁毒政策办公室主任科里考斯克，签署更新后的《中国国家禁毒委员会与美国白宫国家禁毒政策办公室关于加强合作的意向备忘录》。

(2) 中国与加拿大、澳大利亚的禁毒合作。1993 年 8 月 4 日—6 日，应公安部邀请，以澳大利亚联邦警察副总监贝茨为团长的澳大利亚警察代表团到中国访问，考察了云南的禁毒工作，与云南公安厅缉毒部门进行了业务交流，并到昆明市强制戒毒所进行参观。

2002 年，中国国家禁毒委员办公室与加拿大、澳大利亚禁毒机构在广东深圳共同举办了“控制下交付”培训班，有效推动了相互间的禁毒合作。

2004 年 5 月 11 日，我国公安机关与澳大利亚联邦警察联合破获一起利用国际邮包贩毒案件，缴获冰毒 950 克，抓获澳大利亚、新加坡籍犯罪嫌疑人 2 名。10 月，参加了澳大利亚易制毒化学品管理会议，加强了与荷兰、南非、土耳其等有关国家的合作，联合打击跨国走私易制毒化学品活动。

2006 年 5 月，澳大利亚联邦警察助理总监费明凯率团前来北京访问，中澳双方就加强情报交流、禁毒执法、缉毒培训等方面的合作达成了共识。

2007 年 7 月和 12 月，根据中澳双方 2006 年达成的共识，澳大利亚联邦警察为我国禁毒执法人员提供了 2 期情报执法方面的培训班，加强了两国禁毒业务交流。

2008 年，为提高中国缉毒侦查人员侦办制造贩卖苯丙胺类毒品犯罪案件的能力，国家禁毒委员会办公室联合澳大利亚联邦警察于 2008 年 3 月在湖南举办了一期培训班，有效提高了侦查人员的执法水平和自我保护能力，取得了良好的效果。

2010 年，国家禁毒委员会办公室联合澳大利亚联邦警察(AFP)举办中澳高级禁毒情报培训班和苯丙胺类毒品案件侦查员培训班。

2011 年,针对突出毒品问题及毒情发展趋势,推动与澳大利亚等有关重点国家的禁毒合作,并与澳联邦警察研究制定《中澳打击邮包藏毒“控制下交付”工作程序》。

2013 年,国家禁毒委员会签署中澳《关于毒品案件控制下交付的意向声明》和澳大利亚联邦警察首次共同举办中澳“中国华南地区跨国毒品犯罪研讨会”。与澳大利亚、新西兰两国签订易制毒化学品管制合作协议,在协议框架下开展案件深度合作。

2016 年,启动中澳联合缉毒行动,共联合侦办毒品案件 86 起,抓获犯罪嫌疑人 133 名,缴获各类毒品 2.65 吨、制毒原料 3.88 吨。

(3) 中国与法国、荷兰等国的禁毒合作。2001 年 12 月,中国、法国在北京联合举办了禁毒执法研讨会,签署了两国禁毒合作会谈纪要,决定继续加强双方的禁毒合作。

2002 年,中国国家禁毒委员办公室组团访问法国,对其禁毒机构、减少需求工作、毒品实验等进行了考察。

2003 年 10 月,国家禁毒办应邀赴荷兰参加了打击合成毒品国际会议,访问了荷兰的禁毒主管部门,为中荷合作打击走私易制毒化学品等非法活动建立了渠道。

2004 年 10 月,国家禁毒办与荷兰在北京签署了《中荷关于易制毒化学品核查措施的谅解备忘录》,两国禁毒合作取得了突破性进展。

2005 年 11 月,公安部禁毒局派员赴荷兰马斯特利赫特市参加了第二届苯丙胺类兴奋剂执法会议,进一步密切了与荷兰、比利时及其他欧洲国家在禁毒领域的合作。

(4) 中国与南美洲有关国家的禁毒合作。1998 年,中国政府与墨西哥、哥伦比亚等国政府签署了双边禁毒合作协议。

2002 年 2 月,原国家禁毒委主任、公安部部长贾春旺率禁毒代表团访问了巴西、秘鲁、哥伦比亚等国,并同秘鲁签署了双边禁毒合作协议书。

2004 年,针对南美洲地区毒品对我国威胁不断加大的情况,我国与南美有关国家积极构建禁毒合作渠道和机制,为今后开展实质性禁毒合作奠定了基础。

2010 年,为加强防范和打击南美可卡因向中国渗透,时任国家禁毒委员会办公室常务副主任、公安部禁毒局局长刘跃进率团赴哥伦比亚进行交流,开创性地建立了与南美国家的禁毒合作渠道。

2. 中国与“金三角”周边国家及东盟主要国家的禁毒合作

中国不断加强与“金三角”周边国家及东盟主要国家的双边禁毒合作，以减少“金三角”毒品对我国的侵害。

1990 年 8 月 22 日—9 月 12 日，中国公安部高级警官代表团首次访问缅甸和泰国，第一次就禁毒合作事项与缅甸、泰国禁毒机构进行了接触，与这两个国家的警方就情报交流、办案合作、联合缉毒、实行农作物替代种植罂粟等问题进行商讨，形成了纪要，为加强缉毒执法和经济开发相结合的禁毒合作奠定了基础。12 月，公安部再次派出禁毒代表团访问缅甸，并参加缅甸中央禁毒委员会在缅北举行的摧毁海洛因加工厂的活动。

1993 年 5 月 16 日—20 日，应国家禁毒委员会办公室邀请，泰国警察总部缉毒局局长考维德中将一行 4 人到云南访问。其间，与云南省公安厅缉毒处人员进行了会谈，并到昆明市和西双版纳州进行考察。同月，应泰国警方邀请，云南省禁毒委员会委员、公安厅副厅长彭建飞率领云南警官代表团一行 5 人对泰国进行访问考察，了解该国肃毒情况。

1994 年 12 月 29 日，应云南省政府邀请，泰国司法部长沙怀·帕塔诺一行 11 人对昆明市、西双版纳州进行访问，就有关禁毒、戒毒和打击国际贩毒、司法界的交流与合作等问题进行商谈。

2000 年 8 月 28 日，国家禁毒委员会办公室副主任、公安部副部长白景富会见了来访的泰国外交部副部长素坤攀·波里帕一行，双方回顾了两国警方开展禁毒执法合作、人员交流培训、联合侦破跨国贩毒案件中国代表出席曼谷国际会议的情况，就进一步加强禁毒合作进行了会谈。10 月，中国政府和泰国政府签署了《关于加强禁毒合作的谅解备忘录》。

2001 年 1 月 11 日—21 日，原国家禁毒委员会主任、公安部部长贾春旺率领中国公安代表团对老挝、缅甸进行了正式友好访问，并分别与老挝、缅甸政府签署了《中华人民共和国政府与老挝人民民主共和国政府关于加强禁毒合作的谅解备忘录》和《中华人民共和国政府与缅甸联邦政府关于加强禁毒合作的谅解备忘录》。作为贾部长访问缅甸的重要成果之一，4 月，缅甸将大量向我境内贩毒的毒枭谭晓林抓获并移交我方，标志着中缅禁毒合作进入了实质性阶段。7 月 19 日—30 日，贾春旺率领中国公安代表团对泰国和越南进行了正式友好访问，实地考察了泰、越两国的禁毒工作，进一步扩大了中泰、中越在禁毒领域的共识。贾春旺代表中国政府与越南签署了《中华人民共和国政府与越南社会主义共和国政府关于加强禁毒合作的谅解备忘录》。

2002 年，中缅、中老禁毒合作取得显著成效。先后召开了中缅、中老禁毒合作工作会议。完成了对缅甸、老挝 55 名禁毒官员的培训，这是我国首次大规模培训外籍警察。2002 年，以印度尼西亚国家毒品局执行主任努法兹警察中将为团长的印尼国家禁毒代表团于 9 月来华进行了首次访问，为未来两国加强禁毒合作奠定了基础。

2003 年，中国进一步加强了与“金三角”周边国家的多层次禁毒合作，先后召开中泰、中老、中越、中缅双边禁毒会议；继续为缅甸、老挝开展禁毒执法培训，分别再为两国培训了各 30 名禁毒执法官员。7 月，中、老、缅、泰四国禁毒主管部门联合组织实施了湄公河禁毒考察，草拟了合作打击沿河贩毒活动的行动计划。8 月，菲律宾内政和地方政府部部长应邀访华，双方签订了落实双边禁毒合作谅解备忘录的会谈纪要；12 月，中国禁毒代表团赴菲访问，与菲有关部门建立了工作联系。

2004 年，中国进一步加强了与缅甸、老挝、泰国等国的禁毒合作，推动在缉毒执法、禁吸戒毒、联合考察、易制毒化学品管理和替代发展等领域的合作取得了实质性进展。我国在北京举办了第 3 届中缅禁毒合作双边会议。云南省公安机关与缅甸禁毒部门开展了 12 次边境会晤，组织了 6 次边境联合执法行动，抓获重要毒贩 11 名。11 月，我国公安机关与泰国禁毒执法部门联手破获了以刘钢毅为首的特大跨国贩毒集团案，两国先后抓获犯罪嫌疑人 8 名，缴获海洛因 463 千克、毒资约合人民币 1 200 余万元。3 月和 5 月，国家禁毒委员会和公安部组织对缅甸、老挝各 30 名禁毒执法官员进行了为期 1 个月的禁毒执法培训。

2005 年，国家禁毒委员会和公安部继续加强同缅甸、老挝、泰国和印度等国家的禁毒合作，特别是在办案协作、缉毒培训、打击境外毒枭和贩毒集团等方面取得了实质性进展。1 月和 6 月，应泰国警方的请求，中国警方先后抓获了泰国警方通缉的毒贩吉拉洒・查瓦拉尼蒂和道奇奇并移交泰方处理，泰国总理他信专门致信中国国务院总理温家宝表示感谢。9 月，国家禁毒委员会办公室组团赴老挝参加了第 4 届中老禁毒合作双边会议，向老方捐赠价值 10 万元人民币的警用通信设备和价值 60 万元人民币的戒毒药品，援助 50 万美元帮助老挝在老北地区建设戒毒中心。12 月，国家禁毒委员会办公室组团赴缅甸参加了第 4 届中缅禁毒合作双边会议。2005 年，中国警方还分别为缅甸和老挝举办缉毒执法人员培训班。

2007 年，中国积极参加“东盟和中国”禁毒合作机制、“东盟和中国”打击跨国犯罪机制禁毒工作组机制的多次工作会议。11 月，国家禁毒办组团赴泰国参加了第 31 届亚太地区禁毒执法机构负责人会议和“打击苯丙胺类毒品联合行动”工作组会议。在这些机制平台的支撑下，我国与东盟国家的禁毒合作取得了新的突破。2007年6月，在国家禁毒办的统一协调下，福建省公安厅禁毒总队与菲律宾警方联手成功侦破蔡爱山特大跨国制贩毒品案，抓获犯罪嫌疑人8名，在菲律宾捣毁一大型毒品加工厂及两处毒品仓库，缴获冰毒180千克、易制毒化学品近10吨。此案的成功破获在国内外引起强烈反响，把我国与东盟国家的多边禁毒合作推进到了新的水平。

2008年，为切实减少“金三角”毒品对我国的危害，国家禁毒委员会进一步加大与老挝、缅甸、泰国等国家的禁毒合作力度。4月，参加了在柬埔寨召开的边境联络官办公室地区(I61项目)战略研讨会，共同研究针对“金三角”毒品问题加强边境缉毒合作的具体措施。5月，参加了在泰国举办的第7届中泰禁毒合作会议，重点讨论了缉毒执法和减少需求等领域的合作情况。10月、12月，第7届中老、中缅禁毒合作双边会议分别在云南景洪、腾冲召开，双方就禁毒执法合作、巩固罂粟禁种成果、推进替代发展、打击特殊人群贩毒等问题深入交换了意见，有力推动了双边禁毒合作向更深层次发展。11月，时任国家禁毒委员会副主任、公安部副部长张新枫率团访问缅甸，与缅方就替代发展、禁毒合作深入交换了意见。

2011年，国家禁毒委员会巩固和发展与缅甸、老挝、泰国、柬埔寨、越南等东南亚特别是“金三角”地区国家的禁毒交流与合作。2011年7月，第9届中缅禁毒合作双边会议在中国举办，时任国家禁毒委员会副主任、公安部副部长张新枫率团出席，与缅方达成重要共识和下一步合作意向，这是国家禁毒委员会领导首次参加中缅禁毒合作双边会议。

2012年，国家禁毒委员会巩固和发展与泰国、越南、柬埔寨、缅甸、老挝、印尼、马来西亚等东南亚国家的双边合作，推动中缅、中老、中越新建“边境禁毒联络官办公室(BLO)”8个。10月，孟建柱国务委员访问越南、马来西亚期间，与越方、马方就2013年开展中越边境联合查毒行动、中马空港联合查毒行动达成共识。3月，公安部副部长孟宏伟与印度尼西亚禁毒署署长郭里斯·米尔签署关于加强禁毒合作的谅解备忘录。

2013年，国家禁毒委员会巩固与老挝、缅甸、泰国、越南、柬埔寨等国家既有双边合作机制。3月、5月、10月、11月分别与老、泰、缅、柬、越召开禁毒合作双边会议，签署中老《关于推进罂粟替代种植工作的谅解备忘录》。

2016年，中国主导开展中、老、缅、泰、柬、越6国2016年第二阶段“平安航道”联合扫毒行动，共破获毒品案件6 476起，抓获犯罪嫌疑人9 927名，缴获各类毒品12.7吨；推进第3届中越边境联合扫毒行动，中方共破获毒品案件2 530起，抓获毒品犯罪嫌疑人3 450名，缴获毒品990千克。

3. 中国与“金新月”周边国家的禁毒合作

近年来,针对“金新月”及中亚地区毒品对中国的威胁不断加大,我国重视并积极加强与俄罗斯、哈萨克斯坦、吉尔吉斯斯坦、塔吉克斯坦、乌兹别克斯坦、巴基斯坦、伊朗、阿富汗等国家在禁毒领域的合作。

1996 年 4 月,中俄两国签署《关于禁止非法贩运和滥用麻醉药品及精神药物的合作协议》。

1998 年,中、哈、吉、俄、塔五国元首共同签署联合声明,把打击毒品犯罪和跨国犯罪作为 5 国合作的一条重要内容。此外,中国政府还与巴基斯坦、塔吉克斯坦等国政府签署了双边禁毒合作协议。

2002 年,国家禁毒委员会办公室派员参加了公安部赴阿富汗工作组,为未来中阿禁毒合作奠定了基础;与俄罗斯就双方在两国边界地区开展严厉打击非法走私毒品和易制毒化学品活动的“通道计划”进行了多轮磋商。

2003 年 10 月,国家禁毒委员会办公室组团参加了在塔吉克斯坦首都杜尚别举行的上海合作组织禁毒专家会议,就上海合作组织成员国多边禁毒合作协议文本草案基本达成共识。中国代表团还应邀拜会了塔吉克斯坦总统府禁毒署,为未来两国加强禁毒合作奠定了基础。中国政府加强了与“金新月”周边的伊朗和中亚国家、俄罗斯的禁毒合作。经过多轮磋商,中国与伊朗就两国禁毒合作谅解备忘录的文本基本达成共识。中方已开始与乌兹别克斯坦、吉尔吉斯斯坦等国就签署禁毒协议开展磋商。11 月,俄罗斯远东联邦区与黑龙江省开展边境会晤,双方签署了有关合作打击跨国毒品犯罪的《会谈纪要》。

2004 年,针对“金新月”地区毒品对我国威胁不断加大的情况,我国与阿富汗周边国家、上海合作组织成员国积极构建禁毒合作渠道和机制,为今后开展实质性禁毒合作奠定了基础。6 月,上海合作组织成员国元首在乌兹别克斯坦首都塔什干签署了《上海合作组织成员国关于合作打击非法贩运麻醉药品、精神药物及其前体的协议》,中国和乌兹别克斯坦两国政府代表也签署了禁毒合作协议。同时,我国还进一步加强了同塔吉克斯坦、俄罗斯禁毒机构的合作,取得了积极成果。

2005 年 11 月,张新枫副部长率团赴俄罗斯哈巴罗夫斯克参加了中俄首届禁毒合作部长级会议,双方签署了《中华人民共和国公安部和俄罗斯联邦麻醉品监管总局边境地区禁毒合作议定书》。

2006 年,针对“金新月”地区毒品问题日益严重的情况,4 月,公安部在北京成功举办了上海合作组织成员国缉毒执法会议。9 月,公安部在大连市举办了 2006 年中俄禁毒合作会议,张新枫副部长和俄罗斯联邦麻醉品监管总局副总局长哈里奇京分别率团参会。双方就加紧落实两国《边境地区禁毒合作议定书》、加强精麻药品和易制毒化学品管制的合作等方面达成重要共识。12月，阿富汗内政部主管禁毒的副部长达乌德访华，张新枫副部长与达乌德进行了会谈并签署了《中华人民共和国政府和阿富汗伊斯兰共和国政府关于禁止非法贩运和滥用麻醉药品和精神药物的合作协议》。国家禁毒办还积极构建与阿富汗、巴基斯坦等国的禁毒合作渠道和机制，努力减少"金新月"地区对我国的毒品危害。2006年，巴方在国际机场加强了查缉工作力度，向我方通报了数十起贩毒案件情报线索。11月27日，中巴禁毒执法部门联合行动，缴获"金新月"海洛因12千克，摧毁一长期盘踞在广东的外籍贩毒团伙，抓获外籍犯罪嫌疑人7名。

2007年7月，时任国家禁毒委员会副主任、公安部副部长张新枫率团访问俄罗斯，与俄麻醉品监管总局举行了业务会谈，探讨了加强双边合作、共同堵截阿富汗毒品外流问题。9月，张新枫副部长会见了来访的巴基斯坦禁毒部秘书阿巴斯一行，双方同意建立中央和边境联络员制度，加大联合办案力度，严厉打击和防范阿毒品向中国贩运。据通报，2007年1月—10月，巴方共破获以中国为目的地的跨国贩运海洛因案件200余起。在巴方配合下，我国广东、新疆等省区成功抓获16名外国籍犯罪嫌疑人，缴获毒品海洛因24千克。

2008年，在"金新月"地区以情报交流和执法办案为重点，务实推进与阿富汗、巴基斯坦以及中亚有关国家双边禁毒合作和在上海合作组织框架内多边禁毒合作，多次联合实施"控制下交付"，为巴基斯坦、阿富汗培训禁毒执法官员，为巴基斯坦培训缉毒犬、驯犬员并援助5台X光毒品检测仪，全年共破获"金新月"地区毒品走私案件238起，抓获犯罪嫌疑人284名，缴获海洛因389.7千克。2008年12月，第4届中俄禁毒合作部长级会议在海南三亚召开，国家禁毒委员会副主任、公安部副部长张新枫和俄罗斯联邦麻醉品监管总局副总局长阿乌洛夫警察中将分别率团出席，双方就强化两国边境地区禁毒合作、全面提升和拓宽中俄禁毒合作的深度和广度等问题达成共识，并签署了《第四届中俄禁毒合作会议纪要》。

2010年，国家禁毒委员会办公室组团赴哈萨克斯坦考察中亚地区情报信息协调中心。11月23日，第6届中俄禁毒合作部长级会议在北京召开，时任国务委员、国家禁毒委员会主任、公安部部长孟建柱会见俄罗斯联邦麻醉品监管总局局长伊万诺夫，双方签署了会议纪要和合作文件。

2011年，稳步推进与俄罗斯和巴基斯坦、阿富汗、哈萨克斯坦、蒙古等中亚、南亚及东北亚国家合作。10月，时任国家禁毒委员会副主任、公安部副部长张新枫率团赴俄出席第7届中俄禁毒合作部长级会议。7月，签署《中华人民共和国公安部禁毒局和巴基斯坦伊斯兰共和国禁毒部禁毒部队关于加强禁毒合作的意向书》。

2012年，稳步推进与俄罗斯及吉尔吉斯斯坦、哈萨克斯坦和塔吉克斯坦、阿富汗、巴基斯坦等中亚、南亚有关国家的合作。首次派禁毒高级别代表团访问巴基斯坦和伊朗，精心构建堵截“金新月”毒品和易制毒化学品贩运的严密防线。2月，中吉双方签署关于打击非法贩运和滥用麻醉药品、精神药物及易制毒化学品的合作协议。7月，时任公安部副部长张新枫与阿富汗内政部副部长艾哈迈迪签署关于加强禁毒合作的备忘录。11月，在三亚召开第8届中俄禁毒合作部长级会议，达成广泛共识。2013年，国家禁毒委员会巩固、深化与俄罗斯、哈萨克斯坦、塔吉克斯坦等周边国家禁毒部门的传统合作关系，赴俄出席第9届中俄禁毒合作部长级会议，签署《中华人民共和国公安部与俄罗斯联邦麻醉品监管总局关于开展控制下交付行动的意向书》。

4. 中国与日本、韩国的禁毒合作

近年来，中国与日本、韩国等国家在禁毒合作方面一直保持着工作级的合作关系。在缉毒情报信息交流、业务互访、人员培训、办案协作、调查取证、参加国际会议等方面开展了密切的合作，取得了一定的成效。2003年，中国加强与日本、韩国的禁毒合作，共同打击跨国冰毒走私犯罪。9月，国家禁毒委员会办公室组织涉韩冰毒犯罪的环渤海省市，参加了在韩举办的惩治毒品犯罪国际会议。

（四）禁毒国际执法取得显著成果

多年来，中国与美国、加拿大、日本、法国、澳大利亚、泰国、缅甸、老挝、越南、柬埔寨等国家开展了多种形式的禁毒情报交流、培训与执法合作。从1996年起，中国还陆续与缅甸、老挝、越南、俄罗斯等国建立边境地区缉毒执法合作联络官制度。中国已与不少国家的警方，通过国际禁毒情报交流和司法协助，多次联合破获贩毒案件，有效地打击了跨国毒品犯罪活动。

1986年8月16日，云南公安机关根据泰国警方通报的情报线索，在泰国警方和美国驻中国香港缉毒组织的配合下，成功破获“4·12”特大国际贩毒集团案，抓获泰国籍毒贩温源和，中国香港毒贩戴文煊（香港黑社会成员）、余锡宽，缴获海洛因达22.768千克。[①]

1988年3月9日晚10时，国际刑警组织中国国家中心局官员告知美国驻华使馆二秘，中国警方当日中午在上海虹桥机场发现一批待运美国旧金山某水

---

① 中共云南省委党史研究室、中共云南省公安厅委员会编：《建国以来云南的禁毒斗争》，第69、179页。

族馆的锦鲤鱼，部分死鱼的腹部明显有用线缝合的痕迹。在场民警抽出线头，鱼腹中竟是用乳胶套与保鲜纸包装的海洛因，总重 3 300 克。中国警方建议，中国、美国、中国香港 2 国 3 方联手，采取“控制下交付”方式，查清 3 地所有与这批锦鲤鱼有联系的人，争取将这个国际贩毒团伙一网打尽。在 3 方的密切合作下，此案侦破十分顺利，很快抓获了该团伙主犯梁德伦（香港）、王宗晓、梅建毅、谭锦强等人。[①]

2002 年，中国警方与缅甸、老挝警方在边境地区开展了“夏季猎蛇”“霹雳行动”等 11 次联合扫毒行动，抓捕境外毒枭、重大毒贩和在逃毒贩 36 名，创历年抓捕逃犯最高纪录。中国内地、泰、美、缅和中国香港特区警方联手破获“3・30”特大国际贩毒案，抓获犯罪嫌疑人 20 余人，缴获海洛因 356.95 千克。在中、泰警方的通力合作下，“7・28”案主犯之一张启生在潜逃 2 年 7 个月后被抓获归案。经过中、日警方的共同努力，成功破获了“1・6”跨国特大贩卖冰毒案，缴获冰毒 150 千克。

2003 年 1 月—10 月，中国与缅甸、老挝在边境地区联合开展了 38 次缉毒执法行动，缴获海洛因 281 千克、冰毒 8 千克、鸦片 429 千克，有 19 名境外大毒枭或涉案在逃毒贩被缅甸有关方面抓获并移交中方。3 月 30 日，在中缅两国执法部门联合行动中，根据中方提供的情报，缅甸缉毒执法部门捣毁了一个位于缅泰边境的大型毒品加工厂，当场击毙毒贩 9 名，抓获毒贩 37 名，缴获海洛因、吗啡、鸦片等毒品近 0.5 吨。中国政府还扩大了与美国、菲律宾、韩国、日本、荷兰、加拿大、澳大利亚等国的情报交流和办案协作，年内共为各国禁毒执法部门办理线索核查 30 余起。[②] 中美双方经过一年多的侦查，于 2003 年 5 月 16 日对代号为“125”的国际贩毒案件采取收网行动，案件涉及的中国、美国、印度警方共抓获以王坚章为首的跨国贩毒集团成员 28 名，缴获海洛因 40.2 千克、冰毒 80 克、麻黄素 35 千克，缴获毒资人民币 80 余万元、美元 11 万元、港币 50 余万元、汽车 4 辆。中、美两国密切协作破获“125”跨国贩毒案，成为我国警方加强禁毒领域国际合作的又一成功案例。此案的侦破，使打击跨国贩毒活动的情报共享、联合侦破、证据交换、协调行动等执法合作方面都有新的突破。[③]

2004 年，我国公安机关加强了与菲律宾、马来西亚等国禁毒机构的情报交流和执法合作，共同打击制贩冰毒、摇头丸等毒品犯罪活动。2004 年 2 月 12 日，中国公安机关与菲律宾执法部门联合侦破一起代号为“9・2”的跨国贩毒案，

① 全国禁毒展览办公室编：《珍爱生命，拒绝毒品》，第 24—25 页。
② 中华人民共和国国家禁毒委员会办公室：《2003 年中国禁毒报告》。
③ 2004 年 2 月 12 日《人民日报》。

中菲两国共抓获犯罪嫌疑人 5 名，在马尼拉缴获冰毒 296 千克，价值 5.92 亿比索(约合 1 亿元人民币)，缴获毒资 197 万元人民币。此案的成功破获在国内外引起了强烈反响。2 月 12 日，菲律宾总统阿罗约亲临破案现场视察并发表讲话，高度赞扬中菲两国的禁毒合作，并对中国政府表示感谢。此案的成功告破为中菲两国政府和执法机关在相互理解和信任的基础上，进一步更好地开展禁毒合作创造了条件。① 4 月 27 日，我国公安机关与马来西亚禁毒局联合成功侦破了“5 · 12”特大跨国制贩冰毒案件，两国警方共抓获犯罪嫌疑人 34 名，摧毁冰毒加工厂 1 个，查获冰毒成品、半成品约 2 吨。②

2005 年，中缅首次合作侦破跨国贩毒案。7 月 1 日 11 时 30 分，在瑞丽市姐告国门前，中缅两国禁毒组织举行移交仪式，中国警方正式将 2 名“8 · 14”特大跨国贩毒案犯罪嫌疑人缅甸果敢人张国财、张国华移交缅甸警方。这是中缅两国禁毒历史上的第一次。此案的成功告破，是中缅两国警方高度重视、周密组织、密切配合、共同努力的结果，它在中缅两国禁毒合作史上写下了光辉的一页，为今后中缅两国警方进一步开展禁毒执法合作，严厉打击跨国贩毒活动奠定了良好的基础。③ 9 月 10 日，中、缅、老、泰四国警方经过 11 个月的艰苦侦查，成功破获“11 · 2”特大跨国贩毒案件，摧毁了韩永万跨国贩毒集团，铲除了涉及中、缅、老三国多个地区的贩毒网络，抓获中、缅、老三国犯罪嫌疑人 70 名，缴获海洛因 726.8 千克、毒资人民币 60 余万元、港币 2.22 万元、泰铢 410 余万元、房产 8 处、地产 3 块 1 115 平方米、汽车 12 辆、枪支 36 支、火箭筒 6 枚、手榴弹 33 枚、子弹 1 586 发、发报机 2 台。④

2006 年，中国积极开展与周边国家以及加拿大、澳大利亚、美国、智利等国在缉毒执法、情报交流等方面的合作，成功破获一批特大跨国走私毒品案件。1 月，中国大陆、中国台湾地区、泰国警方合作破获“707”特大跨国贩毒案，抓获钟万亿等犯罪嫌疑人 10 名，缴获海洛因 57.4 千克。10 月 24 日，中国黑龙江、辽宁、广东三省公安机关和俄罗斯警方联手破获“12 · 21”跨国贩卖毒品案，抓获犯罪嫌疑人 14 名，缴获冰毒 1 112.7 克。12 月 19 日，中国公安机关与菲律宾缉毒署联合侦破“邵春天”特大跨国制贩冰毒案，在菲律宾捣毁一个面积约 3 000 平方米的冰毒加工厂，共抓获犯罪嫌疑人 20 名，缴获麻黄素 1 吨、冰毒 350 千克、易制毒化学品近万箱及制毒设备 8 套，缴获毒资 320 万元。公安部禁毒局协调

① 2004 年 3 月 2 日《法制日报》。
② 中华人民共和国国家禁毒委员会办公室：《2005 年中国禁毒报告》。
③ 2005 年 7 月 7 日《云南政协报》。
④ 中华人民共和国国家禁毒委员会办公室：《2006 年中国禁毒报告》。

我国广东、云南与美国司法部缉毒署、印度内政部禁毒局、我国香港毒品调查科等合作，破获“陈伟华”跨国贩毒团伙案，在印度缴获制毒设备一批、原料2 000千克，抓获2名犯罪嫌疑人，12月28日，将大毒枭陈伟华抓获，缴获冰毒3千克、冰毒半成品400千克。[①]

2008年，公安部禁毒局会同有关部门加强与美国、加拿大、菲律宾、澳大利亚、日本、韩国、缅甸等有关国家的禁毒合作，在打击跨国跨区域制贩毒犯罪方面取得了实质成果。2008年，我国共为相关国家提供核查案件线索155起，与有关国家合作破获跨国制贩毒案件56起。2008年2月，公安部禁毒局与美国司法部缉毒署合作开展跨国控制下交付行动，抓获贩毒犯罪嫌疑人4名，缴获可卡因779克、大麻276克、其他毒品600余克，一举打掉了一个长期在华从事贩毒活动的非洲籍跨国贩毒犯罪团伙。3月，根据哈萨克斯坦提供的情报，北京市公安局在首都机场抓获了组织策划向我新疆贩运海洛因67.5千克、大麻4.8吨的阿富汗籍毒枭哈利勒拉赫曼。6月，云南省临沧市公安机关与缅甸警方合作破获了“6·9”特大贩毒案，抓获毒贩2名，缴获冰毒片剂50.27千克。10月，新疆维吾尔自治区公安机关与阿富汗警方对一起跨国贩毒案件联合实施控制下交付，成功抓获犯罪嫌疑人2名，缴获海洛因2 510克。11月，广东省公安机关与哈萨克斯坦国家安全委员会合作对一起跨国走私毒品案件实施控制下交付，抓获外籍毒品犯罪嫌疑人4名，缴获海洛因2.26千克，切断了一条经哈萨克斯坦走私“金新月”毒品到广州的贩毒通道，开创中哈两国首次联合执法行动之先河，时任国务委员、公安部部长孟建柱对此案的成功破获给予了高度评价。

2009年，中国进一步加强与美国、澳大利亚、新西兰、以色列、菲律宾、泰国、缅甸等国禁毒执法部门的情报交流和执法协作，联合开展打击跨国走私贩毒犯罪行动。2009年，中国共为相关国家核查案件线索96条，联手破获了一批跨国制贩毒案件。2009年1月，中马警方在马来西亚破获林迪特大跨国制造毒品案件，摧毁制毒加工厂2个，抓获犯罪嫌疑人7名，缴获冰毒73.3千克、海洛因0.17千克及麻黄素1.88千克。中、缅警方联合侦破“11·22”特大跨国贩毒案件，在缅甸缴获海洛因197千克。2月，在中国驻哈萨克斯坦使馆支持下，中、哈第三次联合开展国际缉毒执法行动，在广州成功抓获尼日利亚籍毒贩2名，缴获海洛因2千克。6月，澳大利亚联邦警察根据中方提供的情报破获“许智善案”，抓获犯罪嫌疑人5名，缴获N-甲基麻黄碱等制毒化学品2.2吨。

2010年，针对境外毒品入境和跨国毒品犯罪突出的问题，国家禁毒委员会

---

① 中华人民共和国国家禁毒委员会办公室：《2007年中国禁毒报告》。

进一步加强与美国、澳大利亚、巴基斯坦、菲律宾、马来西亚、泰国等国家的禁毒合作，在打击跨国毒品犯罪方面取得了实质性成果。根据美方提供的线索，抓获哥伦比亚籍犯罪嫌疑人 1 名，缴获可卡因 3 千克；根据澳大利亚提供的线索，破获一起跨国邮包走私毒品案件，缴获可卡因 1.5 千克、大麻 54.58 克，抓获犯罪嫌疑人 5 名；与菲律宾、马来西亚、泰国警方联手摧毁一个非洲籍贩毒团伙，抓获犯罪嫌疑人 2 名，缴获海洛因 1.14 千克；与巴基斯坦禁毒部门联手抓获尼日利亚籍犯罪嫌疑人 2 名，缴获海洛因 5 千克；与马来西亚警方联手抓获犯罪嫌疑人 2 名，缴获海洛因 72 千克；与哈萨克斯坦开展第 4 次联合行动，抓获哥伦比亚籍犯罪嫌疑人 2 名，缴获可卡因 670 克。

2011 年，中国深化办案合作，跨国跨地区执法合作能力进一步加强。7 月，与巴基斯坦联合破获浙江“7·26”向阿富汗走私醋酸酐案件，抓获加纳斯·汗、尼亚兹·阿卜杜拉境外毒枭在内的一批犯罪嫌疑人，缴获醋酸酐 15.8 吨。

2012 年，国家禁毒委员会加强与美国、澳大利亚、加拿大、新西兰、比利时、我国香港特区等国家和地区禁毒执法部门的个案侦办合作，提高跨国跨地区执法合作能力，联合侦办多起特大跨国走私贩毒案件。

2013 年，国家禁毒委员会重点加强与周边国家情报交流，继续深化典型个案合作，跨国跨地区执法合作能力进一步加强。仅在“平安航道”行动期间，向联合行动指挥部提供涉毒情报线索 102 条、涉毒人员 109 名、毒嫌电话号码 102 个。与越南、新西兰、斐济警方利用国际合作渠道成功押解外逃毒品犯罪嫌疑人，与阿富汗、塔吉克斯坦成功实施跨国禁毒“控制下交付”行动。与巴基斯坦强化热线联络机制，有力促进未来情报交流和案件合作。加强与南美重点国家的禁毒执法合作关系，与厄瓜多尔国家警察反毒总局就“70614H”案开展情报交流和调查取证工作并进行深入会谈，进一步提升跨国执法合作能力。

2014 年，全力与周边国家开展打击毒品犯罪联合行动。8 月 8 日，中国与越南首次开展的“中越边境地区联合扫毒行动”结束，4 个月内共破获毒品案件 3 100 余起，抓获涉毒犯罪嫌疑人 3 800 余名，缴获毒品 660 余千克及一批枪支、弹药。10 月 27 日，为防范打击阿富汗毒品经塔吉克斯坦向我国走私渗透，中塔两国首次开展了“中塔打击跨国毒品犯罪联合查缉行动”，破获毒品案件 34 起，抓获毒品犯罪嫌疑人 38 名，缴获各类毒品 180.78 千克。11 月 22 日，中国公安部与印度尼西亚肃毒委员会通力合作，联手对一起特大跨国走私毒品案件成功实施“控制下交付”联合侦查行动，全案共抓获毒品犯罪嫌疑人 16 名，缴获冰毒 172 千克。

2015 年 1 月，第二届中、老、缅、泰“平安航道”联合扫毒行动启动。仅 20 余天，4 国即联手破获湄公河流域毒品案件 590 起，抓获犯罪嫌疑人 841 名，缴获海洛因 70.6 千克、鸦片 1 224.6 克、冰毒片剂 412.6 万片等。

(五) 境外替代种植取得重要进展

中国政府尽自己的力量，积极帮助周边国家开展禁毒工作。从 1991 年起，中国通过技术援助、农业支援、开发旅游资源等多种形式，主动帮助缅甸和老挝北部传统罂粟种植地区开展替代发展工作。①

1991 年 6 月，云南勐海县在缅甸掸邦东部第四特区进行水稻试验，种植 10 亩杂交水稻获得高产，平均亩产 438 千克，比缅甸政府帮助种植的水稻高产 1 倍多。同时，景洪县(今景洪市)应邀派出橡胶技术人员到缅甸曼片帮助定植橡胶苗 2 040 株，长势良好。上述两项试验，均博得了缅甸地方政府官员和边民的赞誉，也受到了联合国禁毒署的好评。另外，西双版纳、临沧、德宏、保山等地，也通过边境资源开发和边境贸易等渠道同缅甸边境的一些地方当局建立了双边合作关系，帮助对方进行毒品原植物的更替种植。②

据不完全统计，到 2001 年底，中国已无偿或低价向缅甸和老挝北部地区提供各类粮食和经济作物种子 100 余吨，各类经济苗木 20 多万株，派出专家和技术人员 3 000 多人次，培训境外专业技术人员 500 多人，其援助项目的农作物总面积已达 2.97 万公顷。③

2002 年，中缅替代发展合作取得了突破性进展。中国国家禁毒委员会直接投资 30 万元人民币在缅北开展了替代发展援助，培训骨干 340 余人，捐赠了大批农作物种子和幼苗，受到缅中央和当地政府的好评。④

2003 年，经中缅双方共同努力，加大了中央层面对替代发展活动的支持力度。中方帮助缅甸万宏地区种植了近 2 000 亩杂交水稻，积极推动实施老挝北部三省最大的橡胶种植合作项目。

2004 年，中国进一步加强对缅甸、老挝的替代种植工作。国家禁毒委员会在缅北、老北地区分别投入 50 万元人民币实施了以农作物种植和农产品加工为

---

① 替代种植(Opium/Poppy Control Ahemative Development)就是指充分发挥我国邻近金三角区位的特点和经济技术优势，以市场为导向，以资源为基础，以科技为依托，积极帮助周边国家和地区利用农经作物及其他产业替代罂粟种植、毒品生产，以逐步削弱这些地区对毒品经济的依赖，用有益经济替代有害经济，减少乃至消除其毒品对我国和全世界的危害。具体来说，就是中方向缅甸、老挝边境地区的农民提供优良的经济作物种苗、种植技术、化肥、农药、加工技术、销路及各种配套服务和优惠政策，帮助这些地区发展有益经济。

② 中共云南省委党史研究室、中共云南省公安厅委员会编：《建国以来云南的禁毒斗争》，第 243 页。

③ 齐磊、胡金野：《中国禁毒史》，第 349 页。

④ 中华人民共和国国家禁毒委员会办公室：《2002 年中国禁毒报告》。

内容的替代发展示范项目。8 月，公安部和外交部联合举办了东盟地区论坛替代发展研讨会，共有 19 个国家派员参加了此次会议，就加强对罂粟种植地区的资金、技术、市场等方面的援助进行探讨，达成了广泛共识。

2005 年，我国共为缅甸北部地区培训农业及医护人员 135 人，帮助罂粟种植区新增粮食作物 5 000 余亩，积极推动援助缅甸 500 万元人民币的替代发展项目的实施。[①] 在中国以及国际社会的帮助下，老挝罂粟替代发展取得了可喜的成绩，并向国际社会宣布全面实现罂粟禁种。

2006 年，以实现境外除源为战略目标，推动“金三角”地区替代发展取得新进展。为最大限度地减少“金三角”毒源地毒品对国内危害，中国政府加强了与缅甸、老挝开展罂粟替代种植合作的力度。2006 年 4 月，国务院出台了专门文件，鼓励国内企业前往缅甸和老挝北部开展替代发展工作，并为境外替代发展设立了 2.5 亿元专项资金。国家禁毒委员会加快了在缅北、老北地区禁毒替代发展示范项目建设。5 月，我国政府对缅甸掸邦第一特区果敢地区 500 万元人民币替代种植援助项目启动。国家禁毒委员会副主任、公安部副部长张新枫于 2 月率团访问老挝，首次以中国国家禁毒委员会的名义与老方共同命名了中老禁毒替代发展示范项目；于 5 月率团访问缅甸并与缅方签署了中缅禁毒协议和两国禁毒委员会关于联合在缅北地区开展罂粟种植遥感监测的意向备忘录。为落实中缅遥感监测备忘录，中缅联合开展了地面踏查工作。为缓解有关地区因罂粟禁种引发的粮食紧缺状况，中国政府向缅北地区提供了 1 万吨大米的粮食援助。在双方的努力下，该批粮援已于 11 月成功实施完毕，巩固了缅甸北部罂粟禁种成果。据联合国报告，2006 年，缅北地区的罂粟种植面积 32.3 万亩，同比减少 34%；鸦片产量 315 吨，海洛因等传统毒品加工生产规模继续减少。[②]

2007 年，国家禁毒办按照国务院的统一部署，积极协调商务部和云南省有关部门，在缅北和老北地区开展了大规模的罂粟替代种植和替代产业发展工作。8 月 31 日，国务院境外罂粟替代发展工作领导小组在云南昆明召开会议，确定了在缅老北部开展替代发展示范项目的原则。11 月 20 日，中缅双方签署了罂粟替代发展合作行动方案，为两国深入开展替代发展合作奠定了基础。云南省安排有关边境州市在相邻的缅北、老北地区建设 5 个替代发展示范区。3 月 16 日，国家禁毒办与缅方正式签署了在缅北景栋地区实施魔芋种植项目的协议。为帮助当地弃种罂粟的烟农解决生计困难，中方继续为缅北传统罂粟种植

① 中华人民共和国国家禁毒委员会办公室：《2006 年中国禁毒报告》。
② 中华人民共和国国家禁毒委员会办公室：《2007 年中国禁毒报告》。

区提供1万吨大米援助。截至2007年年底，云南省共有135家境外替代发展企业，新增投资1.69亿元人民币，实现新增替代种植面积26.75万亩。“金三角”地区罂粟种植面积下降至27.9万亩，为30年来最低。[①]

2008年，在“金三角”地区继续推进以替代种植和替代发展为核心的除源战略，中央落实1亿元替代发展专项经费，向缅北罂粟禁种地区援粮1万吨，加强遥感监测和踏查工作，进一步巩固该地区罂粟禁种成果。[②]

2009年，国家禁毒委员会认真落实国务院《关于在缅甸老挝北部开展罂粟替代种植发展替代产业的批复》精神，进一步推进在缅北和老北地区以罂粟替代种植和替代产业为核心的禁种除源战略，加快替代发展示范区建设，规范国内企业到缅北、老北地区发展替代种植和替代产业，加大援助力度，巩固该地区罂粟禁种成果。

2010年，推进境外禁种除源战略。针对缅北局势复杂多变、老北罂粟种植反弹的形势，国家禁毒委员会积极加强与缅甸、老挝中央政府的协调沟通，商务部、公安部、财政部、发改委、农业部、海关总署、外交部等部门和云南省协同一致，着力规范企业行为，优化产业结构，推进项目建设，推动境外罂粟替代种植工作稳步开展。2010年8月，商务部、公安部和云南省联合召开第5次境外罂粟替代种植工作会议，国家禁毒委员会副主任、公安部副部长张新枫，商务部副部长蒋耀平，云南省委常委、政法委书记、公安厅厅长孟苏铁，副省长顾朝曦出席会议，总结5年来境外罂粟替代种植工作，明确下一步工作方向。国家禁毒委员会办公室牵头制定境外罂粟替代发展规范性文件，开展工作评估。国家禁毒委员会积极推进境外罂粟遥感监测工作，将监测到的罂粟种植坐标通报缅方铲除，并两次派员与缅方一道开展实地踏查。继续加强资金、返销产品等政策支持，截至2010年年底，中方累计在缅甸、老挝北部实施替代项目200多个，替代种植面积300多万亩。[③]

2011年2月，孟建柱国务委员率团访问老挝，与老挝总理府部长、国家禁毒委员会主任苏班就包括罂粟替代种植在内的禁毒工作进行了深入交流，就进一步加强替代种植合作达成了原则性意见。3月，中老举行罂粟种植遥感监测及替代发展联络协调会议。6月，中老联合对中方在老北替代企业进行了考察评估。在国家禁毒委员会的统一领导下，商务部、公安部、财政部、发改委、农业部和海关总署等部门积极发挥职能作用，指导云南省有关部门积极落实各项工作，

① 中华人民共和国国家禁毒委员会办公室：《2008年中国禁毒报告》。
② 中华人民共和国国家禁毒委员会办公室：《2009年中国禁毒报告》。
③ 中华人民共和国国家禁毒委员会办公室：《2011年中国禁毒报告》。

取得了明显成效。5月、7月，国家禁毒委员会副主任、公安部副部长张新枫利用参加MOU会议和中缅禁毒双边会之机，分别与老挝和缅甸国家禁毒部门领导就替代种植进行了交流。11月，张新枫率领包括云南省委常委、政法委书记、公安厅长孟苏铁及公安部、商务部、云南省有关部门组成的代表团赴缅甸参加中缅替代发展合作部长级会议，与缅内政部副部长觉扎敏进行深入会谈，双方就下一步加强合作达成了共识。截至2011年年底，中国在缅甸北部、老挝北部实施替代项目200多个，累计替代种植面积300多万亩，推动缅老北部罂粟种植保持在历史较低水平。①

2012年5月，国家禁毒委员会境外罂粟替代种植工作小组在云南省召开中缅替代种植规划制定第4次会议，推动形成《中缅罂粟替代种植总体规划纲要》。7月，中老双方国家禁毒委员会在老挝召开中老2012年度替代种植联络协调会议，深入推进下一步中老罂粟替代种植合作。11月，国家禁毒办组团参加在秘鲁举行的“替代发展高级别国际会议”，推动成果性文件《替代发展利马部长级宣言》及附件《替代发展国际指导原则》顺利通过。12月，国家禁毒委员会境外罂粟替代种植工作小组在云南省召开工作会议，深入研究下一步境外罂粟替代种植工作。完善国家禁毒委员会替代工作小组机制，商务部、财政部、发改委、公安部、农业部、外交部、海关总署和云南省商务厅等部门研究修改《境外罂粟替代种植发展专项资金管理暂行办法》和《境外罂粟替代种植农产品返销进口管理暂行办法》，向云南省下达替代种植返销农产品计划指标128万吨和2012年境外罂粟替代种植发展专项资金1.5亿元。截至目前，我国在缅甸、老挝北部实施替代项目200多个，累计替代种植面积300多万亩，涉及橡胶、甘蔗、水稻、玉米等47个品种。替代种植成效初显，在包括执法打击等多种因素影响下，缅北罂粟种植面积由20世纪90年代最高峰的248万亩降至目前63.7万亩，开展替代种植区域内的掸邦第一、二、四特区连续多年禁种。② 替代项目在提高当地烟民收入、改善生产生活条件、增强当地政府和百姓禁毒禁种决心方面发挥了重要作用。

2013年，稳步推进境外罂粟替代种植工作。国家禁毒委员会境外罂粟替代种植和发展替代产业工作小组召开12次境外罂粟替代种植领导小组工作会议，进一步构建了国家禁毒委员会统一领导、商务部牵头负责、云南省具体实施的替代种植工作机制，完善了境外罂粟替代种植政策，加大了对境外罂粟替代种植工

① 中华人民共和国国家禁毒委员会办公室：《2012年中国禁毒报告》。
② 中华人民共和国国家禁毒委员会办公室：《2013年中国禁毒报告》。

作支持力度。全年，财政等有关部门下达替代种植专项资金1亿元，会同商务等有关部门下达2013年度云南省替代种植农产品返销进口计划135.5万吨。4月，国家禁毒办与老挝国家禁毒委召开中老第3次遥感监测暨替代发展联络协调会议，研究进一步推进中老遥感监测和替代发展合作事宜。7月，中老两国禁毒委签署《中华人民共和国国家禁毒委员会与老挝人民民主共和国国家禁毒委员会关于推进罂粟替代种植工作的谅解备忘录》。商务部、公安部、财政部及云南省商务厅替代办、禁毒办完成了《中缅罂粟替代种植规划纲要（2014—2020）》，启动中老罂粟替代种植工作规划（一期）编制工作。6—7月，国家禁毒办会同商务部、中国农业科学院等有关部门人员赴缅甸北掸邦7个地区实地考察，为缅北替代种植示范项目建设打下基础。11月，国家禁毒办组团赴德国柏林参加替代发展国际会议，介绍交流我方在替代种植领域取得的经验成果。

2014年，继续推进缅北、老北罂粟种植遥感监测和替代种植，落实2013年签署的中老《关于推进罂粟替代种植工作的谅解备忘录》，举行中老罂粟遥感监测暨替代发展联络协调会议和替代发展工作小组会议，制定老北替代发展示范项目建设规划，积极协调云南省商务、财政、禁毒等部门联合组团赴缅北开展示范项目地点考察，积极开展缅北、老北罂粟种植监测实地踏查工作，累计实施替代项目200多个，替代种植面积300多万亩，系统推进境外除源战略。

上述这些创造性的工作，在一定程度上推动了缅甸和老挝北部地区经济社会的发展，有助于减轻"金三角"毒品对中国和国际社会的威胁。中国在境外替代种植方面取得的显著成绩也得到了国际社会的高度赞扬。原联合国禁毒署主任阿拉奇说："中国帮助邻国开展替代种植，是在没有联合国帮助的情况下独立进行的，其成果超出了人们的想象，此事是为人类消灾造福的一项国际主义善举。"原联合国秘书长安南说："在禁毒方面，全世界都应该学习中国，联合国视中国为国际禁毒合作中的重要伙伴，中国在东南亚地区的禁毒努力中，可以发挥关键作用。"①

① 孙官生：《中国造福人类的创举——帮助金三角替代发展减灭罂粟实证》，云南人民出版社2002年版，第117—118页。

第十章　中国禁毒斗争任重道远

30多年来，中国为禁毒事业付出了巨大努力，禁毒工作也取得了显著成绩。但是，中国所面临的国际国内毒品形势仍然严峻、复杂。当前全球毒品问题持续泛滥。据联合国毒品和犯罪问题办公室统计，全球有170多个国家和地区涉及毒品贩运问题，130多个国家和地区存在毒品消费问题，2.5亿人沾染毒品。在毒品问题全球化背景下，世界范围毒品泛滥对中国构成重大威胁和严重影响。特别是“金三角”“金新月”等境外毒源地向中国毒品渗透仍不断加剧，中国国内制造合成毒品问题仍较突出，毒品贩运活动持续高发多发，毒品消费市场特别是滥用合成毒品规模持续扩大，毒品社会危害依然严重，总体上毒品问题仍呈快速蔓延的趋势。中国禁毒工作的任务依然十分艰巨、繁重。

一、中国面临的禁毒斗争形势不容乐观

当前，国际毒潮泛滥，涉毒国家和地区继续扩大，毒品来源、毒品种类、毒品产量、吸毒人数持续增多。受此影响，毒品来源多元化、毒品滥用多样化仍是中国当前毒品问题的主要特征。中国面临的禁毒斗争形势仍然不容乐观。

（一）境外毒品渗透势头不减

“金三角”“金新月”等境外毒源地对中国“多头入境、全线渗透”的态势不变。目前，我国正受到“金三角”和阿富汗等地的毒品夹击，这些地区生产的冰毒、海洛因向中国的渗透不断加剧。

1.“金三角”缅北地区仍是对中国危害最大的境外毒源地

据联合国报告，2004年缅甸鸦片产量约为370吨，同比下降54%。2005年，缅甸罂粟种植面积为49.2万亩，同比下降26%；鸦片产量为312吨，同比下降16%。虽然该地区罂粟种植面积大幅下降，但贩入中国的毒品并未减少，除传统的鸦片类毒品外，来自“金三角”地区的冰毒等新型毒品数量不断增加。2004年，与缅甸北部接壤的云南省共缴获海洛因8 468千克，占全国缴获总量的78.15%。2004年7月—9月，云南省破获冰毒案件137起，缴获缅北地区冰毒257.3千克，同比分别上升57.5%和165.8%。其中，绝大多数从缅甸木姐和果敢入境。2005年，云南省共缴获海洛因5.19吨，占全国缴获海洛因总量的75%。

2005年，我国大部分地区均发现缅北冰毒片剂，仅云南就缴获冰毒2.62吨，同比上升154%，占全国48%。境内外毒贩相互勾结，在境内设置毒品加工厂时有发生。①

据中国卫星遥感监测和地面踏查显示，自缅北罂粟种植面积在2007年下降到27.9万亩后逐年连续上升，2009年，缅甸北部地区罂粟种植小幅反弹到36.4万亩，约产鸦片250吨。同时，该地区生产加工冰毒片剂等新型毒品大量增多。受种种因素影响，贩毒团伙大量抛售囤积毒品，向中国大宗贩毒明显增多，贩运路线出现新变化，手段更加诡秘、隐蔽。云南省缴获海洛因、冰毒各3.2吨，同比分别增长11.2%、47%，各占全国缴获量的六成和一半。② 缅北罂粟种植面积在2010年增至42.9万亩，同比增幅17.7%。同时，该地区合成毒品产量大幅上升，向我国走私渗透进一步加剧。受此影响，2010年，云南冰毒缴获量超过海洛因缴获量，是同期缴获冰毒最多的一年。③ 2010—2011年缅北罂粟种植面积达3.17万公顷(合47.6万亩)，同比增加10.7%。同时，缅北合成毒品对我国渗透迅猛，缴获量连续两年大幅走高，万克以上大宗案件增多。受此影响，2011年云南全省共查破万克以上冰毒案件163起，占全省万克以上毒品案件数的61%，同比增加44.7%。④ 2013年，阿富汗罂粟种植20.9万公顷(313.5万亩)，同比上升36%，潜在鸦片产量5 500吨，可制海洛因550吨。⑤

近几年"金三角"地区罂粟种植面积总体处在60万～70万亩，年均可产600多吨鸦片或制成60多吨海洛因。同时，该地区冰毒片剂年均产量远大于海洛因产量。根据中国国家禁毒委员会办公室与缅甸、老挝中央禁毒委员会分别合作开展的卫星遥感监测数据显示，2014—2015年生长季，"金三角"地区共发现罂粟种植面积71.2万亩，与上一季同比增长8.7%，可产700吨以上鸦片或制成70吨以上海洛因。同时，该地区存有相当规模的冰毒生产加工。2014年，中国执法部门共查缴海洛因9.3吨、冰毒片剂11.4吨，根据中国国家毒品实验室检验数据分析，其中，9成以上均来自"金三角"地区。⑥ 2015年，云南、广西、四川、贵州等省、自治区执法部门缴获"金三角"海洛因7.3吨、冰毒片剂11.2吨，分别占全国海洛因、冰毒片剂缴获总量的83%和93.3%。据中国国家毒品实验室检验数据分析，2015年前三季度"金三角"海洛因、冰毒片剂分别占同期国内查缴

---

① 《毒品形势依然不容乐观》，2006年6月23日《人民公安报》；中华人民共和国国家禁毒委员会办公室：《2005年中国禁毒报告》《2006年中国禁毒报告》。

② 中华人民共和国国家禁毒委员会办公室：《2010年中国禁毒报告》。

③ 中华人民共和国国家禁毒委员会办公室：《2011年中国禁毒报告》。

④ 中华人民共和国国家禁毒委员会办公室：《2012年中国禁毒报告》。

⑤ 中华人民共和国国家禁毒委员会办公室：《2014年中国禁毒报告》。

⑥ 中华人民共和国国家禁毒委员会办公室：《2014年中国毒品形势报告》。

海洛因、冰毒片剂总量的93.8%和87.9%。[①] 2015—2016年生长季，缅甸北部地区罂粟种植面积66.5万亩，与上一季同比增长3.7%，可产600多吨鸦片或制成60多吨海洛因；同时，该地区冰毒片剂年均产量远大于海洛因产量。老挝北部地区罂粟种植面积为8万亩，与上一季同比增长13.7%。据中国国家毒品实验室检验数据分析，全国禁毒执法部门在批发环节缴获的"金三角"海洛因、冰毒片剂分别占同期国内缴获海洛因、冰毒片剂总量的95.2%和87%。[②]

2."金新月"地区特别是阿富汗已成为全球最大的罂粟种植和鸦片产地，其生产的海洛因对中国的现实危害逐步加大

2004年，西北境外阿富汗的罂粟种植和鸦片生产大幅反弹，罂粟种植面积达到创纪录的13.1万公顷，鸦片产量达到4 200吨，约占全球鸦片产量的87%，对中国潜在威胁加大。[③] 2005年，阿富汗罂粟种植面积达154.5万亩，鸦片产量达4 100吨，占世界总产量的87%。新疆、北京、广东等地均破获一批来自阿富汗的走私海洛因案件，巴基斯坦也破获22起拟向中国走私的海洛因案件。2005年，新疆公安机关查获经航空非法入境的"金新月"地区毒品案件9起，抓获外国籍犯罪嫌疑人14名，比往年明显增多。虽然阿富汗毒品大量贩往欧洲，但随着"金三角"地区海洛因减少和在中国国内毒品消费市场的刺激下，阿富汗毒品直接或经周边国家向中国渗透的趋势将进一步加剧。[④] 据联合国毒品和犯罪问题办公室通报，2009年，阿富汗的罂粟种植面积为12.3万公顷，鸦片产量为6 900吨，居全球首位。近年来，该地区毒品向中国渗透规模、手段明显升级，在利用航空渠道、人体藏毒、小规模渗透不减的同时，利用集装箱藏运、开辟海上通道、大宗走私增多，对中国的危害明显加大。2009年，中国共缴获"金新月"毒品1.5吨，超过中国前4年缴获"金新月"海洛因总和的2倍；缴获"金新月"海洛因数量占全国缴获海洛因总量的比例由2008年的8.8%上升到2009年的30%。[⑤] 据联合国毒品和犯罪问题办公室通报，2010年，阿富汗罂粟种植面积为12.3万公顷，与2009年基本持平，受罂粟作物病害影响，预计全年鸦片总产量为3 600吨，同比减少48%。我国破获该地区毒品入境案件总数虽有下降，但平均个案携毒数明显上升。[⑥] 根据联合国毒品与犯罪问题办公室和阿富汗禁毒部联合发布的《2011年阿富汗鸦片调查》报告显示，2011年阿富汗的罂粟种植面积达

---

① 中华人民共和国国家禁毒委员会办公室：《2015年中国毒品形势报告》。
② 中华人民共和国国家禁毒委员会办公室：《2016年中国毒品形势报告》。
③ 中华人民共和国国家禁毒委员会办公室：《2005年中国禁毒报告》。
④ 中华人民共和国国家禁毒委员会办公室：《2006年中国禁毒报告》。
⑤ 中华人民共和国国家禁毒委员会办公室：《2010年中国禁毒报告》。
⑥ 中华人民共和国国家禁毒委员会办公室：《2011年中国禁毒报告》。

到196.5万亩，同比增加7%，同时，鸦片单产反弹至2.97千克/亩，同比上涨52%；鸦片总产量约为5 800吨，同比上涨61%。“金新月”海洛因向我国走私渗透活动加剧，2011年新疆禁毒部门共破获10起“金新月”毒品案件，其中千克以上案件有4起，缴获海洛因610.9千克，比2010年增加了20倍。① 2013年，国内共破获“金新月”海洛因案件148起，同比上升51%，共缴获海洛因173千克。②

近几年，“金新月”仍是全球最大的鸦片和海洛因产地，向中国渗透入境时有发生。根据联合国毒品和犯罪问题办公室、阿富汗禁毒部联合发布的《2014年阿富汗鸦片调查报告》显示，2014年，阿富汗罂粟种植面积达到历史最高值336万亩，与上一季同比增长7%，鸦片总产量达6 400吨，可制海洛因670吨，是全球最大的海洛因产地。根据中国国家毒品实验室检验数据分析，2014年，“金新月”海洛因占国内查缴海洛因总量的1.4%。该地区海洛因在广东等10余省份存有一定规模的消费市场。③ 根据联合国毒品和犯罪问题办公室、阿富汗禁毒部联合发布的《2015年阿富汗鸦片调查报告》显示，2015年，阿富汗罂粟种植面积为274.5万亩，同比减少19%，鸦片总产量3 300吨，可制海洛因330吨，仍是全球最大的鸦片和海洛因产地。以非洲裔为代表的国际贩毒团伙向中国贩运“金新月”海洛因的问题突出。2015年，全国破获“金新月”海洛因走私入境案件38起，缴获“金新月”海洛因146.3千克。根据中国国家毒品实验室检验数据分析，2015年前三季度“金新月”海洛因占同期国内查缴海洛因总量的2%。④ 据联合国毒品和犯罪问题办公室、阿富汗禁毒部联合发布的调查报告显示，2016年，阿富汗罂粟种植面积301.5万亩，同比增长10%，鸦片总产量约4 800吨，可制成海洛因近500吨。2016年，中国破获“金新月”海洛因走私入境案件22起，缴获“金新月”海洛因24千克。南美可卡因贩运案件仍有发生，主要流入中国广东和香港。2016年，中国破获可卡因走私案件64起，缴获可卡因430.6千克。非洲、南美洲及中国香港籍人员通过物流寄递、旅客箱包夹藏方式走私可卡因入境或过境中国，最终目的地多为广东和香港。截至2016年年底，全国累计登记滥用可卡因人员394名。⑤

3. 印度和东南亚国家的氯胺酮、南美的可卡因进入中国国境也时有发现

2005年，中国缴获的2.6吨氯胺酮中有55%来自印度；2004年11月和

---

① 中华人民共和国国家禁毒委员会办公室：《2012年中国禁毒报告》。
② 中华人民共和国国家禁毒委员会办公室：《2014年中国禁毒报告》。
③ 中华人民共和国国家禁毒委员会办公室：《2014年中国毒品形势报告》。
④ 中华人民共和国国家禁毒委员会办公室：《2015年中国毒品形势报告》。
⑤ 中华人民共和国国家禁毒委员会办公室：《2016年中国毒品形势报告》。

2005 年 3 月，中国破获的两起毒品案件分别缴获来自南美的可卡因 300 多千克和 140 多千克。[①] 根据联合国毒品和犯罪问题办公室发布的《2014 年世界毒品报告》显示，全球可卡因主要产自南美洲，滥用主要集中在美洲、欧洲和大洋洲。2014 年，中国执法部门共破获可卡因案件 98 起，缴获可卡因 114.3 千克，破案地涉及国内 12 个省区市。截至 2014 年年底，累计发现、登记滥用可卡因人员 199 名，吸毒人员查获地涉及中国国内 24 个省区市。[②] 2015 年，全国破获可卡因案件 70 起，缴获可卡因 97.7 千克，涉及国内 9 个省份。非洲、南美洲及中国香港籍人员通过物流寄递、旅客箱包夹藏方式走私可卡因入境或过境中国内地，最终目的地多为广东和香港。截至 2015 年年底，全国累计发现、登记滥用可卡因人员 202 名，吸毒人员查获地涉及国内 28 个省份。[③] 2016 年，中国破获可卡因走私案件 64 起，缴获可卡因 430.6 千克。非洲、南美洲及中国香港籍人员通过物流寄递、旅客箱包夹藏方式走私可卡因入境或过境中国，最终目的地多为广东和香港。截至 2016 年年底，全国累计登记滥用可卡因人员 394 名。[④]

4. 外国籍人员在华贩毒问题日益突出

近年来，非洲、南亚、中亚、美洲等国际贩毒集团加速向中国渗透，试图通过广东开辟贩毒通道和市场。一些境外不法分子向我国走私海洛因、可卡因、大麻等毒品明显增多。2009 年，我国抓获的外国籍毒品犯罪嫌疑人涉及 50 个国家，同比增长 20%以上。[⑤] 2014 年，中国执法部门破获外国籍人员毒品犯罪案件 1 479 起，抓获外国籍犯罪嫌疑人员 1 832 名，涉及西非、南美、东南亚等 44 个国家和地区。长期盘踞在广东的非洲裔贩毒团伙与巴基斯坦籍等贩毒集团不断纠集多国籍贩毒人员、以人体藏毒等多种贩毒方式向中国境内输入“金新月”海洛因。[⑥] 2015 年，全国破获外国籍人员毒品犯罪案件 1 491 起，抓获外国籍犯罪嫌疑人员 1 927 名，缴获各类毒品 13 吨，涉及缅甸、越南、尼日利亚、巴基斯坦等 39 个国家。其中，全国破获跨国境公安部毒品目标案件 122 起，抓获涉案人员 1 287 名，缴获各类毒品 9.4 吨，同比分别上升 27.1%、41.6%和 4.3%。2015 年，中国收到 29 个国家或地区 202 条涉毒线索核查函。外籍毒品犯罪嫌疑人员在华贩毒，既将境外毒品贩入国内，又将境内毒品和制毒物品走私国外。[⑦] 2016

---

① 《毒品形势依然不容乐观》，2006 年 6 月 23 日《人民公安报》。
② 中华人民共和国国家禁毒委员会办公室：《2014 年中国毒品形势报告》。
③ 中华人民共和国国家禁毒委员会办公室：《2015 年中国毒品形势报告》。
④ 中华人民共和国国家禁毒委员会办公室：《2016 年中国毒品形势报告》。
⑤ 中华人民共和国国家禁毒委员会办公室：《2010 年中国禁毒报告》。
⑥ 中华人民共和国国家禁毒委员会办公室：《2014 年中国毒品形势报告》。
⑦ 中华人民共和国国家禁毒委员会办公室：《2015 年中国毒品形势报告》。

年，受中国毒品消费市场的刺激，国际贩毒集团和贩毒人员向中国毒品渗透不断加剧，通过云南、广西边境地区贩毒活动突出。2016 年，云南、广西禁毒执法部门缴获“金三角”海洛因 6.6 吨，占同期国内海洛因缴获总量的 75%。外国籍人员在华贩毒活动呈增多趋势，非洲裔、南亚裔等国际贩毒集团向中国贩运“金新月”海洛因突出。2016 年，中国破获外国籍人员毒品犯罪案件 1 481 起，抓获外国籍犯罪嫌疑人员 1 876 名，缴获各类毒品 6.6 吨。海上毒品走私活动明显增多。[①]

（二）境内制毒贩毒活动依然严重

1. 制毒贩毒活动猖獗

活跃在中缅边境地区的贩毒团伙，反侦查能力强，手法隐蔽，一改以往辗转、迂回的贩毒策略，采取分段乘车、绕关避卡等方式，从云南省临沧、德宏、思茅等边境地区将大宗毒品贩往大理、昆明等地中转、分销，有的直接贩往内地；邮寄毒品和外流人员群体性贩毒活动仍较严重；利用边境地区银行、地下钱庄转移毒资和洗钱活动发展迅速；人体藏毒、武装贩毒活动趋势明显。据统计，2004 年 1 月—9 月，仅云南省就破获武装贩毒案件 31 起，缴获毒品 316.2 千克、枪支 30 支、子弹 378 发、手榴弹 7 枚。[②] 2005 年，仅云南省就破获人体藏毒案件 2 211 起，抓获外省籍毒品犯罪嫌疑人 6 409 名，几乎涉及全国所有省区市。[③] 2006 年 6 月 22 日，国家禁毒委员会副秘书长陈存仪在国务院新闻办举行的发布会上说，武装贩毒在每年侦破的毒品案件中都是比较突出的问题。我国每年发生武装贩毒案件二三十起，有时甚至还多一点。每年缴获的枪支都有几十支，子弹几千发，包括手榴弹、手雷等。由于毒品犯罪有暴利刺激和诱惑，很多毒贩为了获取暴利常常铤而走险，遇到禁毒执法机关的查缉，有的就进行对抗。“武装贩毒案件边境地区比较多，因为边境地区比较容易从境外搞到枪支弹药，既是为了给自己壮胆，也是为了遇到查缉时进行对抗，有的可能还为了防止黑道上互相之间的争斗。”[④]2015 年，全国破获涉枪毒品目标案件 257 起，缴获各类枪支 466 支、子弹 3 万发，同比分别上升 52%、40.4%和 843.4%。[⑤] 2016 年，全国破获涉枪贩毒案件 446 起，涉及全国 29 个省区市，广东、四川、贵州、云南涉枪贩毒

---

① 中华人民共和国国家禁毒委员会办公室：《2016 年中国毒品形势报告》。

② 中华人民共和国国家禁毒委员会办公室：《2005 年中国禁毒报告》。

③ 《毒品形势依然不容乐观》，2006 年 6 月 23 日《人民公安报》。

④ 《国家禁毒委官员昨天称，中国禁毒任重道远，截至 2005 年年底——78.5 万“瘾君子”身陷“毒”海》，2006 年 6 月 23 日《大河报》。

⑤ 中华人民共和国国家禁毒委员会办公室：《2015 年中国毒品形势报告》。

活动高发。[①] 涉枪毒品案件高发，贩毒人员实施武装贩毒、暴力抗法时有发生，给缉毒执法工作带来巨大风险。

广东、福建两省仍是我国苯丙胺类毒品犯罪活动的高发地区。2004 年，广东省缴获摇头丸 270 余万粒，占全国缴获总数的 90%以上。中国台湾及韩国、日本不法分子与中国大陆不法分子勾结制贩毒活动时有发生。2004 年 7 月 26 日，福建省公安边防部门成功破获一起特大走私毒品案，缴获中国台湾籍毒贩贩运的冰毒 56.18 千克。[②] 2005 年 1 月—8 月，广东省公安机关缴获冰毒 838.73 千克，同比上升了 17 倍。[③] 2006 年 3 月 22 日，广州市公安机关一举侦破了 2004 年立案侦查的“10・21”专案，捣毁了位于番禺区化龙镇一蕉林内的特大冰毒加工厂，缴获冰毒成品及半成品约 72.5 千克，手枪 9 支、子弹 46 发，汽车 4 辆，毒资人民币 38 万元、港币 41 万元和制毒原料、工具一批。[④]

自 2005 年起，国内制贩苯丙胺类毒品犯罪活动已有从东南沿海向内地转移的迹象。2005 年，仅云南省查获的冰毒案件就达 938 起，缴获冰毒 3.15 吨，占全省缴毒总量的 29.3%。[⑤] 截至 2006 年 6 月，全国已有多个省、自治区发现制造冰毒、摇头丸等新型毒品的活动，仅 2005 年就打掉毒品加工厂 34 个。[⑥] 2009 年以来，制贩毒活动依然突出，境内外不法分子相互勾结制造冰毒、氯胺酮等新型毒品问题时有发生，并不断从东南部地区加快向内地发展。2009 年，全国打掉毒品加工厂和窝点 100 余处。2010 年，全国共打掉制毒加工厂点 378 个，与 2009 年基本持平。网上传播制毒工艺、销售制毒原料问题突出，助长了制毒活动发展。随着我国物流与寄递行业迅猛发展，物流寄递渠道毒品犯罪活动不断增多。2010 年，全国共破获物流寄递渠道毒品犯罪案件 611 起，缴获各类毒品 1 504.3 千克，均比 2009 年上升一半以上。[⑦] 2011 年，制贩合成毒品案件继续攀升，以制造冰毒和氯胺酮为主的制毒犯罪活动在各地持续蔓延。2011 年，全国共破获制造合成毒品案件 529 起，同比上升 20%，除甘肃、西藏外的 29 个省(区、市)均查获制毒案件，其中，广东破获 192 起，占全国破获总量的 1/3。全国共查获制毒窝点 357 个，主要集中在广东、四川、湖北等地。[⑧]

---

① 中华人民共和国国家禁毒委员会办公室：《2016 年中国毒品形势报告》。

② 中华人民共和国国家禁毒委员会办公室：《2005 年中国禁毒报告》。

③ 人民网 http://politics.people.com.cn/GB/8198/44160/51693/53439.

④ 《国家禁毒委官员昨天称，中国禁毒任重道远，截至 2005 年年底——78.5 万“瘾君子”身陷“毒”海》，2006 年 6 月 23 日《大河报》。

⑤ 《云南狠打新型毒品犯罪》，2006 年 6 月 23 日《人民公安报》。

⑥ 《毒品形势依然不容乐观》，2006 年 6 月 23 日《人民公安报》。

⑦ 中华人民共和国国家禁毒委员会办公室：《2011 年中国禁毒报告》。

⑧ 中华人民共和国国家禁毒委员会办公室：《2012 年中国禁毒报告》。

由于打击力度不断加大，国内制造冰毒、氯胺酮等犯罪逐步向小规模、分段式加工转变。制毒分子利用互联网等平台联络交易和传播制毒经验，制毒方法不断翻新，犯罪手段更加隐蔽，增加防范打击难度。2012 年，全国共破获制毒案件 579 起，同比上升 10.9%，共打掉制毒窝点 326 个，22 个省区市发现制毒窝点，特别是广东汕尾、惠州以及四川成都周边地区制毒问题突出，所产晶体冰毒、氯胺酮占国内市场主要份额。西非裔涉毒人员在广东等地落地生根，治理难度加大。航空、铁路以及公路和物流寄递渠道贩毒活动明显增多，全年共破获物流寄递贩毒案件 271 起，缴获毒品 800.4 千克。同时，一些地方外籍人员贩毒、外流贩毒以及利用孕哺期妇女、病残人员贩毒问题仍很突出，遏制毒品犯罪活动的难度依然很大。①

2013 年，国内制毒活动形势依然严峻，全国缴获的主要毒品中，境内生产的毒品约 20.9 吨，占总缴获量的 49.2%。境内制毒问题呈发展蔓延态势，共破获各类制造毒品案件 773 起，同比上升 33.5%；打掉毒品加工厂点 572 个，同比上升 75.5%。其中，广东打掉制毒窝点 233 个，四川打掉制毒窝点 159 个。②

2014 年，中国执法部门破获制造冰毒晶体案件 413 起。根据中国国家毒品实验室检验数据分析，2014 年，中国执法部门共查缴冰毒晶体 13.7 吨，其中，75%以上源自广东省、近 6%源自四川省。2013 年，广东省集中打击整治制毒活动特别是开展"12・29"清剿陆丰市博社村制贩毒行动后，广东地区制毒活动有所收敛但仍较顽固，所制冰毒危害波及全国所有省份。2014 年，全国破获制造氯胺酮案件 105 起。2014 年，中国执法部门共查缴氯胺酮 11.2 吨，其中，广东地区占近 7 成、广西地区占 1 成多。土法加工海洛因（俗称"料面"）问题在内蒙古、山西、河南、安徽、陕西、甘肃等地有所存在。据 2014 年中国国家药物滥用监测中心数据显示，在国内 25 万名药物滥用监测人员中，土制海洛因滥用者的比例为 1.2%。③

2015 年，国内制造冰毒晶体、氯胺酮活动依然突出。2015 年，全国破获制造冰毒晶体案件 484 起，同比增加 17.2%，涉及广东、四川等 26 个省份；破获制造氯胺酮案件 118 起，同比增加 12.4%，涉及广东、广西等 12 个省份。国产毒品缴获量 79 吨，占全国毒品缴获总量的 77.3%。2015 年，全国破获制毒类公安部毒品目标案件 162 起，同比增加 76.1%，其中，缴毒量上吨级制毒案件 16 起，缴毒量 100 千克级制毒案件 59 起。经过整治，广东汕尾、揭阳、惠州等地制毒活动猖

---

① 中华人民共和国国家禁毒委员会办公室：《2013 年中国禁毒报告》。
② 中华人民共和国国家禁毒委员会办公室：《2014 年中国禁毒报告》。
③ 中华人民共和国国家禁毒委员会办公室：《2014 年中国毒品形势报告》。

獗势头得到一定程度遏制，制毒人员不断向周边地市、相邻省份转移。四川成都及周边地区制毒问题出现一定程度反弹。同时，国内制造走私新精神活性物质问题突出。新精神活性物质又称“策划药”或实验室毒品，是不法分子为逃避打击而对列管毒品进行化学结构修饰所得到的毒品类似物，具有与管制毒品相似或更强的兴奋、致幻、麻醉等效果。据联合国毒品与犯罪问题办公室报告，全球已检测发现新精神活性物质九大类 500 余种，超过国际禁毒公约管制物质数量。中国已列管 116 种新精神活性物质。2015 年，中国国家毒品实验室检测发现新精神活性物质涵盖合成大麻素类、卡西酮类、苯乙胺类、哌嗪类等除植物类外所有类别。合成大麻素类和卡西酮类包含的物质数量最多，生产滥用问题突出。新精神活性物质非法制造走私正在从“长三角”地区逐渐向其他地区扩展蔓延。此外，局部地区土制海洛因等问题仍有存在。山西、河南、陕西三省交界处加工、滥用土制海洛因问题较为突出。2015 年，全国破获制贩大麻类案件 1 158 起，缴获大麻及大麻树脂 8.7 吨。破获制贩安钠咖类毒品案件 216 起，滥用问题主要集中在内蒙古、山西等地。破获制贩甲卡西酮案件 291 起，滥用问题主要集中在西北地区。①

2016 年，国内制造合成毒品犯罪突出，制毒区域规模明显扩大。2016 年，全国破获制造毒品案件 583 起，捣毁制毒窝点 438 个。全国破获制毒类公安部毒品目标案件 132 起，其中，缴毒量吨级以上制毒案件 33 起，同比上升 106%，缴毒量 100 千克级以上制毒案件 78 起，同比上升 32.3%。经过打击、整治，广东、四川等地制毒蔓延势头得到一定程度遏制，制毒活动不断向内陆其他地区转移。2016 年，国内有 26 个省市区破获制毒案件。制造走私新精神活性物质问题突出，未管制的新精神活性物质开始出现。2016 年，中国国家毒品实验室在各地送检的样品中共检出 1 529 份新精神活性物质，主要为卡西酮类、合成大麻素类和芬太尼类物质。2015 年 10 月，中国增列 116 种新精神活性物质之后，管制的新精神活性物质制造走私问题得到遏制，但不法分子为规避管制，通过修改化学结构，不断创造新类型的新精神活性物质，有的不法分子向国外客户推荐新研制的类似结构替代品。中国国家毒品实验室也在各地送检的样品中发现未管制的类似物质。②

2. 非法零星种植罂粟等问题屡禁不止

近几年，国内大面积非法种植罂粟等毒品植物基本禁绝，但零星非法种植问题却时有发生。2014 年，中国国家禁毒委员会办公室实施“天目-14”禁种铲毒

① 中华人民共和国国家禁毒委员会办公室：《2015 年中国毒品形势报告》。
② 中华人民共和国国家禁毒委员会办公室：《2016 年中国毒品形势报告》。

行动，利用卫星遥感技术对非法种植毒品原植物进行监测，全国共监测面积43.6万平方千米，发现铲除非法种植罂粟436.4万株，与2013年同比增长19.6%。2014年，国内非法种植大麻活动呈增多趋势，种植区域涉及25个省份。不法分子在东北地区雇用农户非法种植、贩卖、运输大麻问题突出。[①] 2015年，全国共破获非法种植毒品原植物违法犯罪案件6 169起，查处违法犯罪人员6 549名，共发现铲除非法种植罂粟289亩、306.1万株，同比分别下降53.3%和29.9%，发现铲除大麻1 882亩、148万株，同比分别上升882%和87.9%。一些地方零星非法种植罂粟问题仍较突出，非法种植大麻问题呈增多趋势，已形成非法种植、土法加工、销售滥用的犯罪链条。个别地方出现室内或大棚种植大麻活动。[②] 2016年，中国国家禁毒委员会办公室运用卫星遥感和无人机等科技手段，组织实施"天目-16"铲毒行动，加大发现铲除和打击处理力度，共破获非法种植毒品原植物案件5 578起，抓获违法犯罪嫌疑人5 345名；发现铲除非法种植罂粟84亩、116万株；发现铲除非法种植大麻147亩、139万株。[③]

3. 制毒贩毒大案要案不断发生

据国家禁毒委员会办公室统计，2014年，全国各级公安机关共确立公安部毒品目标案件1 066起，抓获犯罪嫌疑人员1.1万名，缴获各类毒品29.7吨，分别与2013年同比增加64.5%、47.9%、171.8%。全国破获单案缴毒量10千克以上案件1 060起，与2013年同比增加14.3%。全国破获单案缴毒量千克以上冰毒晶体案件1 656起，同比增加31.5%，所破全部案件缴毒量11.6吨，占全国冰毒晶体缴获总量的84.7%。全国有21个省区市单案缴毒量千克以上冰毒案件均有不同幅度增加。[④] 2015年，重大制毒贩毒案件明显增多。2015年，全国打掉制贩毒团伙5 834个，同比上升18.1%；破获公安部毒品目标案件1 139起，抓获犯罪嫌疑人员1.6万名，同比分别上升54.6%和51.8%。全国破获单案缴毒量千克级以上毒品案件5 588起，其中，海洛因案件1 292起、冰毒晶体案件1 582起、冰毒片剂案件1 350起、氯胺酮案件407起。[⑤] 2016年，重大制毒贩毒案件持续多发，贩毒活动组织化特点突出。2016年，全国破获单案缴毒量千克级以上毒品案件5 458起，打掉制贩毒团伙5 459个，破获公安部毒品目标案件961起，其中，单案抓获20名以上毒品犯罪嫌疑人的案件190起、单案缴获

---

① 中华人民共和国国家禁毒委员会办公室：《2014年中国毒品形势报告》。
② 中华人民共和国国家禁毒委员会办公室：《2015年中国毒品形势报告》。
③ 中华人民共和国国家禁毒委员会办公室：《2016年中国毒品形势报告》。
④ 中华人民共和国国家禁毒委员会办公室：《2014年中国毒品形势报告》。
⑤ 中华人民共和国国家禁毒委员会办公室：《2015年中国毒品形势报告》。

20千克以上毒品的案件197起;抓获犯罪嫌疑人员1.3万名,其中幕后组织策划者1 138名。贩毒团伙的组织程度和犯罪能量明显提升,有的控制一方贩销网络和消费市场,有的与境外贩毒集团相勾结,形成跨国跨区域贩毒网络。[①]

2016年3月,在第29个"6·26"国际禁毒日到来之际,中国国家禁毒委员会办公室发布了2015年度十大制毒贩毒案件:(1)肖微等人贩卖毒品案。2015年8月7日,在有关部门的配合下,四川、云南、湖北三地公安禁毒部门依托本地省、市、区三级缉毒专案侦查作战指挥体系,强化川、滇、鄂省际间合成作战,成功侦破"肖微等人贩卖毒品案"(部目标2015-966号),在境外缅北地区,境内四川、湖北等地共抓获涉案犯罪嫌疑人20名,缴获冰毒片剂3.5千克。(2)"8·9"非法买卖制毒物品案。2015年10月17日,江苏、福建、广东、江西、山西、湖北等6省公安机关同时收网,联合侦破"8·9"非法买卖制毒物品案(部目标2015-1091号),分别捣毁位于福建省宁德市、山西省运城市、湖北省随州市的制造氯胺酮、邻酮、羟亚胺厂点3个,抓获制毒犯罪嫌疑人35人,缴获氯胺酮成品303千克、半成品740千克,羟亚胺500千克,邻酮成品约300千克、半成品约500千克,甲苯、盐酸等制毒原料共约20吨以及一批制毒工具和设备,3个厂点的制毒幕后老板、技师也悉数到案。该案成为全国公安机关成功侦破的第一起全链条制毒案件。(3)"10·9"制贩溴代苯丙酮案。2015年11月3日,内蒙古、贵州、山东、福建、河北等5省区公安机关同时收网,联合侦破"10·9"制贩溴代苯丙酮案(部目标2015-1184号),分别捣毁位于内蒙古赤峰市、河北省承德市、贵州省遵义市的制造溴代苯丙酮、麻黄素厂点3个,抓获制毒犯罪嫌疑人50人,缴获溴代苯丙酮21.5余吨、麻黄素350千克、溴素、苯丙酮、苯等制毒配剂共96.4吨以及一大批制毒工具和设备,本案主要案犯悉数落网。(4)"11·9"和"11·19"走私毒品案。2015年11月9日至19日,在有关部门的大力支持下,新疆、广东公安禁毒、边防部门整体联动、合成作战,成功侦破"11·9"(部目标2015-1245号)、"11·19"(部目标2015-1299号)两起涉巴走私贩毒案,共抓获涉案犯罪嫌疑人17名,缴获来自巴基斯坦的海洛因113千克。(5)"6·15"互联网涉毒专案。2015年6月15日—18日12时,按照公安部的统一部署,北京、天津、辽宁、吉林、上海、浙江、安徽、河南、海南、重庆、西藏、陕西、甘肃、青海、宁夏等31个省(自治区、直辖市)公安禁毒、网安和技侦部门联手行动,对"6·15互联网涉毒专案"全面展开集中统一收网行动,共抓获涉案嫌疑人7 744名,捣毁制毒厂点21处,缴获毒品1.65吨、易制毒化学品8.41吨,处理网上涉毒有害信

---

① 中华人民共和国国家禁毒委员会办公室:《2016年中国毒品形势报告》。

息 59 471 条，封停涉毒网络账号 5 763 466 个，关停违规涉毒网站 122 个，查扣违规网络服务器 31 台，处理网站、服务商违规人员 365 人，新发现掌握各类互联网涉毒情报线索 29 681 条，全国共传递各类网上涉毒情报线索 18 170 条。(6) 龚金山等人跨国走私毒品案。2015 年 5 月 4 日，在台湾法务调查部门的密切配合下，公安部禁毒局指挥福建、广东公安禁毒部门联合侦破“龚金山”等人跨国走私毒品案(部目标 2015－449 号)，全案共抓获犯罪嫌疑人 32 名，捣毁制毒工厂 1 处，在福建、广东两省缴获冰毒 1.65 吨。(7)“10·26”和“10·30”专案。2015 年 11 月 5 日，广东、广西两地公安禁毒部门联合侦破“10·26”(部目标 2015－1213 号)和“10·30”专案(部目标 2015－1215 号)，全案共抓获制贩毒嫌疑人 34 名，捣毁制毒工厂 1 处，缴获氯胺酮 1.08 吨，查扣涉案汽车 13 辆。(8) 张正波等人制贩新精神活性物质案。2015 年 6 月 17 日，武汉海关会同湖北省公安禁毒部门成功侦破“张正波等人制贩新精神活性物质案”，全案共抓获犯罪嫌疑人 8 名，捣毁毒品加工窝点 1 处，缴获 3,4－亚甲二氧基甲卡西酮(简称：Methylone，我国管制的第一类精神药品)4 千克、疑似新精神活性物质 20 余千克及半成品、制毒原料和设备一批。(9)“5·3”贩毒案。2015 年 7 月 11 日，云南省公安禁毒部门在湖北、四川公安机关的大力配合下，成功侦破“5·3”贩毒案(部目标 2015－763 号)，全案抓获犯罪嫌疑人 23 名，缴获冰毒 295.8 千克，查扣涉案汽车 15 辆。(10)“7·3”制毒案。2015 年 7 月 11 日，湖南省公安禁毒部门在广东省惠州市公安机关的密切配合下，成功侦破“7·3”制毒案，全案共抓获犯罪嫌疑人 16 名，捣毁制毒工厂 1 处，缴获氯胺酮 517.14 千克，查扣涉案汽车 7 辆、毒资 13 万元。

2017 年 3 月，在第 30 个“6·26”国际禁毒日到来之际，中国国家禁毒委员会办公室又发布了 2016 年度十大制毒贩毒案件：(1) 走私、制造新精神活性物质系列案件。2016 年 9 月 26 日，江苏、吉林、上海、河北、山东等地公安机关先后对“阿彪非法制造走私毒品案”“张满走私制毒物品案”“张建、初娜等人贩卖毒品案”“高雪宁等人走私毒品案”和“‘6·3’走私毒品案”(部目标 2016－552 号)开展统一收网行动，共抓获涉案犯罪嫌疑人 28 名，捣毁非法生产窝点 6 处，缴获列管新精神活性物质 246.6 千克、二氯乙烷等化工原料 2.3 吨。(2)“11·24”系列涉毒专案。2016 年 4 月 19 日，广东省公安厅禁毒局根据香港警方线索，指挥广州、深圳、珠海、佛山、惠州、汕尾、东莞、肇庆等地公安禁毒部门连续实施 6 次收网行动，成功侦破“‘11·24’系列涉毒专案”，共抓获犯罪嫌疑人 77 名，捣毁制毒工厂 4 处，缴获冰毒成品 3.34 吨、半成品 1.24 吨、制毒原料 845 千克，查扣涉案船只 10 艘。(3)“3·8”跨境制贩毒案。2016 年 5 月 18 日，云南省公安厅禁毒局指挥西双版纳、普洱公安禁毒部门对“3·8跨境制贩毒案”(部目标2016-331号)实施收网,共抓获14名犯罪嫌疑人(中国籍9名、缅甸籍5名),缴获冰毒244.9千克、咖啡因15.8千克、各类制毒原料配剂107.4千克,捣毁一个隐藏在缅甸掸邦的制毒工厂,系与缅甸联合打击制毒犯罪的成功案例。(4)“5·19”非法生产α-氰基苯丙酮案。2016年9月,在广东、河南警方的大力配合下,湖南省公安厅禁毒总队指挥吉首公安禁毒部门成功侦破“‘5·19’非法生产α-氰基苯丙酮案”,共抓获犯罪嫌疑人12名(叙利亚籍1名),捣毁制造制毒物品窝点2处,缴获α-氰基苯丙酮1.36吨、乙酸乙酯等原料20余吨。(5)李润镖贩卖毒品案。2016年3月25日,在浙江警方的大力配合下,山西省公安厅禁毒总队指挥长治公安禁毒部门成功侦破“李润镖贩卖毒品案”,共抓获犯罪嫌疑人101名,缴获甲卡西酮298千克、各类枪支6支,查扣涉案汽车12辆。(6)打击“金新月”毒品系列案件。2016年5月30日—9月24日,新疆维吾尔自治区公安厅禁毒总队联合新疆公安边防总队,指挥红其拉甫边防检查站和乌鲁木齐公安禁毒部门分别侦破“11·9”“11·19”和“8·31”打击“金新月”毒品系列案件,共抓获涉案犯罪嫌疑人19名(全部为境外籍人员),缴获海洛因125千克。(7)打击涉麻系列案件。2016年8月31日—9月7日,在湖南、新疆等地警方的大力配合下,吉林省公安厅禁毒总队指挥白城、长春等地公安禁毒部门成功侦破“姜国涛、朱立辉贩卖毒品案”和“农安20160530制造、贩卖毒品案”,共抓获犯罪嫌疑人63名,捣毁制毒窝点2处,缴获冰毒23.07千克、大麻成品和半成品2.92吨,铲除非法种植大麻原植物4万株,查扣涉案汽车4辆。(8)曹书堂贩卖毒品案。2016年9月26日,在福建警方的大力配合下,黑龙江省公安厅禁毒总队指挥齐齐哈尔公安禁毒部门成功侦破“曹书堂贩卖毒品案”,共抓获犯罪嫌疑人28名,捣毁制毒工厂1处,缴获冰毒32.27千克,查扣涉案汽车1辆。(9)“7·8”制造毒品案。2016年8月7日,在广东警方的大力配合下,江西省公安厅禁毒总队指挥赣州公安禁毒部门成功侦破“‘7·8’制造毒品案”,共抓获犯罪嫌疑人10名,捣毁制毒窝点1处,缴获氯胺酮115千克,查扣涉案汽车3辆。(10)“阿海”制贩毒案。2016年10月14日,在福建、江苏等地警方的大力配合下,广西壮族自治区公安厅禁毒总队指挥柳州公安禁毒部门成功侦破“‘阿海’制贩毒案”,共抓获犯罪嫌疑人13名,捣毁制毒窝点1处,缴获氯胺酮230.39千克、羟亚胺128.4千克,查扣涉案汽车4辆。

(三)易制毒化学品、非列管化学品和麻醉药品、精神药品非法流失问题时有发生

易制毒化学品,是国家规定管制的可用于制造麻醉药品和精神药物的化学

原料及配剂。目前，我国易制毒化学品分为三类：第一类是用于制毒的原料，第二类、第三类主要是用于制毒的配剂。第一类包括：1-苯基-2-丙酮、3,4-亚甲基二氧苯基-2-丙酮、胡椒醛、黄樟素、黄樟油、异黄樟素、N-乙酰邻氨基苯酸、邻氨基苯甲酸、麦角酸、麦角胺、麦角新碱、麻黄素、伪麻黄素、消旋麻黄素、去甲麻黄素、甲基麻黄素、麻黄浸膏、麻黄浸膏粉等麻黄素类物质；第二类包括：苯乙酸、醋酸酐、三氯甲烷、乙醚、哌啶；第三类包括：甲苯、丙酮、甲基乙基酮、高锰酸钾、硫酸、盐酸。

随着国际上冰毒、摇头丸等合成毒品滥用问题的发展蔓延，我国易制毒化学品犯罪也日益严重。近年来，受境外易制毒化学品需求和毒品暴利刺激，易制毒化学品、非列管化学品走私出境情况仍屡禁不止。我国生产的醋酸酐、乙醚、苯基丙酮、胡椒基甲基酮、高锰酸钾等易制毒化学品从广东、上海、浙江等贸易活跃地区通过集装箱夹藏出境增多。一是流向"金三角"地区；二是苯基丙酮、胡椒基甲基酮流向荷兰、比利时、波兰等欧洲国家。仅2005年，全国共破获易制毒化学品犯罪案件504起，缴获易制毒化学品157.9吨；国家禁毒委员会办公室通过国际核查阻止了3 250吨易制毒化学品非法出口。黑龙江省破获的"12·29"走私麻黄碱案件，缴获麻黄碱片935千克。福建省破获的一起向菲律宾走私易制毒化学品案件，缴获麻黄素1.8吨。广东破获的"7·6"特大走私苯基丙酮案，缴获易制毒化学品苯基丙酮3 900千克，此案是中国和荷兰在谅解备忘录框架下，通过情报信息交流破获的第一起走私易制毒化学品案件。① 2007年，全国共查处易制毒化学品行政违法案件1 553起，破获走私、非法买卖易制毒化学品案件229起，抓获犯罪嫌疑人384人，缴获易制毒化学品592吨。② 2011年，全国共破获易制毒化学品犯罪案件414起，其中，走私易制毒化学品案件75起，非法买卖易制毒化学品案件339起，涉及品种多，生产地域广，走私贩运方式多样，走私流向重点突出。③

2012年7月，国家禁毒委员会公布了近年来破获的多起易制毒化学品犯罪典型案例。

1. 2012年福建龙岩"12·3"制售制毒物品案

2012年5月，福建省公安厅禁毒总队组织龙岩、长汀公安禁毒部门，抓获犯罪嫌疑人13名，缴获麻黄碱22千克、麻黄草100余吨和化学配剂5吨，扣押涉案车辆4辆和一批制毒设备，捣毁制毒物品仓库、提取麻黄碱窝点等，成功摧毁

① 中华人民共和国国家禁毒委员会办公室：《2006年中国禁毒报告》。
② 中华人民共和国国家禁毒委员会办公室：《2007年中国禁毒报告》。
③ 中华人民共和国国家禁毒委员会办公室：《2012年中国禁毒报告》。

一个以长汀人吕某为首的利用麻黄草提炼麻黄碱并向广东贩卖的制贩团伙。

2. 2011 年四川、贵州“9·16”专案

2011 年 10 月，四川、贵州两省公安机关通力合作，成功破获“9·16”专案，一举捣毁制毒和加工制毒原料窝点 6 处，抓获易某（四川人）、李某（内蒙古人）等犯罪嫌疑人 54 名，缴获各类毒品 8.37 千克、麻黄碱 345.4 千克（其中液态麻黄碱 300 千克）、麻黄草 233.5 吨、手枪 1 支、子弹 13 发、扣缴毒资 267.7 万元，查扣涉毒车辆 6 辆及制毒工具和化学原料一批。经查，该团伙以每吨 3 600～4 500 元的价格从内蒙古自治区赤峰市购入麻黄草，在四川和贵州设点提炼麻黄碱制造冰毒。

3. 2011 年江苏盐城“1·18”非法买卖制毒物品案

2011 年 1 月，江苏省盐城市公安局侦查发现，犯罪嫌疑人吴某（江苏省淮安市人）涉嫌在互联网上从事非法买卖盐酸羟亚胺犯罪活动。经初步工作，发现该案涉及 13 个省市的 20 个地级市，涉案成员达 30 余名。4 月 16 日—5 月 6 日，盐城市公安局在江苏省公安厅禁毒总队的指挥协调和网安、技侦部门的协助下，与苏州、南通和浙江、广东、山东等地警方密切协作，跨区域作战，成功破获特大制贩盐酸羟亚胺和氯胺酮案件，摧毁犯罪团伙 4 个，抓获犯罪嫌疑人 58 名，捣毁盐酸羟亚胺加工厂 2 个和制毒窝点 3 个，缴获盐酸羟亚胺 6.625 吨、毒品氯胺酮 38.79 千克，扣押毒资 600 万余元、涉案汽车 14 辆。

4. 2011 年山东烟台“3·31”走私制毒物品案

2010 年 6 月，山东省烟台市公安局在新疆、江苏等地公安机关的支持配合下，成功破获“3·31”特大走私易制毒化学品犯罪案件，抓获犯罪嫌疑人 5 名，缴获醋酸酐 34.4 吨，扣押赃款 100 余万元、价值 150 余万元的房产 3 套、轿车 2 辆，彻底摧毁了一个向阿富汗走私贩运醋酸酐的犯罪团伙。经查，2007 年 5 月—2010 年 4 月，犯罪嫌疑人潘某从江苏某化工公司非法购买大量醋酸酐，以假冒水性防水涂料名义从青岛港走私出境，非法获利达 600 余万元。

5. 2010 年浙江绍兴“7·26”走私制毒物品案

2010 年 7 月，浙江省公安禁毒部门根据美国通报线索，成功破获“7·26”特大醋酸酐走私案件，抓获犯罪嫌疑人加纳斯·汉（JanasKhan，巴基斯坦籍）、邹某（浙江人）等人，缴获醋酸酐 15.8 吨。经查，2010 年 4 月，犯罪嫌疑人加纳斯·汉与国内犯罪嫌疑人邹某等人相勾结，非法购买醋酸酐 30 吨，并将其中 13.8 吨以“塑料画框、玻璃制品”名义走私出境，剩余醋酸酐被我公安机关查获。

6. 2010 年北京“1·8”走私新康泰克案

2010 年 1 月，北京市公安局昌平分局接群众举报，称红黄蓝家政公司制造

假药，禁毒部门随即在现场查获未拆箱新康泰克 32 箱、已拆箱新康泰克 250 盒和 105 箱。该案缴获麻黄碱类复方制剂新康泰克 426 箱共计 183.3 千克、毒资 69 万元。经查，2004 年以来，该案犯罪嫌疑人解某结识药店送货人张某，伙同梁某从张某处大量购买新康泰克，夹藏在洗衣机、大理石茶几桌面夹层中从天津塘沽报关走私新西兰。

7. 2009 年四川宜宾“4 · 8”非法买卖制毒物品案

2009 年，四川省宜宾市公安局破获了一起非法买卖制毒物品案，打掉制贩毒团伙 5 个，抓获何某（四川广汉人）等为首的犯罪嫌疑人 85 名，捣毁麻黄碱非法加工窝点和冰毒加工厂 8 个，缴获麻黄碱类复方制剂 44 吨、麻黄碱 415 千克、冰毒 955 克，毒资 1 820.9 万元，各类赃款赃物价值 8 780 万元。经查，自 2008 年 12 月起，犯罪嫌疑人利用麻黄碱类复方制剂经营管理漏洞，与药品生产、经营企业内部人员相勾结，采取支付高额回扣、套用资质、私刻印章、伪造合同、多次转账大笔现金隐瞒来源等手段，从吉林、广东、广西、重庆、新疆等 21 个省区市大量套购麻黄碱类复方制剂，提炼出麻黄碱后制造冰毒。

8. 2009 年云南保山“5 · 30”走私制毒物品案

2009 年 5 月，云南保山公安机关在西双版纳中缅边境打洛口岸成功查破一起走私制毒物品案，抓获凌某（福建长汀人）等犯罪嫌疑人 5 名，当场查获拟走私出境的兽用麻黄碱注射液 140 件共计 2.058 吨，在犯罪嫌疑人租用的仓库内查获大量拟由云南省边境向缅甸走私的麻黄碱类药品，其中，兽用麻黄碱注射液 7.619 吨、呋麻滴鼻液等其他麻黄碱类复方制剂 17.463 吨，缴获人民币 651 万元，摧毁了一个从内蒙古、湖北、吉林、江苏、福建、广东等内地骗购大量麻黄碱类药品向缅北地区走私的犯罪团伙。

9. 2008 年云南昆明“2 · 2”非法买卖制毒物品案

2008 年 5 月，云南省昆明市公安局禁毒支队破获一起非法买卖制毒物品案，缴获麻黄碱类复方制剂 24.5 吨，收缴涉案资金近 500 万元，抓获犯罪嫌疑人 18 名，摧毁了一个以杨某（辽宁沈阳人）、陈某（云南德宏人）等人为首，长期盘踞昆明、德宏专门从事非法买卖制毒物品的犯罪团伙。经查，该犯罪团伙疯狂收购含麻药品，在出租房内打磨成粉后，伪装成化肥饲料运输到边境一线，销售到境外制毒。①

在庞大非法需求和暴利刺激下，利用含麻黄碱复方制剂制毒问题虽然在境内已得到有效控制，但流失出境风险依然存在。麻黄草用于制毒愈加严重，化学

① 中央政府门户网站 http://www.gov.cn/gzdt/2012-07/26/content_2192501.htm.

合成麻黄碱问题凸显，2013 年，全国共缴获麻黄碱类制毒原料 34.4 吨，是 2012 年缴获量的 2.1 倍。境内制造氯胺酮活动愈演愈烈，制造氯胺酮的主要原料已从羟亚胺发展为邻酮。境外毒源地制毒原料配剂需求激增，非列管化学品流失风险明显加大。① 2014 年，中国执法部门破获 29 起走私制毒物品案件，共缴获 13 种共计 121.8 吨化学品，其中，云南侦办 27 起走私制毒物品案件，缴获的物品以制毒配剂为主，占同类案件缴获化学品总量的 95.3%。中国通过易制毒化学品出口国际核查，阻止出口 32 单共计 5 883.1 吨化学品。② 2015 年，全国共破获制毒物品案件 531 起，其中，公安部毒品目标案件 60 起，同比增加 1 倍，缴获各类制毒物品 1 566.1 吨。由于制毒物品可选择性和替代性强，其流失品种、环节不断发生变化。制毒物品品种更新换代和非列管制毒物品流失用于制毒的潜在风险持续增大。制毒物品犯罪呈现生产、交易异地实施，一体化组织的产业链条，制造工艺得到改进，生产能力不断提升。③ 2016 年，国内制毒物品流失问题突出，非列管化学品大量流入制毒渠道。2016 年，全国破获制毒物品犯罪案件 444 起，缴获制毒物品 1 584.6 吨，其中，一类易制毒化学品 305.43 吨，同比增加 75.5%。制造、运输、买卖制毒物品组织化、职业化特点明显，一些地方出现制毒物品供应商，专门成套供应制毒设备、原料和辅料。制毒物品品种替代更新快，非列管化学品用于制毒问题突出。受境外制毒原料需求增大的影响，国内易制毒化学品走私出境风险加大。④

同时，易制毒化学品流入国内地下毒品加工厂仍时有发生。2005 年，四川省在对全省 2 977 家易制毒化学品生产、经营、运输、使用单位开展的检查中，查处违法、违规单位 28 家。2005 年，我国共摧毁 34 个制毒加工厂点，其制毒前体和配剂均来自国内。⑤

此外，麻醉药品、精神药品流入非法渠道并被滥用的问题呈现区域扩大、种类增多的趋势。仅 2005 年吉林“6・20”一案就缴获三唑仑 56.7 万片，另有 90 多万片已流入非法渠道。⑥ 2010 年 12 月，浙江省杭州市公安局和杭州市药监局通报了一起因非法买卖药品而涉嫌贩毒的案件。在不具备药品经营资质的前提下，犯罪嫌疑人胡某在 2008—2009 年，贩卖毒品盐酸曲马多片 180 万片（90 千克），非法经营含麻黄碱复方制剂呋麻滴鼻液 132 万支、新康泰克 10 万

---

① 中华人民共和国国家禁毒委员会办公室：《2014 年中国禁毒报告》。
② 中华人民共和国国家禁毒委员会办公室：《2014 年中国毒品形势报告》。
③ 中华人民共和国国家禁毒委员会办公室：《2015 年中国禁毒报告》。
④ 中华人民共和国国家禁毒委员会办公室：《2016 年中国禁毒报告》。
⑤ 中华人民共和国国家禁毒委员会办公室：《2006 年中国禁毒报告》。
⑥ 张耀宇：《毒品形势依然不容乐观》，2006 年 6 月 23 日《人民公安报》。

盒，涉案金额450多万元。胡某又将这些盐酸曲马多片非法贩卖给不具备合法资质的马某、张某、余某、黄某、陈某等人。盐酸曲马多片本身就是二类精神药品，属于国家管制的能使人形成瘾癖的麻醉药品和精神药品，按照我国《刑法》精神以及麻醉类药品被非法滥用或非法买卖就视为毒品的规定，胡某个人贩卖盐酸曲马多片牟利，构成贩卖毒品罪。[①] 2013年，贵州省铜仁警方捣毁一个专门从事非法经营麻醉药品、精神药品的犯罪团伙，抓获犯罪嫌疑人19名，缴获精神麻醉药品“地西泮”针剂6 800支、片剂4 600片，追缴非法所得2 200余万元，查获吸毒人员162名。6年来，该犯罪团伙采取非法手段，从药品生产公司购买大量精神麻醉药品销往全国15个省区34个地、州、市，涉及“地西泮”针剂6 900万余支、片剂7 900万余片，是目前全国同类案件中涉及精神麻醉药品最多，涉案金额最大，涉及地域最广的案件。[②]

（四）毒品滥用问题仍在持续蔓延

近年来，国内滥用海洛因问题尚未得到有效解决，滥用新型毒品问题来势迅猛。

全国吸食摇头丸、冰毒和氯胺酮等新型毒品的人员数量持续上升，2001—2004年，吸食新型毒品人员数量占现有吸毒人员总量的比例分别为2.5%、4.96%、8.5%、9.5%。[③] 到2005年年底，全国有海洛因吸食人员70万人，占吸毒人员总数的78.3%。其中，35岁以下青少年、农民和无业闲散人员分别占69.3%、30%和51.7%。滥用海洛因等传统毒品人数趋于稳定，连续3年基本保持在70万人左右。[④] 截至2006年6月，全国已有2 334个县市区发现有海洛因成瘾人员，占县市区总数的81.5%；其中，超过1 000人的县市区有251个。[⑤] 近年来，尽管我国吸食海洛因等传统毒品问题得到有效遏制，但复吸率依然较高，新发现的隐性吸食海洛因人员有所增多。截至2009年年底，全国累计登记吸毒人员133.5万名，其中，海洛因成瘾人员97.8万名，占73.2%。2009年，新发现滥用海洛因人员9.7万名。同时，滥用新型毒品问题更加突出，累计查获登记36万余人，新查获9.7万人，多数是25岁以下青少年。全国有22个省份新型毒品缴获量超过海洛因。[⑥] 截至2010年年底，全国共发现登记吸毒人员154.5万

---

① 董碧水：《浙江一男子大量买卖精神麻醉药品涉嫌贩毒》，2010年12月30日《中国青年报》。

② 周文学、缪春云：《贵州铜仁捣毁非法经营麻醉、精神药品团伙》，2014年1月10日《人民公安报》。

③ 杨凤瑞主编：《新型毒品防范手册》，法律出版社2005年版，第37页。

④ 中华人民共和国国家禁毒委员会办公室：《2006年中国禁毒报告》。

⑤ 张耀宇：《毒品形势依然不容乐观》，2006年6月23日《人民公安报》。

⑥ 中华人民共和国国家禁毒委员会办公室：《2010年中国禁毒报告》。

名，其中，海洛因成瘾人员106.5万名，占69%。滥用合成毒品问题有增无减，仅查获登记的就有43.2万名，其中，新查获11.94万名，多数是25岁以下青少年。娱乐场所涉毒问题仍较突出，并向洗浴中心、宾馆酒店、别墅公寓转移。2010年，共查处涉毒场所3 000余家。[①] 截至2011年年底，全国共发现登记吸毒人员179.4万人，其中，滥用海洛因人员有115.6万人，占64.5%。滥用合成毒品人员58.7万人，占全国吸毒人员总数的32.7%，同比上升35.9%；全国新增滥用合成毒品人员14.6万人，同比上升22%。滥用合成毒品人员中，35岁以下青少年占67.8%，低龄化趋势明显。同时，合成毒品问题进一步呈现向中小城市、农村发展蔓延的趋势。[②] 截至2012年年底，全国累计发现登记吸食海洛因人员127.2万名，占吸毒人员总数的60.6%。同时，我国已登记吸食合成毒品人员79.8万名，比2011年年底上升35.9%。[③] 截至2013年年底，全国累计登记吸毒人员共247.5万名，同比上升18%。全国滥用海洛因人员132.6万名，同比上升6.6%，占吸毒人员总数的53.6%。冰毒滥用人数增长迅猛，滥用冰毒（含片剂）人员84.7万名，同比上升42.1%，占吸毒人员总数的34.2%。[④]

2014年，在册吸毒人员总量持续增长。截至2014年年底，全国累计发现、登记吸毒人员295.5万名，其中，2014年新发现吸毒人员48万名。参照国际上通用的吸毒人员显性与隐性比例，实际吸毒人数超过1 400万。全国涉毒县市区增至3 048个，占全国县市区总数9成以上，其中，吸毒人员100人以下县市区754个、100人以上1 000人以下县市区1 545个、1 000人以上县市区749个。传统毒品快速蔓延势头得到进一步遏制。截至2014年年底，全国滥用海洛因等阿片类毒品人员145.8万名，占登记在册吸毒人员总数的49.3%，与上一年同比增加6.4%。在2014年新发现的48万名吸毒人员中，滥用海洛因等阿片类人员占19.7%。全国滥用海洛因人员占在册吸毒人员总数的比例逐年减少，分别为2010年占69%、2011年占64.5%、2012年占59.3%、2013年占53.6%、2014年占49.3%。但以冰毒、氯胺酮为主的合成毒品滥用人员增多。截至2014年年底，全国滥用合成毒品人员145.9万名，占登记在册吸毒人员总数的49.4%，其中，滥用冰毒人员119万名，与上一年同比增加40.5%；滥用氯胺酮人员22.2万名，与上一年同比增加15%。在2014年新发现的48万名吸毒人员中，滥用合成毒品人员占79.1%。全国滥用合成毒品人员占在册吸毒人员总数的比例逐年

① 中华人民共和国国家禁毒委员会办公室：《2011年中国禁毒报告》。
② 中华人民共和国国家禁毒委员会办公室：《2012年中国禁毒报告》。
③ 中华人民共和国国家禁毒委员会办公室：《2013年中国禁毒报告》。
④ 中华人民共和国国家禁毒委员会办公室：《2014年中国禁毒报告》。

增长，分别为2010年占28%、2011年占32.7%、2012年占38%、2013年占42.6%、2014年占49.4%。合成毒品滥用群体比例首次超过海洛因滥用群体比例，反映出中国毒品滥用结构发生深刻变化。[①]

2015年，吸毒人员总量保持平稳，但查获吸毒人员数量上升。截至2015年年底，全国现有吸毒人员234.5万名(不含戒断3年未发现复吸人数、死亡人数和离境人数)，其中，滥用海洛因等阿片类毒品人员98万名，占41.8%；滥用合成毒品人员134万名，占57.1%，滥用其他毒品人员2.5万名，占1.1%；被查获一次且无戒毒史的偶吸人员106.9万名，复吸(成瘾)人员127.6万名，分别占45.6%和54.4%；男性200.7万名，女性33.8万名，分别占85.6%和14.4%。2015年，全国共查处有吸毒行为人员106.2万人次，其中，新发现吸毒人员53.1万名，同比分别上升20%和14.6%。在新发现的53.1万名吸毒人员中，滥用阿片类毒品人员占17.4%，其中滥用海洛因人员占14.6%；滥用合成毒品人员占80.5%，其中，滥用冰毒等苯丙胺人员占73.2%；滥用其他毒品人员占2.1%。[②]

2016年，全国吸毒人员总量仍在缓慢增长，以海洛因为主的阿片类毒品滥用人数增势放缓，以冰毒、氯胺酮为主的合成毒品滥用人数增速加快。截至2016年年底，全国现有吸毒人员250.5万名(不含戒断3年未发现复吸人数、死亡人数和离境人数)，同比增长6.8%。在全国现有250.5万名吸毒人员中，滥用合成毒品人员151.5万名，占60.5%；滥用阿片类毒品人员95.5万名，占38.1%；滥用大麻、可卡因等毒品人员3.5万名，占1.4%。2016年，全国新发现吸毒人员44.5万名，其中，滥用合成毒品人员占81%，滥用海洛因等阿片类毒品人员占15.8%，滥用大麻、可卡因等毒品人员占3.2%。2016年，全国查获复吸人员60万人次，其中，滥用合成毒品人员占62%，滥用阿片类毒品人员占37.4%，滥用大麻、可卡因等毒品人员占0.6%。全国查获复吸人员已由过去以滥用阿片类人员为主转变为滥用合成毒品人员为主。[③]

目前，传统毒品、新型毒品和麻醉药品、精神药品交叉滥用的局面已经形成。

（五）毒品危害日益严重

毒品对身体、家庭、社会造成的危害日益严重。毒品问题引发大量违法犯罪活动，并导致艾滋病等多种疾病扩散流行，不仅影响人民群众健康幸福和安居乐业，而且影响社会稳定和经济建设。

---

① 中华人民共和国国家禁毒委员会办公室：《2014年中国毒品形势报告》。

② 中华人民共和国国家禁毒委员会办公室：《2015年中国毒品形势报告》。

③ 中华人民共和国国家禁毒委员会办公室：《2016年中国毒品形势报告》。

共用注射器注射海洛因已成为艾滋病传播的主要途径。吸毒者由于共同使用一个注射器,极易传播艾滋病病毒。截至 2005 年 9 月底,在国家累计报告的 135 630 例艾滋病病毒感染者中,有 40.8%因静脉注射毒品而感染,居艾滋病传播途径的首位。全国登记在册吸毒人员中 80%患有各种传染病。[①] 2007 年 1 月—10 月我国新发艾滋病病毒感染者 5 万人,其中,注射吸毒传播占 42%。[②] 2014 年,中国国家药物滥用监测中心监测数据显示,海洛因滥用人群艾滋病病毒感染率为 3.5%,合成毒品滥用人群艾滋病病毒感染率为 1.4%,其中,以注射方式滥用者的感染率最高。[③]

吸毒严重损害身心健康,因吸毒造成大量人员死亡。吸毒造成免疫力低下及病变,容易感染传染性疾病,容易导致急慢性精神障碍、性功能障碍、肺炎、肾功能衰竭、呼吸道疾病等恶性疾病。吸毒人群的平均寿命较正常人群短 10～15 年。25%的吸毒成瘾者在开始吸毒 10～20 年后死亡。截至 2014 年年底,仅全国在册登记吸毒人员已死亡 4.9 万余名。[④]

毒品问题诱发大量违法犯罪。毒品问题是诱发其他刑事犯罪和社会治安问题的温床,吸毒人员以贩养吸、以盗养吸、以抢养吸、以骗养吸、以娼养吸现象严重。在毒品问题严重的地方,男性吸毒者 80%有其他违法犯罪行为,女性吸毒者 80%从事卖淫活动。一些地区抢劫、抢夺和盗窃案件中 60%甚至 80%是吸毒人员所为。不仅因吸毒引发的侵财性违法犯罪案件多发,而且随着合成毒品的快速蔓延,因吸毒出现精神症状后引发的自杀自残、伤害他人、毒驾、袭警抗法、肇事肇祸等极端肇事肇祸现象时有发生。2014 年,全国破获吸毒人员引发的刑事案件 14.9 万起,占同期刑事案件总数的 12.1%,其中,抢劫、抢夺、盗窃等侵财性案件 7.2 万起,涉毒犯罪案件 4.7 万起,杀人、绑架、强奸等严重暴力案件 300 余起。[⑤] 2015 年,全国报告发生因滥用毒品导致暴力攻击、自杀自残、毒驾肇事等极端案件事件 336 起,查获涉案吸毒人员 349 名;破获吸毒人员引发的刑事案件 17.4 万起,占刑事案件总数的 14%,其中,抢劫、抢夺、盗窃等侵财性案件 7.2 万起,涉毒犯罪案件 7.4 万起,杀人、绑架、强奸等严重暴力案件 716 起;依法注销 14.6 万名吸毒驾驶人驾驶证,拒绝申领驾驶证 1.1 万人。[⑥]

耗费大量社会财富。吸毒者为了购买毒品将会花费大量资金,不仅损害家

---

① 中华人民共和国国家禁毒委员会办公室:《2006 年中国禁毒报告》。
② 中国网 http://www.china.com.cn/zhibo/2007 - 11/29/content_9308379.htm.
③ 中华人民共和国国家禁毒委员会办公室:《2014 年中国毒品形势报告》。
④ 中华人民共和国国家禁毒委员会办公室:《2014 年中国毒品形势报告》。
⑤ 中华人民共和国国家禁毒委员会办公室:《2014 年中国毒品形势报告》。
⑥ 中华人民共和国国家禁毒委员会办公室:《2015 年中国毒品形势报告》。

庭财富，随着贩毒分子掠夺社会财富后潜逃国外，社会财富也随之受损。为了帮助吸毒人员戒毒，国家需要构建专门的戒毒机构，培养专业的工作人员，购买一系列设施及药物，因此将会耗费大量人力与财力。由吸毒引发的案件，诸如毒驾肇事肇祸、吸毒后伤人、吸毒后破坏公共设施等，都对社会财富会造成损害。一名吸毒人员年均花费至少 4 万～5 万元购买毒品，按实际吸毒人数上千万估算，全国每年因吸毒造成的直接经济损失达 5 000 亿元。[①]

二、深入开展禁毒人民战争

党中央、国务院历来高度重视禁毒工作。特别是进入 21 世纪以来，毒品问题不断发展蔓延，影响我国全面建设小康社会目标的实现，影响我国社会主义社会的和谐发展，影响我国人民幸福安康，引起了党和国家领导人的极大关注。2004 年以来，党和国家领导人对禁毒工作多次做出重要批示和指示，明确要求打一场禁毒的人民战争，坚决遏制毒品问题发展蔓延的势头。2005 年 4 月 14 日，国家禁毒委员会召开电视电话会议，就在全国开展禁毒人民战争作了全面部署。要求各级禁毒部门从 2005 年 4 月开始，组织开展广泛、深入的禁毒人民战争，发动各种社会力量，整合各种社会资源，采取各种有效措施，着力解决当前突出的毒品问题，根本扭转毒品问题严重地区的面貌，坚决遏制毒品问题发展蔓延的势头。

（一）深入开展禁毒人民战争的重要性和紧迫性

1. 深入开展禁毒人民战争，是积极应对国际国内严峻复杂的毒品形势、有效解决我国毒品问题的客观需要

从国际上看，毒品问题已经成为全球性的问题。目前，毒品贩运涉及 170 多个国家和地区、130 多个国家和地区存在毒品消费问题。全球每年毒品交易额高达 8 000 亿～10 000 亿美元以上，相当于世界贸易额的 13%，吸毒人数超过 2 亿人，每年有 10 万人因吸毒死亡、1 000 万人因吸毒丧失劳动能力。特别是随着经济全球化、社会信息化的发展，随着国际政治、经济斗争尤其是民族矛盾、宗教对抗、地区冲突、恐怖活动的加剧，一些国家对毒品经济的依赖日益加深，以毒养政、以毒养军、以毒养恐等问题日益突出。毒品犯罪的国际化、职业化、武装化、高科技化趋势日益明显。从我国周边看，境外毒品对我国形成“多头入境、全线渗透”的复杂态势。西南境外，“金三角”地区罂粟种植面积和海洛因产量居高不下，大部分毒品进入我国，我国消费的海洛因绝大部分来源于该地区。冰毒已

---

① 中华人民共和国国家禁毒委员会办公室：《2014 年中国毒品形势报告》。

成为该地区毒品渗进新的“增长点”，并在我境内形成消费市场。西北境外，阿富汗已成为全球鸦片和海洛因的主要产地。特别是中亚地区的毒品贩运和消费问题进一步恶化，“三股势力”在此活动频繁，并通过贩毒筹措资金，对我国危害加大。东北境外，某国继续坚持毒品经济，罂粟种植面积已超过 9 万亩，并在全国试种大麻。目前，急欲打通中国贩毒通道，对我国渗透加剧。东南境外，摇头丸等新型毒品向我境内渗透情况非常突出。从国内看，尽管近年来我国禁毒斗争取得了很大成效，但毒品问题蔓延的势头并没有得到有效遏制，东南沿海地区制贩冰毒、摇头丸犯罪活动仍很严重，并逐步向内地蔓延；一些地区非法种植罂粟和土法加工海洛因的问题出现反弹，个别地方还出现种制贩、产供销一条龙现象；易制毒化学品和麻醉药品、精神药物流入非法渠道的问题屡禁不止；一些地区娱乐场所吸贩毒问题仍很突出，吸食新型毒品人数急剧增多，毒品消费市场不断扩大。面对国际国内严峻复杂的毒品形势，要有效解决我国的毒品问题，仅靠一个地区、一个部门的力量是远远不够的，只有全党动员、全民发动，真正打一场广泛、深入、持久的禁毒人民战争，才能彻底扭转我国毒品问题日益严重的局面。

2. 深入开展禁毒人民战争，是顺应人民群众的意愿和呼声、切实维护最广大人民群众利益的必然要求

对于毒品问题，中国人民有切肤之痛。旧社会，中国人因为吸毒，被称为“东亚病夫”，许多家庭因吸食毒品而妻离子散、家破人亡。当前，我国毒品问题又出现了蔓延的趋势，给人民群众的身心健康带来严重危害。在一些毒品问题严重的地区，有的村里的壮劳力不是贩毒被杀掉了，就是吸毒以后变成了病秧子；因吸毒感染艾滋病的人数急剧增多，有的少数民族人口出现负增长。毒品问题还严重影响下一代的健康成长，涣散民族精神，在吸毒人员中，35 岁以下的青少年占 70%，而且大多是独生子女，因沉湎于毒品而荒废了青春、迷失了人生。青少年是我们国家的未来、民族的希望，这种状况如果任其发展下去，后果不堪设想。对于当前日益严重的毒品问题，广大人民群众痛心疾首，强烈要求党和政府采取有力措施，坚决铲除这一“毒瘤”。因此，深入开展禁毒人民战争，是广大人民群众的共同意愿和呼声，是一项得民心、顺民意的“民心工程”，完全能够赢得广大人民群众的积极响应和大力支持。

3. 深入开展禁毒人民战争，是推进经济社会协调发展、构建社会主义和谐社会的重要举措

构建社会主义和谐社会，把提高构建社会主义和谐社会的能力作为加强党的执政能力建设的重要内容，是党的十六大和十六届三中、四中全会提出的重大历史任务。然而，我国毒品问题的发展蔓延，不仅造成巨大的经济损失，直接影

响经济建设;而且带来一系列社会问题,已经成为影响经济社会协调发展、构建社会主义和谐社会的一大隐患。毒品问题不仅诱发大量的违法犯罪活动,严重影响社会治安稳定,而且往往与国际恐怖势力,民族分裂势力、黑社会组织、腐败问题、洗钱犯罪等联系在一起,严重危害国家安全和社会政治稳定。毒品问题还严重破坏社会主义精神文明建设,败坏社会风气,污染社会环境。因此,深入开展禁毒人民战争,有效解决毒品问题,减少毒品危害,是构建社会主义和谐社会的题中应有之义,而构建社会主义和谐社会的提出,又对深入开展禁毒人民战争,有效解决毒品问题,减少毒品危害提出了新的更高的要求。

4. 深入开展禁毒人民战争,是充分发挥我国社会主义制度优势和政治优势、牢牢掌握禁毒斗争主动权的正确抉择

毒品问题的泛滥,是世界各国共同面临的难题。我国是社会主义国家,有着独特的制度优势和政治优势。应该而且能够走出一条具有中国特色的禁绝毒品的成功之路。我国1949年后开展的禁烟运动,是迄今为止世界上唯一一次成功战胜毒品问题的禁毒斗争,在世界禁毒斗争史上写下了光辉的一页。这次禁烟运动最突出的特点,就是充分发动广大人民群众投入禁烟运动中来,使禁烟成为广大人民群众的自觉要求和行动,使烟贩和吸毒者陷于觉悟了的广大人民群众的汪洋大海之中,无处藏身,从而有效地保证了烟毒的彻底肃清。它从一个侧面充分证明了我国社会主义制度的巨大优越性,充分证明了在中国共产党的领导下,我们完全可以办成其他国家无法办成的事情。50多年过去了,尽管世界格局发生了深刻变化,我国国内经济、社会情况也发生了新的变化,禁毒斗争面临的形势更加复杂了、工作难度更大了。但是,我国作为中国共产党领导下的人民民主专政的社会主义国家的本质属性没有变。充分发动群众,大打禁毒人民战争,仍然是一条具有中国特色的行之有效的禁毒斗争的成功经验。近年来,一些省、市紧紧依靠广大人民群众的力量,打击、防范、教育、管理、建设等多管齐下,对毒品问题进行综合治理,取得了明显成效。在新的历史条件下,我们一定要坚持和发扬过去的成功经验和做法。充分发挥我国社会主义制度优势和政治优势,充分调动、激发广大人民群众参与禁毒斗争的积极性、创造性,真正在全社会形成对毒品问题“人人喊打”的良好局面,坚决夺取禁毒斗争的主动权。

(二)大力推进禁毒人民战争

1. 组织开展好禁毒人民战争的“五大战役”,坚决遏制毒品问题蔓延的势头

各级党委、政府和禁毒部门要通过组织开展好禁毒人民战争的五大战役,坚决遏制毒品来源、毒品危害和新吸毒人员的滋生,为全面建设小康社会创造和谐稳定的社会环境。

(1) 组织开展禁毒预防战役,坚决遏制新吸毒人员的滋生。有禁毒权威人士曾经说过,最好的禁毒方式就是不吸毒,而要做到不吸毒,单靠法律和医学是难以实现的,因此禁毒最有效的方法就是预防,这就需要长期有效的禁毒宣传和禁毒教育。通过长期有效的禁毒宣传教育,让人民群众获得科学、系统的有关反对毒品的知识和技能,增强人民群众识毒、防毒、拒毒意识,提高人民群众自觉抵御毒品的能力,引导他们形成健康的生活方式,是减少新吸毒人员滋生的治本之策。各级党委、政府和禁毒部门要紧紧抓住全民、青少年、吸毒高危人群这三个“关键点”,调动各方面的力量,整合各方面的资源,发挥各方面的积极性。开展禁毒预防战役,真正使毒品对个人、家庭、社会的严重危害深入人心,使党和政府禁绝毒品的方针政策深入人心,使有毒必肃、贩毒必惩、吸毒必戒、种毒必究的要求深入人心,努力减少新吸毒人员的滋生。抓好全民禁毒预防工作。要认真贯彻《全民禁毒教育实施意见》,坚持集中宣传教育与经常性宣传教育相结合,禁毒专题宣传教育与普法、科普、公民道德、艾滋病防治等宣传教育相结合,按照贴近实际、贴近群众、贴近生活的要求,广泛、深入地开展面向广大人民群众的禁毒宣传教育,切实提高广大人民群众的禁毒意识,使广大人民群众自觉远离毒品违法犯罪活动。抓好青少年禁毒预防工作。要认真贯彻《中小学生毒品预防专题教育大纲》,加强毒品预防示范学校建设,积极开展“不让毒品进校园”活动,使中小学生从小树立远离毒品,杜绝毒品的意识,实现“学生不吸毒、校园无毒品”的目标。要依托社区、家庭、青少年法律学校等阵地,广泛动员禁毒青年志愿者,积极开展青少年禁毒宣传教育活动。提高青少年的自我保护意识和防范能力。抓好吸毒高危人群的禁毒预防工作。要充分运用吸毒危害的典型事例,组织宣传队、宣讲团,深入流动人口聚集地、娱乐服务场所、监狱、劳教所、戒毒所、救助站等特殊场所、地区,有针对性地加强对社会无业人员、农村进城务工人员、娱乐服务场所从业人员等吸毒高危人群的禁毒宣传和法制教育,提高其自觉抵御毒品的能力。

(2) 组织开展禁吸戒毒战役,坚决遏制毒品危害。当前,我国吸毒人员复吸率居高不下,直接导致毒品消费市场不断扩大,毒品危害日益严重。各级党委、政府和禁毒部门要认真组织开展禁吸戒毒战役,对吸毒人员进行“大普查、大收戒、大帮教”,实现社会面基本无失控吸毒人员的目标。开展“大普查”活动,提高发现率。要组织公安、司法、行政、卫生等部门和基层组织,对吸毒人员进行全面的普查,进一步完善调查登记制度,并建立科学的监测体系,准确推测毒品滥用情况,对吸毒人员真正做到底数清、情况明。开展大收戒活动,提高戒断巩固率。要坚持普查与收戒相结合,对吸毒成病人员一律强制戒毒,对戒毒复吸人员一律劳动教养，对患有艾滋病毒等特殊吸毒人员一律收治。要充分挖掘戒毒场所的收戒潜力，努力实现满员收戒，有条件的要实现全员收戒。要加强对戒毒场所的规范化管理，切实转变戒毒治疗和戒毒康复理念。体现对戒毒人员的人文关怀，并积极发展以劳动康复为主的多元化戒毒康复模式和劳教戒毒的综合矫治模式，努力提高戒断巩固率。开展“大帮教”活动，降低复吸率。要建立健全对吸毒人员的监控帮教体系。对每一名戒毒出所人员都要落实街道、社区、派出所、司法所、单位、家庭等“几帮一”的监控帮教措施。特别是基层组织和单位要积极做好戒毒出所人员的安置工作，解决好他们的生活出路，使他们真正回归社会。

（3）组织开展堵源截流战役，坚决遏制境内外毒品来源。毒源问题是事关禁毒人民战争全局的关键问题，这个问题不解决，禁毒人民战争就难以取得突破性进展。针对当前我国毒品来源多元化的实际，各级党委、政府和禁毒部门要组织开展堵源截流战役，积极开辟西南、西北、东北、东南“四大战场”，千方百计地把毒品来源的渠道切断，促进我国毒品形势的根本性转变。西南战场要以云南为重点，坚决贯彻落实国务院《关于进一步支持云南省加强禁毒和防治艾滋病的工作方案》，健全军警民联防体系，完善查缉工作机制，千方百计地把“金三角”毒品入境、内流和易制毒化学品走私出境的通道切断。同时，要通过开展中缅联合扫毒行动，大力加强境外除源工作，积极推动境外毒源问题的解决。西北战场要以新疆为重点，有针对性地加强对边境地区的管理，特别要在毗邻中阿等国边境口岸和通道建立毒品查缉站点，严格对出入境车辆和人员的检查，切实加大对“金新月”毒品入境的防控力度，坚决把毒品堵在境外，查获在边境地区。东北战场要以吉林为重点，组织驻守边境的军队、海关和当地公安机关开展联防工作，加大对边境口岸、通道和水域的巡逻查控力度，建立和完善毒品查缉工作机制。绝不让境外贩毒集团在我境内形成贩毒通道。东南战场要以广东、福建等沿海地区为重点，严厉打击制造、走私冰毒，摇头丸等新型毒品犯罪活动，坚决摧毁毒品地下加工厂，打掉跨国贩毒集团和网络。坚决遏制制贩毒活动蔓延的势头。

（4）组织开展禁毒严打战役，坚决打击毒品犯罪活动。依法从重从快严厉打击毒品犯罪活动，是综合治理我国毒品问题的首要环节，事关禁毒人民战争的全局。各级禁毒部门要坚定不移地贯彻严打方针，以“打团伙、摧网络、破大案、抓毒枭、缴毒资”为目标，迅速组织开展禁毒严打战役，坚决把毒品犯罪分子的嚣张气焰打下去。当前，要集中打好“四仗”：打好破案攻坚仗。要以打击制贩毒集团和网络为重点，确定一批目标案件和毒贩，层层挂牌督办，尽快取得突破。要加大对零星贩毒活动的打击力度，及时打掉毒品零售市场。对于毒品中转站、集散地，要重点打击毒品掺假和再加工环节的犯罪活动。山西、安徽、河南等地要重点打击土法加工海洛因犯罪活动。人民银行和公安部要在云南组织开展打击涉毒洗钱犯罪专项行动，坚决摧毁制贩毒犯罪分子再犯罪的经济基础。打好外流贩毒歼灭仗。新疆、甘肃、宁夏和四川、贵州等外流贩毒问题比较突出的地区，要组织专门力量，集中开展对在逃外流毒贩的抓捕工作，严惩一批长期流窜在外进行贩毒活动的犯罪分子。要加强情报交流和办案协作，严厉打击跨区域贩毒活动。坚决打掉一批流窜贩毒团伙，有效遏制外流贩毒的势头。打好禁种铲毒仗。非法种植毒品原植物严重地区的公安、林业部门和基层组织要积极开展航测和踏查行动，及时铲除非法种植的毒品原植物，依法严惩非法种植、集中收购和土法加工毒品的违法犯罪分子。国家禁毒办要运用卫星遥感监测技术，在黑龙江、内蒙古、重庆等 8 个省、自治区、直辖市实施“天目”铲毒行动，坚决根治一些地方的非法种植问题。打好娱乐场所禁毒仗。公安、文化、工商行政管理等部门要联合开展整治行动，经常性地进行明察暗访，严厉打击娱乐场所内的吸贩毒分子，依法取缔涉毒问题严重的娱乐场所，坚决打击其“保护伞”。要认真实施《娱乐场所管理条例》，逐步探索建立以行政部门依法管理为主，娱乐场所自律管理和全社会共同监督相结合的长效管理机制，尽快解决娱乐场所涉毒严重的问题。

(5) 组织开展禁毒管理战役，坚决防止易制毒化学品等麻醉药品、精神药物流入非法渠道。当前，我国易制毒化学品和麻醉药品、精神药物流入非法渠道、走私出境的情况比较严重，引起了国际社会的关注。各级商务、海关、药监、安监、工商行政管理、公安等部门要迅速组织开展禁毒管理战役。以两个专项治理行动为重点，大力整顿易制毒化学品和麻醉药品、精神药物管理秩序，坚决防止其流入非法渠道。开展整治易制毒化学品管理专项治理行动。要坚决贯彻实施《易制毒化学品管理条例》，对生产、经销、运输、使用易制毒化学品的企业和单位进行全面的清理整顿，摸清底数，依法加强各环节的管理，严厉打击走私易制毒化学品犯罪活动。要适应发展市场经济和扩大对外开放的要求，进一步完善部门协调运作的进出口核查机制，并建立以监督管理为基础、部门协调配合的管理机制，推进易制毒化学品的规范化管理。开展整治麻醉药品和精神药物管理秩序专项治理行动。要坚决贯彻实施《麻醉药品和精神药物管理条例》，对麻醉药品和精神药物的经营、使用和管理情况进行全面检查，坚决整顿管理混乱、流失问题突出的单位，依法查处违反管理规定的非法经营行为。要进一步落实管理责任，完善管理制度，严密管理措施。堵塞管理漏洞，建立既满足市场正常供应又杜绝非法流失的管理机制。

2. 切实加强组织领导，推动禁毒人民战争的深入开展

要把禁毒人民战争发动好、开展好，真正取得实实在在的成效，关键要加强组织领导，努力形成党委、政府统一领导，禁毒委员会组织协调，有关部门齐抓共管，社会各界和广大人民群众积极参战的良好局面。

（1）大力加强对禁毒人民战争的领导。国家禁毒委员会要组织各成员单位，成立缉毒执法、预防教育、禁吸戒毒、禁毒管理等协调小组，落实牵头部门，分别指导各个战役的工作。国家禁毒办要做好情况的综合、分析、研究，统筹协调好各项工作。地方各级党委、政府要对本地的禁毒人民战争负总责，主要负责同志要亲自过问、亲自抓，建立相应的领导机构和工作机构，精心组织，周密部署，狠抓落实。各地区、各有关部门要紧密结合本地、本部门的实际，深入分析、研究毒品形势，制订切实可行的工作方案，不折不扣地抓好落实。要按照一级抓一级、层层抓落实的要求，把工作任务层层分解落实到有关部门、单位和人员。要从人力、财力、物力等方面切实加大对禁毒人民战争的投入，为禁毒人民战争的深入开展提供强有力的保障。为确保禁毒人民战争取得实效，国家禁毒委员会要建立督导检查制度和考核评估机制，切实加强对各地的检查、指导和考核考评。各地区、各有关部门要制定相应的考核考评制度和办法，把组织开展禁毒人民战争的成效作为考核领导干部任期目标责任制的重要内容，切实加大对领导干部禁毒工作责任的考核奖惩力度。特别要把新滋生吸毒人员是否减少、吸毒人员的戒断巩固率是否提高、毒品来源和毒品危害是否得到有效遏制、人民群众对禁毒工作是否满意等，作为衡量、考核禁毒工作成效的主要依据。对高度重视、措施有力、禁毒人民战争成绩显著的，要给予奖励；对重视不够、措施不力，导致毒品问题泛滥、长期改变不了面貌的，要严肃追究相关地区、部门领导的责任。

（2）大力加强有关部门的协作配合。禁毒人民战争是一项系统工程，各级禁毒委员会成员单位既要各司其职、各负其责，又要密切配合、通力协作，发挥好整体优势。各级政法公安机关要充分发挥主力军作用，用足用好现有法律武器，依法从重从快严厉打击毒品犯罪活动，特别要严格执行法律，提高办案质量，对毒品犯罪分子要及时依法立案侦查、批捕起诉，该重判的要重判，坚决杜绝以罚代刑、降格处理。铁路、交通、海关、民航、邮政、总参等部门要积极参与毒品查缉工作，坚决切断毒品贩运的通道。公安、文化、工商行政管理等部门要加强对娱乐服务场所的管理，探索建立禁毒管理长效机制。卫生、药监、安监、商务等部门要加强对易制毒化学品和麻醉药品、精神药物的管制，有效堵塞流失渠道。公安、卫生、司法、药监等部门要积极组织开展戒毒治疗和科研工作，切实提高戒毒康复水平。各级党委宣传、文化、教育、广电等部门要有计划、有重点地组织开展

禁毒预防宣传教育，不断扩大禁毒预防宣传教育的广度和深度。工会、妇联、共青团等群众团体要深入组织开展“职工拒绝毒品零计划行动”“不让毒品进我家活动”“社区青少年远离毒品行动”，不断把禁毒人民战争引向深入。

(3) 大力加强发动群众的工作。人民群众是禁毒人民战争的主体，能否把人民群众真正发动起来，直接关系到禁毒人民战争的成败。各地区、各有关部门一定要把发动群众贯穿于禁毒人民战争的整个过程，真正形成禁毒人民战争的格局。一方面，要切实做好宣传群众的工作，要科学设计宣传方案、精心组织宣传攻势，大张旗鼓地宣传毒品对人民群众身心健康、对家庭、对社会、对国家的严重危害，宣传党和政府关于禁毒工作的方针、政策，宣传禁毒斗争中涌现出来的先进集体和英雄模范人物，使广大人民群众充分认识深入开展禁毒人民战争的重要意义，不仅自觉抵御毒品的侵害，而且积极投身于禁毒人民战争之中，同毒品违法犯罪活动作斗争；另一方面，要切实做好组织群众的工作，要充分尊重群众的首创精神，大力发展禁毒协会、禁毒志愿者、社区工作者等群众性禁毒自治组织，倡导和鼓励群众开展多种形式的群众性禁毒行动，要深入开展创建“无毒社区”“无毒村”“无毒单位”“无毒学校”“无毒家庭”等活动，推动禁毒工作进社区、进农村、进单位、进学校、进家庭。要建立完善举报奖励机制，发动群众检举揭发毒品违法犯罪线索，进一步把人民群众参与禁毒人民战争的积极性引导好、保护好、发挥好。

(4) 大力加强禁毒国际合作。要认真承办“东盟和中国”禁毒合作部长级会议，继续为缅甸、老挝等国培训禁毒执法人员。积极推进中亚区域在上海合作组织框架内开展禁毒区域合作。同时，要大力拓展与国际禁毒机构和有关国家的合作领域。进一步加强与联合国毒品和犯罪问题办公室的合作，加强与菲律宾、日本、韩国、澳大利亚等国情报信息交流和缉毒执法合作，积极拓宽与欧美等国禁毒双边合作的领域，积极为禁毒人民战争创造良好的国际环境。

(5) 大力加强禁毒法制建设。深入开展禁毒人民战争，离不开法律制度的保障，要紧密结合禁毒斗争实践，认真贯彻《易制毒化学品管理条例》《麻醉药品和精神药物管理条例》，积极推动《禁毒法》的出台和实施，并研究、制定新型毒品犯罪、易制毒化学品犯罪的定罪量刑标准，研究、制定毒品犯罪案件的立案标准和执法办案程序，进一步规范禁毒执法和办案程序，促进禁毒工作从政策指令型向责任法定型转变。

(6) 大力加强队伍建设。各级禁毒执法部门要进一步加强对广大禁毒工作者执法为民的思想教育，坚决打击毒品违法犯罪分子，坚决维护最广大人民的根本利益，永远做党和人民的忠诚卫士。要紧密结合禁毒工作的实战特点，探索建立大练兵长效机制,进一步加强对广大禁毒工作者的教育训练,使他们真正做到"四懂""四会",成为禁毒工作的行家里手。要大力加强禁毒队伍的党风廉政建设,切实提高其拒腐防变的能力,始终同毒品违法犯罪活动和一切歪风邪气作坚决斗争。

总之,禁毒工作是一项系统工程,解决毒品问题需要综合治理。深入开展禁毒人民战争,有效解决毒品问题,减少毒品危害,意义重大。2005年以来禁毒人民战争取得了显著成效,有效遏制了毒品来源、毒品危害和新吸毒人员的滋生,禁毒斗争形势明显好转,但禁毒工作任务仍然繁重艰巨。今后需要进一步深化禁毒人民战争,持续推动禁毒人民战争不断向纵深发展,坚决夺取禁毒人民战争的全面胜利。

毒魔一日未除,禁毒人民战争一刻不会停息。

我们坚信,在中国共产党的正确领导下,中国人民有信心、有决心、有能力、有智慧再次制服毒魔!

附录

参考文献

一、资料

1. 编者:《商丘县的禁赌、禁毒、禁娼》,河南省商丘县政协学习文史委员会编:《商丘文史资料》第六辑,1992 年印刷。
2. 蔡尔辇:《石狮一带烟毒惨况》,福建省晋江市政协文史资料委员会编:《晋江文史资料》第一辑,1981 年印刷。
3. 陈福寿:《汉中禁烟事略》,陕西省汉中市政协文史资料委员会编:《汉中文史》第九辑,1991 年印刷。
4. 陈谦稳:《解放前后禁毒状况》,江苏省海安县政协文史资料委员会编:《海安文史》第六辑,1990 年印刷。
5. 陈铉:《嵩明五十年代的禁烟禁毒》,云南省嵩明县政协文史资料委员会编:《嵩明文史资料选辑》第二辑(内部发行),1990 年印刷。
6.《城市接管亲历记》编委会编:《城市接管亲历记》,中国文史出版社 1999 年版。
7. 川陕革命根据地博物馆选编:《川陕苏区革命历史歌谣》,四川文艺出版社 1985 年版。
8. 川陕革命根据地历史研究会组编:《川陕革命根据地历史文献选编》(上册),四川人民出版社,1979 年版。
9. 郸城县志总编室:《清烟禁毒运动》,河南省郸城县政协文史资料研究委员会编:《郸城文史资料》第一辑,1987 年印刷。
10.《东北抗日联军史料》编写组:《东北抗日联军史料》(上册),中共党史资料出版社 1987 年版。
11. 董毅民:《解放初期萨县工作回忆》,包头市地方志史编修办公室、包头市档案馆编:《包头史料荟要》第十一辑,1984 年印刷。
12. 方荣珠:《铅山县的禁毒运动和改造妓女工作》,江西省铅山县政协文史资料委员会编:《铅山文史资料》第四辑,1990 年印刷。
13. 福建省档案馆档案、福建省公安厅档案科档案、重庆档案馆档案、四川省档案馆档案、内蒙古档案馆档案、南京市公安局档案科档案、天津民政局档案、河北省档案馆档案、河北省公安厅档案、天津人民法院档案等。
14. 甘肃省社会科学院历史研究室编:《陕甘宁革命根据地史料选辑》第一辑,甘肃人民出版社 1981 年版。
15. 公安部公安史资料征集研究领导小组办公室编:《公安史资料》,1990 年第 4 辑。
16. 顾曾:《嘉荫县的禁烟斗争》,黑龙江省政协文史资料委员会编辑部编:《黑龙江文史资料》第二十七辑(《山岭上的鄂伦春人》),黑龙江人民出版社 1989 年版。
17. 贵阳市公安局史志办:《解放初期的禁烟禁毒运动》,贵州省贵阳市政协文史资料委员会编:《贵阳文史资料选辑》第二十七、二十八辑合辑,1989 年印刷。
18.《贵州社会科学》编辑部、贵州省博物馆编:《红军长征在贵州史料选辑》(内部发行),贵州社会科学丛书,1983 年印刷。
19. 韩延龙、常兆儒编:《中国新民主主义革命时期根据地法制文献选编》第一、二、三卷,中国社会科学出版社 1981 年版。
20. 何志愚、王成德:《峨眉禁烟概况》,四川省峨眉县政协文史资料委员会编:《峨眉文史》第四集,1988 年印刷。
21. 华北人民政府秘书厅编印:《华北人民政府法令汇编》第 2 集,1949 年版。
22.《淮南抗日根据地》编审委员会编:《淮南抗日根据地》,中共党史资料出版社 1987 年版。
23. 黄世动、许复城:《南安县禁毒斗争的回顾》,福建省南安县政协文史资料委员会编:《南安文史资料》第十四辑,1992 年印刷。
24. 济南市档案馆编、赵启民主编:《禁毒风雷——济南解放初期禁毒运动档案文献选辑》(内部资料),2005 年印刷。
25. 江西省档案馆、中共江西省委党校党史教研室选编:《中央革命根据地史料选编》(下册),江西人民出版社 1982 年版。
26. 金光远:《烟鬼自述与"查禁烟毒"》,河南省舞钢市政协学习文史委员会编:《舞钢市文史资料》第六辑,1991 年印刷。
27.《晋察冀抗日根据地》史料丛书编审委员会、中央档案馆编:《晋察冀抗日根据地》(第一册·上),中共党史资料出版社 1988 年版。

28. 柯在根:《漫谈鸦片及同安的清毒斗争》,福建省同安县政协文史资料委员会编:《同安文史资料》第七辑,1987年印刷。
29. 李继春、张廷福:《禄劝禁烟肃毒纪略》,云南省禄劝彝族自治县政协文史资料委员会编:《禄劝文史资料》第二辑,1992年印刷。
30. 李思敏、傅达昌等:《旧社会把人变成鬼　新社会把鬼变成人——谈解放前后阜阳的"禁烟"》,安徽省阜阳市政协文史资料委员会编:《阜阳文史》第四辑(内部参考资料),1984年印刷。
31. 李毅然:《清镇县禁烟禁毒见闻》,贵州省清镇县政协文史资料委员会编:《清镇文史资料选辑》第七辑,1991年印刷。
32. 李兆俭:《张家口市解放后的肃毒禁烟运动》,河北省张家口市政协文史资料委员会编:《张家口文史资料》第十五辑(纪念张家口解放四十周年续集),1989年印刷。
33. 理言、廖渊:《解放前后石城的禁烟禁毒运动》,江西省石城县政协文史资料工作委员会编:《石城文史资料》第三辑(内部发行),1990年印刷。
34. 梁永庆:《建国初期叙永肃毒运动概况》,四川省叙永县政协文史资料委员会编:《叙永县文史资料选辑》第十二辑(庆祝中华人民共和国成立四十周年专辑),1989年印刷。
35. 廖时雨:《祁阳查禁烟毒始末》,湖南省祁阳县政协文史资料研究委员会编:《祁阳文史资料》第六辑,1990年印刷。
36. 廖元中:《衢县禁烟禁毒始末》,浙江省衢县政协文史资料研究委员会编:《衢县文史资料》第三辑,1991年印刷。
37. 廖重光:《建国前宜宾的烟毒流行》,四川省宜宾市政协文史资料委员会编:《宜宾文史》第23辑《烟毒与肃毒——建国前后宜宾烟毒与禁烟专辑》(内部发行),1995年印刷。
38. 林瑞:《消除烟毒害,杜绝后患根——克旗禁烟概况》,内蒙古自治区克什克腾旗政协文史资料编辑委员会编:《克旗文史资料》第二辑,1987年印刷。
39. 刘枫:《清代以来梅县禁烟概况》,广东省梅县政协文史资料委员会编:《梅县文史资料》第十八辑,1990年印刷。
40. 刘通鸾、源清:《禁毒禁娼　改造社会》,武汉市政协文史资料委员会编:《武汉文史资料》第三十七辑(中华人民共和国成立初期武汉大事选记),1989年印刷。
41. 刘祖乾:《璧山县查禁鸦片烟情况》,四川省璧山县政协文史资料委员会编:《璧山县文史资料选辑》第四辑,1990年印刷。

42. 卢守信:《哈尔滨的鸦片烟毒和禁毒运动》,黑龙江省哈尔滨市政协文史资料委员会编:《哈尔滨文史资料》第十四辑,哈尔滨出版社 1990 年版。
43. 陆仰渊、王保山、张世铨选编:《左右江革命根据地资料选辑》,人民出版社 1984 年版。
44.《罗瑞卿关于全国禁毒运动的总结报告》,《党的文献》1996 年第 4 期。
45. 马模贞主编:《中国禁毒史资料》,天津人民出版社 1998 年版。
46. 马涛中:《改造娼妓和禁烟戒毒始末》,包头市政协文史资料委员会编:《包头文史资料选编》第八辑,1986 年印刷。
47. 马执中:《解放初期的禁烟和一九五二年禁烟大会》,陕西省陇县政协文史资料研究委员会编:《陇县文史资料选辑》第七辑,1989 年印刷。
48. 梅德志:《禁烟简介》,贵州省平坝县政协文史资料委员会编:《坪坝文史资料》第五辑,1989 年印刷。
49. 南溪县文史办公室:《概述南溪县禁烟肃毒实况》,四川省南溪县政协文史资料研究委员会编:《南溪县文史资料选辑》第二十辑,1990 年印刷。
50. 彭华生:《解放前邛崃的烟毒情况与解放后的肃毒运动》,四川省邛崃县政协文史资料研究委员会编:《邛崃文史资料》第四辑,1990 年印刷。
51. 山东省财政科学研究所、山东省档案馆编:《山东革命根据地财政史料选编》第一辑(内部资料),山东省财科所发行,1985 年印刷。
52. 山东省档案馆、山东社会科学院历史研究所合编:《山东革命历史档案资料选编》第九辑,山东人民出版社 1983 年版。
53. 陕甘宁边区财政经济史编写组、陕西省档案馆编:《抗日战争时期陕甘宁边区财政经济史料摘编》(第二编《农业》),陕西人民出版社 1981 年版。
54. 陕西省档案馆编:《陕甘宁边区政府查禁烟毒史料选》(上、下),《历史档案》1993 年第 1 期、第 2 期。
55. 陕西省档案馆编:《陕甘宁边区政府大事记》,档案出版社 1990 年版。
56. 陕西省档案馆、陕西省社会科学院合编:《陕甘宁边区政府文件选编》第一——九辑,档案出版社,1986—1990 年陆续出版。
57. 邵献书、谢世宗、杨远东:《金阳种烟调查记》,四川省政协、四川省省志编辑委员会编:《四川文史资料选辑》第十二辑,1964 年印刷。
58. 史志诚主编:《陕甘宁边区禁毒史料》,陕西人民出版社 2008 年版。
59. 四川编写组:《四川省凉山彝族社会调查资料选辑》,四川社会科学院出版社 1987 年版。
60. 四川省财政科学研究所、川陕革命根据地博物馆编:《川陕革命根据地财政经济史料选编》，四川省社会科学院出版社 1987 年版。
61. 四川省社会科学院、陕西省社会科学院编辑：《川陕革命根据地史料选集》，人民出版社 1986 年版。
62. 谈传信：《恩施禁烟禁毒史话》，湖北省恩施市政协文史资料工作委员会编：《恩施文史资料》第二辑，1988 年印刷。
63. 汤景晓：《旧社会把人变成鬼　新社会把鬼变成人——记贵阳市解放初期的禁烟禁毒运动》，贵阳市云岩区政协文史资料研究委员会编：《云岩文史资料选辑》第四辑，1986 年印刷。
64. 唐太沛：《三台县的烟祸与禁烟》，四川省三台县政协文史资料征集委员会编：《三台文史资料选辑》第六辑，1987 年印刷。
65. 田果如：《热河戒烟录》，河北省承德市政协文史资料研究委员会编：《承德文史》第六辑，1990 年印刷。
66. 王德溥著，郦玉明译：《日本在中国占领区内使用麻醉毒品戕害中国人民的罪行》，《民国档案》1994 年第 1 期。
67. 王金城：《万全县鸦片毒害的始末》，河北省张家口市政协文史资料委员会编：《张家口文史资料》第二十二辑（社会卷下），1992 年印刷。
68. 王善培：《中江的禁烟运动》，四川省中江县政协文史资料工作委员会编：《中江文史资料选辑》第六辑，1988 年印刷。
69. 魏宏运主编：《抗日战争时期晋察冀边区财政经济史资料选编》（第二编《农业》），南开大学出版社 1984 年版。
70. 魏吉民、杨文思：《雷波禁烟概况》，四川省雷波县政协文史资料委员会编：《雷波文史》第八期，1991 年印刷。
71.《文史精华》编辑部编：《近代中国烟毒写真》（上、下卷），河北人民出版社 1997 年版。
72. 吴光成：《禁绝烟毒　人人称快——我县解放初期禁烟肃毒运动简记》，四川省南川县政协文史资料委员会编：《南川文史资料选辑》第六辑（纪念南川县解放四十周年），1989 年印刷。
73. 吴景仁、张克勤：《石家庄市改造妓女、禁烟、戒赌实录》，河北省政协文史资料委员会编：《河北文史资料》第三十八期，1991 年印刷。
74. 吴善富：《汝南禁烟记述》，河南省汝南县政协文史资料研究委员会编：《汝南文史资料》第三辑，1987 年印刷。
75. 西北五省区编纂领导小组、中央档案馆编：《陕甘宁边区抗日民主根据地：文献卷》（下册），中共党史资料出版社 1990 年版。

76. 西南区禁烟禁毒委员会:《西南区一九五零年禁烟禁毒工作总结》,1951 年 3 月 15 日重庆《新华日报》。
77. 先安铭:《解放初期泸州的禁烟禁毒运动》,四川省泸州市中区政协文史资料工作委员会编:《江阳文史资料》第四辑,1990 年印刷。
78. 谢希贤:《回忆解放初期禁烟禁毒工作》,中共呼和浩特市委党史资料征集办公室、呼和浩特市地方志编修办公室编:《呼和浩特史料》第二集,1983 年印刷。
79.《新中国建国初期禁毒史料选》,《党的文献》1996 年第 4 期。
80. 邢吉和:《丰镇县戒烟扫毒运动概况》,内蒙古自治区丰镇县《丰镇县志》编纂委员会编:《丰镇史料》第四辑,1984 年印刷。
81. 修文县政协文史办:《解放初期的禁烟禁毒》,贵州省修文县政协文史资料研究委员会编:《修文文史资料选辑》第三辑,1989 年印刷。
82. 徐友九:《解放初期禁烟工作回忆》,四川省简阳县政协学习文史资料委员会编:《简阳文史资料》第十六辑,1990 年印刷。
83. 许金界、李建成:《鸦片大本营——张林村》,福建省晋江市政协文史资料委员会编:《晋江文史资料》第一辑,1981 年。
84. 许良晓:《晋江禁毒记》,福建省晋江市政协文史资料委员会编:《晋江文史资料选辑》第十四辑,1993 年印刷。
85. 亚季:《鸦片对漳浦人民的毒害》,福建省漳浦县政协文史委员会编:《漳浦文史资料》第六辑,1986 年印刷。
86. 殷汝南:《建国后丰都县的禁烟禁毒》,四川省丰都县政协文史资料委员会编:《丰都文史资料选辑》第六辑,1989 年印刷。
87. 於克明:《新旧社会两重天——巴县查禁烟毒的点滴回忆》,四川省巴县政协文史资料委员会编:《巴县文史资料》第六辑(纪念巴县解放四十周年特辑),1989 年印刷。
88. 张辰、贺飞选编:《上海解放初期的禁毒运动》(上、下),《档案与史学》1999 年第 3 期。
89. 张凤科:《江口禁烟始末》,贵州省江口县政协文史资料委员会编:《江口县文史资料》第三辑,1989 年印刷。
90. 张玉昌:《改造烟民,肃清烟毒》,河北省秦皇岛市政协文史资料研究委员会编:《秦皇岛文史资料选辑》第三辑,1989 年印刷。
91. 张振魁、孙忠耀:《五原县禁烟扫毒运动纪略》,中共巴盟委员会党史资料征研办公室编:《巴彦淖尔党史资料》第九辑,1998 年印刷。

92. 章有义编:《中国近代农业史资料(1912—1927)》,生活·读书·新知三联书店 1957 年版。
93. 赵向蓝:《巫山县开展戒烟禁毒工作情况的回忆》,四川省巫山县政协编:《巫山文史资料》第二辑,1991 年印刷。
94. 赵中立:《沿河禁绝鸦片烟毒的回顾》,贵州省沿河土家族自治县政协文史资料研究委员会编:《沿河文史资料》第二辑,1990 年印刷。
95. 浙江省党史资料征集研究委员会、浙江省档案馆编:《浙东抗日根据地》,中共党史资料出版社 1987 年版。
96. 中共长春市委党史研究室编:《长春的接管与社会改造》(上、下册)(内部资料),1997 年印刷。
97. 中共广西区委党史资料征委会、《左右江革命根据地》编辑组:《左右江革命根据地》(上册),中共党史资料出版社 1989 年版。
98. 中共广西壮族自治区委员会党史研究室编:《城市的接管与社会改造:广西卷》,中央文献出版社 2003 年版。
99. 中共桂林地委《红军长征过广西》编写组编著:《红军长征过广西》,广西人民出版社 1986 年版。
100. 中共河南省委党史研究室编:《城市的接管与社会改造:河南卷》,河南人民出版社 2000 年版。
101. 中共湖北省委党史研究室编:《城市的接管与社会改造:湖北卷》,中共党史出版社 1997 年版。
102. 中共湖南省平江县委党史资料征集小组办公室编:《平江革命历史文献资料集》(内部资料),1983 年印刷。
103. 中共江苏省委党史工作办公室编:《城市的接管与社会改造:江苏卷·苏南苏北分册》,中共党史出版社 1997 年版。
104. 中共江苏省委党史工作委员会、江苏省档案馆编:《苏南抗日根据地》,中共党史资料出版社 1987 年版。
105. 中共江苏省委党史工作委员会、江苏省档案馆编:《苏中抗日根据地》,中共党史资料出版社 1989 年版。
106. 中共江西省委党史资料征集委员会编:《江西城市接管与社会改造》(《江西党史资料》第三十二辑),中央文献出版社 1995 年版。
107. 中共龙岩地委党史资料征集领导小组、龙岩地区行政公署文物管理委员会编:《闽西革命史文献资料》第一辑,1981 年印刷。
108. 中共南京市委党史工作办公室、南京市档案局编:《城市的接管与社会改造：江苏卷·南京分册》，中共党史出版社 1997 年版。
109. 中共天津市委党史资料征集委员会、天津市公安局编：《难忘的岁月——天津市解放初期社会治理纪实》，中共党史出版社 1994 年版。
110. 中共乌鲁木齐市委党史工作委员会编：《城市的接管与社会改造：乌鲁木齐卷》，中共党史出版社 1997 年版。
111. 中共云南省委党史研究室、中共云南省公安厅委员会编：《建国以来云南的禁毒斗争》，云南民族出版社 1997 年版。
112. 中共浙江省委党史研究室、中共杭州市委党史研究室编：《城市的接管与社会改造：杭州卷》，当代中国出版社 1996 年版。
113. 中共郑州市委党史研究室编：《历史的涛声——郑州市城市接管与社会改造》(内部资料)，1996 年印刷。
114. 中共中央党校党史教研室选编：《中共党史教学参考资料》(一、二)，人民出版社 1979 年版。
115. 中国社会科学院、中央档案馆编：《1949—1952 年中华人民共和国经济档案资料选编·综合卷》，中国城市经济社会出版社 1990 年版。
116. 中国现代革命史资料丛刊《第一次国内革命战争时期的农民运动资料》，人民出版社 1983 年版。
117. 中国现代史资料丛刊《第一次国内革命战争时期的农民运动》，人民出版社 1953 年版。
118. 中华人民共和国国家禁毒委员会办公室：《中国禁毒报告》(1998—2016 年)、《中国毒品形势报告》(2014—2016 年)。
119. 中华人民共和国国务院新闻办公室：《中国的禁毒》白皮书，2000 年 6 月。
120.《中央人民政府政务院为查禁鸦片烟毒的通令》(1952 年 5 月 21 日)，《北京档案史料》1997 年第 5 期。
121. 周正强、陶华、刘伟：《宜良禁毒史话》，云南省宜良县政协文史资料工作委员会编：《宜良文史资料》第三辑，1991 年印刷。
122. 朱兵：《解放前后高邮禁烟概况》，江苏省高邮县政协文史资料委员会编：《高邮文史资料》第九辑，1991 年印刷。

二、专著

1. 艾绍润编著：《陕甘宁边区审判史》，陕西人民出版社 2007 年版。
2. 安徽省地方志编纂委员会编：《安徽省志·公安志》，安徽人民出版社 1993 年版。

3. 安图县地方志编纂委员会编:《安图县志》(上卷),吉林文史出版社 1993 年版。
4. 宝清县地方志编纂委员会编:《宝清县志》,1993 年印刷。
5. 北京师联教育科学研究所编:《毒品预防专题教育读本》(高中版),人民武警出版社 2003 年版。
6. 北京市地方志编纂委员会编:《北京志》(政法卷·公安志),北京出版社 2003 年版。
7. 曹凤:《第五次高峰——当代中国的犯罪问题》,今日中国出版社 1998 年版。
8. 长春市地方志编纂委员会编:《长春市志·审判志》,吉林文史出版社 1993 年版。
9. 长沙市志编纂委员会编:《长沙市志》第二卷,湖南出版社 1995 年版。
10. 崔敏主编:《毒品犯罪发展趋势与遏制对策》,警官教育出版社 1999 年版。
11.《邓小平文选》第三卷,人民出版社 1993 年版。
12. 丁一鹤编著:《中国大禁毒》,中国城市出版社 2005 年版。
13. 方天编著:《禁毒大战——共和国 50 年禁毒实录》,广东经济出版社 2000 年版。
14. 福建省地方志编纂委员会编:《福建省志·公安志》,方志出版社 1997 年版。
15. 福州市地方志编纂委员会编:《福州市志》(第六册),方志出版社 1999 年版。
16. 傅建成:《百年瘟疫——烟毒问题与中国社会》,陕西人民教育出版社 2000 年版。
17. 甘肃省地方史志编纂委员会、《甘肃省志·公安志》编纂领导小组编纂:《甘肃省志·公安志》,甘肃文化出版社 1995 年版。
18. [美] 冈瑟·斯坦著,马飞海、章蟾华、陈绑、王楚良译:《红色中国的挑战》,上海译文出版社 1999 年版。
19. 高伟编:《中国向毒品宣战》,济南出版社 1998 年版。
20. 广西壮族自治区地方志编纂委员会编:《广西通志·审判卷》,广西人民出版社 2000 年版。
21. 国家禁毒委员会办公室、公安部禁毒局组编,杨凤瑞主编:《2004 年禁毒论坛——戒毒康复的理论与实践》,中国民主法制出版社 2004 年版。
22. 哈尔滨市地方志编纂委员会编:《哈尔滨市志·公安司法行政》,黑龙江人民出版社 1996 年版。
23. [美] 哈里森·索尔兹伯里:《长征秘闻》,《参考消息》编辑部译编,1986 年编印。

24. 合肥市地方志编纂委员会编:《合肥市志》,安徽人民出版社 1999 年版。
25. 何友良:《中国苏维埃区域社会变动史》,当代中国出版社 1996 年版。
26. 和龙县地方志编纂委员会编:《和龙县志》,吉林文史出版社 1992 年版。
27. 河北省地方志编纂委员会编:《河北省志・审判卷》,河北人民出版社 1994 年版。
28. 河北省地方志编纂委员会:《河北省志・公安志》,中华书局 1993 年版。
29. 河北省平泉县地方志编纂委员会编:《平泉县志》,作家出版社 2000 年版。
30. 河南省地方史志编纂委员会编纂:《河南省志・公安志》,河南人民出版社 1994 年版。
31. 贺晓东、方明:《中国禁毒大视角》,北京大学出版社 1998 年版。
32. 黑龙江省地方志编纂委员会编:《黑龙江省志・公安志》,黑龙江人民出版社 2001 年版。
33. 黑龙江省地方志编纂委员会编:《黑龙江省志・民政志》,黑龙江人民出版社 1993 年版。
34. 胡杉等著:《中国禁毒风云录》,中共党史出版社 1997 年版。
35. 胡元斌编:《爱国新风——全国深入开展禁毒运动》,吉林出版集团有限责任公司 2009 年版。
36. 湖北省地方志编纂委员会编:《湖北省志・民政志》,湖北人民出版社 1994 年版。
37. 湖南省平江县志编纂委员会编:《平江县志》,国防大学出版社 1994 年版。
38. 淮阳县地方志编纂委员会编:《淮阳县志》,河南人民出版社 1991 年版。
39. 黄绍智等主编:《禁毒工作手册》,上海三联书店 1993 年版。
40. 黄瑶、张明哲:《罗瑞卿传》,当代中国出版社 1996 年版。
41. 黄正林:《陕甘宁边区乡村的经济与社会》,人民出版社 2006 年版。
42. 吉林省地方志编纂委员会编:《吉林省志》卷十一(《政事志・民政》),吉林人民出版社 1991 年版。
43. [日] 江口圭一:《日中鸦片战争》,东京岩波书店 1988 年版。
44. [日] 江口圭一,宋志勇译:《日中鸦片战争》,天津人民出版社 1995 年版。
45. 江沛:《日伪"治安强化运动"研究》,南开大学出版社 2006 年版。
46. 江苏省地方志编纂委员会编:《江苏省志・审判志》,江苏人民出版社 1997 年版。
47. 蒋秋明、朱庆葆:《中国禁毒历程》,天津教育出版社 1996 年版。
48. 蓝全普编:《解放区法规概要》,群众出版社 1982 年版。

49. 李公仆:《华北敌后——晋察冀》,生活·读书·新知三联出版社 1979 年版。
50. 李绍六:《成瘾性》,中国社会出版社 1997 年版。
51. 李文凡主编:《离石县志》,山西人民出版社 1996 年版。
52. 李智勇:《陕甘宁边区政权形态与社会发展》,中国社会科学出版社 2001 年版。
53.《列宁全集》第 28 卷,人民出版社 1990 年版。
54. 林超主编:《川陕革命根据地历史长编》,四川人民出版社 1982 年版。
55. 林辉等著:《为了这片净土——福建禁毒斗争的历史、现状和对策研究》,群众出版社 2003 年版。
56. 林强主编:《中共福建地方史》(上),中央文献出版社 1993 年版。
57. 凌青、邵秦主编:《从虎门销烟到当代中国禁毒》,四川人民出版社 1997 年版。
58. 刘东社、刘金娥:《陕甘宁边区政府史话》,社会科学文献出版社 2000 年版。
59. 刘志琴主编:《烟毒兴灭》,民主与建设出版社 1997 年版。
60. 罗运炎:《中国鸦片问题》,上海兴华报社 1929 年版。
61. 马模贞、王玥、钱自强编著:《中国百年禁毒历程》,经济科学出版社 1997 年版。
62. 马维刚编:《禁娼禁毒——建国初期的历史回顾》,警官教育出版社 1993 年版。
63.《毛泽东选集》第一卷,人民出版社 1991 年版。
64.《茂汶羌族自治县概况》编写组编:《茂汶羌族自治县概况》,四川民族出版社 1985 年版。
65. 孟明:《共和国鸦片战争秘闻》,团结出版社 1993 年版。
66. 密山县地方志编纂委员会编:《密山县志》,中国标准出版社 1993 年版。
67. 内蒙古自治区公安厅编:《内蒙古自治区志·公安志》(上),中国人民公安大学出版社 2008 年版。
68. 宁夏国史编审委员会、宁夏国史学会编:《当代宁夏史通鉴》,当代中国出版社 2004 年版。
69. 欧阳涛、陈泽宪主编:《毒品犯罪及对策》,群众出版社 1992 年版。
70. 潘渭水等主编:《建瓯县志》,中华书局 1994 年版。
71. 齐霁:《荡涤污泥浊水——新中国成立初期中国共产党对主要社会问题的治理》,中国社会科学出版社 2015 年版。
72. 齐磊、胡金野:《中国禁毒史》,甘肃人民出版社 2004 年版。

73. 秦和平:《西南民族地区的毒品危害及其对策》,四川民族出版社 2005 年版。
74. 青海省地方志编纂委员会编:《青海省志·公安志》,黄山书社 1995 年版。
75. 全国禁毒展览办公室编:《珍爱生命,拒绝毒品》,经济科学出版社 1998 年版。
76. 饶河县地方志编纂委员会编:《饶河县志》,黑龙江人民出版社 1992 年版。
77. 山西省史志研究院编:《山西通史》第十卷,山西人民出版社 2001 年版。
78. 商丘地区地方志编纂委员会编:《商丘地区志》(上卷),生活·读书·新知三联书店 1996 年版。
79. 上海市禁毒委员会办公室、上海市法学会编,林化宾主编:《痛击毒魔——禁毒理论与实践》,上海社会科学院出版社 2006 年版。
80. 邵雍:《中国近代贩毒史》,福建人民出版社 2004 年版。
81. 石家庄市地方志编纂委员会编:《石家庄市志》第四卷,中国社会出版社 1995 年版。
82. 四川博物馆主编:《西行壮歌——川陕革命根据地斗争史》,四川教育出版社 2011 年版。
83. 四川省地方志编纂委员会编:《四川省志·民政志》,四川人民出版社 1996 年版。
84. 四川省峨边彝族自治县地方志编纂委员会编:《峨边彝族自治县志》,四川辞书出版社 1994 年版。
85. 四川省涪陵市地方志编纂委员会编:《涪陵市志》,四川人民出版社 1995 年版。
86. 四川省理县地方志编纂委员会编:《理县志》,四川民族出版社 1997 年版。
87. 四川省茂汶羌族自治县地方志编纂委员会编:《茂汶羌族自治县志》,四川辞书出版社 1997 年版。
88. 四川省南充市地方志编纂委员会编:《南充市志》,四川科学技术出版社 1994 年版。
89. 四川省南充县志编纂委员会编:《南充县志》,四川人民出版社 1993 年版。
90. 四川省平武县地方志编纂委员会编:《平武县志》,四川科学技术出版社 1997 年版。
91. 四川省西昌市公安局编:《西昌市公安志》(内部资料),1993 年印刷。
92. 四川省仪陇县地方志编纂委员会编:《仪陇县志》,四川科学技术出版社 1994 年版。
93. 苏智良、赵长青主编:《禁毒全书》(上、下册),中国民主法制出版社 1998

年版。
94. 苏智良:《中国毒品史》,上海人民出版社 1997 年版。
95. 孙官生:《中国造福人类的创举——帮助金三角替代发展减灭罂粟实证》,云南人民出版社 2002 年版。
96. 天津市地方志编纂委员会编著:《天津通志·民政志》,天津社会科学院出版社 2001 年版。
97. 土默特左旗《土默特志》编纂委员会编:《土默特志》(下卷),内蒙古人民出版社 1987 年版。
98. 王宏斌:《禁毒史鉴》,岳麓书社 1997 年版。
99. 王宏斌:《禁烟史话》,社会科学文献出版社 2000 年版。
100. 王宏斌:《鸦片——日本侵华毒品政策五十年(1895—1945)》,河北人民出版社 2005 年版。
101. 王金香:《中国禁毒简史》,学习出版社 1996 年版。
102. 魏宏运:《华北抗日根据地纪事》,天津人民出版社 1986 年版。
103. 乌鲁木齐市党史地方志编纂委员会编:《乌鲁木齐市志》第五卷,新疆人民出版社 1999 年版。
104. 武汉地方志编纂委员会主编:《武汉市志·政法志》,武汉大学出版社 1993 年版。
105. 西藏自治区禁毒委员会办公室:《2002—2007 西藏禁毒工作报告》。
106. 肖红松:《中共政权治理烟毒问题研究——以 1937—1949 年华北乡村为中心》,人民出版社 2013 年版。
107. 新疆维吾尔自治区地方志编纂委员会、《新疆通志》编纂委员会编:《新疆通志·审判志》,新疆人民出版社 1993 年版。
108. 刑汉三:《日伪统治河南见闻录》,河南人民出版社 1986 年版。
109. 熊月之主编:《上海通史》第十三卷,上海人民出版社 1999 年版。
110. 延安市志编纂委员会编:《延安市志》,陕西人民出版社 1994 年版。
111. 叶左能、邱海洲:《陆丰革命史》,中共中央党校出版社 2003 年版。
112. 应县志编纂委员会编:《应县志》,山西人民出版社 1992 年版。
113. 于恩德:《中国禁烟法令变迁史》,中华书局 1934 年版。
114. 余伯流、陈钢:《井冈山革命根据地全史》,江西人民出版社 1998 年版。
115. 余伯流、夏道汉:《井冈山革命根据地研究》,江西人民出版社 1987 年版。
116. 喻晓东、李云东编:《大禁毒》,团结出版社 1993 年版。
117. 云南省地方志编纂委员会总纂、云南省公安厅编:《云南省志·公安志》,云南人民出版社 1996 年版。

118. 云南省高级人民法院编：《惩治毒品犯罪的理论与实践》，中国政法大学出版社 1993 年版。
119. 张国焘：《我的回忆》第三册，东方出版社 1998 年版。
120. 张宿堂、薛莉：《中国大禁毒》，时代文艺出版社 1993 年版。
121. 张希坡、韩延龙编：《中国革命法制史（1921—1949）》（上、下册），中国社会科学出版社 1987 年版。
122. 张玉龙、何友良：《中央苏区政权形态与苏区社会变迁》，中国社会科学出版社 2009 年版。
123. 赵秉志、于志刚：《毒品犯罪》，中国人民公安大学出版社 2003 年版。
124. 赵翔等著：《毒品问题研究——从全球视角看贵州毒品问题》，中国人民公安大学出版社 2005 年版。
125. 浙江省公安志编纂委员会编：《浙江人民公安志》，中华书局 2000 年版。
126. 中共巴中县委党史室编：《巴中现代革命史》，四川人民出版社 1991 年版。
127. 中共上海市委党史研究室编著：《中国共产党在上海 80 年（1921—2001）》，上海人民出版社 2001 年版。
128. 中华人民共和国财政部《中国农民负担史》编辑委员会编：《中国农民负担史》第 3 卷，中国财政经济出版社 1990 年版。
129. 重庆市地方志编纂委员会编：《重庆市志》第一卷，四川大学出版社 1992 年版。
130. 周勇主编：《重庆通史》，重庆出版社 2003 年版。
131. 朱汉国主编：《中国社会通史》（民国卷），山西教育出版社 1996 年版。
132. 诸羽主编：《割除毒瘤——共和国首次禁毒禁娼述实》，中央文献出版社 1999 年版。
133. 驻马店市地方志编纂委员会编：《驻马店地区志》（上），中州古籍出版社 2001 年版。

三、论文

1. 艾尔肯·沙木沙克：《新疆毒品犯罪现状及其防治对策探讨》，《犯罪研究》2010 年第 3 期。
2. 白云：《六成吸毒者追逐“新毒品”》，2010 年 6 月 5 日《河北青年报》。
3. 白云涛：《新中国初期的禁烟禁毒运动》（上、下），《党史天地》2001 年第 7、8 期。

4.《本市登记吸毒人员达 81 269 人：男性占 73.1%　35 岁以下青年占 40%》，2016 年 6 月 3 日《青年报》。
5. 毕宏吏：《建国初期禁绝烟毒始末》，《党的文献》1996 年第 4 期。
6. 常健：《天津去年抓获 6 041 名吸毒者　新发现人员占六成》，2015 年 6 月 1 日《城市快报》。
7. 陈国坚：《解放初期漳浦禁烟禁毒运动》，《福建党史月刊》1997 年第 9 期。
8. 陈守谦：《建国初期武汉的禁烟禁毒运动》，《党史天地》1996 年第 3 期。
9. 陈维伟：《江泽民参观全国禁毒展》，1998 年 6 月 7 日《人民日报》。
10. 陈以政：《川陕苏区的禁毒考察》，《四川文物》1999 年第 2 期。
11. 崔敏：《十年禁毒的巨大成就》，《公安大学学报》1998 年第 3 期。
12. 定林：《警惕死灰复燃(之三)——记上海解放初期的禁烟禁毒运动》，《上海党史与党建》1996 年第 6 期。
13. 董碧水：《浙江一男子大量买卖精神麻醉药品涉嫌贩毒》，2010 年 12 月 30 日《中国青年报》。
14. 董向前：《试论建国初期河北省的禁烟禁毒斗争》，《当代中国史研究》2004 第 6 期。
15. 杜颖：《海南省吸毒人员呈低龄化趋向》，2013 年 12 月 2 日《海南日报》。
16. 段钦中：《全区在册吸毒人员达 16 万多人》，2014 年 11 月 1 日《南国早报》。
17. 冯月静、董世杰：《河北省在册吸毒人员 35 岁以下占 75%》，2014 年 6 月 27 日《燕赵晚报》。
18. 福建省公安厅禁毒总队调研组：《我省毒品堵源截流工作之态势及主要对策》，《福建公安》2001 年第 6 期。
19. 高士震：《切除旧社会遗留的两大毒瘤——新中国禁毒扫娼纪实》，《党史文汇》1999 年第 1 期。
20. 葛燕青：《试论毒品犯罪及禁毒政策》，《北京市政法管理干部学院学报》1999 年第 1 期。
21. 谷乐乐：《东北的禁烟禁毒》，《兰台世界》2001 年第 6 期。
22. 黄海霞：《我国禁毒工作取得新进展》，《瞭望》1994 年第 27 期。
23.《仅去年数十名艺人涉毒被查获　大量毒品寄递进京》，2015 年 6 月 25 日《北京日报》。
24. 李锦：《宁夏新发现吸毒人员年增 20%》，2016 年 4 月 28 日《宁夏日报》。
25. 李晓晨：《华北抗日根据地和解放区的禁烟禁毒》，《社会科学论坛》2001 年第 12 期。

26.《辽宁在全国首先发布禁毒报告 吸毒者10年增3成》，2006年6月23日《辽沈晚报》。
27. 林辉：《建国初期福建省禁毒运动若干措施浅析》，《党史研究与教学》1998年第4期。
28. 刘静波：《攀枝花市毒品消费市场现状、成因及治理措施》，《公安大学学报》1998年第1期。
29. 刘伟、冯双平：《建国初期北京的肃毒斗争》，《北京党史》2000年第4期。
30. 罗兰英：《建国初期四川的禁毒运动(1950—1952)》，四川师范大学硕士学位论文，2002年5月。
31. 马模贞、鞠志刚：《新中国建国初期的禁毒斗争》，《中共党史研究》1991年第6期。
32. 马元元、任克勤：《广州禁毒简史研究》，《政法学刊》1999年第2期。
33. 莫亚人：《红七军在右江革命根据地禁烟策略初探》，《广西右江民族师范高等专科学校学报》1998年第4期。
34. 穆悦：《显示政府禁毒决心，展示我国禁毒成果——记全国禁毒展览》，《中国药物依赖性杂志》1998年第4期。
35. 欧阳涛、柯良栋：《吸毒、贩毒现状分析》，《社会学研究》1993年第3期。
36. 齐霁：《建国初期中南区的禁毒斗争及其成功经验》，《求索》2008年第2期。
37. 齐霁：《建国前后中国共产党领导的禁毒斗争及其历史启示》，《云南行政学院学报》2008年第5期。
38. 齐霁：《抗日根据地禁毒立法问题研究》，《抗日战争研究》2005年第1期。
39. 齐霁：《抗战时期陕甘宁边区的禁毒斗争及其历史启示》，《宁夏社会科学》2005年第4期。
40. 齐霁、刘世超：《新时期中国打击毒品犯罪取得的显著成绩》，中共天津市委党史研究室、天津市中共党史学会编《纪念改革开放三十年论文集》，中共党史出版社2008年版。
41. 齐霁、刘世超：《新中国成立初期党治理毒品问题的成功经验》，《毛泽东邓小平理论研究》2010年第11期。
42. 齐霁、马晓丹：《建国初期云南的禁毒斗争及其成功经验》，《学术探索》2009年第9期。
43. 齐霁：《陕甘宁边区禁烟禁毒运动初探》，《甘肃社会科学》1999年第4期。
44. 齐霁：《陕甘宁边区政府的查禁烟毒政策》，《党史文汇》1998年第5期。
45. 齐霁：《试析建国初期全国禁毒斗争的成功经验》，《科学发展：以人为本·

共建和谐——天津市社会科学界第三届学术年会优秀论文集》，天津人民出版社 2007 年版。
46. 齐霁：《新中国成立初期西北区对毒品问题的治理》，《兰州学刊》2015 年第 12 期。
47. 齐霁、赵永飞：《中国共产党对中国和世界禁毒事业的重大贡献》，《毛泽东邓小平理论研究》2013 年第 4 期。
48. 齐霁：《中国共产党抗日根据地禁烟禁毒政策概述》，《河北学刊》1998 年增刊。
49. 齐晓英：《内蒙古登记在册吸毒人员达 46232 人》，2015 年 11 月 11 日《内蒙古晨报》。
50. 钱自强：《陕甘宁边区禁毒运动中民众的作用》，《党史天地》2002 年第 5 期。
51. 余勤等：《三成吸毒者持驾照，引发大量交通事故——毒驾，马路新杀手》，2014 年 6 月 26 日《浙江日报》。
52. 卿荣波、周艳涛：《陕西吸毒女性 1.14 万　西安最小吸毒者 13 岁》，2015 年 6 月 25 日《华商报》。
53. 庆格勒图：《建国初期内蒙古西部地区的禁烟禁毒斗争》，《内蒙古大学学报》（人文社会科学版）1998 年第 4 期。
54. [瑞士] R.A.勃沙特：《神灵之手——一个被红军释放的外国传教士见闻录》，《贵州文史丛刊》1996 年第 3 期。
55. 邵可强：《2015 年河南 35 岁以下吸毒人数占比首次过半》，2016 年 6 月 25 日《大河报》。
56. 邵秦：《略谈近年中国禁毒问题》，《社会学研究》1994 年第 5 期。
57. 时培磊：《吸毒人员 16 年增长了 180 倍　我省登记人数达 9 万多》，2016 年 6 月 16 日《齐鲁晚报》。
58. 苏北：《中国禁毒在行动》，《党政干部学刊》2004 年第 11 期。
59. 孙修福：《周恩来严惩烟毒商陈坚夫》，《民国春秋》1995 年第 5 期。
60. 覃剑：《湖南全面启动禁毒会战　登记在册吸毒人数 23.5 万》，2014 年 10 月 9 日《潇湘晨报》。
61. 覃主元：《建国初期广西烟毒的禁绝》，《广西社会科学》2000 年第 1 期。
62. 田利军：《论华北抗日根据地的禁毒斗争》，《四川师范大学学报》（社会科学版）1997 年第 2 期。
63. 王枫林：《建国初期安徽的禁毒运动》，《党史纵览》1995 年第 6 期。
64. 王枫林：《建国初期的安徽省禁毒》，《江淮文史》1996 年第 6 期。

65. 王海川：《晋察冀边区的禁烟禁毒运动》，《河北青年管理干部学院学报》2006 年第 3 期。
66. 王霖：《20 世纪 50 年代南京肃清烟毒运动初探》，《广西社会科学》2003 年第 11 期。
67. 王鑫、孙莹：《黑龙江省在册吸毒人员超 7 万　青少年占七成》，2015 年 8 月 19 日《新晚报》。
68. 王云峰：《日本当年曾对华发动“鸦片战争”》，2010 年 8 月 4 日《辽宁日报》。
69. 魏年生：《建国初期武汉市禁烟禁毒简述》，《武汉文史资料》2000 年第 8 期。
70. 吴昌华：《我省在册吸毒人员达 17.7 万，吸毒人数年均增长 13%》，2016 年 6 月 23 日《楚天都市报》。
71. 谢孙武：《广东登记在册吸毒人员 58.2 万人》，2016 年 6 月 26 日《深圳都市报》。
72. 徐杨、徐雯：《天津吸毒人员平均年龄 35 岁》，2015 年 6 月 25 日《天津日报》。
73. 杨文：《闽实际吸毒者高达 60 万》，2015 年 12 月 9 日《海峡导报》。
74. 杨颖博：《贵州瘾君子达 14 万人　吸毒人员年最少耗费 5.5 亿》，2013 年 9 月 25 日《贵阳晚报》。
75. 杨志强：《刘少奇与 1952 年禁毒运动》，《党的文献》2003 年第 6 期。
76. 张蕾：《北京在册吸毒人员数量公布：最小吸毒者年仅 12 岁》，2016 年 6 月 21 日《北京晚报》。
77. 张晓丽：《抗战时期苏皖根据地的禁毒法规措施及其影响》，《中共党史研究》2003 年第 3 期。
78. 张耀宇：《毒品形势依然不容乐观》，2006 年 6 月 23 日《人民公安报》。
79. 章江心：《川陕苏区的禁烟运动》，《文史杂志》1999 年第 4 期。
80.《浙江吸毒人员已突破 16 万人　温甬杭台位居前四》，2014 年 4 月 19 日《浙江日报》。
81. 钟建华等：《我省上半年缴获毒品 1.15 吨》，2015 年 6 月 27 日《南昌晚报》。
82. 周斌：《近 3 年全国毒驾交通事故致死 1562 人》，2016 年 6 月 28 日《法制日报》。
83. 周利成、张菊：《天津的烟毒和禁烟史话》(三)，《天津档案》2000 年第 5 期。
84. 周文学、缪春云：《贵州铜仁捣毁非法经营麻醉、精神药品团伙》，2014 年 1 月 10 日《人民公安报》。
85. 周志斌：《陕甘宁边区政府禁毒政策述略》，《学海》1996 年第 1 期。
86. 祝凤鸣：《解放初期安徽禁娼、禁毒、禁赌述略》，《安徽史学》1995 年第 1 期。
87. 左燕东：《山西登记吸毒人员 7 万余人　遍布 119 个县》，2015 年 1 月 6 日《山西日报》。

修订版后记

本书原为国家社会科学基金项目“中国共产党领导禁毒斗争的历史考察和经验研究”(批准号 05BDJ012)的最终成果,2013 年 1 月,由中共党史出版社出版。

笔者主持的国家社会科学基金项目于 2008 年结项,书稿使用的资料截至 2007 年。当时因时间紧等原因,书稿存在诸多不尽如人意之处。笔者曾在初版后记中特别说明:“本书的撰写,尽管笔者怀着敬畏和勤勉之心,但书中仍存在这样那样的问题,由于时间、精力和能力所限,缺点和谬误之处当亦不少,敬请识者不吝提出批评、指正,以便再版时进一步修订、改正。”

时隔多年之后,承蒙厚爱,拙著有幸被上海社会科学院出版社列入国家出版基金项目“禁毒丛书”出版,给笔者提供了一个难得的对原书进行充实、修改的机会。此次,笔者利用近 10 年来新掌握的资料对原书进行了充实,并对原书中的疏漏、错误进行了补正。

在此,特别对上海社会科学院出版社路征远编辑为本书的付梓竭诚帮助和辛勤劳动致以诚挚的谢忱。

齐　霁

2017 年 4 月于天津商业大学

图书在版编目(CIP)数据

中国共产党禁毒史/齐霁著.—修订本.—上海：上海社会科学院出版社，2017

ISBN 978-7-5520-2068-7

Ⅰ.①中…　Ⅱ.①齐…　Ⅲ.①中国共产党—禁毒—历史—研究　Ⅳ.①D669.8

中国版本图书馆CIP数据核字(2017)第170040号

中国共产党禁毒史(修订版)

著　　者：齐　霁
责任编辑：路征远
封面设计：夏艺堂
出版发行：上海社会科学院出版社
　　　　　上海顺昌路622号　邮编200025
　　　　　电话总机021-63315900　销售热线021-53063735
　　　　　http://www.sassp.org.cn　E-mail:sassp@sass.org.cn
排　　版：南京展望文化发展有限公司
印　　刷：上海景条印刷有限公司
开　　本：710×1010毫米　1/16开
印　　张：28
插　　页：1
字　　数：497千字
版　　次：2017年10月第1版　　2021年7月第3次印刷

ISBN 978-7-5520-2068-7/D·459　　定价：98.00元